INFOGRÁFICOS da SEGUNDA GUERRA MUNDIAL

Texto © Jean Lopez, Nicolas Aubin e Vincent Bernard
Infográficos © Nicolas Guillerat

Esta edição foi publicada com a autorização da
Éditions Perrin (2018). Todos os direitos reservados.

Direção editorial
Marcelo Duarte
Patth Pachas
Tatiana Fulas

Gerente editorial
Vanessa Sayuri Sawada

Assistentes editoriais
Henrique Torres
Laís Cerullo
Samantha Culceag

Diagramação
Negrito Produção Editorial

Revisão técnica
César Campiani

Revisão
Sérgio Miranda Paz
Beatriz de Freitas Moreira
Vanessa Oliveira Benassi

Impressão
Coan

CIP-BRASIL. CATALOGAÇÃO NA PUBLICAÇÃO
SINDICATO NACIONAL DOS EDITORES DE LIVROS, RJ

A915i

Aubin, Nicolas
 Infográficos da Segunda Guerra Mundial / Nicolas Aubin, Vincent Bernard; coordenação Jean Lopez; design de dados Nicolas Guillerat; tradução Luciano Vieira Machado. – 1. ed. – São Paulo: Livros de Guerra, 2023. 192 p.: il; 31 cm.

Tradução de: Infographie de la Seconde Guerre Mondiale
Incui índice
ISBN 978-65-87488-12-7

1. Guerra Mundial, 1939-1945 – Ilustrações. I. Bernard, Vincent. II. Lopez, Jean. III. Guillerat, Nicolas. IV. Machado, Luciano Vieira. VI. Título.

23-85672   CDD: 940.530222
                   CDU: 94(100)"1939/1945"-028.22

Meri Gleice Rodrigues de Souza – Bibliotecária – CRB-7/6439

2023
Todos os direitos reservados à Livros de Guerra.
Um selo da Editora Original Ltda.
Rua Henrique Schaumann, 286, cj. 41
05413-010 – São Paulo – SP
Tel./Fax: (11) 3088-8444
edoriginal@pandabooks.com.br
www.pandabooks.com.br
Visite nosso Facebook, Instagram e Twitter.

Nenhuma parte desta publicação poderá ser reproduzida por qualquer meio ou forma sem a prévia autorização da Editora Original Ltda. A violação dos direitos autorais é crime estabelecido na Lei nº 9.610/98 e punido pelo artigo 184 do Código Penal.

JEAN LOPEZ • NICOLAS AUBIN • VINCENT BERNARD • NICOLAS GUILLERAT

INFOGRÁFICOS da SEGUNDA GUERRA MUNDIAL

TRADUÇÃO
LUCIANO VIEIRA MACHADO

SUMÁRIO

PREFÁCIO 9

I. AS CONDIÇÕES MATERIAIS E HUMANAS 13
A derrota da democracia na Europa 14
O poderio econômico 16
Um em cada nove homens é mobilizado 20
A equação do petróleo 22
A produção de armamentos 1939-1945 26
A mão de obra a qualquer custo 30
O Império Britânico na guerra 32
Entregas americanas para os Aliados por conta
da lei de empréstimo e arrendamento 34
A pilhagem da Europa pelo Reich 36
As conferências interaliadas para preparar o mundo do pós-guerra 38

II. ARMAS E EXÉRCITOS 41

Os altos-comandos: arquitetos da guerra 42

A divisão de infantaria: peça fundamental das operações 44

A artilharia: o martelo de Thor 48

Dissecando a divisão blindada 50

Exército de tanques soviéticos: a outra solução 54

Tanques e antitanques: espadas e escudos do conflito 58

Evolução e performances dos aviões de combate 60

Operações aerotransportadas: caras e arriscadas 62

As frotas de combate 64

O que é um grupo aeronaval em 1942? 70

A SS, o Estado dentro do Estado 72

III. BATALHAS E CAMPANHAS 75
A China, o aliado desconhecido 76
A campanha da Polônia 78
A campanha da França 82
A Batalha da Inglaterra 88
O tsunâmi japonês 90
Barbarossa: a caixa de Pandora 94
A Batalha do Atlântico 98
Mare nostrum? 102
Guerra no Deserto 106
Stalingrado 112
A reconquista do Pacífico pelos Aliados (1943-1945) 116
Kursk: a queda 120
As campanhas aéreas contra o Reich 122
O impasse italiano 126
O Dia D e a Batalha da Normandia 128
A logística americana na Europa 132
A operação Bagration 134
A batalha da Alemanha 136
A agonia do Japão 140

IV. BALANÇO E LACUNAS 143
As perdas civis e militares 144
As perdas militares do Reich 150
As perdas militares soviéticas 152
Os campos de concentração nazistas 156
O Shoá 158
A colaboração no seio da nova ordem europeia nazista 164
Resistir na Europa ocupada 168
Resistências francesas 170
Os deslocamentos dos povos na Europa do pós-guerra 174
Balanço econômico da guerra 176
O Projeto Manhattan: uma ruptura 182
Germes da Guerra Fria na Europa 184
Perturbações nas colônias: quando os impérios se fragmentam 188

OS AUTORES 191

PREFÁCIO

O NÚMERO DE LIVROS ESCRITOS sobre a Segunda Guerra Mundial é maior que a soma das horas decorridas desde a sua conclusão. E esse tsunâmi de papéis não é nada comparado ao oceano de dados gerados pelas instituições que conduziram o maior conflito de todos os tempos: exércitos, ministérios, administrações, embaixadas, comissões, agências, comitês, departamentos, missões, empresas, *think tanks*... A guerra gera luto, ruínas, sofrimento, mas antes de tudo números. A lista dos que divulgam informações apenas sobre a indústria petrolífera americana entre 1940 e 1945 não caberia no livro que você tem em mãos. No pós-guerra, essas montanhas de dados serviram de base para novas pesquisas sobre diversos aspectos da conflagração que, por sua vez, vieram enriquecer nossos conhecimentos, e assim por diante, numa expansão sem fim.

 O propósito dos autores desta obra é ajudar a compreender melhor a Segunda Guerra Mundial. Nós nos lançamos na aventura como geólogos que descem numa mina inesgotável de dados para dali tirar amostras minúsculas, é verdade, mas pertinentes. Uma vez recortadas, verificadas, calibradas, essas amostras serviram para elaborar e desenvolver os 53 temas aqui abordados. Digamos desde já que se trata de uma escolha entre muitas outras possíveis. Numerosos aspectos do conflito foram deixados de lado, zonas geográficas foram ignoradas, operações importantes foram desconsideradas. Isso se aplica à Ásia, à África e ao Oriente Médio – que nem sempre ocupam o espaço que lhes caberia. O mesmo em relação às mulheres, aos trabalhadores das fábricas, aos neutros, ao mundo da informação e das operações especiais; a lista do que temos a lamentar é longa. Mas foi necessário fazer muitos cortes para possibilitar o manejo da quantidade de dados extraídos pelos três autores, organizados por um único designer de dados – tudo isso no espaço dos três anos de duração de nossa pesquisa.

 Os milhares ou quem sabe até dezenas de milhares de dados que reunimos teriam de ser apresentados ao público numa forma atraente, sintética e inteligente. Este é o produto do design de dados – infografia e mapas –, a cargo de Nicolas Guillerat, a quem renovo a expressão de minha admiração por sua capacidade de dar significado às estatísticas. Manejadas por esse expert, as representações gráficas dos dados econômicos, demográficos ou militares perdem seu caráter seco e abstrato. Nem por isso, porém, fizemos deste um livro de imagens, que convidaria a pular de um desenho a outro. Trata-se, de fato, de um livro de história para ser lido, mas de uma maneira nova. Cada um dos 357 mapas e infográficos desta obra encerra uma massa de informações. O leitor se encontrará diante de múltiplos níveis de compreensão e de análise, dentre os quais ele fará sua escolha. Quando se trata, por exemplo, das produções aeronáuticas, ele poderá se contentar em observar a margem de superioridade geral dos anglo-saxões e dos soviéticos em relação ao Eixo; examinando, porém, mais profundamente, notará também as especializações nacionais nos diferentes setores, os ritmos de produção, as opções técnicas, a cessão de materiais entre aliados. Esperamos satisfazer assim tanto o neófito como o público mais exigente. Por outro lado, as fontes, indicadas ao fim de cada tema abordado, foram selecionadas, como devem ser, de forma bastante criteriosa e em escala internacional. Nesse sentido, eu felicito o trabalho de mineração de dados efetuado por meus dois coautores, Nicolas Aubin e Vincent Bernard. Conseguir orientar-se numa tal massa de estatísticas, muitas vezes incompleta ou contraditória, é uma verdadeira façanha.

Esta obra não é apenas um *aide-mémoire* ou um banco de dados. Ela é também uma fonte de aprofundamento, de descobertas, de questionamentos do saber que cada um detém sobre o pior horror do século XX. Considerando-se a massa das produções americanas, britânicas e soviéticas visualizadas em nossas páginas, e também – outro exemplo – a das perdas comparadas das Batalhas da Inglaterra e do Atlântico, tenderemos, talvez, a dar uma outra resposta à questão: a Segunda Guerra Mundial por pouco não teve outro desfecho? Em suas memórias, Churchill não teria exagerado o risco de uma vitória do Eixo, para magnificar a própria estatura e a de seu país? Considerando-se os organogramas de comando, teremos razões para repensar a ideia de que, para conduzir uma guerra, uma ditadura totalitária é necessariamente mais eficaz que uma democracia liberal. Questionamentos como esses serão encontrados em quase todos os assuntos abordados. Lançar uma nova luz pelo uso de um instrumento novo guiou, de ponta a ponta, nossa releitura desse gigantesco acontecimento.

Jean Lopez

I. AS CONDIÇÕES MATERIAIS E HUMANAS

A DERROTA DA DEMOCRACIA NA EUROPA

Durante o período entreguerras, a democracia vive na Europa o momento mais sombrio de sua história. Depois de um século de conquistas, ela bate em retirada diante de regimes autoritários e/ou militares e totalitários. O ataque começa nos anos 1920, com a renúncia da Hungria, a derrota na Itália, na Bulgária, na Polônia, na Lituânia, em Portugal e na Iugoslávia. A partir de 1930, a crise econômica mundial, que enfraquece e desorienta as classes médias, cria uma segunda vaga de obscurantismo na qual os ressentimentos nacionais e a radicalização de minorias étnicas insatisfeitas têm também um papel importante. Por toda parte, o surgimento de partidos abertamente antidemocráticos se faz acompanhar do desenvolvimento de ideologias e de valores contrários aos que prevaleciam antes de 1914: culto do chefe, militarismo, nacionalismo agressivo, exaltação do poder absoluto do Estado, anti-individualismo etc.

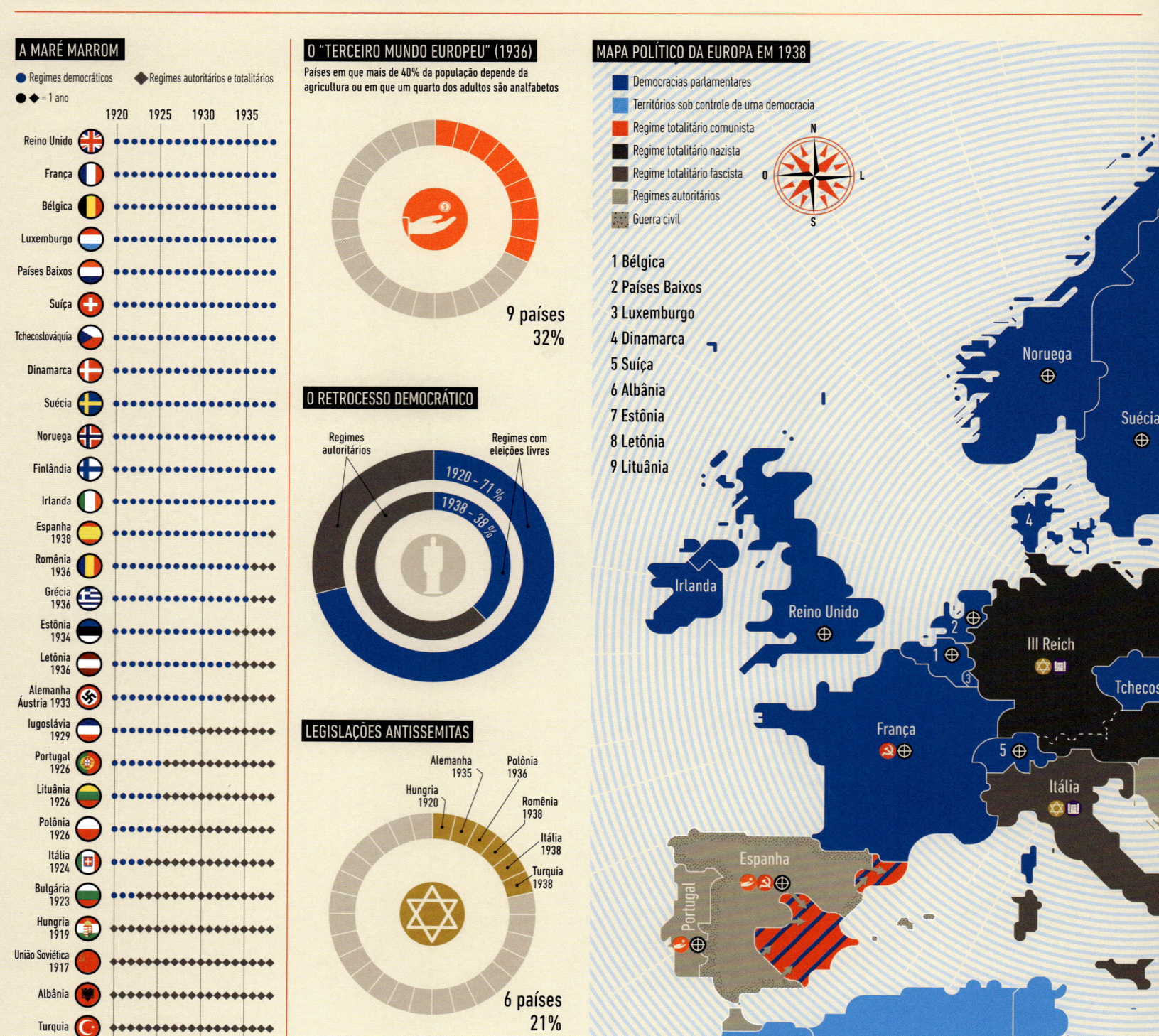

A MARÉ MARROM

● Regimes democráticos   ◆ Regimes autoritários e totalitários
● ◆ = 1 ano

País	1920	1925	1930	1935
Reino Unido				
França				
Bélgica				
Luxemburgo				
Países Baixos				
Suíça				
Tchecoslováquia				
Dinamarca				
Suécia				
Noruega				
Finlândia				
Irlanda				
Espanha 1938				
Romênia 1936				
Grécia 1936				
Estônia 1934				
Letônia 1936				
Alemanha Áustria 1933				
Iugoslávia 1929				
Portugal 1926				
Lituânia 1926				
Polônia 1926				
Itália 1924				
Bulgária 1923				
Hungria 1919				
União Soviética 1917				
Albânia				
Turquia				

O "TERCEIRO MUNDO EUROPEU" (1936)

Países em que mais de 40% da população depende da agricultura ou em que um quarto dos adultos são analfabetos

9 países — 32%

O RETROCESSO DEMOCRÁTICO

Regimes autoritários — Regimes com eleições livres
1920 – 71%
1938 – 38%

LEGISLAÇÕES ANTISSEMITAS

- Hungria 1920
- Alemanha 1935
- Polônia 1936
- Romênia 1938
- Itália 1938
- Turquia 1938

6 países — 21%

MAPA POLÍTICO DA EUROPA EM 1938

- Democracias parlamentares
- Territórios sob controle de uma democracia
- Regime totalitário comunista
- Regime totalitário nazista
- Regime totalitário fascista
- Regimes autoritários
- Guerra civil

1 Bélgica
2 Países Baixos
3 Luxemburgo
4 Dinamarca
5 Suíça
6 Albânia
7 Estônia
8 Letônia
9 Lituânia

A criação e o sucesso aparente de Estados desse novo tipo (a União Soviética, a Itália fascista, a Alemanha nazista) estimulam por toda parte a expansão desses partidos "antissistema". A violência política, verbal e física pouco a pouco se impõe, as leis antissemitas proliferam, as reivindicações territoriais se exprimem abertamente, e, na maioria dos casos, em termos militares. Os assassinatos políticos se contam às centenas: Dollfuss, Erzberger, Rathenau, Matteotti, Pieracki, Alexandre da Iugoslávia, Granjo, Duca, Stamboliyski... Por volta de 1920, 24 regimes europeus podiam ser considerados democráticos. Na Europa, excluindo-se a União Soviética desse cenário e, por outros motivos, os microestados, apenas a Albânia e a Hungria não têm eleições livres. Em 1938, existem apenas onze democracias: Tchecoslováquia, Finlândia, Bélgica, França, Reino Unido, Irlanda, Países Baixos, Noruega, Suécia, Dinamarca e Suíça.

O abandono da Tchecoslováquia em Munique, em 1938, pelas duas grandes democracias ocidentais, foi visto por todos os democratas do Velho Continente como uma horrenda traição e um imperdoável retrocesso histórico. Não obstante, em setembro de 1939, quando eclode a guerra, a França e a Grã-Bretanha podem, com justa razão, levantar o estandarte democrático. Seu adversário, a Alemanha, é um regime totalitário, ajudado por dois outros de mesmo tipo, a Itália e a União Soviética. Pressionados por essas três forças, os países da Europa Central, Meridional e Oriental renunciam todos às eleições e à imprensa livre, ao Estado de direito e à igualdade de todos os cidadãos. E o pior ainda está por vir: em 1942, na Europa continental ocupada pelo Reich nazista, seis das democracias remanescentes de 1938 haveriam de sucumbir. Será a meia-noite do século.

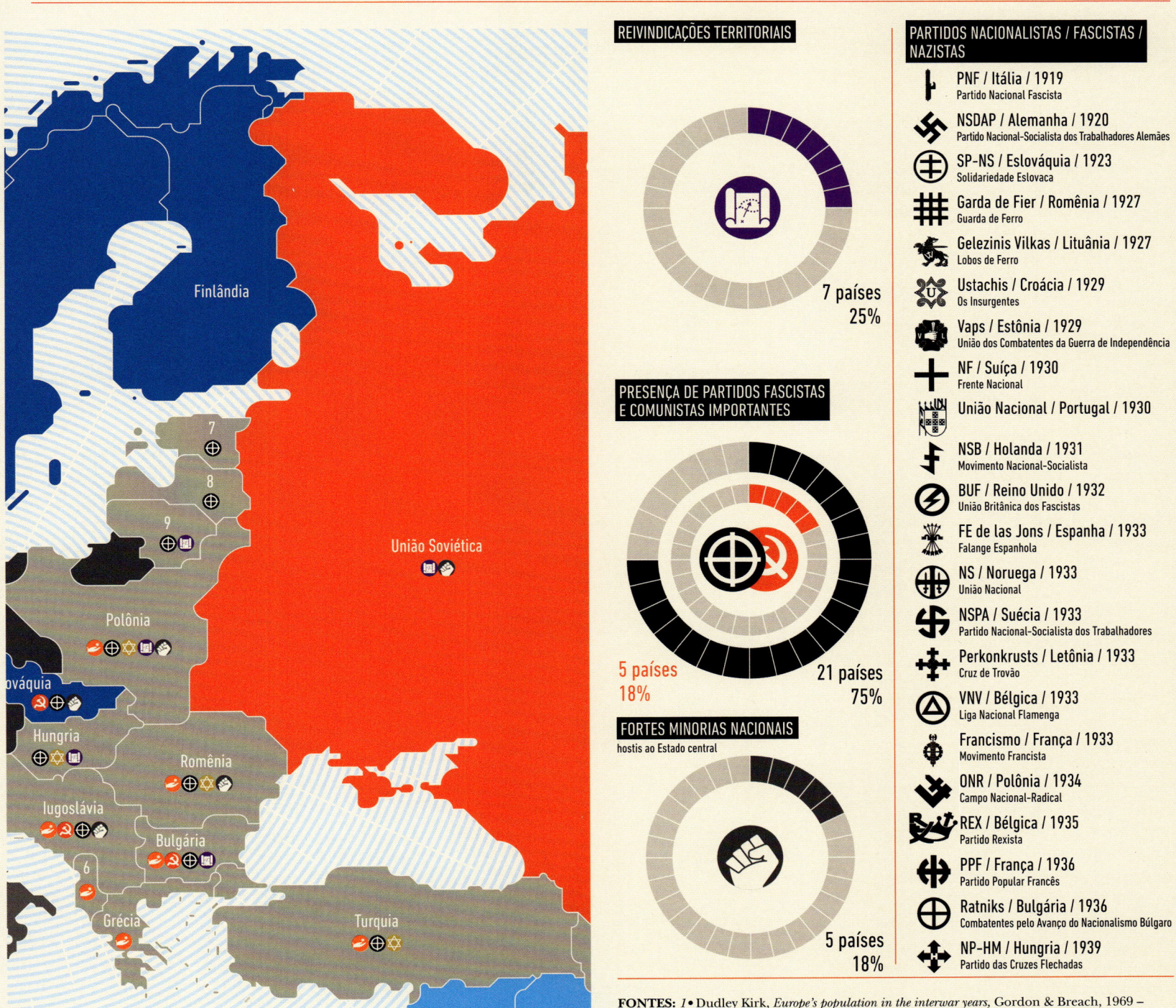

FONTES: *1•* Dudley Kirk, *Europe's population in the interwar years*, Gordon & Breach, 1969 – *2•* Giovanni Capoccia, *Defending democracy: Reactions to extremism in interwar Europe*, John Hopkins University Press, 2005.

O PODERIO ECONÔMICO

O poderio econômico determina a vitória? Na primeira fase da guerra, de 1939 a meados de 1942, predominam os fatores militares. Surpresa, rapidez, treinamento, tática, motivação e armamentos acumulados antes do conflito põem o Eixo em posição de vantagem. O que não significa, bem entendido, que os fatores econômicos não pesam em suas vitórias: a soma de seus PIBs corresponde a três quartos da soma dos PIBs de seus inimigos. Em fins de 1940, com a conquista da Europa Ocidental e a neutralização do Império Francês, o Eixo Roma-Berlim pode até mobilizar (teoricamente) um PIB em que supera em um quarto o PIB do bloco britânico. Tudo muda quando, ao cabo de 24 meses, para o Reich, e de seis meses, para o Japão, os países do Eixo se revelam incapazes de vencer e se veem apanhados numa guerra de atrito.

Nessa segunda fase da guerra, o poder econômico retoma seus direitos, considerando-se que os Aliados tiveram o tempo necessário para corrigir suas mais graves deficiências militares. Os recursos dos Estados Unidos e da União Soviética somados aos do bloco britânico e acrescidos dos que foram postos à disposição, *nolens volens*, pelos países da América Latina e do Oriente Médio, esmagam, por seu volume, qualidade e variedade, tudo que se pode lhe opor. Em 1942, o PIB aliado é o dobro do PIB do adversário; em 1944, mais que o triplo; em 1945, mais que o quíntuplo. Essa disparidade econômica se agrava dadas as disparidades das populações mobilizadas, o acesso aos recursos estratégicos essenciais (energia, metais não ferrosos) e as reservas produtivas inexploradas. Quanto a este último ponto, os dados a seguir são um tanto imprecisos, devido ao ano de referência escolhido, em geral 1938. Nesse ano, com efeito, a América de Roosevelt, depois da calmaria do New Deal, volta a entrar em crise, e seu PIB cai para 800 bilhões de dólares. O enorme potencial agrícola, industrial e de mineração está subutilizado, ao passo que o do Japão, da Alemanha e da Itália está praticamente a pleno vapor. A mobilização dos recursos de produção (entre outros, 10,3 milhões de desempregados) não utilizados se evidencia neste dado: em 1945, o PIB dos Estados Unidos aumentaria 84% em relação a 1938. E, ainda que recorrendo à pilhagem e à escravização em massa, o do Reich aumenta não mais que 24%, e o do Japão, 11%.

1 • NÍVEIS DE DESENVOLVIMENTO

Diversas medidas permitem avaliar os níveis de desenvolvimento dos beligerantes. No Eixo, apenas o Reich pode rivalizar com a dupla anglo-saxã, tanto pela importância do setor industrial quanto pela vasta gama de pesquisas de desenvolvimento. Isso é demonstrado por sua capacidade de superar, em parte, seu atraso em matéria de radares e de tomar a dianteira no desenvolvimento de jatos e de mísseis. A Itália, o Japão e a União Soviética encontram-se no nível de países em desenvolvimento, com um vasto campesinato pouco produtivo e modestos recursos tecnológicos. O campo das armas técnicas reflete essa situação. Anglo-saxões e alemães podem destinar um quarto de seus gastos à aviação; soviéticos, italianos e japoneses continuam atarantados com enormes contingentes de infantaria.

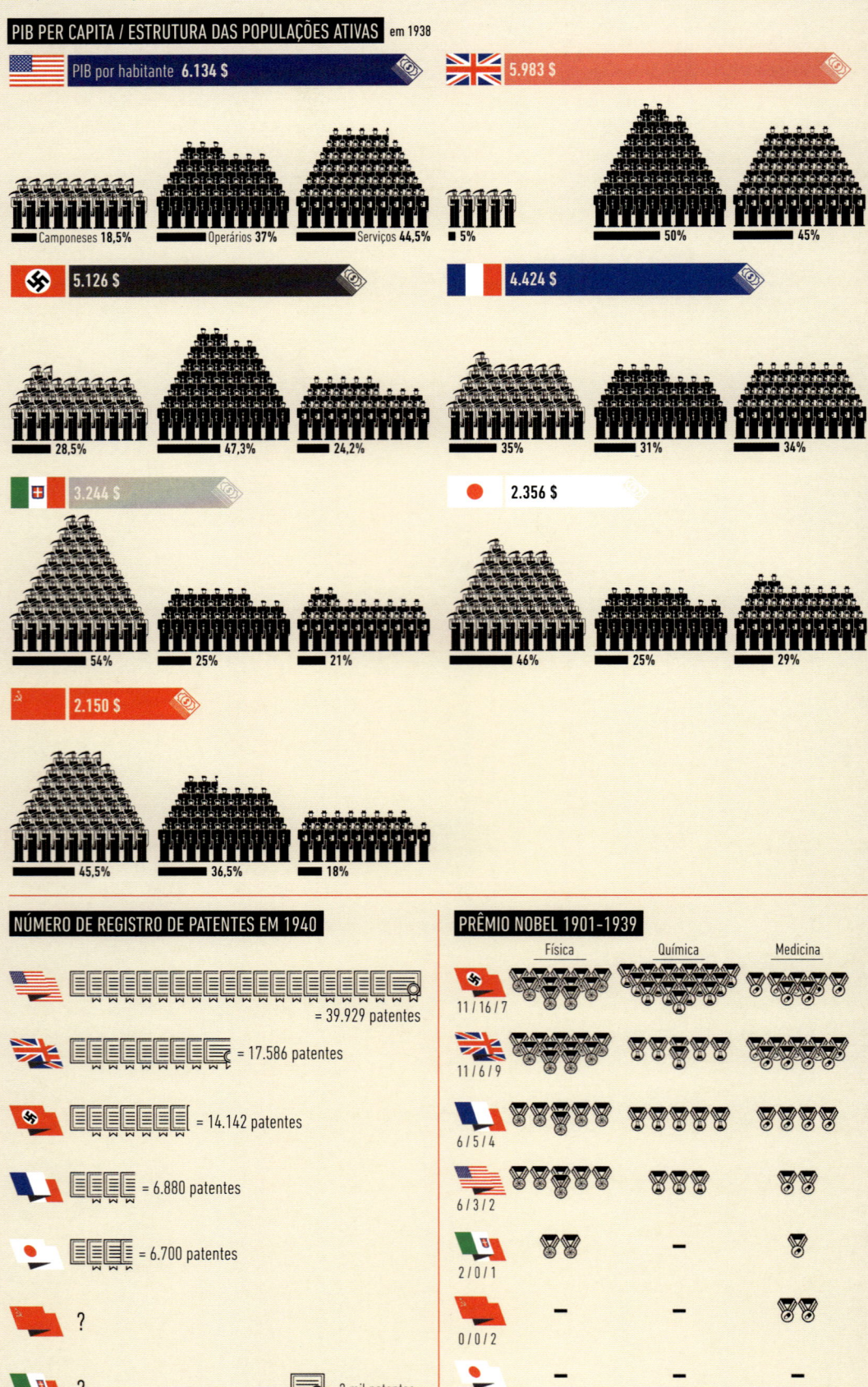

2 • PIB, SUPERFÍCIE, POPULAÇÃO (em 1938)

Embora se possa considerar o conflito, no papel, como uma corrida aos recursos em que o Eixo consegue, em três anos, superar em parte seu *handicap*, essa visão é enganosa. Isso porque o Eixo só muito precariamente poderá pôr a seu serviço as populações (recalcitrantes) e as economias (estranguladas pelo bloqueio) dos países dominados. Hitler só considera a possibilidade de vencer se conseguir se apossar da totalidade dos recursos soviéticos, o que não viria a acontecer. Ele vê nisso a única maneira de alcançar uma dimensão continental, com as vantagens estratégicas que daí resultam. Os japoneses pensam da mesma maneira. É curioso observar, porém, que os dois maiores parceiros do Eixo não colocaram como objetivo prioritário fundir-se fisicamente um ao outro.

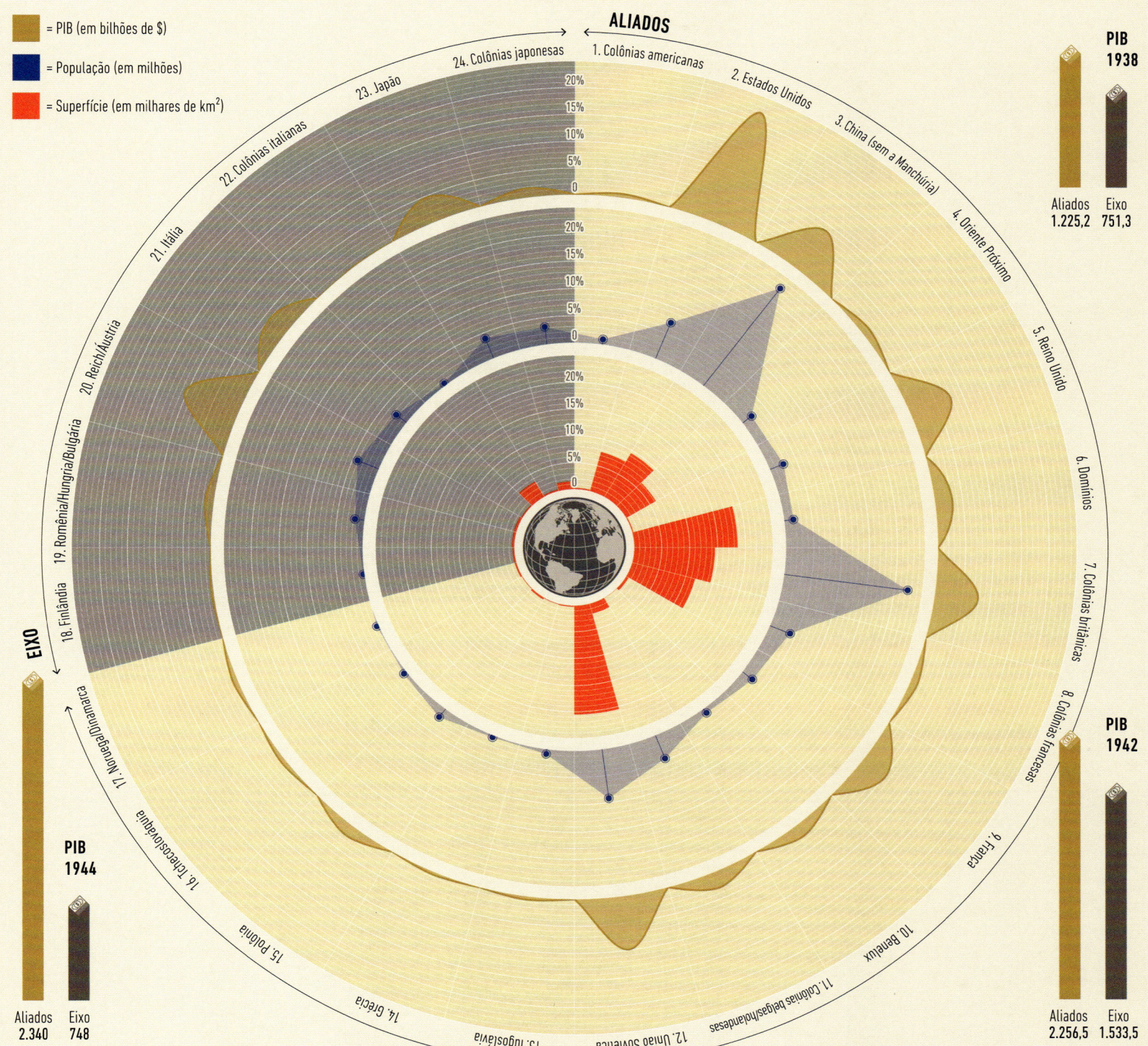

1. Colônias americanas: 26,5 $ / 17,8 h / 324 km² – 2. Estados Unidos: 800,3 $ / 130,5 h / 7.856 km² – 3. China: 320,5 $ / 411,7 h / 9.800 km² – 4. Oriente Próximo: 52,1 $ / 38,6 h / 6.430 km² – 5. Reino Unido: 284,2 $ / 47,8 h / 245 km² – 6. Domínios: 114,6 $ / 30 h / 19.185 km² – 7. Colônias britânicas: 284,5 $ / 406 h / 14.995 km² – 8. Colônias francesas: 48,5 $ / 70,9 h / 12.099 km² – 9. França: 185,6 $ / 42 h / 551 km² – 10. Benelux: 85,5 $ / 17,4 h / 64 km² – 11. Colônias belgas/holandesas: 5,5 $ / 77,4 h / 14 h / 68,1 h / 240 km² / 1.904 km² – 12. União Soviética: 359 $ / 167 h / 21.176 km² – 13. Iugoslávia: 21,9 $ / 16,1 h / 248 km² – 14. Grécia: 19,3 $ / 7,1 h / 130 km² – 15. Polônia: 76,6 $ / 35,1 h / 389 km² – 16. Tchecoslováquia: 30,3 $ / 10,5 h / 140 km² – 17. Noruega/Dinamarca: 32,5 $ / 6,7 h / 366 km² – 18. Finlândia: 12,7 $ / 3,7 h / 383 km² – 19. Romênia/Hungria/Bulgária: 54,1 $ / 31,4 h / 515 km² – 20. Reich/Áustria: 375,6 $ / 75,4 h / 554 km² – 21. Itália: 140,8 $ / 43,4 h / 310 km² – 22. Colônias italianas: 2,6 $ / 8,5 h / 3.488 km² – 23. Japão: 169,4 $ / 71,9 h / 382 km² – 24. Colônias japonesas: 62,9 $ / 59,8 h / 1.602 km²

Situação em 1938: Eixo (20+21+22+23+24) 751,3 $ / 258,9 h / 6.336 km² – Aliados (5+6+7+8+9+10+11+15+16+17) 1.225,2 $ / 748,5 h / 50.178 km²
Situação em 1942: Eixo (11+20+21+22+23+24+18+19 territórios conquistados) 1.533,5 $ / 622,5 h / 13.973 km² – Aliados (1+2+3+4+5+6+7+8+11+12) 2.256,5 $ / 1.271,2 h / 89.658 km²

17

3 • PRODUTOS ESTRATÉGICOS (em % da produção mundial, 1939)

A lista dos quinze produtos indispensáveis, à exceção do petróleo, para ganhar a guerra, mostra a disparidade entre os dois campos. Mesmo no que tange aos produtos de base como o aço, o Reich e o Japão carecem de recursos que atendam a suas ambições e terão de decidir, o tempo todo, como distribuí-los entre as três armas. No que tange a determinadas ligas metálicas, desde 1942 o Reich vive do que tem em reserva. Os Aliados só ficam privados do acesso à borracha natural depois que o Japão conquista as plantações asiáticas de seringueiras. Em dezoito meses, porém, os Estados Unidos conseguem erguer, a partir do nada, uma colossal indústria de borracha sintética, superando assim a defasagem de antes da guerra em relação ao Reich.

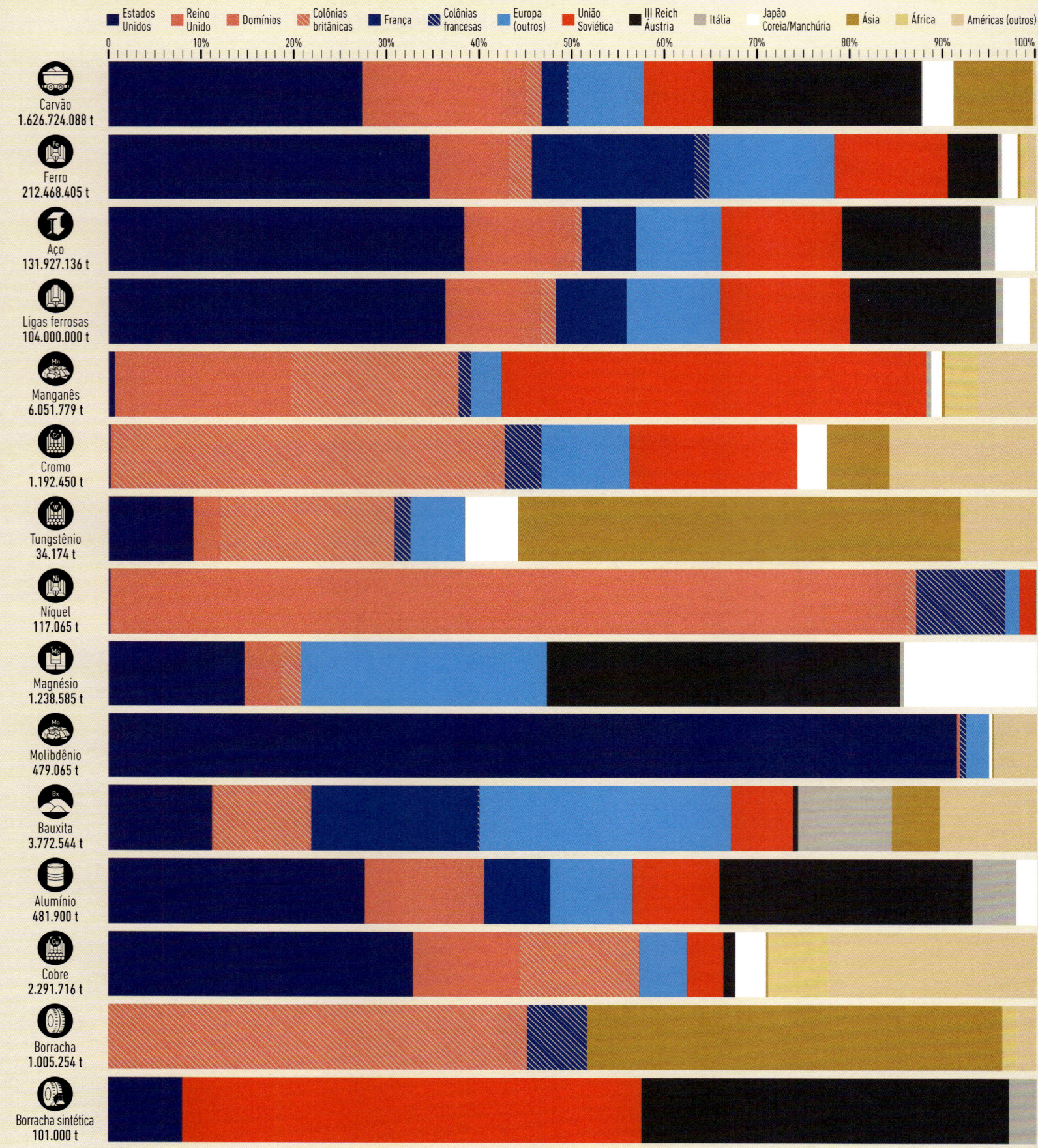

4 • A AGRICULTURA

O acesso aos alimentos, e especialmente aos cereais panificáveis, é uma das maiores preocupações dos governantes dos países em guerra. Pode-se até dizer que Hitler tenha um temor obsessivo pela carência de alimentos. Excetuando-se a Romênia, todos os países que dispõem de um excedente encontram-se na esfera aliada. O país que mais depende de importações de trigo é, de longe, a Grã-Bretanha. Daí a ideia de condená-la à fome pela guerra submarina declarada a seu comércio. Para atender às necessidades alimentares de sua população, o Reich privará de alimentos os soviéticos, poloneses, franceses, belgas...

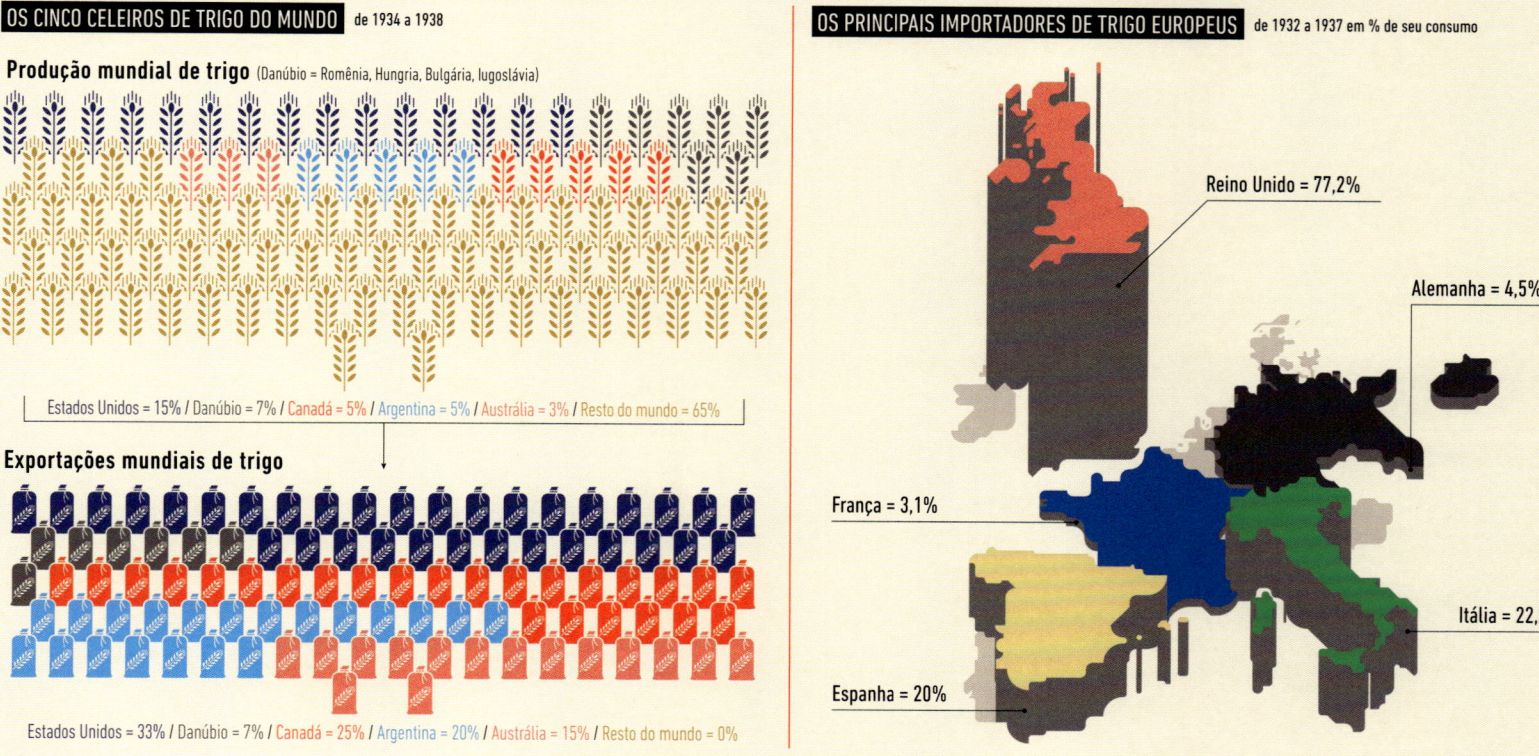

OS CINCO CELEIROS DE TRIGO DO MUNDO de 1934 a 1938

Produção mundial de trigo (Danúbio = Romênia, Hungria, Bulgária, Iugoslávia)

Estados Unidos = 15% / Danúbio = 7% / Canadá = 5% / Argentina = 5% / Austrália = 3% / Resto do mundo = 65%

Exportações mundiais de trigo

Estados Unidos = 33% / Danúbio = 7% / Canadá = 25% / Argentina = 20% / Austrália = 15% / Resto do mundo = 0%

OS PRINCIPAIS IMPORTADORES DE TRIGO EUROPEUS de 1932 a 1937 em % de seu consumo

Reino Unido = 77,2%
Alemanha = 4,5%
França = 3,1%
Itália = 22,2%
Espanha = 20%

5 • OS SETORES DE PONTA

Graças a sua química avançada, o Reich tem condições de atender, até 1944, a suas necessidades de pólvora e explosivos. O Japão e a União Soviética estão em condições muito piores, e a precariedade de sua química resultará na incapacidade de desenvolver refinarias de petróleo em padrões modernos. O fato de dispor de uma vasta indústria automobilística e de petróleo condiciona diretamente a capacidade de motorizar e mecanizar os exércitos, fator crucial na Europa, onde os combates terrestres se dão em grande escala. O exército terrestre alemão dependerá muito de tração animal, ao passo que seus adversários ocidentais nadarão na opulência mecânica. A União Soviética só conseguirá atender à própria demanda recorrendo a fornecedores dos Estados Unidos.

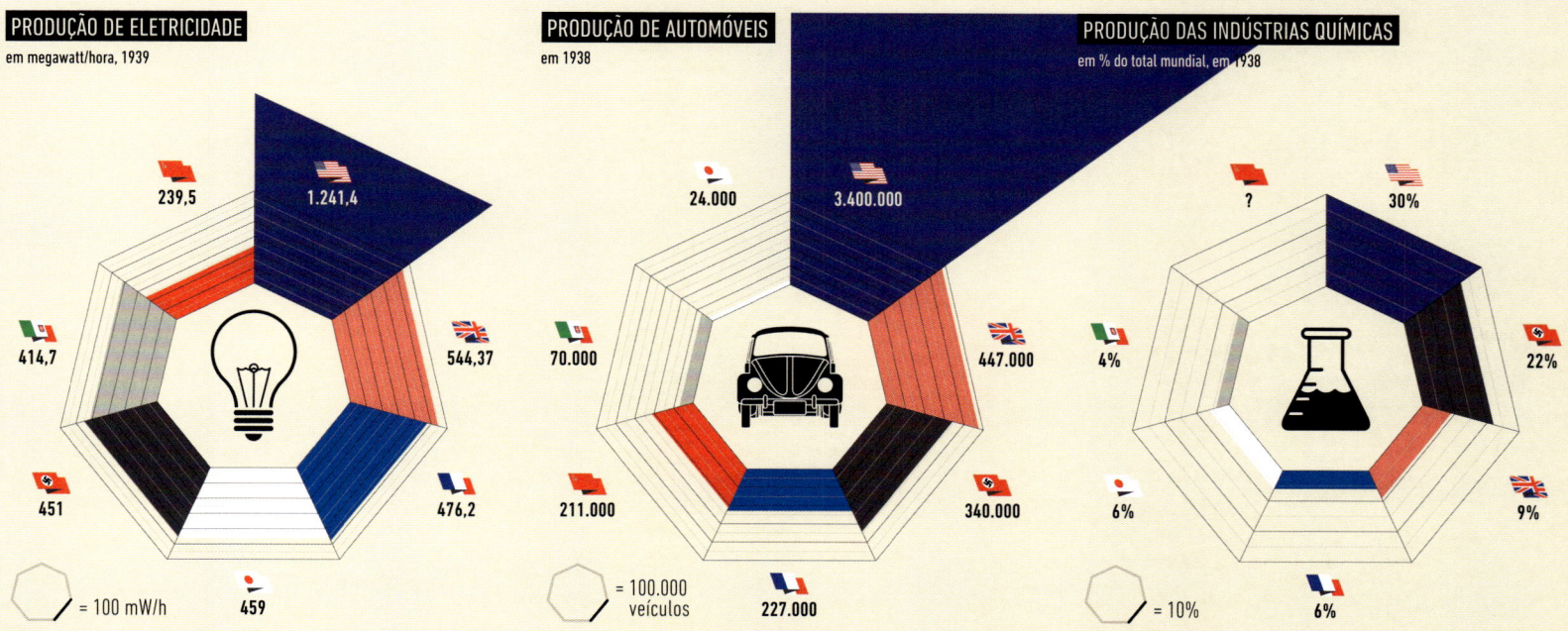

PRODUÇÃO DE ELETRICIDADE em megawatt/hora, 1939

EUA 1.241,4 / Japão 239,5 / México 414,7 / Reino Unido 544,37 / Alemanha 451 / França 476,2 / Itália 459
= 100 mW/h

PRODUÇÃO DE AUTOMÓVEIS em 1938

EUA 3.400.000 / Japão 24.000 / México 70.000 / Reino Unido 447.000 / Alemanha 211.000 / Itália 340.000 / França 227.000
= 100.000 veículos

PRODUÇÃO DAS INDÚSTRIAS QUÍMICAS em % do total mundial, em 1938

EUA 30% / Japão ? / México 4% / Reino Unido 22% / Alemanha 6% / Itália 9% / França 6%
= 10%

FONTES: *1•* Tom Nicholas, "The origin of Japanese technological modernization", *Explorations in Economic History*, v. 48, 2011, p. 272-291 – *2•* François Caron, *Les deux revolutions industrielles du XXᵉ siècle*, Albin Michel, 1977 – *3•* Mark Harrison (dir.), *The economics of World War II*, Cambridge University Press, 1998, p. 160 – *4•* Mark Rutzik & Sol Swerdloff, "The occupational structure of US employment, 1940-60", *Monthly Labor Review*, v. 85, n. 11, novembro de 1962 – *5•* Coletivo, "Évolution de la population active en France depuis cent ans d'après les dénombrements quinquennaux", *Études et Conjoncture – Économie Française*, v. 8, n. 3, 1953 – *6•* William H. Lockwood, *Economic development of Japan*, Princeton University Press, 1954 – *7•* Imperial Institute, *The mineral industry of the British Empire and foreign countries, Statistical Summary 1936-1938*, London, Published for the Imperial Institute by His Majesty's Stationery Office 1939 – *8•* Johann Peter Murmann, "Chemical Industries after 1850", *Oxford Enciclopedia of Economic History*, 2002 – *9•* G. Aparicio & V. Pinilla, *The dynamics of international trade cereals 1900-1938*, Sociedad Española de Historia Agraria, 2015 – *10•* Paul de Hevesy, *World wheat planning and economic planning in general*, Oxford University Press, 1940.

UM EM CADA NOVE HOMENS É MOBILIZADO

Cerca de 130 milhões de seres humanos (4% dos quais mulheres) dos 2,2 bilhões de habitantes da Terra em 1939, pertencentes a trinta nações, foram mobilizados durante a Segunda Guerra Mundial: aproximadamente 70% no campo aliado, e os demais do lado do Eixo. Em valores absolutos, a União Soviética, os Estados Unidos, a China e o Reich fornecem os maiores contingentes. Se considerarmos o esforço humano em relação à reserva demográfica masculina, o Reich, a Itália e a União Soviética são os primeiros. Na Alemanha, o recrutamento em massa na faixa etária dos dezoito aos cinquenta anos só pôde realizar-se com o aporte de 9 milhões de trabalhadores estrangeiros, a maioria dos quais involuntários, de prisioneiros de guerra e detidos em campos de concentração. Na União Soviética, o

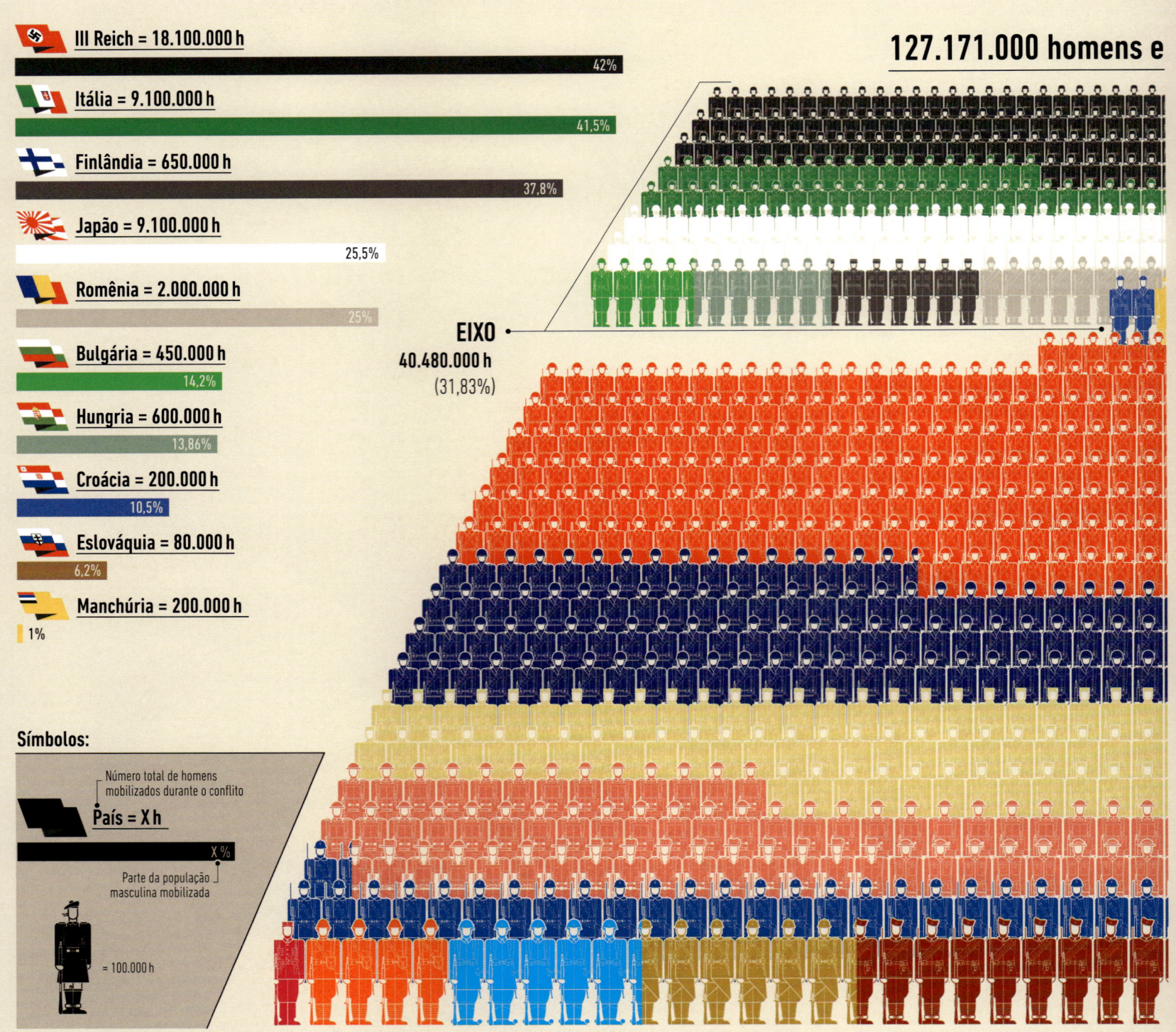

III Reich = 18.100.000 h — 42%
Itália = 9.100.000 h — 41,5%
Finlândia = 650.000 h — 37,8%
Japão = 9.100.000 h — 25,5%
Romênia = 2.000.000 h — 25%
Bulgária = 450.000 h — 14,2%
Hungria = 600.000 h — 13,86%
Croácia = 200.000 h — 10,5%
Eslováquia = 80.000 h — 6,2%
Manchúria = 200.000 h — 1%

127.171.000 homens e

EIXO
40.480.000 h
(31,83%)

Símbolos:
Número total de homens mobilizados durante o conflito
País = X h
X %
Parte da população masculina mobilizada
= 100.000 h

FONTES: *1•* Mark Axworthy, Cornel Scafes, Cristian Craciunoiu, *Third Axis, Fourth Ally: Forces in the European war, 1941-45*, Arms & Armour, 1995 – *2•* Pour la Finlande, comunicação pessoal de Louis Clerc – *3•* G. F. Krivosheev (dir.), *Soviet casualties and combat losses in the twentieth century*, Greenhill Books, 1997 – *4•* James Nanney, *US manpower mobilization for World War II*, U.S. Army Center

esforço de mobilização foi muito grande, e por isso a economia civil encontra-se à beira do colapso desde 1942, tanto que 62 milhões de cidadãos ficaram sob ocupação alemã. Por duas vezes a Romênia forneceu contingentes: 1,2 milhão de seus homens encontram-se no campo do Eixo até setembro de 1944 cerca de 600 mil combaterão ao lado dos soviéticos a partir dessa data.

O caso chinês é especial. Uma parte dos 14 milhões de mobilizados entre 1937 e 1945 nunca tinha visto nem uma arma nem um japonês; outros desapareceram logo que saíram do posto de recrutamento; outra parte, enfim, só combateu contra outros chineses, comunistas. De resto, as forças mobilizadas por estes se mostraram incompatíveis. O caso da Iugoslávia, assim como o da França, é expresso de forma precária nos números abaixo. O exército batido pela Wehrmacht em alguns dias em abril de 1941 compunha-se teoricamente de 1 milhão de homens, mas outros serão em seguida chamados a servir ao Estado croata de Ante Pavelic ou às forças de Tito. Na França, quantos dos 5 milhões de mobilizados de 1940 estarão no 1,3 milhão recrutado por De Gaulle em 1944-1945? Não existe nenhuma estatística confiável. Do lado britânico, a partir de 1942 o recrutamento entre a população masculina da ilha é limitado, sob pena de paralisar a economia, o que é uma das causas do notável sucesso da mobilização industrial britânica. Para compensar essa falta, os domínios foram chamados a dar sua contribuição, às vezes de forma mais massiva que a pátria-mãe, como é o caso da Nova Zelândia e da Austrália.

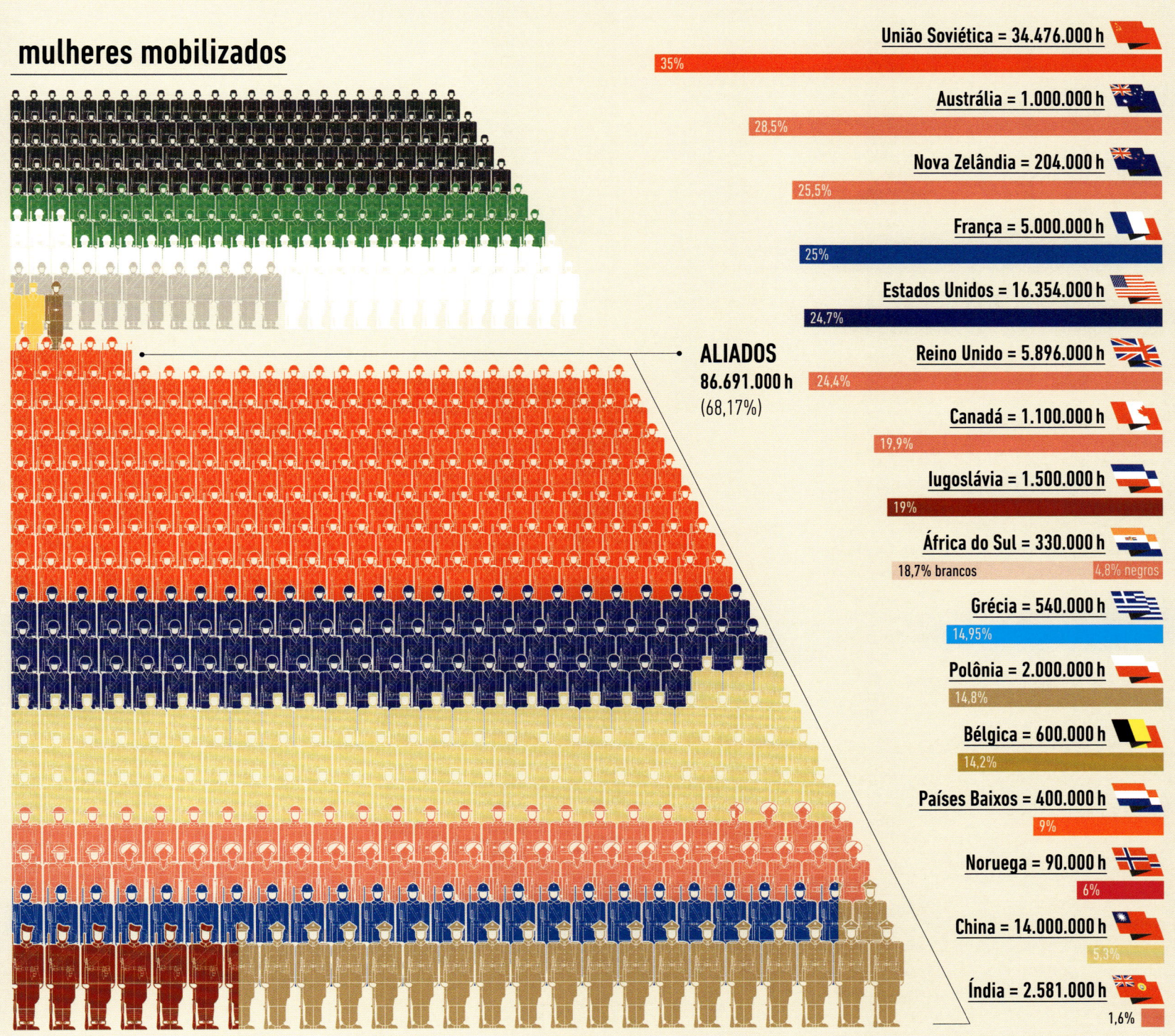

of Military History, Histories Division, 1982 – 5• Bernhardt R. Kroener, *Das Deutsche Reich und der Zweite Weltkrieg: Organisation und Mobilisierung des deutschen Machtbereichs*, v. 5/1 e 5/2, DVA, 1988.

A EQUAÇÃO DO PETRÓLEO

Em 1939, o quadro dos recursos petrolíferos é o mais desequilibrado de todos. Os Estados Unidos extraem cerca de dois terços do total mundial. As grandes companhias americanas, britânicas e holandesas controlam os recursos do resto do mundo, na América do Sul, no Oriente Médio e nas Índias Holandesas. Excetuando-se os Aliados ocidentais, a única potência capaz de prover-se de petróleo é a União Soviética. Em contrapartida, o III Reich e o Império Japonês encontram-se em situação de penúria. Em setembro de 1939, a Alemanha tem estoques para apenas alguns meses de operações ativas. Em 1940, o petróleo da Romênia vem completar recursos dispersos no III Reich e na Europa sob ocupação. A produção de gasolina sintética extraída do carvão, que Hitler elegeu como eixo de sua política de autossuficiência, atinge seu pico em 1943, garantindo 40% de sua demanda de combustíveis. O equilíbrio produção-consumo, já frágil, desmorona em 1944, quando os ataques aéreos americanos destroem as unidades de sintetização.

O Japão está numa situação ainda mais precária. Em 1940, seus recursos nacionais cobrem apenas 8,6% de suas necessidades. A guerra só continua porque as forças nipônicas conquistam em princípios de 1942 os poços das Índias Holandesas (Sumatra, Java) e de Bornéu. Mas os submarinos americanos impedem o envio da produção para o Japão.

A invasão alemã de 1941 não ameaça os recursos de petróleo da União Soviética. A segunda ofensiva estratégica de Hitler, no verão de 1942, causa-lhe danos, mas não a ponto de comprometer a motorização de seus exércitos.

A situação britânica é das mais frágeis. Dada a extrema dependência das importações (99%), a explosão da necessidade de combustível para seus aviões e navios só pode ser atendida recorrendo maciçamente às jazidas da zona do Caribe e da América do Sul, além das exportações americanas. Daí a preocupação constante em proteger as rotas transatlânticas. Quanto aos Estados Unidos, não apenas eles têm meios de atender a suas gigantescas demandas militares e civis, mas também conseguem aumentar suas exportações para seus aliados. É justamente na questão do petróleo que se revela claramente a derrota do Eixo.

1• A TRANSFORMAÇÃO ENERGÉTICA

Dois números são suficientes para mostrar a extensão da mudança energética sofrida pelos exércitos entre as duas guerras mundiais. Um soldado americano de 1918 necessita de quinze quilos de provisões por dia, dos quais apenas 1,2 quilo de combustível. Em 1945, ele precisa de 33,5 quilos, sendo 16,5 quilos de derivados de petróleo.

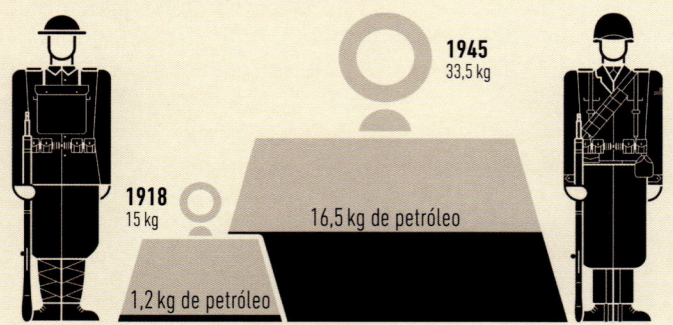

2• PRODUÇÃO MUNDIAL DE PETRÓLEO BRUTO EM 1939

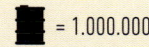 = 1.000.000 t

A fantástica desproporção dos recursos, que aqui salta à vista, era bem conhecida dos estrategistas alemães e japoneses. Mas eles baseiam suas esperanças em vitórias rápidas que lhes garantiriam recursos: petróleo soviético para uns, indonésio para outros. Porém, os alemães não tinham previsto que lhes caberia também fornecer um mínimo de petróleo ao aliado italiano e às economias conquistadas.

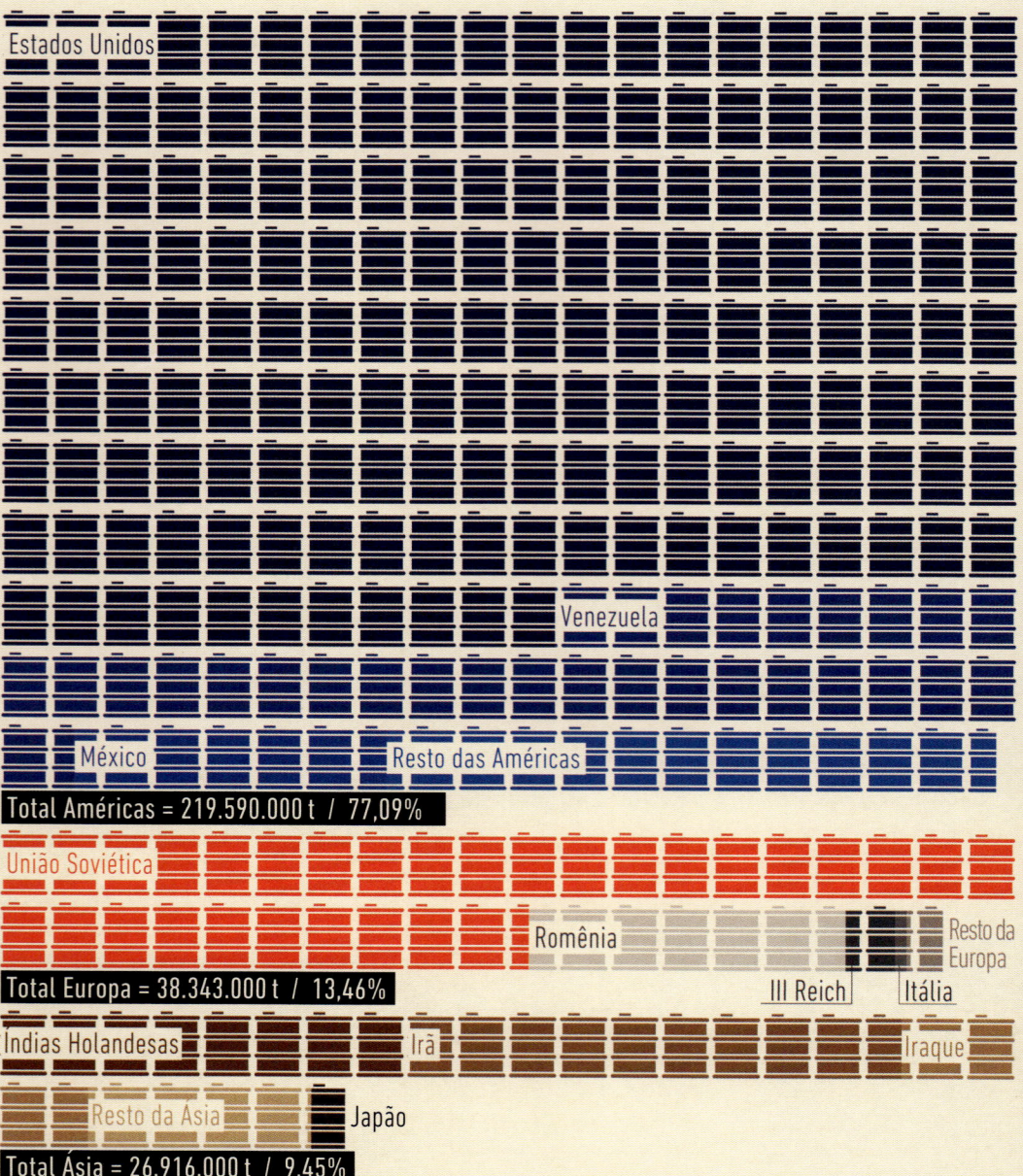

3 • OS ALIADOS, SENHORES DO JOGO DO PETRÓLEO

A indústria americana do petróleo conseguiu a façanha incrível de garantir o consumo civil, à custa de um racionamento razoável, as enormes demandas dos militares (multiplicadas por 36 em cinco anos!) e ainda aumentar as exportações para seus aliados britânicos necessitados.

O caso destes últimos, a exemplo dos Estados Unidos, mostra o custo energético gigantesco de uma marinha presente em toda parte e de uma aviação procedendo a bombardeios estratégicos: o consumo da RAF multiplicou-se por 42 entre 1938 e 1945; o da Marinha, por dez.

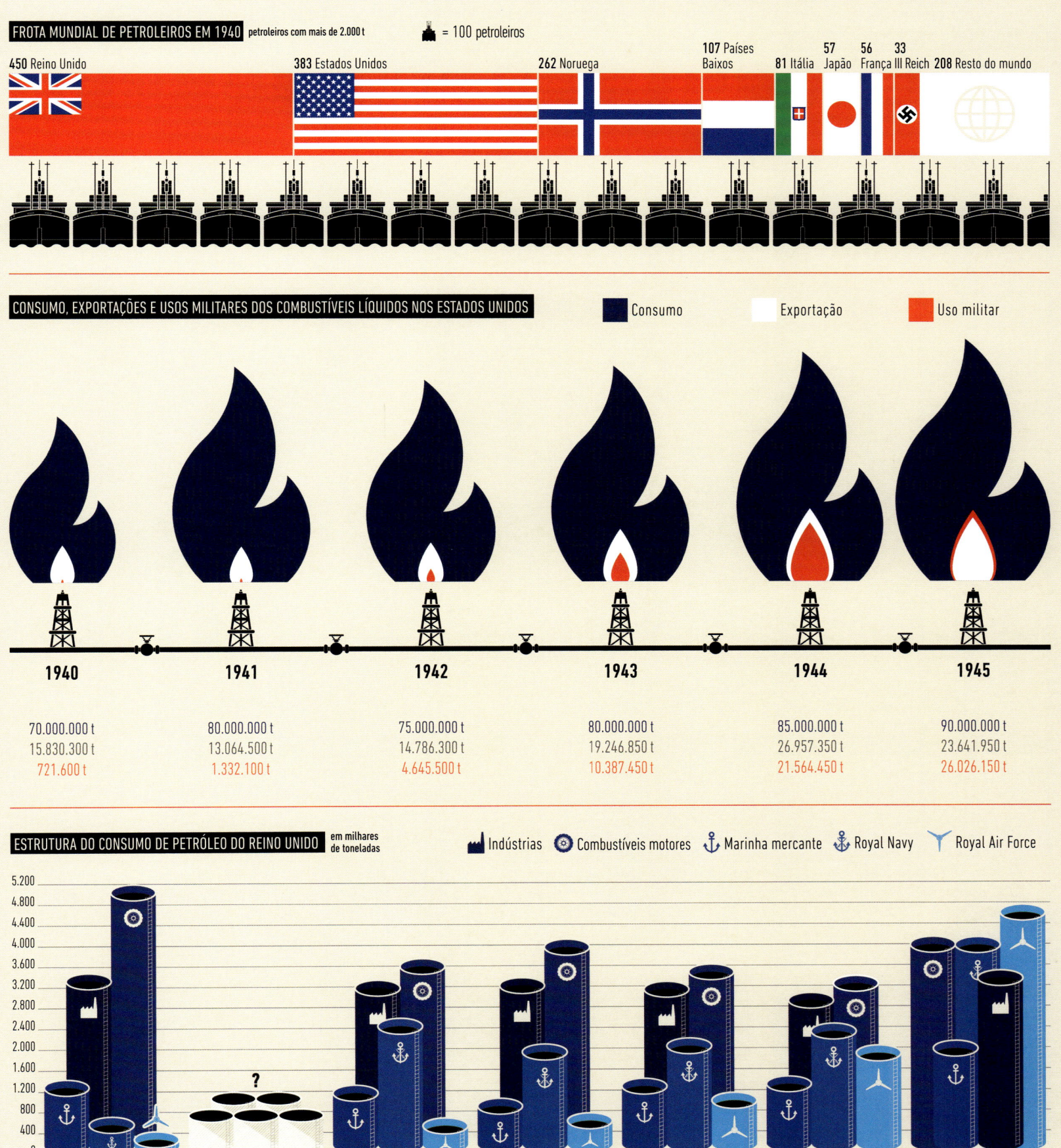

4 • O REICH EM BUSCA DO OURO NEGRO (1938-1944)

A Alemanha entra em guerra com um trunfo, sua produção de gasolina sintética, mais a esperança de apossar-se rapidamente dos recursos romenos, húngaros e poloneses. O mapa abaixo, à direita, revela o desejo estratégico quimérico alimentado em princípios de 1942: realizar um duplo e vasto movimento em torno das bacias do Mediterrâneo oriental e do Mar Negro para apossar-se de 20% dos recursos mundiais no Cáucaso e no Oriente Médio. Bombardeando as fábricas de combustíveis sintéticos a partir de maio de 1944, os B-17 e os Liberators americanos, seguidos por caças Mustang, obrigam o Reich a economizar cada vez mais as suas reservas.

O DESPREPARO DO REICH EM SETEMBRO DE 1939

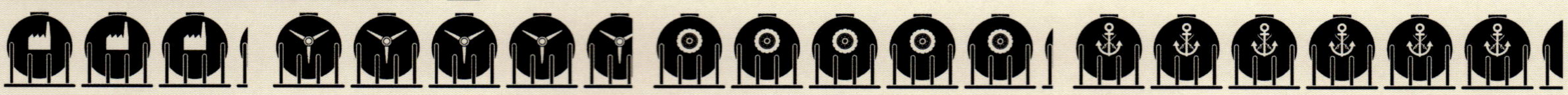

= 1 mês de reserva

Gasóleo industrial = 3,2 meses
Gasolina de aviação = 4,8 meses
Gasolina de automóveis = 5,2 meses
Mazute marinho = 6,4 meses

PRODUÇÃO DE PETRÓLEO PARA O REICH DE 1938 A 1944
em milhares de toneladas

- Pechelbronn — 302 (França)
- Alemanha — 15.062
- Áustria (Zistersdorf) — 6.232 / 4.876
- Polônia (Jasło) — 1.159
- Hungria (Budafapuszta, Balaton) — 3.168
- Romênia (Ploesti) — 12.376

Parte da produção em milhões de toneladas
Produção total do III Reich de 1938 a 1944: 1938, 1939, 1940, 1941, 1942, 1943, 1944

Locais de produção de combustíveis sintéticos
Principais zonas de extração de petróleo

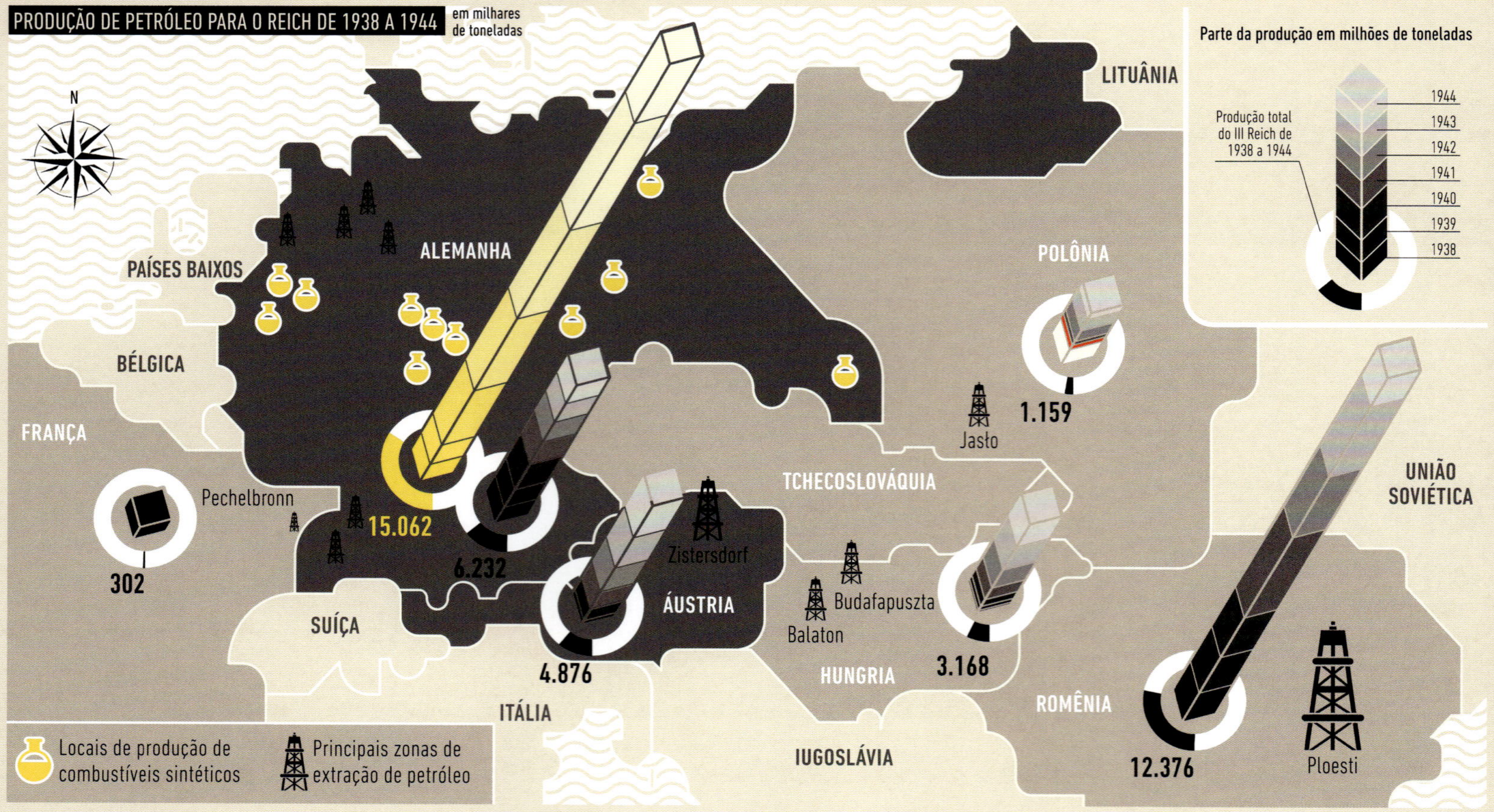

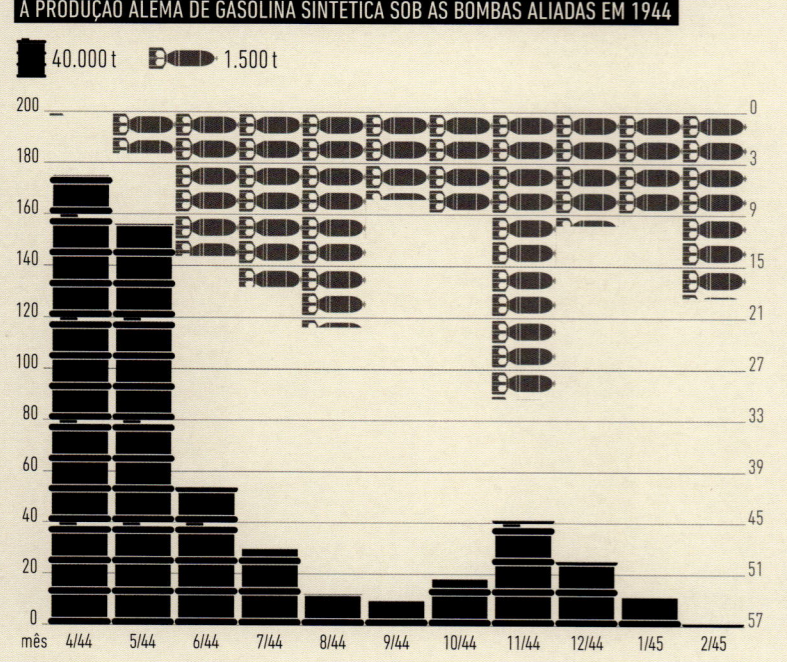

A PRODUÇÃO ALEMÃ DE GASOLINA SINTÉTICA SOB AS BOMBAS ALIADAS EM 1944
▇ 40.000 t   ▮ 1.500 t

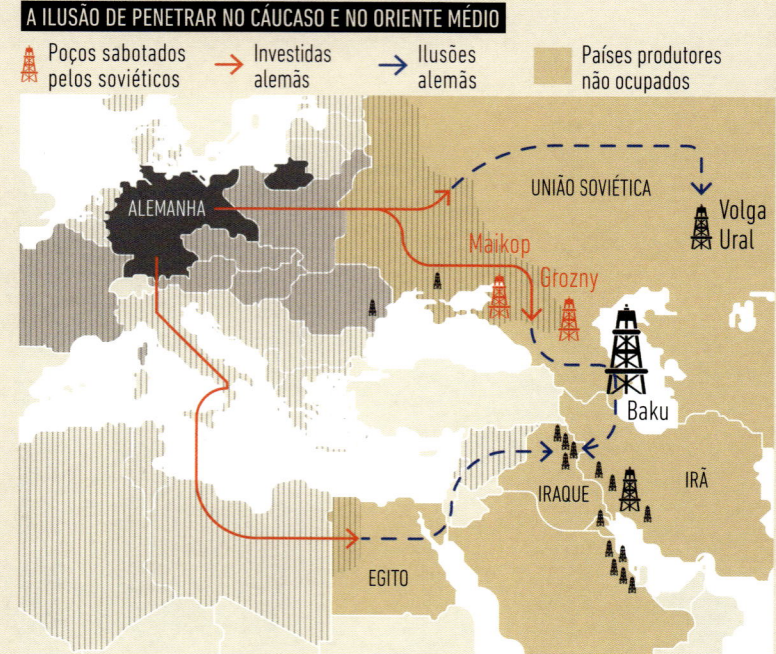

A ILUSÃO DE PENETRAR NO CÁUCASO E NO ORIENTE MÉDIO

- Poços sabotados pelos soviéticos
- Investidas alemãs
- Ilusões alemãs
- Países produtores não ocupados

Maikop, Grozny, Baku, Volga, Ural, Iraque, Irã, Egito

5 • A UNIÃO SOVIÉTICA, SEGUNDO PRODUTOR MUNDIAL, EM DIFICULDADE em milhares de toneladas

A segunda ofensiva estratégica do Reich na União Soviética – o Plano Azul – tem o objetivo declarado de conquistar as jazidas de Maikop, Grozny e Baku. Maikop foi tomada, mas os engenheiros soviéticos inutilizaram os poços. Os Panzer chegaram a trinta quilômetros de Grozny, onde os soviéticos promoveram uma destruição em larga escala, prevendo uma conquista que terminaria por não acontecer. Além disso, a destruição realizada preventivamente em Baku explica a queda de 45% da produção em 1943. O que restou, porém, complementado pelos aportes americanos, pôde atender às principais necessidades militares.

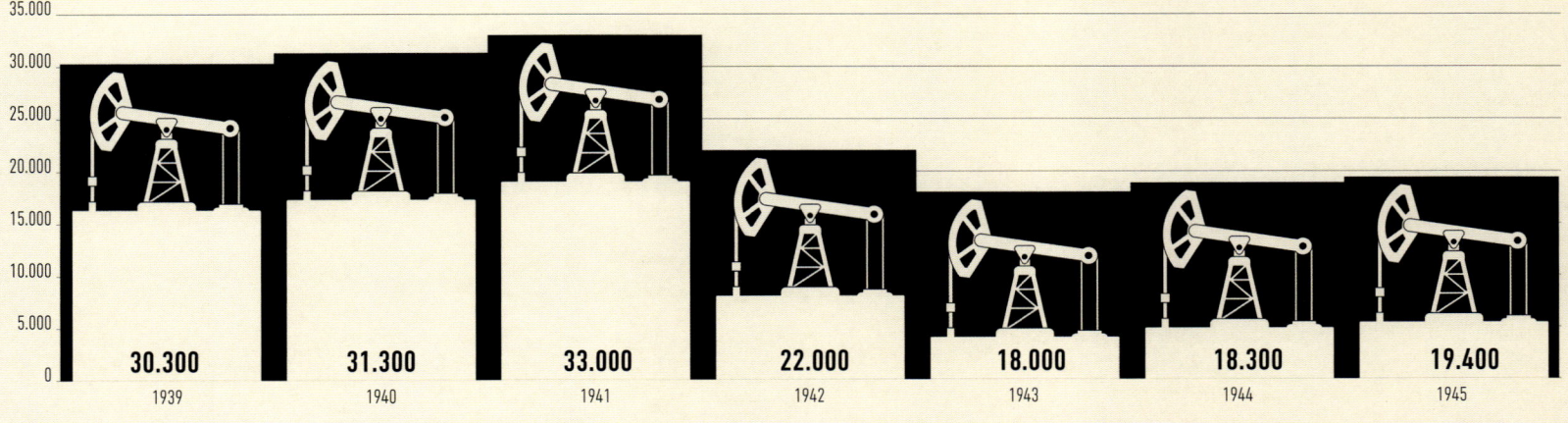

6 • JAPÃO: A PRODUÇÃO DISTANTE DOS CONSUMIDORES

Apossando-se dos recursos petrolíferos das Índias Holandesas, os japoneses se veem diante do problema do transporte do petróleo por 6 mil quilômetros até a metrópole. Ora, antes da guerra, boa parte desse serviço era feito por ocidentais. Lançou-se, então, com urgência, um programa de construção de petroleiros. Essa iniciativa, porém, é frustrada a partir de 1943 por uma ofensiva submarina e aérea dos Estados Unidos, que conseguem resultados espetaculares, paradoxalmente menos conhecidos que os dos submarinos alemães U-Boats no Atlântico.

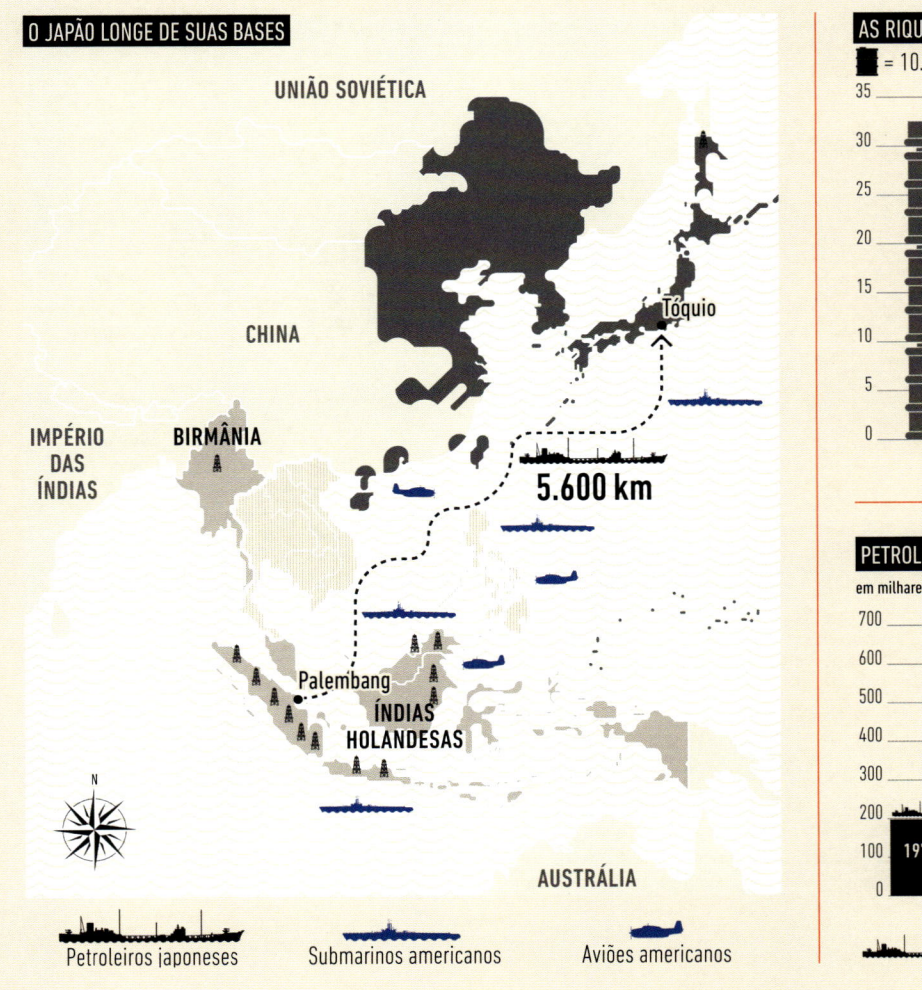

O JAPÃO LONGE DE SUAS BASES

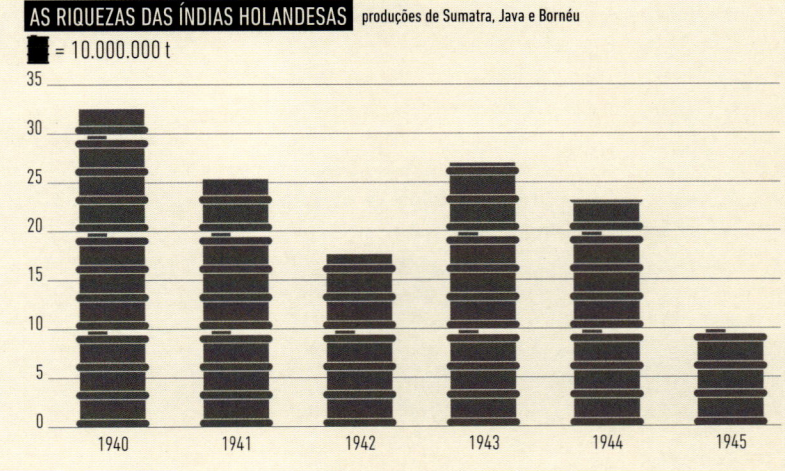

AS RIQUEZAS DAS ÍNDIAS HOLANDESAS produções de Sumatra, Java e Bornéu

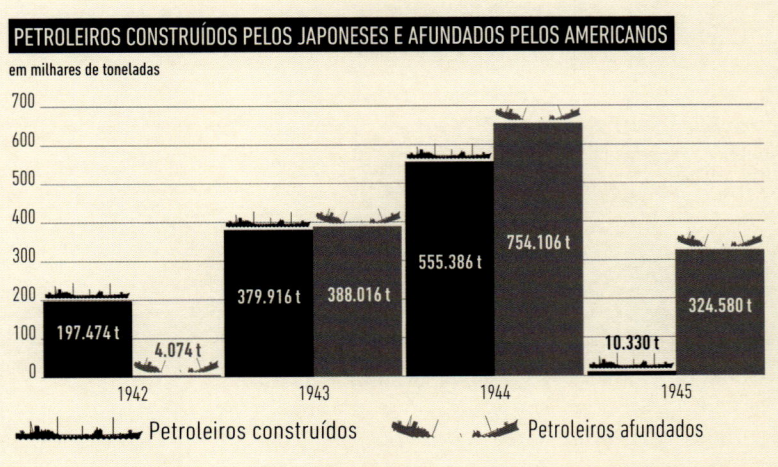

PETROLEIROS CONSTRUÍDOS PELOS JAPONESES E AFUNDADOS PELOS AMERICANOS
em milhares de toneladas

FONTES: *1•* DeGolyer & MacNaughton, "Basic data from Annual Reports of the US Bureau of Mines", *Twentieth Century Petroleum Statistics*, 1998 – *2•* Dietrich Eichholtz, *Krieg um Öl. Ein Erdölimperium als deutsches Kriegsziel (1938-1943)*, Leipziger Universitätsverlag, 2006, p. 39 – *3•* Dietrich Eichholtz, *Ende mit Schrecken. Deutsche Ölpolitik und Ölwirtschaft nach Stalingrad*, Leipziger Universitätsverlag, 2010, p. 69-70 – *4•* US Defense Fuel Supply Center – *5•* *United States strategic bombing survey*, fevereiro de 1946 – *6•* US Defense Fuel Supply Center e US Bureau of Census – *7•* *Velikaia Otechestvennaia Voina*, t. VII – *8•* D. J. Payton-Smith, H. M. Stationery Office, 1971.

A PRODUÇÃO DE ARMAMENTOS 1939-1945

O Reich, principal adversário dos Aliados no plano econômico e tecnológico, perde a batalha industrial em 1943, precisamente no momento em que mobiliza todos os seus recursos e os da Europa sob ocupação. Esse esforço tardio servirá apenas para retardar em seis meses a sua derrota. Seus três grandes adversários dispõem de recursos que lhe faltam: suas produções de armamentos se complementam de tal forma que cada um pode fabricar em massa o que produz melhor. As matérias-primas e a mão de obra abundam, ainda que as tensões se mantenham, notadamente na União Soviética e na Grã-Bretanha; a qualidade do material é excelente, em especial no que tange aos meios de transporte, aviões e navios de combate, explosivos, artilharia, radares; além do mais, a partir de 1942 os locais de produção estão ao abrigo dos bombardeios inimigos.

Os americanos acumulam todas as vantagens, estão à frente em todas as produções-chave, aviões, navios, caminhões, explosivos, e têm condições de equipar todos os seus aliados, inclusive a China e a França.

Os soviéticos, cuja indústria armamentista é a primeira do mundo até 1937, concentram-se em produtos pesados, tanques de guerra e artilharia. Quanto ao mais, eles têm muitos pontos fracos (caminhões, *half-tracks*, materiais de comunicação e detecção).

Os alemães estão em desvantagem em volume no campo dos explosivos, de artilharia e de meios de transporte. Em compensação, eles mantêm até o fim uma superioridade qualitativa no que tange aos tanques, às armas de infantaria e aos submarinos. Obrigados como estão a fabricar todo tipo de armas, eles se veem na contingência de descobrir um santo para cobrir outro. Seus aliados têm uma base industrial muito estreita. A Itália não tem condições de tirar da miséria seus milhões de "baionetas" de que Mussolini se jacta. Os japoneses fazem um grande esforço no campo aeronáutico e naval, mas sua tecnologia e seus materiais não melhoram durante a guerra, ao contrário do que se dá com os outros beligerantes.

1 • PRODUÇÃO DE ARMAMENTOS TERRESTRES

Os Aliados produzem cinco vezes mais tanques que a Alemanha, o que não significa que eles tenham sempre o quíntuplo de tanques no campo de batalha. Com efeito, boa parte de sua produção serve para compensar as perdas (quatro tanques aliados destruídos para cada tanque alemão), ou seja: busca-se compensar a qualidade com quantidade. O mesmo acontece com a artilharia, sobretudo na frente oriental, onde a Wehrmacht compensa a carência de armas com uma pontaria mais precisa, mas essa vantagem é neutralizada pelos anglo-saxões. Até 1945, os alemães estarão bem providos de metralhadoras, de submetralhadoras e de armas

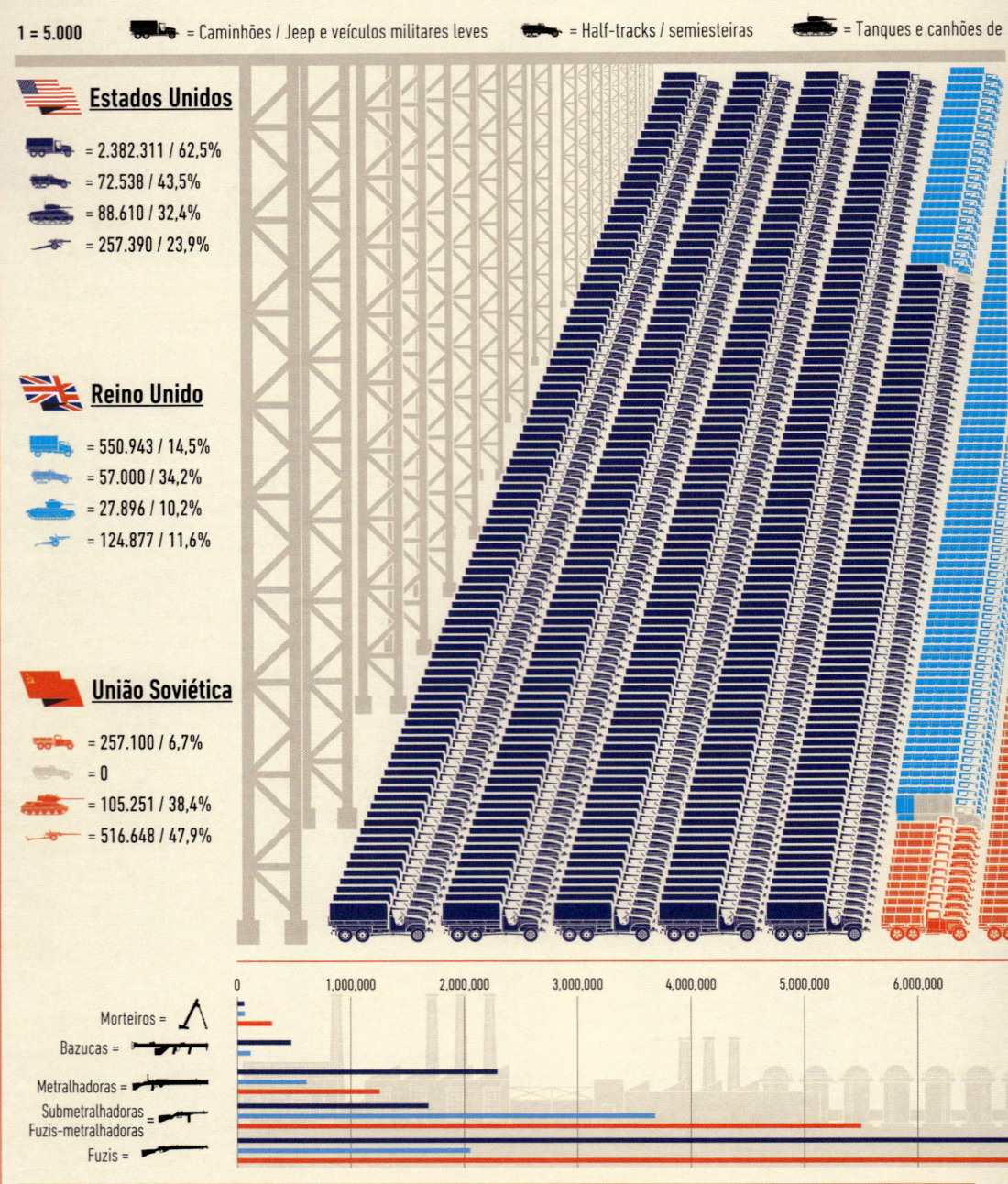

2 • PRODUÇÃO DE MUNIÇÕES

Em matéria de produção de munições, os soviéticos realizam o grande feito da Segunda Guerra Mundial. Enquanto a Rússia dos tsares produz apenas 10% da munição de artilharia produzida pela Alemanha do Kaiser, a União Soviética faz a mesma proeza que o III Reich, apesar do *handicap* de uma indústria química muito menos desenvolvida. Embora durante toda a guerra os Aliados dispusessem, em média, de um poder de fogo três vezes maior que o do Eixo, em 1943 é quatro vezes maior e cinco vezes maior em 1944. Para a Alemanha, o ponto de estrangulamento é a falta de aço e de metais não ferrosos. A partir de 1944, suas unidades de artilharia sofrem racionamento. As vésperas da operação Bagration, em junho de 1944, a situação chega a ser catastrófica: o Grupo de Exércitos do Centro dispõe de apenas 70 mil tiros de reserva, contra 1 milhão de seu adversário soviético.

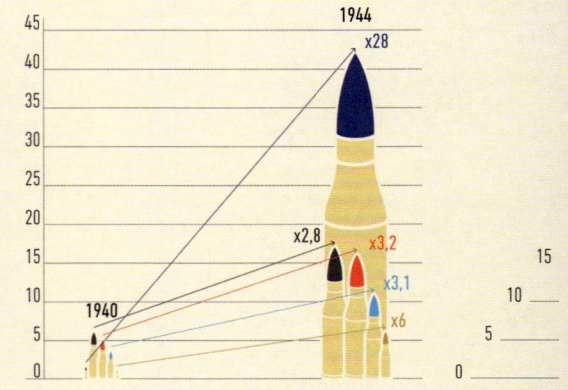

antitanque portáteis, e seu Panzerfaust causa muita inveja aos adversários. A indústria automobilística dos Estados Unidos é, desde o princípio, a primeira do mundo. Eles fornecem, sozinhos, duas vezes mais caminhões (de excelente qualidade), três vezes mais *command cars*, três vezes mais caminhões-tanque, ambulâncias, veículos-rádio etc. que o resto do mundo. Os 105.251 tanques de guerra produzidos pela União Soviética são também uma proeza, mas realizada antes da guerra. A ideia era dispor de fábricas de uso duplo: tratores e/ou blindados, ambos com esteiras. Assim, a fábrica de tanques pesados de Tcheliabinsk, construída para fabricar tratores agrícolas (11 mil por ano, em 1939), entre 1940 e 1941, passa progressivamente a fabricar tanques. Em 1944, ela produz 4.720 IS-2 e canhões de assalto pesados, mobilizando 50 mil operários, entre os quais 2.500 especialistas evacuados de Leningrado e Stalingrado.

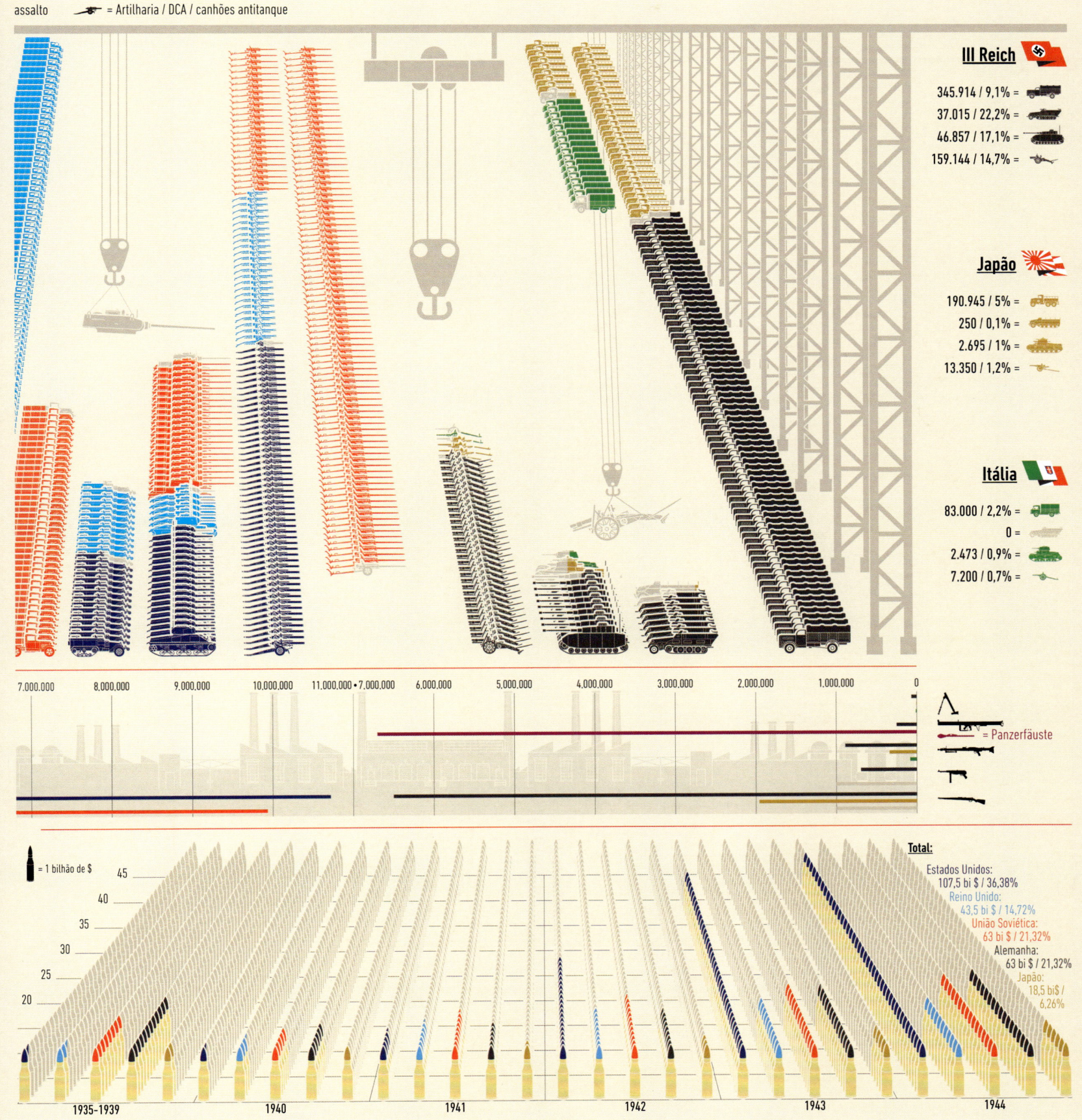

3 • PRODUÇÃO AERONÁUTICA

Em 1938, as três potências do Eixo produzem três vezes mais aviões que seus futuros adversários, em geral de melhor qualidade. Isso lhes dá uma sensação de poder que tem muita influência em sua agressividade. Em 1940, sua produção aeronáutica não é mais que a metade da de seus oponentes, um quarto em 1942 e mais de um terço em 1944. Essa relativa recuperação alemã e japonesa se explica pela estagnação da capacidade britânica e soviética, mas é fortemente reduzida pela enormidade da produção dos Estados Unidos. Em dois anos, eles constroem ou modernizam trinta fábricas gigantes, dentro as quais as quatro primeiras produzem mais aparelhos que o Reich e o Japão juntos. À frente delas está a North American, de Dallas, que produziu 18.784 aviões.

Para os alemães, essa recuperação na produção esconde uma dupla realidade. Primeira: os caças ficam com a melhor parte, em detrimento dos bombardeiros e dos aviões de transporte. Segunda: a alocação de mão de obra e de energia das fábricas aeronáuticas se dá em detrimento de materiais de uso terrestre. Do lado dos Aliados, com os Estados Unidos fornecendo todos os tipos de aparelhos possíveis, os britânicos podem se concentrar na produção de caças e no bombardeio estratégico, enquanto os soviéticos abandonam este último setor. Em compensação, concentram todos os seus recursos nos bombardeios táticos e nos caças. Assim, o Iliuchine Il-2 Sturmovik (36.183 unidades) e o Yakovlev Yak 3 (31 mil unidades) assumem os dois primeiros lugares entre os modelos mais produzidos.

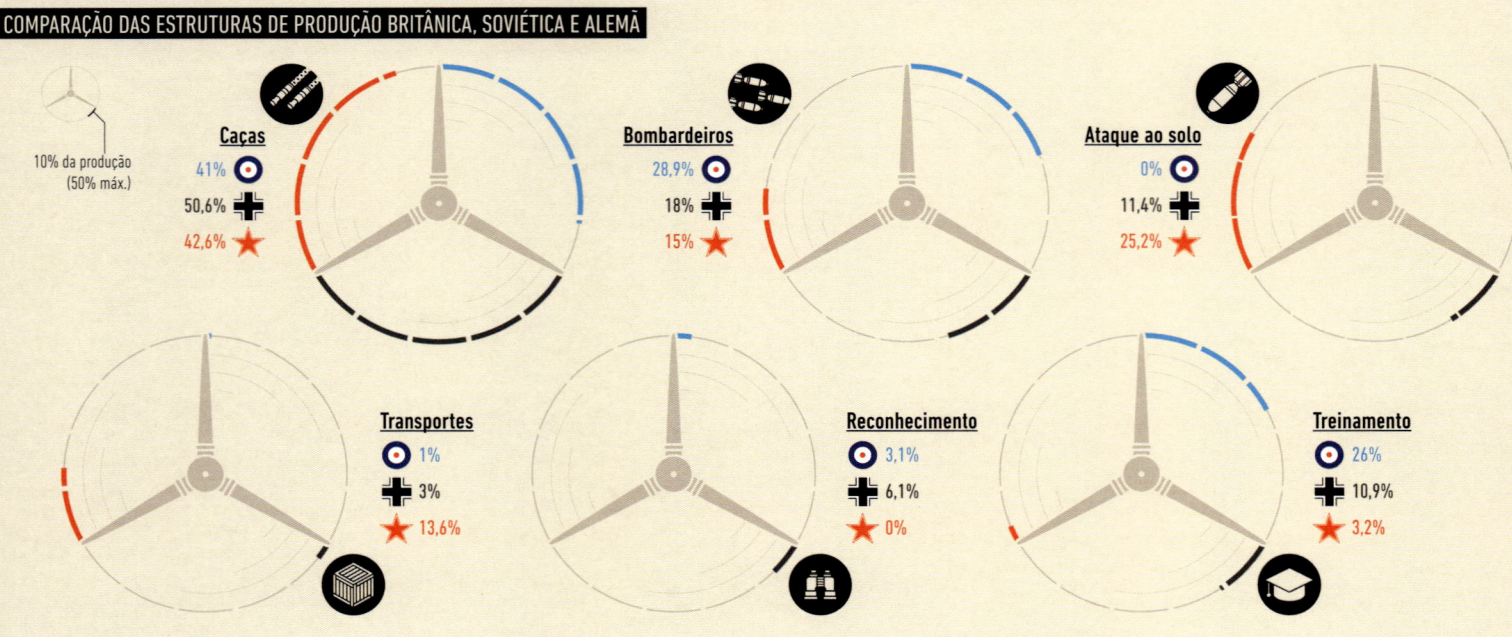

4 • PRODUÇÃO NAVAL

É no campo naval que a desproporção das produções de guerra é mais gritante. Em 1941, o esforço do Eixo em termos de couraçados e cruzadores praticamente se estagna, concentrando-se apenas na produção de submarinos, no caso do Reich, e de destróieres, submarinos e porta-aviões, no caso do Japão. Com 1.141 submarinos (U-Boats), os estaleiros alemães produzem três vezes mais que todos os Aliados somados, e sua especialização se traduz em uma superioridade qualitativa, superioridade que os americanos também detêm no Pacífico. A hipertrofia da produção anglo-saxã de navios de escolta e de destróieres se explica pela necessidade de escoltar milhares de comboios que cruzam os oceanos em todos os sentidos. A fabricação, pelos Estados Unidos, de 141 porta-aviões, mais que compensa a perda de doze deles. Já em 1943, devido a suas pesadas perdas (seis) e apesar de algumas unidades fabricadas, a frota imperial se encontra totalmente defasada, tanto em número quanto em qualidade, e desaparece em 1944. Uma parte essencial do esforço naval americano resulta na construção de 64.550 navios de desembarque de todos os tipos, que possibilitam o sucesso de uma trintena de grandes operações anfíbias na Europa e na Ásia. O número, a diversidade (*landing ship, landing craft, landing vehicles*) e a complexidade desses produtos são tais que o ritmo de sua fabricação de certa forma dita o calendário das operações. Se a operação do Dia D tivesse fracassado, teria sido necessário pelo menos um ano para recomeçar, devido simplesmente à perda de milhares desses navios especializados.

PRODUÇÃO POR TIPO DE NAVIO (1939-1945)

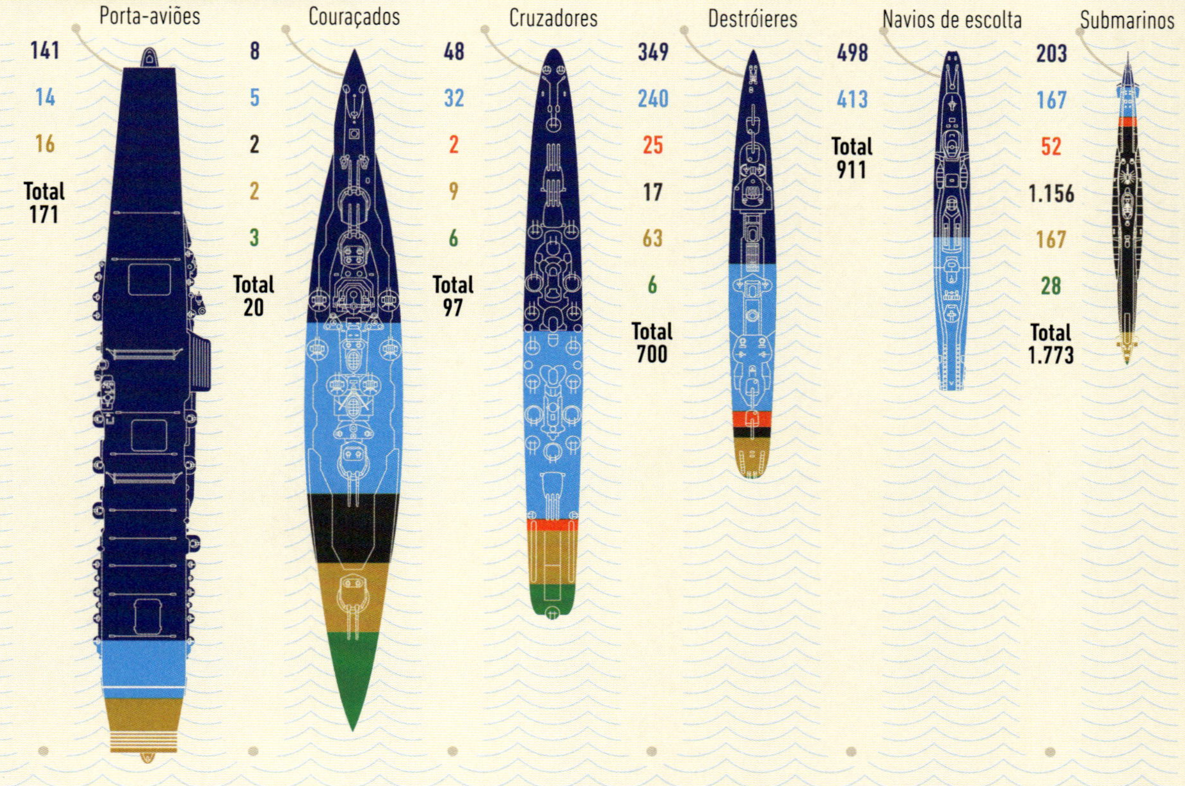

Porta-aviões	Couraçados	Cruzadores	Destróieres	Navios de escolta	Submarinos
141	8	48	349	498	203
14	5	32	240	413	167
16	2	2	25	Total 911	52
Total 171	2	9	17		1.156
	3	6	63		167
	Total 20	Total 97	6		28
			Total 700		Total 1.773

DISTRIBUIÇÃO DA PRODUÇÃO

Porta-aviões — Couraçados — Cruzadores — Escolta — Submarinos — Destróieres

PRODUÇÃO AMERICANA DE NAVIOS DE DESEMBARQUE

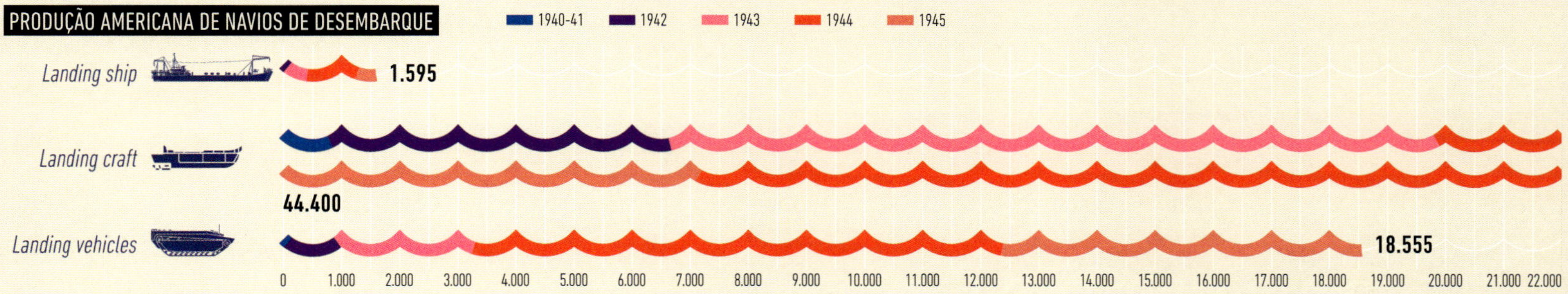

1940-41 — 1942 — 1943 — 1944 — 1945

Landing ship: 1.595
Landing craft: 44.400
Landing vehicles: 18.555

5 • BALANÇO DAS PRODUÇÕES (em % do total por país)

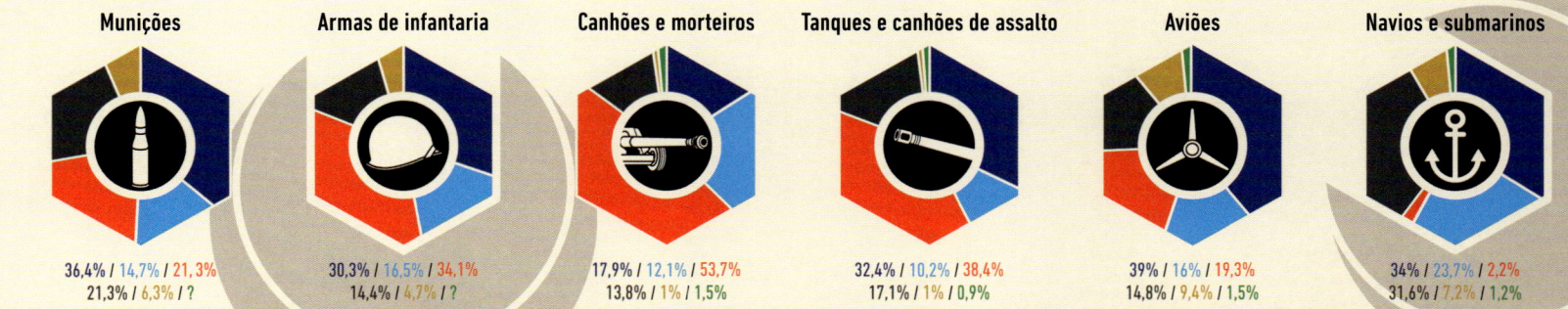

Munições	Armas de infantaria	Canhões e morteiros	Tanques e canhões de assalto	Aviões	Navios e submarinos
36,4% / 14,7% / 21,3%	30,3% / 16,5% / 34,1%	17,9% / 12,1% / 53,7%	32,4% / 10,2% / 38,4%	39% / 16% / 19,3%	34% / 23,7% / 2,2%
21,3% / 6,3% / ?	14,4% / 4,7% / ?	13,8% / 1% / 1,5%	17,1% / 1% / 0,9%	14,8% / 9,4% / 1,5%	31,6% / 7,2% / 1,2%

FONTES: 1• John Ellis, *The World War II databook*, Aurum Press, 1993 – 2• Richard M. Leighton & Robert W. Coakley, *Global logistics and strategy, 1940-1943*, Center of Military History, United States Army, 1995 – 3• Bernhardt R. Kroener, *Das Deutsche Reich und der Zweite Weltkrieg*, op. cit. v. 5/2 – 4• Hugh Rockoff, *America's economic way of war*, Cambridge University Press, 2012 – 5• Mark Harrison, *The economics of World War II*, op. cit. – 6• Mark Harrison, *Soviet planning in peace and war 1938-1945*, Cambridge University Press, 2009 – 7• *Lexikon der Wehrmacht*, http://www.lexikon-der-wehrmacht.de.

A MÃO DE OBRA A QUALQUER CUSTO

Cada beligerante tem de resolver uma temível equação: como produzir mais, apesar da mobilização de 25% a 40% da população masculina entre dezoito e cinquenta anos? Três soluções: encontrar novos braços, redirecionar a mão de obra para as fábricas e aumentar a produtividade – sem sacrificar a agricultura ou os serviços. Neste último setor, os efetivos das administrações se inflam enormemente, com o aumento da intervenção do Estado. Já em 1939, a Alemanha carece de mão de obra. O rearmamento precoce a partir de 1935 obrigou-a a deslocar seu excedente de mão de obra para o esforço de guerra. Além disso, as transferências do campo para as cidades são reduzidas devido a uma agricultura pouco mecanizada, que necessita de 8 milhões de braços. Até 1944 a indústria lida com dificuldades para aumentar o ritmo de produção em razão da demanda de soldados para o exército e da lentidão dos industriais em organizar sua produção racionalmente (com a consequente manutenção na fábrica de mão de obra masculina qualificada). Mais eficaz, o Reino Unido estimula a terceirização; as milhares de pequenas empresas se

1 • ENCONTRAR NOVOS BRAÇOS

À penúria alemã contrapõem-se os inexauríveis contingentes humanos dos Estados Unidos (desempregados, mulheres e minorias incluídas nas "listas negras" pelas indústrias). Imaginar as alemãs em casa e as mulheres americanas trabalhando na indústria armamentista, enquanto os maridos atuavam no front, é um clichê. Em 1944, 57% das alemãs, nove décimos das quais são mulheres sozinhas, trabalham, contra 43% das anglo-saxãs. Hitler tira partido da política social feminista desejada pela República de Weimar. Supor que um milhão e meio de mulheres são improdutivas porque são classificadas como "do lar" significa ignorar que a estatística inclui 96% das assalariadas agrícolas. A ilusão deriva do fato de que grande parte das trabalhadoras alemãs, japonesas ou soviéticas é invisível por estarem empregadas na agricultura, verdadeiro sorvedouro de mão de obra, ao passo que entre os anglo-saxões esse setor é mecanizado. Não obstante, o Reich fracassa em mobilizar esse contingente à parte, ao contrário da União Soviética. Em 1944, oito em cada dez camponeses soviéticos são mulheres! E em cada dois operários, um é mulher. Para compensar, a Alemanha explora seus prisioneiros e sequestra os europeus. Em 1942, 80% dos novos trabalhadores são estrangeiros. Em 1944, eles ocupam um quinto dos empregos, mas sem impedir a erosão da mão de obra.

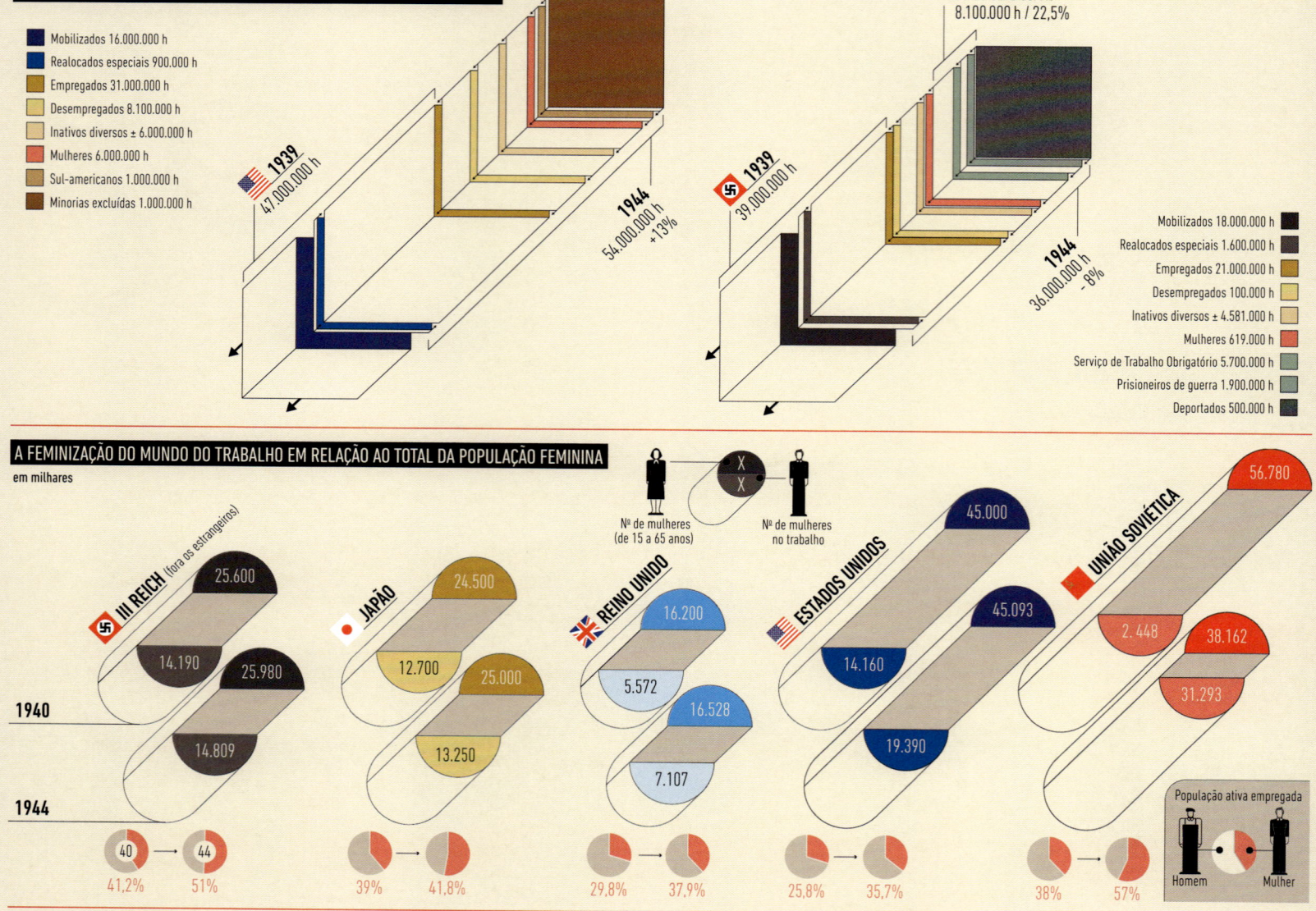

FONTES: 1• R. Overy, *War & economy in the Third Reich*, Oxford University Press, 1992 – 2• R. Overy, *The air war 1939-1945*, Potomac Books, 2005 – 3• Adam Tooze, *Le salaire de la destruction*, Les Belles Lettres, 2012 – 4• A. Aglan & R. Franck (dir.), *1937-1947. La guerre-monde*, t. II, Gallimard, 2015 – 5• Mark Harrison, *The economics of World War II*, op. cit. – 6• Mark Harrison, *Accounting for war: Soviet production, employment, and the defence burden, 1940-1945*, Cambridge University Press, 1996 – 7• A. Marwick, *The home front. The British and the Second World War*, Thames & Hudson, 1976 –

agregam ao esforço de guerra tais como os centros de atendimento das empresas de apostas. Mas também sofre com a carência de braços. Em 1941, o Reino Unido decreta a mobilização de homens e de mulheres na retaguarda (o que Hitler só faz pouco a pouco). A medida, porém, é difícil de executar. Menos de 50% das mulheres são engajadas. E há tantas encomendas para a indústria que é preciso reduzir o recrutamento para os exércitos. O que não é o caso dos Estados Unidos, que dispõem de 23 milhões de desempregados (operários, mulheres, minorias). O taylorismo, copiado da indústria automobilística, permite grandes ganhos de produtividade. Os Estados Unidos podem dar-se ao luxo de poupar os assalariados e aumentar o consumo interno (3%). Quanto à União Soviética, ela se encontra em uma situação dramática. A invasão e a mobilização a privam de metade de sua mão de obra no momento em que o Exército Vermelho precisa recrutar em massa para cobrir as tremendas perdas. A salvação se deve a uma otimização excepcional que se beneficia do *savoir-faire* mobilizador e coercitivo stalinista, de um complexo militar-industrial preexistente, da aposta em equipamentos rústicos e sacrifícios desumanos. A produção agrícola, dividida por dois, é reservada para os citadinos e militares (que recebem uma ração cinco vezes menor que a dos britânicos), o que condena a população rural a viver na mais profunda miséria. O padrão de vida, já muito baixo, cai 40%. O fato de o sistema não ter desmoronado em 1942 é sempre surpreendente. Mas o resultado é patente: em 1943, a indústria de armamentos ultrapassa a do Reich à razão de dois para um. Mas a que preço! Em 1945 a sociedade soviética está exaurida, e o espectro da fome está em toda parte.

2 • EVOLUÇÃO DA POPULAÇÃO ATIVA

Em 1939, os economistas ingleses classificam os setores de atividades em três categorias: grupo I, as indústrias de guerra (indústrias siderúrgicas, mecânicas, químicas); grupo II, atividades vitais para o esforço nacional (agricultura, administração); grupo III, atividades subsidiárias a serem reduzidas (construção e obras públicas, comércio, banco...). Essa classificação pouco se aplica à sociedade soviética, inteiramente militarizada, inclusive no setor agrícola. Com base nela, observa-se o teto logo atingido pela mobilização alemã, a otimização progressiva das democracias, o peso que recai sobre as agriculturas russa e alemã e o esforço colossal da União Soviética, suportável por apenas alguns meses e com a ajuda do *Lend-Lease*.

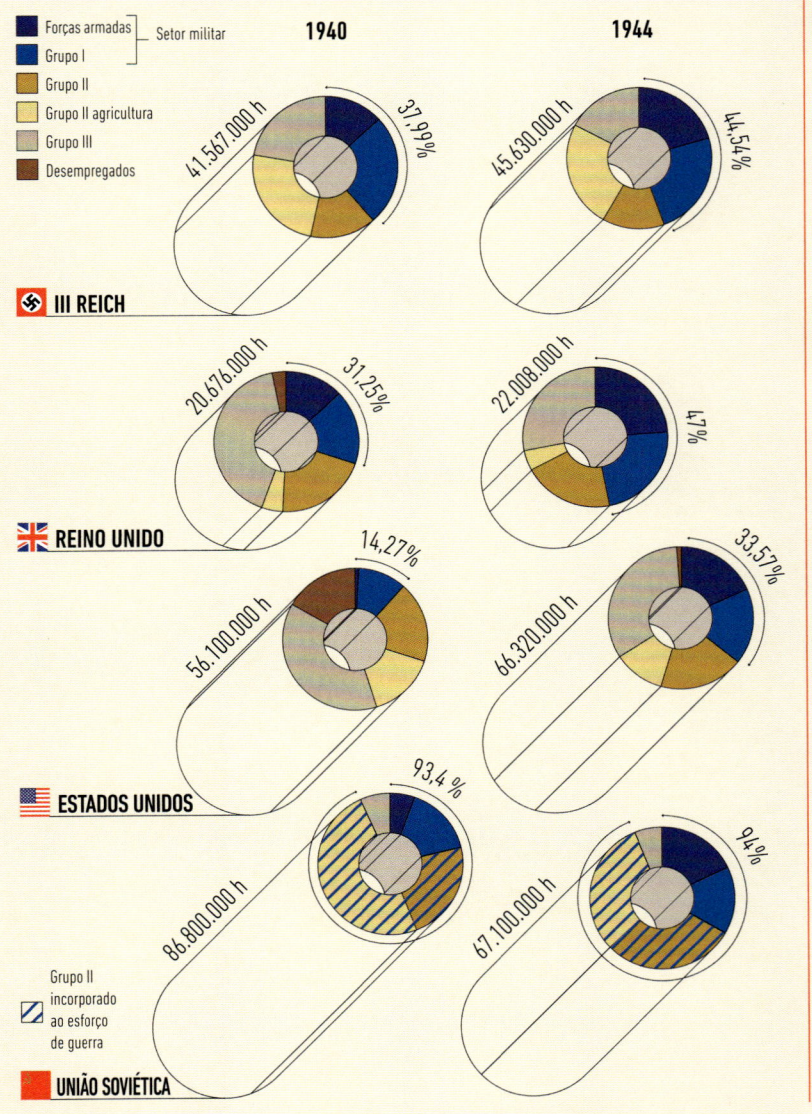

3 • PRODUTIVIDADE, O EXEMPLO DA AERONÁUTICA

A superioridade aliada baseia-se em seu número. Em 1944 os americanos têm quatro vezes mais operários na produção e montagem de motores que os alemães. A isso se soma uma maior produtividade. Eles otimizam todos os fatores de produção, que se somam e interagem (exemplo: o *handicap* de uma mão de obra pouco qualificada é mitigado pela aplicação do taylorismo). O Eixo continua com uma organização do tipo "oficina", que exige uma mão de obra qualificada, sem linha de montagem, sem equipes até 1944, emperrada pelas exigências do Exército e, em 1944, prejudicada pela carência de insumos, pelos bombardeios e pelas sabotagens da mão de obra servil.

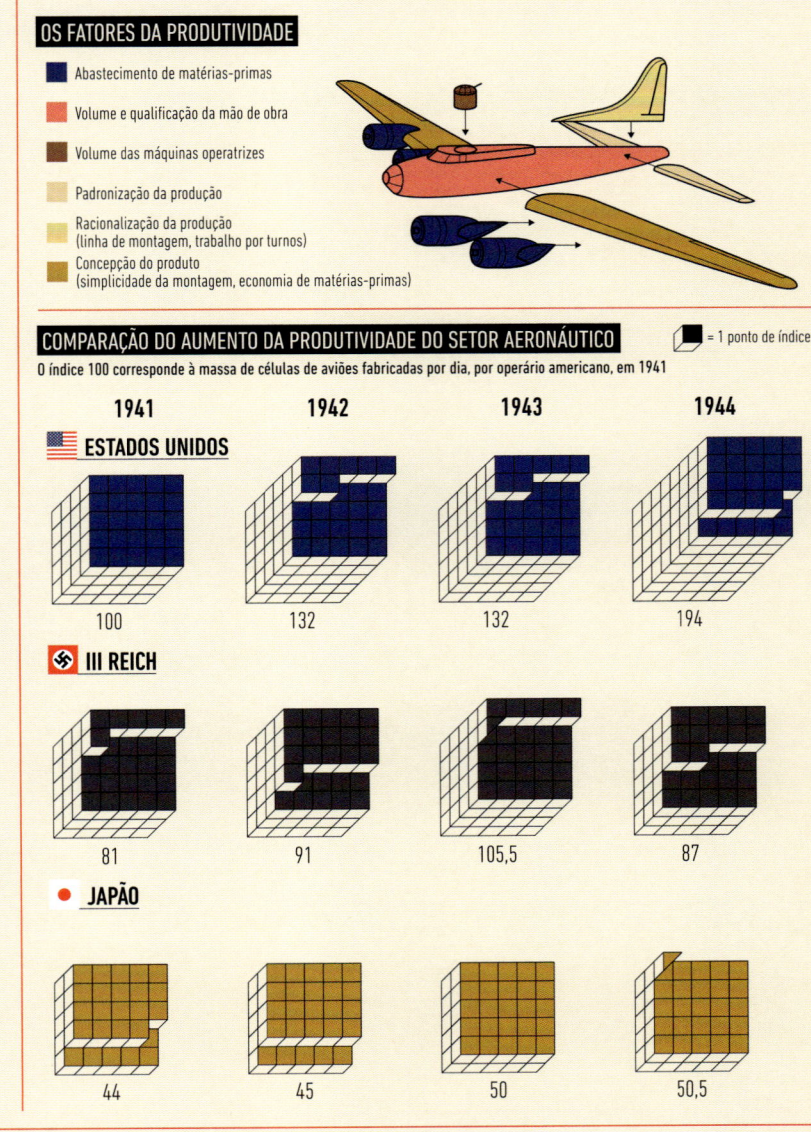

8• R. Chickering, Stig Förster & Bernd Grener (dir.), *A world at total war. Global conflicts & the politics of destruction*, Cambridge University Press, 2005 – 9• J. Paxton, "Myth vs. reality. The question of mass production in WWII", *Economics & Business Journal*, v. 1, n. 1, 2008, p. 91-104.

O IMPÉRIO BRITÂNICO NA GUERRA

De junho de 1940 a junho de 1941, o Reino Unido parece estar sozinho na guerra. Sozinho? Na verdade, isso é uma ilusão, porque, embora as ilhas britânicas se encontrem bastante isoladas ao largo do continente europeu, Londres pode apoiar-se no fato de ser o primeiro império colonial do mundo, uma megapotência que controla, em 1939, um terço da superfície do globo e um quarto de sua população, isto é, em torno de 484 milhões de habitantes.

É verdade que 70% desse contingente humano se concentra nas Índias (o Raj que reúne então a Índia atual e o Paquistão). Ora, essa joia essencial da Coroa desde o fim do século XIX é abalada constantemente por movimentos independentistas que a tornam instável. A declaração de guerra anunciada unilateralmente pelo vice-rei das Índias, lorde Linlithgow, sem ter consultado os líderes políticos locais, agrava a situação. Nehru simpatiza com a causa aliada, mas Ghandi opõe-se à participação no conflito. Ele foi preso em 9 de agosto de 1942 (e libertado por razões de saúde em 6 de maio de 1944), enquanto Subhas Chandra Bose organiza um exército para atuar com os japoneses. Não obstante, a Índia se mantém leal e apoia o esforço de guerra dos Aliados. Seus gastos com defesa se multiplicam por nove de 1939 a 1945, apesar das injustiças e de um custo humano exorbitante. Assim, em 1943, a incompetência dos colonizadores mergulha Bengala numa fome atroz que redunda em 1,5 a 3 milhões de mortes. A despeito de tudo isso, tropas indianas vão combater por

1 • ECONOMIA

Sem o embargo de a Inglaterra ser uma grande potência industrial, seu PIB é minoritário no Império Britânico, fonte vital, aliás, de matérias-primas para a causa aliada, principalmente de metal para ligas e borracha natural.
A notável falta de petróleo levou à tomada dos poços do Iraque e do Irã em 1941. Enfim, o aporte de navios procedentes do Império dá a Londres o controle de 30% da tonelagem mercante mundial. A dependência da Commonwealth explica por que Churchill fica eclipsado pela guerra submarina entre 1941 e 1942.

2 • A POPULAÇÃO DO IMPÉRIO BRITÂNICO EM 1939 (em milhões de habitantes)

Se somamos a população do Reino Unido à do Império, a força demográfica a serviço de Londres equipara-se à da China, país mais populoso em 1939, com cerca de 520 milhões de habitantes, e ultrapassa largamente a da União Soviética (168 milhões) e a dos Estados Unidos (131 milhões).

PIB DO IMPÉRIO BRITÂNICO EM 1939 (em bilhões de dólares 1990)
= 1.000.000.000 $

- **Reino Unido**: 284,2 bi $ / 41,6%
- **Commonwealth**: 114,6 bi $ / 16,77%
- **Colônias**: 284,5 bi $ / 41,63%
- **Total**: 683,3 bilhões $

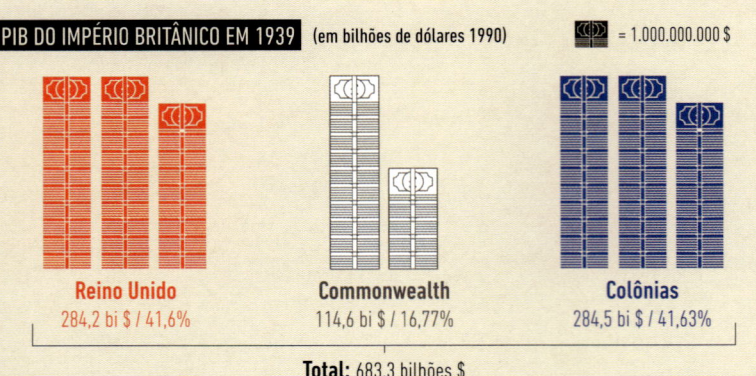

PRODUÇÃO DE AÇO DO IMPÉRIO BRITÂNICO EM 1939 (em milhões de toneladas)
= 1.000.000 t

- Reino Unido: 13,192 mi t
- Canadá: 1,407 mi t
- Austrália: 1,189 mi t
- África do Sul: 0,25 mi t
- Índias: 1,035 mi t
- **Total: 17.073.000 t**

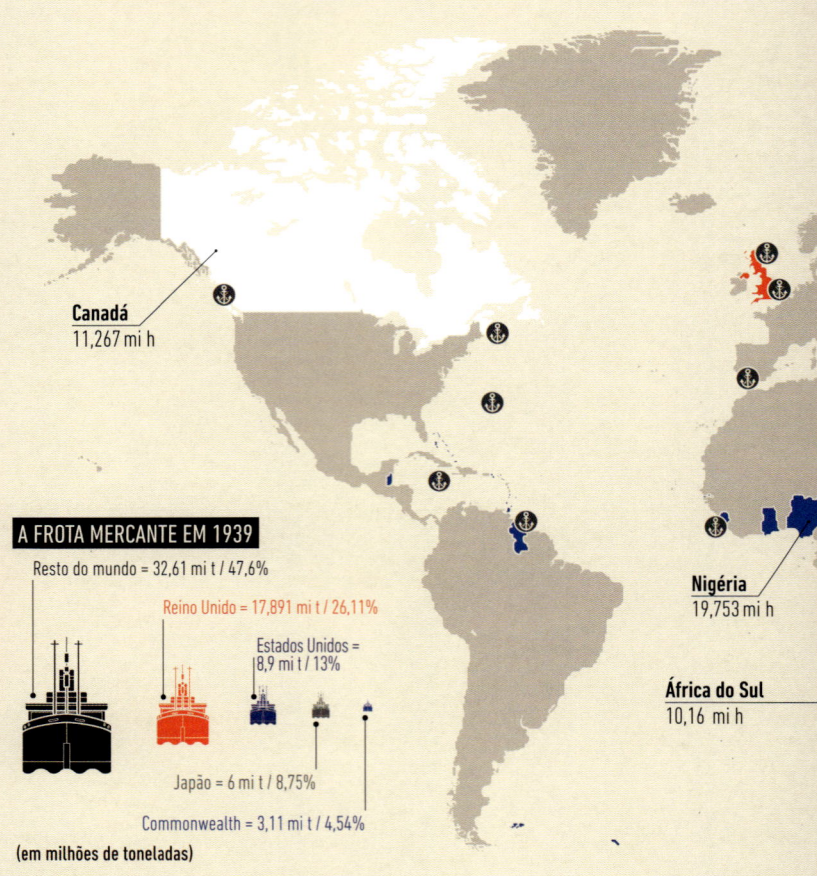

A FROTA MERCANTE EM 1939
- Resto do mundo = 32,61 mi t / 47,6%
- Reino Unido = 17,891 mi t / 26,11%
- Estados Unidos = 8,9 mi t / 13%
- Japão = 6 mi t / 8,75%
- Commonwealth = 3,11 mi t / 4,54%

(em milhões de toneladas)

- **Canadá**: 11,267 mi h
- **Nigéria**: 19,753 mi h
- **África do Sul**: 10,16 mi h

PRODUÇÃO DE MATERIAIS BRUTOS E ESTRATÉGICOS EM 1937 (em % da produção mundial)

Reino Unido | Colônias e Commonwealth

Material	Reino Unido	Colônias e Commonwealth
Petróleo	0%	2%
Carvão	18,6%	5%
Ferro	4,4%	5,9%
Cobre	0%	24,8%
Níquel	0%	90,6%
Bauxita	0%	10%
Cromo	0%	41,2%
Chumbo	1,6%	33,5%
Borracha	0%	52,2%
Trigo	1,2%	16,5%
Arroz	0%	51,9%
Carne	4,5%	8,8%

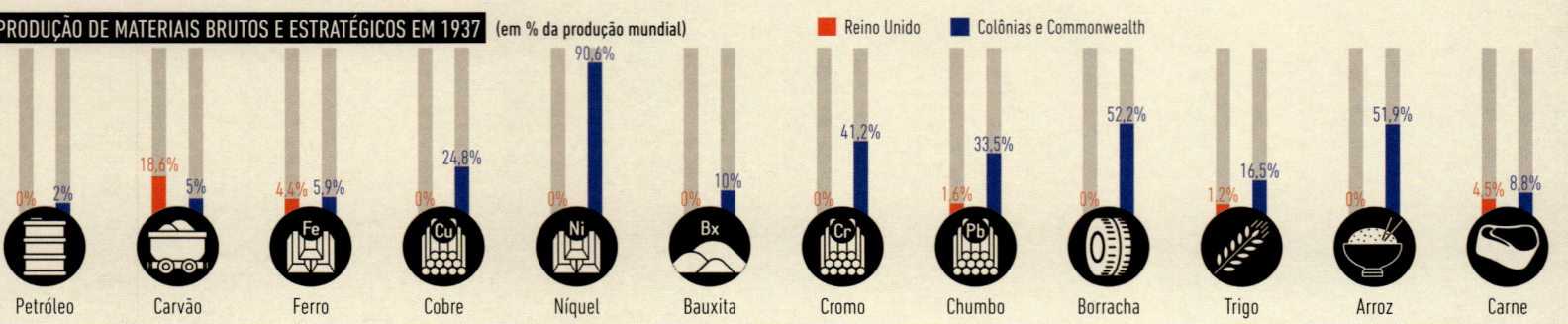

toda parte onde o Império Britânico precisar delas, na Birmânia e na Índia, naturalmente, mas também na África, na Síria, na Itália, na Grécia...

E o Império Britânico não se limita às Índias. Os domínios, essas ex--colônias às quais Londres concedeu um status de quase igualdade, trazem uma contribuição essencial. É assim, para além dos oceanos, ao abrigo da Luftwaffe, que se formou (em especial no Canadá) a metade dos operadores das forças aéreas do Império. Não nos esqueçamos também da contribuição da Marinha Real Canadense, que escolta comboios no Atlântico: de seis navios de escolta e destróieres em 1939, suas forças passam a dispor de 193 unidades em 1945, o que a torna a terceira maior frota do mundo.

Como a guerra era mundial, o Império não foi poupado. Os territórios egípcios e indianos invadidos pelo Eixo são quase vazios, mas esse não é o caso da Birmânia, da Malásia, de Cingapura (com sua preciosa base naval) e de Hong Kong, sob o domínio japonês de fins de 1941 a 1945.

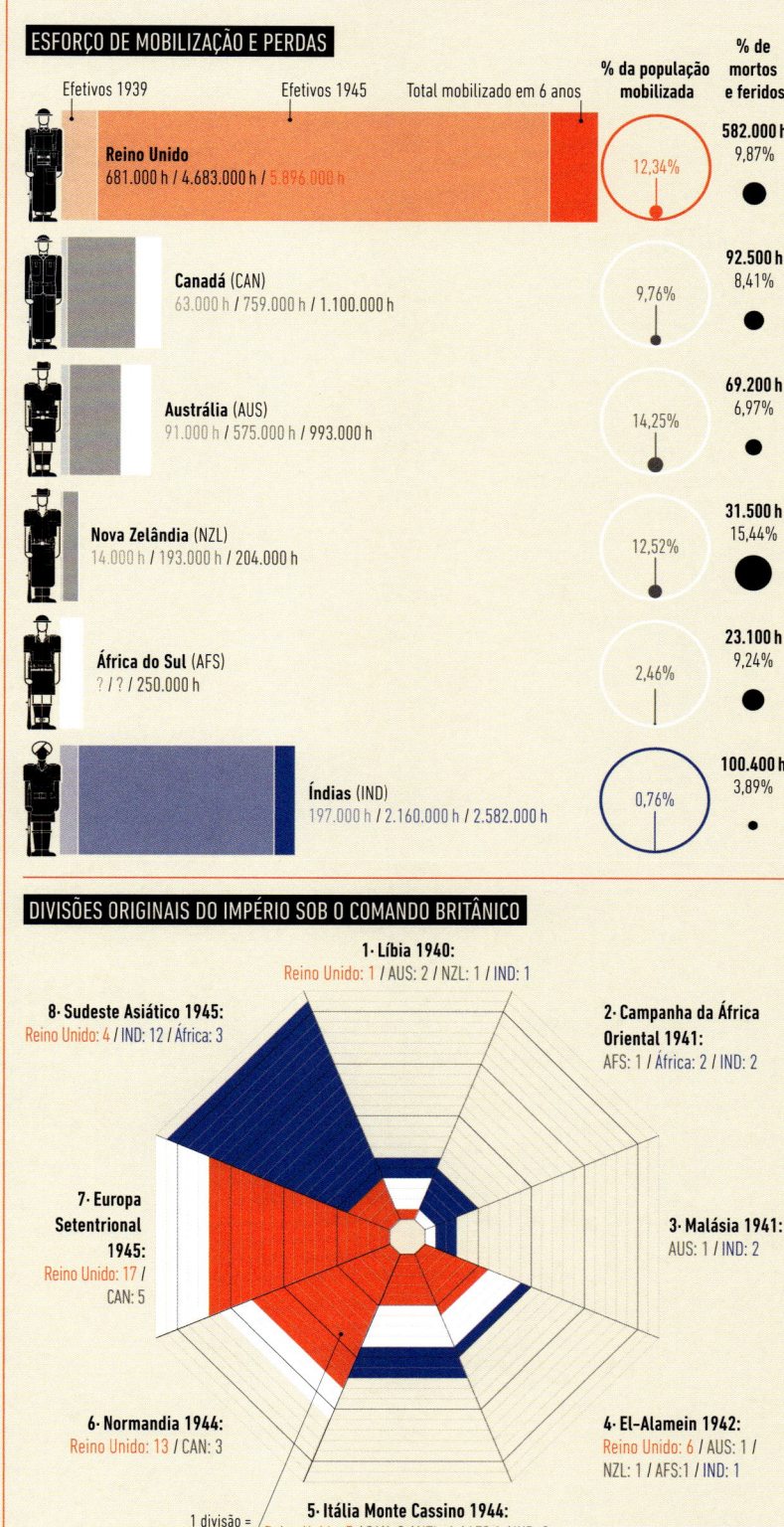

3 • MOBILIZAÇÕES ASSIMÉTRICAS

Embora recorra cada vez mais ao trabalho feminino (27% em 1939, 39% em 1944), o Reino Unido é obrigado a deixar pelo menos 10 milhões de homens trabalhando na economia de guerra. Assim sendo, a partir de 1939 o Império é chamado a colaborar.

A Índia contribui com seu esforço máximo, mas essa contribuição é principalmente para uso local; apenas 11% das forças terrestres foram enviadas para além-mar, contra 83% dos neozelandeses (o que se observa nas perdas) e um pouco mais da metade de canadenses e australianos. Estes últimos constituem um componente essencial das forças engajadas na África de 1940 a 1942.

FONTES: 1• Mark Harrison, *The economics of World War II, op. cit.*, p. 3; John Ellis, *World War II. A statistical survey*, Facts on File, 1995, p. 249-273; R.A.C Parker, *The Second World War: A short history*, Oxford University Press, 1989 p. 132 – 2• http://www.populstat.info/ – 3• John Ellis, *World War II. A statistical survey, op. cit.*, p. 155-227.

ENTREGAS AMERICANAS PARA OS ALIADOS POR

Em 11 de março de 1941, o presidente Roosevelt promulga o Lend-Lease Act, ou Lei de Empréstimo e Arrendamento, uma das mais importantes decisões da Segunda Guerra Mundial. Essa assinatura, que anula a neutralidade e a lei "Cash and Carry", de 4 de novembro de 1939, faz dos Estados Unidos o arsenal dos Aliados. A lei permite ao presidente vender, transferir, alugar ou emprestar material bélico ou qualquer outra mercadoria a todos os países cuja segurança é vital para os Estados Unidos. A princípio, ela se destina a ajudar principalmente a Grã-Bretanha, que está à beira da bancarrota, e seus domínios. Ela foi estendida à China em abril de 1941, à União Soviética em 7 de novembro, ao Comitê Nacional francês em novembro de 1942 e por fim a cerca de quarenta outros países. No total, de março de 1941 a setembro de 1945, os Estados Unidos concedem aos seus aliados 49 bilhões de dólares em ajuda, isto é, 17% de seus gastos no conflito. O esforço é tanto mais gigantesco quanto se considera o que é feito paralelamente ao rearmamento das próprias forças armadas americanas, e muitas vezes em concorrência com este. Cerca de 47% da ajuda consiste em material bélico, 22% em produtos industriais, 12,8% em

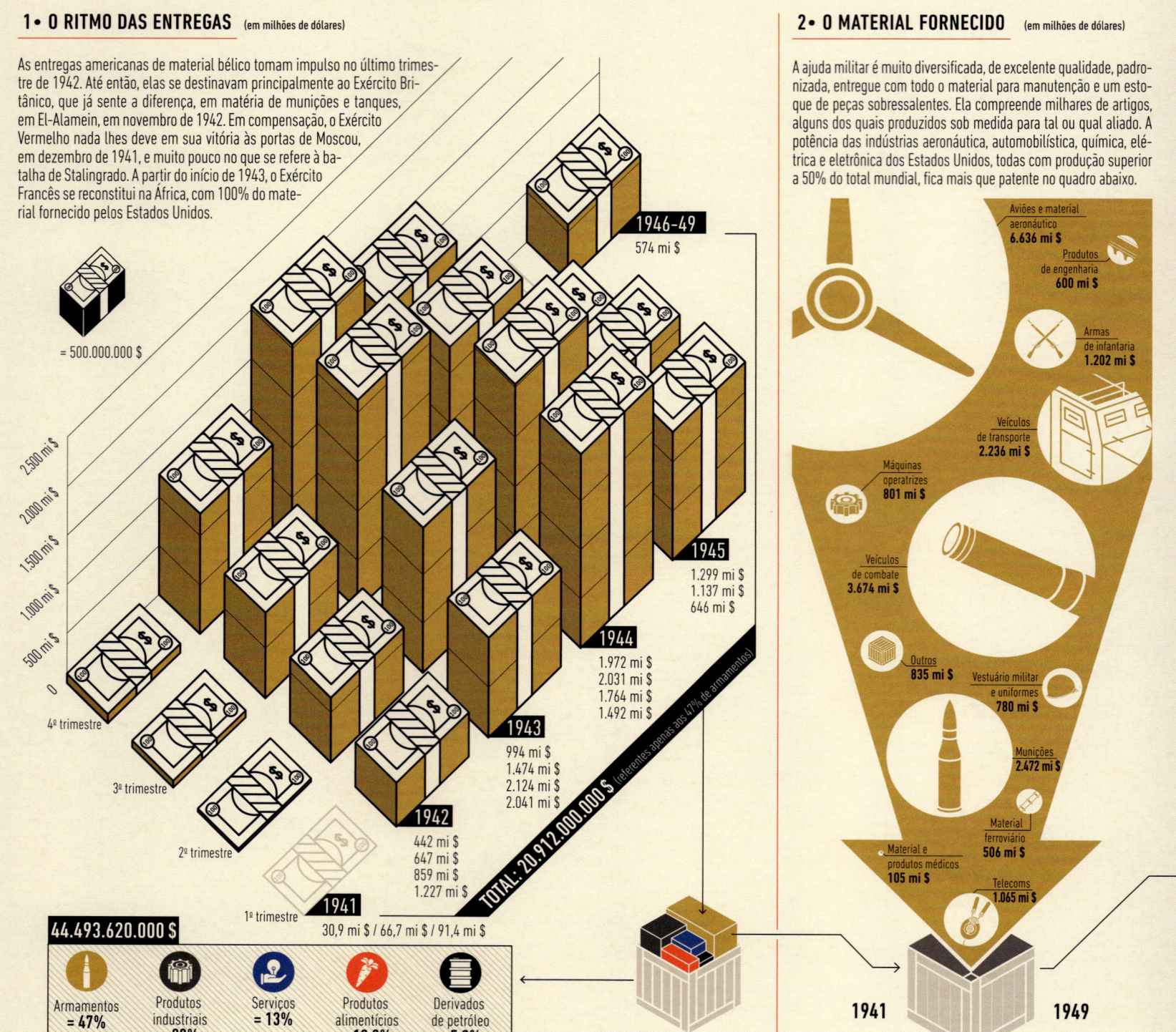

1 • O RITMO DAS ENTREGAS (em milhões de dólares)

As entregas americanas de material bélico tomam impulso no último trimestre de 1942. Até então, elas se destinavam principalmente ao Exército Britânico, que já sente a diferença, em matéria de munições e tanques, em El-Alamein, em novembro de 1942. Em compensação, o Exército Vermelho nada lhes deve em sua vitória às portas de Moscou, em dezembro de 1941, e muito pouco no que se refere à batalha de Stalingrado. A partir do início de 1943, o Exército Francês se reconstitui na África, com 100% do material fornecido pelos Estados Unidos.

= 500.000.000 $

1946-49: 574 mi $

1945: 1.299 mi $ / 1.137 mi $ / 646 mi $
1944: 1.972 mi $ / 2.031 mi $ / 1.764 mi $ / 1.492 mi $
1943: 994 mi $ / 1.474 mi $ / 2.124 mi $ / 2.041 mi $
1942: 442 mi $ / 647 mi $ / 859 mi $ / 1.227 mi $
1941: 30,9 mi $ / 66,7 mi $ / 91,4 mi $

TOTAL: 20.912.000.000 $ (referentes apenas aos 47% de armamentos)

44.493.620.000 $
- Armamentos = 47%
- Produtos industriais = 22%
- Serviços = 13%
- Produtos alimentícios = 12,8%
- Derivados de petróleo = 5,2%

2 • O MATERIAL FORNECIDO (em milhões de dólares)

A ajuda militar é muito diversificada, de excelente qualidade, padronizada, entregue com todo o material para manutenção e um estoque de peças sobressalentes. Ela compreende milhares de artigos, alguns dos quais produzidos sob medida para tal ou qual aliado. A potência das indústrias aeronáutica, automobilística, química, elétrica e eletrônica dos Estados Unidos, todas com produção superior a 50% do total mundial, fica mais que patente no quadro abaixo.

- Aviões e material aeronáutico: 6.636 mi $
- Produtos de engenharia: 600 mi $
- Armas de infantaria: 1.202 mi $
- Veículos de transporte: 2.236 mi $
- Máquinas operatrizes: 801 mi $
- Veículos de combate: 3.674 mi $
- Outros: 835 mi $
- Vestuário militar e uniformes: 780 mi $
- Munições: 2.472 mi $
- Material ferroviário: 506 mi $
- Material e produtos médicos: 105 mi $
- Telecoms: 1.065 mi $

1941 — 1949

CONTA DA LEI DE EMPRÉSTIMO E ARRENDAMENTO

produtos alimentícios, 13% em serviços e 5,2% em derivados de petróleo. O Império Britânico fica com a melhor parte, com 30,7 bilhões, isto é, 62% do total da ajuda, seguido da União Soviética (11 bilhões), da França (3,2 bilhões) e da China (1,6 bilhão). No quesito alimentação, os britânicos recebem cerca de um quarto de seus alimentos dos americanos (4,2 bilhões); os soviéticos vêm em segundo lugar, com 1,7 bilhão de dólares em farinhas, gorduras vegetal e animal, carnes em conserva, açúcar, ovos e leite em pó. Esses países monopolizam também o recebimento de máquinas; a União Soviética recebe 1,5 bilhão, os britânicos 0,8 bilhão. As estatísticas dos quadros abaixo referem-se exclusivamente à parte militar da Lei de Empréstimo e Arrendamento. Para complementar esse fornecimento, a União Soviética precisará de contribuições britânicas e canadenses, que somam um total de 4.542 tanques Matilda e Valentine e cerca de 7 mil aviões (Hurricane, Tomahawk, Kittyhawk). Esses materiais, embora inferiores em qualidade e quantidade aos fornecidos pelos Estados Unidos, têm a enorme vantagem de chegar cedo, em 1941 e 1942, momento em que os soviéticos ainda não conseguem compensar as suas perdas.

3• ALGUNS DOS MATERIAIS ENTREGUES (em unidades)

Os aviões e os tanques produzidos nos Estados Unidos correspondem a um ano inteiro da produção britânica; os caminhões, a dois anos. Em 1944, 20% das armas utilizadas pelos exércitos britânicos são americanas. O Exército Vermelho recebe materiais que melhoraram em muito sua mobilidade (caminhões Studebakers e Jeep) e recursos de comando e controle (rádio, telefone) a partir de 1943. O simples fornecimento das placas Marston Mat permite à aviação soviética vencer a lama e decolar com mais frequência. Se os 10 mil vagões planos aceleraram o envio de tanques para o front, as 1.955 locomotivas compensaram em quase 100% a interrupção da fabricação desse tipo de material. Os pares de botas americanas e o *corned beef* deixaram uma boa lembrança nos soviéticos que sobreviveram à guerra.

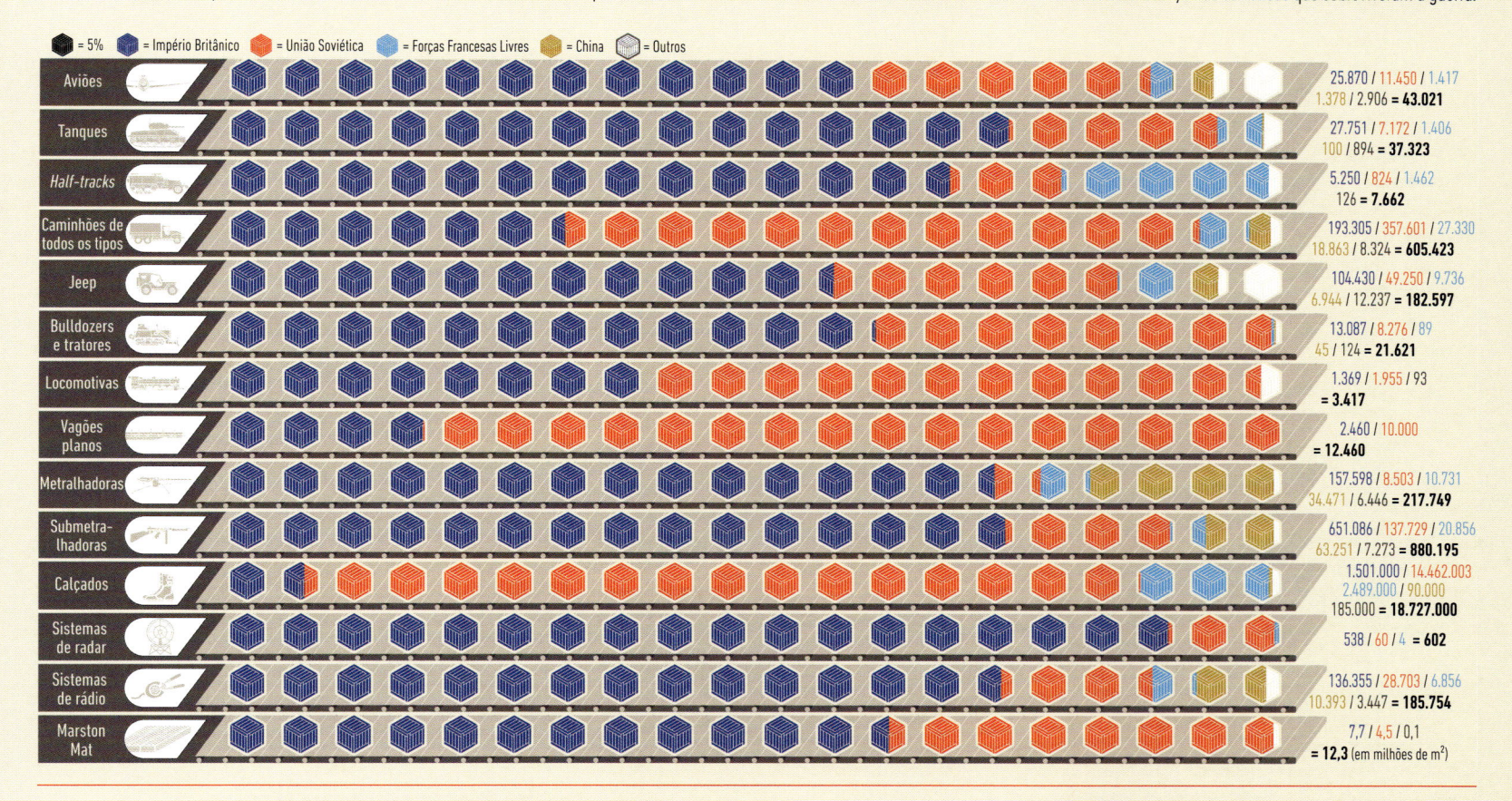

■ = 5%   ■ = Império Britânico   ■ = União Soviética   ■ = Forças Francesas Livres   ■ = China   ■ = Outros

Aviões	25.870 / 11.450 / 1.417 / 1.378 / 2.906 = **43.021**
Tanques	27.751 / 7.172 / 1.406 / 100 / 894 = **37.323**
Half-tracks	5.250 / 824 / 1.462 / 126 = **7.662**
Caminhões de todos os tipos	193.305 / 357.601 / 27.330 / 18.863 / 8.324 = **605.423**
Jeep	104.430 / 49.250 / 9.736 / 6.944 / 12.237 = **182.597**
Bulldozers e tratores	13.087 / 8.276 / 89 / 45 / 124 = **21.621**
Locomotivas	1.369 / 1.955 / 93 = **3.417**
Vagões planos	2.460 / 10.000 = **12.460**
Metralhadoras	157.598 / 8.503 / 10.731 / 34.471 / 6.446 = **217.749**
Submetralhadoras	651.086 / 137.729 / 20.856 / 63.251 / 7.273 = **880.195**
Calçados	1.501.000 / 14.462.003 / 2.489.000 / 90.000 / 185.000 = **18.727.000**
Sistemas de radar	538 / 60 / 4 = **602**
Sistemas de rádio	136.355 / 28.703 / 6.856 / 10.393 / 3.447 = **185.754**
Marston Mat	7,7 / 4,5 / 0,1 = **12,3** (em milhões de m²)

4• QUEM RECEBE A AJUDA? (em milhões de dólares)

Império Britânico — 12.547.200.000 $ — **60%**
União Soviética — 4.809.760.000 $ — **23%**
França Livre — 1.673.000.000 $ — **8%**
China — 1.464.000.000 $ — **7%**
Outros — 418.000.000 $ — **2%**

No que diz respeito à ajuda militar, industrial, de minérios e alimentícia, o Império Britânico (68%) e a União Soviética (26%) são, de longe, os que mais recebem. As relações estreitas entre Londres e Washington e a necessidade de preparar, nas ilhas britânicas, as infraestruturas a serem usadas pela aviação e pelo exército americanos num futuro Dia D explicam o fato de a Grã-Bretanha beneficiar-se de 80% da ajuda destinada ao Império. O material enviado a Chiang Kai-shek contribui muito pouco para melhorar o desempenho de seus exércitos. Uma parte desse material viria a ser encontrada em poder das forças comunistas.

FONTES: *1•* 21st report to Congress on Lend-Lease operations, 1946 – *2•* Chief of Military History, *United States Army in World War II Statistics: Lend-Lease*, The War College Series, Paperback, 2015 – *3•* David Edgerton, *Britain's war machine*, Penguin, 2012 – *4•* Albert L. Weeks, *Russia's life-saver: Lend-Lease aid to the USSR in World War II*, Lexington Books, 2004.

A PILHAGEM DA EUROPA PELO REICH

De 1940 a 1944, o Reich mobiliza todos os países da Europa ocupada a trabalhar para sua economia de guerra. Cerca de 7,6 milhões de europeus se puseram a trabalhar, voluntariamente ou sob coação, na própria Alemanha. Mais da metade deles é de soviéticos e poloneses – sendo um quarto formado de mulheres e um outro quarto, de prisioneiros de guerra. A estes se somam, em fins de 1944, 500 mil detidos nos campos de concentração, alugados às empresas alemãs pela SS ou empregados nas empresas da SS. Sem esses trabalhadores estrangeiros tomando o lugar dos operários e camponeses alemães, que representam 20% de toda a mão de obra, teria sido impossível arregimentar os 17,3 milhões de homens incorporados à Wehrmacht. A esse recrutamento de forças vivas acrescenta-se uma enorme punção financeira, obtida por dois meios principais: a imposição de uma taxa de câmbio leonina e despesas de ocupação mirabolantes. Uma parte dos enormes fluxos monetários assim gerados é gasta *in loco* pelos soldados da Wehrmacht, que "vivem como Deus na França", inclusive alimentando o mercado negro. Nos países ocupados, o grosso dos capitais vem sob a forma de encomendas militares às empresas locais, as empresas S (como a Speer, nome do ministro favorito de Hitler), que em consequência se veem obrigadas a conseguir mão de obra e matérias-primas. Assim, mais de 4 milhões de operários europeus são atrelados à máquina de guerra alemã, a cujas necessidades eles atendem em cerca de um quarto ou um quinto.

A taxa de câmbio e a disponibilidade ilimitada de dinheiro vivo também permitem ao Reich importar à vontade produtos alimentícios, além de matérias-primas ou produtos semiacabados: 12% do aço, 20% do carvão, do couro, do ácido sulfúrico, dos cereais; um terço do ferro e da carne; metade do alumínio etc. A importação de produtos alimentícios provoca um estado de subnutrição crônica em toda a Europa: a quantidade diária de calorias consumidas diminui pela metade na França, em 60% na Polônia e em três quartos na União Soviética, a fim de permitir a manutenção da ração dos alemães, segundo ordem expressa de Hitler. A pilhagem pura e simples representa, inclusive, somas consideráveis: obras de arte, produtos requisitados sem contrapartida na União Soviética, roubo de patentes, apreensão de estoques e materiais, concessão de títulos de participação societária a preços irrisórios... A espoliação integral dos judeus europeus também foi útil – em proporções difíceis de estimar, mas com certeza importantes – ao esforço de guerra alemão. Além disso, seguramente o trabalho deles, mais do que seu assassinato, teria rendido bem mais à Alemanha, assim como o dos 3 milhões de prisioneiros de guerra soviéticos, mortos de fome em 1941 e 1942, que teriam representado um ganho de 8% em mão de obra. A racionalidade econômica cede com frequência, no Reich, à ideologia.

FONTES: *1•* Bernhardt R. Kroener, *Das Deutsche Reich und der Zweite Weltkrieg, op. cit.*, v. 5/1 e 5/2 – *2•* Hans-Erich Volkmann, *Ökonomie und Expansion*, Oldenbourg, 2003 – *3•* Christoph Buchheim & Marcel Boldorf (dir.), *Europäische Volkswirtschaften unter deutscher Hegemonie, 1938-1945*, 1945, Oldenbourg, 2012 – *4•* Adam Tooze, *Le salaire de la destruction, op. cit.*

1• PARTE DOS PAÍSES OCUPADOS NA PRODUÇÃO DE ARMAMENTOS

O Reich impõe aos países ocupados uma divisão do trabalho baseada nas especializações industriais do pré-guerra. Assim, observa-se, no quadro, o poderio da França em termos aeronáuticos e automobilísticos, o poderio da Philips e dos estaleiros navais nos Países Baixos.
Em contrapartida, a parte das armas propriamente ditas continua mínima, à exceção das encomendas complementares de materiais apreendidos (tanques franceses) ou fornecidos aos aliados do Eixo (aviões franceses para a Romênia).

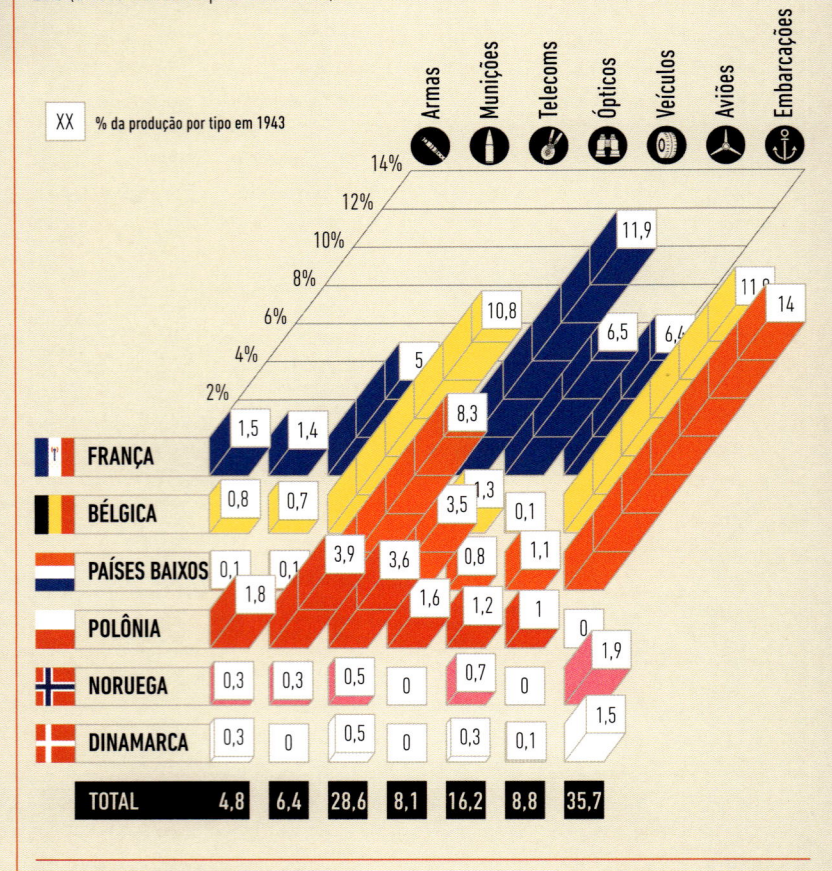

XX % da produção por tipo em 1943

	Armas	Munições	Telecoms	Ópticos	Veículos	Aviões	Embarcações
FRANÇA	1,5	1,4	8,3	5	10,8	11,9	11,8
BÉLGICA	0,8	0,7	3,5	0,1	6,5	6,4	14
PAÍSES BAIXOS	0,1	0,1	3,9	3,6	0,8	1,1	
POLÔNIA	1,8			1,6	1,2	1	
NORUEGA	0,3	0,3	0,5	0	0,7	0	1,9
DINAMARCA	0,3	0	0,5	0	0,1		1,5
TOTAL	**4,8**	**6,4**	**28,6**	**8,1**	**16,2**	**8,8**	**35,7**

3• A PILHAGEM DA FRANÇA

Dentre os países ocupados, a França tem a economia mais pujante e diversificada, o patrimônio mais rico, as reservas monetárias mais elevadas.
O desejo de vingar as exigências do entreguerras em matéria de indenizações explica em parte a enorme pilhagem de que a França é objeto. Refinarias desmontadas, confisco de matérias-primas e

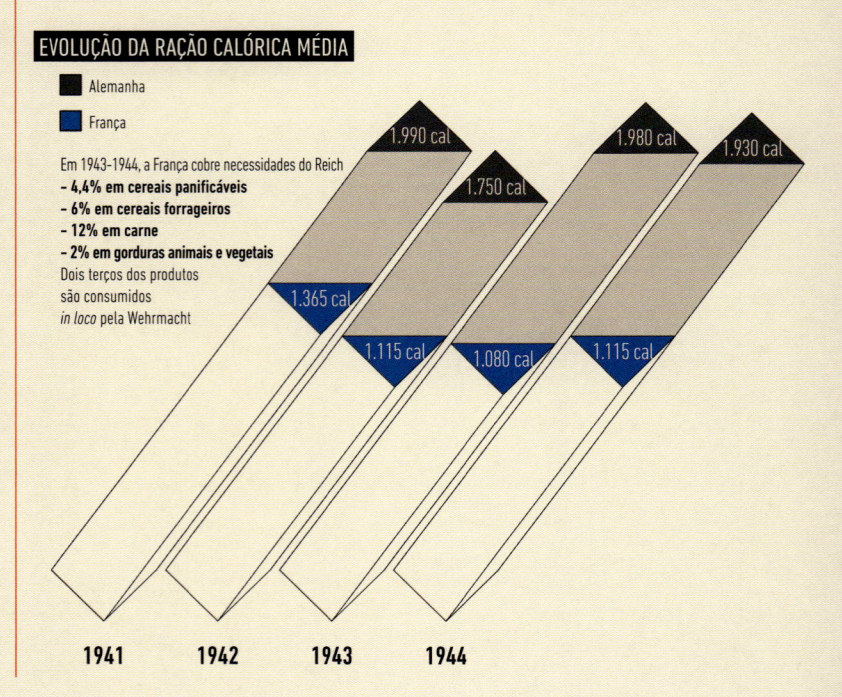

EVOLUÇÃO DA RAÇÃO CALÓRICA MÉDIA

■ Alemanha
■ França

Em 1943-1944, a França cobre necessidades do Reich
- 4,4% em cereais panificáveis
- 6% em cereais forrageiros
- 12% em carne
- 2% em gorduras animais e vegetais
Dois terços desses produtos são consumidos *in loco* pela Wehrmacht

	1941	1942	1943	1944
Alemanha	1.750 cal	1.990 cal	1.980 cal	1.930 cal
França	1.365 cal	1.115 cal	1.080 cal	1.115 cal

2 • OS ESTRANGEIROS NA ECONOMIA ALEMÃ EM AGOSTO DE 1944

Propaganda, salários elevados, deportações, saques, Serviço de Trabalho Obrigatório (STO), campos de prisioneiros – tudo contribui para carrear braços para o Reich. Mais de 80% da mão de obra cativa tem baixa ou nenhuma qualificação.
As mulheres russas e polonesas são postas para trabalhar na agricultura, os homens desses dois países, nos trabalhos mais perigosos, minas, indústria química, desobstrução e remoção de minas. Os operários qualificados da Europa Ocidental vão trabalhar nas indústrias aeronáutica e automobilística. A obsessão da mão de obra é tal que a ofensiva contra Kursk, no verão de 1943, tem como objetivo declarado a captura de um milhão de soldados soviéticos.

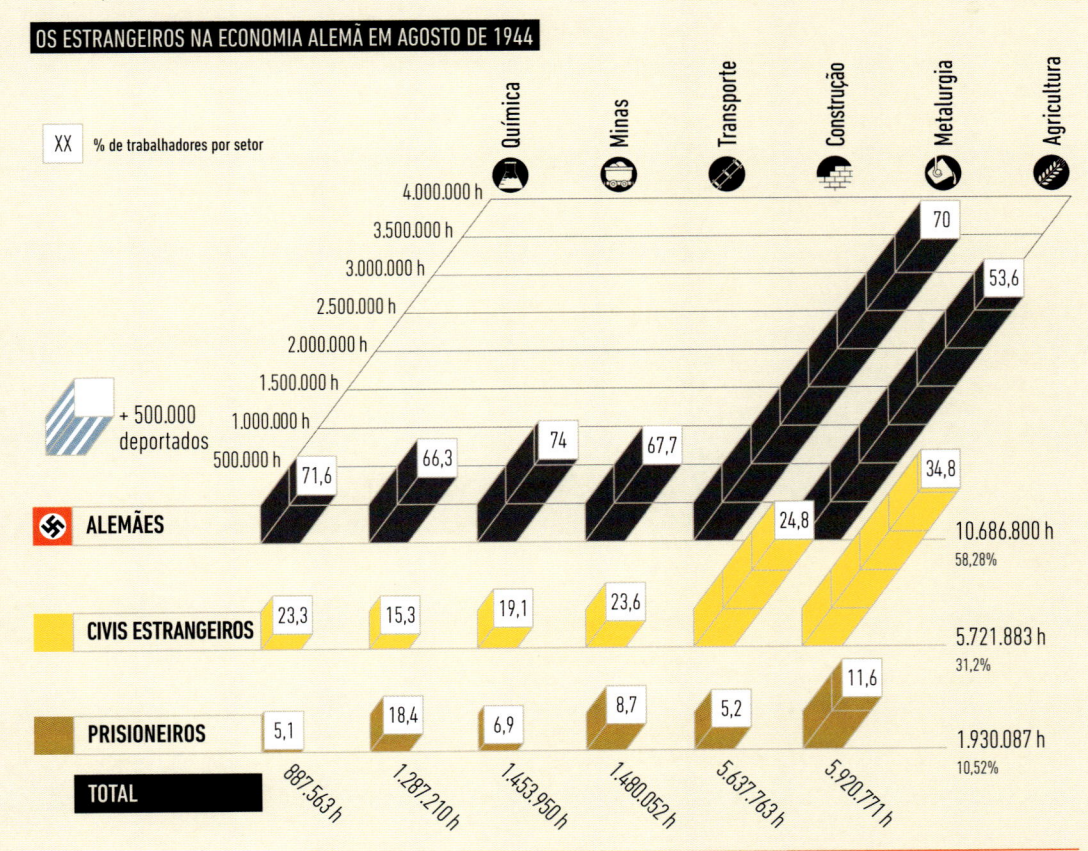

OS ESTRANGEIROS NA ECONOMIA ALEMÃ EM AGOSTO DE 1944

XX % de trabalhadores por setor

+ 500.000 deportados

Setor	Química	Minas	Transporte	Construção	Metalurgia	Agricultura	Total
ALEMÃES	71,6	66,3	74	67,7	24,8	34,8	10.686.800 h (58,28%)
CIVIS ESTRANGEIROS	23,3	15,3	19,1	23,6	70	53,6	5.721.883 h (31,2%)
PRISIONEIROS	5,1	18,4	6,9	8,7	5,2	11,6	1.930.087 h (10,52%)
TOTAL	887.563 h	1.287.210 h	1.453.950 h	1.480.052 h	5.637.763 h	5.920.771 h	

de equipamentos ferroviários móveis, roubo de máquinas e de patentes, indenizações de ocupação, taxa de câmbio leonina e deportação de trabalhadores mostram como o Reich subtraiu entre um terço e metade do PIB francês. Segue-se um empobrecimento geral, o desenvolvimento do mercado negro e da prostituição, e a redução da média da ração calórica. Examinando-se esses números, percebe-se muito bem que a derrota da França em 1940 é um dos primeiros fatores que permitiram ao Reich continuar na luta por tanto tempo.

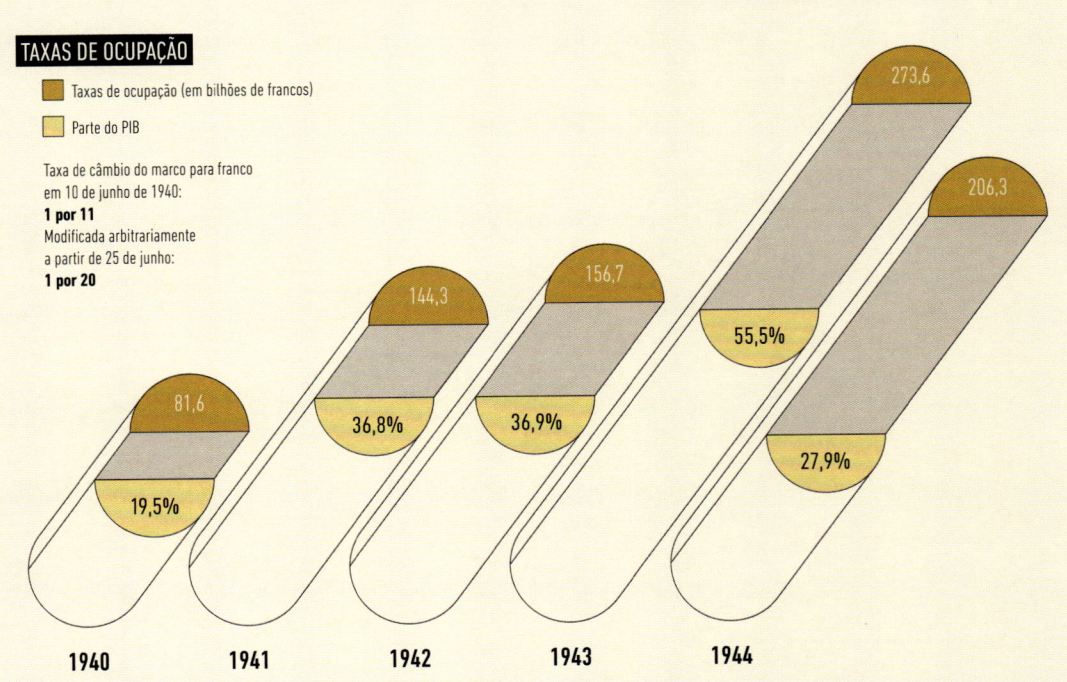

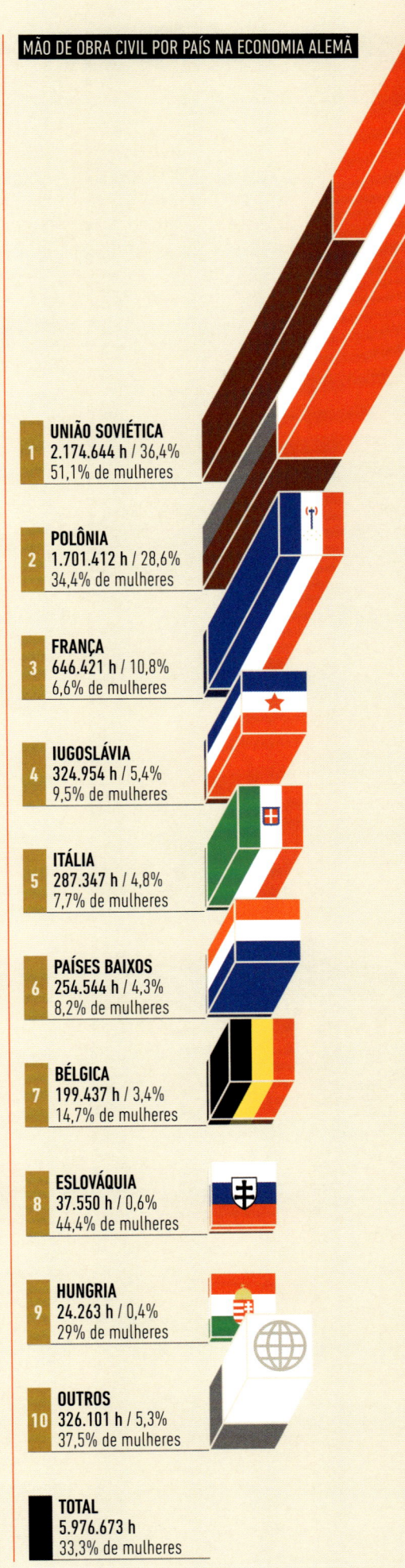

TAXAS DE OCUPAÇÃO

- Taxas de ocupação (em bilhões de francos)
- Parte do PIB

Taxa de câmbio do marco para franco em 10 de junho de 1940:
1 por 11
Modificada arbitrariamente a partir de 25 de junho:
1 por 20

Ano	Taxa (bi francos)	% PIB
1940	81,6	19,5%
1941	144,3	36,8%
1942	156,7	36,9%
1943	273,6	55,5%
1944	206,3	27,9%

MÃO DE OBRA CIVIL POR PAÍS NA ECONOMIA ALEMÃ

1. **UNIÃO SOVIÉTICA** — 2.174.644 h / 36,4% — 51,1% de mulheres
2. **POLÔNIA** — 1.701.412 h / 28,6% — 34,4% de mulheres
3. **FRANÇA** — 646.421 h / 10,8% — 6,6% de mulheres
4. **IUGOSLÁVIA** — 324.954 h / 5,4% — 9,5% de mulheres
5. **ITÁLIA** — 287.347 h / 4,8% — 7,7% de mulheres
6. **PAÍSES BAIXOS** — 254.544 h / 4,3% — 8,2% de mulheres
7. **BÉLGICA** — 199.437 h / 3,4% — 14,7% de mulheres
8. **ESLOVÁQUIA** — 37.550 h / 0,6% — 44,4% de mulheres
9. **HUNGRIA** — 24.263 h / 0,4% — 29% de mulheres
10. **OUTROS** — 326.101 h / 5,3% — 37,5% de mulheres

TOTAL — 5.976.673 h — 33,3% de mulheres

AS CONFERÊNCIAS INTERALIADAS PARA

Nunca Estados tão distantes geográfica e ideologicamente vieram a cooperar como fizeram os Aliados entre 1941 e 1945. As operações foram impulsionadas com os encontros entre chefes de Estado. O mesmo se pode dizer da nova ordem internacional, produto clássico das relações de forças entre potências vitoriosas (Yalta, Potsdam), mas também fruto de uma centena de negociações multilaterais mais amplas (com a inclusão dos neutros). Essas conferências foram a coluna vertebral tanto da guerra quanto de seu encerramento, com repercussões sempre atuais.

Não se deve deduzir dessa efervescência, porém, a existência de um programa coerente. O edifício foi construído sem arquiteto, como o provam conferências de dois tipos. Os Supergrandes (termo usado a partir de 1944) sequestram as conferências com finalidade militar, que decidem o destino dos vencidos e a nova ordem mundial. Essa experiência de um condomínio leva Roosevelt a mudar sua posição quanto ao meio de salvaguardar a paz futura. Em 1943, ele renuncia a uma segurança coletiva em proveito de uma ordem mundial oligárquica mantida por "*the four policemen*" (Estados Unidos, Reino Unido, União Soviética, China, depois a França), que dispõem de poder de veto e de uma área de influência. Paralelamente, em Washington, atores de perspectivas diversas se empenham em recriar um sistema mundial

1 • EIXO ANGLO-AMERICANO

O par anglo-saxão estrutura e dita o ritmo das conferências. Churchill é o mais ativo na preocupação de preservar o império, mas Roosevelt é o ator principal. Juntos, eles estabelecem o calendário da guerra. O comunista Stálin, terceiro "Grande", se mantém afastado. Ele só encontra Roosevelt pela primeira vez em novembro de 1943.
De sua parte, a França e a China nada pesam, obtendo apenas um trampolim para o futuro.

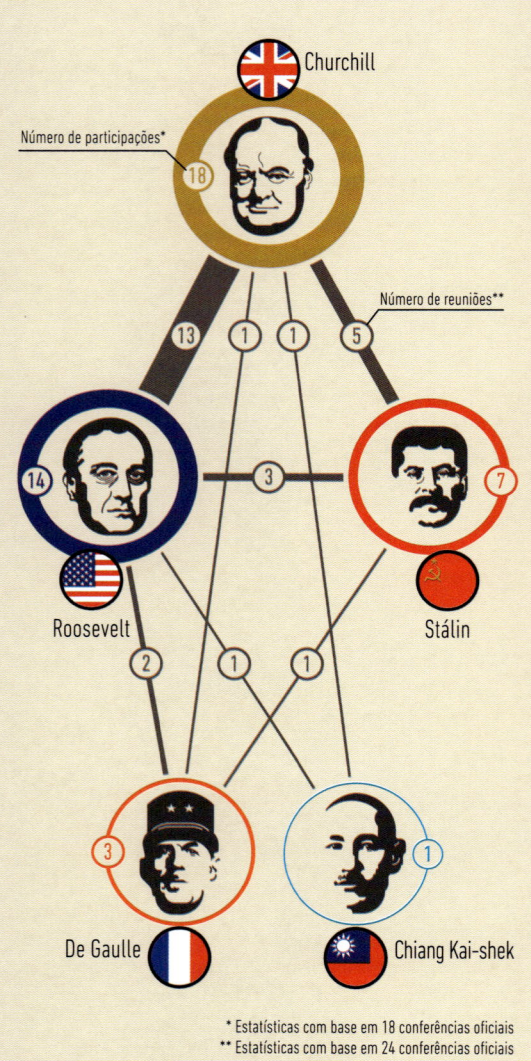

* Estatísticas com base em 18 conferências oficiais
** Estatísticas com base em 24 conferências oficiais

2 • AS 17 CONFERÊNCIAS QUE IMPULSIONAM A VITÓRIA E PREPARAM O FUTURO

Ainda que o fim da guerra acelere o ritmo das reuniões, as balizas são fixadas já em 1941. Antes mesmo de Pearl Harbor, e embora a nação americana ainda se mantenha numa posição de isolacionismo, os visionários Roosevelt e Churchill inspiram a Carta do Atlântico, que está na origem da nova ordem mundial. A dupla também se faz notar na polarização das conferências: dezessete no Império Britânico, catorze nos Estados Unidos. A influência do Reino Unido declina, porém, a partir de 1943, cedendo lugar a uma União Soviética inicialmente marginalizada devido às desconfianças recíprocas. O ano de 1943 é o ponto de virada em dois aspectos: é quando se tomam as decisões mais importantes na condução da guerra e se assiste a uma orientação para temáticas predominantemente políticas.

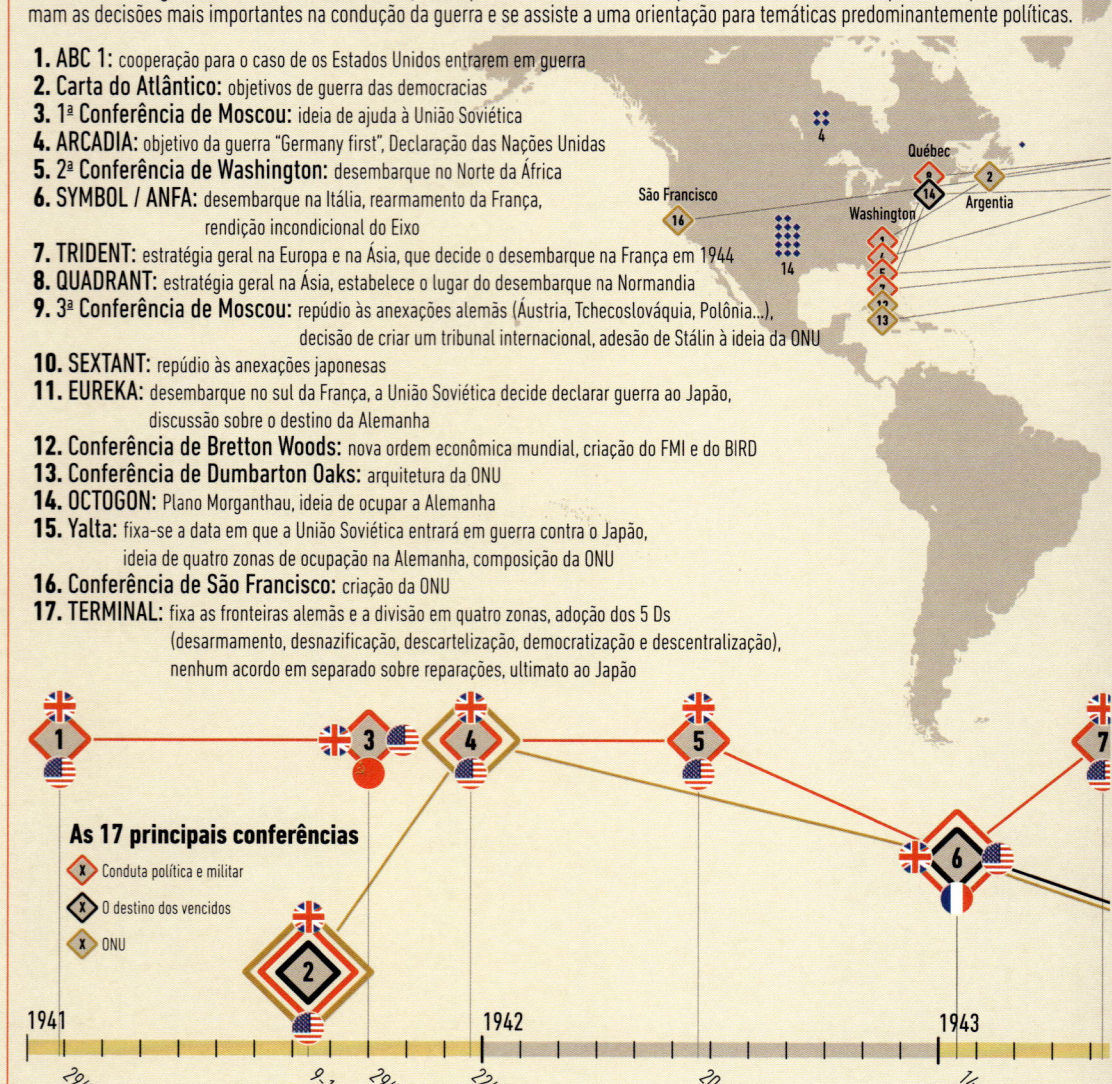

1. **ABC 1**: cooperação para o caso de os Estados Unidos entrarem em guerra
2. **Carta do Atlântico**: objetivos de guerra das democracias
3. **1ª Conferência de Moscou**: ideia de ajuda à União Soviética
4. **ARCADIA**: objetivo da guerra "Germany first", Declaração das Nações Unidas
5. **2ª Conferência de Washington**: desembarque no Norte da África
6. **SYMBOL / ANFA**: desembarque na Itália, rearmamento da França, rendição incondicional do Eixo
7. **TRIDENT**: estratégia geral na Europa e na Ásia, que decide o desembarque na França em 1944
8. **QUADRANT**: estratégia geral na Ásia, estabelece o lugar do desembarque na Normandia
9. **3ª Conferência de Moscou**: repúdio às anexações alemãs (Áustria, Tchecoslováquia, Polônia...), decisão de criar um tribunal internacional, adesão de Stálin à ideia da ONU
10. **SEXTANT**: repúdio às anexações japonesas
11. **EUREKA**: desembarque no sul da França, a União Soviética decide declarar guerra ao Japão, discussão sobre o destino da Alemanha
12. **Conferência de Bretton Woods**: nova ordem econômica mundial, criação do FMI e do BIRD
13. **Conferência de Dumbarton Oaks**: arquitetura da ONU
14. **OCTOGON**: Plano Morganthau, ideia de ocupar a Alemanha
15. **Yalta**: fixa-se a data em que a União Soviética entrará em guerra contra o Japão, ideia de quatro zonas de ocupação na Alemanha, composição da ONU
16. **Conferência de São Francisco**: criação da ONU
17. **TERMINAL**: fixa as fronteiras alemãs e a divisão em quatro zonas, adoção dos 5 Ds (desarmamento, desnazificação, descartelização, democratização e descentralização), nenhum acordo em separado sobre reparações, ultimato ao Japão

FONTES: 1• Dan Plesch, *America, Hitler & the UN. How the Allies won World War II and forged a peace*, I. B. Tauris, 2011 – 2• Maurice Bertrand, Antonio Donini, *L'ONU*, La Découverte, 2015 – 3• David Reynolds, *From World War to Cold War: Churchill, Roosevelt, and the international history of the 1940s*, Oxford University Press, 2007 – 4• Jean-François Muracciole e Guillaume Piketty (dir.),

38

PREPARAR O MUNDO DO PÓS-GUERRA

que congregue o máximo de Estados. Os ocidentais estão convictos de que a guerra é filha da crise de 1929 e da derrocada das estruturas preexistentes (Sociedade das Nações, Organização Econômica e Financeira, Banco de Compensações Internacionais). Para eles, "a associação dos Estados em agências funcionais especializadas permitiria o crescimento pacífico da sociedade internacional" (David Mitrany). Privilegia-se, então, uma abordagem setorial, com a multiplicação dos organismos reguladores. Mantêm-se estruturas antigas; outras, mais influentes, surgem antes da Organização das Nações Unidas (ONU), a partir de iniciativas não articuladas.

Essa dicotomia desemboca no "não sistema da ONU". A Conferência de São Francisco consagra o condomínio desejado pelos Supergrandes com a criação de um conselho de segurança oligárquico, mas endossa também a fragmentação das estruturas. As organizações independentes são agregadas à ONU, mas sem que lhe sejam subordinadas. Essa autonomia faz com que a ONU não tenha nem uma estrutura global nem a última palavra no que tange aos projetos econômicos, sociais, culturais e humanitários. Apenas a posição dominante dos Estados Unidos nas diferentes organizações garante *in fine*, durante algum tempo, sua coerência.

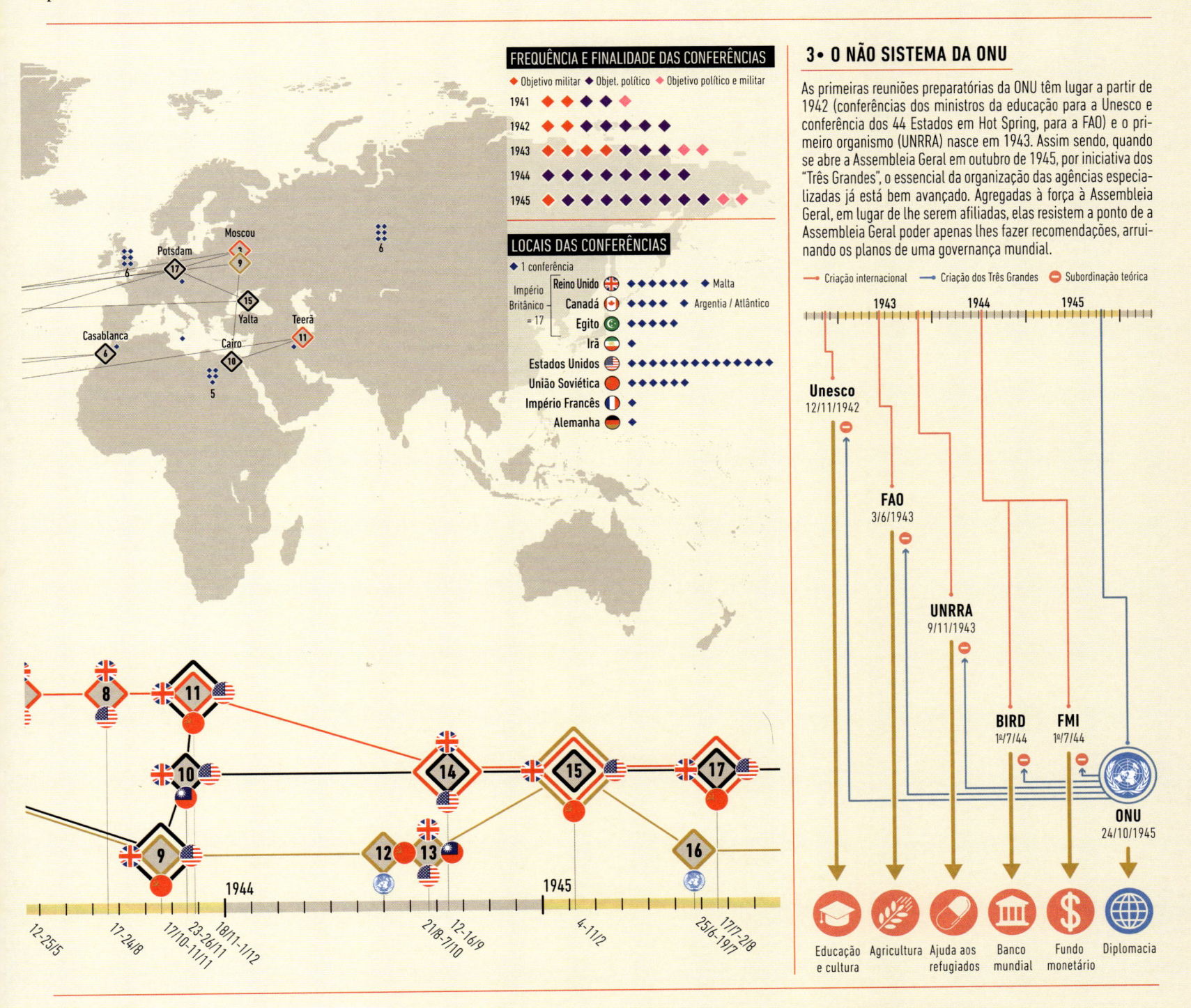

3• O NÃO SISTEMA DA ONU

As primeiras reuniões preparatórias da ONU têm lugar a partir de 1942 (conferências dos ministros da educação para a Unesco e conferência dos 44 Estados em Hot Spring, para a FAO) e o primeiro organismo (UNRRA) nasce em 1943. Assim sendo, quando se abre a Assembleia Geral em outubro de 1945, por iniciativa dos "Três Grandes", o essencial da organização das agências especializadas já está bem avançado. Agregadas à força à Assembleia Geral, em lugar de lhe serem afiliadas, elas resistem a ponto de a Assembleia Geral poder apenas lhes fazer recomendações, arruinando os planos de uma governança mundial.

Encyclopédie de la Seconde Guerre Mondiale, Robert Laffont, 2015 – 5• Dan Plesch & Thomas G. Weiss (ed.), *Wartime origins and the future United Nations*, Routledge, 2015.

II. ARMAS E EXÉRCITOS

OS ALTOS-COMANDOS: ARQUITETOS DA GUERRA

Garantir a condução de uma guerra mundial é tarefa de uma complexidade que desafia a imaginação. O alto-comando deve administrar milhões de homens, gerenciá-los no espaço e no tempo, conectar-se ao mundo político e econômico a fim de coordenar a mobilização humana e industrial. Cabe a ele estabelecer as doutrinas e conduzir as operações militares, às vezes distantes milhares de quilômetros. Há séculos os almirantados enfrentaram esses desafios, mas foi preciso esperar o século XIX, em que os exércitos terrestres se inflam e as operações se eternizam, para que se impusesse um verdadeiro alto-comando, com infinitas ramificações. A Primeira Guerra Mundial propiciou uma primeira experiência, mas impossível de aproveitar de maneira idêntica para os vencidos de 1918 ou para os Estados Unidos e o Japão, engajados muito pouco ou muito tarde. O imenso Pentágono, erguido em 1942 para reunir os 30 mil empregados do Exército e da Marinha, constitui uma demonstração da mudança de escala de uma guerra mundializada.

As estruturas de comando são tão mais complexas quanto cada racionalização se chocando com a resistência dos órgãos existentes,

1 • UNIÃO SOVIÉTICA: O EXÉRCITO VERMELHO SOB TUTELA

Em 22 de junho de 1941, o comando soviético da guerra está desorganizado. Foi preciso esperar mais de um mês para ver o surgimento das duas instituições-chave. A primeira, o Comitê Estatal da Defesa (GKO), monopoliza todos os poderes políticos e econômicos, com o aparelho de Estado garantindo a execução. Stálin é seu presidente. O alto-comando, ou Stavka, só se torna eficaz quando Stálin assume sua liderança, em 8 de agosto de 1941. Ele é seu estado-maior pessoal e atua sobre as operações por meio de seus representantes junto aos fronts, ou do estado-maior geral (Genshtab). Este último perde suas funções essenciais, confiadas a gente próxima a Stálin. O conjunto funciona sem excesso de burocracia, mas Stálin constitui um fator de desordem, pois embaralha sem cessar as hierarquias militares.

2 • A NEBULOSA FEUDAL NAZISTA

Já em 1938, o velho estado-maior prussiano onipotente dá lugar a uma nebulosa de departamentos de contornos fluidos, em que a intimidade com o Führer conta mais que sua função. Nessa policracia feudal em que se destacam Göring, Speer e Himmler, tensões e atropelamentos de competência proliferam. À exceção de Hitler, ninguém tem acesso à informação global. Cada um trabalha às cegas, concorrendo com os demais, e assim Hitler mantém o controle, ao preço de atritos consideráveis. O OKH, reduzido ao front oriental, sofre contínuas baixas. O OKW, teoricamente o estado-maior das forças conjuntas, é uma simples correia de transmissão que não dispõe nem de cérebros nem dos atributos para ser o órgão de condução estratégica da guerra. Já em 1942, toda forma de planejamento estratégico desaparece.

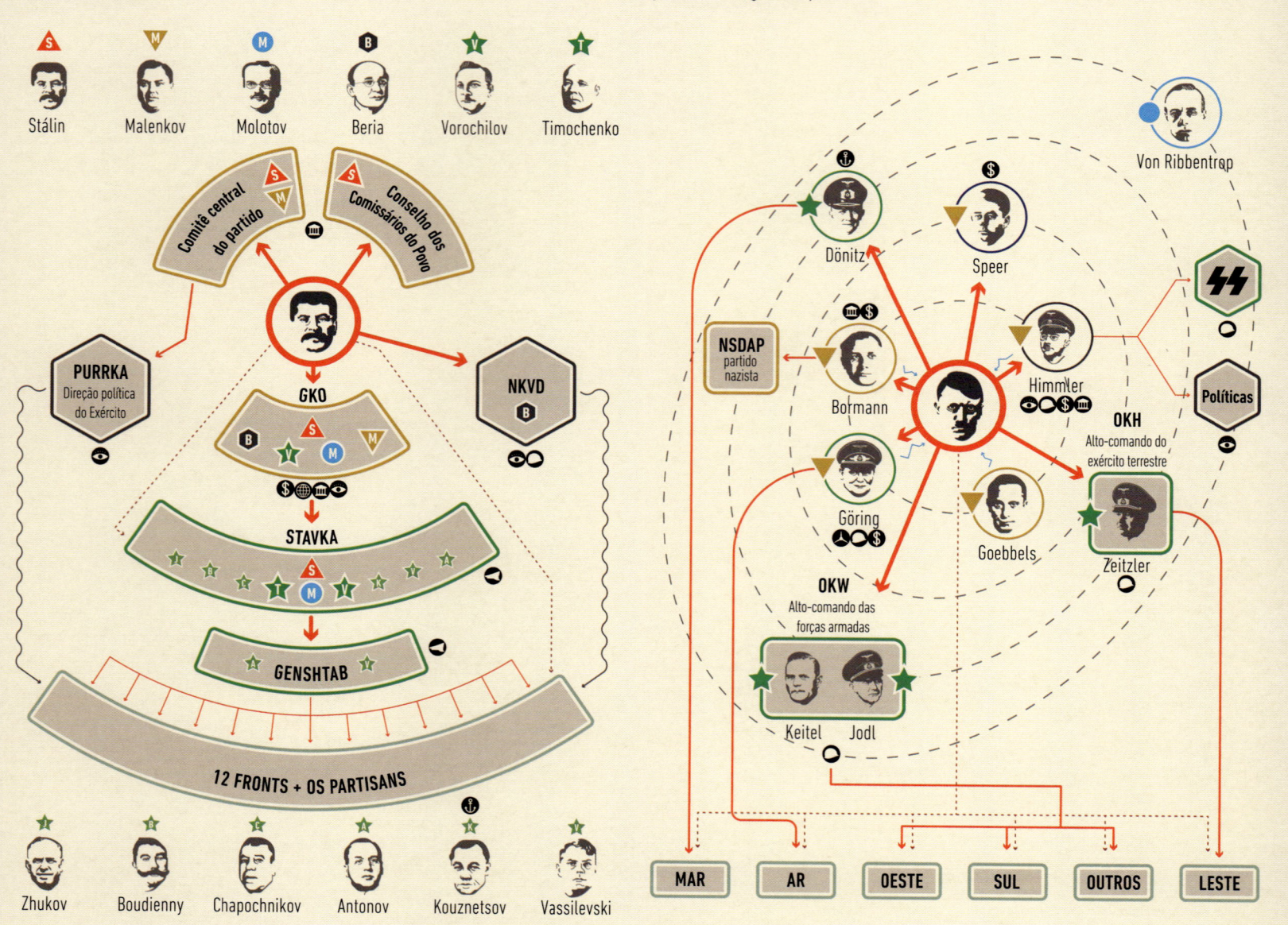

com as disputas de influência, que preservam departamentos anacrônicos. Elas se edificam por estratos sucessivos, resultantes de compromissos, de rupturas e de continuidades. Dos cinco casos aqui representados, apenas o britânico possui uma estrutura já antes da guerra. Todos os outros sofrem profundas mudanças às vésperas ou durante o conflito. O exame de suas características mostra a que ponto eles refletem a sociedade e a ideologia em nome das quais fazem a guerra. Desse ponto de vista, as três ditaduras se assemelham entre si, mais do que quando comparadas às duas democracias anglo-saxãs.

Símbolos:
- → Comanda
- Espiona / vigia
- Interfere
- Influencia
- Em conflito
- Círculo de influência

Funções
- Chefe de Estado
- Político
- Diplomata
- Polícia política
- Militar
- Escalão operacional

Meios à disposição
- Político
- Diplomático
- Econômico / Industrial
- Polícia política
- Todas as forças
- Forças terrestres
- Forças marítimas
- Forças aéreas

Estruturas
- Decididor final
- Militar
- Político
- Repressivas
- Fronts

3 • A ALIANÇA ANGLO-SAXÃ: COOPERAR, ARBITRAR, DELEGAR

Os Aliados enfrentam as dificuldades das coalizões, da projeção sobre teatros de guerra distantes e de uma forte imbricação das dimensões terrestre, aérea e naval. As estruturas nacionais são complementadas por comitês interexércitos e interestados cuja instância maior é o Combined Chiefs of Staff. Esse comitê coordena a guerra definida pelos políticos quando das conferências entre os Aliados. Ele distribui os recursos. O planejamento e a condução das campanhas são delegados a comandantes supremos dos teatros de operações. Embora imperfeitas, essas estruturas arbitram bem os conflitos, por exemplo a disputa entre Marinha e Exército sobre a prioridade dada ao Pacífico. Outra prova de sua efetividade é o fato de limitarem os militares aos combates, ao mesmo tempo que os protegem das intromissões do "estrategista" Churchill.

4 • UM ALTO-COMANDO JAPONÊS DIVIDIDO

Aparentemente racional, com uma instância de condução da guerra, o comitê, e um imperador que tinha poder de decisão devido a sua soberania absoluta, a estrutura de comando é, na verdade, distorcida pela recusa de Hiroito a arbitrar. O imperador deixa que proliferem os atritos entre o Exército e a Marinha, cujos objetivos de guerra são diferentes. A condução da guerra flutua, pois, ao sabor das relações de forças internas. Tojo, numa deriva fascista, tenta concentrar o poder, acumulando, na primavera de 1944, os postos de primeiro-ministro, ministro do Exército e chefe do estado-maior. Mas ele entra em conflito com a Marinha, e o imperador o destitui em julho de 1944. No front, o Exército tem o controle do continente, mas, nos outros lugares, operações e posições são atribuídas a cada uma das duas armas, caso a caso, e o comando se torna bicéfalo.

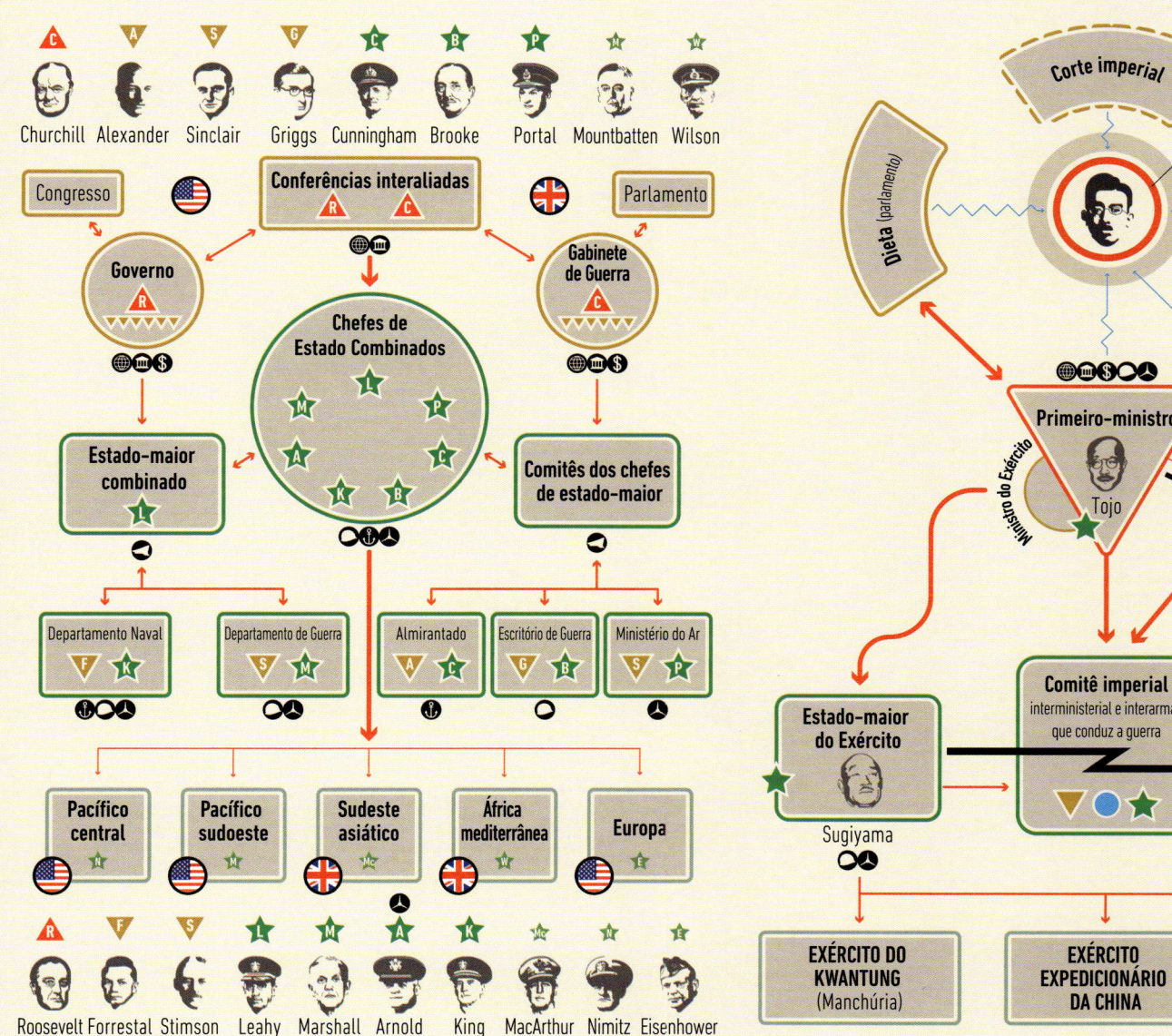

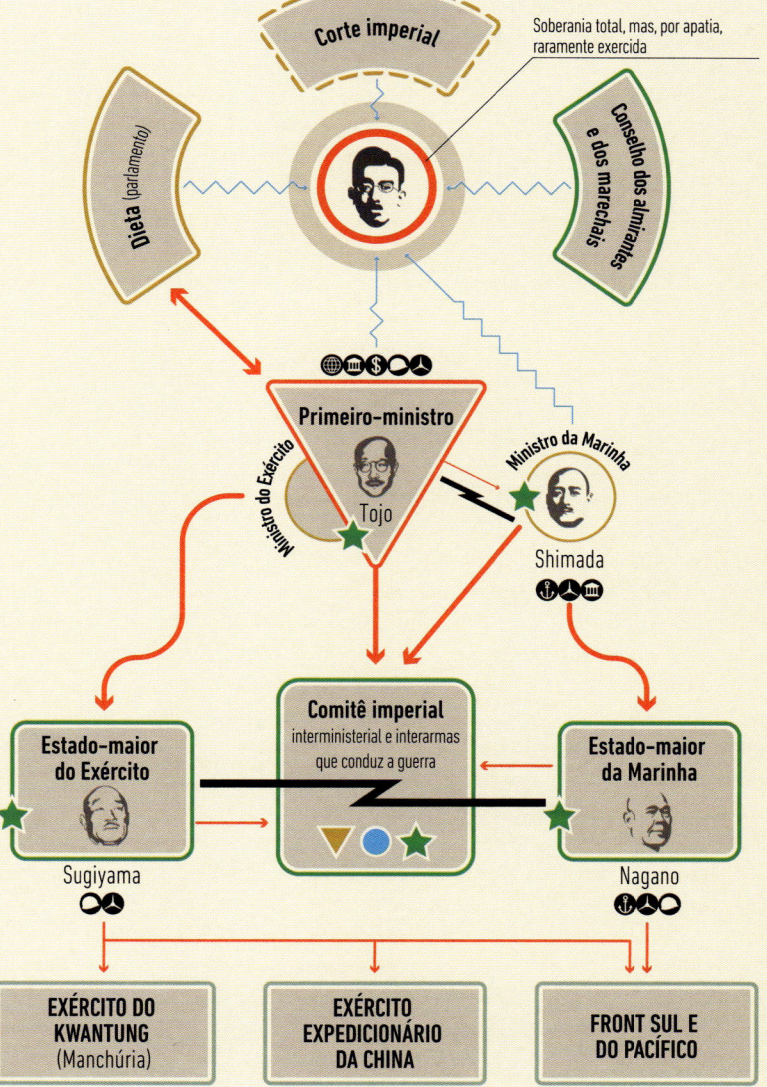

43

A DIVISÃO DE INFANTARIA: PEÇA FUNDAMENTAL DAS OPERAÇÕES

1 • FAZER VOLUME

Ocultas pelas divisões blindadas (DB), as DIs, não obstante, continuam sendo a "unidade de contagem" mais comum. O imenso front russo, que necessita de centenas delas, as reduz a unidades "low cost", mal equipadas e mal treinadas, tornando as unidades de tanques cada vez mais indispensáveis para romper barreiras, explorar e também tapar as brechas. Uma DI soviética só ataca, numa extensão de alguns quilômetros, quando apoiada por uma potente artilharia e ao custo de tremendas perdas. Em contrapartida, na Europa Ocidental a DI é o principal ator da libertação. Motorizada e reforçada por numerosos batalhões independentes, ela recupera sua flexibilidade, ocupa e rompe o front e apoia a evolução dos tanques nas perseguições. Em 1945, o número de blindados de apoio de uma DI inglesa é o dobro do que existe numa divisão Panzer.

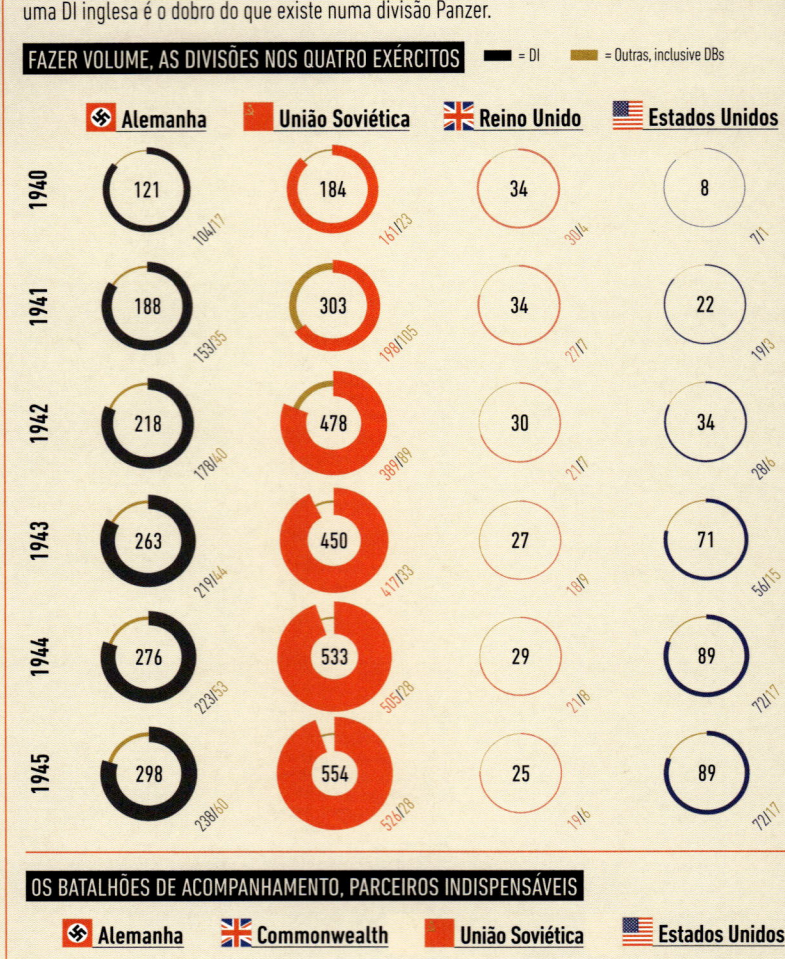

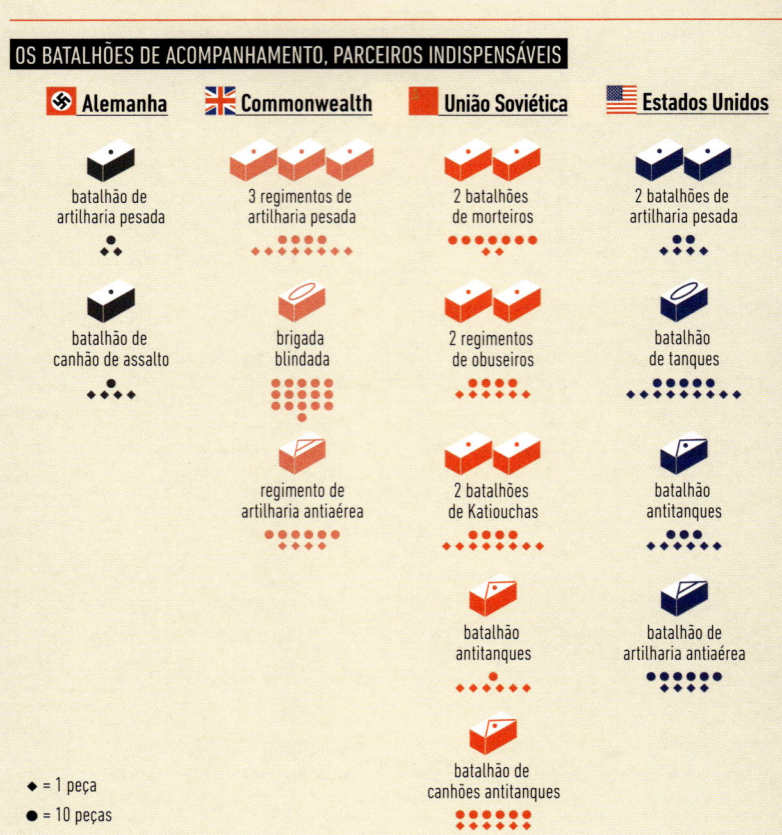

FAZER VOLUME, AS DIVISÕES NOS QUATRO EXÉRCITOS ■ = DI ■ = Outras, inclusive DBs

	Alemanha	União Soviética	Reino Unido	Estados Unidos
1940	121 (104/17)	184 (161/23)	34 (30/4)	8 (7/1)
1941	188 (153/35)	303 (198/105)	34 (27/7)	22 (19/3)
1942	218 (178/40)	478 (385/69)	30 (23/7)	34 (28/6)
1943	263 (219/44)	450 (417/33)	27 (13/6)	71 (56/15)
1944	276 (223/53)	533 (505/28)	29 (21/8)	89 (72/17)
1945	298 (238/60)	554 (526/28)	25 (19/6)	89 (72/17)

OS BATALHÕES DE ACOMPANHAMENTO, PARCEIROS INDISPENSÁVEIS

Alemanha	Commonwealth	União Soviética	Estados Unidos
batalhão de artilharia pesada ♦♦♦	3 regimentos de artilharia pesada ♦♦♦♦	2 batalhões de morteiros ●●●●●●	2 batalhões de artilharia pesada ♦♦♦♦
batalhão de canhão de assalto ♦♦♦	brigada blindada ●●●●●●●●●	2 regimentos de obuseiros ●●●●●●	batalhão de tanques ●●●●●●●
	regimento de artilharia antiaérea ●●●●●	2 batalhões de Katiouchas ●●●●	batalhão antitanques ♦♦♦♦♦
		batalhão antitanques ♦♦♦♦	batalhão de artilharia antiaérea ●●●●●
		batalhão de canhões antitanques ●●●●●	

♦ = 1 peça
● = 10 peças

Concebida em 1759, a divisão de infantaria (DI) é a pedra fundamental das operações. Com efeito, essa massa de 8 mil a 16 mil homens é o primeiro escalão interarmas que dispõe de um estado-maior e de uma intendência – o que a torna um "miniexército". Ela pode ser usada sozinha ou junto com outras armas e se torna até uma medida do poderio de um Estado, como o mostra uma apóstrofe de Stálin: "O papa, quantas divisões tem esse papa?". Seu sucesso se deve ao perfeito equilíbrio entre dimensão, versatilidade e polivalência (instrumento ofensivo e defensivo, operacional tanto em campo aberto quanto em cidade ou montanha). Criar unidades menores para ganhar em versatilidade sai muito caro em logística e em quadros (uma unidade autônoma de 4 mil homens exige quase tanto em termos de serviços quanto uma de 15 mil). Criar unidades mais potentes resulta apenas em algumas baleias pesadas e ineficientes. Em 1939, o escalão das divisões é uma estrutura barata que otimiza o contingente demográfico. A Polônia organiza trinta dessas divisões, a Bélgica, 22 – tanto mais que nada impede de reforçá-la eventualmente com batalhões independentes, para lhe dar mais força. A proporção de DIs em cada exército alcança 80%, número constante durante a guerra.

Os primeiros combates, porém, colocam-na em grande dificuldade. Ela voa em estilhaços sob os ataques da aviação e das divisões blindadas. E é incapaz de seguir a pé o ritmo mais acelerado das operações. Muito frágil e lenta, serve apenas para guardar os imensos fronts, tarefa ingrata mas essencial, que sempre motiva novas convocações. Assim, o número de DIs alemãs aumenta 70% entre 1939 e 1944, e já em 1943 passava de duzentas.

Esse rebaixamento é acentuado pela carência de homens e de materiais. A DI alemã dispõe de cada vez menos veículos e serviços, e, em 1944, sua sobrevivência só é garantida, teoricamente, pelo aumento de seu poder de fogo a curta distância: fuzis de assalto, metralhadoras MG42, Panzerfäuste baratos... O Japão e a União Soviética optam, por falta de caminhões e de quadros competentes, por uma estrutura mais precária, dependente em tudo da unidade a que está integrada. Por fim, apenas os opulentos exércitos anglo-saxões a motorizam e a reforçam com unidades independentes. Não raro se veem suas DIs disporem de uma centena de tanques. Automaticamente, ela se transforma numa unidade maciça de 20 mil homens e até 40 mil, com serviços de retaguarda de segundo escalão. Por si sós, a excelência da rede de comunicação e uma doutrina inovadora evitam a paralisia. E assim sendo, seu número é limitado. Apesar dos 11 milhões de convocados, o Exército Americano só consegue organizar cerca de sessenta unidades, e os britânicos, uma vintena. A DI prenuncia a enorme divisão da Guerra Fria, que viria a se decompor em brigadas, para ganhar em versatilidade.

Assim, a Segunda Guerra Mundial, letal e movediça, quebrou o equilíbrio da divisão de infantaria. E esse equilíbrio nunca mais seria restabelecido.

2 • COMPARAÇÃO DOS EQUIPAMENTOS DAS DIVISÕES DE INFANTARIA

Há um abismo entre as DIs anglo-saxãs e as demais. As primeiras, com efetivos completos, são motorizadas e têm uma logística dez vezes mais pesada que as dos outros beligerantes, movidas por cavalos. Nestas últimas, o aumento do poder de fogo de curta distância não mascara a erosão dos efetivos, muitas vezes mais intensa, na verdade, que o apresentado neste organograma teórico. As DIs italianas reduzem seus efetivos de 10 mil a 6 mil homens em três anos, as soviéticas de 14.400 a 7 mil ou 8 mil em alguns meses. Cada grupo de combate alemão (dez homens) dispõe de uma metralhadora (MG) bem mais eficaz que os fuzis-metralhadoras (FM) dos adversários. Assim, a companhia tem uma capacidade de reação e um poder de fogo que o inimigo compensa mal, recorrendo a suas unidades de apoio. O equipamento é modulado de acordo com o teatro de operações. O deserto dissuade os italianos de usar cavalos e os faz tentar compensar isso com unidades antitanque. A selva e a logística de além-mar obrigam os japoneses a privilegiar um armamento leve (artilharia de 75 milímetros de cano curto, morteiro lança-granadas).

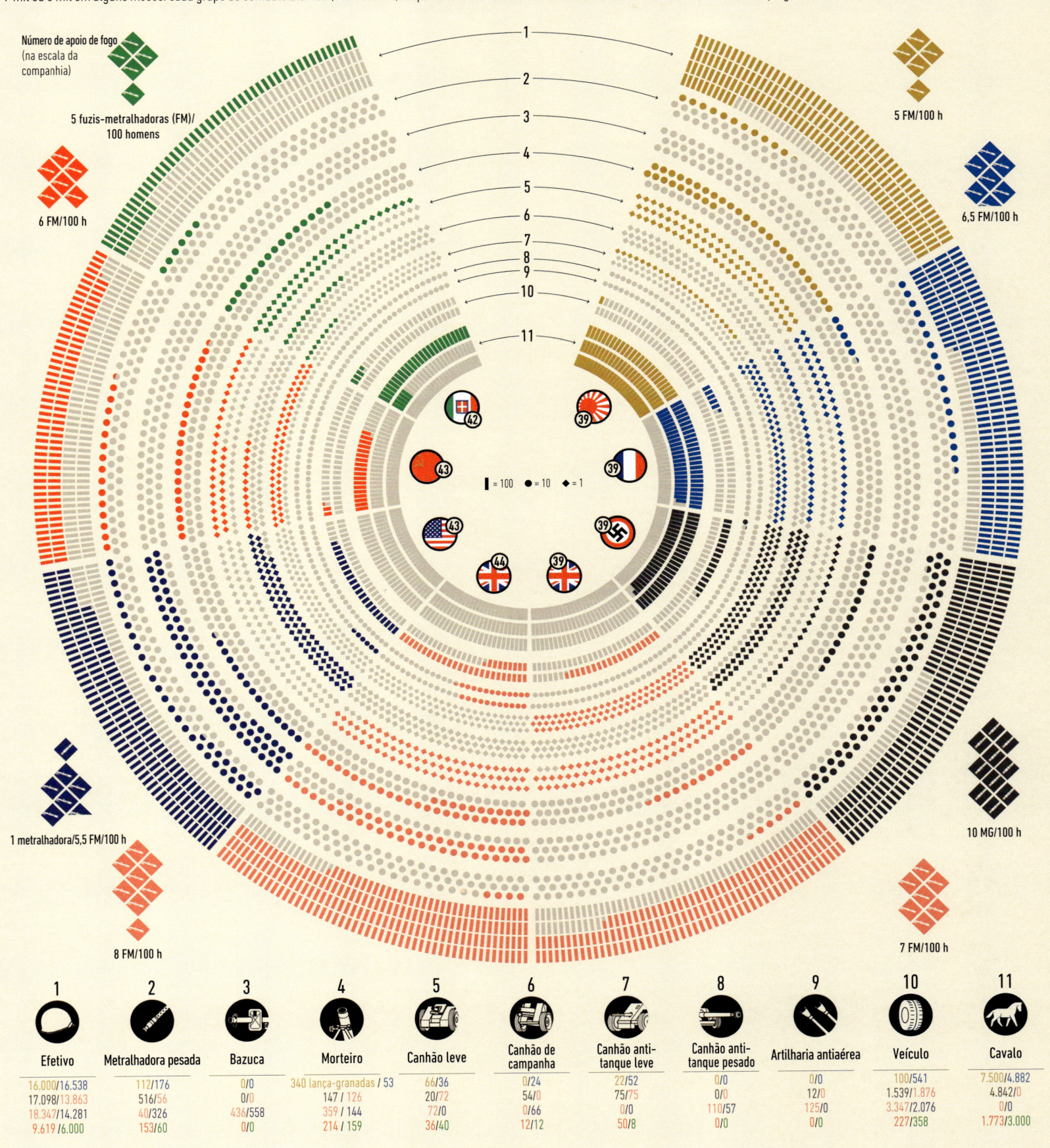

Número de apoio de fogo (na escala da companhia)

5 fuzis-metralhadoras (FM)/100 homens

6 FM/100 h

5 FM/100 h

6,5 FM/100 h

1 metralhadora/5,5 FM/100 h

8 FM/100 h

7 FM/100 h

10 MG/100 h

● = 100 ● = 10 ◆ = 1

	1	2	3	4	5	6	7	8	9	10	11
	Efetivo	Metralhadora pesada	Bazuca	Morteiro	Canhão leve	Canhão de campanha	Canhão anti-tanque leve	Canhão anti-tanque pesado	Artilharia antiaérea	Veículo	Cavalo
	16.000/16.538	112/176	0/0	340 lança-granadas / 53	66/36	0/24	22/52	0/0	0/0	100/541	7.500/4.882
	17.098/13.863	516/56	0/0	147 / 126	20/72	54/0	75/75	0/0	12/0	1.539/1.876	4.842/0
	18.347/14.281	40/326	436/558	359 / 144	72/0	0/66	0/0	110/57	125/0	3.347/2.076	0/0
	9.619 /6.000	153/60	0/0	214 / 159	36/40	12/12	0/0	50/8	0/0	227/358	1.773/3.000

45

3 • ORGANIZAÇÃO E DOUTRINA ALEMÃS DE EMPREGO

O núcleo combatente é o grupo de nove homens que gravitam em torno de uma metralhadora (MG), dispondo às vezes de quatro Panzerfäuste. Como muitos, os alemães adotaram uma estrutura triangular (três grupos formam uma seção; três regimentos, uma divisão...) ao mesmo tempo versátil e econômica em termos de efetivos. Na maioria dos casos, dois grupamentos trabalham em conjunto, enquanto o terceiro fica de reserva. No nível da divisão inserem-se unidades especializadas. A eles o estado-maior recorre para compor grupos de combate, ou Kampfgruppen, cujo núcleo é a infantaria. A divisão mantém sua postura orgulhosa, com suas armas antitanque e seus blindados, mas já não tem a eficácia de suas predecessoras. As unidades de apoio sofrem uma "desmodernização" por serem pobremente equipadas com materiais disparatados. Em 1944, os batalhões de infantaria passam de nove a seis. Não obstante, a estrutura triangular sobrevive graças aos batalhões de reconhe-

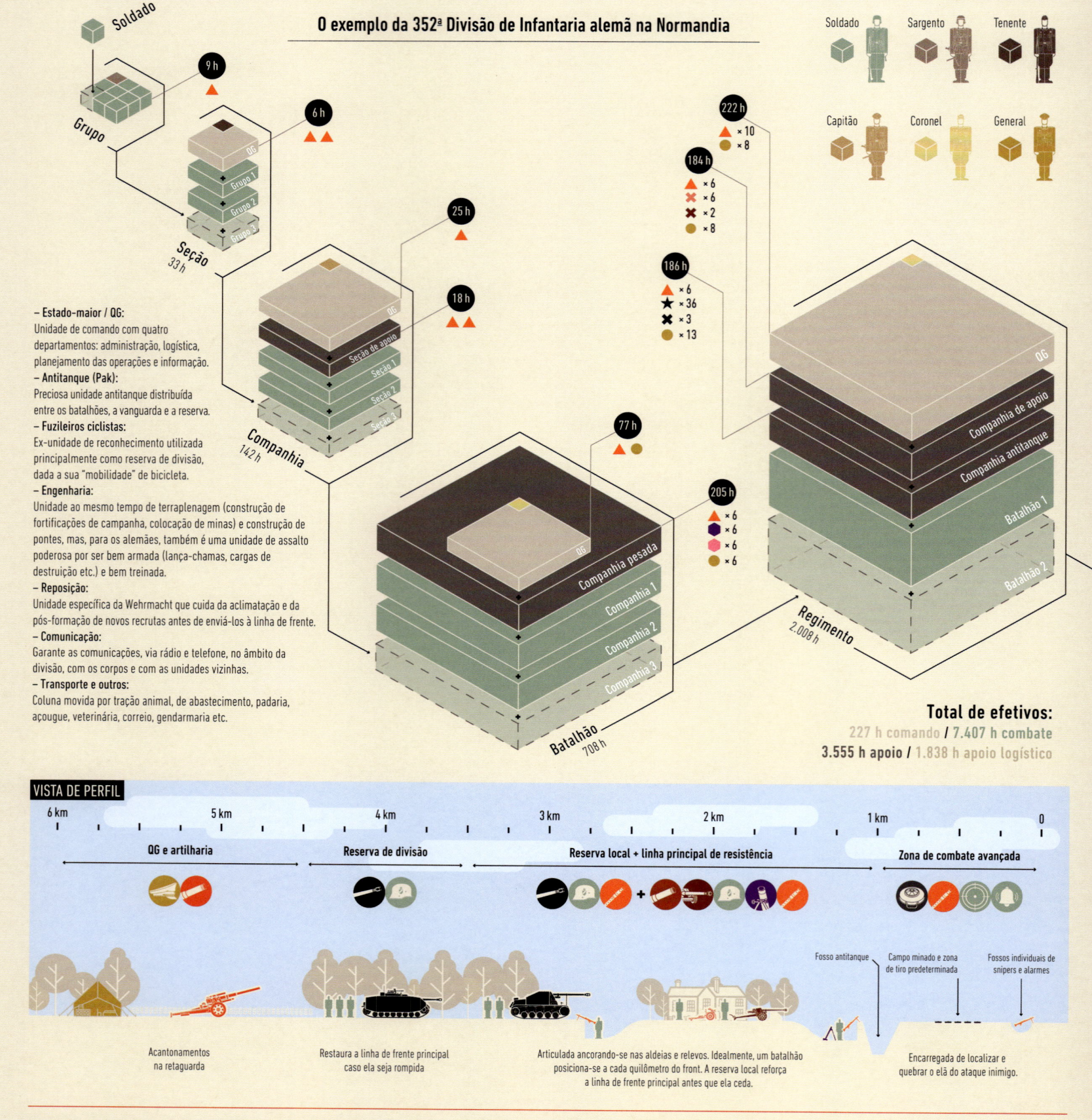

O exemplo da 352ª Divisão de Infantaria alemã na Normandia

– **Estado-maior / QG:**
Unidade de comando com quatro departamentos: administração, logística, planejamento das operações e informação.
– **Antitanque (Pak):**
Preciosa unidade antitanque distribuída entre os batalhões, a vanguarda e a reserva.
– **Fuzileiros ciclistas:**
Ex-unidade de reconhecimento utilizada principalmente como reserva de divisão, dada a sua "mobilidade" de bicicleta.
– **Engenharia:**
Unidade ao mesmo tempo de terraplenagem (construção de fortificações de campanha, colocação de minas) e construção de pontes, mas, para os alemães, também é uma unidade de assalto poderosa por ser bem armada (lança-chamas, cargas de destruição etc.) e bem treinada.
– **Reposição:**
Unidade específica da Wehrmacht que cuida da aclimatação e da pós-formação de novos recrutas antes de enviá-los à linha de frente.
– **Comunicação:**
Garante as comunicações, via rádio e telefone, no âmbito da divisão, com os corpos e com as unidades vizinhas.
– **Transporte e outros:**
Coluna movida por tração animal, de abastecimento, padaria, açougue, veterinária, correio, gendarmaria etc.

Total de efetivos:
227 h comando / 7.407 h combate
3.555 h apoio / 1.838 h apoio logístico

VISTA DE PERFIL

| QG e artilharia | Reserva de divisão | Reserva local + linha principal de resistência | Zona de combate avançada |

Acantonamentos na retaguarda

Restaura a linha de frente principal caso ela seja rompida

Articulada ancorando-se nas aldeias e relevos. Idealmente, um batalhão posiciona-se a cada quilômetro do front. A reserva local reforça a linha de frente principal antes que ela ceda.

Fosso antitanque / Campo minado e zona de tiro predeterminada / Fossos individuais de snipers e alarmes

Encarregada de localizar e quebrar o elã do ataque inimigo.

FONTES: 1• Alex Buchner, *The German infantry handbook, 1939-1945*, Schiffer, 1991 – **2•** Shelby L. Stanton, *World War II order of battle, an encyclopedic reference to the US army ground forces from battalion through division, 1939-1946*, Stackpole Books, 2006 – **3•** Gordon L. Rottman, *Japanese army in the World War II*, Osprey, 2005 – **4•** Steven J. Zaloga, *The Red Army handbook*, Sutton, 1998 – **5•** Stephen

cimento (fuzileiros ciclistas), de engenharia e de aclimatação de novos recrutas. Em fins de 1944, a divisão contará com mais de 10 mil homens, número bem inferior aos 17 mil de 1939. Mas o pior de tudo é a erosão dos quadros, atores essenciais da doutrina agressiva alemã. Com efeito, mesmo na defesa, a iniciativa é encorajada. Em teoria, uma divisão defende um front de seis a doze quilômetros com seis batalhões (de um a dois quilômetros) e três em reserva. A linha de resistência acompanha os acidentes do terreno ou os rios, enquanto as fazendas e as aldeias se tornam zonas refratárias.

Na ausência dessas condições, os homens se enterram em volta da MG ou de um canhão antitanque (Pak). A doutrina estimula menos a resistir, recusando-se a recuar, do que a recuperar o terreno perdido com contra-ataques improvisados, razão pela qual é necessária uma estrutura reativa e autônoma em todos os escalões. Na realidade, porém, uma divisão se estende sobre uma dupla extensão de front. Aí ela sacrifica a reserva de sua divisão. Os contra-ataques locais se tornam então determinantes, e a deficiência de quadros é cada vez mais prejudicial.

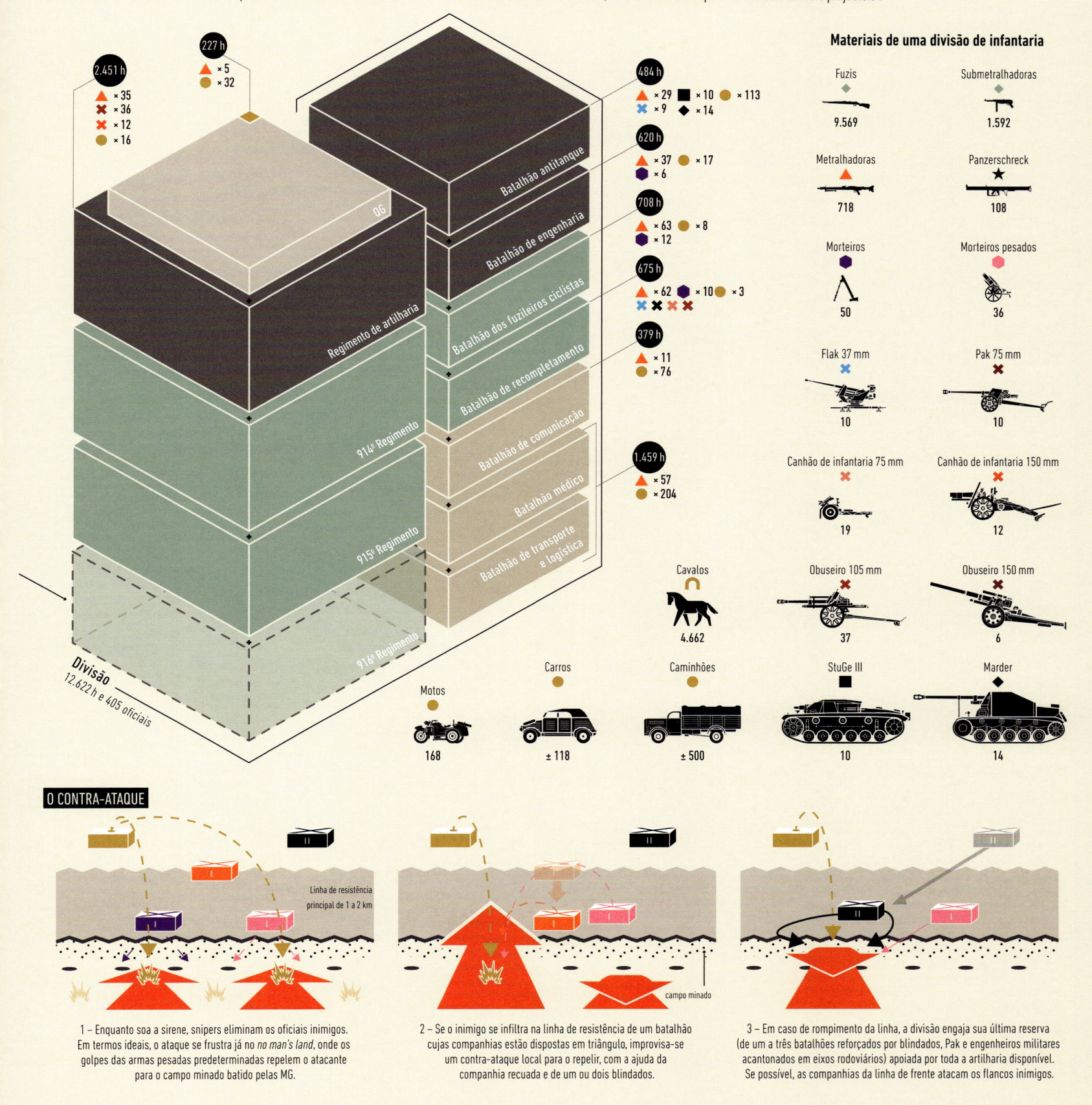

Materiais de uma divisão de infantaria

Fuzis	Submetralhadoras
9.569	1.592

Metralhadoras	Panzerschreck
718	108

Morteiros	Morteiros pesados
50	36

Flak 37 mm	Pak 75 mm
10	10

Canhão de infantaria 75 mm	Canhão de infantaria 150 mm
19	12

Cavalos	Obuseiro 105 mm	Obuseiro 150 mm
4.662	37	6

Motos	Carros	Caminhões	StuG III	Marder
168	± 118	± 500	10	14

Divisão 12.622 h e 405 oficiais

Batalhão antitanque 484 h
Batalhão de engenharia 620 h
Batalhão dos fuzileiros ciclistas 708 h
Batalhão de recompletamento 675 h
Batalhão de comunicação 379 h
Batalhão médico 1.459 h
Batalhão de transporte e logística

QG 2.451 h
227 h
914º Regimento
915º Regimento
916º Regimento
Regimento de artilharia

O CONTRA-ATAQUE

Linha de resistência principal de 1 a 2 km

campo minado

1 – Enquanto soa a sirene, snipers eliminam os oficiais inimigos. Em termos ideais, o ataque se frustra já no *no man's land*, onde os golpes das armas pesadas predeterminadas repelem o atacante para o campo minado batido pelas MG.

2 – Se o inimigo se infiltra na linha de resistência de um batalhão cujas companhias estão dispostas em triângulo, improvisa-se um contra-ataque local para o repelir, com a ajuda da companhia recuada e de um ou dois blindados.

3 – Em caso de rompimento da linha, a divisão engaja sua última reserva (de um a três batalhões reforçados por blindados, Pak e engenheiros militares acantonados em eixos rodoviários) apoiada por toda a artilharia disponível. Se possível, as companhias da linha de frente atacam os flancos inimigos.

Bull, *World War II infantry tactics* (v. 1-2), Osprey, 2004 & 2005. – 6• Martin van Creveld, *Fighting power, German & U.S. Army performance 1939-1945*, Greenwood Press, 1982 – 7• Joseph Balkoski, *La 129ᵉ Division Américaine en Normandie*, Histoire & Collection, 2013 – 8• *Tableaux d'effectifs de guerre de l'Armée Française* – 9• www.ATF40.fr – 10• www.niehorster.org.

A ARTILHARIA: O MARTELO DE THOR

A artilharia teria sido responsável por 60% dos mortos e dos feridos. Essa simples porcentagem demonstra a importância de uma arma tão desconhecida quanto indispensável, tanto no apoio aos ataques quanto na interceptação dos assaltos inimigos, independentemente do teatro de operações e da estação do ano. A eficácia da artilharia na Segunda Guerra Mundial se deve à sinergia entre canhão, pessoal, motor e rádio.

Em 1918, o canhão é levado ao zênite, tanto pela qualidade dos canos, pela balística e logo também pelas munições. Vinte anos depois, as peças são confiáveis, robustas, fáceis de produzir e de manejar – especialmente as americanas, versões modernas das revolucionárias 75 e 155 GPF francesas –, bem diferentes das alemãs, de difícil manejo. No que tange ao equipamento, há duas correntes principais. Alemães e americanos apreciam os potentes obuseiros de 105 e 155 milímetros. Mas enquanto os americanos constroem um parque homogêneo, os alemães são obrigados a aproveitar milhares de peças apreendidas. Os outros beligerantes confiam mais numa peça de campanha mais leve, de tiro rápido, lançadas em 1918 (França, Itália, Japão), do que nos polivalentes canhões lançadores de obuses, de que derivam o 25-pdr britânico e o ZiS-3 soviético contemporâneos. Mas sua falta de força os leva a um desperdício de munição e carece de uma artilharia pesada quando o inimigo se entrincheira. Os soviéticos, depois os alemães, inovam com seus lança-foguetes (Katyusha e Nebelwerfer).

A artilharia exige quadros científicos eficientes, de que dispõem anglo-saxões e alemães, mas que faltam aos exércitos da Ásia, da Europa Oriental e também ao Exército de Libertação francês. A inven-

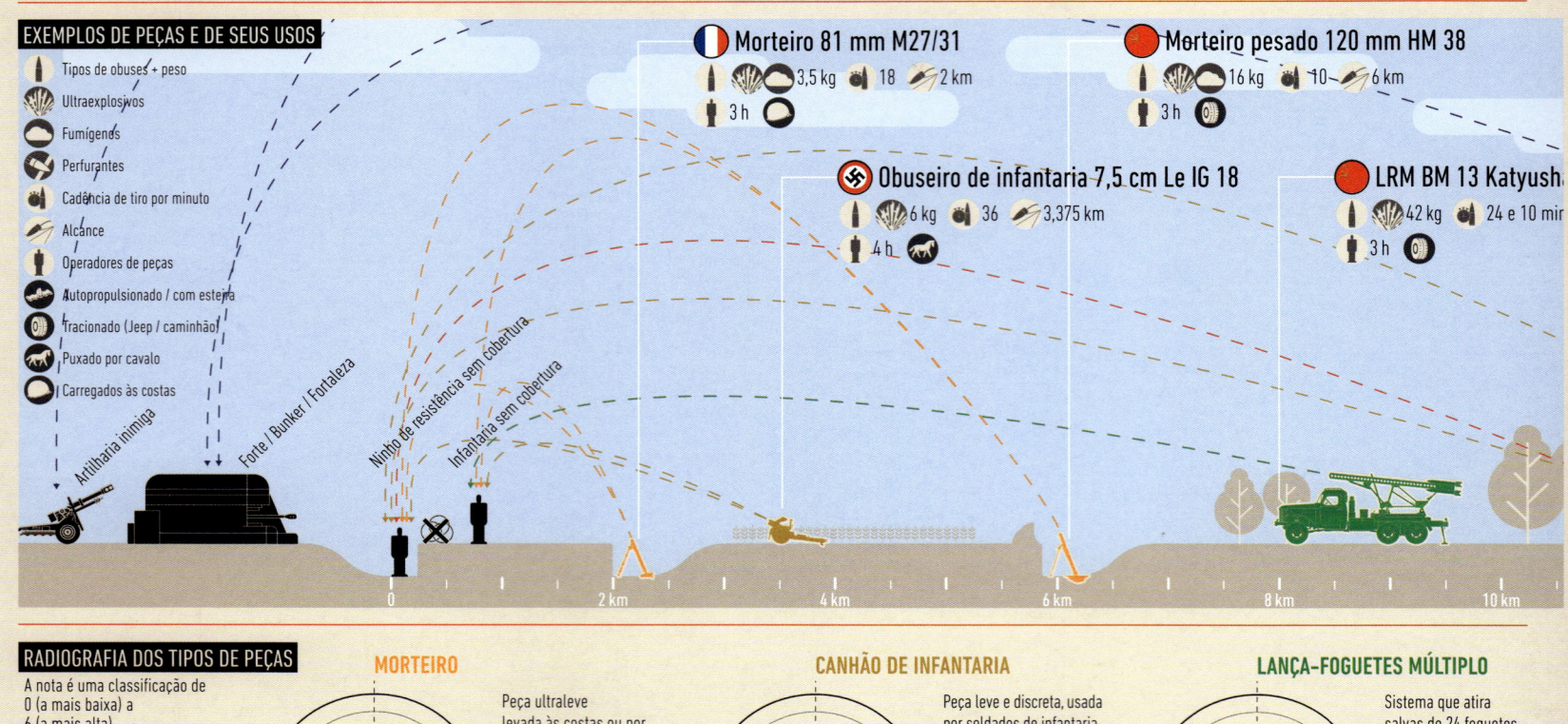

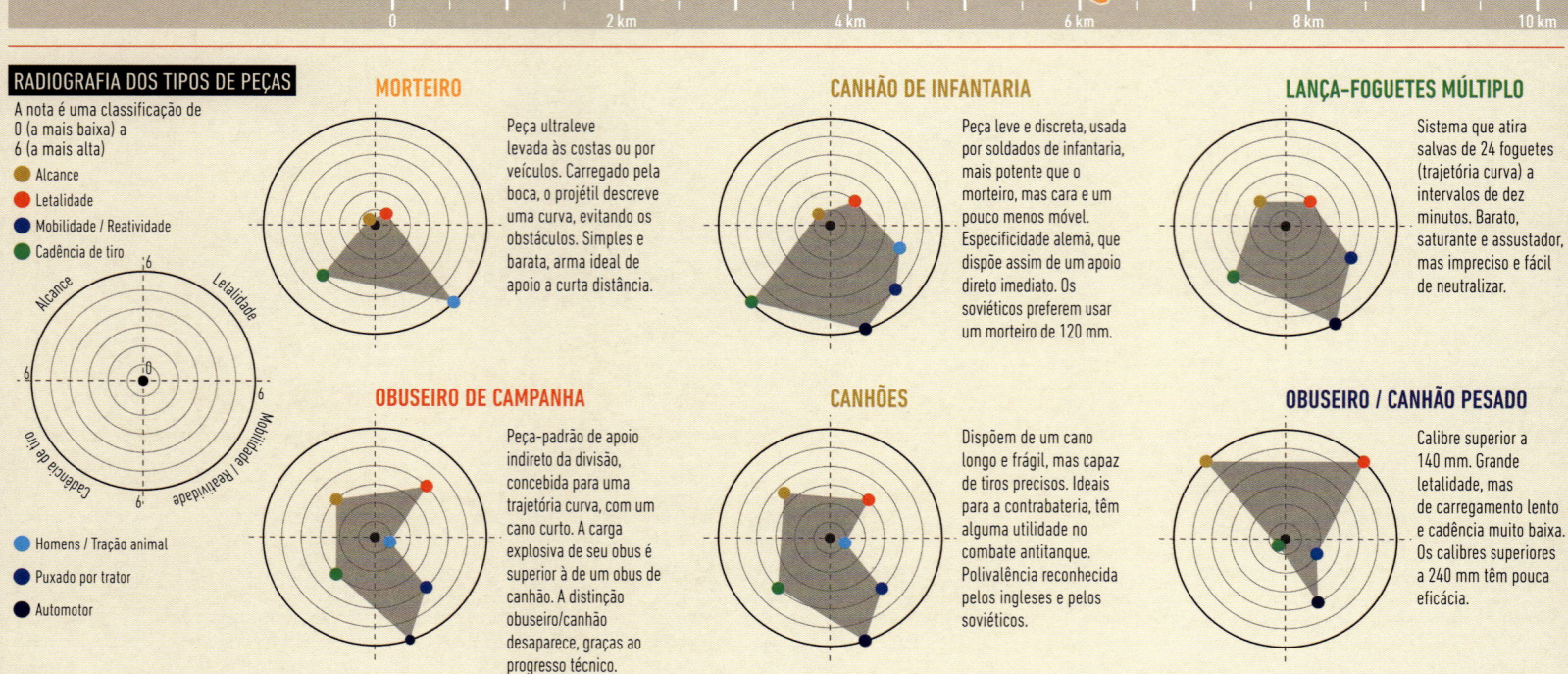

FONTES: *1•* Gilles Aubagnac, "L'artillerie terrestre de la Seconde Guerre Mondiale: Quelques aspects des grands tournants technologiques et tactiques et leur héritage", *Guerres Mondiales et Conflits Contemporains*, n. 238. PUF, 2010-2012, p. 43-59 – *2•* Paul Gaujac, *L'artillerie de campgne américaine 1941-1945*, Histoire et Collections, 2009 – *3•* Shelford Bidwell & Dominick Graham, *Fire Power*, The

ção dos caminhões "todo terreno" 6X6 melhora a mobilidade dos vetores e do abastecimento. Mas só a artilharia anglo-americana é totalmente motorizada; as outras continuam dependentes de tração animal, à exceção da artilharia de acompanhamento dos blindados e da artilharia pesada. Uma artilharia mecanizada (canhão fixado sobre um chassi blindado) e até de assalto (canhão sob casamata com esteira), ainda mais móvel e reativa, acompanha os tanques.

A revolução está no rádio. Num regimento francês, o número de aparelhos passa de quinze, em 1939, para 150, em 1943. A quase instantaneidade da informação entre a linha de frente (postos de observação avançados e aviões leves) e a retaguarda acelera as operações de apoio. Os grupos anglo-saxões são interconectados a um centro de direção de tiro equipado com quadros gráficos que realizam o sonho de uma artilharia descentralizada em campo, mas com fogos centralizados. Eles esmagam na origem o mínimo ataque inimigo. O equilíbrio entre esses quatro fatores determina seu uso e o impacto sobre os combates. Pobres, os alemães privilegiam um apoio limitado mas reativo, com uma artilharia de proximidade integrada aos grupos de combate. Os soviéticos optam por unidades de apoio pesadas agrupadas em divisões, e mesmo nos corpos de tropa, de artilharia que otimizam a atuação de especialistas e rádios: martelo eficaz no início da ofensiva, mas logo distanciado. Dispondo de uma sinergia excelente, os anglo-americanos são, de longe, os mais eficientes. Seus tiros precisos, maciços e rápidos são decisivos para as manobras, de onde vem a sensação dos alemães de serem massacrados, enquanto o consumo de obuses diminui em relação ao do conflito anterior.

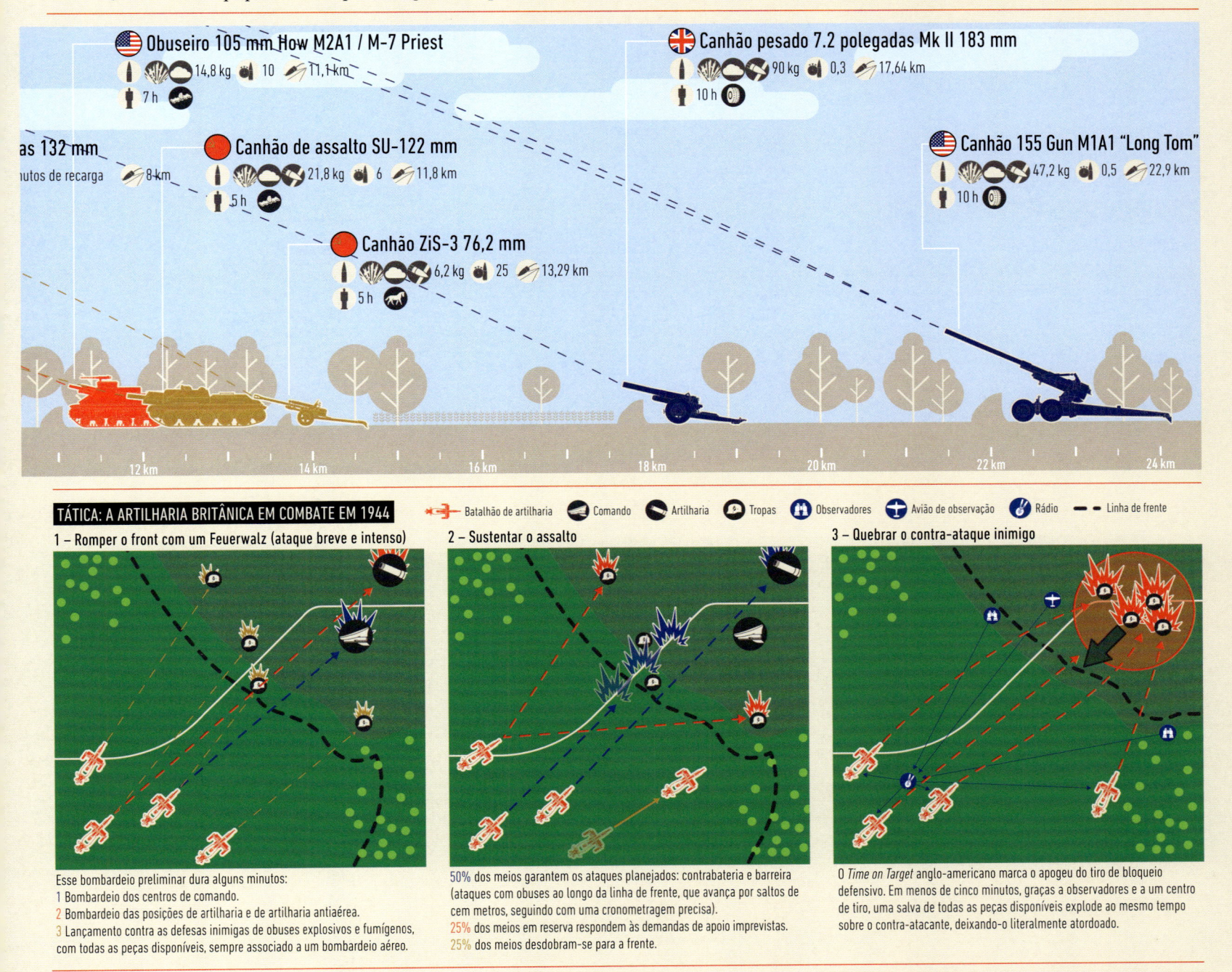

Obuseiro 105 mm How M2A1 / M-7 Priest
14,8 kg 10 11,1 km
7 h

Canhão pesado 7.2 polegadas Mk II 183 mm
90 kg 0,3 17,64 km
10 h

Canhão de assalto SU-122 mm
21,8 kg 6 11,8 km
5 h

Canhão 155 Gun M1A1 "Long Tom"
47,2 kg 0,5 22,9 km
10 h

Canhão ZiS-3 76,2 mm
6,2 kg 25 13,29 km
5 h

132 mm
...nutos de recarga 8 km

12 km — 14 km — 16 km — 18 km — 20 km — 22 km — 24 km

TÁTICA: A ARTILHARIA BRITÂNICA EM COMBATE EM 1944

Batalhão de artilharia · Comando · Artilharia · Tropas · Observadores · Avião de observação · Rádio · --- Linha de frente

1 – Romper o front com um Feuerwalz (ataque breve e intenso)

Esse bombardeio preliminar dura alguns minutos:
1 Bombardeio dos centros de comando.
2 Bombardeio das posições de artilharia e de artilharia antiaérea.
3 Lançamento contra as defesas inimigas de obuses explosivos e fumígenos, com todas as peças disponíveis, sempre associado a um bombardeio aéreo.

2 – Sustentar o assalto

50% dos meios garantem os ataques planejados: contrabateria e barreira (ataques com obuses ao longo da linha de frente, que avança por saltos de cem metros, seguindo com uma cronometragem precisa).
25% dos meios em reserva respondem às demandas de apoio imprevistas.
25% dos meios desdobram-se para a frente.

3 – Quebrar o contra-ataque inimigo

O *Time on Target* anglo-americano marca o apogeu do tiro de bloqueio defensivo. Em menos de cinco minutos, graças a observadores e a um centro de tiro, uma salva de todas as peças disponíveis explode ao mesmo tempo sobre o contra-atacante, deixando-o literalmente atordoado.

British Army weapons & theories of war 1904-1945, Pen & Sword Military Classics, 2004 – 4• John Norris & Robert Calow, *Infantry mortars of World War II*, Osprey Publishing, 2002 – 5• Chris Bishop, *The illustrated encyclopedia of weapons of World War II*, Amber Books, 1984 – 6• John Ellis, *World War II, a statistical survey*, Facts on File, 1993.

DISSECANDO A DIVISÃO BLINDADA

A imbatível divisão Panzer que faz furor em 1940 é menos o resultado de uma revolução do tanque que o casamento afortunado de recursos novos com uma doutrina mais antiga.

O caso remonta a 1917. Os alemães esperam romper o front com a ajuda de Stoßtruppen, tropas de choque autônomas que, infiltrando-se, transformam a batalha em uma miríade de microcombates com vistas a quebrar a unidade do inimigo. Em 1923, a Reichswehr de Von Seeckt aprofunda o conceito e sonha com um exército semiprofissional, compacto, para guerras limitadas, com quadros autônomos controlando o combate interarmas; ele disporia de tropas motorizadas para, no ataque, reduzir o efeito do choque pela velocidade e, na defesa, compensar o déficit de massa pela mobilidade. Todos os ingredientes da futura divisão Panzer já estão aí. O tanque, o rádio e o avião de ataque ao solo, tornados mais seguros nos anos 1930, encontram seu lugar nessa doutrina. Hitler completa o processo, perturbando-o. Ele oferece os recursos financeiros indispensáveis ao equipamento, mas impõe uma mudança de modelo que requer um exército numeroso, do qual só a vanguarda poderá ser mecanizada.

Em 1938 e 1939, as primeiras "Panzer" fazem sua estreia, antes de espraiarem-se nas estradas da Europa. Capazes de tudo, adentram as brechas por elas abertas, transpõem obstáculos, neutralizam os ataques inimigos, são autônomas. E ei-las senhoras do campo de

1• A RAINHA DOS CAMPOS DE BATALHA?

Os estados-maiores consideram as vitórias espetaculares de 1939-1941 uma prova de que a divisão blindada (DB) é *o* maior trunfo para vencer qualquer guerra. Washington prevê a produção de 61 divisões blindadas (um terço das divisões planejadas), a União Soviética um número equivalente em 1940-1941. Mesmo o Japão, a Romênia e a Hungria, quase desprovidos de indústria automobilística, sacrificam-se para dispor de dois ou três substitutos. O regime nazista não está inerte. Hitler duplica seu número em 1940. A SS e mesmo a Luftwaffe querem as suas. Em 1945, Hitler imagina ainda poder reverter a situação criando divisões que não haveriam de sair do papel. Nos outros países, as ambições são reduzidas. Muito complexas, dispendiosas e ávidas de logística, e finalmente menos indispensáveis nestes que na Wehrmacht, as DBs nunca iriam ter mais que 20% dos efetivos.

PARTE DAS DIVISÕES BLINDADAS NOS EXÉRCITOS

2• A DIVISÃO PANZER MARTINGALE: RECURSO

Para as necessidades do front russo, Hitler dobra o número de suas divisões lançando mão dos recursos dos países conquistados e ao custo de uma diminuição de um terço dos tanques, uma erosão compensada por uma maior variedade. Mas uma Panzer se desgasta rapidamente. Em algumas semanas, metade das unidades fica sem condições de uso, sobretudo devido às panes. A indústria não acompanha o ritmo.

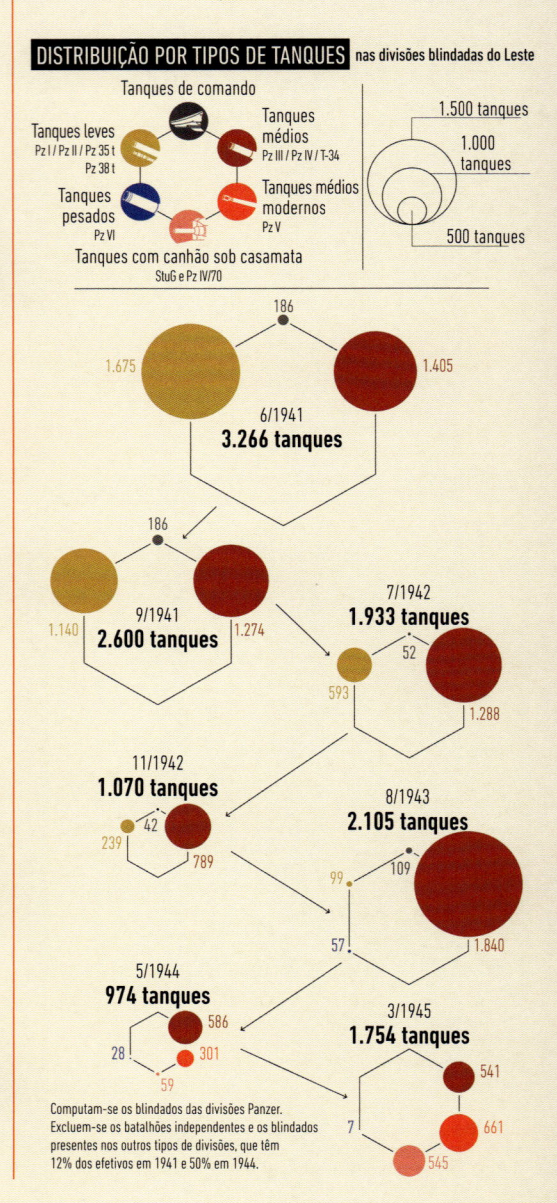

DISTRIBUIÇÃO POR TIPOS DE TANQUES nas divisões blindadas do Leste

Tanques leves: Pz I / Pz II / Pz 38 t
Tanques de comando
Tanques médios: Pz III / Pz IV / T-34
Tanques pesados: Pz VI
Tanques médios modernos: Pz V
Tanques com canhão sob casamata: StuG e Pz IV/70

A VANGUARDA DE UM EXÉRCITO HETEROGÊNEO
Exército Alemão em 10 de maio de 1940

9 divisões territoriais
6 divisões motorizadas
5 divisões em formação
127 divisões de infantaria, 61 das quais aptas para a ofensiva
10 divisões Panzer

Computam-se os blindados das divisões Panzer. Excluem-se os batalhões independentes e os blindados presentes nos outros tipos de divisões, que têm 12% dos efetivos em 1941 e 50% em 1944.

batalha, capazes, graças a suas vastas operações de envolvimento do inimigo, de conquistar vitórias decisivas rápidas. O resto do exército faz a limpeza. Mas ela também é frágil. Dada sua trabalhosa manutenção e sua polivalência que encoraja os abusos, a estepe russa se torna seu túmulo. Por outro lado, as divisões Panzer vampirizam os melhores quadros e equipamentos, em detrimento do resto do exército, o que apenas retarda seu inexorável declínio. Com garras desgastadas e um inimigo que agora dispõe de antídotos (antitanques soviéticos no front, superioridade aérea aliada), as Panzer perdem sua força e se tornam um bombeiro estressado e indispensável, que termina esmigalhado e superado por seus adversários. Destino terrível para aquela que atuava em massa na velocidade do raio! Órfãos de uma doutrina, os outros exércitos são, em 1939, incapazes de desenvolver uma arma como aquela. Suas divisões não passam de unidades de cavalaria retocadas ou massas coladas à infantaria. Em Abbeville, três divisões blindadas franco-britânicas são dizimadas por uma pobre divisão de infantaria. Todos procuram em seguida imitar a Wehrmacht. Geneticamente rígido, o Exército Britânico mal consegue arremedá-la. Os soviéticos desistem e exploram sua própria via. Só os americanos dispõem em 1944 de uma prima das Panzer. Menos potente, ela é da mesma forma flexível, mas com mais mobilidade, e tem a vantagem de integrar-se a um exército homogêneo e motorizado com que sonhava Von Seeckt.

FRÁGIL E CARO

Às vésperas de Kursk, resta apenas metade e, na maioria das vezes, apenas um quarto das dotações teóricas. Agora, a chegada dos tanques Panther não consegue mais disfarçar a degradação. Nem mesmo as divisões do Oeste, privilegiadas, dispõem, antes de desembarque, do parque indispensável a uma guerra móvel. Em 1945, com menos de trinta tanques em condições de operação, tudo está acabado.

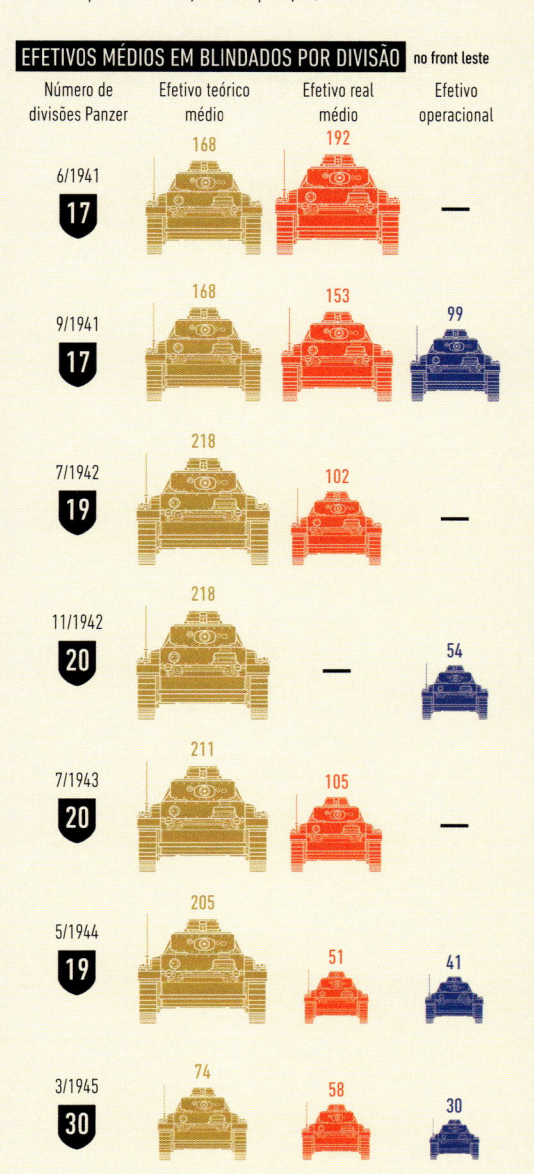

3 • UMA ESTRUTURA INTERARMAS PODEROSA E EQUILIBRADA

A divisão Panzer, antes de ser blindada, é uma estrutura interarmas complexa, cuja homogeneidade se deve a sua completa motorização. Tendo sido instruído na Auftragstaktik, cada chefe sabe manejar os Kampfgruppen (KG, grupos de combate interarmas). O superior dá os objetivos, mas deixa os subordinados livres para escolherem os meios para atingi-los. Em combate, depois de algumas tentativas e erros em 1939-1940, o chefe recombina seus batalhões o tempo todo, em função das necessidades. O desafio é dosar bem as ações entre tanques, infantaria e artilharia. Os Aliados, concentrados no tanque, têm dificuldade em encontrar esse delicado equilíbrio, mas os americanos terminam por criar uma estrutura triangular com três estados-maiores permanentes, o Combat Command (CC). Sem esses estados-maiores, sem oficiais bem formados e sem cultura interarmas, os Grupos de Batalha britânicos funcionam muito mal.

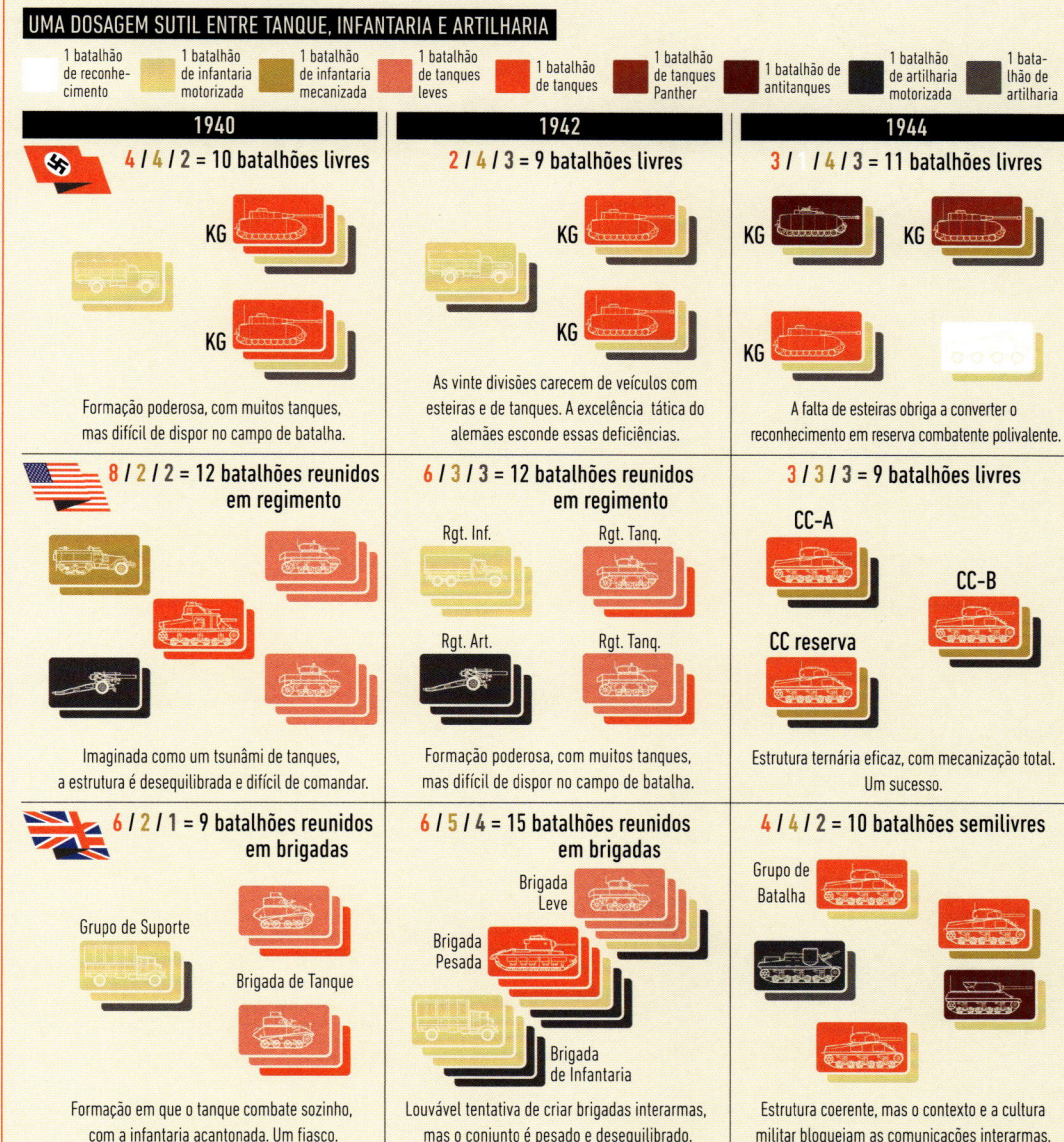

COMPOSIÇÃO DE UMA DIVISÃO PANZER E DE UMA ARMORED DIVISION

A partir de 1940, ajustes melhoram a sinergia da divisão Panzer. O armamento foi reforçado. Um batalhão de infantaria combate ao lado dos tanques em veículos equipados parcialmente com esteiras (SPW), e um terço da artilharia tem autopropulsão, o que lhe permite maior reatividade. Os batalhões de reconhecimento e de engenharia dispõem de mais veículos de combate e se tornam temíveis. A divisão é uma força de defesa sem igual. Não obstante, a carência de recursos impede a mecanização do conjunto e a falta de tanques se faz sentir nas operações de ataque. Raras são as dotações conformes à teoria. Esse não é o caso da Armored Division americana, mais homogênea, mas menos polivalente, por ter sido concebida para a ofensiva.

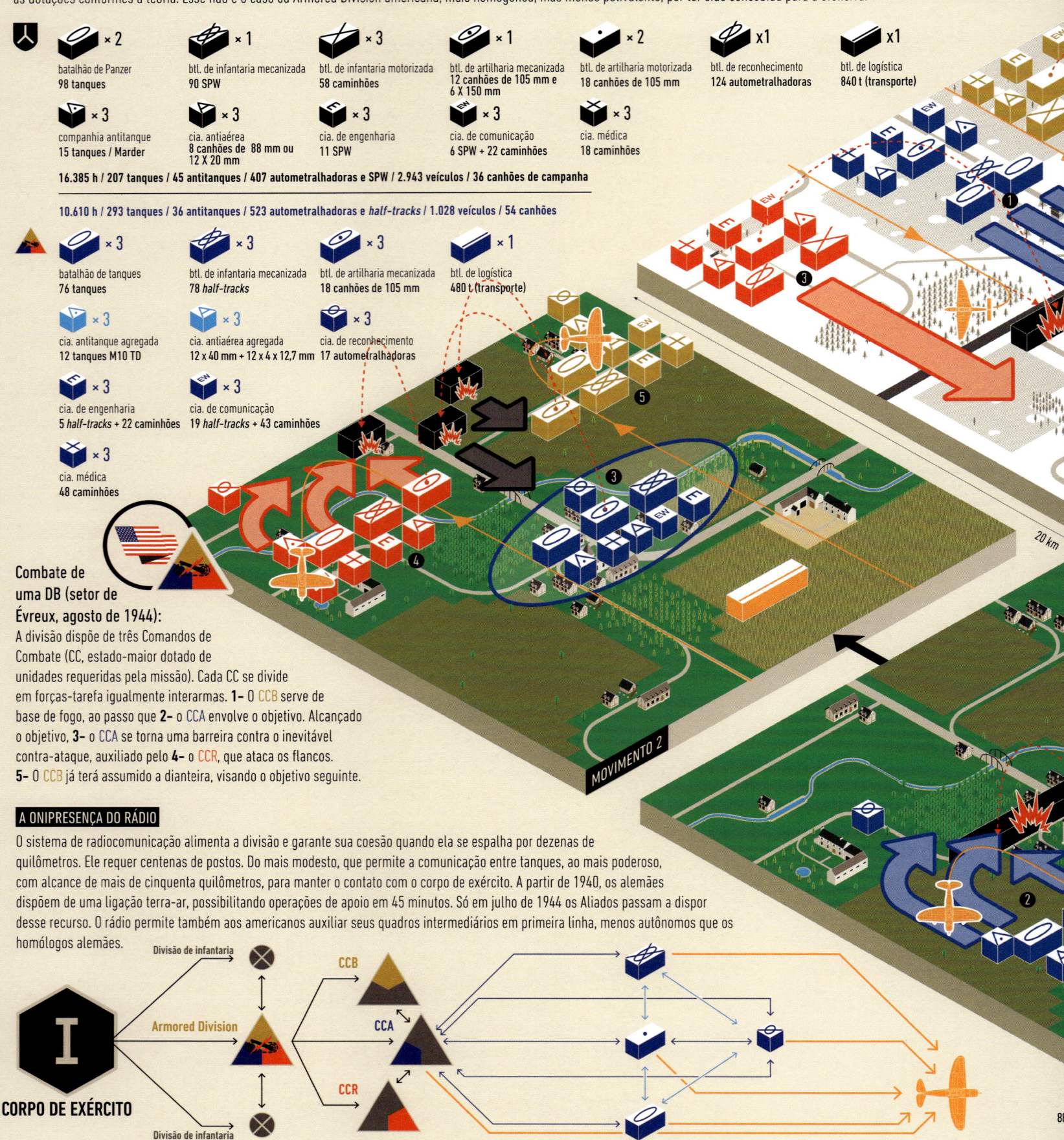

- ×2 batalhão de Panzer — 98 tanques
- ×1 btl. de infantaria mecanizada — 90 SPW
- ×3 btl. de infantaria motorizada — 58 caminhões
- ×1 btl. de artilharia mecanizada — 12 canhões de 105 mm e 6 X 150 mm
- ×2 btl. de artilharia motorizada — 18 canhões de 105 mm
- ×1 btl. de reconhecimento — 124 autometralhadoras
- ×1 btl. de logística — 840 t (transporte)
- ×3 companhia antitanque — 15 tanques / Marder
- ×3 cia. antiaérea — 8 canhões de 88 mm ou 12 X 20 mm
- ×3 cia. de engenharia — 11 SPW
- ×3 cia. de comunicação — 6 SPW + 22 caminhões
- ×3 cia. médica — 18 caminhões

16.385 h / 207 tanques / 45 antitanques / 407 autometralhadoras e SPW / 2.943 veículos / 36 canhões de campanha

10.610 h / 293 tanques / 36 antitanques / 523 autometralhadoras e half-tracks / 1.028 veículos / 54 canhões

- ×3 batalhão de tanques — 76 tanques
- ×3 btl. de infantaria mecanizada — 78 half-tracks
- ×3 btl. de artilharia mecanizada — 18 canhões de 105 mm
- ×1 btl. de logística — 480 t (transporte)
- ×3 cia. antitanque agregada — 12 tanques M10 TD
- ×3 cia. antiaérea agregada — 12 x 40 mm + 12 x 4 x 12,7 mm
- ×3 cia. de reconhecimento — 17 autometralhadoras
- ×3 cia. de engenharia — 5 half-tracks + 22 caminhões
- ×3 cia. de comunicação — 19 half-tracks + 43 caminhões
- cia. médica — 48 caminhões

Combate de uma DB (setor de Évreux, agosto de 1944):

A divisão dispõe de três Comandos de Combate (CC, estado-maior dotado de unidades requeridas pela missão). Cada CC se divide em forças-tarefa igualmente interarmas. **1–** O CCB serve de base de fogo, ao passo que **2–** o CCA envolve o objetivo. Alcançado o objetivo, **3–** o CCA se torna uma barreira contra o inevitável contra-ataque, auxiliado pelo **4–** o CCR, que ataca os flancos. **5–** O CCB já terá assumido a dianteira, visando o objetivo seguinte.

A ONIPRESENÇA DO RÁDIO

O sistema de radiocomunicação alimenta a divisão e garante sua coesão quando ela se espalha por dezenas de quilômetros. Ele requer centenas de postos. Do mais modesto, que permite a comunicação entre tanques, ao mais poderoso, com alcance de mais de cinquenta quilômetros, para manter o contato com o corpo de exército. A partir de 1940, os alemães dispõem de uma ligação terra-ar, possibilitando operações de apoio em 45 minutos. Só em julho de 1944 os Aliados passam a dispor desse recurso. O rádio permite também aos americanos auxiliar seus quadros intermediários em primeira linha, menos autônomos que os homólogos alemães.

FONTES: *1•* Thomas L. Jentz, *Panzer Truppen, The complete guide to creation & combat employment of Germany's tank force, 1939-1945*, 2 v., Schiffer, 1996 — *2•* Roman Jarymowycz, *Tank tactics*, Lynne Rienner, 2001 — *3•* Yves J. Bellanger, *U.S. Army Armored Division 1943-1945, Organization, doctrine, equipment*, Lulu.com, 2010 — *4•* Pier Paolo Battistelli, *Panzer divisions*, Osprey, 2007-2009, 3 v. –

CHOQUE E POLIVALÊNCIA

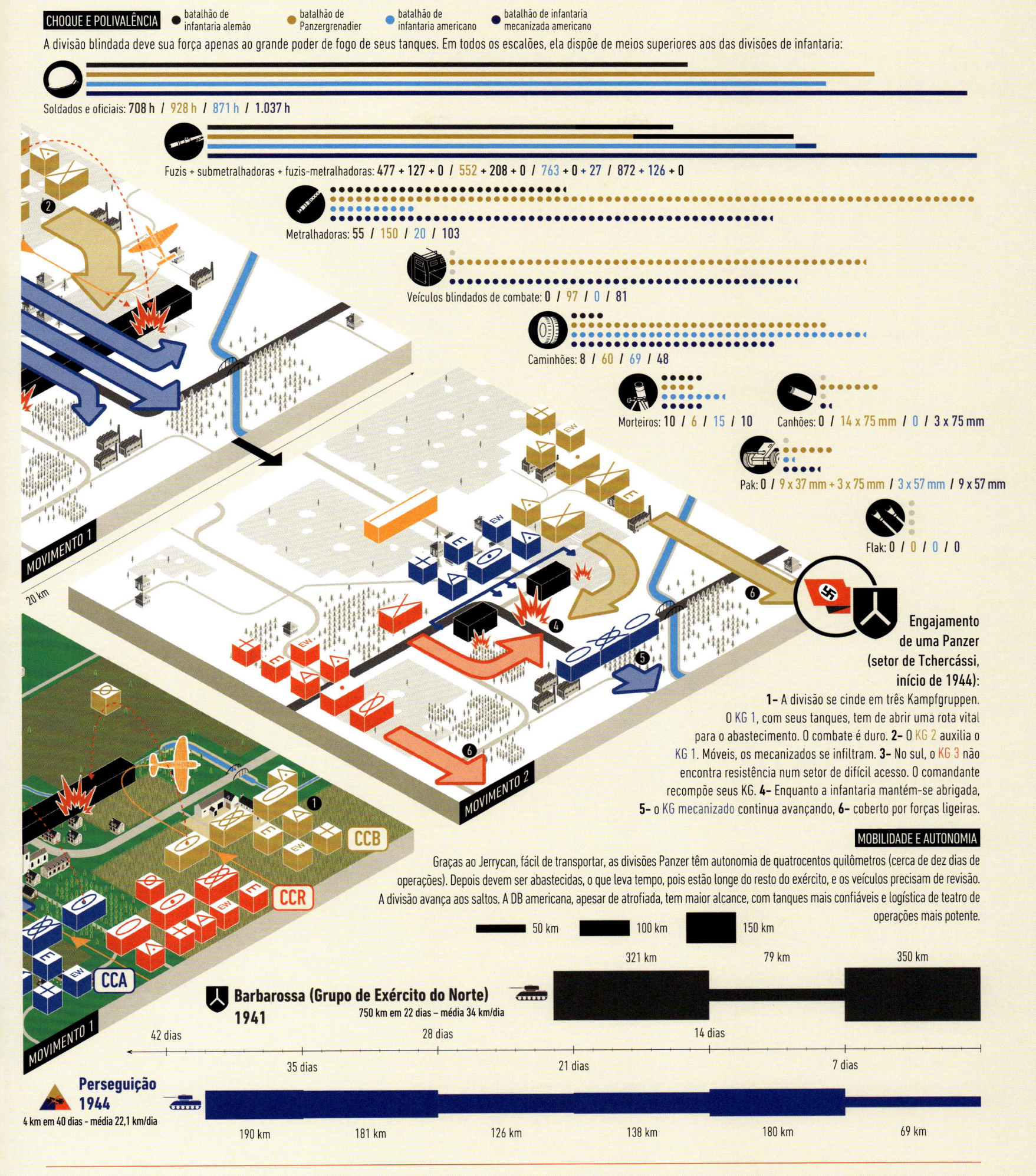

- batalhão de infantaria alemão
- batalhão de Panzergrenadier
- batalhão de infantaria americano
- batalhão de infantaria mecanizada americano

A divisão blindada deve sua força apenas ao grande poder de fogo de seus tanques. Em todos os escalões, ela dispõe de meios superiores aos das divisões de infantaria:

Soldados e oficiais: 708 h / 928 h / 871 h / 1.037 h

Fuzis + submetralhadoras + fuzis-metralhadoras: 477 + 127 + 0 / 552 + 208 + 0 / 763 + 0 + 27 / 872 + 126 + 0

Metralhadoras: 55 / 150 / 20 / 103

Veículos blindados de combate: 0 / 97 / 0 / 81

Caminhões: 8 / 60 / 69 / 48

Morteiros: 10 / 6 / 15 / 10

Canhões: 0 / 14 x 75 mm / 0 / 3 x 75 mm

Pak: 0 / 9 x 37 mm + 3 x 75 mm / 3 x 57 mm / 9 x 57 mm

Flak: 0 / 0 / 0 / 0

Engajamento de uma Panzer (setor de Tchercássi, início de 1944):

1– A divisão se cinde em três Kampfgruppen. O KG 1, com seus tanques, tem de abrir uma rota vital para o abastecimento. O combate é duro. **2–** O KG 2 auxilia o KG 1. Móveis, os mecanizados se infiltram. **3–** No sul, o KG 3 não encontra resistência num setor de difícil acesso. O comandante recompõe seus KG. **4–** Enquanto a infantaria mantém-se abrigada, **5–** o KG mecanizado continua avançando, **6–** coberto por forças ligeiras.

MOBILIDADE E AUTONOMIA

Graças ao Jerrycan, fácil de transportar, as divisões Panzer têm autonomia de quatrocentos quilômetros (cerca de dez dias de operações). Depois devem ser abastecidas, o que leva tempo, pois estão longe do resto do exército, e os veículos precisam de revisão. A divisão avança aos saltos. A DB americana, apesar de atrofiada, tem maior alcance, com tanques mais confiáveis e logística de teatro de operações mais potente.

50 km / 100 km / 150 km

Barbarossa (Grupo de Exército do Norte) 1941 — 750 km em 22 dias – média 34 km/dia
42 dias / 28 dias / 321 km / 14 dias / 79 km / 7 dias / 350 km
35 dias / 21 dias

Perseguição 1944 — 4 km em 40 dias – média 22,1 km/dia
190 km / 181 km / 126 km / 138 km / 180 km / 69 km

5• James S. Corum, *The roots of Blitzkrieg, Hans von Seeckt and German military reform*, Kansas University Press, 1992 – 6• Mathias Strohn, *The German Army and the defence of the Reich: Military doctrine and the conduct of the defensive battle, 1918-1939*, Cambridge University Press, 2010 – 7• John Bucley, *British armour in the Normandy campaign, 1944*, Frank Cass, 2004.

EXÉRCITO DE TANQUES SOVIÉTICOS: A OUTRA SOLUÇÃO

Em 1941, o Exército Vermelho dispõe de unidades mecanizadas gigantes, alinhando, teoricamente, mil tanques. Esses mastodontes, que mal têm capacidade de movimentar-se e combater, são varridos em algumas semanas durante a operação Barbarossa. Constatando a falta de quadros competentes e de meios de comunicação, o general Zhukov suprime, em julho, essas unidades mecanizadas em primeira versão, substituindo-as por divisões blindadas de 250 tanques. Estas, ainda pesadas demais, dão lugar, no terceiro trimestre do ano, a modestas brigadas de sessenta tanques. Para se opor às divisões e às unidades Panzer, em abril de 1942 os soviéticos formam unidades blindadas de duzentos tanques e, depois, a partir de maio, experimentam uma formação maior, o exército de tanques. Cinco são organizados às pressas, todos com estruturas diferentes. Frutos de um arranjo capenga, eles englobam uma ou duas divisões de infantaria, e uma parte da logística é movida à tração animal. Eles seriam destruídos durante a marcha dos alemães rumo ao Volga.

Em janeiro de 1943, o Stavka cria cinco novos exércitos de tanques, com estrutura uniforme e 100% motorizados. Compostos, em tese, por 46 mil homens, têm cerca de 650 tanques distribuídos entre uma unidade blindada e uma unidade motorizada, um regimento motociclista antitanque, artilharia de campanha, lança-foguetes, comunicação, aviação de ligação e um batalhão de engenharia. Os serviços são duplicados e motorizados (um regimento de transporte, dois batalhões de manutenção e duas companhias de reparos mecânicos, de combustíveis e lubrificantes). Em campo, os meios postos à disposição desses exércitos variam muito em função da disponibilidade. Além disso, um processo constante de aperfeiçoamento modifica pouco a pouco sua composição. Em 10 de abril de 1943, os recursos em artilharia se ampliam para dois regimentos antitanques (quarenta peças), dois regimentos de morteiros pesados (72 peças de 120 milímetros), dois regimentos de canhões de autopropulsão (42 peças), dois regimentos de artilharia antiaérea – que se tornariam uma divisão completa.

Em 1944, o batalhão de engenharia se torna uma imensa brigada. A ordem de batalha conta então com seis exércitos de tanques. Eles são onipresentes nas ofensivas que se seguem à batalha de Kursk, em julho de 1943, e são eles que levam o Exército Vermelho até Berlim, Praga e Viena. Embora tenham sido capazes, a partir de 1944, de sobreviver ao avanço de trezentos a quatrocentos quilômetros no contexto da doutrina da "operação em profundidade", não teriam nunca a flexibilidade e a polivalência das unidades Panzer e das DB americanas – por falta de uma infantaria mecanizada –, e sua logística será sempre precária. Ao custo de perdas terríveis, eles cumprirão sua missão de avançar sobre a retaguarda inimiga e resistir aos seus contra-ataques, sempre perigosos, abrindo assim caminho aos sessenta exércitos combinados que formam o grosso do Exército Vermelho.

FONTES: *1•* Charles C. Sharp, *Red Storm, Soviet mechanized corps and guards armored units 1942 to 1945*, George F. Nafziger ed., 1955 – *2•* Igor Nebolsin, *Stalin's favorite*, v. 1-2, Helion & Company, 2019 – *3•* Drogozov, I.G., *Tankovyi mech strany sovetov*, Moscou, 2003.

O EXEMPLO DO 2º EXÉRCITO DE TANQUES

- Unidades no interior dos corpos blindados ou mecanizados
- Unidades de exército
- 1 batalhão (btl.)
- 1 regimento / brigada (rgt. / bda.)
- 1 divisão (div.)

2 corpos blindados

- 6 bda. blindadas
- 2 bda. inf. motorizadas
- 1 div. infantaria
- 1 bda. blindada
- 2 rgt. tanques pesados
- 2 rgt. antitanque
- 1 rgt. lança-foguetes
- 1 rgt. comunicação
- 1 btl. motociclista
- 2 btl. transportes
- 1 btl. pioneiros mot.
- 1 coluna com tração animal

1/2/1943

- 30.000
- 408
- 1.311
- 24
- 113
- 73

Soldados · Blindados · Antitanques · Blindados de reconhecimento
Caminhões · Katyuchas · Canhões antitanque · Canhões de campanha · Morteiros pesados de 120 mm

UMA IMPROVISAÇÃO PERMANENTE (1945)

1º Exército de Tanques da Guarda:
- Corpo blindado
- Corpo mecanizado

2º Exército de Tanques da Guarda:

1• EVOLUÇÃO DE UM EXÉRCITO DE TANQUES

O surgimento dos exércitos de tanques responde, em 1942, em primeiro lugar à necessidade de contra-atacar as ofensivas dos corpos Panzer. Mas a falta de fuzileiros e de artilharia autopropulsada obriga a incluir uma divisão de infantaria não motorizada, que torna o conjunto mais lento. E, em termos táticos, os chefes soviéticos não podem rivalizar com seu adversário. Depois de Stalingrado, com a vitória dos corpos blindados e não dos exércitos de tanques, o estado-maior geral julga ter chegado a hora da aplicação da "batalha em profundidade", concebida em 1929 por Triandafillov.

2 corpos blindados

- 6 bda. blindadas
- 2 bda. inf. motorizadas
- 3 rgt. antitanque
- 2 rgt. lança-foguetes
- 2 rgt. DCA
- 1 bda. blindada
- 1 btl. motociclista
- 1 btl. reconhecimento

3 corpos blindados

- 9 bda. blindadas
- 3 bda. inf. motorizadas
- 6 rgt. antitanques
- 4,5 rgt. lança-foguetes
- 3 rgt. DCA
- 3 btl. motociclista
- 3 btl. de engenharia
- 3 btl. comunicação
- 3 btl. sanitário
- 1 div. DCA
- 1 bda. antitanque
- 2 rgt. lança-foguetes
- 1 rgt. comunicação
- 1 btl. motociclista

2 corpos blindados + 1 corpo mecanizado

- 6 bda. blindadas
- 2 bda. inf. motorizadas
- 6 rgt. antitanques
- 2 btl. motociclista
- 2 btl. de engenharia
- 3 bda. inf. mecanizada
- 1 bda. blindada
- 3 rgt. antitanques
- 1 btl. motociclista
- 1 btl. de engenharia
- 1 bda. antitanque
- 1 bda. de eng. mot.
- 1 bda. artilharia ligeira
- 2 rgt. lança-foguetes
- 1,5 rgt. motociclista
- 1 rgt. tanq. pesados
- 1 rgt. transportes
- 1 rgt. comunicação
- 1 btl. DCA

5/7/1943 às vésperas da Batalha de Kursk — 21.000 | 457 | 109 | 1.873 | 24 | 116 | 24 | 84 | 27

20/7/1944 — 36.000 | 657 | 126 | 116 | 3.336 | 46 | 123 | 131 | 178

12/1/1945 operação Vístula-Oder — 36.000 | 666 | 174 | 120 | 5.000 | 60 | 247 | 142 | 180

Canhões antiaéreos

3º Exército de Tanques da Guarda:

4º Exército de Tanques da Guarda:

5º Exército de Tanques da Guarda:

6º Exército de Tanques da Guarda:

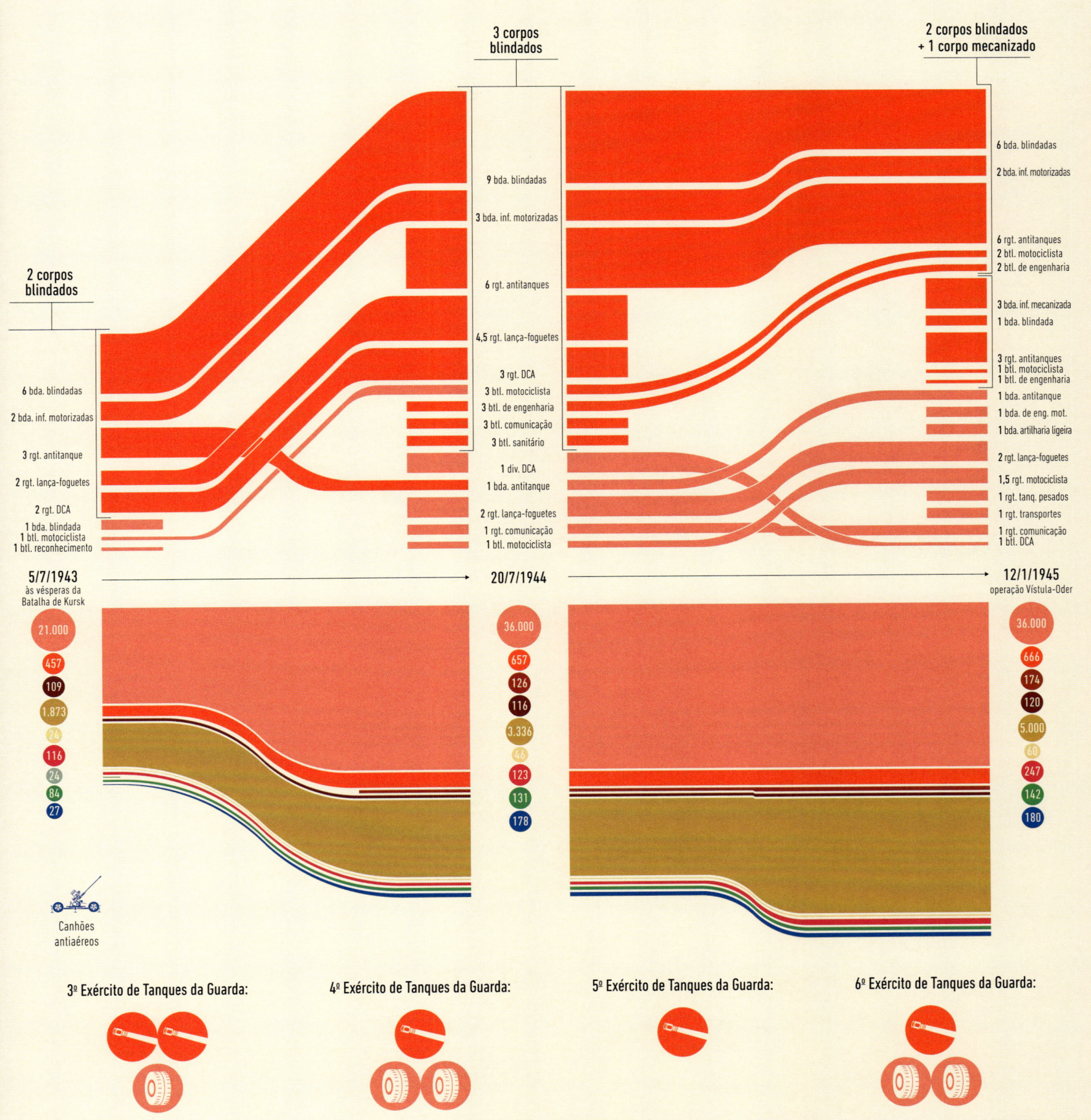

Esses exércitos "modelo Kursk", de nível operacional, têm por missão penetrar de cem a duzentos quilômetros no campo inimigo. Em 1944, com as vitórias, volta a ambição de pôr em prática a "operação em profundidade" cara a Tukhachevsky, que se torna decisiva no nível operacional estratégico. O exército de tanques, que pode avançar de quatrocentos a quinhentos quilômetros, fica 50% mais pesado. A última evolução se enriquece com recursos antitanque, engenharia e caminhões das formações que, doravante, já não temem o ataque de um corpo Panzer.

A operação Vístula-Oder, em janeiro de 1945, ilustra isso à perfeição. Os dados referentes a essa operação mostram que em 8 de maio de 1945 os soviéticos ainda não tinham chegado a uma concepção uniforme dos exércitos de tanques. Eles os organizam em função dos teatros de operações e das missões a cumprir. Os corpos mecanizados, que cada vez mais tomam a dianteira dos corpos blindados, não merecem seu nome. Eles têm mais tanques que os corpos blindados e não dispõem dos *half-tracks* que permitem aos fuzileiros protegerem-se no campo de batalha. Estes ficam aglomerados sem proteção sobre os tanques, à razão de oito a quinze homens por máquina. Suas perdas são pesadas. Só na década de 1950 o Exército Soviético conseguirá passar do corpo motorizado ao corpo mecanizado, graças principalmente à concepção de um veículo excelente e revolucionário, o BMP-1.

55

2 • O 2º EXÉRCITO DE TANQUES DA GUARDA EM OPERAÇÃO EM JANEIRO DE 1945

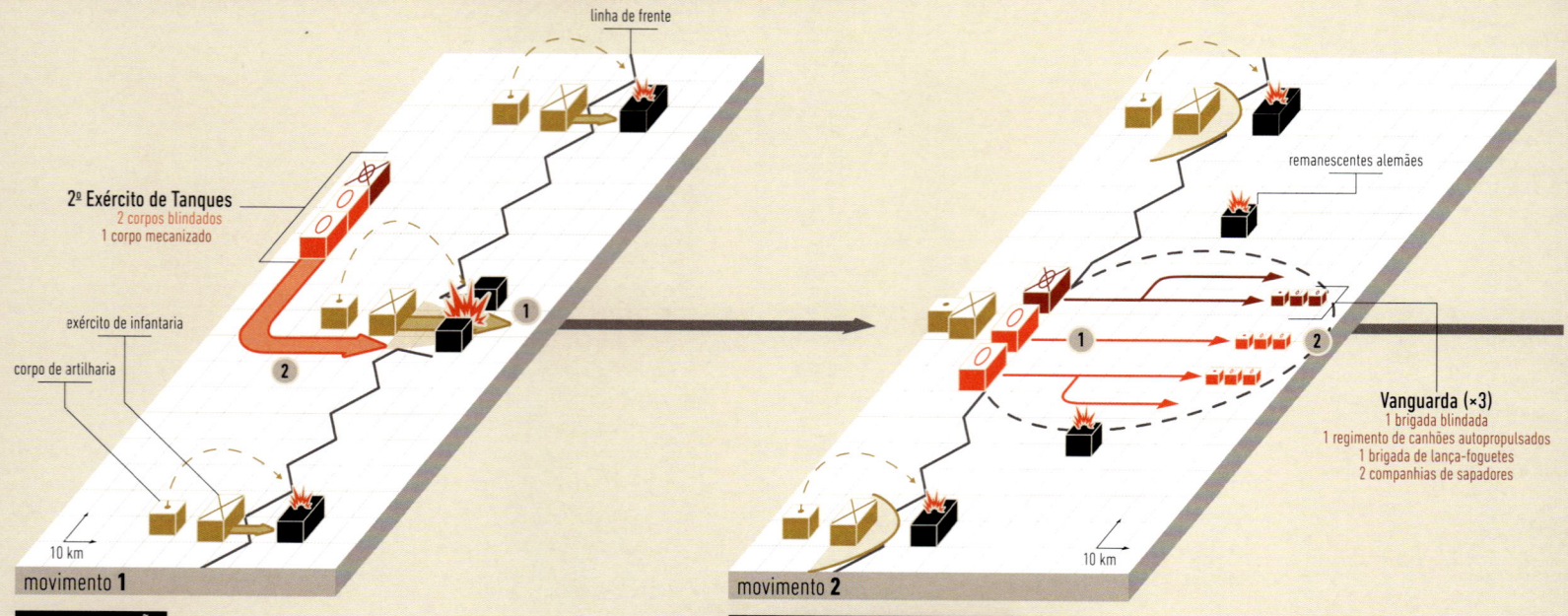

movimento 1
- linha de frente
- 2ª Exército de Tanques
  - 2 corpos blindados
  - 1 corpo mecanizado
- exército de infantaria
- corpo de artilharia

movimento 2
- remanescentes alemães
- Vanguarda (×3)
  - 1 brigada blindada
  - 1 regimento de canhões autopropulsados
  - 1 brigada de lança-foguetes
  - 2 companhias de sapadores

1. A PREPARAÇÃO

Diferentemente das divisões Panzer, os exércitos de tanques soviéticos não abrem brechas na defesa inimiga. Essa tarefa fica a cargo dos exércitos de infantaria apoiados por corpos de artilharia e por numerosas brigadas e regimentos de tanques e veículos automotivos. (1) Quando a zona de defesa alemã é penetrada, de oito a quinze quilômetros em profundidade, e de quinze a trinta quilômetros em largura, às vezes menos, (2) o exército de tanques conquista suas posições de partida, identificadas previamente. A cada corpo se atribui uma direção geral e "normas" cotidianas de progressão, devendo procurar manter contato permanente com seus

2. ORDEM DE MARCHA ACELERADA

(1) Os três corpos se alinham paralelamente, ocupando um front de cerca de quarenta quilômetros no momento de introdução. (2) Cada um dos corpos envia bem à frente um destacamento avançado composto de uma brigada blindada, um regimento de canhões autopropulsados, uma brigada de lança-foguetes e duas companhias de sapadores. Eles devem se infiltrar pelas brechas. O exército se espalha por cem quilômetros de rotas, e o front de progressão se alarga a cem quilômetros. Os caminhões-rádio fornecidos pelos americanos permitem pedir o apoio da aviação de assalto, se necessário.

3 • AS BRIGADAS, PEÇAS FUNDAMENTAIS (estrutura em novembro de 1943)

Os soviéticos desistem muito cedo do escalão da divisão blindada, exceto no Extremo Oriente. A peça fundamental dos corpos é a brigada blindada, ainda que subsistam centenas de regimentos, duas vezes menores, sob a forma de unidades de proteção da infantaria (T-34 ou SU-76) ou unidades de choque (tanques pesados KV, depois JS-2). Sozinha, uma dessas brigadas não tem a menor chance ante uma divisão Panzer. Ela só é viável quando ligada a suas coirmãs no seio do corpo e na medida em que pode pedir auxílio às unidades de corpos especializadas no combate antitanque, ou uma brigada mecanizada, que constituem "fronts" em que minas, canhões e lança-foguetes disparam tiros de precisão e de saturação. Como requerem poucos serviços, as brigadas podem ser usadas sem problemas e são substituíveis.

A BRIGADA BLINDADA

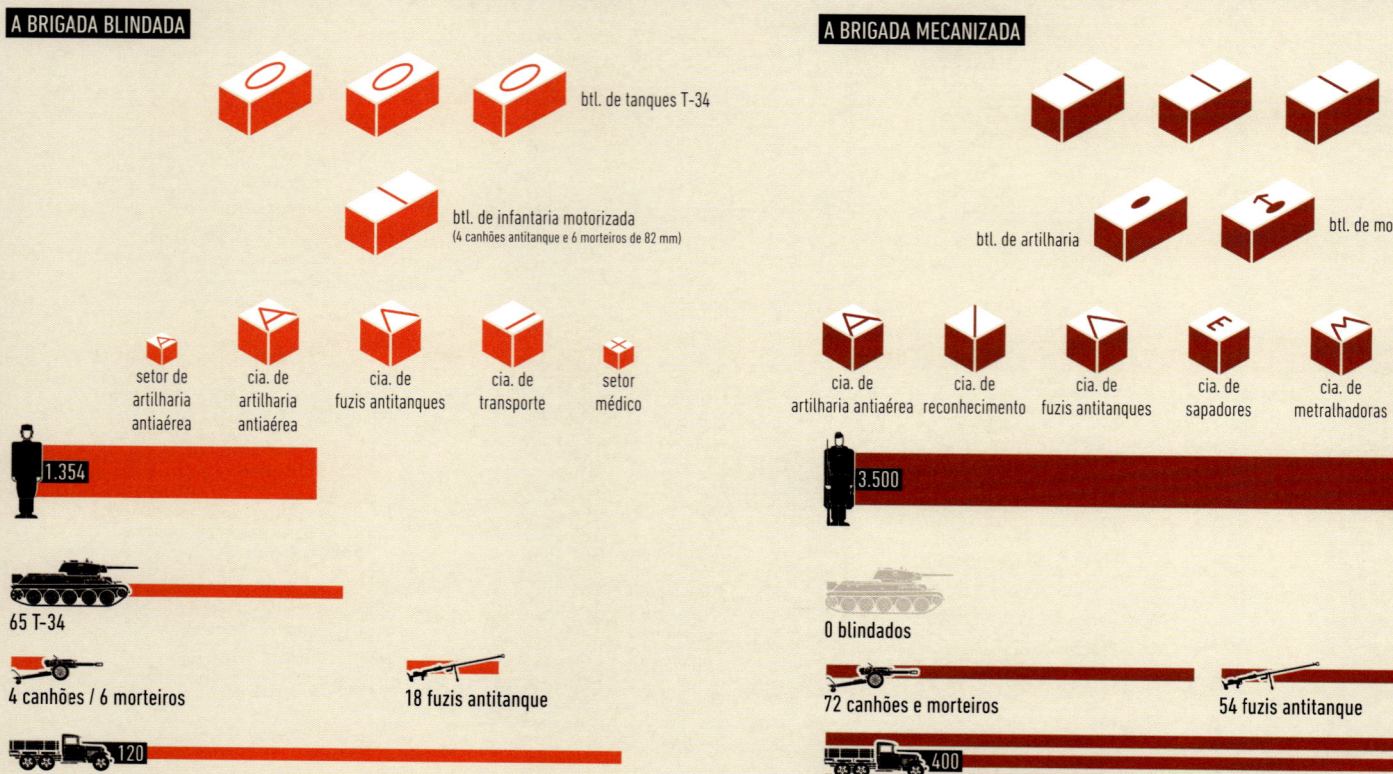

- btl. de tanques T-34
- btl. de infantaria motorizada (4 canhões antitanque e 6 morteiros de 82 mm)
- setor de artilharia antiaérea
- cia. de artilharia antiaérea
- cia. de fuzis antitanques
- cia. de transporte
- setor médico

1.354
65 T-34
4 canhões / 6 morteiros
18 fuzis antitanque
120

A BRIGADA MECANIZADA

- btl. de infantaria motorizada
- btl. de artilharia
- btl. de morteiros
- cia. de artilharia antiaérea
- cia. de reconhecimento
- cia. de fuzis antitanques
- cia. de sapadores
- cia. de metralhadoras
- cia. de transporte
- setor médico

3.500
0 blindados
72 canhões e morteiros
54 fuzis antitanque
400

movimento **3**   Avanço (×3)
1 corpo distribui suas 4 brigadas
5 km

movimento **4**
5 km

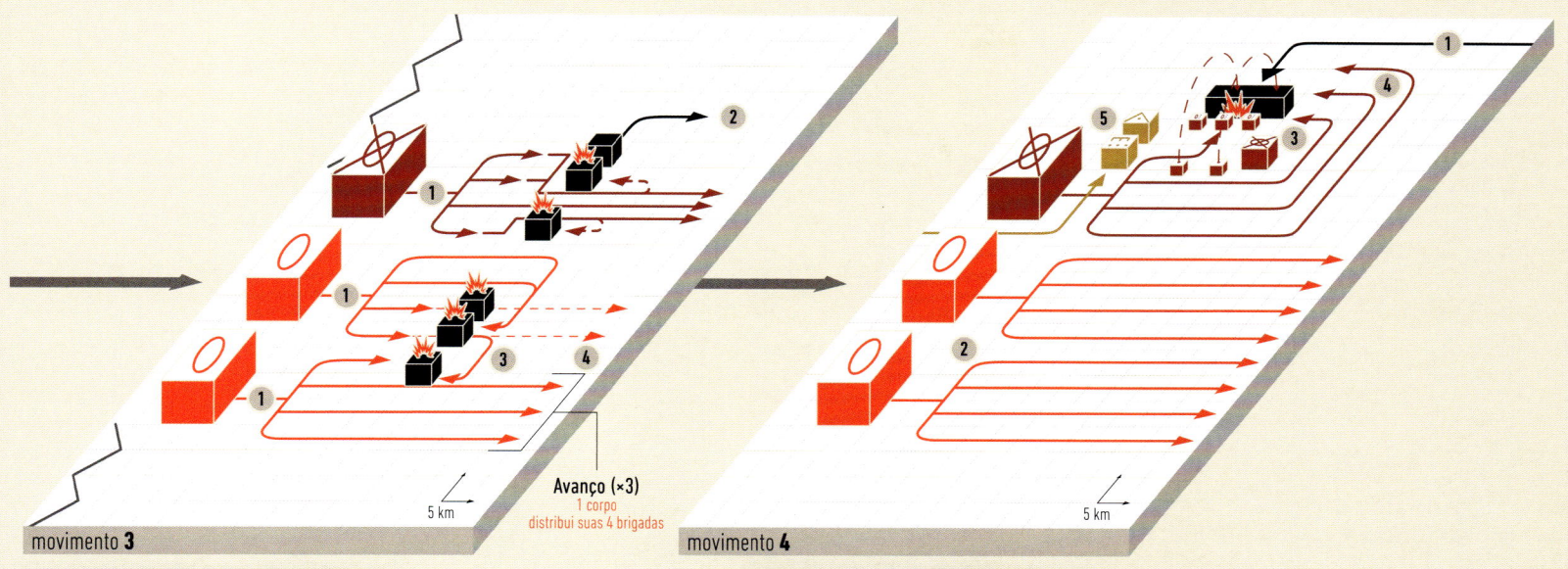

3. DESDOBRAMENTO DAS FORÇAS NO ATAQUE

O objetivo é romper uma linha de defesa em processo de organização. (1) Cada corpo dispõe suas quatro brigadas "em dentes de garfo". (2) As que localizam a brecha atacam a retaguarda inimiga para obrigá-la a fugir ou para a destruir. Desiste-se pouco a pouco dos ataques frontais em proveito de um mínimo de manobras "à alemã". (3) As cidades são tomadas com ataques bruscos e arrojados ou por uma sucessão de golpes, quando a resistência é forte. (4) Em seguida, os corpos se reagrupam e o avanço prossegue.

4. DESDOBRAMENTO DAS FORÇAS NA DEFESA

(1) Uma divisão Panzer ataca o flanco do exército. (2) Os dois corpos não envolvidos seguem seu caminho. (3) O corpo atacado diminui a marcha: ele dispõe na ala externa, em frente ao inimigo, uma brigada de infantaria motorizada, seus três regimentos de canhões de assalto e todos os seus lança-foguetes. (4) Suas três outras brigadas continuam e em seguida fazem um movimento giratório. (5) Além disso, o exército põe em marcha também a brigada motorizada de engenharia e a brigada de artilharia antitanque. No total, são duzentas peças de artilharia com capacidade antitanque e milhares de minas que barram a linha de ataque da divisão Panzer.

4 • O LUGAR DOS EXÉRCITOS DE TANQUES E SUA TAXA DE PERDAS

Os exércitos de tanques, grandes instrumentos de exploração dos fronts, constituem apenas uma pequena parte de um Exército Vermelho sempre dominado por grandes contingentes de soldados de infantaria que se utilizam de tração animal. Diferentemente dos alemães, que neles usam todos os seus tanques, o exército de tanques soviéticos nunca engaja mais da metade dos tanques disponíveis. Os restantes irão para os exércitos de infantaria, sob a forma de corpos, brigadas e regimentos independentes, aptos a múltiplas missões: proteção da infantaria, rompimento das linhas inimigas e exploração de curto alcance. Até o último dia da guerra, as perdas continuam muito elevadas. De 1943 a 1945, 310.487 tanquistas foram mortos, a maior parte em combate. Dos 131 mil tanques produzidos durante a guerra, 96.500 foram destruídos em combate. Em 1941, os soviéticos precisam sacrificar quinze tanques, quando os alemães perdem apenas um, mas em 1944 a razão ainda é de quatro para um.

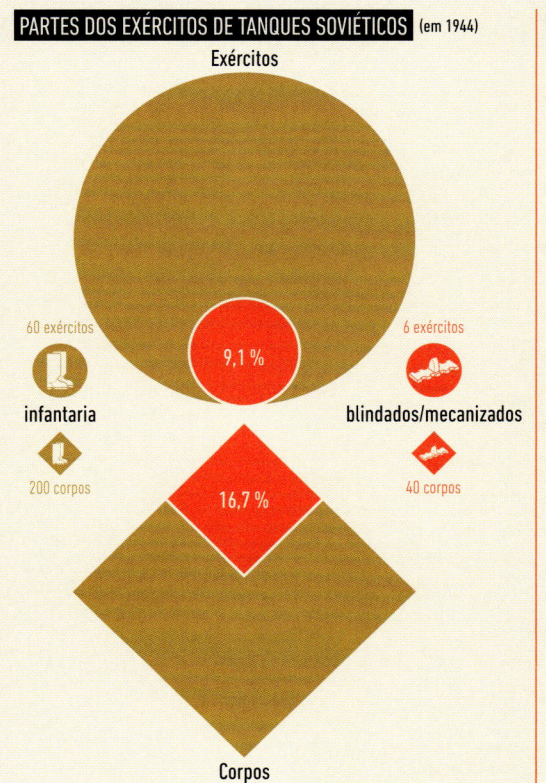

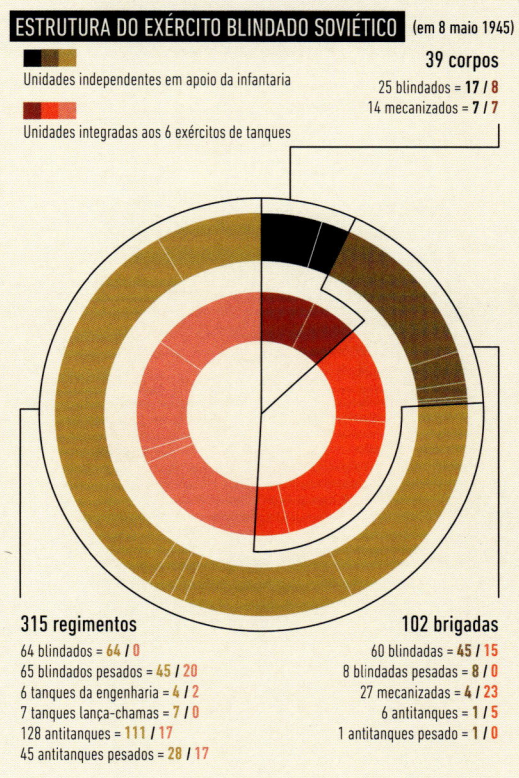

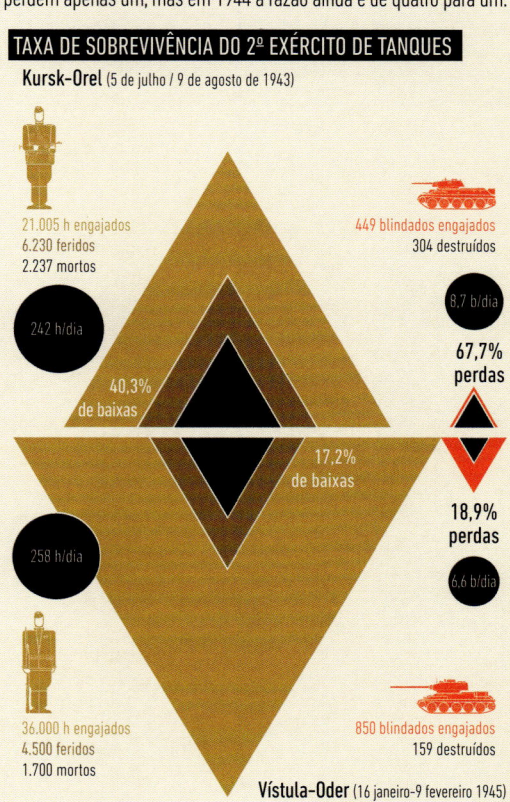

PARTES DOS EXÉRCITOS DE TANQUES SOVIÉTICOS (em 1944)

Exércitos
60 exércitos — infantaria — 200 corpos
9,1 %
6 exércitos — blindados/mecanizados — 40 corpos
16,7 %
Corpos

ESTRUTURA DO EXÉRCITO BLINDADO SOVIÉTICO (em 8 maio 1945)

Unidades independentes em apoio da infantaria
Unidades integradas aos 6 exércitos de tanques

39 corpos
25 blindados = **17** / **8**
14 mecanizados = **7** / **7**

315 regimentos
64 blindados = **64** / 0
65 blindados pesados = **45** / **20**
6 tanques da engenharia = **4** / **2**
7 tanques lança-chamas = **7** / 0
128 antitanques = **111** / **17**
45 antitanques pesados = **28** / **17**

102 brigadas
60 blindadas = **45** / **15**
8 blindadas pesadas = **8** / 0
27 mecanizadas = **4** / **23**
6 antitanques = **1** / **5**
1 antitanques pesado = **1** / 0

TAXA DE SOBREVIVÊNCIA DO 2ª EXÉRCITO DE TANQUES

Kursk-Orel (5 de julho / 9 de agosto de 1943)
21.005 h engajados
6.230 feridos
2.237 mortos
242 h/dia
40,3% de baixas

449 blindados engajados
304 destruídos
8,7 b/dia
67,7% perdas

17,2% de baixas
18,9% perdas
258 h/dia
6,6 b/dia

36.000 h engajados
4.500 feridos
1.700 mortos

850 blindados engajados
159 destruídos

Vístula-Oder (16 janeiro-9 fevereiro 1945)

57

TANQUES E ANTITANQUES:

Quando o tanque surge na Primeira Guerra Mundial, é um engenho pesado, lento e pouco confiável. Ele constitui então uma tentativa de resposta aliada ao impasse de guerra de trincheiras e à incapacidade dos soldados da infantaria de romper sem proteção a muralha de fogo que é a metralhadora apoiada pela artilharia. O tanque tem um papel crucial nas ofensivas de 1918, mas logo gera contramedidas defensivas (obstáculos, minas, uso de artilharia em tiro direto...) que requerem uma melhoria de sua proteção. O pequeno Renault FT francês com torre, leve e de fácil manejo para a época, constitui uma verdadeira revolução que inspira todos os blindados do período entreguerras. Em 1939, embora obsoleto, ele ainda está em operação em muitos países, entre os quais a França. Só na década de 1920, na Rússia soviética, e na década de 1930 nos outros países da Europa, surge o conceito de combate "tanque contra tanque", que chega ao apogeu durante a Segunda Guerra Mundial na Europa.

No princípio da guerra, os tanques são modelos diferenciados de acordo com sua função, e nenhum é capaz de enfrentar os seus pares. Muitas vezes eles são divididos em tanques de infantaria (pesados e lentos, cuja função é de acompanhamento) e tanques de cavalaria (menos protegidos, mas mais rápidos, cujo papel é o de reconhecimento, exploração e combate "tanque contra

1 • O TANQUE

Suas características principais são a proteção (espessura da blindagem e a concepção ou perfil), a mobilidade (esteira "todo terreno", motorização, capacidade de transpor obstáculos) e torre armada com giro de 360º (potência do canhão principal e projéteis). O tiro em movimento é então muito raro, por ser muito impreciso, dada a ausência de estabilizador de peça, exceto no Exército Vermelho, que atirava para "assustar" o adversário.

A isso se acrescentam outras características essenciais: organização e coordenação tática (comunicações via rádio são raras em 1940, salvo na Wehrmacht), composição e treinamento dos operadores (dois ou três no início da guerra, quatro ou cinco em seguida), assim como o ambiente interarmas (cobertura aérea, acompanhamento da infantaria).

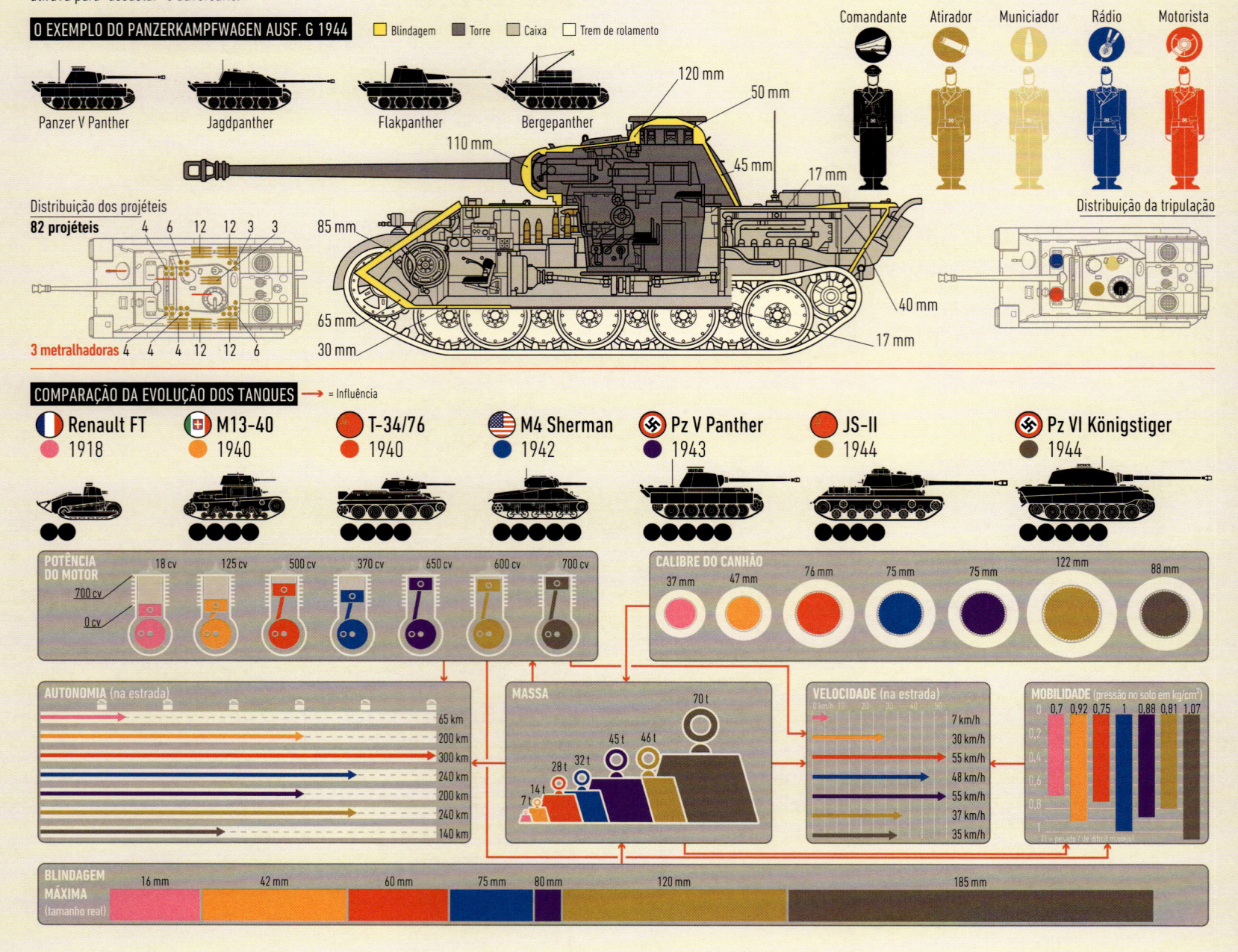

ESPADAS E ESCUDOS DO CONFLITO

tanque"). Os tanques leves mal ultrapassam dez toneladas, e os "pesados" vinte, e mais raramente trinta toneladas (B1 francês), com uma blindagem que varia entre quinze e quarenta milímetros de espessura e um armamento em geral modesto (simples metralhadoras no Panzer I alemão, um canhão de vinte milímetros no Panzer II, um 37 milímetros curto no R35 francês...). Em alguns anos, a evolução das condições táticas e diversos progressos em matéria de motorização (diesel), de proteção e de armamentos (blindagem laminada, soldada ou moldada, inclinada, sobreblindagem...) fazem surgir engenhos cada vez mais potentes (até sessenta ou setenta toneladas, canhões de alta velocidade e cano mais longo, de 75 milímetros e mais) – como o T-34 e o KV soviéticos em 1941, o Tiger e o Panther alemães em 1942-1943 – e concebidos para combater diretamente os outros tanques.

A motorização é em geral a diesel, exceto na Wehrmacht, que optou pela gasolina por uma questão de simplificação e economia. Em 1945, fica-se mais próximo do conceito moderno de carro de combate principal (*Main Battle Tank*), um engenho equilibrado, apto a todas as missões, veloz, fortemente blindado e potente, que se encaixa num ambiente interarmas complexo. Esses produtos são o Pershing americano, precursor da família dos Patton, o T-34/85 soviético, ancestral da família dos T-54/55, o Centurion britânico e o Panther alemão.

2 • A ARMA ANTITANQUES

Seja transportada por soldados (fuzis antitanque, depois lança-foguetes com carga oca), levada por veículos ou mesmo montada sobre um engenho motorizado, ela segue de perto os progressos do tanque na disputa entre a espada e o escudo, sempre presente na história militar. Muitos dos melhores canhões antitanque da guerra são, logicamente, derivados de peças antiaéreas (88 milímetros alemão, noventa milímetros americano) concebidos para atirar a grande altitude. Seu poder destrutivo depende:

- de seu calibre (20/50 milímetros no início da guerra, em seguida 75/90 milímetros, e até 128/152 milímetros em 1945);
- do comprimento do cano, expresso em número de calibres (L/21, L/43, L/70...), fator determinante na velocidade inicial dos projéteis (até mil metros/segundo e mais) e, portanto, da energia cinética que permite a penetração em uma blindagem (não se aplica à carga oca);
- do tipo de projéteis antitanque (projétil AP cheio, AP-HE, projétil encapado, ponta reforçada com tungstênio...), cada um com características próprias. Os obuses explosivos clássicos (HE), temíveis para a infantaria e os veículos leves, são em geral ineficazes contra os tanques, exceto pelo efeito de sopro no caso dos grandes calibres.

A partir de 1943, a carga oca vem progressivamente revolucionar o campo de batalha, oferecendo à infantaria, cujos fuzis antitanque do começo da guerra se tornaram impotentes, uma arma portátil (Bazuca, Panzerschreck, Panzerfaust) capaz de penetrar as mais espessas blindagens, embora somente a curta (ou mesmo curtíssima) distância.

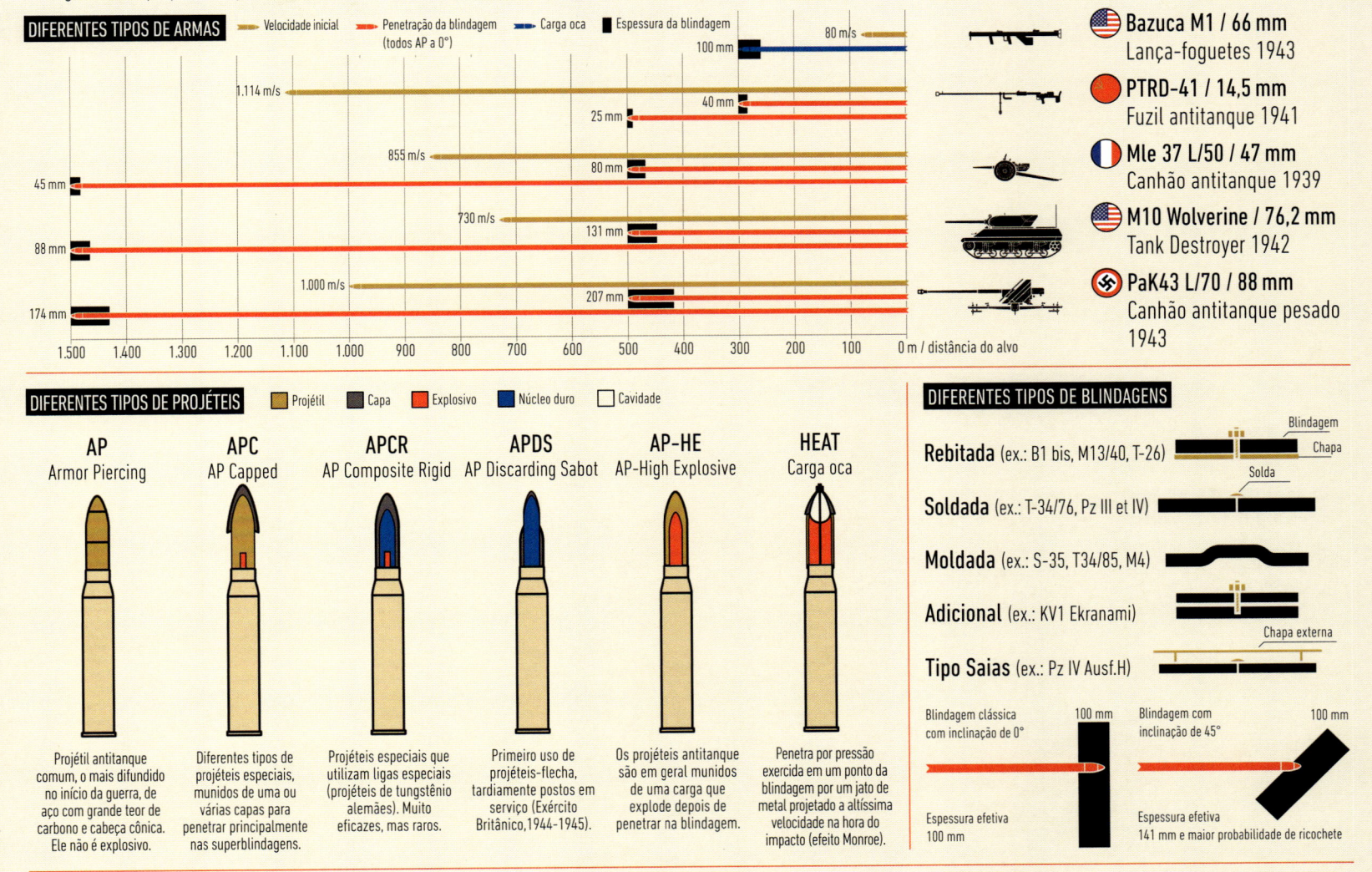

DIFERENTES TIPOS DE ARMAS

- Bazuca M1 / 66 mm — Lança-foguetes 1943
- PTRD-41 / 14,5 mm — Fuzil antitanque 1941
- Mle 37 L/50 / 47 mm — Canhão antitanque 1939
- M10 Wolverine / 76,2 mm — Tank Destroyer 1942
- PaK43 L/70 / 88 mm — Canhão antitanque pesado 1943

DIFERENTES TIPOS DE PROJÉTEIS

- **AP** — Armor Piercing: Projétil antitanque comum, o mais difundido no início da guerra, de aço com grande teor de carbono e cabeça cônica. Ele não é explosivo.
- **APC** — AP Capped: Diferentes tipos de projéteis especiais, munidos de uma ou várias capas para penetrar principalmente nas superblindagens.
- **APCR** — AP Composite Rigid: Projéteis especiais que utilizam ligas especiais (projéteis de tungstênio alemães). Muito eficazes, mas raros.
- **APDS** — AP Discarding Sabot: Primeiro uso de projéteis-flecha, tardiamente postos em serviço (Exército Britânico, 1944-1945).
- **AP-HE** — AP-High Explosive: Os projéteis antitanque são em geral munidos de uma carga que explode depois de penetrar na blindagem.
- **HEAT** — Carga oca: Penetra por pressão exercida em um ponto da blindagem por um jato de metal projetado à altíssima velocidade na hora do impacto (efeito Monroe).

DIFERENTES TIPOS DE BLINDAGENS

- **Rebitada** (ex.: B1 bis, M13/40, T-26)
- **Soldada** (ex.: T-34/76, Pz III et IV)
- **Moldada** (ex.: S-35, T34/85, M4)
- **Adicional** (ex.: KV1 Ekranami)
- **Tipo Saias** (ex.: Pz IV Ausf.H)

Blindagem clássica com inclinação de 0° — 100 mm — Espessura efetiva 100 mm

Blindagem com inclinação de 45° — 100 mm — Espessura efetiva 141 mm e maior probabilidade de ricochete

FONTES: 1• Thomas L. Jentz & Hilary L. Doyle, *Germany's Panzers in World War II. From Pz.Kpfw.1 to Tiger II*, Schiffer, 2004 – 2• Jean Restayn, *Allied tank encyclopedia*, Histoire & Collections, 2008 – 3• J. Salt, *WW2 penetrations figures*, 1998 (compilação comentada de arquivos militares) – 4• Laurent Tirone, *Panzer: The German tanks encyclopedia*, Caraktère, 2015 – 5• https://www.tanks-encyclopedia.com.

EVOLUÇÃO E PERFORMANCES DOS AVIÕES DE COMBATE

A Primeira Guerra Mundial assistiu ao nascimento da aviação de caça e de bombardeio a partir do núcleo dos frágeis aparelhos de observação desarmados de 1914. Os progressos são rápidos até 1918 e continuam entre as duas guerras, período de intensa teorização sobre o potencial da arma aérea, em que se imaginava, como fez o italiano Giullio Douhet, que ela poderia ganhar uma guerra sozinha. Às vésperas da Segunda Guerra Mundial, atingem-se os limites técnicos dos aviões multiplanos e das asas sustentadas por cabos, e sua grande maneabilidade não compensa sua fragilidade ou lentidão. As estruturas de tecido e madeira já dão lugar ao metal, enquanto se impõe o modelo do monoplano com asa baixa cantiléver, com trem de aterrissagem retrátil, geralmente monomotor para os caças ou caças-bombardeiros, bimotores ou trimotores para os bombardeiros e aeronaves de transporte, e até mesmo quadrimotores de grande raio de ação (a exemplo do B-17, a Fortaleza Voadora americana).

1 • EM BUSCA DO AVIÃO DE COMBATE POLIVALENTE: A "FAMÍLIA" JUNKERS JU 88 E SUA EVOLUÇÃO

Os melhores aparelhos, como o Bf 109 ou o Spitfire, são constantemente aperfeiçoados e apresentados em diferentes versões especializadas durante toda a guerra. Um caso emblemático dessa evolução e adaptação às diversas missões de guerra é o do bimotor Junkers Ju 88 alemão, concebido nos anos 1930 e em operação em 1939 como bombardeiro médio "clássico", capaz de ataques em mergulho. Até 1945, o aparelho, do qual foram produzidas 15 mil unidades, apresenta numerosas versões diferentes, mais ou menos bem-sucedidas, para cumprir um grande número de missões, chegando até a servir de "bomba voadora" transportada (Mistel). Essas evoluções ilustram a busca de um verdadeiro avião de combate polivalente eficaz que prosseguirá ao sabor das inovações tecnológicas durante as décadas seguintes e até hoje, com aparelhos como o Tornado, o F/A-18 ou ainda o Rafale.

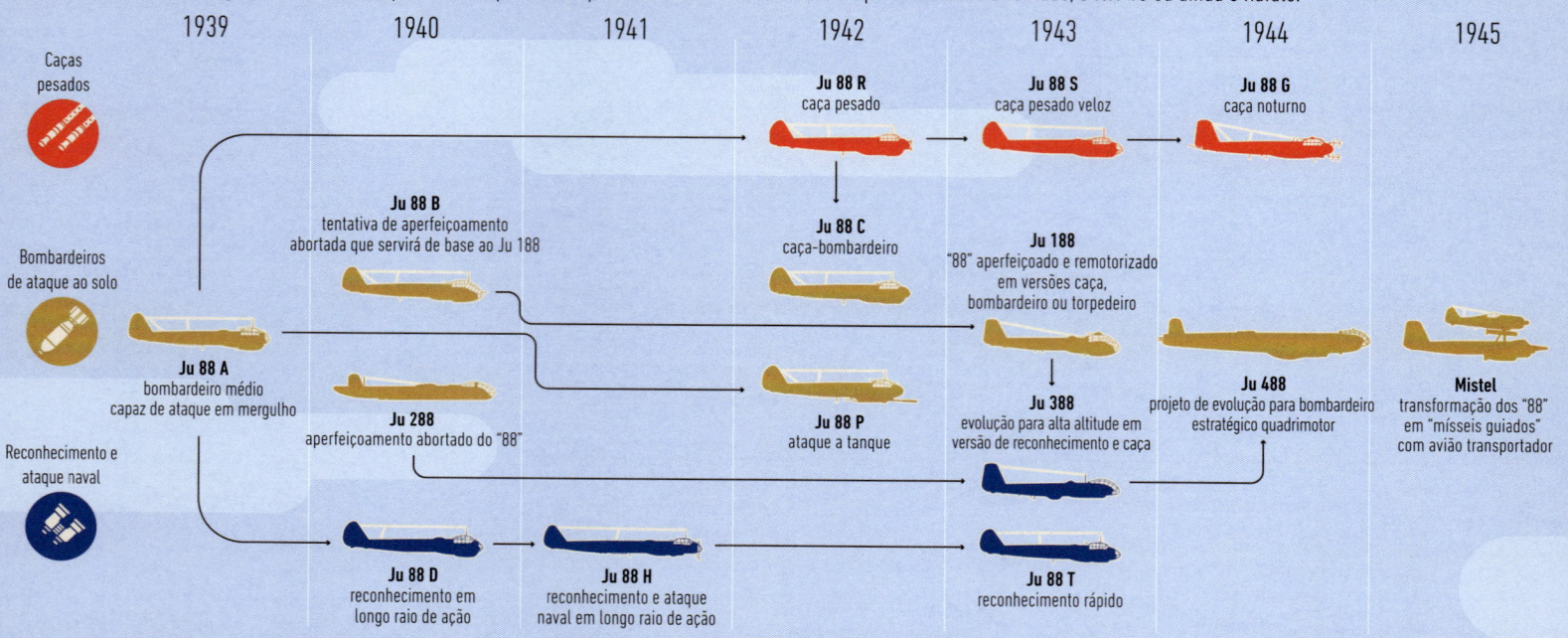

2 • CAPACIDADES DE CARGA, TETO OPERACIONAL E RAIO DE AÇÃO DOS BOMBARDEIROS COM CONFIGURAÇÃO NORMAL

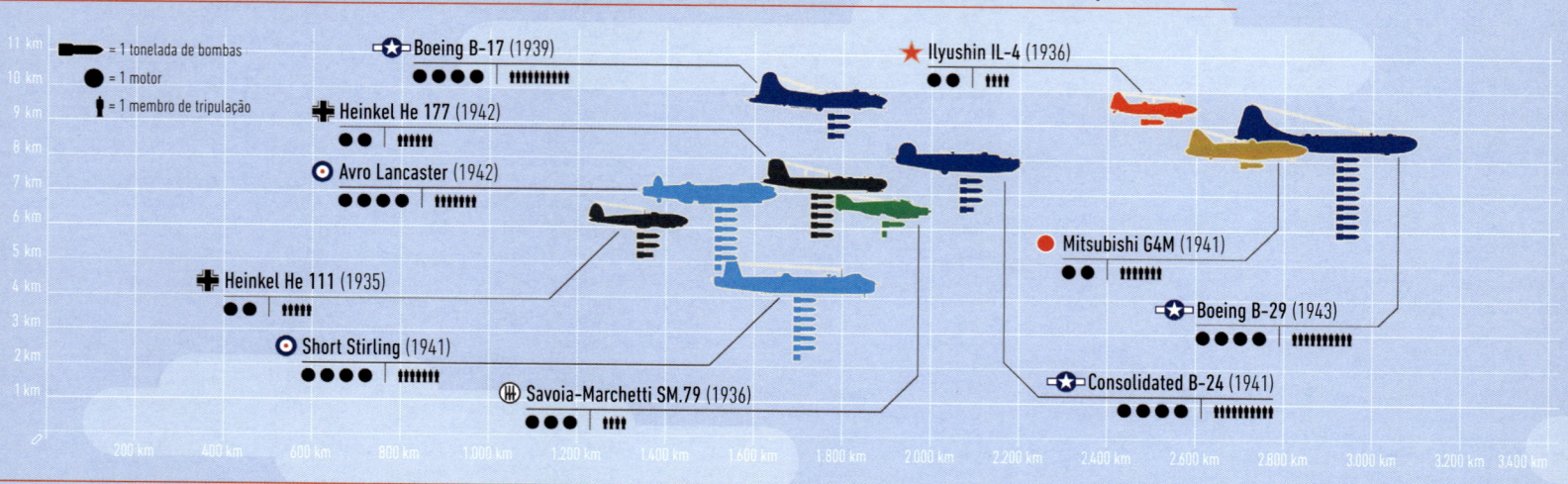

FONTES: *1* • Robin Hingham & Stephen Harris (ed.), *Why air forces fail: The anatomy of defeat*, University Press of Kentucky, 2016 – *2* • Régis Chamagne, *L'art de la guerre aérienne*, L'Esprit du livre, 2006 – *3* • W. Craven & J. Cate (ed.), *Men and planes*, AAF in WW2, v. VI, University of Chicago, 1955 – *4* • W. Murray, *Strategy for defeat, Luftwaffe, 1933-1945*, Air University Press, 1983 – *5* • R. Overy, *The air war*, Potomac Books, 2005.

3 • A ERA DO CAÇA-REI

A Segunda Guerra Mundial apresenta uma grande variedade de aparelhos com funções muito diversas, desde pequenos aviões de observação (Fieseler Storch, Lysander...) até os enormes monomotores de bombardeio ou de transporte (B-29 Superfortress, Me-323 Gigant), passando por uma impressionante gama de caças-bombardeiros e aparelhos de ataque (Messerschmitt Bf 110, P-47 Thunderbolt, IL-2 Sturmovik) e de aviões especializados (reconhecimento, bombardeiros-torpedeiros, de treinamento...). A primeira parte da guerra se caracteriza pela busca da melhor fórmula e da melhor articulação possível entre aparelhos de caça, de ataque (muitas vezes em mergulho rápido, quase vertical) e bombardeio propriamente dito, contra as forças militares ou as infraestruturas inimigas. Embora o bombardeiro "horizontal", que leva de uma a dez toneladas de bombas, constitua a arma ofensiva por excelência, sua vulnerabilidade intrínseca põe a aviação de caça no centro da problemática aérea, seja na questão de conseguir superioridade aérea, seja para a função de escolta. A Luftwaffe começa o conflito com certa vantagem conceitual: a dupla Messerschmitt Bf 109 e Junker Ju 87 "Stuka" (ataque em mergulho), conduzidos por pilotos experimentados na Espanha na Legião Condor. Mas essa relativa ascendência – que se encontra em parte e brevemente, no caso do Japão, com o leve Mitsubishi A6M Zero da Marinha e, na origem, pilotado com muita habilidade – é superada, pela primeira vez em 1940, na Batalha da Inglaterra, em face do excelente Supermarine Spitfire da Royal Air Force (RAF). O aumento do poderio dos Aliados dá lugar a uma verdadeira corrida de performance: motorização (em estrela ou em linha, de menos de mil a mais de 1.500 cavalos), aumento do número de armamentos (de 2/4 metralhadoras leves a 6/8 metralhadoras pesadas e/ou canhões automáticos, foguetes...), tetos de combate aumentados (cockpits pressurizados, máscaras de oxigênio...), navegação e detecção aperfeiçoadas (radares embarcados, goniômetros...).

O *dogfight*, ou combate rodopiante tradicional, que exige guinadas muito fechadas, dá lugar a táticas elaboradas com mais ênfase na pura velocidade, no poder de fogo e na solidez dos aparelhos do que em suas capacidades "acrobáticas". A partir de 1943-1944, com o Focke-Wulf Fw 190 alemão ou o P-51 americano, os beligerantes se chocam com barreiras tecnológicas, principalmente em matéria de velocidade (de 650 a setecentos km/h, contra quatrocentos a quinhentos em 1939). É então que surgem os primeiros jatos com reator, em especial o Me 262 alemão e o Gloster Meteor britânico, que prometem revolucionar as táticas aéreas, mas tarde demais para modificar relações de forças já sedimentadas.

Paralelamente, desenvolve-se um tipo de engenho ainda muito marginal, ou mesmo confidencial, em 1945, mas que teria um grande futuro: o veículo giratório, ou helicóptero.

1939-1940: Bf 109E versus MS.406
O MS.406 é típico da primeira geração de caças de asa baixa da segunda metade da década de 1930.
O 109E lhe é superior em todos os domínios e só encontra um adversário à sua altura no Dewoitine 520, mas em número muito pequeno, depois do Spitfire I, da Inglaterra.

1944: Fw 190D versus P-51D
O P-51D com asas delgadas é o que se fez de melhor em matéria de caças com hélice. Muito rápido e de fácil manejo, ele tem um raio de ação notável, e além disso extensivel, graças a um reservatório externo, assim como a possibilidade, limitada, de ser usado como caça-bombardeiro. O Fw 190 "nariz longo", com diversas versões, uma das quais de ataque de bombardeiro, superarmada (Sturmbocke), dá origem aos caças à hélice alemães e é um dos melhores aparelhos de guerra, superando a maioria de seus adversários, à exceção do P-51.

1945: a era do jato
O duelo nunca aconteceu: Me 262 versus Gloster Meteor. Com um atraso de pelo menos um ano, o Me 262A é o primeiro caça-bombardeiro a jato operacional da guerra e se mostra extremamente perigoso devido à sua velocidade excepcional. O Gloster Meteor F.III, seu equivalente britânico, é um pouco menos eficiente, mas será muito eficaz na caça aos V1 no espaço aéreo da Inglaterra. Embora postos em serviço, um e outro, em 1944-1945, esses dois aparelhos nunca haveriam de se enfrentar.

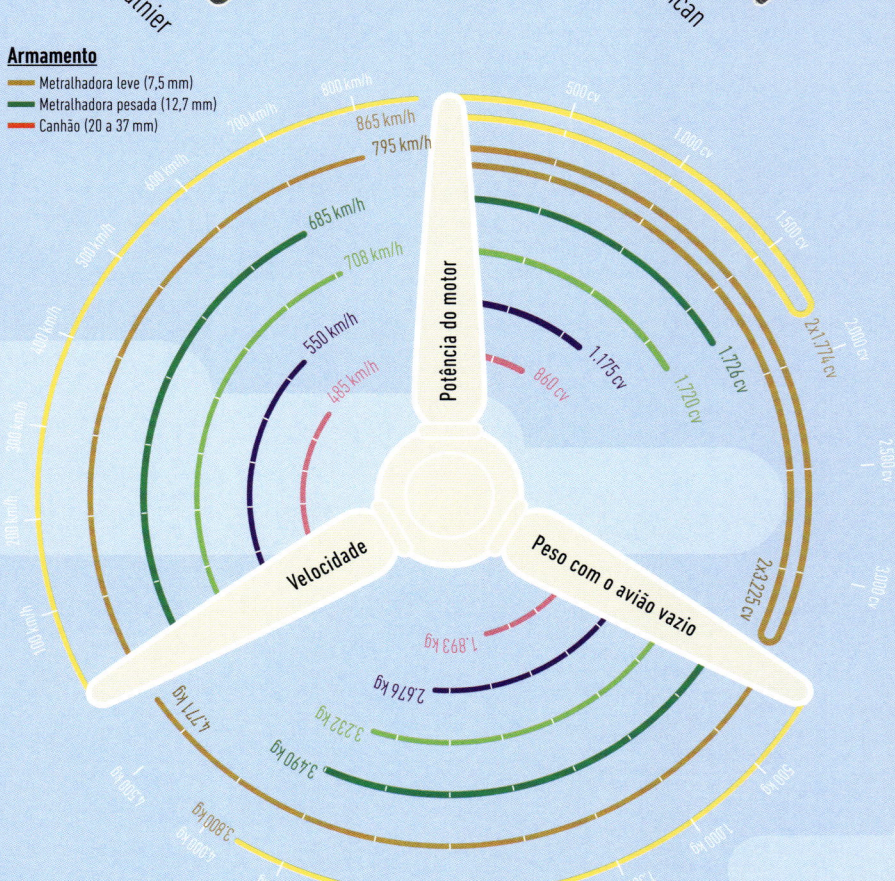

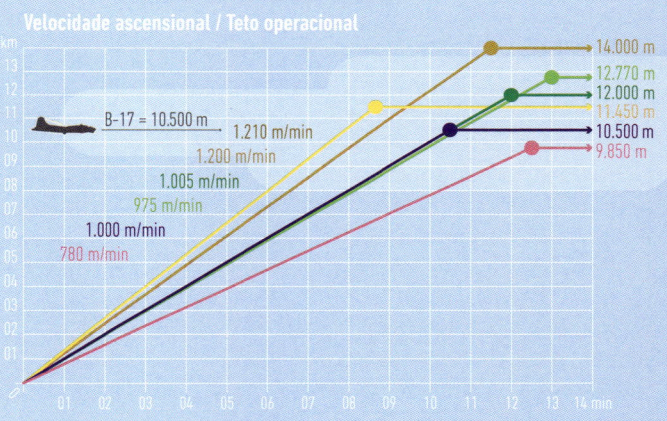

Armamento
- Metralhadora leve (7,5 mm)
- Metralhadora pesada (12,7 mm)
- Canhão (20 a 37 mm)

Morane-Saulnier MS.406
North American P-51D
Gloster Meteor F.III

Potência do motor
Velocidade
Peso com o avião vazio

Velocidade ascensional / Teto operacional
B-17 = 10.500 m
1.210 m/min — 14.000 m
1.200 m/min — 12.770 m
1.005 m/min — 12.000 m
975 m/min — 11.450 m
1.000 m/min — 10.500 m
780 m/min — 9.850 m

Raio de ação
2.090 km
1.500 km

Messerschmitt Bf 109E
Focke-Wulf Fw 190D
Messerschmitt Me 262

OPERAÇÕES AEROTRANS-PORTADAS: CARAS E ARRISCADAS

A ideia de um artefato de tecido retardando a queda está presente desde a Antiguidade, e a palavra "paraquedas", assim como seus primeiros ensaios, data pelo menos do século XIX. Antes da Primeira Guerra Mundial, pioneiros já o utilizam em âmbito civil, e os primeiros usos militares se desenvolvem em 1918, como meio de socorro para os aeronautas franceses ou pilotos alemães abatidos e até para raids de comandos italianos. A perspectiva de poder lançar, por avião, milhares de soldados de infantaria na retaguarda inimiga seduz alguns oficiais, principalmente americanos e franceses, mas a vitória em 1918 enterra a questão. E foi só nos anos 1930, primeiro na União Soviética, depois na Alemanha, que o uso militar tomou impulso. A União Soviética desenvolve por toda parte o paraquedismo, com rodadas de saltos, e forma dezenas de milhares de soldados no curso da década de 1930. Em 1934, as manobras de Kiev mostram pela primeira vez saltos em grande escala das asas de aviões TB-3 (os paraquedistas desembarcam por uma porta superior no teto), e, bem depressa, constituem-se as primeiras brigadas. Mas essa vantagem inicial não se mantém. No início da guerra, é a Alemanha que está na dianteira nesse domínio, contrapondo ao paraquedismo em massa unidades de elite muito eficazes, principalmente durante a campanha do Oeste, na Holanda e na Bélgica. As outras potências desenvolvem numa escala mais limitada essa arma de custo muito elevado: formação muito seletiva, necessidade de um material especial leve que limita sua potência e resistência (veículos e canhões leves, às vezes tanques, a exemplo do Tetrarch ou do Locust britânico de 7,5 toneladas) e parque aéreo sofisticado. Apenas os anglo-saxões, depois de 1940, enfrentam essa questão, apoiando-se numa produção aeronáutica e numa superioridade aérea que lhes permite ousar grandes operações combinadas. Alemães e soviéticos não se arriscarão mais nessas operações depois das perdas maciças dos primeiros em Creta (1941) e dos segundos em Boukrine (1943).

1 • AS GRANDES UNIDADES AEROTRANSPORTADAS DA GUERRA

No seio das forças aerotransportadas, distinguem-se três grandes categorias:
- Os paraquedistas, que saltam da aeronave devendo aterrissar numa "drop zone", zona de lançamento.
- Os aerotransportados embarcados sobre planadores e que aterrissam numa "landing zone", zona de pouso.
- Além disso, as tropas leves podem ser aerotransportadas, isto é, encaminhadas por avião a aeródromos previamente capturados.

Na maioria dos países, essas tropas são articuladas em grandes unidades (divisões) especializadas, oriundas em geral do exército terrestre, mais raramente (Alemanha e França) do exército do ar, e, no Japão, em parte da Marinha. Em 1944 e 1945, alemães e Aliados têm corpos e mesmo um exército aerotransportados, mas só estes últimos têm condições de usar essas tropas como tais.

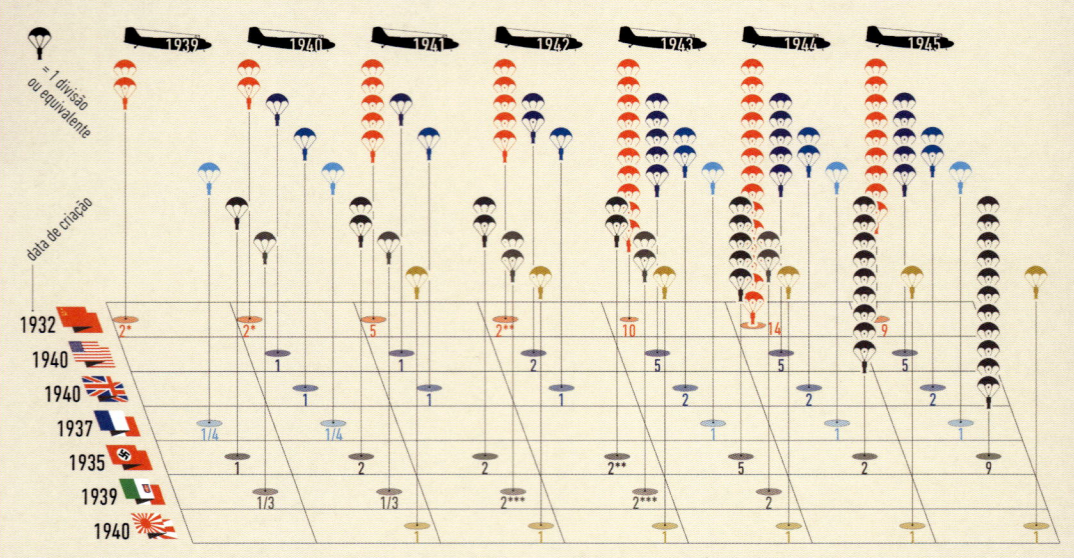

* As brigadas soviéticas equivalem mais ou menos a um regimento ocidental; os corpos, a uma divisão (10 mil homens).
** As divisões de Fallschirmjäger alemãs e as divisões paraquedistas soviéticas a partir de 1942 são apenas uma infantaria de elite que não dispõe nem do material, nem do treinamento, nem do parque aéreo para saltos em larga escala.
*** O Exército Italiano dispõe, a partir de 1941, de uma divisão de paraquedistas (Folgore, destruída na África, depois Nembo) e de uma aerotransportada (La Spezia). Uma outra divisão (Ciclone), que se destinaria à invasão de Malta, teve sua formação abortada.
**** As divisões aerotransportadas anglo-saxãs baseiam-se numa organização mista de paraquedistas e aerotransportados.

2 • O EMPREGO DAS FORÇAS AEROTRANSPORTADAS

Há uma distância entre a ideia de envolvimento vertical e a realização tática. O salto operacional – suficientemente rápido e preciso para esperar, apesar de todos os imponderáveis da navegação, da meteorologia, do salto ou da aterrissagem, e depois, do reagrupamento não só das unidades militares – é um exercício muito mais complexo do que se imagina. Isso é ainda mais verdadeiro quando se considera que uma operação aerotransportada necessita de um grande parque de aeronaves adaptadas para os homens (de dez a vinte por avião ou planador) e para o material (armas coletivas, munições...), devendo muitas vezes fazer vários percursos de ida e volta sob fogo inimigo. É por isso que a Luftwaffe perde várias centenas de Ju 52, na Holanda em 1940, "presos ao solo" em aeródromos capturados e destruídos nos combates.

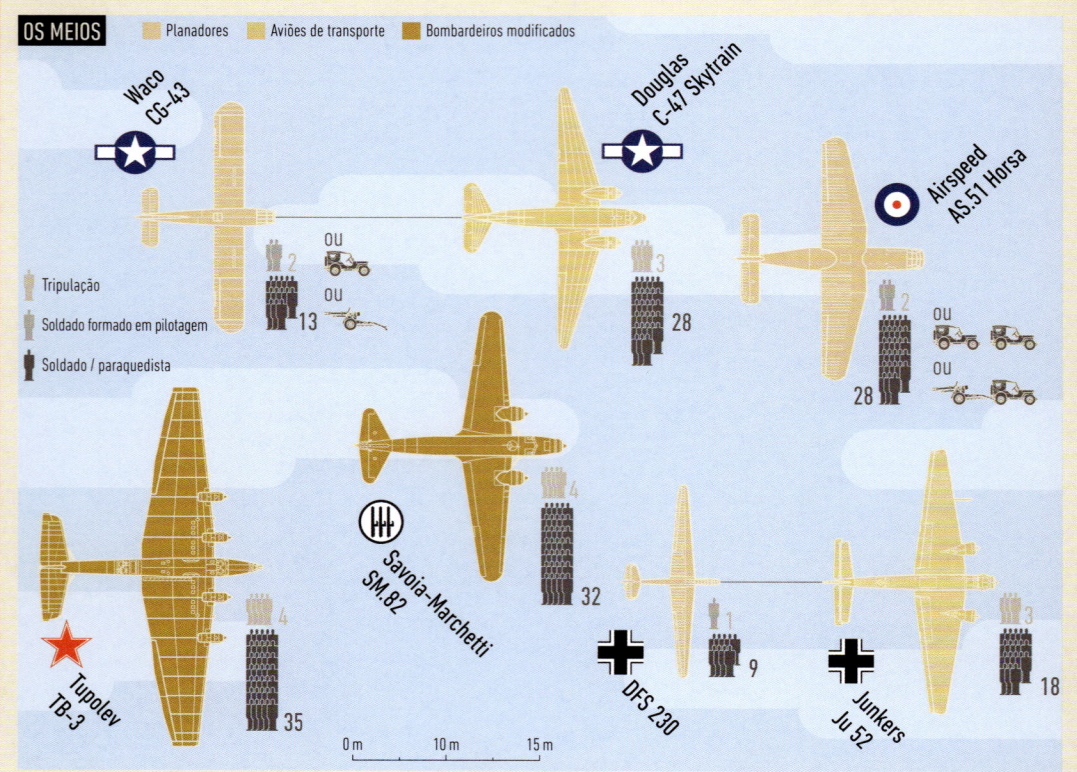

CRIAÇÃO DE UMA CABEÇA DE PONTE POR ENVOLVIMENTO VERTICAL

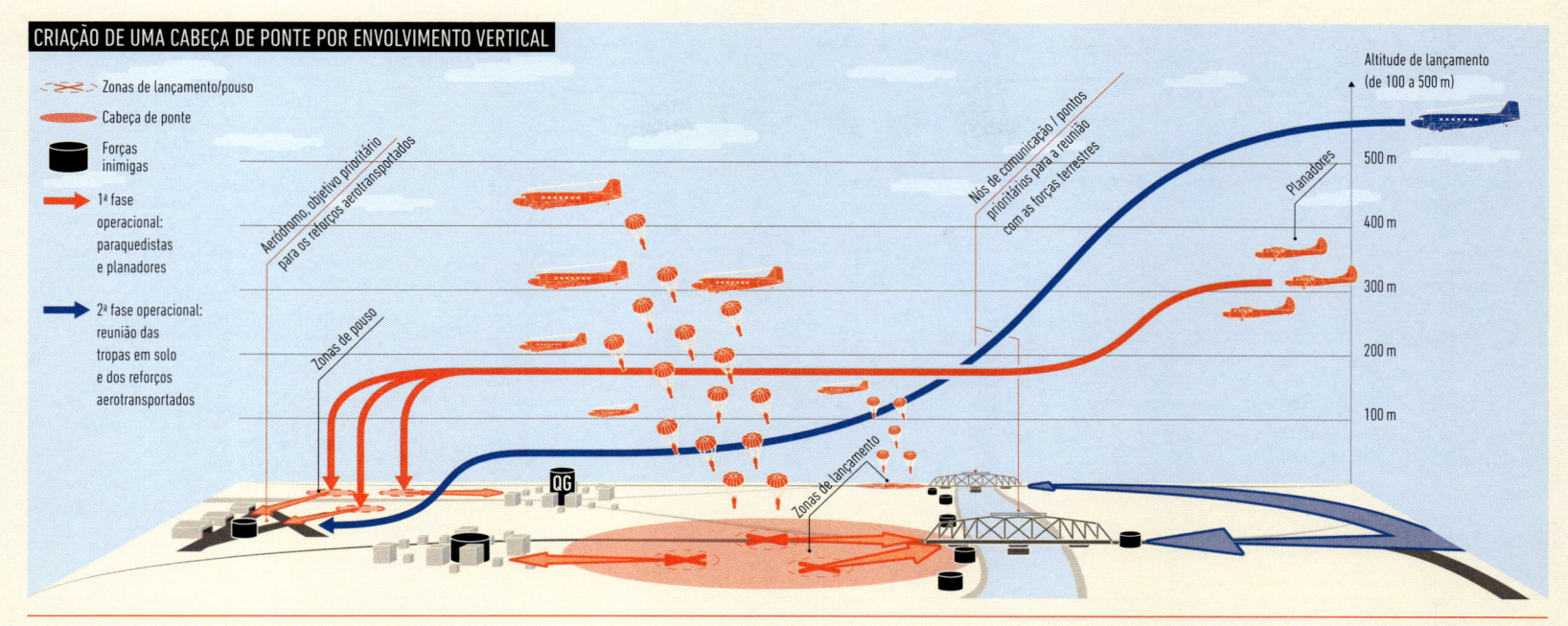

- Zonas de lançamento/pouso
- Cabeça de ponte
- Forças inimigas
- 1ª fase operacional: paraquedistas e planadores
- 2ª fase operacional: reunião das tropas em solo e dos reforços aerotransportados

Aeródromo, objetivo prioritário para os reforços aerotransportados

Nós de comunicação / pontos prioritários para a reunião com as forças terrestres

Altitude de lançamento (de 100 a 500 m)

Planadores

500 m
400 m
300 m
200 m
100 m

Zonas de pouso
Zonas de lançamento
QG

3• AS GRANDES OPERAÇÕES

Diurnas, mais raramente noturnas, as operações aerotransportadas são frequentes, mas ultrapassam muito pouco a escala de algumas dezenas ou centenas de homens. As grandes operações que mobilizam milhares de aerotransportados ao mesmo tempo são exceção e foram realizadas pelos alemães, em 1941, e pelos anglo-saxões, de 1943 a 1945. Difíceis de realizar por requerer superioridade aérea, ao menos temporária, e um parque de transporte vulnerável de centenas de aviões e planadores, essas operações são taticamente muito arriscadas, e até mesmo suicidas, se não se conseguisse restabelecer com rapidez a reunião com as tropas no solo. Elas acarretam perdas sempre pesadas, mesmo em caso de sucesso, "consumindo", assim, tropas de elite jovens criteriosamente selecionadas e formadas. Com efeito, à exceção dos anglo-saxões até 1945, na segunda metade da guerra essas tropas são usadas na grande maioria dos casos como uma simples infantaria de choque. Uma grande parte dos Fallschirmjägers depois de 1942 não tinha, por exemplo, qualificação para o salto.

AS GRANDES OPERAÇÕES AEROTRANSPORTADAS NA EUROPA

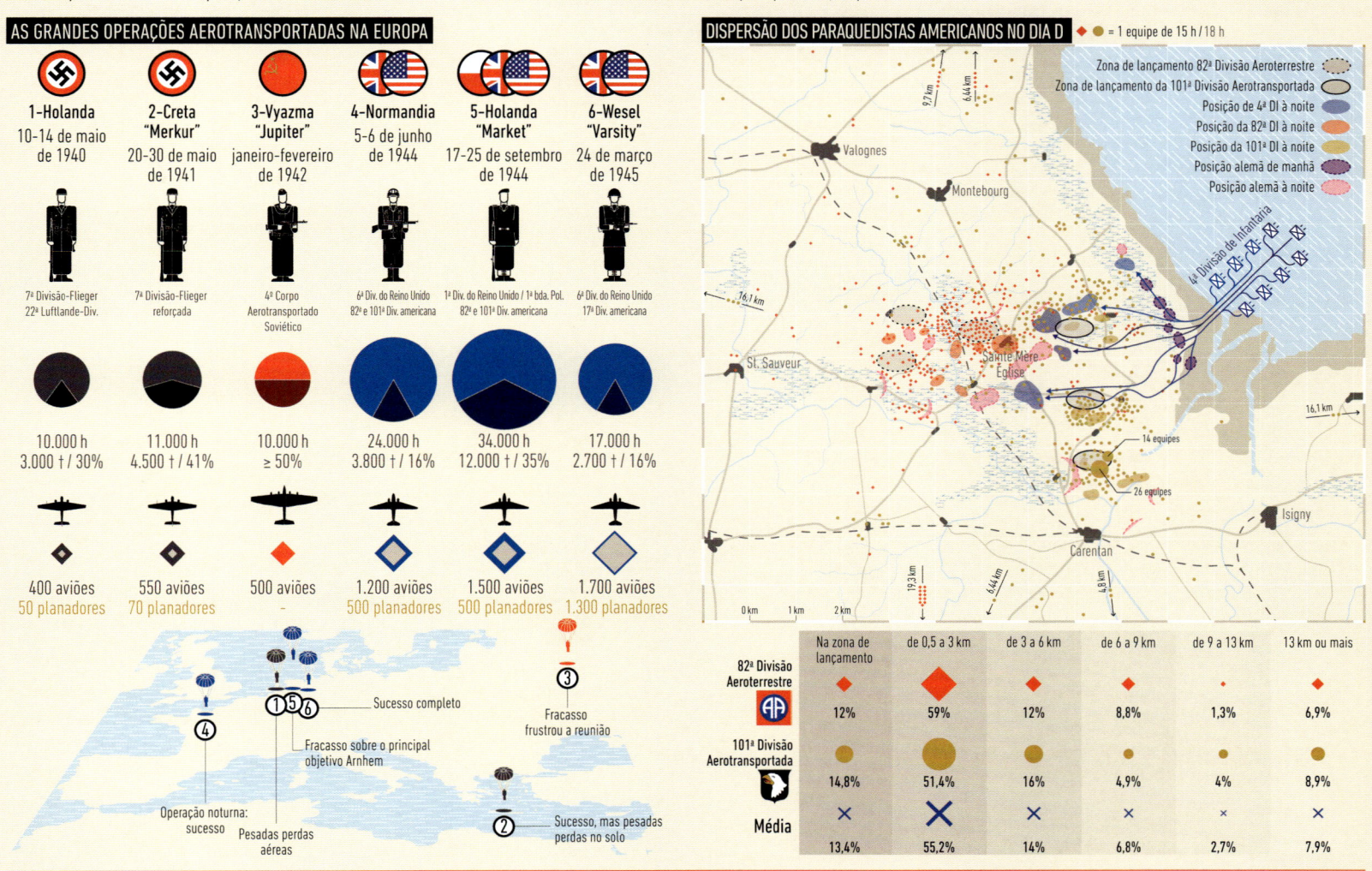

1-Holanda	2-Creta "Merkur"	3-Vyazma "Jupiter"	4-Normandia	5-Holanda "Market"	6-Wesel "Varsity"
10-14 de maio de 1940	20-30 de maio de 1941	janeiro-fevereiro de 1942	5-6 de junho de 1944	17-25 de setembro de 1944	24 de março de 1945
7ª Divisão-Flieger 22ª Luftlande-Div.	7ª Divisão-Flieger reforçada	4º Corpo Aerotransportado Soviético	6ª Div. do Reino Unido 82ª e 101ª Div. americana	1ª Div. do Reino Unido / 1ª bda. Pol. 82ª e 101ª Div. americana	6ª Div. do Reino Unido 17ª Div. americana
10.000 h 3.000 † / 30%	11.000 h 4.500 † / 41%	10.000 h ≥ 50%	24.000 h 3.800 † / 16%	34.000 h 12.000 † / 35%	17.000 h 2.700 † / 16%
400 aviões 50 planadores	550 aviões 70 planadores	500 aviões —	1.200 aviões 500 planadores	1.500 aviões 500 planadores	1.700 aviões 1.300 planadores

- ① Sucesso completo
- ② Sucesso, mas pesadas perdas no solo
- ③ Fracasso frustrou a reunião
- ④ Operação noturna: sucesso
- ⑤ Pesadas perdas aéreas
- ⑥ Fracasso sobre o principal objetivo Arnhem

DISPERSÃO DOS PARAQUEDISTAS AMERICANOS NO DIA D

● = 1 equipe de 15 h / 18 h

- Zona de lançamento 82ª Divisão Aeroterrestre
- Zona de lançamento da 101ª Divisão Aerotransportada
- Posição de 4ª DI à noite
- Posição da 82ª DI à noite
- Posição da 101ª DI à noite
- Posição alemã de manhã
- Posição alemã à noite

	Na zona de lançamento	de 0,5 a 3 km	de 3 a 6 km	de 6 a 9 km	de 9 a 13 km	13 km ou mais
82ª Divisão Aeroterrestre	12%	59%	12%	8,8%	1,3%	6,9%
101ª Divisão Aerotransportada	14,8%	51,4%	16%	4,9%	4%	8,9%
Média	13,4%	55,2%	14%	6,8%	2,7%	7,9%

FONTES: *1•* Gaston Erlom, *Parachutistes soviétiques, 1930-1945*, H&C, 2017 – *2•* James M. Gavin, *Airborne warfare*, Battery Press, 1980 (1947) – *3•* Gordon Harrisson, *Cross-Channel attack*. S. John's Press, 2016 – *4•* Bruce Quarrie, *German airborne troops, 1939-1945*, Osprey, 1983 – *5•* Gordon Rottman, *World War II airborne warfare tactics*, Osprey, 2006 – *6•* Steven Zaloga, *US airborne divisions in the ETO*, Osprey, 2007.

AS FROTAS DE COMBATE

◈ Dimensões ⚫ Deslocamento sem carga ⏱ Velocidade (superfície / mergulho para os submarinos) 🌐 Autonomia em velocidade de cruzeiro (15 nós) 👤 Tripulação 🛡 Blindagem

Porta-aviões pesado classe Shōkaku 1939
(2)
↔ 257,5 m compr. / 29 m largura / calado 8,87 m   ⚫ 26.000 t
⏱ 34,2 nós   🌐 14.000 km   👤 1.660 h   🛡 70 a 165 mm
⚔ 18 caças + 27 bombardeiros + 27 torpedeiros / 16 peças de 127 / 42 peças de 25

Porta-aviões leve classe Independence 1942
(9)
↔ 189,7 m compr. / 32 m largura / calado 7,4 m   ⚫ 11.000 t
⏱ 31,6 nós   🌐 24.000 km   👤 1.569 h   🛡 127 mm
⚔ 24 caças + 9 torpedeiros / 2 × 4 de 40 / 8 × 2 de 40 / 22 de 20

Porta-aviões de escolta classe Ruler 1942
(25)
↔ 151 m compr. / 21,2 m largura / calado 7,8 m   ⚫ 15.390 t
⏱ 16,5 nós   🌐 48.700 km   👤 646 h   🛡 0
⚔ 12 caças + 12 torpedeiros / 2 de 127 / 8 × 2 de 40 / 14 × 2 de 20 / 7 de 20

Porta-aviões auxiliar classe Empire MAC Coll 1943
(MAC: Merchant Aircraft Carrier)
(19)
↔ 141 m compr. / 18,8 m largura / calado 8,4 m   ⚫ 9.100 t
⏱ 11 nós   🌐 ? km   👤 110 h   🛡 0
⚔ 4 torpedeiros / 1 de 100 / 8 de 20 / Carga nos porões

Porta-hidroaviões classe Cmt. Teste 1929
(1)
↔ 167 m compr. / 27 m largura / calado 6,93 m   ⚫ 10.000 t
⏱ 20,5 nós   🌐 11.112 km   👤 686 h   🛡 30 a 50 mm
⚔ 26 hidroaviões / 12 de 100 / 8 de 37 / 12 de 13,2

As frotas de combate da Segunda Guerra Mundial compõem-se de várias categorias de navios de combate ditos principais. Seus papéis são complementares, em função de seu armamento e de sua proteção, desde os pesados *capital ships*, couraçados de 20 mil toneladas ou mais, até os torpedeiros de cerca de mil toneladas, passando por uma grande variedade de tipos de cruzadores, destróieres e submarinos. Tecnicamente, o surgimento e aperfeiçoamento dos meios de detecção (Radar, Asdic...) constituem uma grande evolução nos anos da guerra, assim como o aumento da potência de porta-aviões de diversas categorias, desenvolvidos desde o período entreguerras.

O termo "*capital ship*" designa as construções mais valiosas das frotas e a princípio engloba os navios ditos de guerra, mas logo se estende aos porta-aviões que, especialmente na imensidão do teatro de operações do Pacífico, suplantam o couraçado enquanto navios essenciais de uma frota.

Nota: as tonelagens navais aqui indicadas são as usadas nos tratados internacionais, isto é, referem-se a navios que não transportam material bélico. Por exemplo, o couraçado francês Richelieu "desloca" 35 mil toneladas standard, mas "pesa" 48 mil toneladas com sua carga máxima.

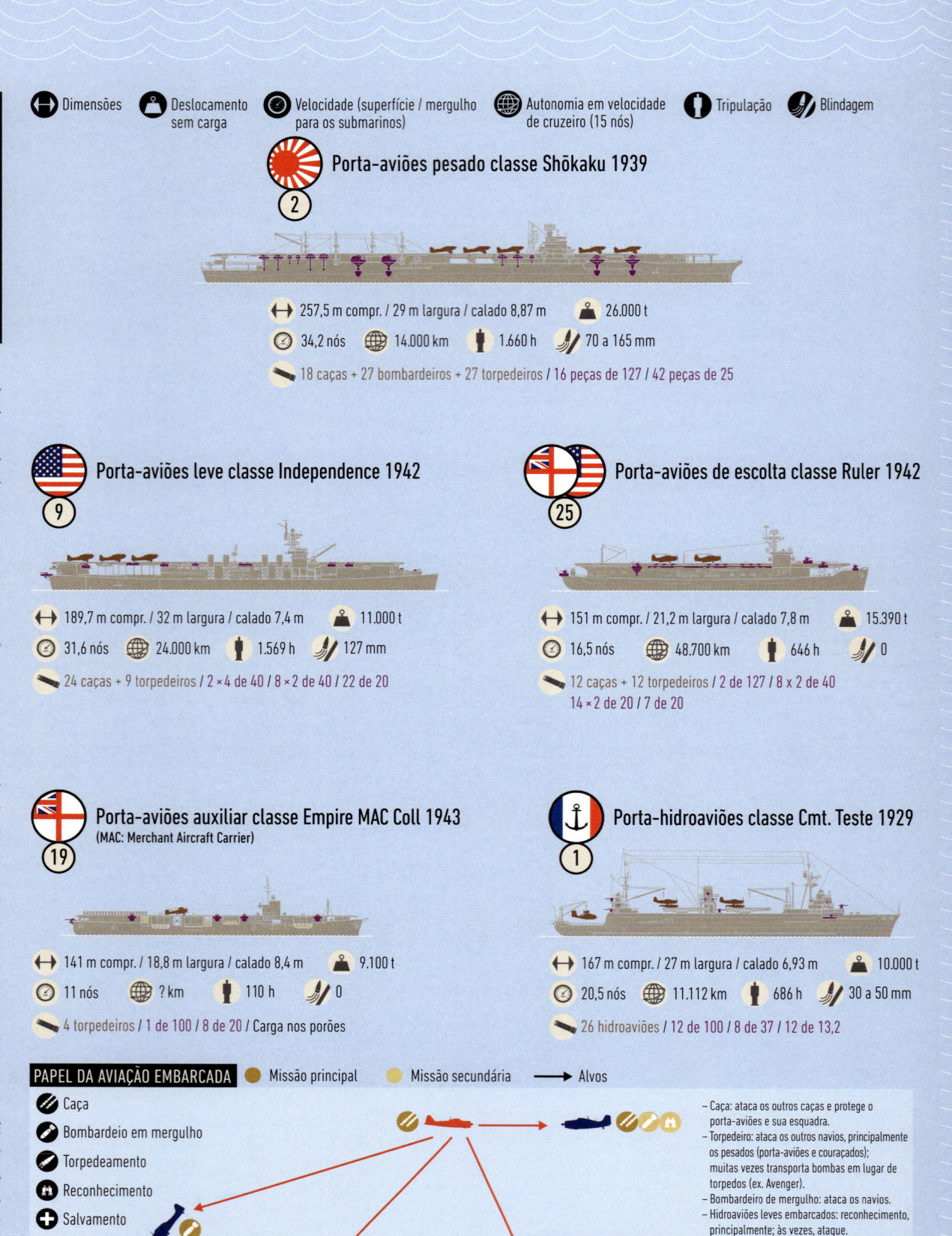

PAPEL DA AVIAÇÃO EMBARCADA
● Missão principal   ○ Missão secundária   → Alvos

- Caça
- Bombardeio em mergulho
- Torpedeamento
- Reconhecimento
- Salvamento

– Caça: ataca os outros caças e protege o porta-aviões e sua esquadra.
– Torpedeiro: ataca os outros navios, principalmente os pesados (porta-aviões e couraçados); muitas vezes transporta bombas em lugar de torpedos (ex. Avenger).
– Bombardeiro de mergulho: ataca os navios.
– Hidroaviões leves embarcados: reconhecimento, principalmente; às vezes, ataque.
– Hidroaviões pesados: operam a partir de uma base, mas podem apoiar-se em navios-tênder (seaplane tender US); exploração de longa distância, eventualmente ataque a submarinos ou a navios abastecedores, socorro das tripulações no mar.

1 • PORTA-AVIÕES, OS NOVOS REIS DOS MARES

Surgidos no fim da Primeira Guerra Mundial com a consciência do papel cada vez mais importante que a aviação militar deve assumir, os porta-aviões se mantêm por longo tempo armas experimentais de importância tática controversa. As potências econômicas Estados Unidos, Reino Unido e Japão foram as primeiras a avaliar seu potencial, estreitamente dependente do grupo aéreo embarcado e do desempenho dos aparelhos que o compõem: caças, bombardeiros que atacam de mergulho e bombardeiros-torpedeiros. Depois das demonstrações de Tarento (1940), Pearl Harbor (1941) ou Midway (1942), os porta-aviões se tornam os verdadeiros *capital ships*, navios essenciais das frotas. O conceito de porta-hidroaviões se revela, em contrapartida, um impasse. Os porta-aviões se subdividem em porta-aviões de combate, pesados (20 mil toneladas ou mais, 50-100 aviões embarcados), ou leves (cerca de 15 mil toneladas, 30-50 aviões), e em porta-aviões de escolta, menores e mais lentos (cerca de 10 mil toneladas, 15-30 aviões). O papel destes últimos é essencial, seja na escolta dos comboios marítimos, seja no apoio às operações anfíbias ou no ataque aos submarinos.

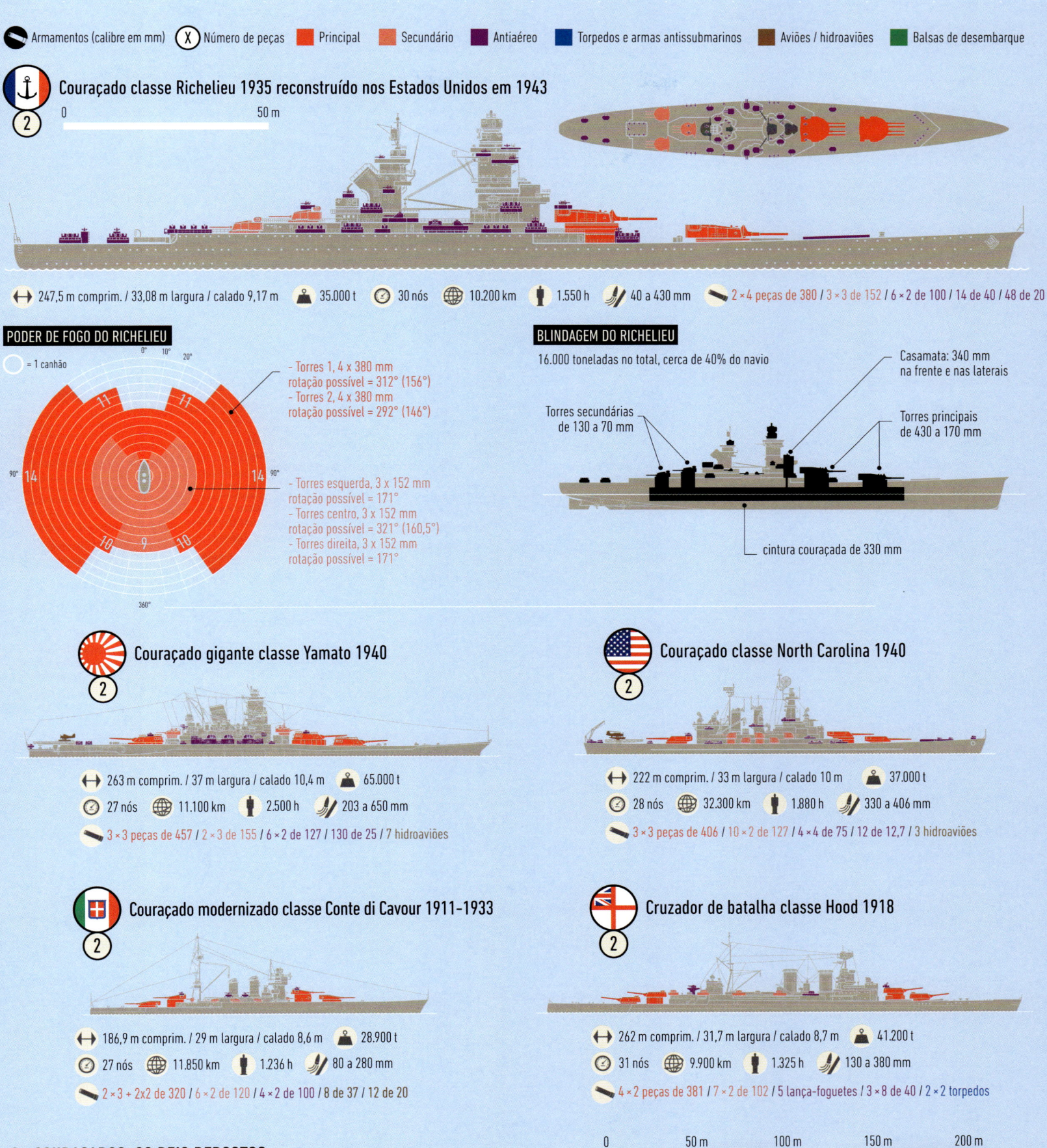

○ Armamentos (calibre em mm)   X Número de peças   ■ Principal   ■ Secundário   ■ Antiaéreo   ■ Torpedos e armas antissubmarinos   ■ Aviões / hidroaviões   ■ Balsas de desembarque

Couraçado classe Richelieu 1935 reconstruído nos Estados Unidos em 1943

0 — 50 m

247,5 m comprim. / 33,08 m largura / calado 9,17 m   35.000 t   30 nós   10.200 km   1.550 h   40 a 430 mm   2 × 4 peças de 380 / 3 × 3 de 152 / 6 × 2 de 100 / 14 de 40 / 48 de 20

PODER DE FOGO DO RICHELIEU

○ = 1 canhão

- Torres 1, 4 × 380 mm
rotação possível = 312° (156°)
- Torres 2, 4 × 380 mm
rotação possível = 292° (146°)

- Torres esquerda, 3 × 152 mm
rotação possível = 171°
- Torres centro, 3 × 152 mm
rotação possível = 321° (160,5°)
- Torres direita, 3 × 152 mm
rotação possível = 171°

BLINDAGEM DO RICHELIEU

16.000 toneladas no total, cerca de 40% do navio

Casamata: 340 mm na frente e nas laterais
Torres secundárias de 130 a 70 mm
Torres principais de 430 a 170 mm
cintura couraçada de 330 mm

Couraçado gigante classe Yamato 1940

263 m comprim. / 37 m largura / calado 10,4 m   65.000 t   27 nós   11.100 km   2.500 h   203 a 650 mm
3 × 3 peças de 457 / 2 × 3 de 155 / 6 × 2 de 127 / 130 de 25 / 7 hidroaviões

Couraçado classe North Carolina 1940

222 m comprim. / 33 m largura / calado 10 m   37.000 t   28 nós   32.300 km   1.880 h   330 a 406 mm
3 × 3 peças de 406 / 10 × 2 de 127 / 4 × 4 de 75 / 12 de 12,7 / 3 hidroaviões

Couraçado modernizado classe Conte di Cavour 1911-1933

186,7 m comprim. / 29 m largura / calado 8,6 m   28.900 t   27 nós   11.850 km   1.236 h   80 a 280 mm
2 × 3 + 2×2 de 320 / 6 × 2 de 120 / 4 × 2 de 100 / 8 de 37 / 12 de 20

Cruzador de batalha classe Hood 1918

262 m comprim. / 31,7 m largura / calado 8,7 m   41.200 t   31 nós   9.900 km   1.325 h   130 a 380 mm
4 × 2 peças de 381 / 7 × 2 de 102 / 5 lança-foguetes / 3 × 8 de 40 / 2 × 2 torpedos

0 — 50 m — 100 m — 150 m — 200 m

2 • COURAÇADOS, OS REIS DEPOSTOS

Os couraçados são as construções mais pesadas e mais potentes das frotas, cuja origem remonta aos primeiros *Ironclads* e outras fragatas couraçadas da segunda metade do século XIX, aperfeiçoadas no início do século XX com os primeiros "*dreadnoughts*" modernos. Fortemente blindados, armados de torres de artilharia com duas a quatro peças cada uma, as mais potentes possíveis (calibre classicamente de 280 milímetros a 381 milímetros, chegando até 460 milímetros), esses navios reinam nos mares até o aumento da potência dos porta-aviões, capazes de atacar alvos para além do horizonte. Eles são rebaixados, então, à classe de baterias de artilharias flutuantes vulneráveis. No início, distinguem-se dois grandes tipos: os couraçados (fortemente protegidos, mas lentos, menos de trinta nós) e os cruzadores de batalha (menos blindados, mas mais velozes). Em fins dos anos 1930 surge uma última geração, os "supercouraçados", rápidos, ainda mais pesados e mais protegidos. Apesar do aumento extraordinário de sua artilharia antiaérea embarcada, eles também são suplantados de forma inevitável pelos porta-aviões.

65

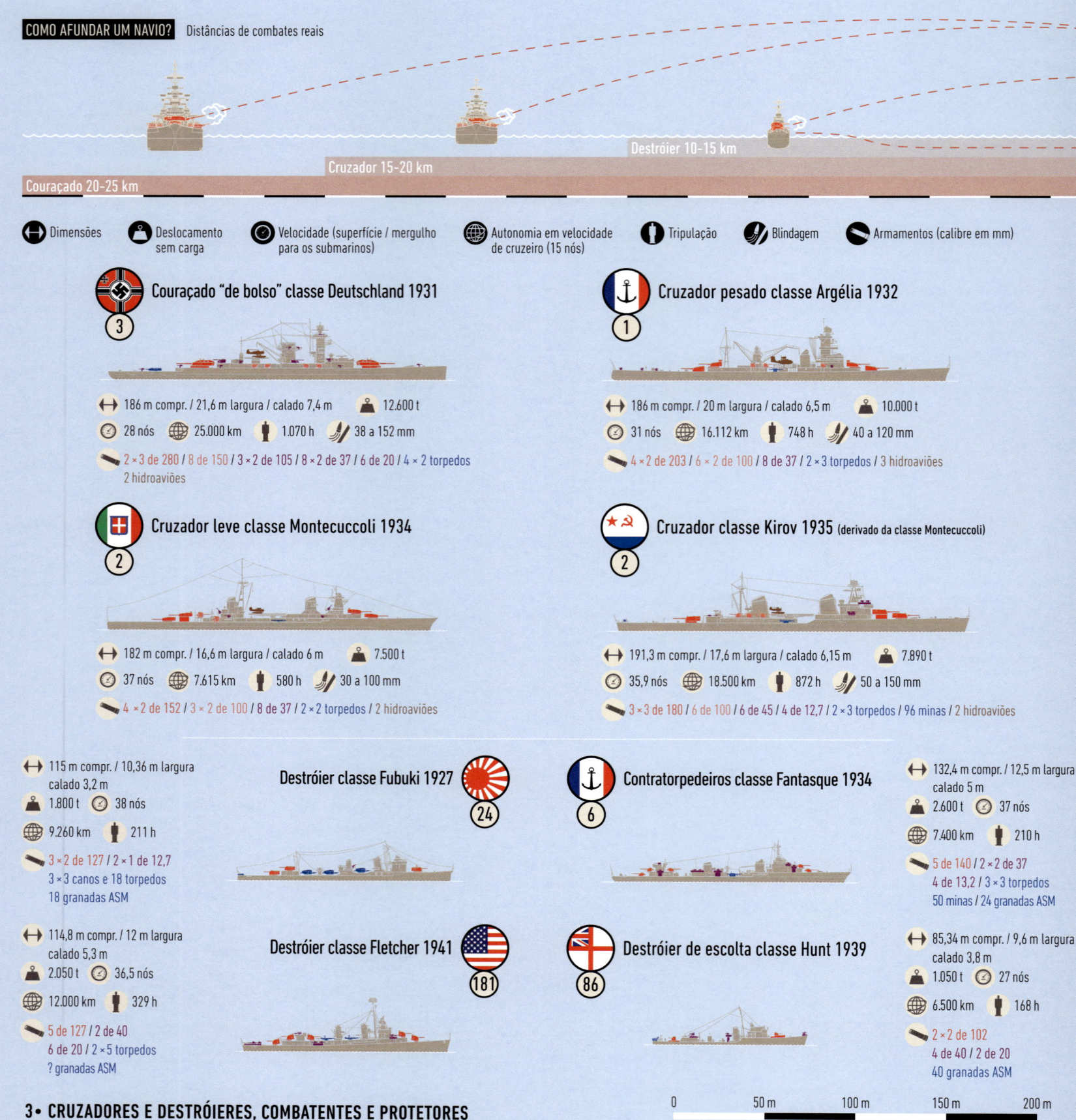

COMO AFUNDAR UM NAVIO? Distâncias de combates reais

Destróier 10-15 km
Cruzador 15-20 km
Couraçado 20-25 km

◆ Dimensões   ● Deslocamento sem carga   ◉ Velocidade (superfície / mergulho para os submarinos)   ● Autonomia em velocidade de cruzeiro (15 nós)   ● Tripulação   ● Blindagem   ● Armamentos (calibre em mm)

Couraçado "de bolso" classe Deutschland 1931 (3)

- 186 m compr. / 21,6 m largura / calado 7,4 m
- 12.600 t
- 28 nós
- 25.000 km
- 1.070 h
- 38 a 152 mm
- 2 × 3 de 280 / 8 de 150 / 3 × 2 de 105 / 8 × 2 de 37 / 6 de 20 / 4 × 2 torpedos
- 2 hidroaviões

Cruzador pesado classe Argélia 1932 (1)

- 186 m compr. / 20 m largura / calado 6,5 m
- 10.000 t
- 31 nós
- 16.112 km
- 748 h
- 40 a 120 mm
- 4 × 2 de 203 / 6 × 2 de 100 / 8 de 37 / 2 × 3 torpedos / 3 hidroaviões

Cruzador leve classe Montecuccoli 1934 (2)

- 182 m compr. / 16,6 m largura / calado 6 m
- 7.500 t
- 37 nós
- 7.615 km
- 580 h
- 30 a 100 mm
- 4 × 2 de 152 / 3 × 2 de 100 / 8 de 37 / 2 × 2 torpedos / 2 hidroaviões

Cruzador classe Kirov 1935 (derivado da classe Montecuccoli) (2)

- 191,3 m compr. / 17,6 m largura / calado 6,15 m
- 7.890 t
- 35,9 nós
- 18.500 km
- 872 h
- 50 a 150 mm
- 3 × 3 de 180 / 6 de 100 / 6 de 45 / 4 de 12,7 / 2 × 3 torpedos / 96 minas / 2 hidroaviões

Destróier classe Fubuki 1927 (24)

- 115 m compr. / 10,36 m largura / calado 3,2 m
- 1.800 t
- 38 nós
- 9.260 km
- 211 h
- 3 × 2 de 127 / 2 × 1 de 12,7
- 3 × 3 canos e 18 torpedos
- 18 granadas ASM

Contratorpedeiros classe Fantasque 1934 (6)

- 132,4 m compr. / 12,5 m largura / calado 5 m
- 2.600 t
- 37 nós
- 7.400 km
- 210 h
- 5 de 140 / 2 × 2 de 37
- 4 de 13,2 / 3 × 3 torpedos
- 50 minas / 24 granadas ASM

Destróier classe Fletcher 1941 (181)

- 114,8 m compr. / 12 m largura / calado 5,3 m
- 2.050 t
- 36,5 nós
- 12.000 km
- 329 h
- 5 de 127 / 2 de 40
- 6 de 20 / 2 × 5 torpedos
- ? granadas ASM

Destróier de escolta classe Hunt 1939 (86)

- 85,34 m compr. / 9,6 m largura / calado 3,8 m
- 1.050 t
- 27 nós
- 6.500 km
- 168 h
- 2 × 2 de 102
- 4 de 40 / 2 de 20
- 40 granadas ASM

0 50 m 100 m 150 m 200 m

3 • CRUZADORES E DESTRÓIERES, COMBATENTES E PROTETORES

Navios geralmente rápidos e muito resistentes, concebidos antes de tudo para incursões longínquas contra as comunicações inimigas, os cruzadores têm um papel crucial nas frotas de combate. Eles completam, acompanham e escoltam os *capital ships*.

De tipos muito diversos, os cruzadores se dividem globalmente, segundo as prescrições dos tratados navais do entreguerras, em cruzadores pesados (cerca de 10 mil toneladas) destinados ao combate, com suas peças de 155 a 203 milímetros, e cruzadores leves, às vezes especializados (antiaéreos, antissubmarinos, condutores de flotilhas...), menores e munidos de uma artilharia principal mais fraca (130 a 155 milímetros). Muitos são armados de torpedos e em geral de um ou dois hidroaviões de reconhecimento. Sua principal limitação é ter características "medianas": fracos demais para enfrentar diretamente os couraçados, eles são vulneráveis aos canhões pesados, aos torpedos dos navios leves e dos submarinos, e aos ataques aéreos.

Os destróieres e contratorpedeiros constituem os "soldados" das frotas de combate. De tamanho e potência muito variáveis, esses navios não blindados são em geral muito velozes. Seus papéis são múltiplos. Os maiores protegem os navios de guerra pesados atacando os do adversário, os mais leves caçam seus pares, perseguem os submarinos ou escoltam os comboios. Os calibres de sua artilharia mais difundidos variam entre 120 e 140 milímetros e costumam dispor de muitos lança-torpedos.

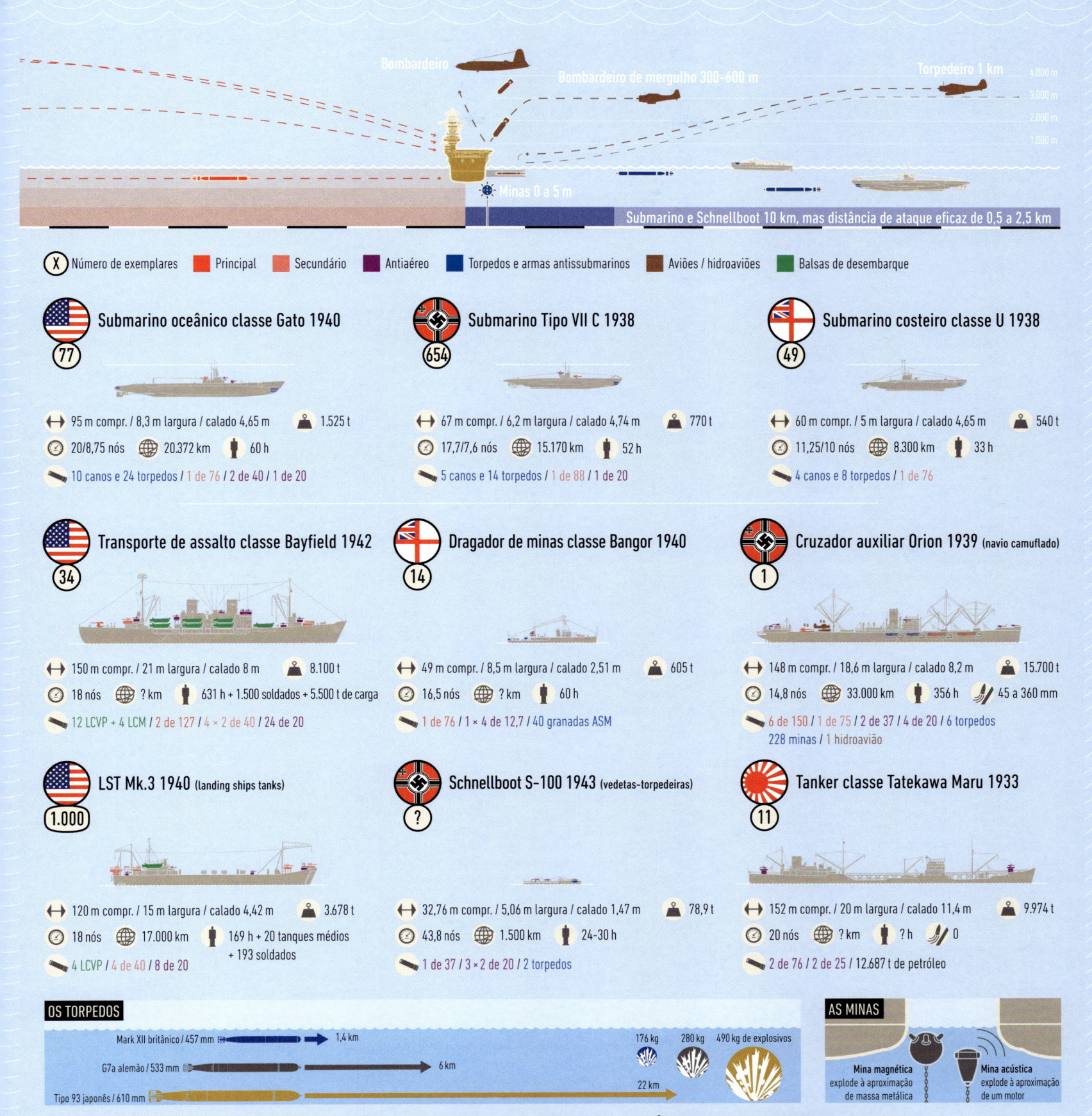

Bombardeiro
Bombardeiro de mergulho 300-600 m
Torpedeiro 1 km
4.000 m
3.000 m
2.000 m
1.000 m

Minas 0 a 5 m
Submarino e Schnellboot 10 km, mas distância de ataque eficaz de 0,5 a 2,5 km

X Número de exemplares | Principal | Secundário | Antiaéreo | Torpedos e armas antissubmarinos | Aviões / hidroaviões | Balsas de desembarque

Submarino oceânico classe Gato 1940
77
95 m compr. / 8,3 m largura / calado 4,65 m — 1.525 t
20/8,75 nós — 20.372 km — 60 h
10 canos e 24 torpedos / 1 de 76 / 2 de 40 / 1 de 20

Submarino Tipo VII C 1938
654
67 m compr. / 6,2 m largura / calado 4,74 m — 770 t
17,7/7,6 nós — 15.170 km — 52 h
5 canos e 14 torpedos / 1 de 88 / 1 de 20

Submarino costeiro classe U 1938
49
60 m compr. / 5 m largura / calado 4,65 m — 540 t
11,25/10 nós — 8.300 km — 33 h
4 canos e 8 torpedos / 1 de 76

Transporte de assalto classe Bayfield 1942
34
150 m compr. / 21 m largura / calado 8 m — 8.100 t
18 nós — ? km — 631 h + 1.500 soldados + 5.500 t de carga
12 LCVP + 4 LCM / 2 de 127 / 4 × 2 de 40 / 24 de 20

Dragador de minas classe Bangor 1940
14
49 m compr. / 8,5 m largura / calado 2,51 m — 605 t
16,5 nós — ? km — 60 h
1 de 76 / 1 × 4 de 12,7 / 40 granadas ASM

Cruzador auxiliar Orion 1939 (navio camuflado)
1
148 m compr. / 18,6 m largura / calado 8,2 m — 15.700 t
14,8 nós — 33.000 km — 356 h — 45 a 360 mm
6 de 150 / 1 de 75 / 2 de 37 / 4 de 20 / 6 torpedos
228 minas / 1 hidroavião

LST Mk.3 1940 (landing ships tanks)
1.000
120 m compr. / 15 m largura / calado 4,42 m — 3.678 t
18 nós — 17.000 km — 169 h + 20 tanques médios + 193 soldados
4 LCVP / 4 de 40 / 8 de 20

Schnellboot S-100 1943 (vedetas-torpedeiras)
?
32,76 m compr. / 5,06 m largura / calado 1,47 m — 78,9 t
43,8 nós — 1.500 km — 24-30 h
1 de 37 / 3 × 2 de 20 / 2 torpedos

Tanker classe Tatekawa Maru 1933
11
152 m compr. / 20 m largura / calado 11,4 m — 9.974 t
20 nós — ? km — ? h — 0
2 de 76 / 2 de 25 / 12.687 t de petróleo

OS TORPEDOS
Mark XII britânico / 457 mm — 1,4 km — 176 kg
G7a alemão / 533 mm — 6 km — 280 kg
Tipo 93 japonês / 610 mm — 22 km — 490 kg de explosivos

AS MINAS
Mina magnética — explode à aproximação de massa metálica
Mina acústica — explode à aproximação de um motor

4 • SUBMARINOS, AUXILIARES, ANFÍBIOS, MIRÍADES DE ENGENHOS NAVAIS: O INDISPENSÁVEL COMPLEMENTO DAS FROTAS

As frotas de combate no sentido tradicional necessitam de uma miríade de navios auxiliares de diversas categorias para poderem operar. Como as grandes construções de superfície, os submarinos são considerados navios de combate principais, mas em geral realizam missões distintas, a começar por atacar linhas de comunicação inimigas ou a defesa costeira. Existem várias categorias: costeiros, oceânicos, de longa distância. Alguns países (França, Japão) desenvolvem de modo paralelo "cruzadores submarinos", navios submersíveis fortemente armados e capazes de lançar um ou vários hidroaviões, mas cujo desempenho deixa a desejar.

Não seria possível detalhar aqui todos os outros tipos de navios em operação. Eles não se integram de forma direta às esquadras de combate. Sua natureza, dimensão, papel e armamentos são muito diversos, assim como suas missões: proteção das bases e das costas, ataque rápido (torpedeiros leves, vedetas lança-torpedos...), encaminhamento das tropas, do material, abastecimento no mar (cargueiros, navios de transporte, petroleiros), socorro aos feridos (navios-hospital), consertos no mar (navios-oficina, *docks* flutuantes), desembarque de anfíbios (transportes de assalto, navios e lanchões de desembarque de homens, de tanques, de veículos), eliminação ou colocação de minas (dragadores ou semeadores de minas), escolta dos comboios (destróieres de escolta, saveiros, corvetas, fragatas...).

5 • O EQUILÍBRIO DAS FORÇAS EM 1939

Às vésperas da Segunda Guerra Mundial, os equilíbrios navais mundiais continuam em grande parte sendo os resultantes dos tratados de desarmamento e de limitações navais assinados durante o período entreguerras (Tratado Naval de Washington, em 1922; Tratado Naval de Londres, em 1930; e o Segundo Tratado Naval de Londres, em 1936), muito favoráveis aos anglo-saxões, em detrimento do Japão, e impondo uma paridade na Europa entre a frota francesa e a italiana, apesar de uma retomada maciça das construções navais a partir de 1936-1937. Em virtude dos prazos de construção, a retomada da corrida aos armamentos navais só atingirá o pleno rendimento no curso da guerra.

Já quase na década de 1940, não são muitas as frotas de combate que podem aspirar a um papel que vá além do âmbito meramente regional. A Royal Navy – reforçada regionalmente com elementos da Commonwealth – e a US Navy, privilegiadas pelos tratados, são, ainda que em processo de envelhecimento, de longe as mais poderosas e as únicas capazes de espalhar esquadras em vários oceanos. Em seguida vem a frota japonesa, que é a terceira colocada e dispõe da melhor esquadra de porta-aviões do mundo (a Kido Butai), potencialmente capaz de impor seu domínio no Pacífico. Na Europa, as "irmãs inimigas" latinas, França e Itália, ocupam as posições seguintes, disputando entre si o predomí-

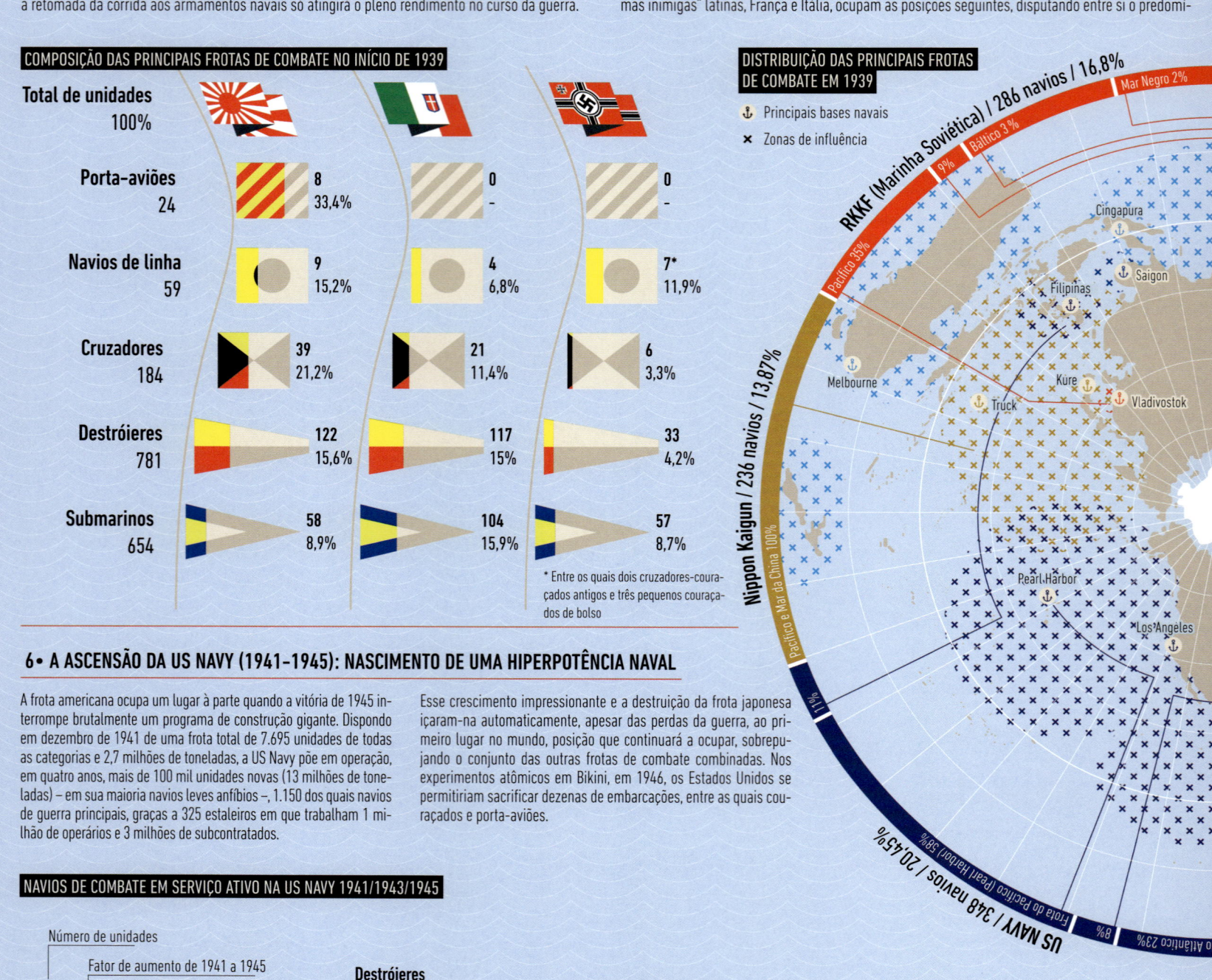

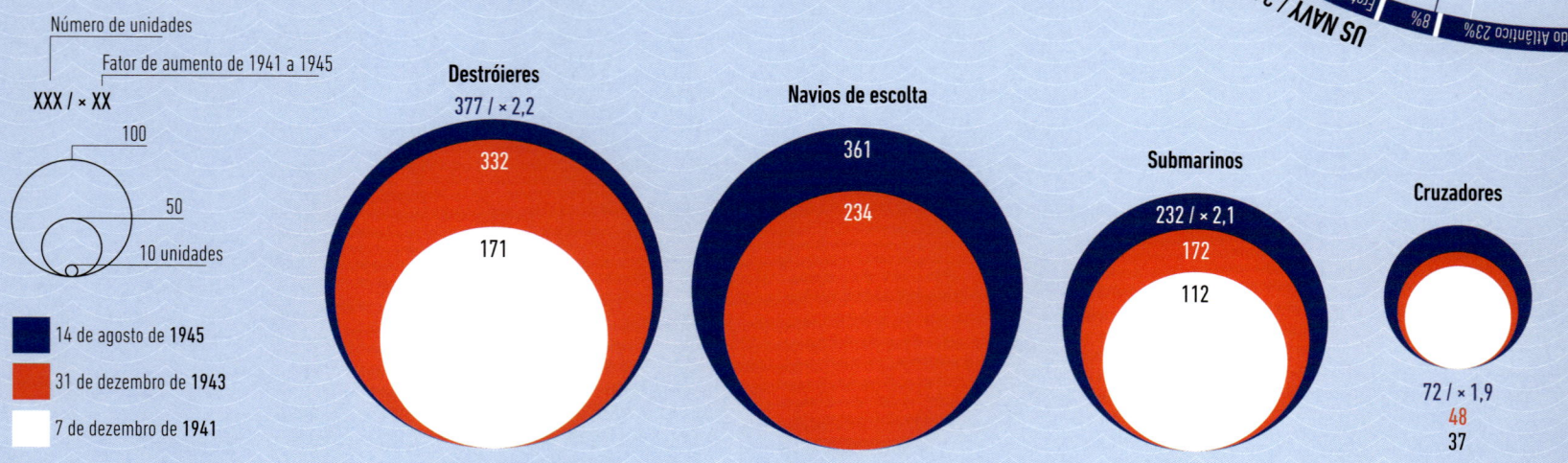

COMPOSIÇÃO DAS PRINCIPAIS FROTAS DE COMBATE NO INÍCIO DE 1939

	Japão	Itália	Alemanha
Total de unidades 100%			
Porta-aviões 24	8 / 33,4%	0 / -	0 / -
Navios de linha 59	9 / 15,2%	4 / 6,8%	7* / 11,9%
Cruzadores 184	39 / 21,2%	21 / 11,4%	6 / 3,3%
Destróieres 781	122 / 15,6%	117 / 15%	33 / 4,2%
Submarinos 654	58 / 8,9%	104 / 15,9%	57 / 8,7%

* Entre os quais dois cruzadores-couraçados antigos e três pequenos couraçados de bolso

DISTRIBUIÇÃO DAS PRINCIPAIS FROTAS DE COMBATE EM 1939

⚓ Principais bases navais
✕ Zonas de influência

RKKF (Marinha Soviética) / 286 navios / 16,8%
- Mar Negro 2%
- Báltico 3%
- Pacífico 3,5%
- 9%

Nippon Kaigun / 236 navios / 13,87%
- Pacífico e Mar da China 100%

US NAVY / 348 navios / 20,45%
- Frota do Pacífico (Pearl Harbor) 58%
- do Atlântico 23%
- 8%
- 11%

6 • A ASCENSÃO DA US NAVY (1941-1945): NASCIMENTO DE UMA HIPERPOTÊNCIA NAVAL

A frota americana ocupa um lugar à parte quando a vitória de 1945 interrompe brutalmente um programa de construção gigante. Dispondo em dezembro de 1941 de uma frota total de 7.695 unidades de todas as categorias e 2,7 milhões de toneladas, a US Navy põe em operação, em quatro anos, mais de 100 mil unidades novas (13 milhões de toneladas) – em sua maioria navios leves anfíbios –, 1.150 dos quais navios de guerra principais, graças a 325 estaleiros em que trabalham 1 milhão de operários e 3 milhões de subcontratados.

Esse crescimento impressionante e a destruição da frota japonesa içaram-na automaticamente, apesar das perdas da guerra, ao primeiro lugar no mundo, posição que continuará a ocupar, sobrepujando o conjunto das outras frotas de combate combinadas. Nos experimentos atômicos em Bikini, em 1946, os Estados Unidos se permitiriam sacrificar dezenas de embarcações, entre as quais couraçados e porta-aviões.

NAVIOS DE COMBATE EM SERVIÇO ATIVO NA US NAVY 1941/1943/1945

Número de unidades
Fator de aumento de 1941 a 1945
XXX / × XX

- 100
- 50
- 10 unidades

■ 14 de agosto de 1945
■ 31 de dezembro de 1943
□ 7 de dezembro de 1941

Destróieres 377 / × 2,2
- 332
- 171

Navios de escolta
- 361
- 234

Submarinos 232 / × 2,1
- 172
- 112

Cruzadores 72 / × 1,9
- 48
- 37

nio mediterrâneo, dada a necessidade, no caso da primeira, de proteger seu vasto império colonial das Antilhas à Indochina, passando pela África Ocidental. A Kriegsmarine alemã, muito atrasada em razão do Tratado de Versalhes, mas bastante reforçada e modernizada na década de 1930, representa um azarão incapaz de se opor frontalmente à Royal Navy, mas lançando a sombra de uma ameaça constante (U-boats, *raiders* camuflados, produção pontual de construções navais pesadas) e capaz de operações combinadas notáveis (Noruega). Por fim, a frota soviética, envelhecida e dispersa (Báltico, Mar Negro, Ártico, Pacífico), representa, apesar do grande número de submarinos, uma força bastante secundária, capaz apenas de um mero papel regional.

Em 1945, as frotas do Eixo foram quase totalmente neutralizadas ou destruídas. A frota francesa, prensada entre os dois campos desde 1940, ficou bastante reduzida depois do ataque de Mers el-Kébir e em especial da sabotagem de Toulon (novembro de 1942). A Royal Navy continua sendo uma frota poderosa, mas agora superada no todo pela US Navy.

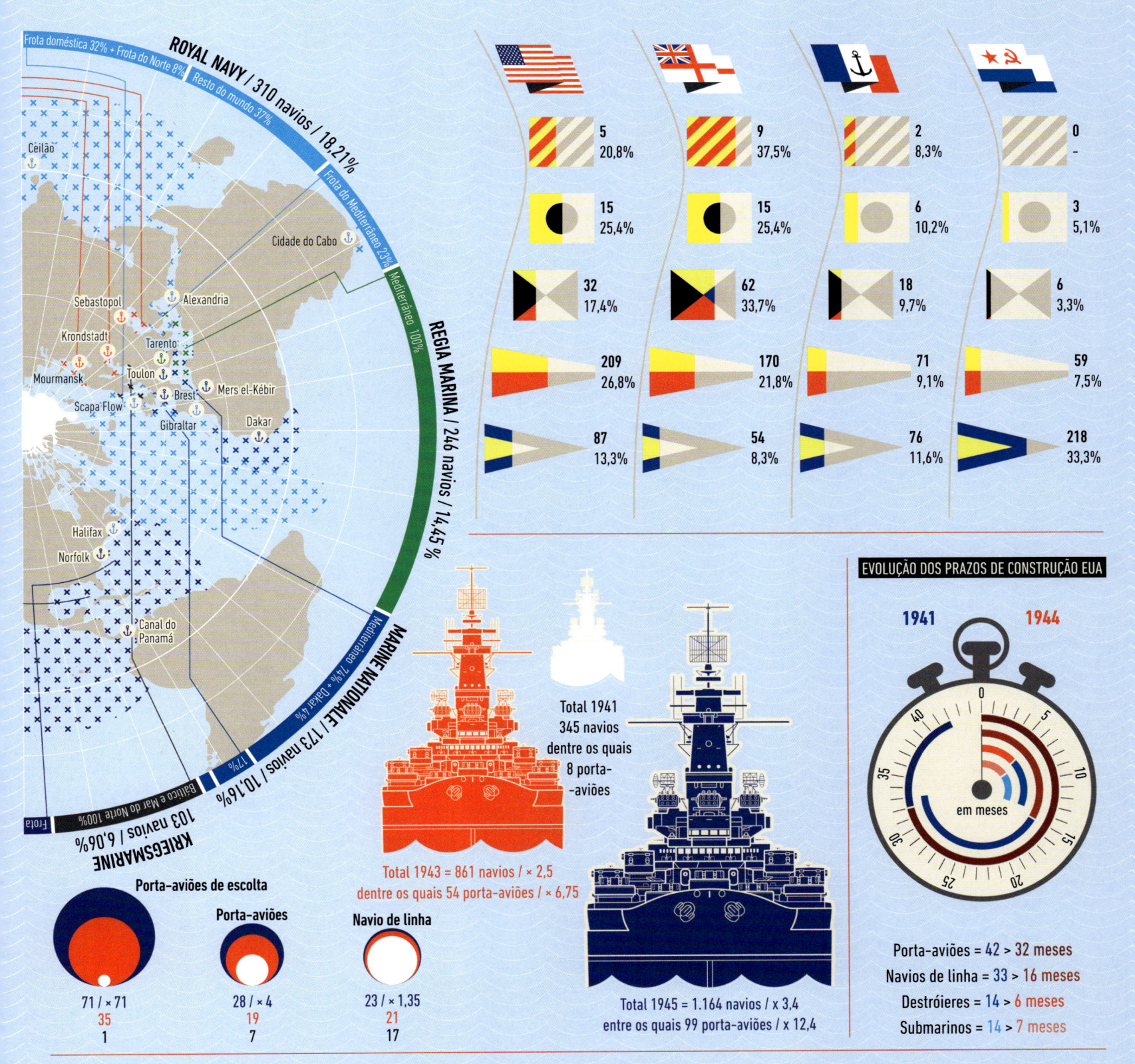

FONTES: *1•* Admiral Ernest J. King, *Official reports, US Navy at war, 1941-1945*, Administration of the Navy Department, Washington, 1959 – *2•* Antony Preston, *Navires et combats*, PML, 1994 – *3•* Marc Benoist, *Les marines étrangères*, ed. J. de Gigord, 1938 – *4•* Japanese naval and merchant shipping losses during World War II by all causes, The Joint Army-Navy Assessment Committee (Janac) 1947 – *5•* US Navy active ship force levels, Naval History and Heritage Command, US Navy – *6•* Dados dos sites naval-history.net e combinedfleet.com – *7•* http://www.shipbucket.com.

O QUE É UM GRUPO AERONAVAL EM 1942?

Considerado como um simples auxiliar das frotas couraçadas até o fim dos anos 1930, o porta-aviões ganha a dianteira na noite de 11 para 12 de novembro de 1940, quando um raid aéreo da Royal Navy contra o porto de Tarento consegue afundar três couraçados italianos. As águas pouco extensas da Europa não se prestam, porém, às grandes operações aeronavais. O mesmo não acontece no Pacífico, onde o Japão dispõe em 1941 da Kido Butai ("força de ataque"), composta de seis grandes porta-aviões equipados com os melhores aviões embarcados e operando em grupo. Diferentemente dos americanos ou dos britânicos, essa força única é capaz de lançar mais de trezentos aviões em raids maciços, como os americanos haveriam de descobrir em 7 de dezembro de 1941 em Pearl Harbor. O ataque surpresa, inspirado no episódio de Tarento, presta, porém, um serviço imprevisto ao inimigo: neutralizando os velhos couraçados, mas deixando intactos os porta-aviões americanos, que não estavam lá, os japoneses resolvem de uma vez por todas o debate sempre em curso na US Navy entre os partidários do canhão e os do avião.

O "teto chato", na falta de concorrente, torna-se o coração das esquadras chamadas de Task Forces (forças *ad hoc*), que haveriam de tornar-se a unidade de combate base no Pacífico. Prudentes, os americanos se abstêm de enfrentar a grande esquadra japonesa. Mas em 1942 os japoneses cometem o erro de fracioná-la. Dois porta-aviões enviados ao Mar de Coral lá são neutralizados (4-8 de maio de 1942), amputando da Kido Butai um terço de suas forças. Ela se apresenta, pois, em Midway (4-7 de junho de 1942) com quatro porta-aviões contra três dos adversários (mais os aviões baseados no próprio atol). Para não expor alvos concentrados, a US Navy distribui seus "tetos chatos" em duas Task Forces. Seus raids, mal combinados, carecem de eficácia, mas conseguem surpreender a Kido Butai, que avança em conjunto a fim de coordenar melhor seus ataques aéreos. Três porta-aviões japoneses são afundados em alguns minutos (e o quarto mais tarde).

Esse golpe fatal incita os japoneses a recompor seus grupos aeronavais, e os americanos, que se beneficiam em 1943 de um afluxo maciço de novos navios, combinam Task Forces gigantes (nove grandes porta-aviões e oito leves para a TF-38 no verão de 1944), divididas em Task Groups.

• O CONTROLE DO ESPAÇO

Em 1942, o grande trunfo da Kido Butai está no raio de ação de seus aviões, que lhes dá um alcance muito superior ao do adversário, ao preço, porém, de ficarem menos protegidos. Os americanos teoricamente se expõem aos ataques inimigos antes de terem condições de revidar e de escoltar com eficácia seus raids por falta de autonomia de caça. Mas essa desvantagem é compensada pelo radar, que permite aos hidroaviões detectar os ataques e organizar a defesa. Ainda em estado de protótipo em 1942, o radar japonês, muito inferior em qualidade e alcance, só equipa os porta-aviões a partir do segundo trimestre de 1943, quando a Marinha Imperial Japonesa já está derrotada.

ZONA CONTROLADA PELOS RADARES E PELA AVIAÇÃO

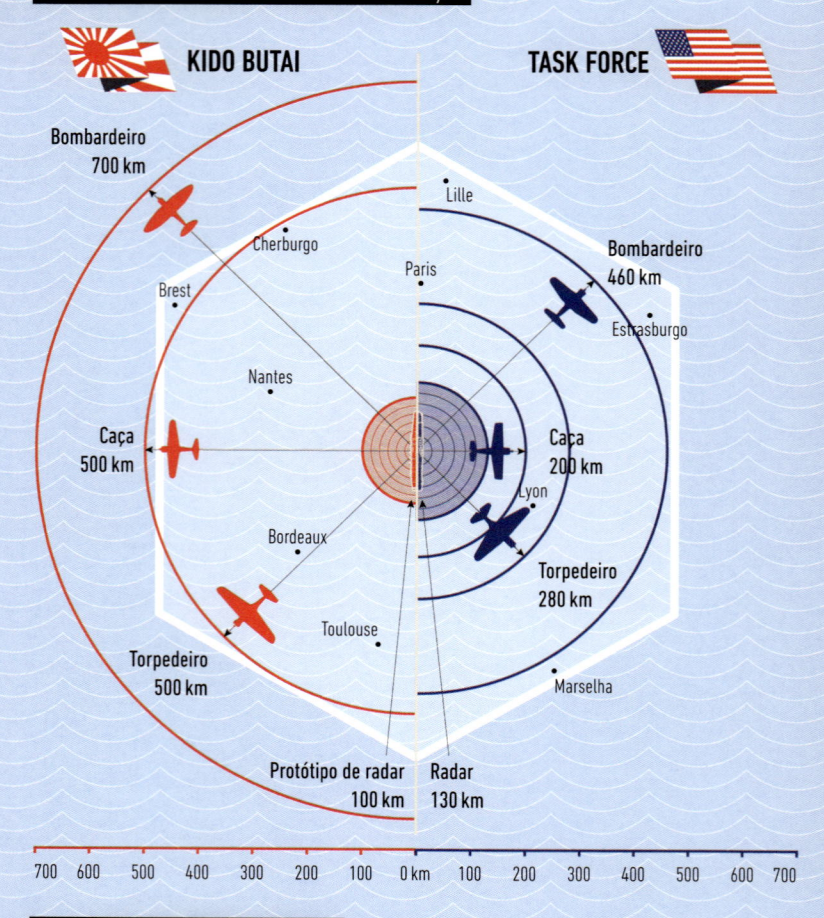

KIDO BUTAI
- Bombardeiro 700 km
- Caça 500 km
- Torpedeiro 500 km
- Protótipo de radar 100 km

TASK FORCE
- Bombardeiro 460 km
- Caça 200 km
- Torpedeiro 280 km
- Radar 130 km

Cidades: Lille, Cherburgo, Brest, Paris, Estrasburgo, Nantes, Lyon, Bordeaux, Toulouse, Marselha

ZONA CONTROLADA PELA ARTILHARIA

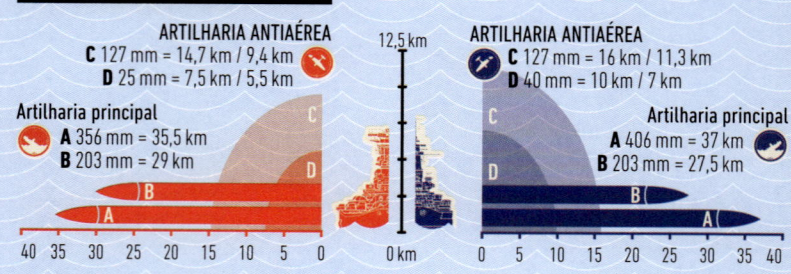

ARTILHARIA ANTIAÉREA (Kido Butai)
- C 127 mm = 14,7 km / 9,4 km
- D 25 mm = 7,5 km / 5,5 km

Artilharia principal (Kido Butai)
- A 356 mm = 35,5 km
- B 203 mm = 29 km

ARTILHARIA ANTIAÉREA (Task Force)
- C 127 mm = 16 km / 11,3 km
- D 40 mm = 10 km / 7 km

Artilharia principal (Task Force)
- A 406 mm = 37 km
- B 203 mm = 27,5 km

Altura: 12,5 km

• PORTA-AVIÕES *AKAGI*

Concebido em 1920 como um cruzador de batalha, o *Akagi* é convertido em porta-aviões e posto em serviço em 25 de março de 1927. Ele padece dos três grandes defeitos dos "tetos chatos" japoneses: grupo aéreo insuficiente, ausência de radares e um espaço fechado, mal ventilado, que facilita a perigosa acumulação de gases carburantes. Uma única bomba lançada na junção de duas barreiras antifogo ou sobre um grupo de aviões prontos para o combate provoca o incêndio que lhes seria fatal em Midway, em 5 de junho de 1942.

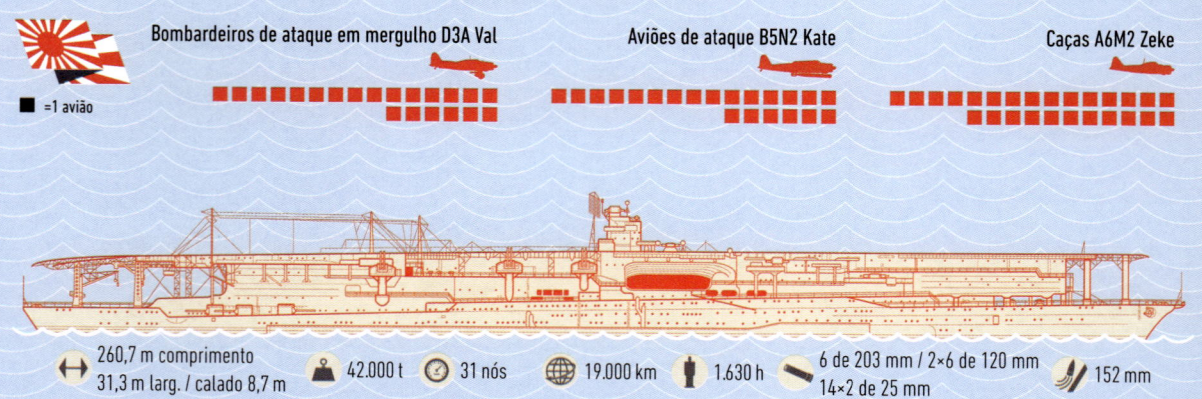

Bombardeiros de ataque em mergulho D3A Val · Aviões de ataque B5N2 Kate · Caças A6M2 Zeke (■ =1 avião)

- 260,7 m comprimento
- 31,3 m larg. / calado 8,7 m
- 42.000 t
- 31 nós
- 19.000 km
- 1.630 h
- 6 de 203 mm / 2×6 de 120 mm / 14×2 de 25 mm
- 152 mm

FONTES: 1• Jonathan Parshall & Anthony Tully, *Shattered sword: The untold story of the Battle of Midway*, Potomac Books, 2005 – 2• David Evans, Mark Peattie, *Kaigun. Strategy, tactics and technology in the*

FORMAÇÃO TÁTICA   ▬▶ Porta-aviões   ● Couraçado   ● Cruzador   ● Destróier   ⬭ Petroleiro

Kido Butai
Almirante Nagumo

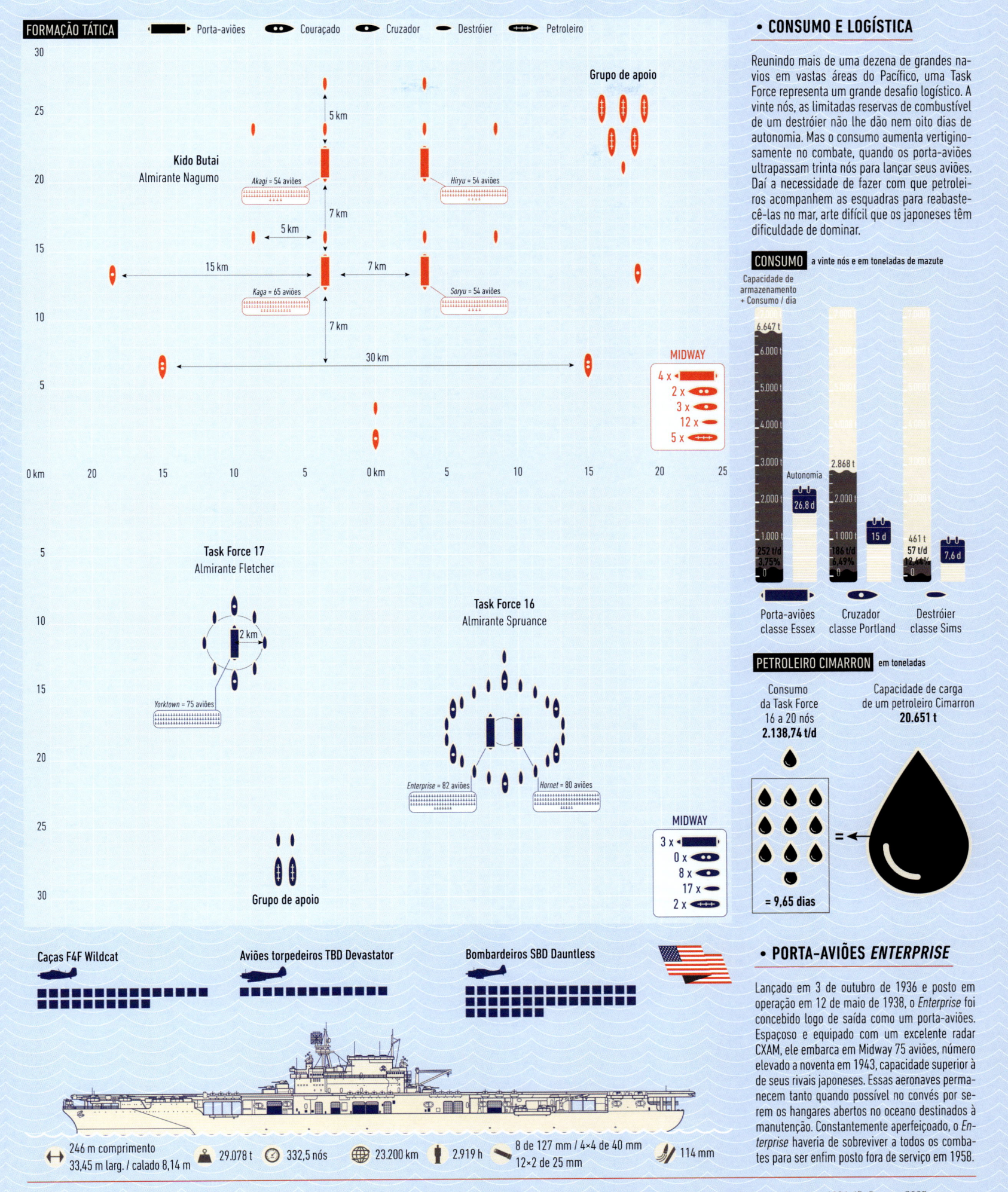

- Akagi = 54 aviões
- Hiryu = 54 aviões
- Kaga = 65 aviões
- Soryu = 54 aviões

5 km · 7 km · 5 km · 7 km · 15 km · 7 km · 30 km

Grupo de apoio

MIDWAY
- 4 × (porta-aviões)
- 2 × (couraçado)
- 3 × (cruzador)
- 12 × (destróier)
- 5 × (petroleiro)

Task Force 17
Almirante Fletcher
- 2 km
- Yorktown = 75 aviões

Task Force 16
Almirante Spruance
- Enterprise = 82 aviões
- Hornet = 80 aviões

Grupo de apoio

MIDWAY
- 3 × (porta-aviões)
- 0 × (couraçado)
- 8 × (cruzador)
- 17 × (destróier)
- 2 × (petroleiro)

Caças F4F Wildcat

Aviões torpedeiros TBD Devastator

Bombardeiros SBD Dauntless

246 m comprimento
33,45 m larg. / calado 8,14 m
29.078 t | 332,5 nós | 23.200 km | 2.919 h | 8 de 127 mm / 4×4 de 40 mm / 12×2 de 25 mm | 114 mm

Imperial Japanese Navy 1887-1941, Naval Institute Press, 1997 – 3• Mark Stille, *US Navy aircraft carriers 1925-45: Prewar classes*; Mark Stille, *Imperial Japanese Navy aircraft carriers 1921-45*, Osprey, 2005.

• CONSUMO E LOGÍSTICA

Reunindo mais de uma dezena de grandes navios em vastas áreas do Pacífico, uma Task Force representa um grande desafio logístico. A vinte nós, as limitadas reservas de combustível de um destróier não lhe dão nem oito dias de autonomia. Mas o consumo aumenta vertiginosamente no combate, quando os porta-aviões ultrapassam trinta nós para lançar seus aviões. Daí a necessidade de fazer com que petroleiros acompanhem as esquadras para reabastecê-las no mar, arte difícil que os japoneses têm dificuldade de dominar.

CONSUMO a vinte nós e em toneladas de mazute

Capacidade de armazenamento + Consumo / dia

	Porta-aviões classe Essex	Cruzador classe Portland	Destróier classe Sims
Capacidade	6.647 t	2.868 t	461 t
Autonomia	26,8 d	15 d	7,6 d
Consumo/dia	252 t/d (3,75%)	186 t/d (6,49%)	57 t/d (12,44%)

PETROLEIRO CIMARRON em toneladas

Consumo da Task Force 16 a 20 nós
2.138,74 t/d

Capacidade de carga de um petroleiro Cimarron
20.651 t

= 9,65 dias

• PORTA-AVIÕES *ENTERPRISE*

Lançado em 3 de outubro de 1936 e posto em operação em 12 de maio de 1938, o *Enterprise* foi concebido logo de saída como um porta-aviões. Espaçoso e equipado com um excelente radar CXAM, ele embarca em Midway 75 aviões, número elevado a noventa em 1943, capacidade superior à de seus rivais japoneses. Essas aeronaves permanecem tanto quanto possível no convés por serem os hangares abertos no oceano destinados à manutenção. Constantemente aperfeiçoado, o *Enterprise* haveria de sobreviver a todos os combates para ser enfim posto fora de serviço em 1958.

Divisões SS (margem esquerda)

- 12. Hitlerjugend 1943-45
- 13. Handschar 1943-45
- 14. Galizien 1943-45
- 15. Lettische Nr. 1 1943-45
- 16. Reichsführer-SS 1943-45
- 17. Götz von Berlichingen 1943-45
- 18. Horst Wessel 1943-45
- 19. Lettische Nº 2 1944-45
- 20. Estnische Nº 1 1944-45
- 21. Skanderbeg 1944-44
- 11. Nordland 1943-45
- 10. Frundsberg 1943-45
- 9. Hohenstaufen 1943-45
- 8. Florian Geyer 1942-45
- 7. Prinz Eugen 1942-45
- 6. Nord 1941-45
- 5. Wiking 1940-45
- 4. Polizei 1939-45
- 3. Totenkopf 1939-45
- 2. Das Reich 1939-45
- 1. Leibstandarte Adolf Hitler 1939-45

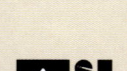

A SS, O ESTADO DENTRO DO ESTADO

SS, iniciais que simbolizam horror, mas também fantasmas. É verdade que esse objeto tentacular, instrumento da loucura de Himmler, que se tornou um Estado dentro do Estado, não se deixa abordar facilmente. Não obstante, em 9 de novembro de 1925, ao criar a Schutzstaffel ("Esquadrão de proteção"), Hitler imaginava "uma escolta modesta [oito rapagões] mas composta de homens prontos a servir incondicionalmente, dispostos a marchar mesmo contra os próprios irmãos" nas Seções de Assalto (S.A.). Quatro anos depois Himmler assume seu comando. Ela conta então com apenas 280 braços fortes, bem longe dos 60 mil S.A. previstas. Enquanto Hitler a imagina como uma "tropa de elite do Partido", Himmler quer transformá-la na "elite da Nação", a "vacina capaz de regenerar a raça alemã". Himmler não se limita a aderir ao nazismo. Ele o aprofunda. É assim que essa estrutura paramilitar – "a ordem negra tem por vocação transformar todos os seus membros em soldados", insiste seu chefe – expande seu campo de ação para fazer da SS "uma ordem que engendrará uma raça indispensável à vida eterna do povo alemão".

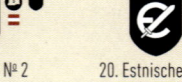

Himmler imagina a SS como uma ordem militar, vanguarda de uma comunidade de raça pura, bem-dotada moral e fisicamente. Ele se esforça – sem grande sucesso – para substituir o cristianismo

1 • OS TENTÁCULOS DA SS

Símbolos:
- → Comando
- Propaganda: a SS publica um semanário e instrumentaliza as elites convidadas para a SS honorária (Ehrenführer).
- Militar: as SS-VT são "tropas à disposição" oriundas de comandos políticos.
- Polícia
- Inteligência/polícia: a SS incorpora todas as instituições de manutenção da ordem.
- Mística: Wewelsburg é um castelo medieval, sede da ordem da SS.
- Educação
- Serviço jurídico: escreve e aplica as leis da SS.
- Concentração/extermínio: as SS-TV guardam as prisões e os campos e colaboram com a segurança dos territórios ocupados. O Kommandostab coordena os grupos de extermínio na URSS.
- Economia: departamento de Finanças e de Administração econômica, encarregado das transações comerciais e da gestão da mão de obra servil.
- Construção de um mundo novo: dois serviços (RuSHA e RKF) partilham o planejamento e a colonização. Além disso, o RKF faz pesquisas para controlar a pureza racial.
- Ideologia/construção de um homem novo: a SS abre centros de parto ariano e acolhe os órfãos "puros" (fundação Lebensborn), abre escolas (AH Schulen) e centros de formação superior (Ordensschulen).

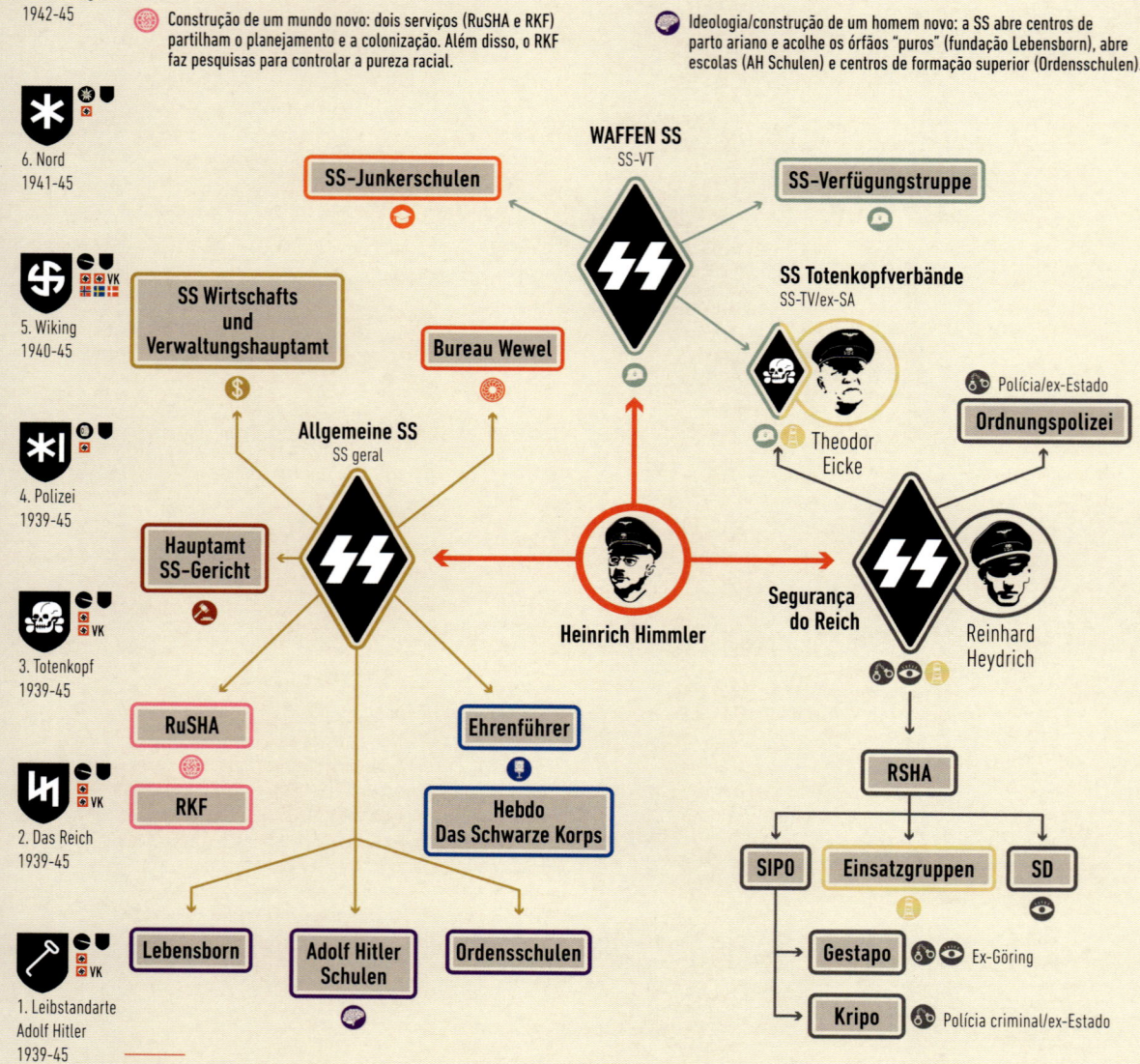

Organograma

- **WAFFEN SS** (SS-VT)
  - SS-Junkerschulen
  - SS-Verfügungstruppe
  - SS Totenkopfverbände (SS-TV/ex-SA) — Theodor Eicke
- **Allgemeine SS** (SS geral)
  - SS Wirtschafts und Verwaltungshauptamt
  - Bureau Wewel
  - Hauptamt SS-Gericht
  - RuSHA
  - RKF
  - Ehrenführer
  - Hebdo Das Schwarze Korps
  - Lebensborn
  - Adolf Hitler Schulen
  - Ordensschulen
- **Heinrich Himmler** (centro)
- **Segurança do Reich** — Reinhard Heydrich
  - Ordnungspolizei (Polícia/ex-Estado)
  - RSHA
    - SIPO
    - Einsatzgruppen
    - SD
    - Gestapo (Ex-Göring)
    - Kripo (Polícia criminal/ex-Estado)

2 • WAFFEN SS, UM EXÉRCITO DENTRO DO EXÉRCITO

O fascínio pela Waffen SS exagera sua influência. Embora as divisões "históricas" sejam permanentes, elas não chegam a pesar 10% da Panzerwaffe e 2% da Wehrmacht. O limiar de 10% só seria atingido em 1944, ao custo de uma considerável perda de qualidade. A Waffen SS carece de homens, o que é agravado por uma administração pletórica. A seleção severa é flexibilizada já em 1940. Para ultrapassar a marca dos 100 mil homens, ela se abre aos alemães étnicos (saídos das minorias alemãs de fora do Reich), depois aos "Germanen", estrangeiros de sangue nórdico. Em meados de 1942, o alistamento, até então maquiado,

COMBATENTES / NÃO COMBATENTES

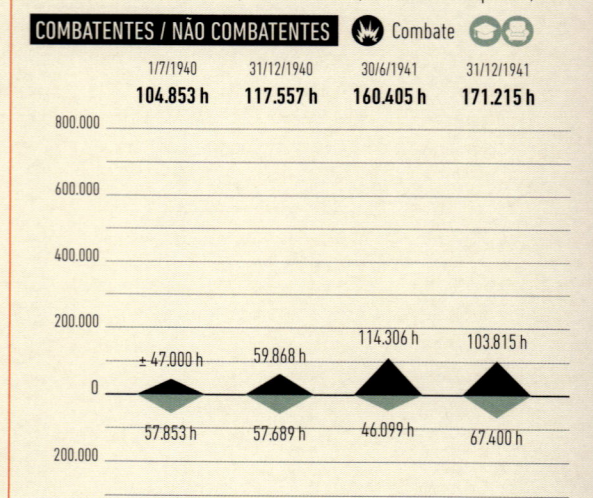

	1/7/1940	31/12/1940	30/6/1941	31/12/1941
Total	104.853 h	117.557 h	160.405 h	171.215 h
Combate	± 47.000 h	59.868 h	114.306 h	103.815 h
Não combate	57.853 h	57.689 h	46.099 h	67.400 h

NÚMERO DE DIVISÕES NA WEHRMACHT (em %)

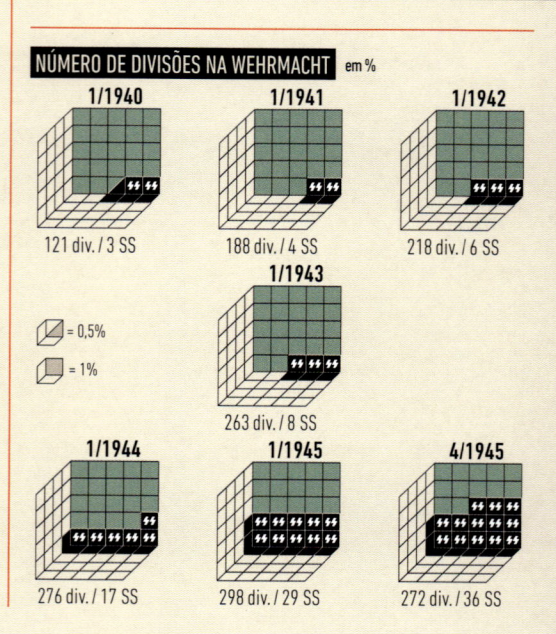

- 1/1940: 121 div. / 3 SS
- 1/1941: 188 div. / 4 SS
- 1/1942: 218 div. / 6 SS
- 1/1943: 263 div. / 8 SS
- 1/1944: 276 div. / 17 SS
- 1/1945: 298 div. / 29 SS
- 4/1945: 272 div. / 36 SS

Legenda: □ = 0,5% ; ■ = 1%

por uma nova espiritualidade que recicla os mitos arturianos e teutônicos. No entanto, a SS não se volta para o passado, simples ouropel identitário. Ela é uma criação marcada pela modernidade, decidida a forjar um mundo novo. Mas seu esplendor atrai rapidamente todos os ambiciosos que parecem muito mais do que de fato são. A eliminação dos chefes da SA facilita uma considerável expansão (a Allgemeine SS ou SS geral conta com 250 mil membros em 1939, 100 mil dos quais atuando em tempo integral). Hitler deixa em suas mãos uma função vital: a segurança interna (polícias e inteligência). Em concorrência com o partido, Himmler dota a SS de estruturas capazes de construir o homem novo e o Grande Reich com que sonha. Ele incute nas elites seus valores artísticos e culturais. Himmler sonha transformar suas unidades paramilitares em um exército paralelo politicamente seguro. Ainda assim, tanto para não alienar o Exército como por insuficiência orçamentária, Hitler a princípio limita a expansão do que viria a se tornar a Waffen SS em novembro de 1939. A Wehrmacht tem apenas o controle operacional da SS. Esta possui sua própria administração militar, um orçamento e postos de recrutamento (a adesão à Waffen SS era distinta da Allgemeine SS). A expansão se acelera após 1943, e ela tira partido da desconfiança do Führer da Wehrmacht depois do atentado de 20 de julho de 1944. A Waffen SS aumenta em dois terços, e membros da SS obtêm postos estratégicos. Himmler assume o comando da estrutura de mobilização e treinamento do Exército e de um grupo de exércitos. Em 1944, a isso se soma a influência adquirida pela SS na economia enquanto gestora da mão de obra servil, e Himmler dispõe de um império que faz concorrência às estruturas do Estado e do partido, e as corrompe.

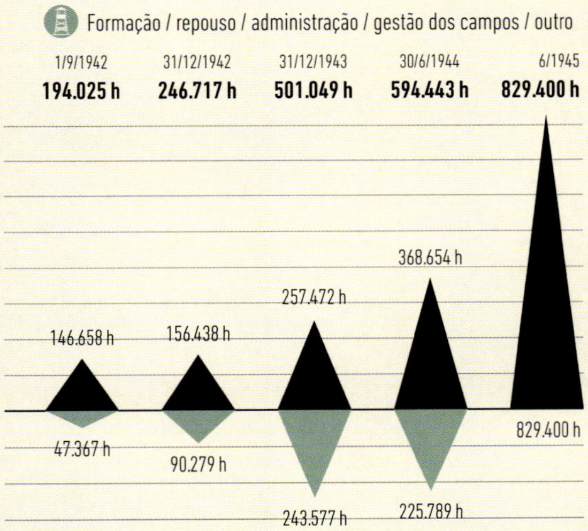

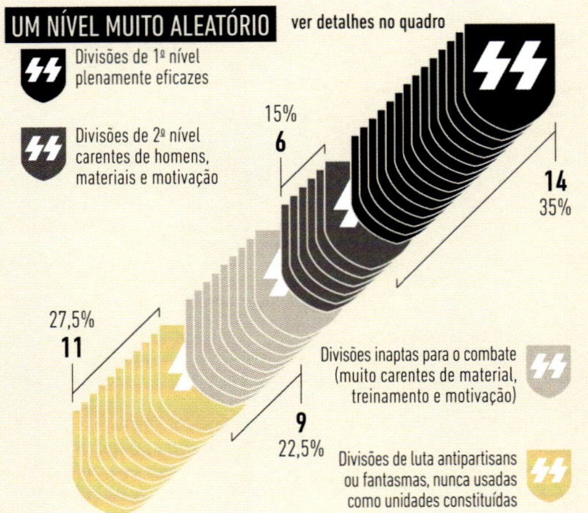

3• QUEM SÃO OS SOLDADOS DA WAFFEN SS?

se torna oficial, primeiro para os alemães étnicos e, em 1942, para aqueles do Reich (inclusive os *Malgré-nous* – alsacianos e moselanos coagidos a entrar na Wehrmacht), sob forma de uma cota negociada com a Wehrmacht.

As barreiras raciais caem, e a SS recruta também eslavos, ainda que Himmler distinga entre as unidades de "raça alemã" de estrangeiros associados (Freiwillingen) e de suplementos instrumentalizados (as Waffen Division). O sistema se dissolve, dando origem a divisões esqueléticas, medíocres e até fantasmas.

Os policiais (por conexão administrativa), artesãos e jovens em fim de estudos constituem o grosso dos primeiros contingentes. Os primeiros anos da guerra assistem à entrada de grande número de assalariados modestos (empregados agrícolas e operários), ao passo que os profissionais qualificados se indispõem contra a organização. Em 1943, o recrutamento embaralha por um tempo essas disparidades, antes que a inserção maciça de alemães étnicos do Leste leve à predominância do campesinato, inclusive nas divisões "históricas", diminuindo sua coesão.

Com um recrutamento nacional, as divisões da Wehrmacht mantêm um perfil mais representativo da sociedade alemã. Num Reich 96% cristão, Himmler esperava uma Ordem SS "purificada", portadora de um neopaganismo (os "crentes em Deus"), esperança vã. A Allgemeine SS continua 80% cristã. E ainda que a entrada nas unidades paramilitares se faça acompanhar de uma descristianização, um terço dos guardas de campo consideraram seus atos compatíveis com sua fé cristã.

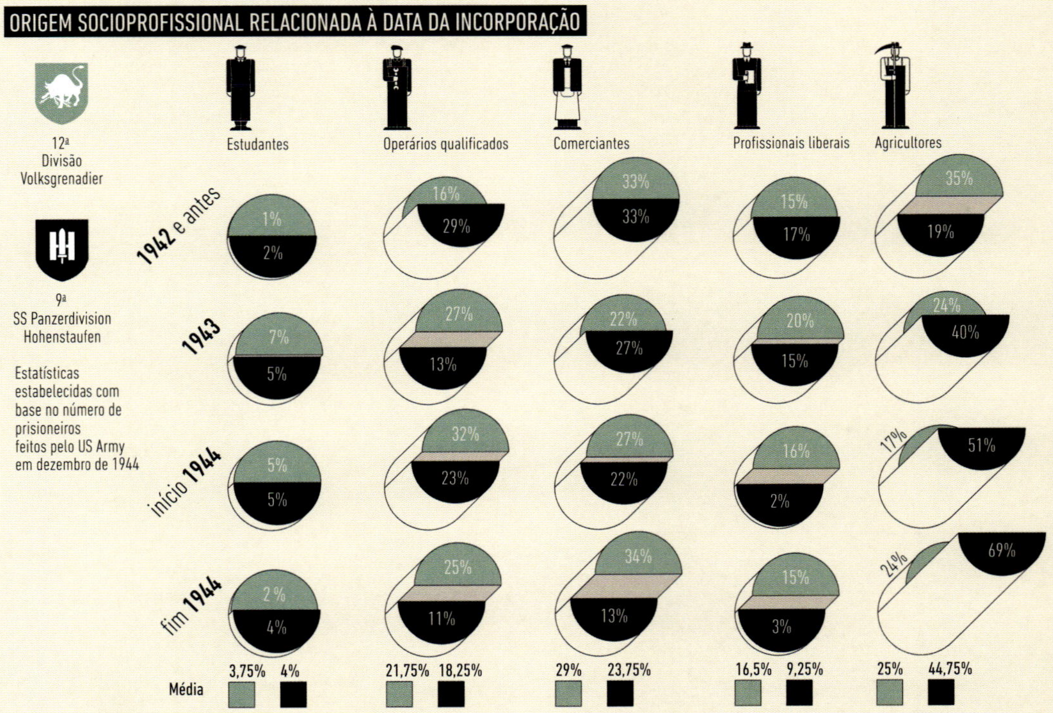

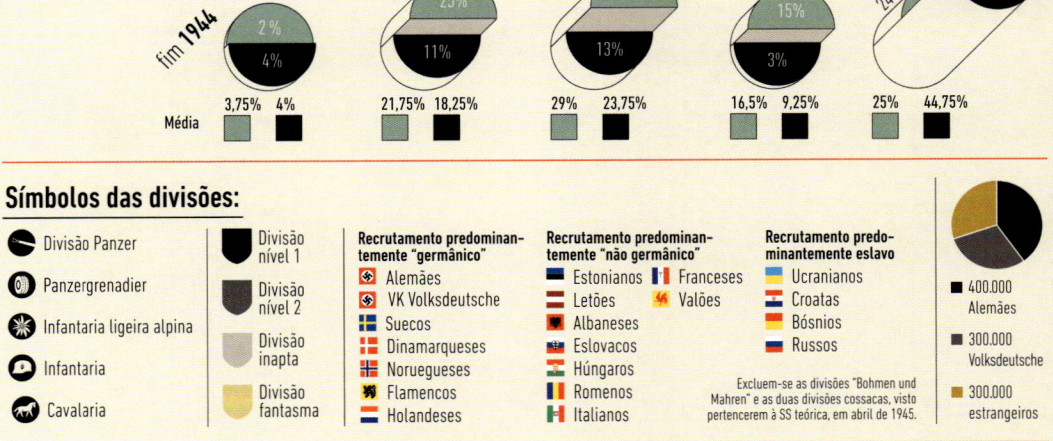

FONTES: 1• Jean-Luc Leleu, *La Waffen SS, soldats politiques en guerre*, Perrin, 2007 – 2• Heinz Höhne, *L'ordre noir, histoire de la SS*, Casterman, 1968 – 3• Robert L. Koehl, *The black corps: The structure and power struggles of the Nazi SS*, University of Wisconsin Press, 1983 – 4• Hans Buchheim et al., *Anatomie des SS-Staates*, DTV, 1994 – 5• Valdis O. Lumans, *Himmler's auxiliaries. The Volksdeutsche Mittelstelle and the German national minorities of Europe, 1933-1945*, Chapel Hill, 1993.

III. BATALHAS E CAMPANHAS

A CHINA, O ALIADO DESCONHECIDO

A guerra sino-japonesa é um fato histórico de alcance imenso, cujas consequências continuam a se desdobrar sob os nossos olhos. Ela é eclipsada pelo olhar dos historiadores ocidentais, que privilegiam os teatros da Europa e do Pacífico. Não obstante, por sua dimensão, sua população, pelo que estava em jogo nas lutas políticas que a permeiam e pelas desordens que a enfraquecem, a China parece ao mesmo tempo ator maior e potência de segunda linha ante um Japão dominador, é verdade, mas incapaz de encontrar uma solução militar ou política. O regime de Chiang Kai-shek a princípio parece uma presa fácil. Ele é fraco, incapaz de enfrentar o ataque japonês contra a Manchúria, em 1931, seguido da criação do Estado fantoche do Manchukuo em 1932.

Em julho de 1937, a invasão em grande escala depois do "incidente da ponte Marco Polo" desencadeia a guerra sino-japonesa propriamente dita (a segunda, depois da de 1894-1895). Os exércitos de Chiang Kai-shek recuam, mas este último, de modo paradoxal, se fortalece com a aliança nacional entre suas forças – o partido do Kuomintang –, os senhores da guerra provinciais e os comunistas (8º Exército de Marcha), uns e outros aliados, é verdade, apenas em aparência. O Exército Chinês, pletórico, não passa de uma fachada, muito precariamente modernizado graças à ajuda alemã de 1928 a 1938, e em seguida da americana, a partir de 1941 (criação do CBI, ou China-Burma-India Theater em 1942), após um breve período de parceria com a União Soviética (1938-1940). Entretanto, é esse princípio de modernização que lhe permite, bem ou mal, resistir à ofensiva japonesa, cuja frustração se expressa no terrível "Massacre de Nanquim", a capital governamental. A guerra muda de natureza em dezembro de 1941, integrando-se ao conflito global. Para os Estados Unidos, trata-se de deslocar o máximo de recursos nipônicos para longe do Pacífico, dispor de bases aéreas na China e integrar no campo da democracia um país asiático que desminta a propaganda japonesa de "guerra dos amarelos contra os brancos". Para Chiang Kai-shek, é uma grata surpresa, que lhe abre a perspectiva de se tornar um "quarto Grande". Nunca, porém, apesar da ajuda americana, seu desempenho militar lhe permitirá assumir essa posição de modo convincente.

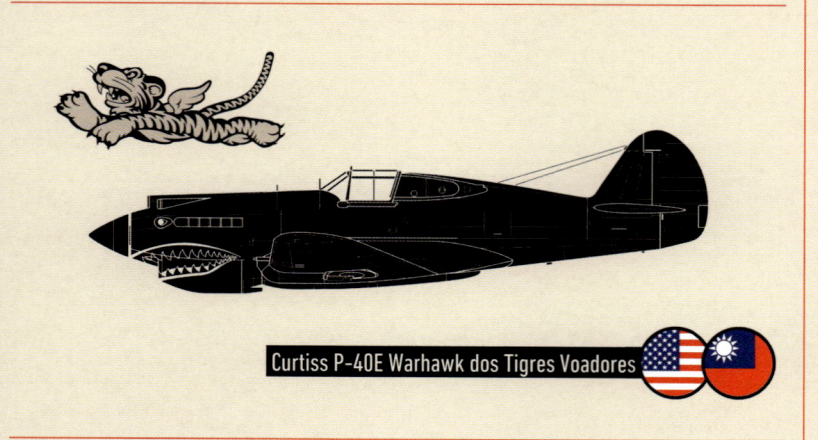

Curtiss P-40E Warhawk dos Tigres Voadores

FONTES: *1•* N. Bernard, *La guerre du Pacifique*, Tallandier, 2016 – *2•* B. Cai, *The search for allies: Chinese alliance behavior from 1930 to the end of WW2*, mémoire de master of arts in diplomacy and military studies, Hawai Pacific University, 2009 – *3•* P. Jowett, *The Chinese Army, 1937-1949*, Osprey, 2005 – *4•* D. Lary, *The Chinese people at war: Human suffering and social transformation, 1937-1945*, Cambridge, 2010 – *5•* J.-L. Margolin, *L'Armée de l'Empereur*, Armand Colin, 2007 – *6•* R. Mitter, *Forgotten ally, China's World War II, 1937-1945*, Mariner, 2014.

1 • EXÉRCITOS CHINÊS E JAPONÊS EM 1938

O Exército Nacionalista Chinês reúne, no papel, 191 divisões e 52 brigadas, num total de 1,7 milhão de soldados, aos quais se somam algumas centenas de aviões e uma marinha insignificante. Na realidade, à exceção de uma dezena de divisões formadas à alemã, essas unidades têm efetivos muito reduzidos, mal armados e carentes de apoio logístico. A maior parte não passa de forças provinciais pouco confiáveis. A "força X", equipada e treinada pelos americanos e comandada pelo general Sun Li-jen (o "Rommel do Oriente") se revelará uma exceção na campanha da Birmânia em 1944. O governo na prática só pode contar com 400 mil homens vindos do exército do Kuomintang e com outros 500 mil, tradicionalmente fiéis.

O Exército Japonês é mais reduzido, muito mais bem equipado e comandado. Em 1944-1945, ele ainda é capaz de se lançar em grandes ofensivas, como a operação Ichi-Go. Sua retirada só começa em junho de 1945, ante as forças chinesas reorganizadas sob a direção do general Wedemeyer e abastecidas pela Índia e pela Birmânia.

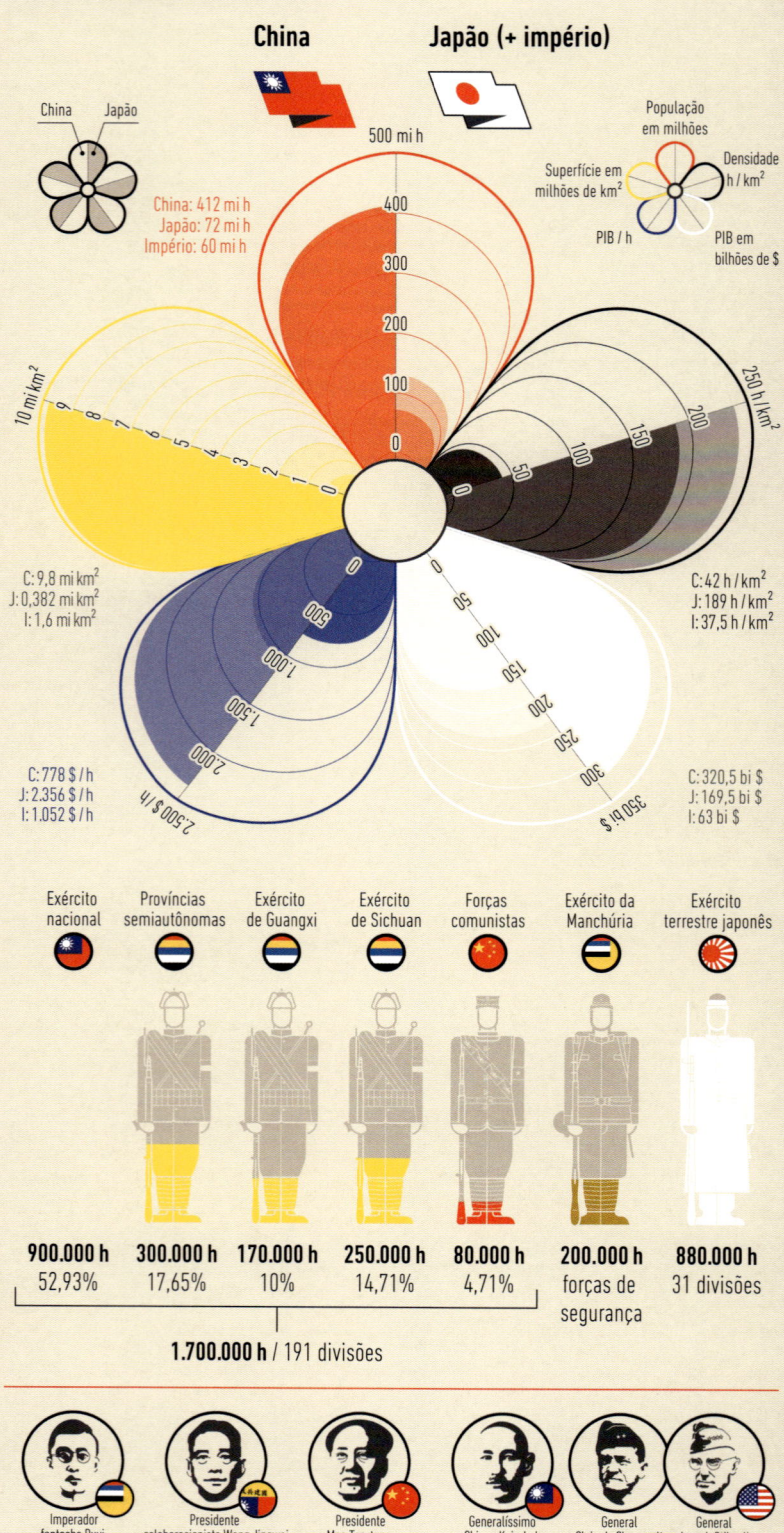

China — **Japão (+ império)**

China: 412 mi h
Japão: 72 mi h
Império: 60 mi h

População em milhões
Superfície em milhões de km²
Densidade h/km²
PIB/h
PIB em bilhões de $

C: 9,8 mi km²
J: 0,382 mi km²
I: 1,6 mi km²

C: 42 h/km²
J: 189 h/km²
I: 37,5 h/km²

C: 778 $/h
J: 2.356 $/h
I: 1.052 $/h

C: 320,5 bi $
J: 169,5 bi $
I: 63 bi $

Exército nacional	Províncias semiautônomas	Exército de Guangxi	Exército de Sichuan	Forças comunistas	Exército da Manchúria	Exército terrestre japonês
900.000 h	300.000 h	170.000 h	250.000 h	80.000 h	200.000 h forças de segurança	880.000 h 31 divisões
52,93%	17,65%	10%	14,71%	4,71%		

1.700.000 h / 191 divisões

Imperador fantoche Puyi 1906-1967
Presidente colaboracionista Wang Jingwei 1883-1944
Presidente Mao Tse-tung 1893-1976
Generalíssimo Chiang Kai-shek 1887-1975
General Claire L. Chennault 1893-1958
General Joseph Stilwell 1883-1946

76

A CHINA ASSEDIADA

2 • A "CORCOVA", ARTÉRIA DE ABASTECIMENTO DA CHINA

O abastecimento dos exércitos chineses provindo da Índia e da Birmânia é um problema espinhoso, e tanto mais porque Chiang Kai-shek e o general americano Stilwell, comandante do CBI (China-Burma-India Theater) até 1944, se detestam cordialmente. A ocupação japonesa da Birmânia em 1942 corta a "rota da Birmânia", por onde transitam 90% do abastecimento. Será preciso abrir, com grande esforço, a "rota de Ledo", partindo da Índia, para compensar, em parte, essa perda.

De abril de 1942 a novembro de 1945, a China é submetida a uma perfusão por meio de uma enorme ponte aérea passando acima do Himalaia: é a "Corcova" (Hump, em inglês), via muito perigosa que custa a vida de 1,2 mil aviadores em setecentos acidentes. A esse custo, 650 mil toneladas de carga e 33 mil pessoas chegam à China, até a reabertura da rota da Birmânia em janeiro de 1945. Em 1944, os americanos tentam posicionar forças aéreas estratégicas para bombardear o Japão, mas abandonam o plano diante da ameaça da operação ofensiva japonesa Ichi-Go.

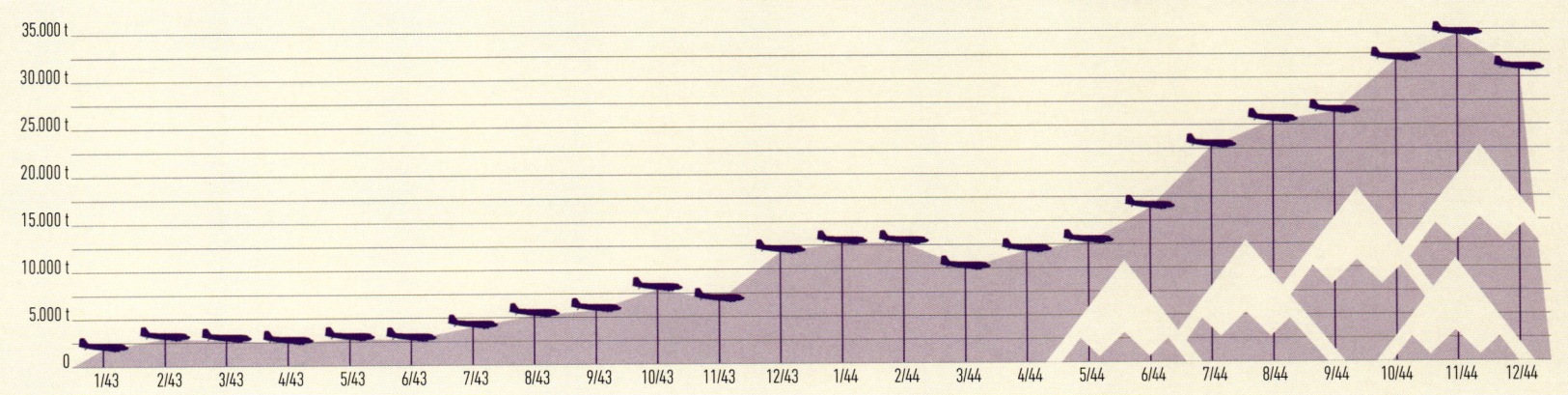

A CAMPANHA DA POLÔNIA

Em 1º de setembro de 1939, a Wehrmacht, apoiada pelas tropas eslovacas, ataca sem declaração de guerra a Polônia num front de mil quilômetros. Antes mesmo que fosse disparado um tiro, os alemães beneficiam-se de duas vantagens maiores: seu exército já está em suas posições de combate, enquanto o dos poloneses ainda está se mobilizando; as forças polonesas são atacadas concentricamente do norte, do oeste e do sul – a partir do Reich, da Prússia Oriental, da Morávia e da Eslováquia. O plano alemão é simples: duas pinças, vindas do norte e do sudoeste, avançam contra Varsóvia; os poloneses tentam defender todo o seu território. Pouco motorizado, pouco protegido contra os ataques aéreos, dependente de um sistema de comando muito centralizado, o exército do marechal Rydz-Śmigły logo se vê envolvido. Apoiados em massa pela aviação, os alemães abrem brechas por toda parte, exploradas em profundidade por seis divisões blindadas e nove divisões de infantaria motorizadas. O adversário é despedaçado e destruído por partes no curso dos cercos, principalmente em Radom e na batalha de Bzura. Já em 10 de setembro, Varsóvia está sob ataque.

A essa altura, só uma ação vigorosa dos franco-britânicos – que declaram guerra ao III Reich em 3 de setembro – poderia melhorar a situação, ainda mais que se cogita uma continuação da luta em forma de guerrilha na parte oriental do território. A inércia dos Aliados e o ataque soviético de 17 de setembro – seguindo

1 • RELAÇÃO DE FORÇAS EM 1º/9/1939

O Exército Polonês, composto de soldados da infantaria e da cavalaria, é inferior em todos os aspectos. Os alemães constatam, em campo, a eficiência do uso dos tanques em formação compacta e de uma aviação moderna.
Na continuação da campanha, eles dão mais autonomia às divisões Panzer.

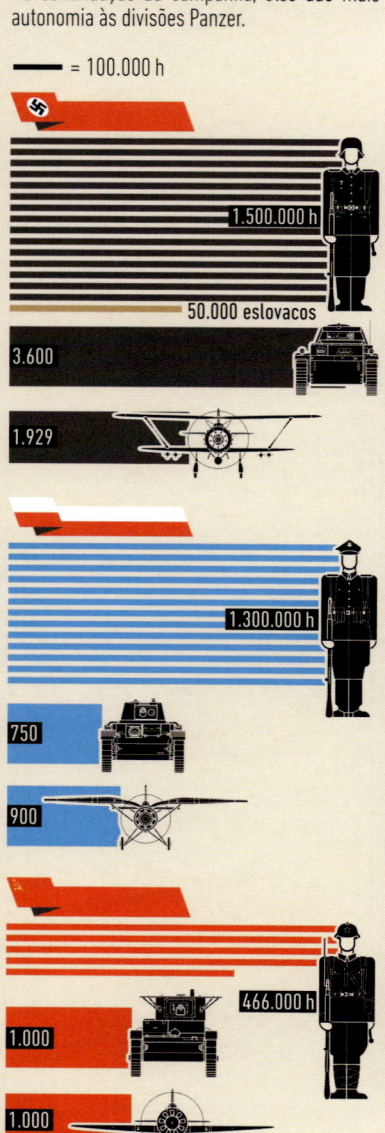

= 100.000 h

Alemanha: 1.500.000 h; 50.000 eslovacos; 3.600; 1.929

Polônia: 1.300.000 h; 750; 900

URSS: 466.000 h; 1.000; 1.000

2 • A CAMPANHA DA POLÔNIA DE SETEMBRO DE 1939

→ Ofensivas alemãs → Ofensivas soviéticas → Ofensivas eslovacas — Defesas polonesas

os protocolos do acordo Ribbentrop-Molotov, de 23 de agosto de 1939 – desfazem essas fracas esperanças. Em cinco dias, o Exército Vermelho reúne-se com o Exército Alemão no rio Bug, privando o adversário de todo e qualquer espaço estratégico. Em 28 de setembro, Varsóvia cai, com seus 120 mil defensores. As últimas tropas se rendem em 6 de outubro. O desempenho do Exército Vermelho, acompanhado de perto pelos alemães, é muito ruim: indisciplina, desorganização, falha das unidades motorizadas e das comunicações.

Embora, do ponto de vista militar, a campanha da Polônia anuncie a da França, do ponto de vista político, levando-se em conta a destruição sistemática dos quadros da nação, ela se assemelha muito mais ao ataque da União Soviética.

OS PRINCIPAIS ATORES

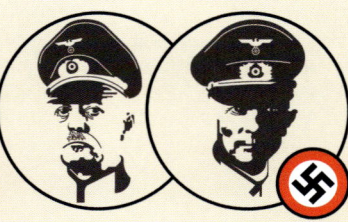

Marechal Edouard Rydz-Śmigły 1886-1941

Comandante de exército Semion Timochenko 1895-1970

General Gerd von Rundstedt 1875-1953

General Fedor von Bock 1880-1945

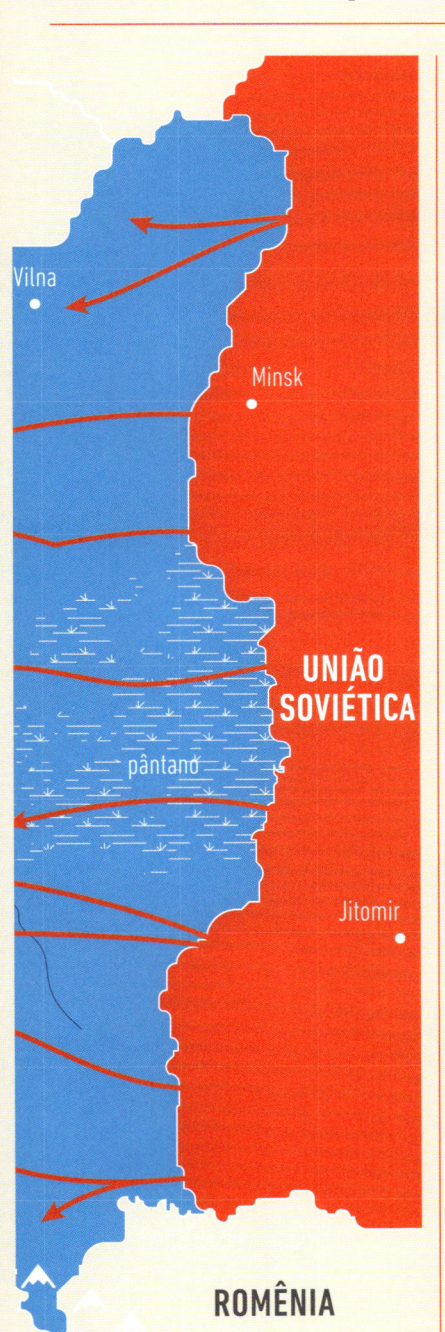

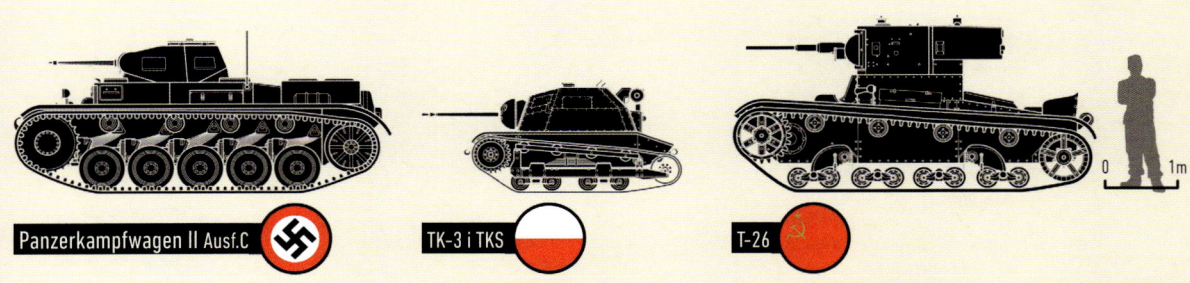

Panzerkampfwagen II Ausf.C

TK-3 i TKS

T-26

3• O CUSTO HUMANO DA CAMPANHA

Os poloneses lutaram, infligindo aos alemães cerca de 18 mil perdas definitivas, trezentos tanques, 5 mil veículos e 560 aviões: eles se saem relativamente melhor do que se sairiam os franceses, belgas, holandeses e britânicos oito meses depois. O número elevado de vítimas civis se explica, por um lado, pelos bombardeios de terror contra as cidades e as colônias de refugiados, e, por outro lado, pela violação em grande escala do direito individual: milhares de prisioneiros e civis são fuzilados durante os combates ou logo depois pela própria Wehrmacht, pela SS e pela polícia.

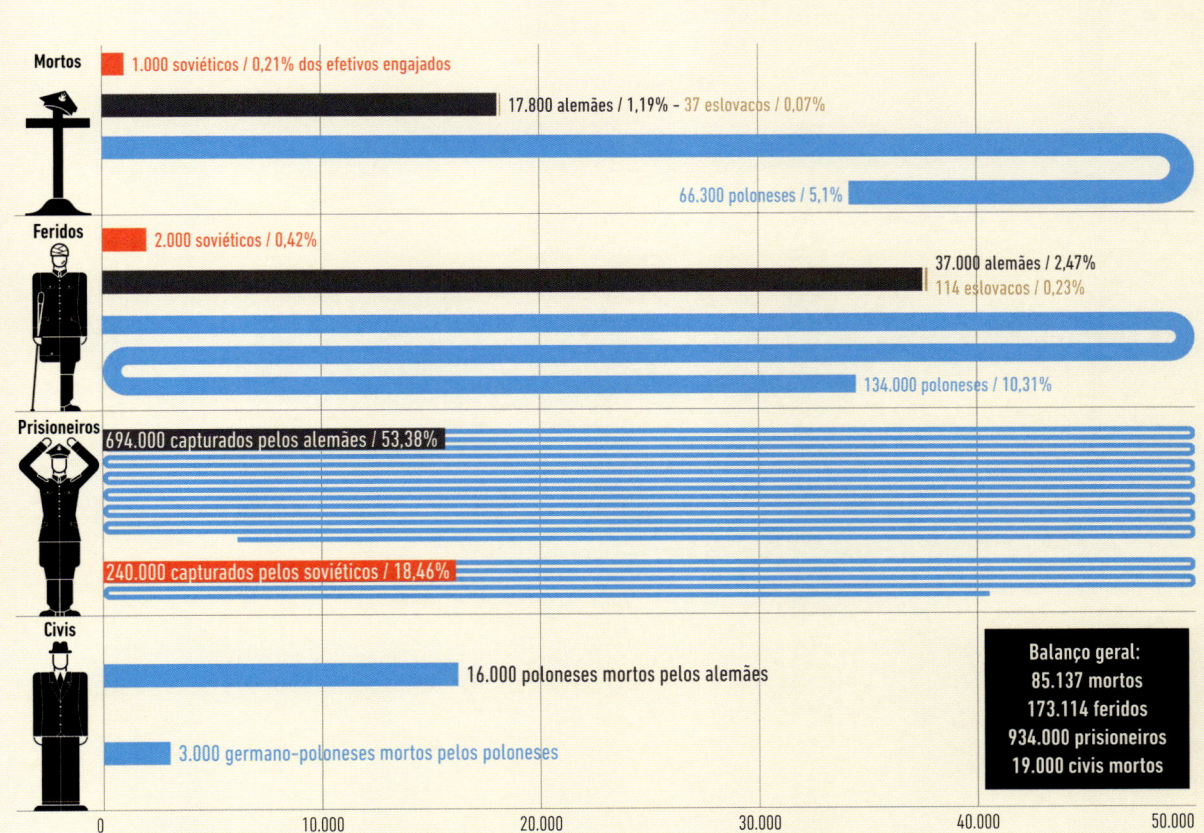

Mortos
- 1.000 soviéticos / 0,21% dos efetivos engajados
- 17.800 alemães / 1,19% - 37 eslovacos / 0,07%
- 66.300 poloneses / 5,1%

Feridos
- 2.000 soviéticos / 0,42%
- 37.000 alemães / 2,47%
- 114 eslovacos / 0,23%
- 134.000 poloneses / 10,31%

Prisioneiros
- 694.000 capturados pelos alemães / 53,38%
- 240.000 capturados pelos soviéticos / 18,46%

Civis
- 16.000 poloneses mortos pelos alemães
- 3.000 germano-poloneses mortos pelos poloneses

Balanço geral:
85.137 mortos
173.114 feridos
934.000 prisioneiros
19.000 civis mortos

Vilna • Minsk • pântano • UNIÃO SOVIÉTICA • Jitomir • ROMÊNIA

4 • CONTINUAR A GUERRA!

Em outubro de 1939, 85 mil soldados poloneses evitam a captura e se refugiam na Romênia, Hungria e Lituânia: os alemães encontram parte deles nos campos de batalha. O governo polonês continua no exílio, nos dois países aliados – França, depois Grã-Bretanha. Ele conclama todos os voluntários, poloneses ou de origem polonesa, onde quer que se encontrem, para continuar a luta a qualquer custo. São convocados até membros da Wehrmacht, poloneses de origem alemã capturados pelos Aliados. Sua resolução é um espinho entalado, até 1945, no flanco de Stálin. Este começa por uma decisão violenta, fazendo executar em Katyn, em abril de 1940, 22 mil oficiais, trabalhadores e intelectuais capturados por seu exército. Depois do ataque alemão de 22 de junho de 1941, ele se vê obrigado a fazer um acordo e deixar sair da União Soviética o general Anders e seus homens, que empreendem uma das odisseias mais espantosas do conflito. O crime de Katyn vem à luz em 1943, com a descoberta dos despojos pelos alemães e provoca a ruptura definitiva. Por sua vez, os soviéticos formam um exército popular polonês que, em maio de 1945, tem 80 mil homens.

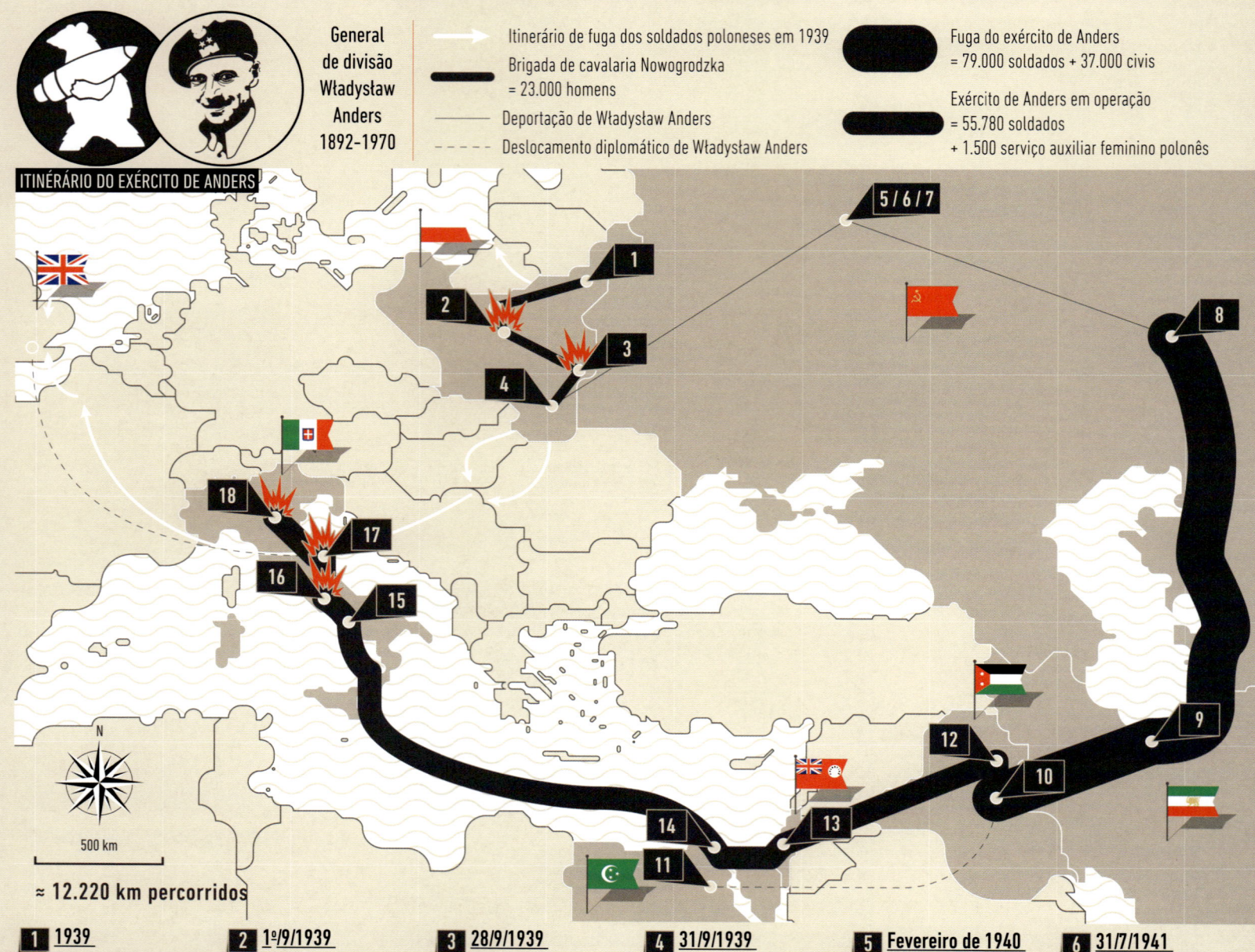

General de divisão Władysław Anders 1892-1970

- Itinerário de fuga dos soldados poloneses em 1939
- Brigada de cavalaria Nowogrodzka = 23.000 homens
- Deportação de Władysław Anders
- Deslocamento diplomático de Władysław Anders
- Fuga do exército de Anders = 79.000 soldados + 37.000 civis
- Exército de Anders em operação = 55.780 soldados + 1.500 serviço auxiliar feminino polonês

ITINERÁRIO DO EXÉRCITO DE ANDERS

≈ 12.220 km percorridos

1 **1939**
Anders assume o comando da brigada de cavalaria Nowogrodzka, a leste da Polônia.

2 **1º/9/1939**
A brigada de cavalaria Nowogrodzka luta em Mława e em Varsóvia.

3 **28/9/1939**
Ferido, Anders recua e é capturado pelos soviéticos em Turka, num último combate.

4 **31/9/1939**
Anders é preso em Lvov pelo Comissariado do Povo de Assuntos Internos (NKVD).

5 **Fevereiro de 1940**
Detido na Lubianka, em Moscou, Anders é torturado.

6 **31/7/1941**
Graças ao tratado Sikorski-Maiski, Anders é tirado da prisão para se tornar comandante em chefe das forças polonesas na União Soviética.

7 **20/3/1942**
Encontro com Josef Stálin para negociar a libertação dos prisioneiros poloneses do Gulag.

8 **Fim de março de 1942**
Começa a formar seu exército em Bazuluk e é nomeado general de divisão.

9 **Verão de 1942**
O exército de Anders sai da União Soviética para reunir-se às forças britânicas no Irã.

10 **Verão de 1942**
O exército de Anders vai para o Iraque para se tornar o 2º Corpo de Exército Polonês, integrado ao 8ª Exército Britânico.

11 **22/8/1942**
Anders se encontra com Churchill, no Cairo.

12 **Setembro de 1942**
Formação e treinamento do 2º Corpo de Exército em Khanaqin-Quizil-Ribat.

13 **1943**
O 2º Corpo de Exército Polonês volta a reunir-se e aumenta sua potência operacional na Palestina, em Gaza.

14 **Janeiro de 1944**
Embarque no Egito para participar da campanha na Itália.

15 **Janeiro de 1944**
Desembarque em Nápoles e integração ao 8ª Exército Britânico, sob o comando do general Leese.

16 **Maio de 1944**
Batalha de Monte Cassino: 926 mortos e desaparecidos, 2.822 feridos.

17 **Junho e julho de 1944**
Tomada de Ancona: 608 mortos e desaparecidos, 1.789 feridos.

18 **Abril de 1945**
Tomada de Bolonha: 234 mortos e desaparecidos, 1.228 feridos. Desmobilização do 2º Corpo de Exército na Itália, em princípios de 1946.

ORIGENS DOS VOLUNTÁRIOS POLONESES QUE COMBATERAM NO OESTE

- Desertores da Wehrmacht — 89.300 h / 38,4%
- Evacuados da União Soviética em 1941 (Anders) — 83.000 h / 35,69%
- Evacuados da França em 1940 — 35.000 h / 15,05%
- Fugidos dos países ocupados — 14.210 h / 6,11%
- Recrutados na França — 7.000 h / 3,01%
- Cidadãos de origem polonesa do Brasil, da Argentina e do Canadá — 2.290 h / 0,98%
- Cidadãos de origem polonesa vindos do Reino Unido — 1.780 h / 0,77%

Total: 232.580 h
26.830 mortos e desaparecidos / 11,54%

5 • DEPURAÇÃO E PARTILHA DO PAÍS PELOS VENCEDORES
de setembro de 1939 a junho de 1941

Dividido em dois, o território polonês é decomposto e integrado, sob formas diferentes, aos impérios soviético e nazista, que tratam de destruir as elites tradicionais, políticos, intelectuais, padres etc. Os alemães germanizam os territórios integrados ao Reich (deportando 400 mil) antes de proceder, a partir de junho de 1941, à destruição dos judeus poloneses concentrados pelo governo geral nos territórios anexados à União Soviética em setembro de 1939. Os soviéticos remodelam o sistema socioeconômico dos territórios anexados às repúblicas socialistas soviéticas da Lituânia, Bielorrússia e Ucrânia e extirpam todo traço de polonidade fazendo deportações em massa para as regiões remotas de seu país. Isso sem contar os 50 mil judeus poloneses mortos de fome e de doença nos guetos antes de junho de 1941.

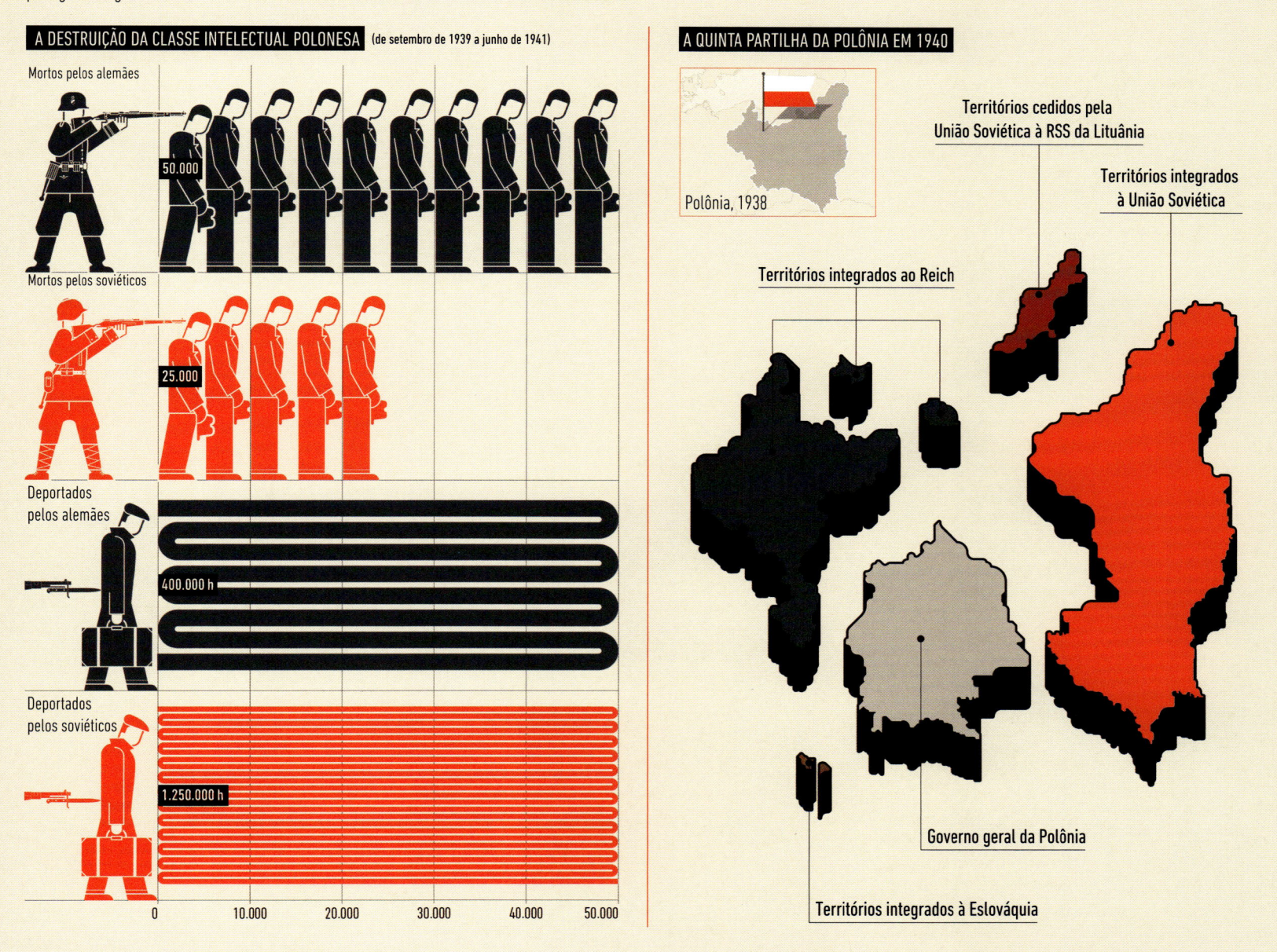

A DESTRUIÇÃO DA CLASSE INTELECTUAL POLONESA (de setembro de 1939 a junho de 1941)

- Mortos pelos alemães: 50.000
- Mortos pelos soviéticos: 25.000
- Deportados pelos alemães: 400.000 h
- Deportados pelos soviéticos: 1.250.000 h

A QUINTA PARTILHA DA POLÔNIA EM 1940

Polônia, 1938

- Territórios cedidos pela União Soviética à RSS da Lituânia
- Territórios integrados à União Soviética
- Territórios integrados ao Reich
- Governo geral da Polônia
- Territórios integrados à Eslováquia

FONTES: *1•* Bernd Wegner, *Das Deutsche Reich und der Zweite Weltkrieg*, v. 2; *Grief sekretnosti sniat* – *2•* H. Kochanski, *The eagle unbowed*, Harvard University Press, 2014 – *3•* A.B. Rossino, *Hitler strikes Poland*, University Press of Kansas, 2003 – *4•* Tomasz Szarota, in *Zwei Wege nach Moskau*, Piper, 2000.

A CAMPANHA DA FRANÇA

Em 10 de maio de 1940, Gamelin, generalíssimo francês, reage à invasão do Benelux com o Plano Dyle-Breda. Suas melhores tropas voam em socorro dos países neutros. O ataque se dá três dias depois. Sete divisões Panzer rompem as medíocres defesas ao longo do Mosa, atingem a Mancha em oito dias e cercam 1,5 milhão de homens. "Três quartos, se não quatro quintos de nosso material mais moderno foram tomados", lamenta Weygand, que substitui Gamelin. Essa operação leva duas semanas, mas a invasão da França (Plano Vermelho) começa logo depois da queda de Dunquerque. Apesar de alguns combates encarniçados e da derrota dos italianos, que já em 10 de junho acorreram ao teatro de operações, o mal está feito. Em seis semanas, a França vive o pior desastre militar de sua história, que leva a um naufrágio político. Em 17 de junho, o marechal Pétain, chamado pelo presidente Lebrun, pede o armistício. Em 10 de julho o Parlamento lhe dá plenos poderes. Esse ato marca o fim da Terceira República.

A relação de forças deixa poucas dúvidas quanto ao desenlace. Em busca de uma vitória imediata, os alemães assumem riscos consideráveis. Eles concentram seus recursos modernos numa ala mecanizada e a conduzem a um terreno difícil, na junção entre a massa de manobra francesa e a linha Maginot. Suas únicas divisões aerotransportadas foram lançadas já no primeiro dia, ao preço de duzentos aviões abatidos. Mas eles ganham a aposta porque Gamelin opta por uma manobra para a qual suas tropas não estão preparadas. A doutrina francesa imagina a guerra em campos de batalha preparados, pontuada de batalhas limitadas, em que o fogo deteria o movimento. A ideia, vinda de 1918, não é absurda. Os americanos desembarcam em 1944 com uma visão muito semelhante, mas os franceses não a atualizam de forma correta: faltam-lhes canhões antitanque, artilharia antiaérea e aparelhos de comunicação, perdem-se em conjecturas sobre os tanques e negligenciam o fator aéreo. Ora, acorrendo à Bélgica, Gamelin se lança na boca do lobo. A Alemanha conquista na França seu único sucesso maior. O cerco, concebido em escala operacional, e não tática, decapita os exércitos inimigos. Depois, a rapidez da execução e a ausência de profundidade do teatro de operações impedem a recuperação francesa.

1 • A RELAÇÃO DE FORÇAS EM 10 DE MAIO DE 1940

A derrota não se explica em termos demográficos, industriais ou tecnológicos. Estes últimos são comparáveis, talvez até com vantagem para os Aliados. O problema é de doutrina. Consideremos o material: o caça Br-693 e o tanque pesado B1-bis constituem verdadeiras proezas, mas um se fará dizimar pela Flak ao atacar em voos rasantes; o outro, tanque lento devorador de combustível concebido para operações defensivas ou de ruptura num front estático, muitas vezes seria abandonado. Diferentemente deste, o medíocre Stuka, coberto por caças, semeia o terror, enquanto o modesto tanque Pz 38 (t) de origem tcheca – bom equilíbrio entre armamento, blindagem e mobilidade – responde às expectativas de um exército que aposta na velocidade e no efeito de choque da dupla tanque/avião.

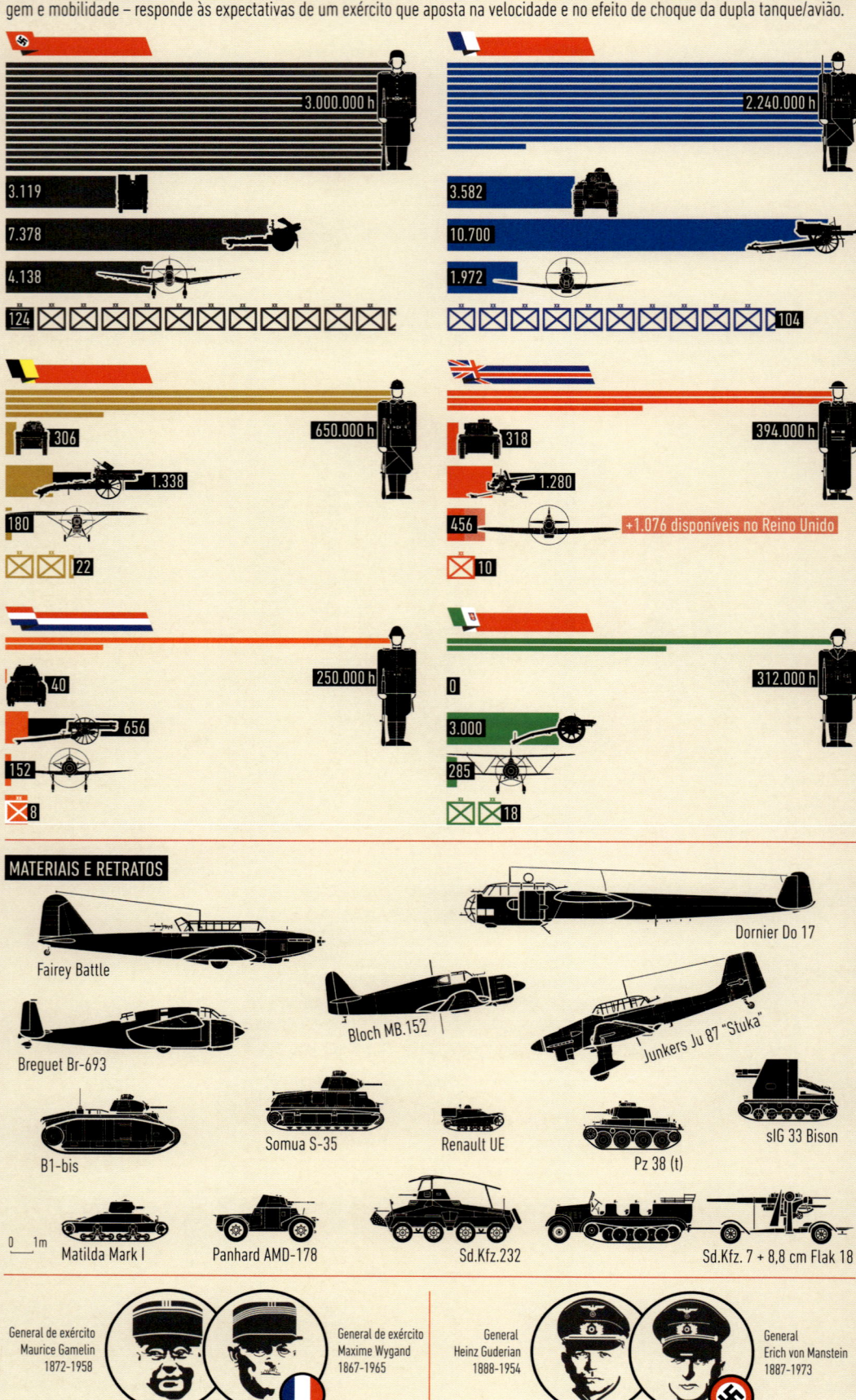

Alemanha: 3.000.000 h; 3.119; 7.378; 4.138; 124
França: 2.240.000 h; 3.582; 10.700; 1.972; 104
Bélgica: 650.000 h; 306; 1.338; 180; 22
Reino Unido: 394.000 h; 318; 1.280; 456 (+1.076 disponíveis no Reino Unido); 10
Holanda: 250.000 h; 40; 656; 152; 8
Itália: 312.000 h; 0; 3.000; 285; 18

MATERIAIS E RETRATOS

- Fairey Battle
- Dornier Do 17
- Bloch MB.152
- Breguet Br-693
- Junkers Ju 87 "Stuka"
- B1-bis
- Somua S-35
- Renault UE
- Pz 38 (t)
- sIG 33 Bison
- Matilda Mark I
- Panhard AMD-178
- Sd.Kfz.232
- Sd.Kfz. 7 + 8,8 cm Flak 18

General de exército Maurice Gamelin 1872-1958
General de exército Maxime Wygand 1867-1965
General Heinz Guderian 1888-1954
General Erich von Manstein 1887-1973

2 • A MANOBRA MALOGRADA

1: 10 de maio, "a surpresa". Paraquedistas desorganizam todo o Exército Holandês, um comando destrói o forte belga de Eben-Emael, que bloqueava a passagem dos Panzer.
2: 10 de maio, "o engodo". O G. Ex. B (grupo de exércitos B) ataca os Países Baixos e a Bélgica.
3/3: 10 de maio, Plano Dyle Breda. Para reduzir seu front, integrar os exércitos neutros, cobrir o território nacional, Gamelin lança seu principal corpo de exército.
4: 13-21 de maio. Ele reduz involuntariamente a eficácia da manobra do G. Ex. A, inspirada por Manstein. Os alemães podem se dar ao luxo de cometer erros (engarrafamento enorme nas Ardenas, ordem de parada diante de Dunquerque), o sistema de comando francês se estilhaça, Gamelin não tem reservas e seu dispositivo forte nas alas alonga os movimentos de desvio.
5/5/5: Depois da capitulação holandesa em 15 de maio, restam pouco menos de 1.500 mil homens presos na armadilha. Desorganizados, os Aliados não podem contra-atacar. Os britânicos desencadeiam a operação Dynamo e fazem uma retirada estratégica. A Bélgica capitula no dia 28.
6/6: Em 4 de junho, o bolsão está liquidado. Mais de 300 mil soldados sem equipamento foram evacuados e, quando a Dynamo se encerra, restam apenas 40 mil soldados franceses obrigados a entregar as armas. O balanço é terrível, sem equivalente na história militar.

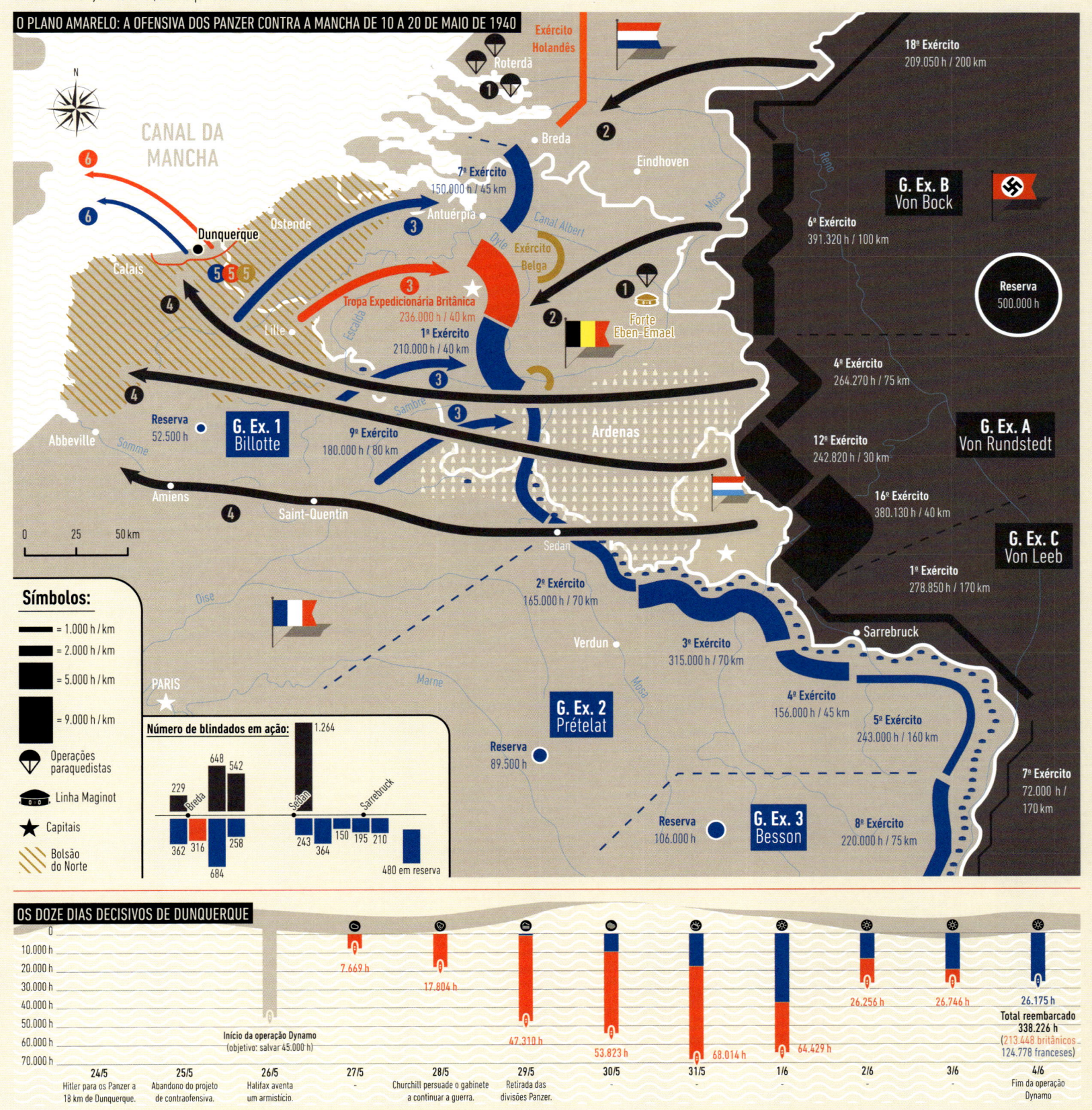

O PLANO AMARELO: A OFENSIVA DOS PANZER CONTRA A MANCHA DE 10 A 20 DE MAIO DE 1940

Exército Holandês — Roterdã
18º Exército — 209.050 h / 200 km
7º Exército — 150.000 h / 45 km
Exército Belga — Forte Eben-Emael
G. Ex. B Von Bock
6º Exército — 391.320 h / 100 km
Reserva — 500.000 h
Tropa Expedicionária Britânica — 236.000 h / 40 km
1º Exército — 210.000 h / 40 km
4º Exército — 264.270 h / 75 km
G. Ex. A Von Rundstedt
Reserva — 52.500 h
G. Ex. 1 Billotte
9º Exército — 180.000 h / 80 km
12º Exército — 242.820 h / 30 km
16º Exército — 380.130 h / 40 km
G. Ex. C Von Leeb
1º Exército — 278.850 h / 170 km
2º Exército — 165.000 h / 70 km
3º Exército — 315.000 h / 70 km
4º Exército — 156.000 h / 45 km
5º Exército — 243.000 h / 160 km
7º Exército — 72.000 h / 170 km
G. Ex. 2 Prételat
Reserva — 89.500 h
Reserva — 106.000 h
G. Ex. 3 Besson
8º Exército — 220.000 h / 75 km

Símbolos:
- = 1.000 h/km
- = 2.000 h/km
- = 5.000 h/km
- = 9.000 h/km
- Operações paraquedistas
- Linha Maginot
- Capitais
- Bolsão do Norte

Número de blindados em ação:
- Breda: 229 / 362 / 316
- 648 / 684
- 542 / 258
- Sedan: 243 / 364 / 150
- Sarrebruck: 195 / 210
- 1.264 (480 em reserva)

OS DOZE DIAS DECISIVOS DE DUNQUERQUE

Data	Evento	Evacuados
24/5	Hitler para os Panzer a 18 km de Dunquerque.	—
25/5	Abandono do projeto de contraofensiva.	—
26/5	Halifax aventa um armistício.	7.669 h
27/5	—	17.804 h
28/5	Churchill persuade o gabinete a continuar a guerra.	47.310 h
29/5	Retirada das divisões Panzer.	53.823 h
30/5	—	68.014 h
31/5	—	64.429 h
1/6	—	26.256 h
2/6	—	26.746 h
3/6	—	26.175 h
4/6	Fim da operação Dynamo	—

Início da operação Dynamo (objetivo: salvar 45.000 h)

Total reembarcado: 338.226 h (213.448 britânicos, 124.778 franceses)

3 • A AVIAÇÃO E OS BLINDADOS NA BATALHA

No solo, Gamelin fez com que se desenvolvessem duas doutrinas de emprego, aquela em que os tanques, distribuídos em batalhões, auxiliam a infantaria, e aquela em que, substituindo o cavalo, abrem caminho para as massas de infantaria. Em consequência disso, dá-se a dispersão dos meios e dos modelos e uma especialização nefasta (o tanque de infantaria é resistente, mas muito lento). De sua parte, os alemães reúnem seus tanques em dez divisões em que as outras armas estão a seu serviço, para lhes explorar os trunfos: choque, rapidez e o medo que inspiram. Assim, mesmo os modestos Panzer I e II, usados em massa e acompanhados de tanques mais pesados, podem participar da manobra. Além disso, os tanques franceses raramente dispõem de um rádio e sua torre de um só lugar sobrecarrega o chefe de tanque, que se encarrega também de apontar e atirar. Eles se mostram desarranjados, mal coordenados, fazem poucos disparos – em suma, inadaptados à guerra de 1940; problemas que sua melhor blindagem e melhor armamento não compensam. A situação é bem pior no espaço aéreo, em que os alemães têm uma considerável superioridade em número, em qualidade (principalmente em bombardeiros) e em homogeneidade. Eles são onipresentes porque sua rede de comunicação eficiente permite até quatro missões diárias e faz os ataques convergirem para os pontos-chave. Os franceses, ao contrário, programam apenas um ataque por dia. A isso se soma a decisão de conservar uma aeronave de reserva (para o caso de uma guerra prolongada), o que contribui ainda mais para esvaziar o espaço aéreo.

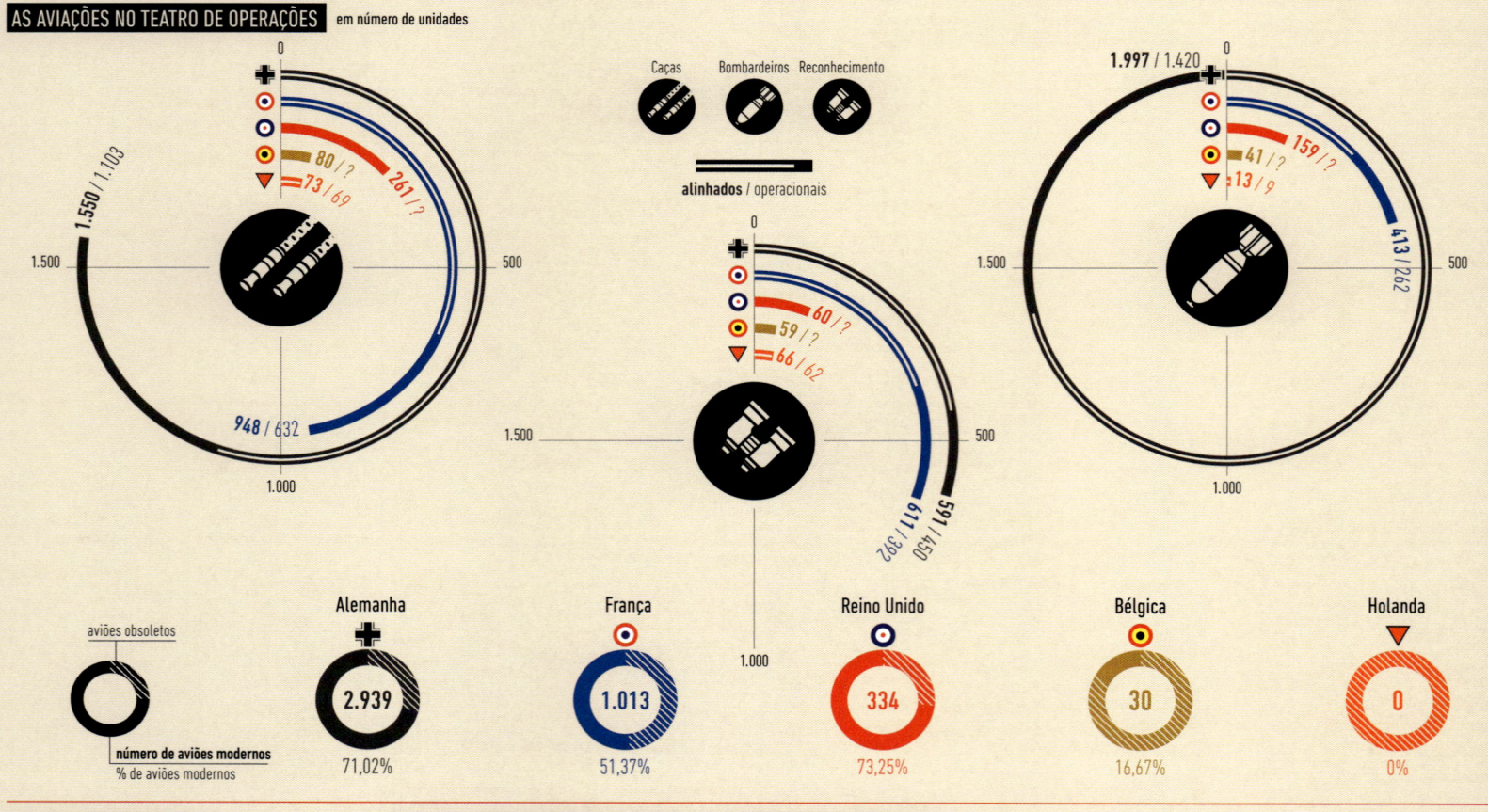

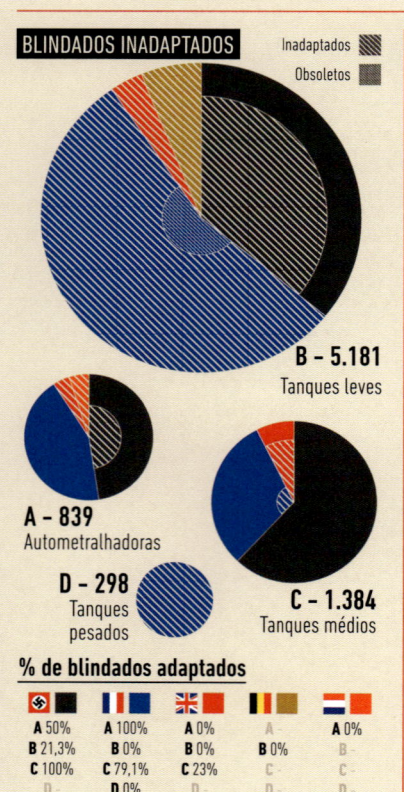

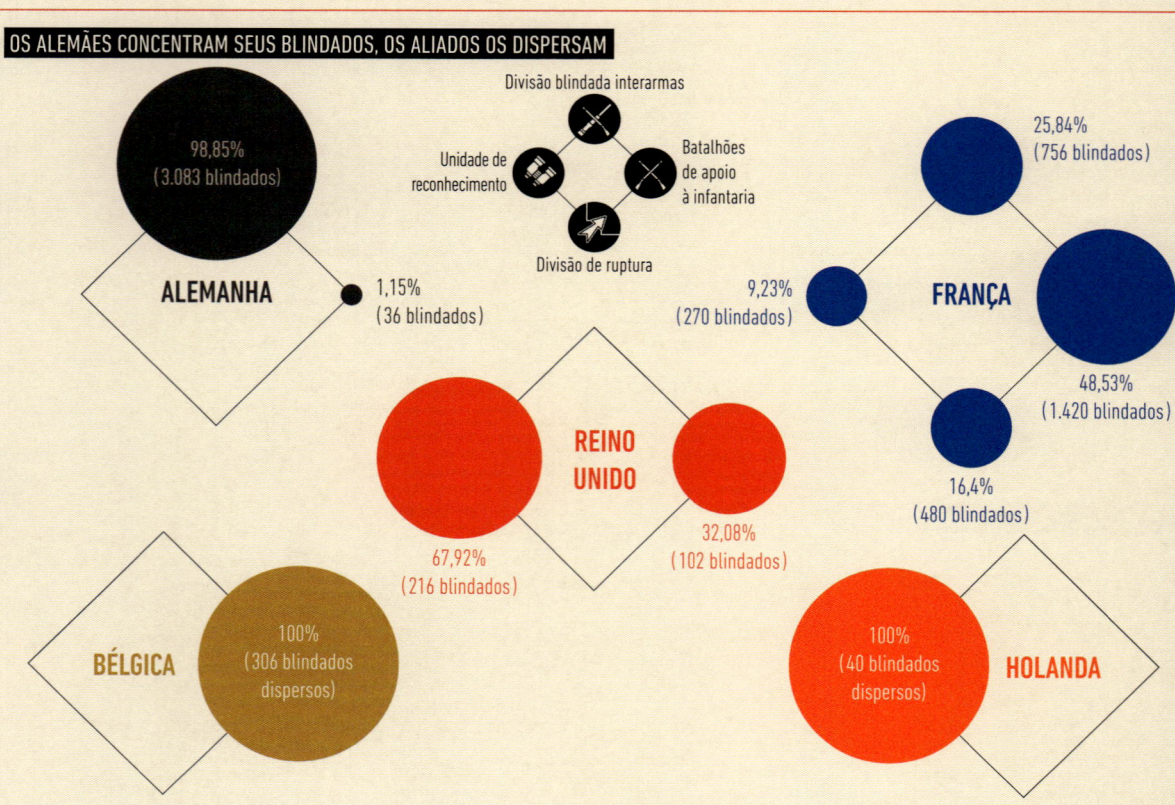

AS AVIAÇÕES NO TEATRO DE OPERAÇÕES — em número de unidades

Caças · Bombardeiros · Reconhecimento

alinhados / operacionais

	Alemanha	França	Reino Unido	Bélgica	Holanda
Aviões modernos	2.939	1.013	334	30	0
% de aviões modernos	71,02%	51,37%	73,25%	16,67%	0%

BLINDADOS INADAPTADOS
Inadaptados / Obsoletos

- B – 5.181 Tanques leves
- A – 839 Autometralhadoras
- D – 298 Tanques pesados
- C – 1.384 Tanques médios

% de blindados adaptados

	🇩🇪	🇫🇷	🇬🇧	🇧🇪	🇳🇱
A	50%	100%	0%	–	0%
B	21,3%	0%	0%	0%	–
C	100%	79,1%	23%	–	–
D	–	0%	–	–	–

OS ALEMÃES CONCENTRAM SEUS BLINDADOS, OS ALIADOS OS DISPERSAM

Divisão blindada interarmas · Unidade de reconhecimento · Batalhões de apoio à infantaria · Divisão de ruptura

ALEMANHA: 98,85% (3.083 blindados) / 1,15% (36 blindados)

FRANÇA: 25,84% (756 blindados) / 9,23% (270 blindados) / 48,53% (1.420 blindados) / 16,4% (480 blindados)

REINO UNIDO: 67,92% (216 blindados) / 32,08% (102 blindados)

BÉLGICA: 100% (306 blindados dispersos)

HOLANDA: 100% (40 blindados dispersos)

4 • A BLITZKRIEG: O EXEMPLO DA TRAVESSIA DO MOSA EM SEDAN, UMA SEMANA DE COMBATES-RELÂMPAGO

Blitzkrieg, guerra-relâmpago: nenhum termo de estratégia é mais conhecido do que este. Não obstante, sua definição é controversa. Muitas vezes a definem como "uma doutrina operacional em que a ação combinada e concentrada dos tanques e dos aviões surpreende o inimigo, tornando possível cercá-lo e destruí-lo rapidamente". Michael Geyer e Shimon Naveh contestam essa definição. Para eles, a *Blitzkrieg* é apenas a expressão da cultura alemã tradicional adaptada às tecnologias modernas por homens pragmáticos como Guderian e Rommel. É verdade que a busca de uma vitória decisiva rápida está no cerne do pensamento alemão desde Frederico II.

A Wehrmacht dela herda o gosto pela surpresa, concentração dos meios, flexibilidade e valorização da iniciativa. Em 1918 já se estimula o comando da vanguarda e a prática da *Auftragstaktik* (a delegação da execução concreta aos subordinados que se encontram em campo), e já existem unidades de infiltração (*Stosstrupen*). Para estarrecer o inimigo, os alemães inventam a barreira de artilharia maciça (*Feuerwalz*), além de outras estratégias para acelerar a manobra. A *Blitzkrieg* limita-se a acrescentar algumas inovações que decuplicam sua eficácia. O rompimento do front em Sedan constitui um exemplo perfeito dessa estratégia.

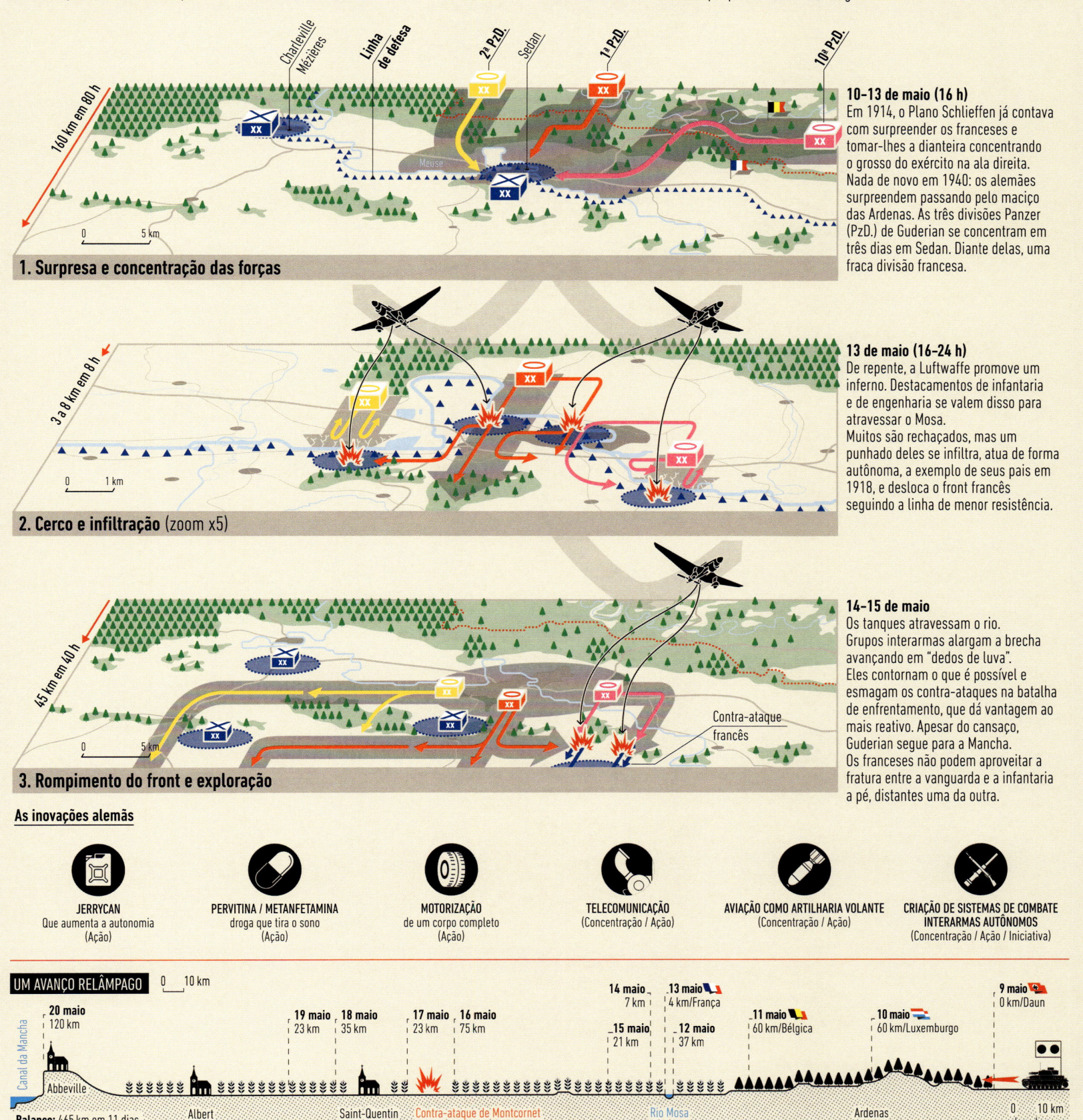

1. Surpresa e concentração das forças

10-13 de maio (16 h)
Em 1914, o Plano Schlieffen já contava com surpreender os franceses e tomar-lhes a dianteira concentrando o grosso do exército na ala direita. Nada de novo em 1940: os alemães surpreendem passando pelo maciço das Ardenas. As três divisões Panzer (PzD.) de Guderian se concentram em três dias em Sedan. Diante delas, uma fraca divisão francesa.

2. Cerco e infiltração (zoom x5)

13 de maio (16-24 h)
De repente, a Luftwaffe promove um inferno. Destacamentos de infantaria e de engenharia se valem disso para atravessar o Mosa.
Muitos são rechaçados, mas um punhado deles se infiltra, atua de forma autônoma, a exemplo de seus pais em 1918, e desloca o front francês seguindo a linha de menor resistência.

3. Rompimento do front e exploração

14-15 de maio
Os tanques atravessam o rio. Grupos interarmas alargam a brecha avançando em "dedos de luva". Eles contornam o que é possível e esmagam os contra-ataques na batalha de enfrentamento, que dá vantagem ao mais reativo. Apesar do cansaço, Guderian segue para a Mancha. Os franceses não podem aproveitar a fratura entre a vanguarda e a infantaria a pé, distantes uma da outra.

As inovações alemãs

- **JERRYCAN** — Que aumenta a autonomia (Ação)
- **PERVITINA / METANFETAMINA** — droga que tira o sono (Ação)
- **MOTORIZAÇÃO** — de um corpo completo (Ação)
- **TELECOMUNICAÇÃO** (Concentração / Ação)
- **AVIAÇÃO COMO ARTILHARIA VOLANTE** (Concentração / Ação)
- **CRIAÇÃO DE SISTEMAS DE COMBATE INTERARMAS AUTÔNOMOS** (Concentração / Ação / Iniciativa)

UM AVANÇO RELÂMPAGO

- **20 maio** — 120 km — Abbeville (Canal da Mancha)
- **19 maio** — 23 km
- **18 maio** — 35 km — Albert
- **17 maio** — 23 km — Contra-ataque de Montcornet
- **16 maio** — 75 km — Saint-Quentin
- **15 maio** — 21 km
- **14 maio** — 7 km
- **13 maio** — 4 km/França — Rio Mosa
- **12 maio** — 37 km
- **11 maio** — 60 km/Bélgica
- **10 maio** — 60 km/Luxemburgo — Ardenas
- **9 maio** — 0 km/Daun

Balanço: 465 km em 11 dias

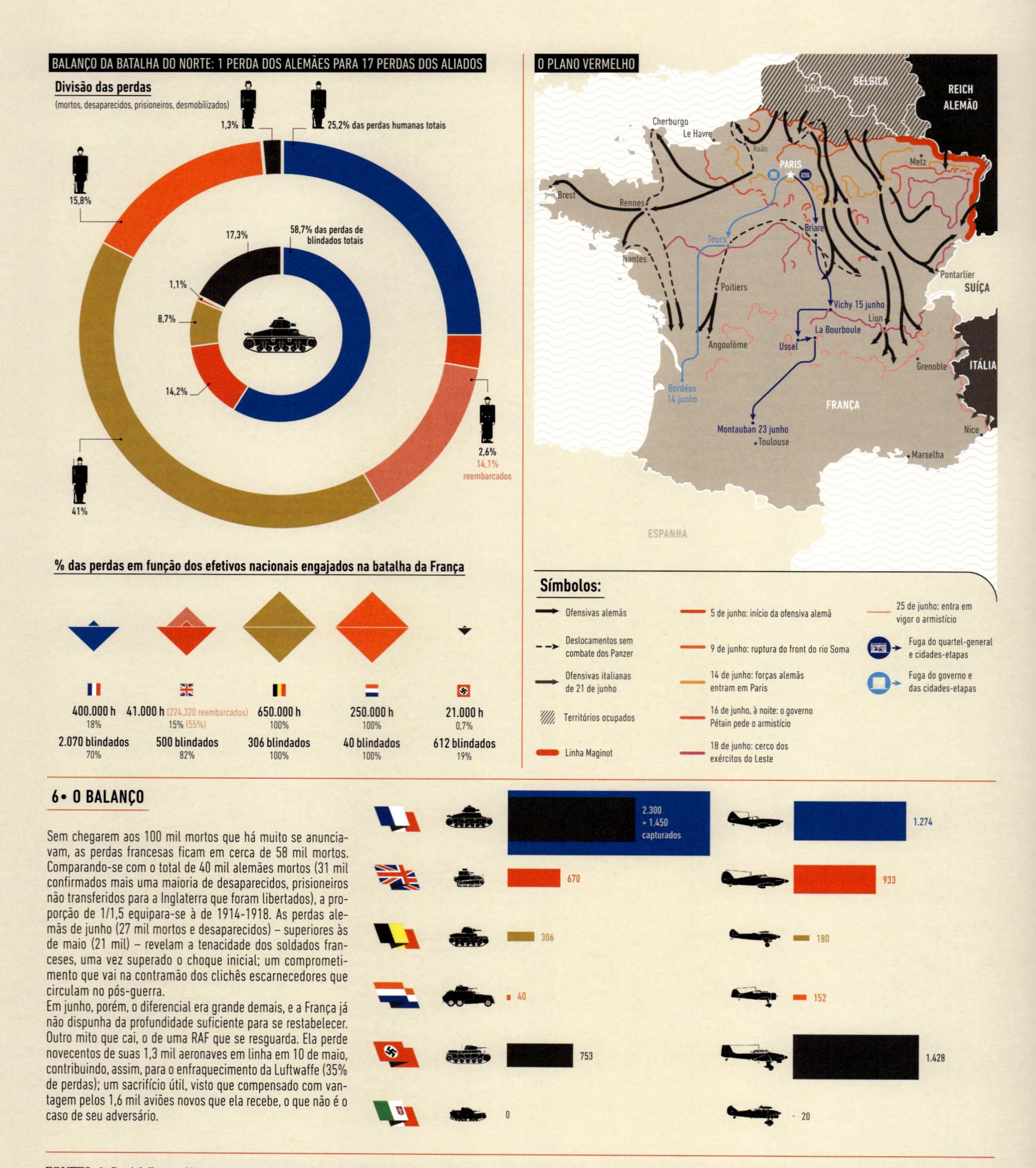

BALANÇO DA BATALHA DO NORTE: 1 PERDA DOS ALEMÃES PARA 17 PERDAS DOS ALIADOS

Divisão das perdas
(mortos, desaparecidos, prisioneiros, desmobilizados)

- 1,3%
- 25,2% das perdas humanas totais
- 15,8%
- 17,3%
- 58,7% das perdas de blindados totais
- 1,1%
- 8,7%
- 14,2%
- 2,6%
- 14,1% reembarcados
- 41%

O PLANO VERMELHO

Símbolos:
- Ofensivas alemãs
- Deslocamentos sem combate dos Panzer
- Ofensivas italianas de 21 de junho
- Territórios ocupados
- Linha Maginot
- 5 de junho: início da ofensiva alemã
- 9 de junho: ruptura do front do rio Soma
- 14 de junho: forças alemãs entram em Paris
- 16 de junho, à noite: o governo Pétain pede o armistício
- 18 de junho: cerco dos exércitos do Leste
- 25 de junho: entra em vigor o armistício
- Fuga do quartel-general e cidades-etapas
- Fuga do governo e das cidades-etapas

% das perdas em função dos efetivos nacionais engajados na batalha da França

🇫🇷	🇬🇧	🇧🇪	🇳🇱	卐
400.000 h	41.000 h (224.320 reembarcados)	650.000 h	250.000 h	21.000 h
18%	15% (55%)	100%	100%	0,7%
2.070 blindados	500 blindados	306 blindados	40 blindados	612 blindados
70%	82%	100%	100%	19%

6 • O BALANÇO

Sem chegarem aos 100 mil mortos que há muito se anunciavam, as perdas francesas ficam em cerca de 58 mil mortos. Comparando-se com o total de 40 mil alemães mortos (31 mil confirmados mais uma maioria de desaparecidos, prisioneiros não transferidos para a Inglaterra que foram libertados), a proporção de 1/1,5 equipara-se à de 1914-1918. As perdas alemãs de junho (27 mil mortos e desaparecidos) – superiores às de maio (21 mil) – revelam a tenacidade dos soldados franceses, uma vez superado o choque inicial; um comprometimento que vai na contramão dos clichês escarnecedores que circulam no pós-guerra.

Em junho, porém, o diferencial era grande demais, e a França já não dispunha da profundidade suficiente para se restabelecer. Outro mito que cai, o de uma RAF que se resguarda. Ela perde novecentos de suas 1,3 mil aeronaves em linha em 10 de maio, contribuindo, assim, para o enfraquecimento da Luftwaffe (35% de perdas); um sacrifício útil, visto que compensado com vantagem pelos 1,6 mil aviões novos que ela recebe, o que não é o caso de seu adversário.

	Blindados	Aviões
🇫🇷	2.300 + 1.450 capturados	1.274
🇬🇧	670	933
🇧🇪	306	180
🇳🇱	40	152
卐	753	1.428
🇮🇹	0	20

FONTES: 1• Patrick Facon, *L'Armée de l'air dans la tourmente,* Economica, 2005 – 2• Gérard Saint-Martin, *L'arme blindée française,* t. 1, Economica, 2011 – 3• Karl-Heinz Frieser, *Le mythe de la guerre-éclair,* Belin, 2003 – 4• *Germany and the Second World War,* t. 2; *Germany's initial conquests in Europe,* Oxford University Press, 2015 – 5• Revue *GBM* , n. 74 e 75, *Mai-Juin 1940! Les blindés français dans la tourmente –* 6• J.-L. Leleu, F. Passera, J. Quellien, M. Daeffler, *La France pendant la Seconde Guerre Mondiale, atlas historique,* Fayard, Ministère de la Défense, 2010 – 7• Maurice Vaïsse (dir.), *Mai-juin*

5• A DERROTA

A manobra malsucedida leva a um desastre sem precedentes. O Exército Francês se vê isolado e privado do melhor terço de suas divisões, de 80% de seu equipamento moderno, de oitocentos aviões. Do outro lado, as perdas são bem menores. A velocidade economiza o sangue. Senhores do terreno, os alemães podem recuperar seus veículos danificados. Em princípios de junho, 104 divisões alemãs rompem o front do Soma, defendido por apenas 66 divisões corajosas mas mal equipadas. É toda uma sociedade que desmorona. O trauma da ocupação entre 1914 e 1918, a política de resguardar a população e o medo dos bombardeios aéreos nas cidades levam a um primeiro êxodo preventivo no outono de 1939. O segundo é de uma magnitude jamais vista na história do Ocidente. O ataque alemão lança nas estradas cerca de 10 milhões de civis: 90% dos habitantes de Lille e 60% dos parisienses fogem em condições dramáticas. O mesmo acontece com o governo e o quartel-general. Na confusão, o poder se dissolve. A batalha da França está perdida. O presidente do Conselho Paul Reynaud, defensor do prosseguimento dos combates além-mar, sente-se desautorizado e se demite. Os adversários da República se aproveitam disso para afirmar que a única saída é o armistício, que priva o Estado de seu exército, de dois terços de seu território, deixando-o à mercê das forças de ocupação.

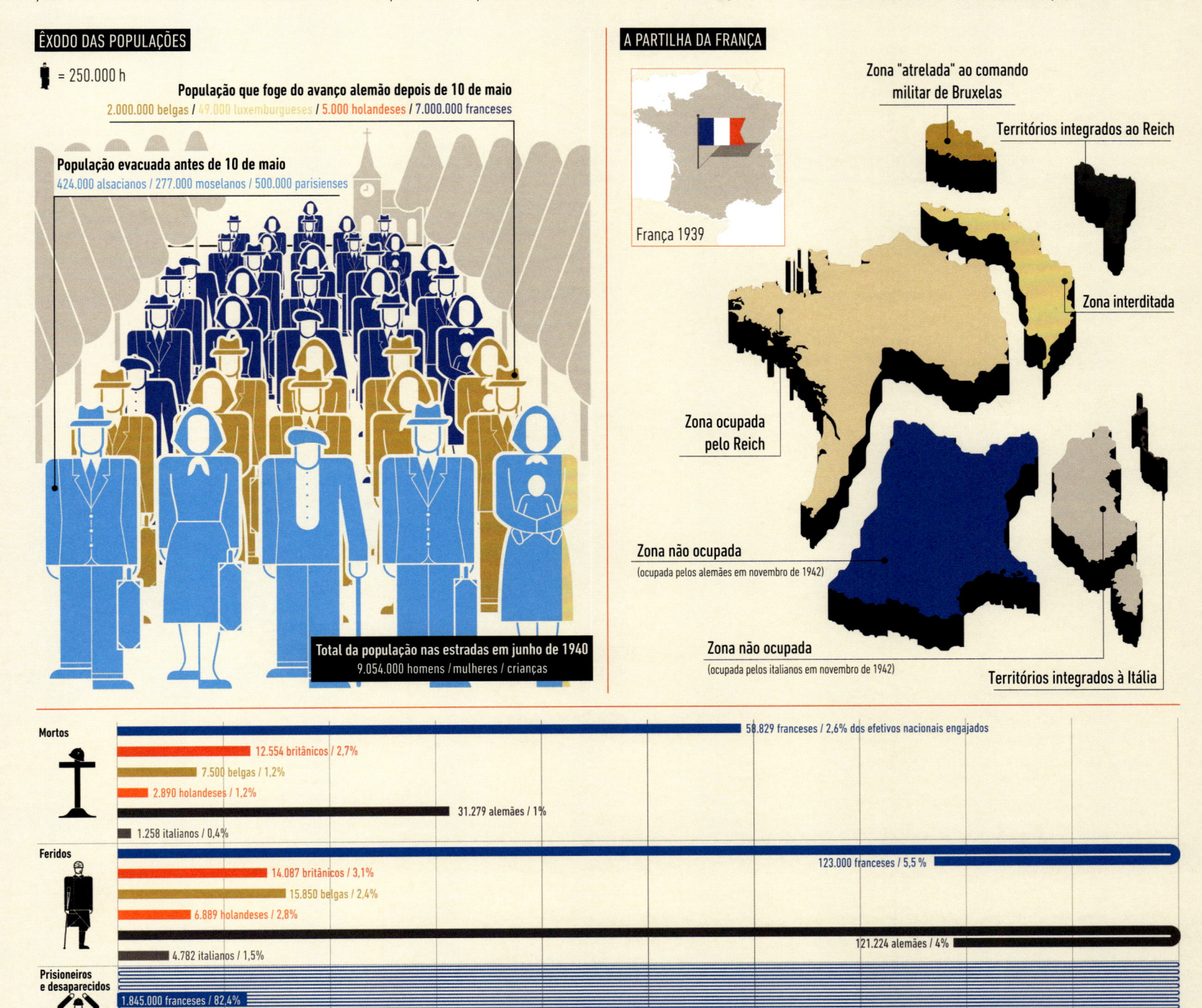

ÊXODO DAS POPULAÇÕES

= 250.000 h

População que foge do avanço alemão depois de 10 de maio
2.000.000 belgas / 49.000 luxemburgueses / 5.000 holandeses / 7.000.000 franceses

População evacuada antes de 10 de maio
424.000 alsacianos / 277.000 moselanos / 500.000 parisienses

Total da população nas estradas em junho de 1940
9.054.000 homens / mulheres / crianças

A PARTILHA DA FRANÇA

França 1939

Zona "atrelada" ao comando militar de Bruxelas
Territórios integrados ao Reich
Zona interdita
Zona ocupada pelo Reich
Zona não ocupada (ocupada pelos alemães em novembro de 1942)
Zona não ocupada (ocupada pelos italianos em novembro de 1942)
Territórios integrados à Itália

Mortos
- 58.829 franceses / 2,6% dos efetivos nacionais engajados
- 12.554 britânicos / 2,7%
- 7.500 belgas / 1,2%
- 2.890 holandeses / 1,2%
- 31.279 alemães / 1%
- 1.258 italianos / 0,4%

Feridos
- 123.000 franceses / 5,5%
- 14.087 britânicos / 3,1%
- 15.850 belgas / 2,4%
- 6.889 holandeses / 2,8%
- 121.224 alemães / 4%
- 4.782 italianos / 1,5%

Prisioneiros e desaparecidos
- 1.845.000 franceses / 82,4%
- 39.757 britânicos / 8,8%
- 225.000 belgas / 34,6%
- 230.000 holandeses / 92%
- 17.165 alemães / 0,6% - 616 italianos / 0,2%

Civis mortos
- 21.000 franceses / 6.000 belgas / 2.500 holandeses

Balanço total:
114.310 mortos / 285.832 feridos
2.357.538 prisioneiros / 29.500 civis mortos

1940. Défaite française, victoire allemande, sous l'oeil des historiens étrangers, Autrement, coll. "Mémoires/Histoire", 2000 – 8• Christine Levisse-Touzé (dir.), *La Campagne de 1940*, Tallandier, 2001 – 9• Thomas L. Jentz, *Panzertruppen: The complete guide to the creation & combat employment of Germany's tank force 1933-1942*, Schiffer Military History, 1996.

A BATALHA DA INGLATERRA

Eis uma batalha com múltiplas facetas. Se fôssemos acreditar na versão largamente difundida no pós-guerra e retomada no cinema, ela se resumiria à resistência, de meados de agosto a meados de setembro de 1940, de um punhado de pilotos de caça indomáveis, dispostos a se lançar contra as forças aéreas nazistas para defender seu espaço aéreo, salvar suas cidades destruídas por bombas e assim evitar a invasão. Sua coragem desesperada e quase suicida é felizmente coroada por um milagre: furioso com um raid de bombardeiros sobre Berlim, Hitler abandona seus ataques contra Londres, deixando a RAF, exangue mas vitoriosa, afastar todo risco de invasão.

Tudo isso, como o historiador Richard Overy demonstrou de maneira cabal, é uma peça de propaganda. Em nenhum momento a aviação de guerra britânica se viu ameaçada de extinção: não lhe faltaram nem pilotos nem aviões, e apenas um punhado de áreas de defesa foram postas fora de combate de modo provisório. Na verdade, embora as perdas da RAF não tenham sido desprezíveis, elas são perfeitamente suportáveis, ao contrário das sofridas pela Luftwaffe, cujos caças estão em condições lamentáveis.

Quanto à famosa guinada que "salva" os britânicos, ela se deve bem menos ao furor do Führer que a um erro de avaliação do *Reichsmarschall* Göring. Superestimando as perdas infligidas, ele crê que a RAF está moribunda e passa à fase seguinte do plano estratégico: a destruição do potencial industrial. Como essa "Blitz" segue em escala crescente (o famoso raid contra Coventry se dá em 14 de novembro de 1940), os britânicos, que superestimam o poder do adversário, têm tanta dificuldade em perceber a própria vitória quanto seus adversários têm de compreender sua derrota. Só em março de 1941 o Air Ministry de Londres publica uma brochura anunciando que a Batalha da Inglaterra (pela primeira vez com um B maiúsculo) havia sido vencida. E só em março os alemães recompõem suas forças, mas agora eles se voltam para o Leste.

Teria Hitler de fato desejado desembarcar além-Mancha? Ou a ofensiva aérea teria sido uma alavanca em vista de uma paz negociada? Difícil dizer. Embora com certeza a RAF não tenha salvado o reino, ela lhe ofereceu uma vitória moral: levando em conta a época, não se tratou de um sucesso de menor importância.

1 • RELAÇÃO DE FORÇAS

A batalha contrapõe duas Luftflotten alemãs, forças que combinam caças e bombardeiros, ao Fighter Command, comando unificado da unidade de caça britânica subdividida em quatro Groups, dentre os quais o 11º Group cobre o sul da ilha, onde se concentram os ataques. Os alemães podem escolher os alvos, com a superioridade numérica sobre os objetivos. Mas o raio de ação limitado do caça de um só lugar, o Messerschmitt Bf 109 E, escolta necessária dos bombardeiros, limita o alcance da ofensiva. Ora, a RAF tem mais Spitfires e Hurricanes para fazer oposição e o radar permite otimizar a interceptação.

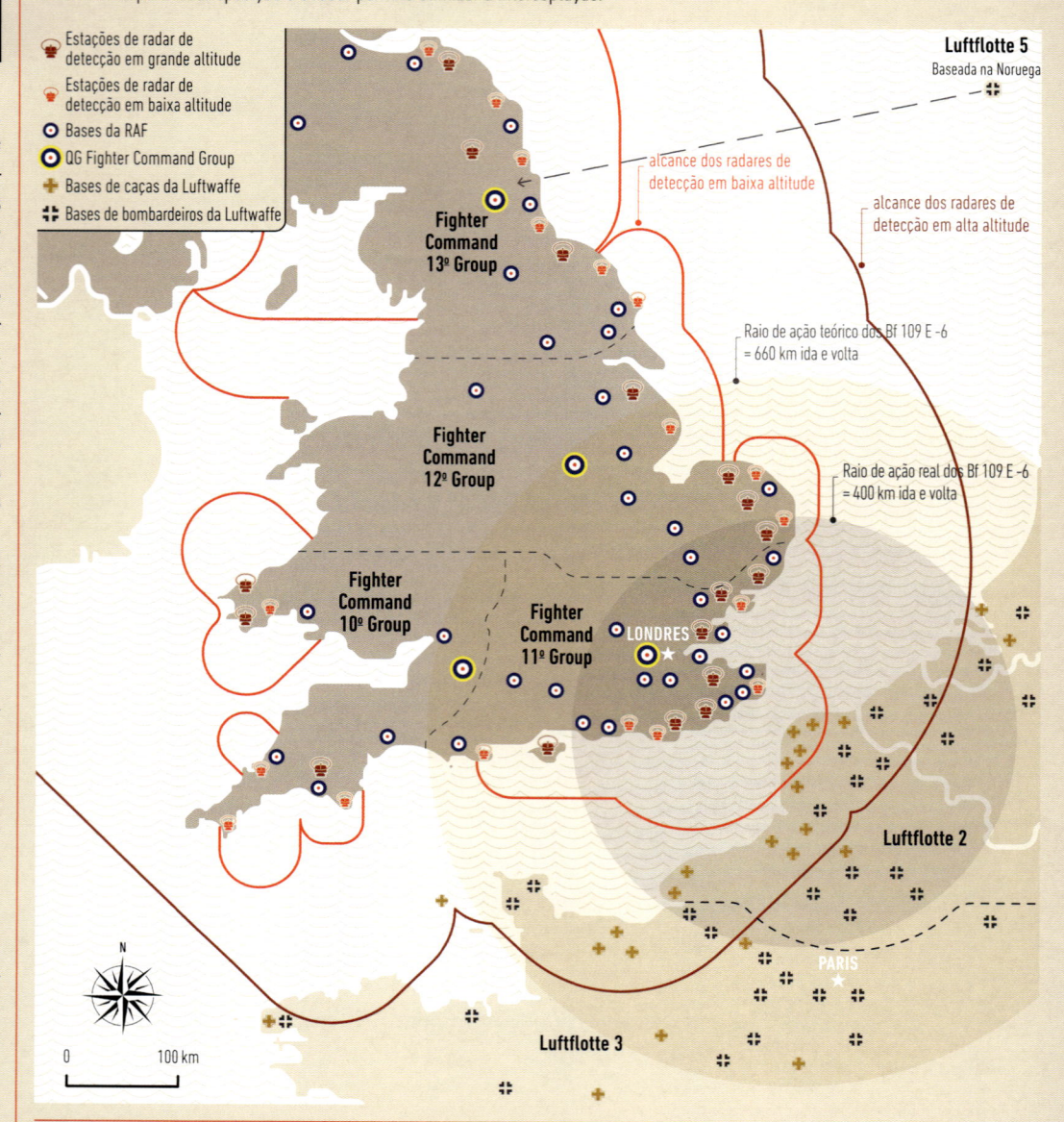

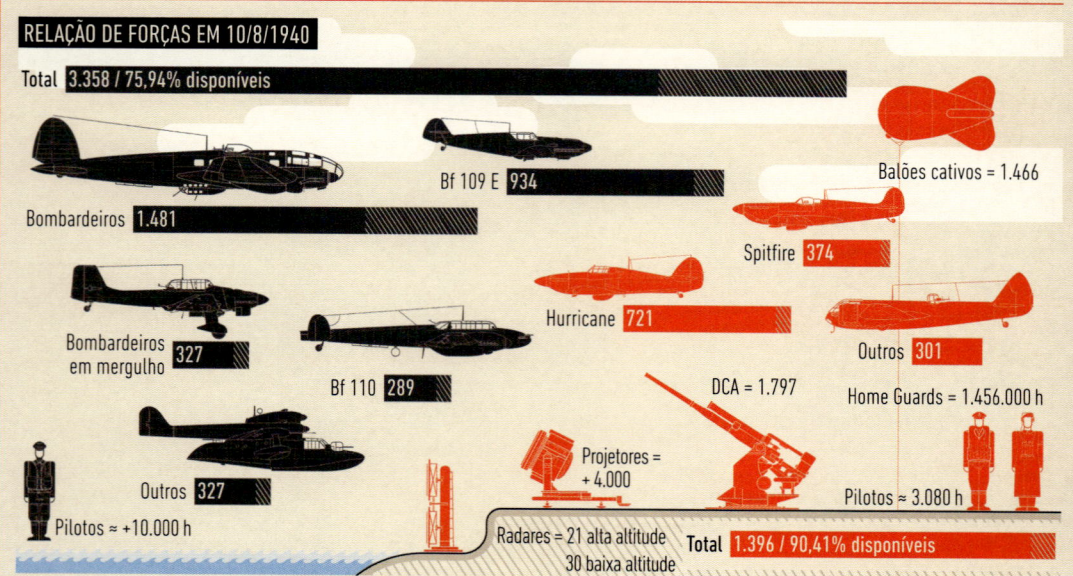

RELAÇÃO DE FORÇAS EM 10/8/1940

Total 3.358 / 75,94% disponíveis
- Bombardeiros 1.481
- Bf 109 E 934
- Bombardeiros em mergulho 327
- Bf 110 289
- Outros 327
- Pilotos ≈ +10.000 h

- Balões cativos = 1.466
- Spitfire 374
- Hurricane 721
- Outros 301
- DCA = 1.797
- Projetores = +4.000
- Home Guards = 1.456.000 h
- Pilotos ≈ 3.080 h
- Radares = 21 alta altitude / 30 baixa altitude

Total 1.396 / 90,41% disponíveis

2 • DESENROLAR

A ofensiva alemã tem quatro fases. Até 7 de agosto, multidões de caças desafiam a RAF no sul da Inglaterra e cobrem os ataques aos portos. A segunda, até 6 de setembro, visa as áreas do Fighter Command do sul, depois de toda a região de Londres, e também os postos de radar e a indústria aeronáutica. A terceira fase, a partir de 7 de setembro, consiste em raids contra a indústria e as docas da Grande Londres. Por fim, de 14 de novembro ao segundo trimestre de 1941, desenvolve-se a "Blitz", bombardeio noturno nos grandes centros industriais, essencialmente concentrado em Londres.

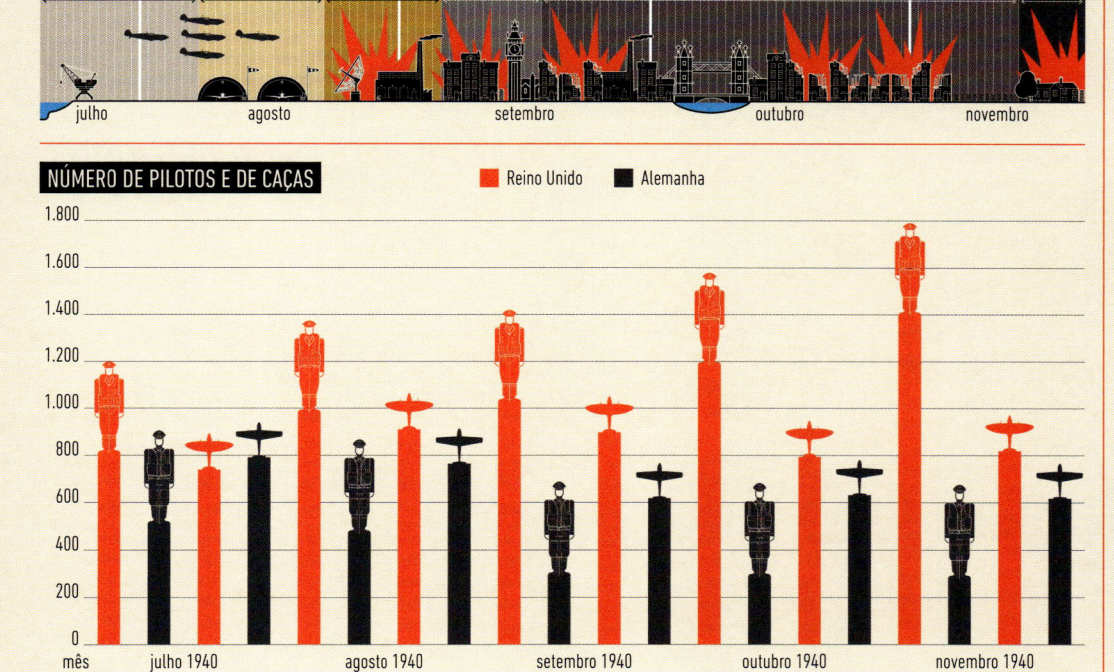

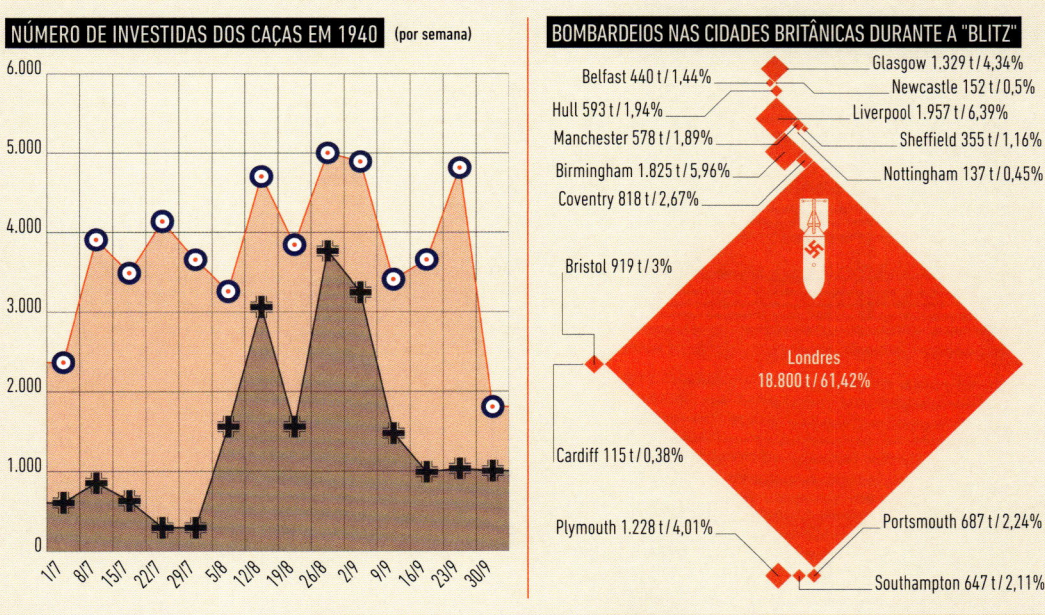

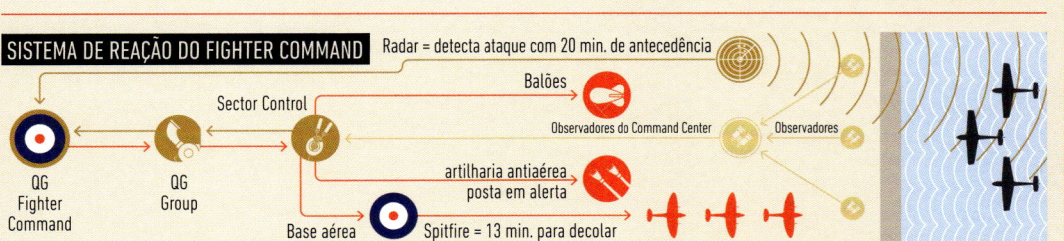

DESENROLAR DA BATALHA

Fase 1: 18/6 – 7/8
Fase 2: 8/8 – 23/8
Fase 3: 24/8 – 6/9 ; 7/9 – 19/9 ; 20/9 – 13/11
Fase 4 a "Blitz": 14/11

NÚMERO DE PILOTOS E DE CAÇAS
(Reino Unido / Alemanha — meses julho 1940 a novembro 1940)

NÚMERO DE INVESTIDAS DOS CAÇAS EM 1940 (por semana)

BOMBARDEIOS NAS CIDADES BRITÂNICAS DURANTE A "BLITZ"

- Belfast 440 t / 1,44%
- Hull 593 t / 1,94%
- Manchester 578 t / 1,89%
- Birmingham 1.825 t / 5,96%
- Coventry 818 t / 2,67%
- Bristol 919 t / 3%
- Cardiff 115 t / 0,38%
- Plymouth 1.228 t / 4,01%
- Glasgow 1.329 t / 4,34%
- Newcastle 152 t / 0,5%
- Liverpool 1.957 t / 6,39%
- Sheffield 355 t / 1,16%
- Nottingham 137 t / 0,45%
- Londres 18.800 t / 61,42%
- Portsmouth 687 t / 2,24%
- Southampton 647 t / 2,11%

SISTEMA DE REAÇÃO DO FIGHTER COMMAND

Radar = detecta ataque com 20 min. de antecedência
Sector Control → Balões → Observadores do Command Center / Observadores
QG Fighter Command → QG Group
artilharia antiaérea posta em alerta
Base aérea — Spitfire = 13 min. para decolar

3 • BALANÇO

Embora o Fighter Command sofra grandes perdas, ele inflige 7,5 mais perdas definitivas, se considerarmos os alemães abatidos no espaço aéreo da Inglaterra e em seguida capturados, ao passo que os britânicos muitas vezes voltam ao combate no mesmo dia. Além disso, a RAF dispõe de um sistema de gestão (rotatividade, treinamento, substituição) dos pilotos mais eficiente e se desgasta mais lentamente. Seus aviões perdidos também são substituídos com facilidade, graças a uma produção eficaz.
Em contrapartida, embora as fábricas sejam o alvo prioritário da "Blitz", os bairros populares são os que mais sofrem, devido à imprecisão dos bombardeios noturnos.

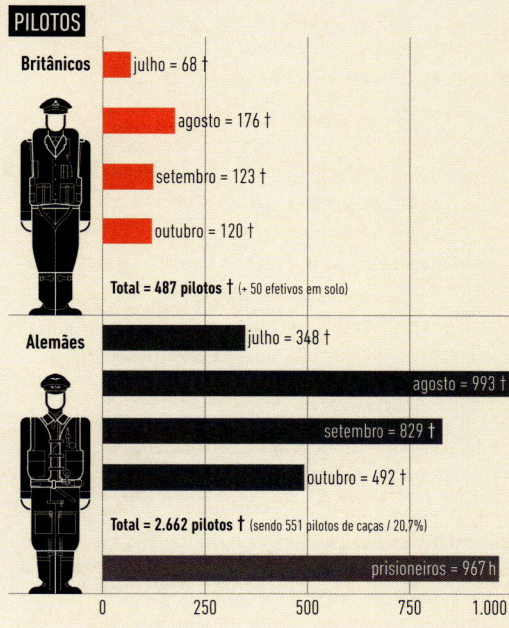

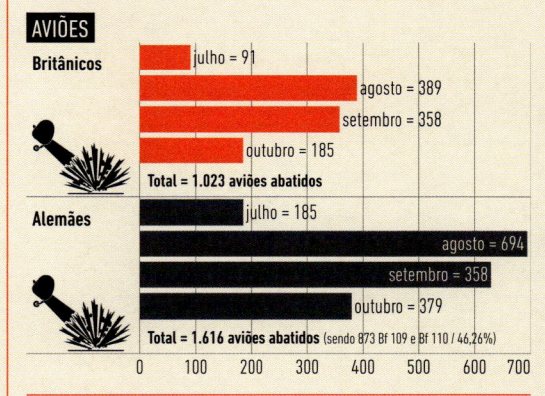

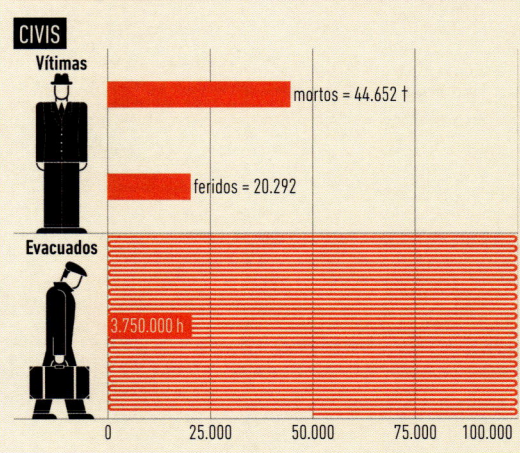

PILOTOS

Britânicos:
- julho = 68 †
- agosto = 176 †
- setembro = 123 †
- outubro = 120 †
- Total = 487 pilotos † (+ 50 efetivos em solo)

Alemães:
- julho = 348 †
- agosto = 993 †
- setembro = 829 †
- outubro = 492 †
- Total = 2.662 pilotos † (sendo 551 pilotos de caças / 20,7%)
- prisioneiros = 967 h

AVIÕES

Britânicos:
- julho = 91
- agosto = 389
- setembro = 358
- outubro = 185
- Total = 1.023 aviões abatidos

Alemães:
- julho = 185
- agosto = 694
- setembro = 358
- outubro = 379
- Total = 1.616 aviões abatidos (sendo 873 Bf 109 e Bf 110 / 46,26%)

CIVIS

Vítimas:
- mortos = 44.652 †
- feridos = 20.292

Evacuados: 3.750.000 h

FONTES: 1• Richard Overy, *The Battle of Britain, myth and reality*, Penguin, 2010 – 2• Richard Overy, *Sous les bombes, nouvelle histoire de la guerre aérienne 1939-1945*, Flammarion, 2014 – 3• Peter Dye, "Logistics and the Battle of Britain", *Air Force Journal of Logistics*, 22 dez. 2000 – 4• *After the Battle of Britain (Mark II)*, Battle of Britain Printing International, 1982, p. 259.

O TSUNÂMI JAPONÊS

1 • PEARL HARBOR, A VITÓRIA ILUSÓRIA

Tendo entrado para a história como o "dia da infâmia", o da trágica derrota infligida à frota americana, o ataque a Pearl Harbor na verdade teve consequências militares muito limitadas, visto ter resultado apenas na neutralização provisória de uma esquadra de velhos couraçados mais que obsoletos (por serem muito velhos, apenas dois deles voltaram à ativa), não tendo atingido os porta-aviões americanos. Esse raid, assim como a destruição da Força Z britânica em 10 de dezembro, dá ao Japão apenas um breve período de poucos meses para garantir suas conquistas, sem nada perturbar o equilíbrio de fundo.

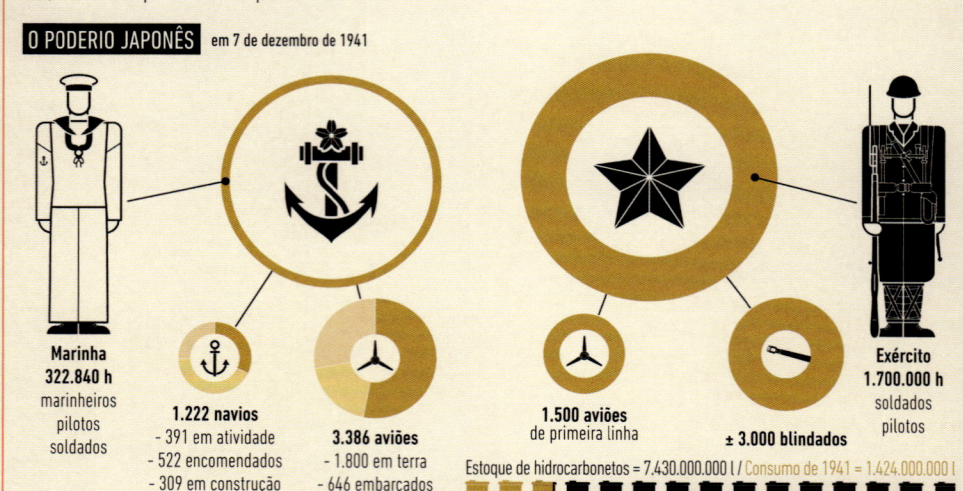

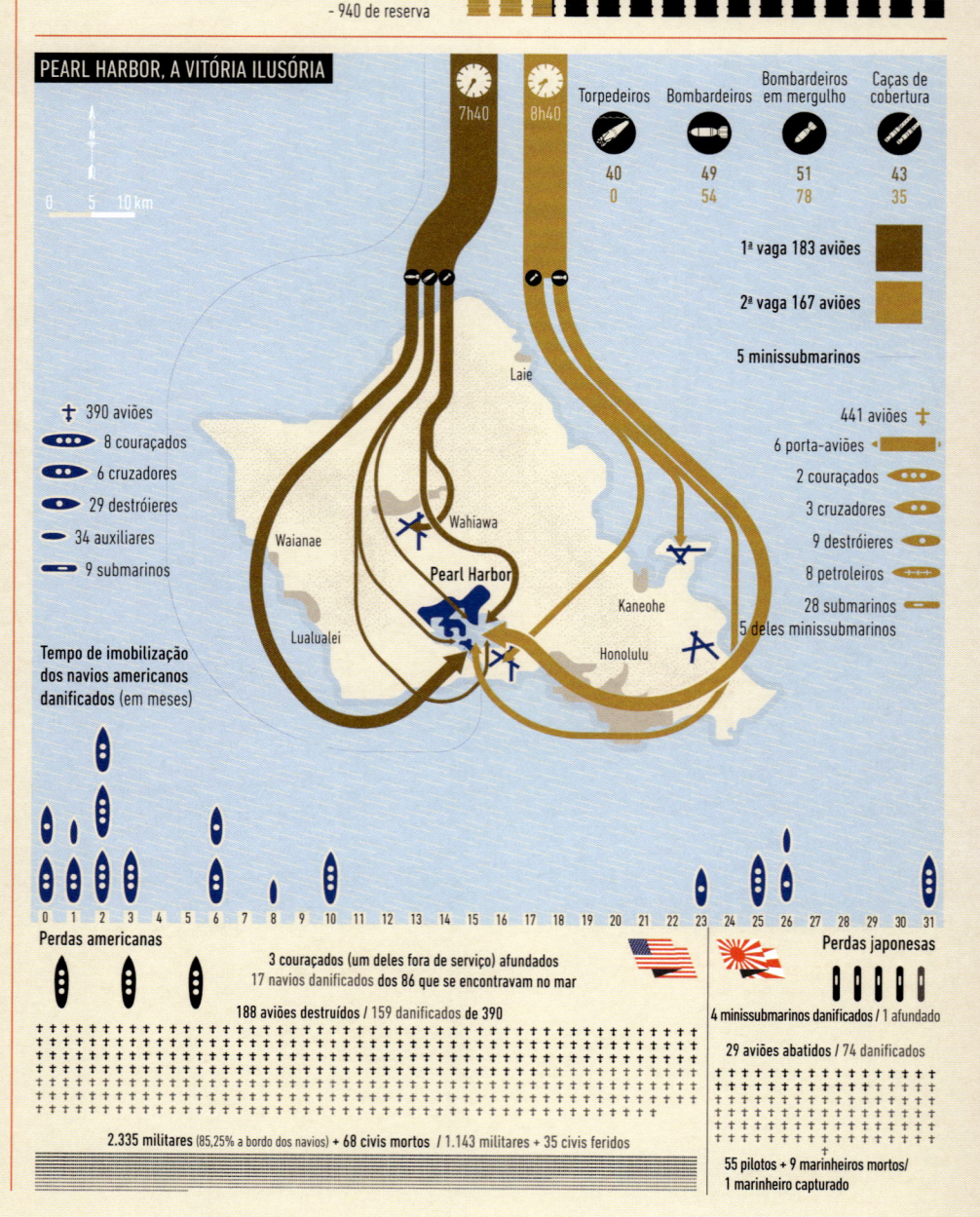

Sob seu nome tradicional de Guerra do Pacífico, e em sua cronologia clássica que vai de 7 de dezembro de 1941 a 2 de setembro de 1945, a guerra entre o Japão imperial e os Aliados ocidentais reflete uma visão estreita e americanocêntrica do conflito. Na realidade, suas raízes e sua dimensão são muito mais vastas, remontando à década de 1930 e envolvendo todo o leste e sudeste da Ásia, a começar pela China, mas também as penínsulas indiana e indochinesa, a Mongólia, a Coreia e a União Soviética.

De resto, do ponto de vista japonês, trata-se de uma Guerra da Grande Ásia Oriental, que começa com a invasão da China em 1937, ou de um conflito que se inicia com a anexação da Manchúria em 1931, sob o nome de Guerra de Quinze Anos, e continua até a capitulação de 1945, incluindo "o incidente" de Nomonhan (ou Khalkhin Gol) contra o Exército Vermelho em 1939, ou trata-se ainda do controle progressivo da Indochina francesa de 1940 a 1945.

Mesmo limitada ao seu âmbito tradicional, a guerra da Ásia-Pacífico tem extensões no Oceano Índico, na Birmânia, na Índia e na China. Por sua aliança com a Alemanha nazista e a Itália fascista no seio do Pacto Tripartite (1940), por sua política ultranacionalista e por seu próprio poderio militar – principalmente naval –, Tóquio entrou em rota de colisão com os Estados Unidos, manifestada desde que Roosevelt decidiu, em julho de 1941, submeter o arquipélago a um embargo econômico. Para Tóquio, a alternativa era renunciar a suas conquistas na China, obtidas com a maior brutalidade, para normalizar suas relações com os ocidentais, ou, ao contrário, aproveitar-se da fraqueza dos Aliados e dos soviéticos na Europa para construir à força e em seu proveito exclusivo uma "esfera de coprosperidade da Grande Ásia Oriental", compreendendo recursos estratégicos da Insulíndia e principalmente o petróleo das Índias Holandesas. Embora tenha perfeita consciência da desproporção das forças e dos potenciais econômicos a longo prazo, o imperador Hiroito, verdadeiro senhor do Japão, aceita essa fuga para a frente. Como seus militares lhe explicam, é possível conquistar vitórias que tornarão as posições japonesas inexpugnáveis, obrigando os Aliados, especialmente os Estados Unidos, a negociarem uma "nova ordem" na Ásia.

Em 7 de dezembro de 1941, enquanto forças japonesas limitadas (cerca de doze divisões), mas muito bem preparadas, se dispõem a atacar as Filipinas, a Malásia, Cingapura e as Índias Holandesas, a frota de porta-aviões Kido Butai, então a melhor do mundo, ataca de surpresa a frota americana do Pacífico em sua grande base nas ilhas do Havaí: Pearl Harbor.

O PODERIO JAPONÊS em 7 de dezembro de 1941

Marinha 322.840 h (marinheiros, pilotos, soldados)
- 1.222 navios
  - 391 em atividade
  - 522 encomendados
  - 309 em construção
- 3.386 aviões
  - 1.800 em terra
  - 646 embarcados
  - 940 de reserva

Exército 1.700.000 h (soldados, pilotos)
- 1.500 aviões de primeira linha
- ± 3.000 blindados

Estoque de hidrocarbonetos = 7.430.000.000 l | Consumo de 1941 = 1.424.000.000 l

PEARL HARBOR, A VITÓRIA ILUSÓRIA

7h40 / 8h40

	Torpedeiros	Bombardeiros	Bombardeiros em mergulho	Caças de cobertura
1ª vaga 183 aviões	40	49	51	43
2ª vaga 167 aviões	0	54	78	35

5 minissubmarinos

Perdas americanas:
- † 390 aviões
- 8 couraçados
- 6 cruzadores
- 29 destróieres
- 34 auxiliares
- 9 submarinos

Tempo de imobilização dos navios americanos danificados (em meses): 0–31

- 3 couraçados (um deles fora de serviço) afundados
- 17 navios danificados dos 86 que se encontravam no mar
- 188 aviões destruídos / 159 danificados de 390
- 2.335 militares (85,25% a bordo dos navios) + 68 civis mortos / 1.143 militares + 35 civis feridos

Perdas japonesas:
- 441 aviões
- 6 porta-aviões
- 2 couraçados
- 3 cruzadores
- 9 destróieres
- 8 petroleiros
- 28 submarinos, 5 deles minissubmarinos

- 4 minissubmarinos danificados / 1 afundado
- 29 aviões abatidos / 74 danificados
- 55 pilotos + 9 marinheiros mortos / 1 marinheiro capturado

2 • AS CONQUISTAS JAPONESAS (DEZEMBRO 1941–JUNHO 1942)

Certo de poder vencer os Estados Unidos, o comando japonês, a começar pelo almirante Yamamoto, prevê ganhar tempo com uma ofensiva rápida e brutal, começando pela neutralização imediata, e sem declaração de guerra, da frota americana do Pacífico em Pearl Harbor (Havaí). Em seis meses, período no curso do qual o Japão, como tinha previsto, conseguirá manter a iniciativa estratégica no Pacífico, a frota apoiada pelo exército é encarregada de ocupar, num primeiro momento, as Filipinas – então sob a tutela americana –, a Malásia britânica e o ferrolho de Cingapura, de garantir os recursos vitais das colônias ocidentais (Java, Sumatra, Bornéu, Nova Guiné...), de isolar a China assumindo o controle da Birmânia e de estabelecer um vasto perímetro defensivo apoiando-se nos arquipélagos do Pacífico Central e do Pacífico Sul até as ilhas Gilbert e Salomão, ameaçando diretamente as costas australianas. Num segundo momento, Yamamoto alimenta a ideia de destruir a frota americana, levando-a a travar uma grande batalha decisiva nas cercanias da ilha de Midway.

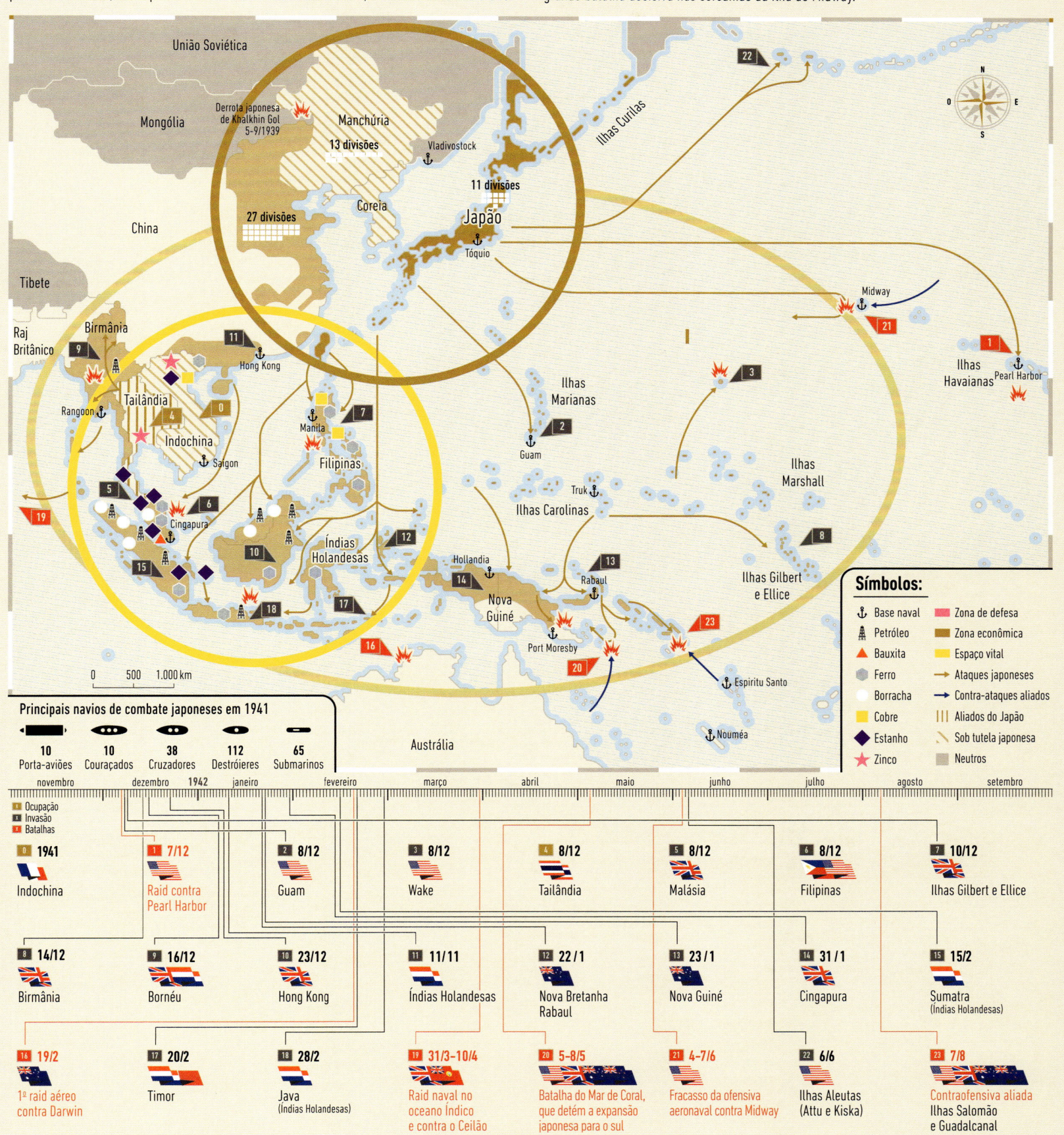

Símbolos:
- ⚓ Base naval
- 🛢 Petróleo
- ▲ Bauxita
- Ferro
- ○ Borracha
- Cobre
- ◆ Estanho
- ★ Zinco
- Zona de defesa
- Zona econômica
- Espaço vital
- → Ataques japoneses
- → Contra-ataques aliados
- ||| Aliados do Japão
- Sob tutela japonesa
- Neutros

Principais navios de combate japoneses em 1941
- 10 Porta-aviões
- 10 Couraçados
- 38 Cruzadores
- 112 Destróieres
- 65 Submarinos

Legenda cronológica
- Ocupação
- Invasão
- Batalhas

0 1941 — Indochina
1 7/12 — Raid contra Pearl Harbor
2 8/12 — Guam
3 8/12 — Wake
4 8/12 — Tailândia
5 8/12 — Malásia
6 8/12 — Filipinas
7 10/12 — Ilhas Gilbert e Ellice
8 14/12 — Birmânia
9 16/12 — Bornéu
10 23/12 — Hong Kong
11 11/11 — Índias Holandesas
12 22/1 — Nova Bretanha Rabaul
13 23/1 — Nova Guiné
14 31/1 — Cingapura
15 15/2 — Sumatra (Índias Holandesas)
16 19/2 — 1º raid aéreo contra Darwin
17 20/2 — Timor
18 28/2 — Java (Índias Holandesas)
19 31/3–10/4 — Raid naval no oceano Índico e contra o Ceilão
20 5–8/5 — Batalha do Mar de Coral, que detém a expansão japonesa para o sul
21 4–7/6 — Fracasso da ofensiva aeronaval contra Midway
22 6/6 — Ilhas Aleutas (Attu e Kiska)
23 7/8 — Contraofensiva aliada Ilhas Salomão e Guadalcanal

3 • UMA GUERRA DE ATRITO PARA QUEBRAR A "BARREIRA BISMARK"

Depois de uma fase de vitórias ininterruptas ao longo de vários meses, as espetaculares conquistas japonesas sofrem um duplo bloqueio na primavera de 1942; no Mar de Coral em maio, depois em Midway, em junho, onde o plano da batalha decisiva do almirante Yamamoto para destruir a frota do Pacífico se encerra com um desastre e um grande estrago em sua principal arma, a Kido Butai, que perde quatro de seus grandes porta-aviões. A partir de agosto de 1942, os americanos retomam a iniciativa empreendendo uma batalha de atrito para reconquistar as Ilhas Salomão, no Pacífico Sul, a começar pela ilha de Guadalcanal. Essa grande batalha de vários meses, acirrada e árdua, em terra, mar e ar, permite "ir roendo" as forças japonesas – cujo comando comete o erro de aferrar-se a posições secundárias – enquanto espera o fortalecimento da frota do almirante Nimitz, que se dá no ano de 1943.

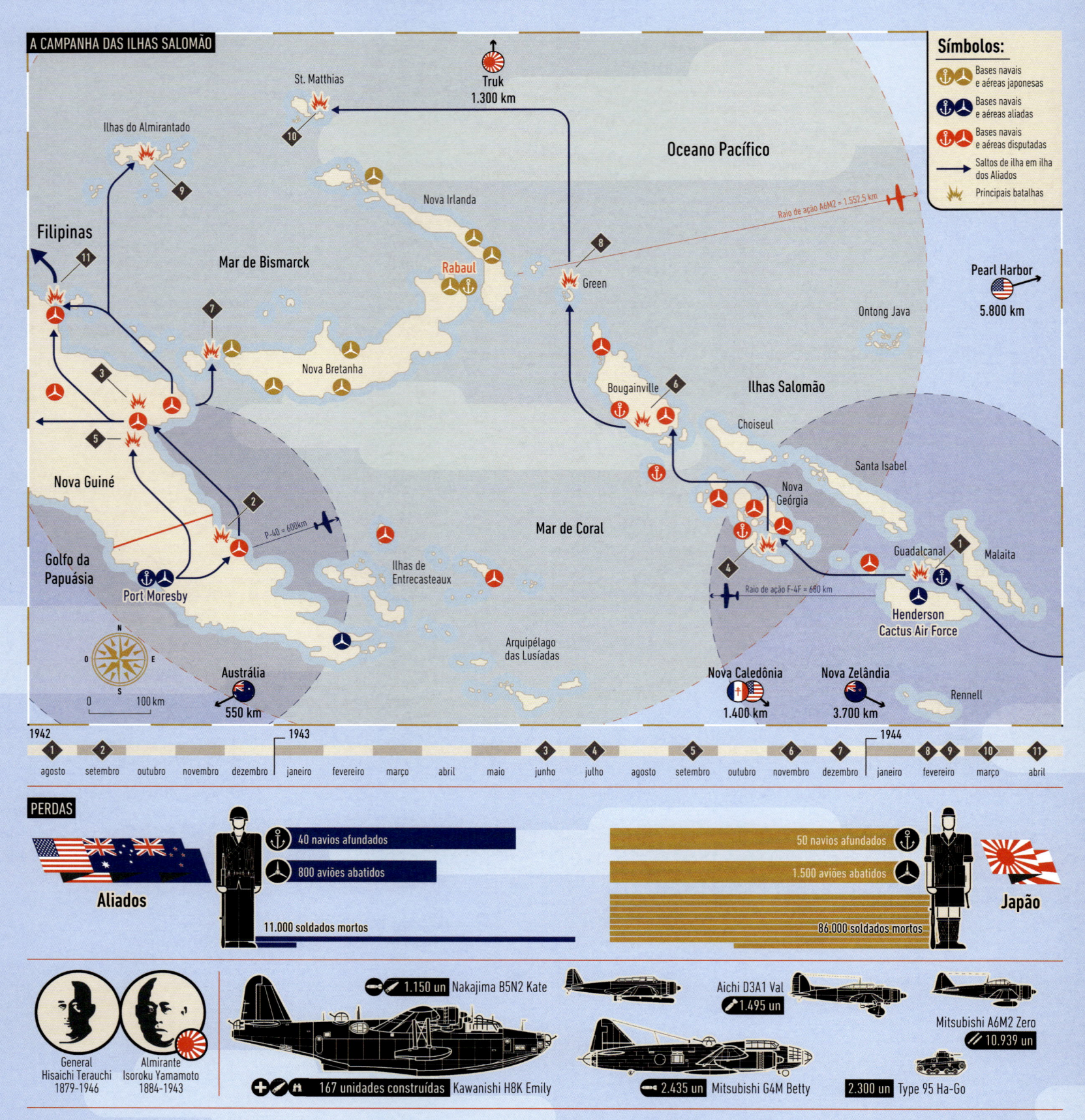

A CAMPANHA DAS ILHAS SALOMÃO

Símbolos:
- Bases navais e aéreas japonesas
- Bases navais e aéreas aliadas
- Bases navais e aéreas disputadas
- Saltos de ilha em ilha dos Aliados
- Principais batalhas

Raio de ação A6M2 = 1.552,5 km
Raio de ação F-4F = 680 km
P-40 = 600 km

Truk 1.300 km
St. Matthias
Ilhas do Almirantado
Filipinas
Nova Irlanda
Mar de Bismarck
Nova Bretanha
Rabaul
Green
Oceano Pacífico
Ontong Java
Pearl Harbor 5.800 km
Bougainville
Ilhas Salomão
Choiseul
Santa Isabel
Nova Geórgia
Nova Guiné
Golfo da Papuásia
Port Moresby
Ilhas de Entrecasteaux
Mar de Coral
Guadalcanal
Malaita
Henderson Cactus Air Force
Arquipélago das Lusíadas
Austrália 550 km
Nova Caledônia 1.400 km
Nova Zelândia 3.700 km
Rennell

Linha do tempo:
1942 — 1 agosto, 2 setembro, outubro, novembro, dezembro
1943 — janeiro, fevereiro, março, abril, 3 maio, 4 junho, 5 julho, agosto, 6 setembro, 7 outubro, novembro, dezembro
1944 — 8 janeiro, 9 fevereiro, 10 março, 11 abril

PERDAS

Aliados
- 40 navios afundados
- 800 aviões abatidos
- 11.000 soldados mortos

Japão
- 50 navios afundados
- 1.500 aviões abatidos
- 86.000 soldados mortos

General Hisaichi Terauchi 1879-1946
Almirante Isoroku Yamamoto 1884-1943

- 1.150 un Nakajima B5N2 Kate
- 167 unidades construídas Kawanishi H8K Emily
- 1.495 un Aichi D3A1 Val
- 2.435 un Mitsubishi G4M Betty
- 10.939 un Mitsubishi A6M2 Zero
- 2.300 un Type 95 Ha-Go

FONTES: *1•* N. Bernard, *La guerre du Pacifique*, Tallandier, 2016 – *2•* J. Costello, *La Guerre du Pacifique*, 2 v., Pygmalion, reed 2010 – *3•* S.E. Morison, *History of U.S. Naval Operations in World War II*,

4 • O SILENT SERVICE: A ARMA ABSOLUTA DO PACÍFICO

Muito menos presentes nos fatos da Segunda Guerra Mundial que seus adversários alemães, os famosos U-Boats, os submarinos americanos do *Silent Service*, e muito em especial os grandes navios oceânicos da classe Gato, têm um papel muitíssimo importante e desconhecido na guerra do Pacífico. Segundo o próprio testemunho do almirante Halsey, trata-se da arma mais decisiva da guerra, a qual, ao custo de perdas proporcionalmente mais pesadas que as de toda a US Navy (cerca de 20% de navios perdidos), haveria de estrangular, entre 1943 e 1945, a economia de guerra japonesa, cortando o fluxo de matérias-primas das Índias Orientais para as indústrias da metrópole, a começar pelo precioso petróleo. Assim, em 1944, o que resta da frota nipônica é obrigado a estacionar o mais perto possível dos poços e das refinarias para garantir o abastecimento. Um dos mais graves erros da estratégia japonesa terá sido, de maneira inegável, o de negligenciar a segurança de seus petroleiros, destinando-lhes uma escolta muito insuficiente.

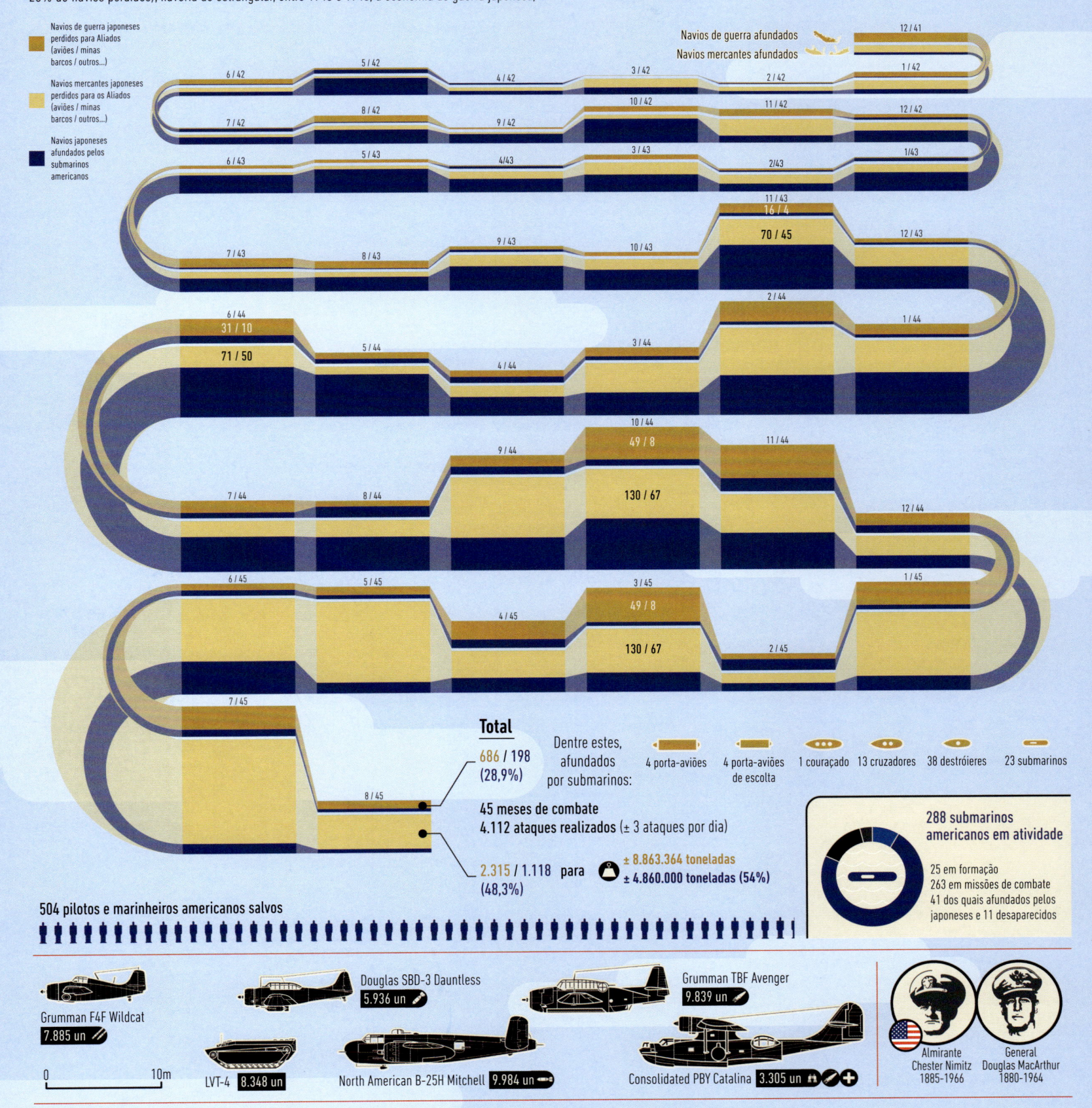

Navios de guerra japoneses perdidos para Aliados (aviões / minas barcos / outros...)

Navios mercantes japoneses perdidos para os Aliados (aviões / minas barcos / outros...)

Navios japoneses afundados pelos submarinos americanos

Navios de guerra afundados
Navios mercantes afundados

Total
686 / 198
(28,9%)

Dentre estes, afundados por submarinos:
4 porta-aviões | 4 porta-aviões de escolta | 1 couraçado | 13 cruzadores | 38 destróieres | 23 submarinos

45 meses de combate
4.112 ataques realizados (± 3 ataques por dia)

2.315 / 1.118 para ± 8.863.364 toneladas
(48,3%) ± 4.860.000 toneladas (54%)

288 submarinos americanos em atividade
25 em formação
263 em missões de combate
41 dos quais afundados pelos japoneses e 11 desaparecidos

504 pilotos e marinheiros americanos salvos

Grumman F4F Wildcat — 7.885 un
LVT-4 — 8.348 un
Douglas SBD-3 Dauntless — 5.936 un
North American B-25H Mitchell — 9.984 un
Grumman TBF Avenger — 9.839 un
Consolidated PBY Catalina — 3.305 un

Almirante Chester Nimitz 1885-1966
General Douglas MacArthur 1880-1964

US Navy, reed 2001 – 4 • C. Smith, *Pearl Harbor 1941*, CAM n. 62, Osprey, 2001 – 5 • *History of Imperial General Headquarters*, JM n. 45, US Army, 1959.

BARBAROSSA: A CAIXA DE PANDORA

Quando ataca a União Soviética em 22 de junho de 1941, a Wehrmacht é, de longe, o melhor exército do mundo, em terra e no ar. Nenhum observador dá a menor chance ao Exército Vermelho, dada sua evidente inferioridade qualitativa, no que tange ao comando, à tática, ao combate interarmas, ao treinamento e à coesão – fatores mais importantes que o efeito surpresa buscado e alcançado. Os primeiros meses da campanha estão na mesma linha do desempenho da Wehrmacht na Polônia e na França, mas com uma potência três vezes maior: cinco cercos gigantes resultam em 2 milhões de prisioneiros, 10 mil aviões e 12 mil tanques destruídos ou capturados, e o avanço chega às portas de Leningrado, Moscou e Rostov. Não obstante, sem dúvida ofuscados por sua margem de superioridade intrínseca e por pressupostos ideológicos, os chefes alemães cometem vários erros que os conduzem à derrota final. Eles subestimam os recursos humanos e materiais do adversário de forma inacreditável: esperam encontrar duzentas divisões, mas se veem diante de quinhentas. As hipóteses com base nas quais eles regularam seu aparelho logístico são por demais otimistas: a partir de setembro, a tropa sofre múltiplas carências que lhe aceleram o desgaste. E, principalmente, os chefes militares e políticos alemães davam como certo que o regime soviético cairia por terra em consequência das derrotas. O número de prisioneiros, de desertores,

1 • A RELAÇÃO DE FORÇAS

A superioridade dos soviéticos em número de aviões e tanques não deve nos enganar. Mal comandadas, sem logística nem recursos de comunicação adequados, incapazes de combate interarmas, as unidades soviéticas, apesar dos recursos materiais às vezes excelentes, não podem enfrentar os Panzer e a Luftwaffe. Ainda que sua infantaria dependa, em parte, de tração animal, a Wehrmacht é visivelmente mais bem motorizada que seu adversário, por demais dependente das ferrovias.

O milhão de soldados romenos, finlandeses, húngaros, italianos e eslovacos engajados não tem o elã combativo dos alemães, à exceção dos finlandeses, mas é importante porque libera a Wehrmacht em setores secundários e nas tarefas de ocupação.

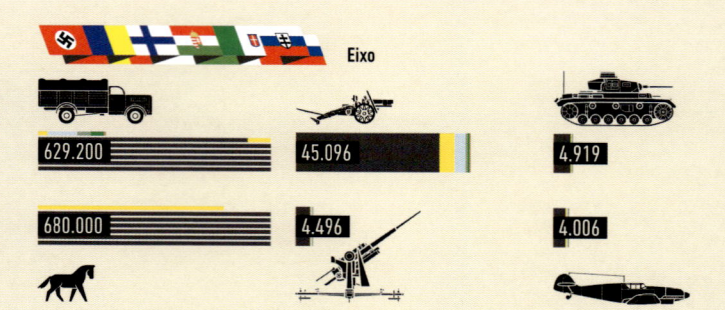

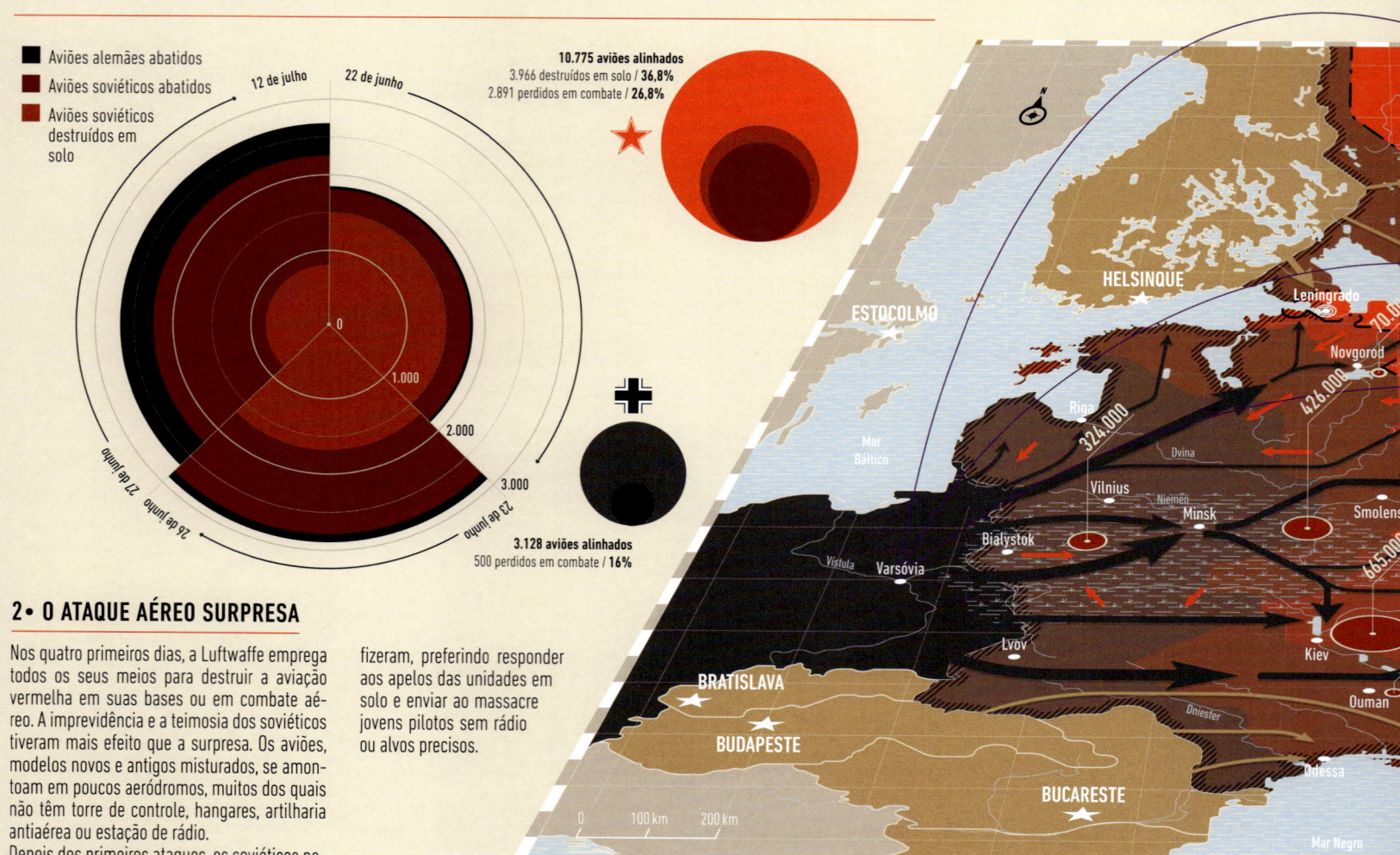

2 • O ATAQUE AÉREO SURPRESA

Nos quatro primeiros dias, a Luftwaffe emprega todos os seus meios para destruir a aviação vermelha em suas bases ou em combate aéreo. A imprevidência e a teimosia dos soviéticos tiveram mais efeito que a surpresa. Os aviões, modelos novos e antigos misturados, se amontoam em poucos aeródromos, muitos dos quais não têm torre de controle, hangares, artilharia antiaérea ou estação de rádio.
Depois dos primeiros ataques, os soviéticos poderiam ter distribuído seus aviões na série de aeródromos atrás da antiga linha Stálin, trezentos quilômetros a leste da fronteira. Eles não o fizeram, preferindo responder aos apelos das unidades em solo e enviar ao massacre jovens pilotos sem rádio ou alvos precisos.

de trânsfugas de todos os tipos alimenta sua expectativa da implosão política. Em vão.

O regime stalinista mantém-se firme, com seu chefe à frente. Uma repressão implacável dos militares e das diversas dissidências, reais ou supostas, uma mobilização brutal de toda a população e de todos os meios materiais, mais o apelo ao patriotismo russo permitem, em meio ao caos das derrotas, que o Exército Vermelho continue a contra-atacar, que as ferrovias evacuem mil fábricas estratégicas para bem longe, no leste, e que se ganhe tempo para reunir reservas, aprender com o inimigo e remodelar as unidades e as táticas. A operação Barbarossa não é uma campanha militar comum. É uma aventura colonial de uma brutalidade monstruosa, uma empresa de destruição de uma ideologia (o bolchevismo) e de seus supostos apoiadores, os funcionários do regime e os judeus. Milhões são mortos na linha de frente e também na retaguarda, nas cidades e aldeias, onde comandos especiais estimulam os *pogroms*, fuzilam homens, mulheres e crianças judias, mas também supostos *partisans* e comissários políticos. Outros 2 milhões de prisioneiros de guerra são deixados para morrer a céu aberto. Com cerca de 5 milhões de mortos, o segundo semestre de 1941 é provavelmente o mais letal da história. A operação Barbarossa é uma violação geral de todas as normas da civilização, perpetradas contra a Europa pela própria Europa.

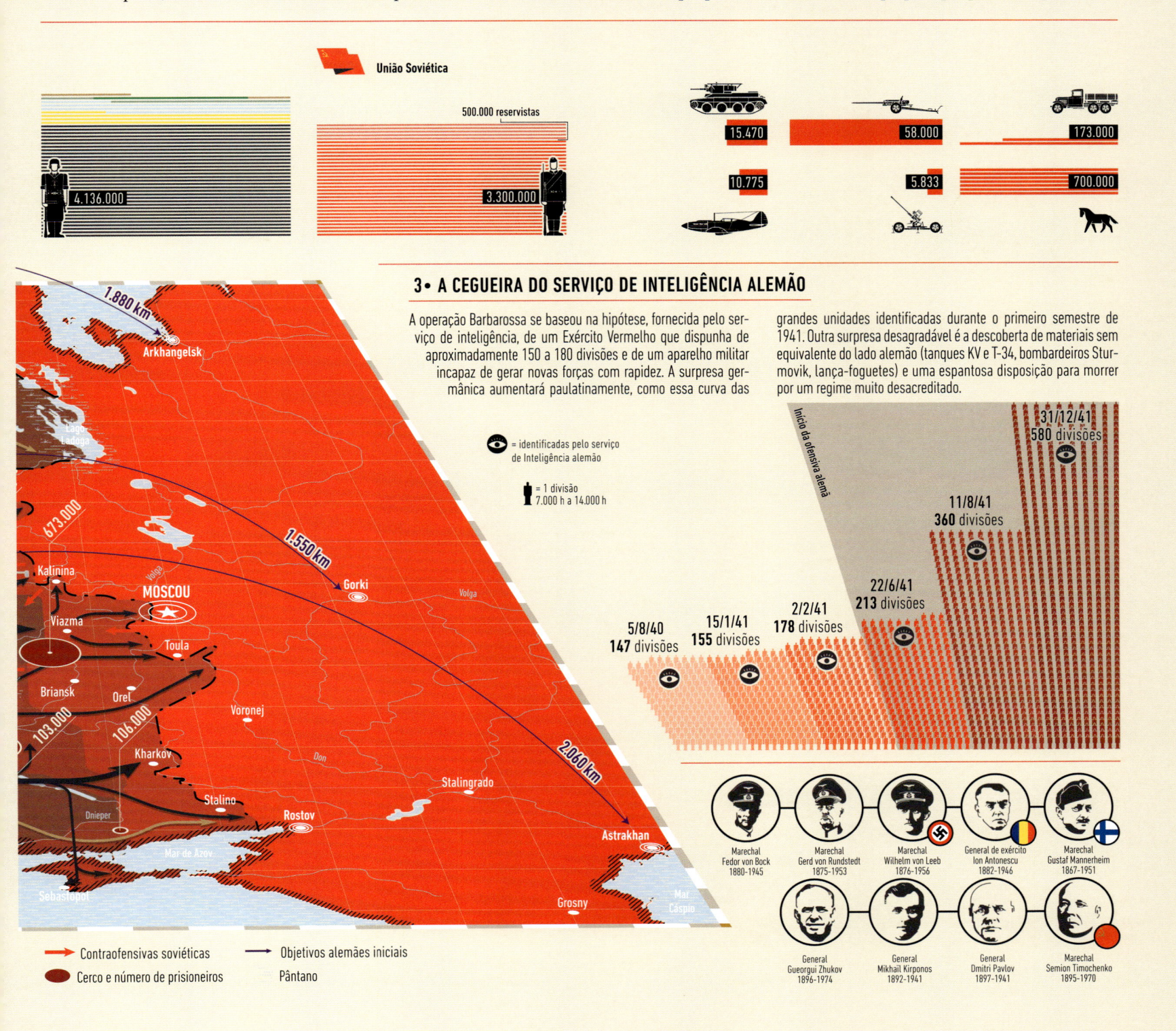

União Soviética

500.000 reservistas

4.136.000

3.300.000

15.470

58.000

173.000

10.775

5.833

700.000

3 • A CEGUEIRA DO SERVIÇO DE INTELIGÊNCIA ALEMÃO

A operação Barbarossa se baseou na hipótese, fornecida pelo serviço de inteligência, de um Exército Vermelho que dispunha de aproximadamente 150 a 180 divisões e de um aparelho militar incapaz de gerar novas forças com rapidez. A surpresa germânica aumentará paulatinamente, como essa curva das grandes unidades identificadas durante o primeiro semestre de 1941. Outra surpresa desagradável é a descoberta de materiais sem equivalente do lado alemão (tanques KV e T-34, bombardeiros Sturmovik, lança-foguetes) e uma espantosa disposição para morrer por um regime muito desacreditado.

👁 = identificadas pelo serviço de Inteligência alemão

= 1 divisão
7.000 h a 14.000 h

Início da ofensiva alemã

31/12/41 **580 divisões**
11/8/41 **360 divisões**
22/6/41 **213 divisões**
2/2/41 **178 divisões**
15/1/41 **155 divisões**
5/8/40 **147 divisões**

1.880 km — Arkhangelsk
Lago Ladoga
673.000
Kalinina
1.550 km
MOSCOU — Gorki
Viazma
Volga
Toula
Briansk — Orel
103.000
106.000
Voronej
Kharkov
Don
Stalino
Stalingrado
Dnieper
Rostov
Mar de Azov
2.060 km
Astrakhan
Sebastopol
Grosny
Mar Cáspio

Marechal Fedor von Bock 1880-1945
Marechal Gerd von Rundstedt 1875-1953
Marechal Wilhelm von Leeb 1876-1956
General de exército Ion Antonescu 1882-1946
Marechal Gustaf Mannerheim 1867-1951

General Gueorgui Zhukov 1896-1974
General Mikhaïl Kirponos 1892-1941
General Dmitri Pavlov 1897-1941
Marechal Semion Timochenko 1895-1970

→ Contraofensivas soviéticas
→ Objetivos alemães iniciais
● Cerco e número de prisioneiros
Pântano

95

4 • A 7ª DIVISÃO PANZER ANTE A GUERRA DE ATRITO

No quadro ao lado, está a jornada de uma das dezessete divisões blindadas (acompanhadas por doze motorizadas) que participam da operação Barbarossa.

A 7ª Divisão Panzer desgasta-se literalmente ao percorrer 1,7 mil quilômetros pelas piores estradas que possam existir, sobretudo durante as tempestades de verão e as chuvas de outono. Em seis meses, ela participa de oito violentas batalhas e de inúmeros combates. Só a ofensiva de Dukhovshchina, em agosto, ante o 19ª Exército de Koniev, lhe custa quinhentos homens e setenta tanques.

Sua capacidade de combate depende também do abastecimento de combustível, munições e peças de reposição. Ora, o número de trens que chegam aos depósitos na retaguarda diminui de modo considerável a partir de setembro, por falta de locomotivas, de vagões e de pessoal, e devido também às intempéries e aos estragos causados pelo Exército Vermelho. Os comboios de caminhões são incapazes de transportar tudo o que é preciso dos depósitos para as unidades avançadas. Os 500 mil caminhões disponíveis em 22 de junho de 1941 ficariam reduzidos a não mais de 135 mil em 15 de novembro. Visto serem as munições e o combustível prioritários, a intendência sacrifica o transporte de víveres e de roupas de inverno, que a tropa toma da população.

As perdas são muito mais elevadas que o previsto. Ao contrário do que em geral se acreditava, elas são maiores durante o verão, principalmente em julho, do que na contraofensiva de inverno. Desde o mês de agosto, os chefes alemães observam sinais de esgotamento da tropa. "É melhor três campanhas na França que uma só na Rússia", lê-se muitas vezes na correspondência dos soldados. As curvas das temperaturas mostram um inverno precoce e frio, mas não excepcional: como acontece um inverno desse tipo a cada três ou quatro anos, este era previsível.

O "general inverno" não foi o responsável pela derrota alemã diante de Moscou. A Wehrmacht já está esfrangalhada em 15 de novembro, antes da queda das temperaturas, solicitada muito além de suas forças por chefes atrasados e sem perspectivas estratégicas, correndo atrás da esperança quimérica de uma derrocada do regime stalinista.

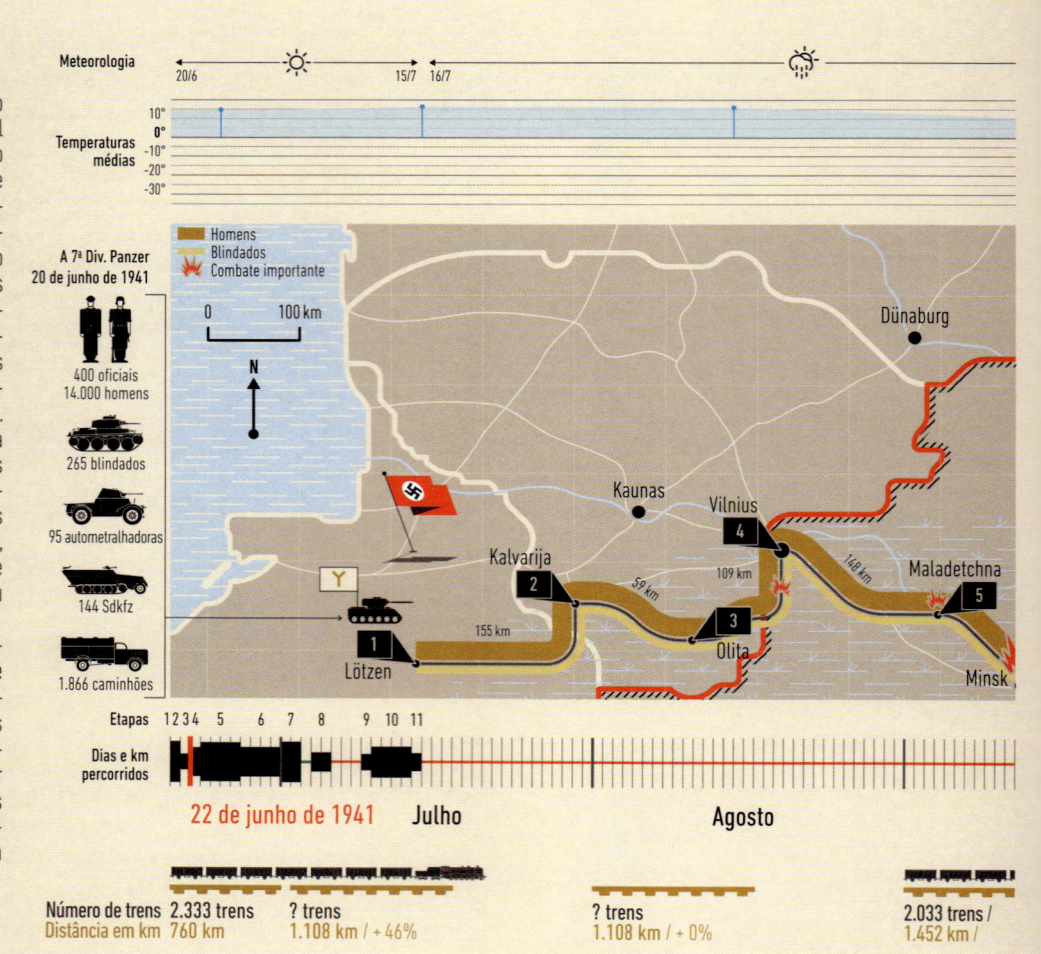

5 • AS CONTRAOFENSIVAS DE INVERNO

Uma das razões das perdas elevadas dos alemães, e mais ainda dos soviéticos, é o comportamento hiperofensivo destes últimos. Não houve menos de dezenove contraofensivas antes da de Moscou. Seis no eixo de Leningrado, três das quais merecem menção especial, dadas as dificuldades operacionais que ocasionaram aos alemães: Soltsy-Dno (14-18 de julho), Staraia Russa (12-23 de agosto), Tikhvin (12 de novembro-31 de dezembro).

Oito no eixo central, entre as quais as de Senno-Lepel (5-9 de julho), Bobruisk (13 de julho-7 de agosto), Smolensk (21 de julho-7 de agosto), Dukhovshina (17 de agosto-8 de setembro), Elnia (30 de agosto-8 de setembro). Cinco na Ucrânia, entre as quais Lutsk-Rovno-Brody (26 de junho-3 de julho), Novgorod-Volynskii (10-14 de julho), Rostov (22-30 de novembro) e a Crimeia (26 de dezembro-10 de janeiro). A contraofensiva desencadeada por Zhukov em 5 de dezembro de 1941, diante de Moscou, é decisiva. Ela empurra a Wehrmacht de cem a duzentos quilômetros para oeste e destrói muito de seu material bélico. Ela assinala o fracasso da operação Barbarossa e deixa 80% das forças terrestres do Reich atoladas numa guerra de exaustão para a qual não dispõem de meios.

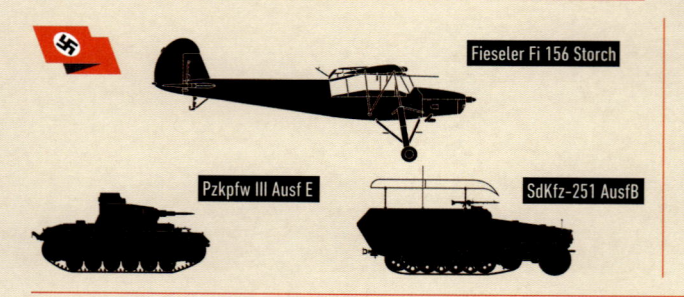

FONTES: 1 • *Das Deutsche Reich und der Zweite Weltkrieg*, v. 4 – 2 • Rüdiger Overmans, *Deutsche militärische Verluste im Zweiten Weltkrieg* – 3 • G. F. Krivosheev, *Grif Sekretnosti Sniat*, Moscou, 1993 –

96

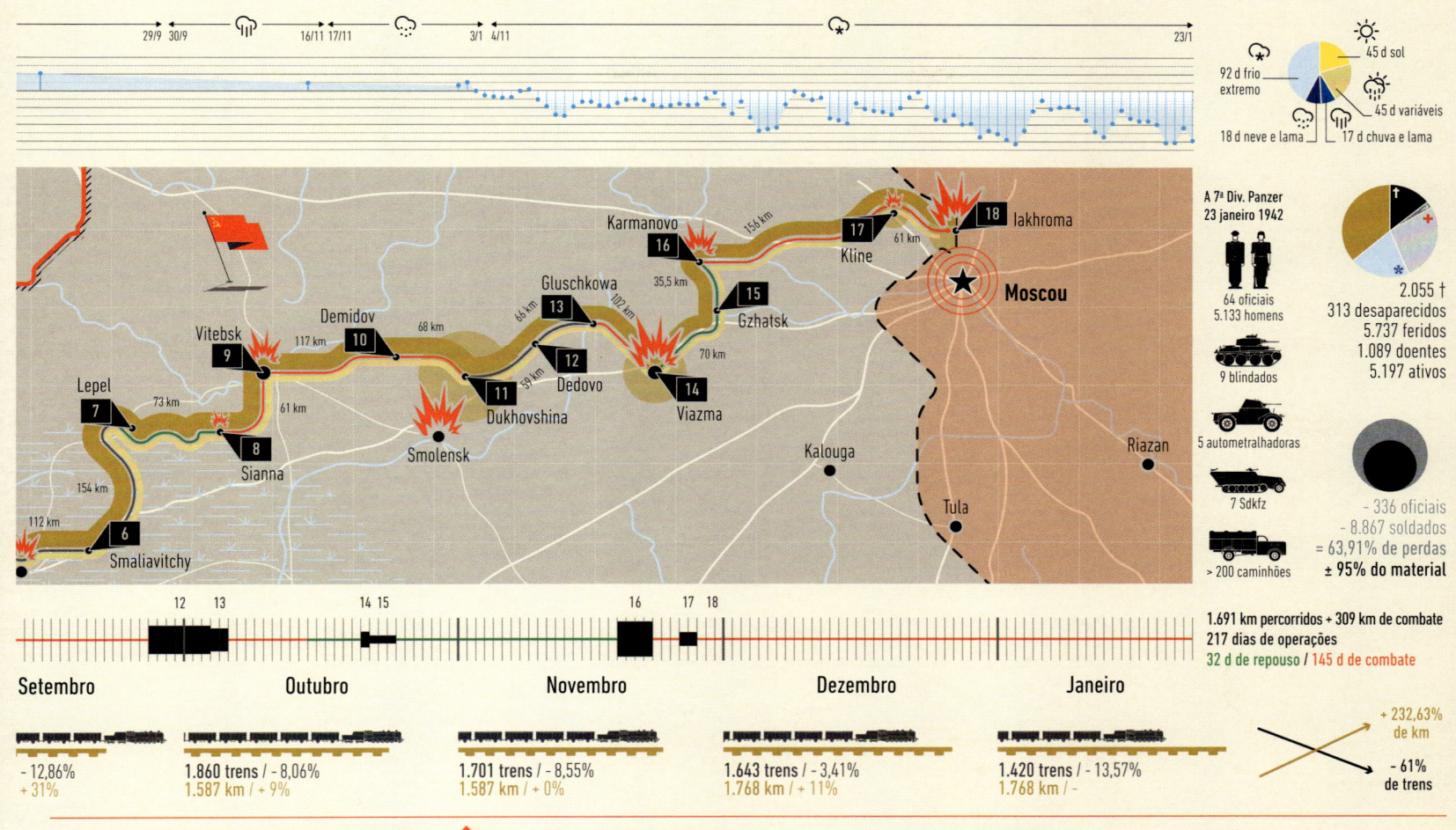

6 • AS PERDAS

Para cada soldado alemão morto, tombam cinco soviéticos. Somando-se os prisioneiros que morrem de frio, de doença e de fome entre setembro de 1941 e fevereiro de 1942, esse número sobe para dez. As perdas materiais do Exército Vermelho são enormes. Se, durante toda a guerra, é preciso sacrificar quatro tanques soviéticos por um Panzer, a relação sobe para dez por um em 1941 e a quatro aviões contra um.
Essa hecatombe se explica, entre outras coisas, pela mediocridade geral do comando soviético em todos os níveis, que, muito frequentemente, envia a infantaria ao assalto em repetidas vagas, sem prévias operações de reconhecimento e sem a proteção das armas pesadas.

O número de prisioneiros se deve a cinco grandes cercos, mas também a rendições e passagem de soldados, às vezes em grande número, para o campo inimigo, parte da qual tem motivação política.
Ignora-se o número das execuções sumárias de prisioneiros soviéticos, entre os quais numerosos feridos no próprio campo de batalha, mas tudo indica que tenha sido muito elevado. O milhão de civis mortos em 1941 se deve a múltiplas razões: bombardeios, combates, execuções e privações de toda espécie. Sem esquecer os 500 mil judeus liquidados pela polícia alemã e pela SS, com a colaboração de nacionalistas bálticos e ucranianos e a ajuda, total e açodada, da Wehrmacht. E isso é apenas o começo.

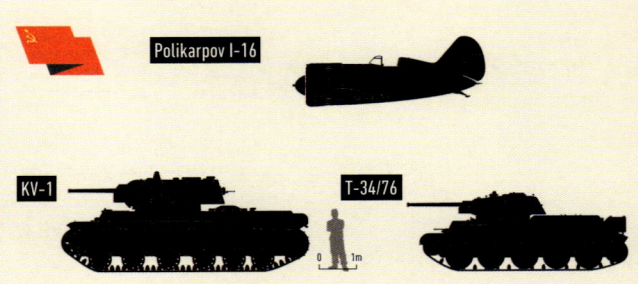

4 • Nigel Askey, *Operation Barbarossa*, Lulu Publishing, 2016.

A BATALHA DO ATLÂNTICO

"O único perigo que realmente temi durante a guerra foi o dos U-boats", escreveu Winston Churchill em suas memórias. A Batalha do Atlântico constitui o fulcro de uma grande disputa das comunicações marítimas entre o Eixo e as potências aliadas que, entre 1939 e 1945, lança ramificações em todos os mares do globo e utiliza meios muito diversos (aviação, minas, navios de superfície, "raiders" camuflados, operações-comando, decodificações eletromagnéticas...). No sentido mais estrito e tradicional, trata-se da luta dos submersíveis alemães (e, marginalmente, italianos, baseados em Bordeaux) e dos U-boats para entravar as comunicações navais aliadas no Atlântico Norte. Atacando os cargueiros e petroleiros de seus inimigos, o Reich visa ao mesmo tempo sufocar uma economia britânica muito depen-

1 • O QUE ESTÁ EM JOGO NA BATALHA DO ATLÂNTICO

O que está em jogo na Batalha do Atlântico é a continuidade das comunicações marítimas, em primeiro lugar as da América do Norte e da Europa, que permitem o transporte de material, tropas e provisões para os diferentes teatros de operações. Ela é uma preocupação do primeiro-chefe da Grã-Bretanha, mas também, a partir de 1941, da União Soviética, alimentada pelo Lend-Lease via rota ártica de Murmansk–Arkhangelsk. O que está em jogo, para os americanos, é a preservação do talude oceânico estratégico, garantindo a segurança do "hemisfério ocidental" ante uma coalizão naval hostil.

ARTICULAÇÃO DA BATALHA

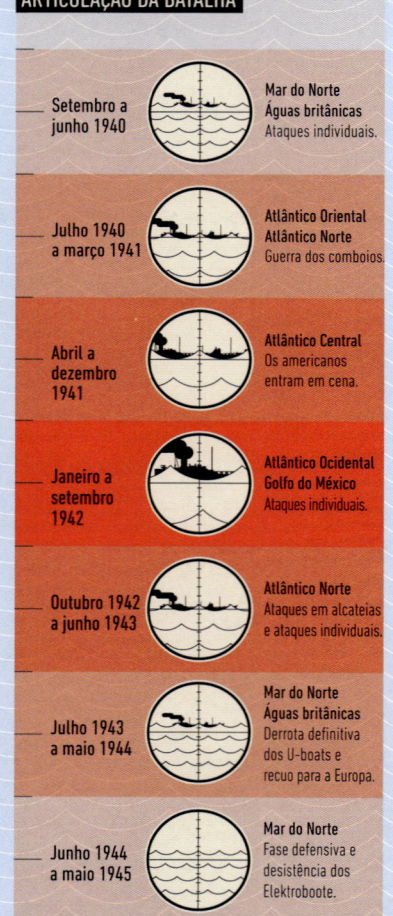

Setembro a junho 1940	Mar do Norte / Águas britânicas	Ataques individuais.
Julho 1940 a março 1941	Atlântico Oriental / Atlântico Norte	Guerra dos comboios.
Abril a dezembro 1941	Atlântico Central	Os americanos entram em cena.
Janeiro a setembro 1942	Atlântico Ocidental / Golfo do México	Ataques individuais.
Outubro 1942 a junho 1943	Atlântico Norte	Ataques em alcateias e ataques individuais.
Julho 1943 a maio 1944	Mar do Norte / Águas britânicas	Derrota definitiva dos U-boats e recuo para a Europa.
Junho 1944 a maio 1945	Mar do Norte	Fase defensiva e desistência dos Elektroboote.

2 • OS "LOBOS" DO ALMIRANTE DÖNITZ PERANTE OS ALIADOS

A principal arma da Kriegsmarine nessa batalha é o U-boats tipo VII, que pode operar no Atlântico Norte e, em menor medida, o tipo IX, capaz de atingir as costas americanas. Pouco numerosos no princípio da guerra devido às limitações diplomáticas dos anos 1930 e sofrendo de defeitos estruturais (torpedos deficientes em 1939), os U-boats aumentam em número e eficácia, apesar das perdas crescentes, principalmente com a aplicação da tática das alcateias em 1941 ou a integração de várias inovações técnicas, entre as quais o *snorkel*, de origem holandesa, em 1943, que permite longos mergulhos. Nada, porém, poderá compensar o aumento da potência dos Aliados. Em 1945, os Elektroboote, que permitem a navegação rápida submersa, embora em absoluto inovadores, chegam tarde demais.

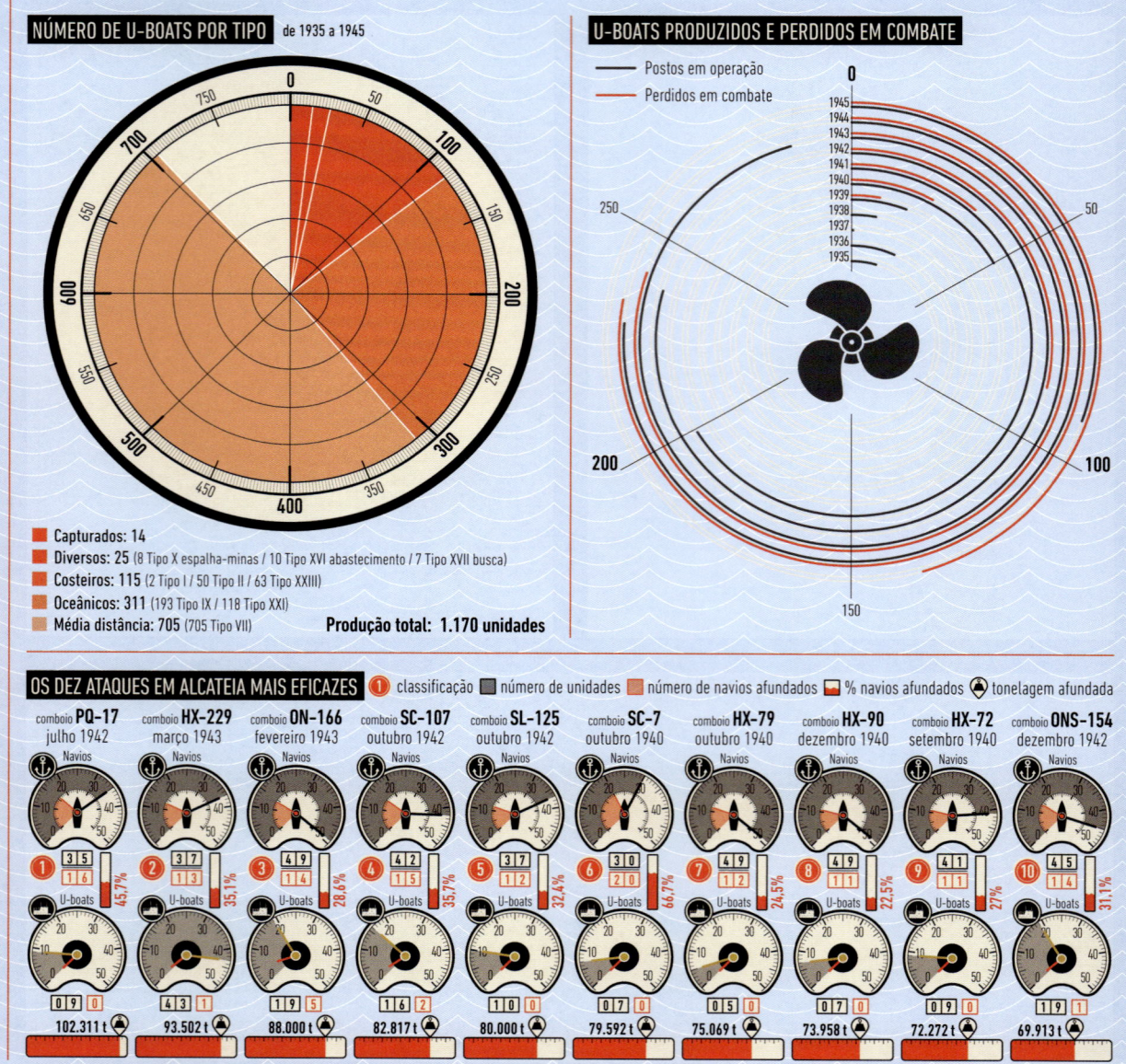

NÚMERO DE U-BOATS POR TIPO de 1935 a 1945

- Capturados: 14
- Diversos: 25 (8 Tipo X espalha-minas / 10 Tipo XVI abastecimento / 7 Tipo XVII busca)
- Costeiros: 115 (2 Tipo I / 50 Tipo II / 63 Tipo XXIII)
- Oceânicos: 311 (193 Tipo IX / 118 Tipo XXI)
- Média distância: 705 (705 Tipo VII)

Produção total: 1.170 unidades

U-BOATS PRODUZIDOS E PERDIDOS EM COMBATE

- Postos em operação
- Perdidos em combate

OS DEZ ATAQUES EM ALCATEIA MAIS EFICAZES

① classificação ▪ número de unidades ▪ número de navios afundados ▪ % navios afundados ▪ tonelagem afundada

Rank	Comboio	Data	%	Tonelagem
1	PQ-17	julho 1942	45,7%	102.311 t
2	HX-229	março 1943	35,1%	93.502 t
3	ON-166	fevereiro 1943	28,6%	88.000 t
4	SC-107	outubro 1942	35,7%	82.817 t
5	SL-125	outubro 1942	32,4%	80.000 t
6	SC-7	outubro 1940	66,7%	79.592 t
7	HX-79	outubro 1940	24,5%	75.069 t
8	HX-90	dezembro 1940	22,5%	73.958 t
9	HX-72	setembro 1940	27%	72.272 t
10	ONS-154	dezembro 1942	31,1%	69.913 t

FONTES: 1 • *History of convoys and routing*, USN, 1945 – 2 • *ASW in World War II*, OEG report n. 51, USN, 1946 – 3 • *German Submarine Losses*, Naval History Division, Washington 1963 – 4 • Nathan Miller, *War at Sea*, Scribner, 1995 – 5 • G. Williamson, *Kriegsmarine U-Boats*, Osprey, 2002 – 6 • G. Malbosc, *La Bataille de l'Atlantique*, Economica, 2010 – 7 • A. Niestle, *German U-Boat Losses During* dente das importações e impedir um desembarque aliado no continente europeu.

A batalha se inicia em 1939 com os primeiros ataques a comboios, herança do conflito anterior. E culmina em 1941-1942, com a potencialização da tática das grandes "alcateias" (*Rudeltaktik* aplicada pelo almirante Dönitz) a partir das bases submarinas da fachada oceânica (França e Noruega). Ela se estende progressivamente a partir de 1943, com uma ruptura irremediável dos equilíbrios industriais, tecnológicos e na guerra dos códigos (decodificações ULTRA). Os U-boats, embora mais numerosos que nunca (até 160 no mar em abril de 1943, contra quarenta em setembro de 1939), diminuem por completo sua ascendência e então sofrem pesadas perdas, sem a esperança de contrabalançar a produção maciça de navios aliados (classe Liberty). A violência desses confrontos no Atlântico é inegável, tendo custado aos Aliados 2.200 navios e dezenas de milhares de homens, entre os quais 30 mil da marinha mercante; o Reich perdeu mais de 25 mil tripulantes de submarinos, a bordo de cerca de setecentos navios. Ainda assim, não se deve exagerar a dimensão dessa batalha com base nos mais espetaculares ataques a comboios pelos U-boats. As estatísticas mostram, por exemplo, que a maioria dos comboios atravessa o Atlântico sem ser atacada ou sofre pequenas perdas. No total, essa batalha, que causa tanta ansiedade, constitui antes uma perturbação, é verdade que muito grande à época do isolamento britânico de 1941 e até a primavera de 1943, pois, apesar de tudo, nunca chegaria a ameaçar mortalmente o domínio do mar pelos anglo-saxões.

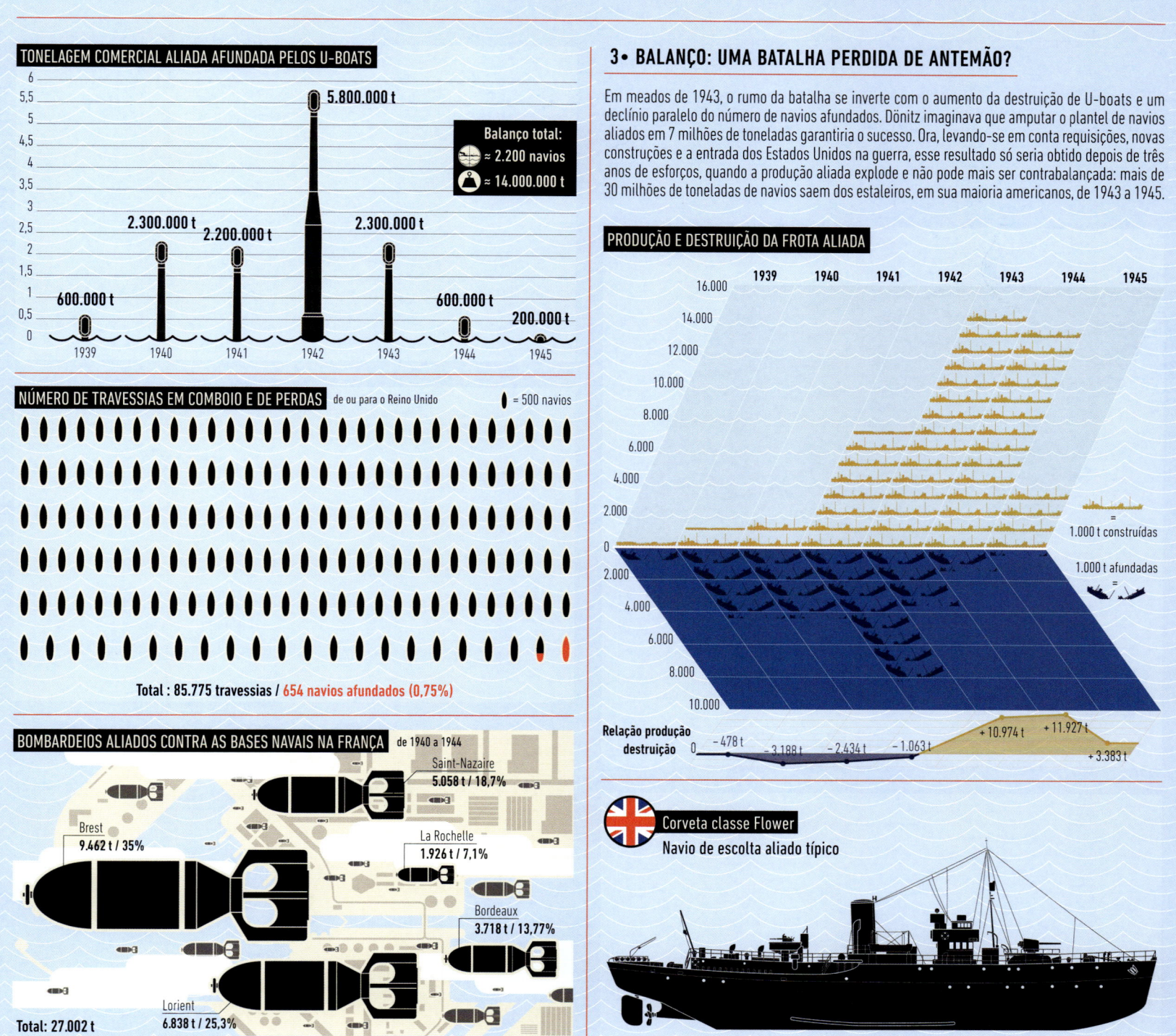

3 • BALANÇO: UMA BATALHA PERDIDA DE ANTEMÃO?

Em meados de 1943, o rumo da batalha se inverte com o aumento da destruição de U-boats e um declínio paralelo do número de navios afundados. Dönitz imaginava que amputar o plantel de navios aliados em 7 milhões de toneladas garantiria o sucesso. Ora, levando-se em conta requisições, novas construções e a entrada dos Estados Unidos na guerra, esse resultado só seria obtido depois de três anos de esforços, quando a produção aliada explode e não pode mais ser contrabalançada: mais de 30 milhões de toneladas de navios saem dos estaleiros, em sua maioria americanos, de 1943 a 1945.

World War II, Frontline, 2014 – 8• *Defeat of Ennemy Attack of Shipping*, Historical Section, UK Admiralty, 1957 – 9• Y. Durand, *Histoire de la Deuxième Guerre Mondiale*, Complexe, 1999 – 10• S. Roskill, *The War at Sea*, 1956 – 11• http://www.u-boote.fr/u-158.htm – 12• http://uboat.net/ops/convoys/convoys.php.

Comandante Rostin Erwin 1907-1942

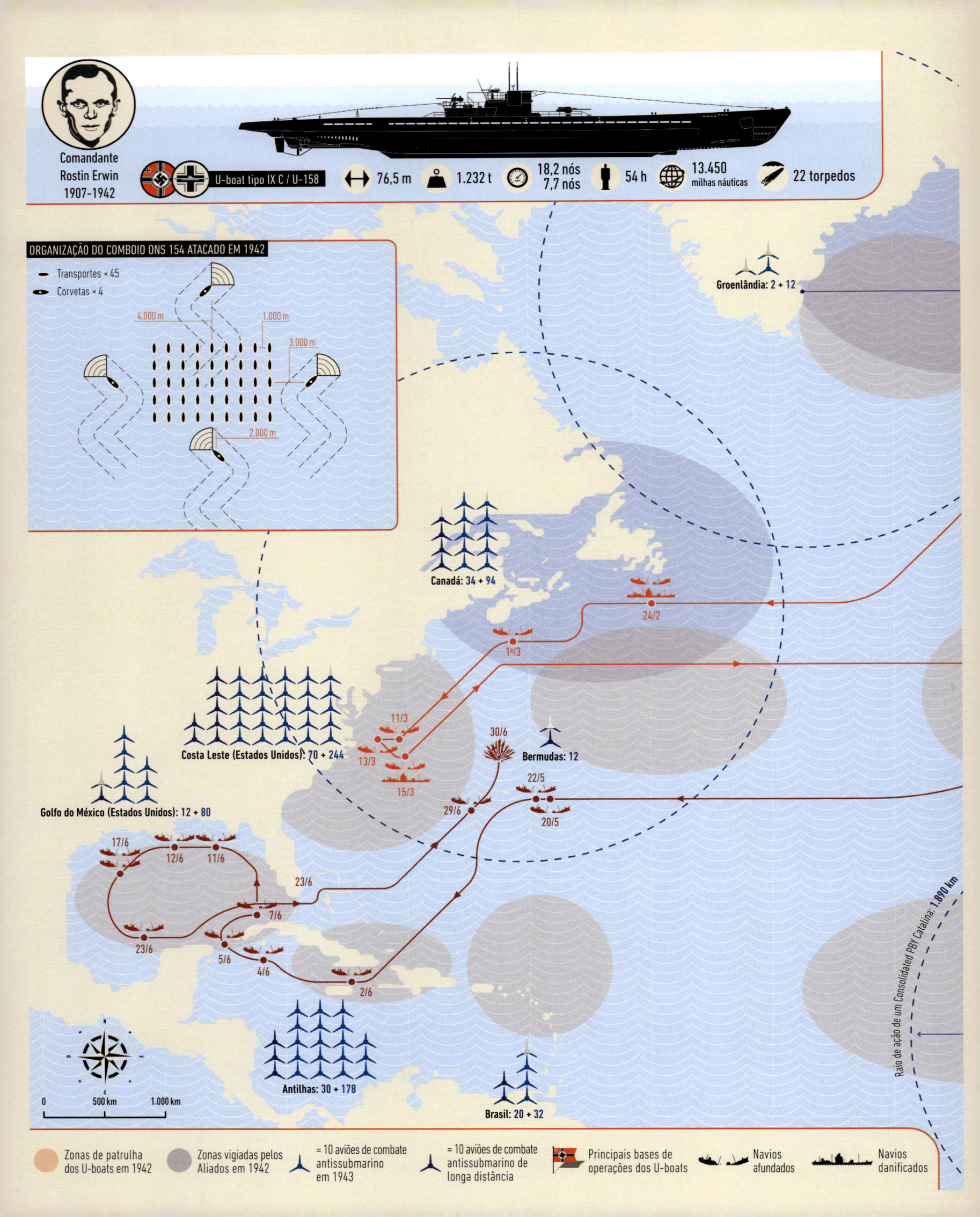

U-boat tipo IX C / U-158

76,5 m | 1.232 t | 18,2 nós / 7,7 nós | 54 h | 13.450 milhas náuticas | 22 torpedos

ORGANIZAÇÃO DO COMBOIO ONS 154 ATACADO EM 1942

- Transportes × 45
- Corvetas × 4

4.000 m | 1.000 m | 3.000 m | 2.000 m

Groenlândia: 2 + 12

Canadá: 34 + 94

24/2
1º/3
11/3
13/3
15/3
30/6
Bermudas: 12
22/5
29/6
20/5

Costa Leste (Estados Unidos): 70 + 244

Golfo do México (Estados Unidos): 12 + 80

17/6
12/6
11/6
23/6
7/6
23/6
5/6
4/6
2/6

Antilhas: 30 + 178

Brasil: 20 + 32

Raio de ação de um Consolidated PBY Catalina: 1.890 km

0 — 500 km — 1.000 km

Legenda:
- Zonas de patrulha dos U-boats em 1942
- Zonas vigiadas pelos Aliados em 1942
- = 10 aviões de combate antissubmarino em 1943
- = 10 aviões de combate antissubmarino de longa distância
- Principais bases de operações dos U-boats
- Navios afundados
- Navios danificados

Raio de ação de um Short S.26 Sunderland: 2.165 km

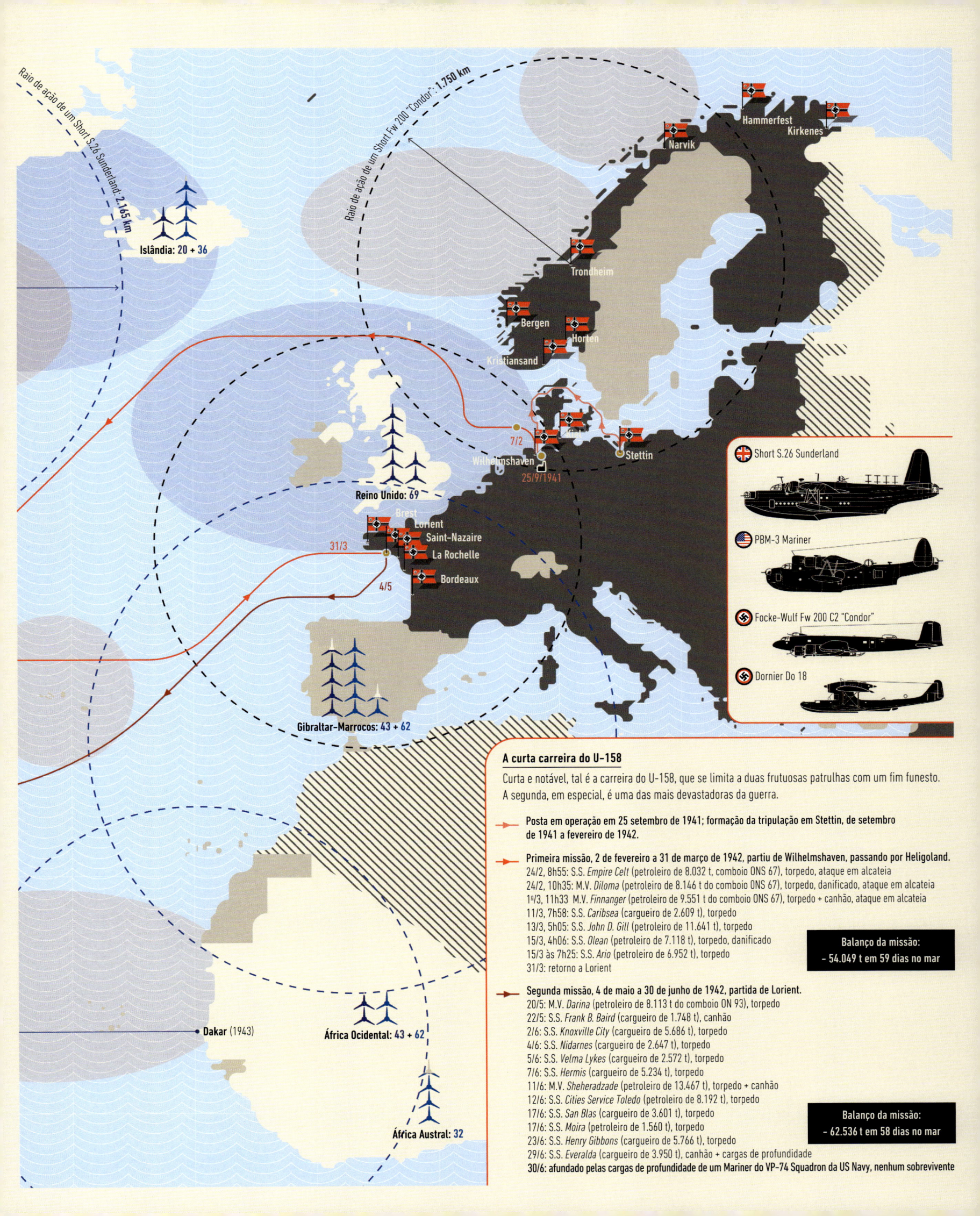

Raio de ação de um Short Fw 200 "Condor": 1.750 km

Islândia: 20 + 36

Hammerfest
Kirkenes
Narvik
Trondheim
Bergen
Horten
Kristiansand
Stettin
7/2
Wilhelmshaven
25/9/1941

Reino Unido: 69

Brest
Lorient
Saint-Nazaire
La Rochelle
Bordeaux
31/3
4/5

Short S.26 Sunderland
PBM-3 Mariner
Focke-Wulf Fw 200 C2 "Condor"
Dornier Do 18

Gibraltar-Marrocos: 43 + 62

Dakar (1943)

África Ocidental: 43 + 62

África Austral: 32

A curta carreira do U-158

Curta e notável, tal é a carreira do U-158, que se limita a duas frutuosas patrulhas com um fim funesto. A segunda, em especial, é uma das mais devastadoras da guerra.

→ **Posta em operação em 25 setembro de 1941; formação da tripulação em Stettin, de setembro de 1941 a fevereiro de 1942.**

→ **Primeira missão, 2 de fevereiro a 31 de março de 1942, partiu de Wilhelmshaven, passando por Heligoland.**
24/2, 8h55: S.S. *Empire Celt* (petroleiro de 8.032 t, comboio ONS 67), torpedo, ataque em alcateia
24/2, 10h35: M.V. *Diloma* (petroleiro de 8.146 t do comboio ONS 67), torpedo, danificado, ataque em alcateia
1º/3, 11h33 M.V. *Finnanger* (petroleiro de 9.551 t do comboio ONS 67), torpedo + canhão, ataque em alcateia
11/3, 7h58: S.S. *Caribsea* (cargueiro de 2.609 t), torpedo
13/3, 5h05: S.S. *John D. Gill* (petroleiro de 11.641 t), torpedo
15/3, 4h06: S.S. *Olean* (petroleiro de 7.118 t), torpedo, danificado
15/3 às 7h25: S.S. *Ario* (petroleiro de 6.952 t), torpedo
31/3: retorno a Lorient

Balanço da missão: – 54.049 t em 59 dias no mar

→ **Segunda missão, 4 de maio a 30 de junho de 1942, partida de Lorient.**
20/5: M.V. *Darina* (petroleiro de 8.113 t do comboio ON 93), torpedo
22/5: S.S. *Frank B. Baird* (cargueiro de 1.748 t), canhão
2/6: S.S. *Knoxville City* (cargueiro de 5.686 t), torpedo
4/6: S.S. *Nidarnes* (cargueiro de 2.647 t), torpedo
5/6: S.S. *Velma Lykes* (cargueiro de 2.572 t), torpedo
7/6: S.S. *Hermis* (cargueiro de 5.234 t), torpedo
11/6: M.V. *Sheherazade* (petroleiro de 13.467 t), torpedo + canhão
12/6: S.S. *Cities Service Toledo* (petroleiro de 8.192 t), torpedo
17/6: S.S. *San Blas* (cargueiro de 3.601 t), torpedo
17/6: S.S. *Moira* (petroleiro de 1.560 t), torpedo
23/6: S.S. *Henry Gibbons* (cargueiro de 5.766 t), torpedo
29/6: S.S. *Everalda* (cargueiro de 3.950 t), canhão + cargas de profundidade
30/6: afundado pelas cargas de profundidade de um Mariner do VP-74 Squadron da US Navy, nenhum sobrevivente

Balanço da missão: – 62.536 t em 58 dias no mar

MARE NOSTRUM?

A propagação da guerra na bacia do Mediterrâneo deve-se tanto a uma ação improvisada quanto a uma inelutabilidade estrutural.

Ação improvisada porque em 10 de junho de 1940 Mussolini declara guerra aos Aliados, com a convicção de que não terá de travá-la. Pouco lhe importa que seu exército não seja operacional, que um terço de sua frota mercante dispersa pelo mundo seja imediatamente apreendida. Ele está convencido de que, com a França de joelhos, a guerra acabou. Por oportunismo, ele imagina ser convidado a sentar à mesa com os vencedores. Inelutabilidade, porque o fascismo tem fascínio pela guerra. Esta não é apenas o meio de realizar o sonho imperialista de *Mare Nostrum*, mas um rito iniciático que supunha que daria origem ao Homem Novo: um herói viril, profissional, devotado ao Estado fascista e ao Duce. A partir de 1934, não se passou um ano sem que o Exército Italiano travasse combates.

Esse fascínio cega o Duce a ponto de ele não ver o fosso que há entre seus meios econômicos limitados e suas extravagantes ambições (Córsega, Tunísia, Egito, Bálcãs). O Mediterrâneo é um teatro que exige o domínio dos mares e do espaço aéreo para garantir a segurança dos comboios. A Itália não dispõe nem da indústria, nem do material, nem do comando integrado, nem do

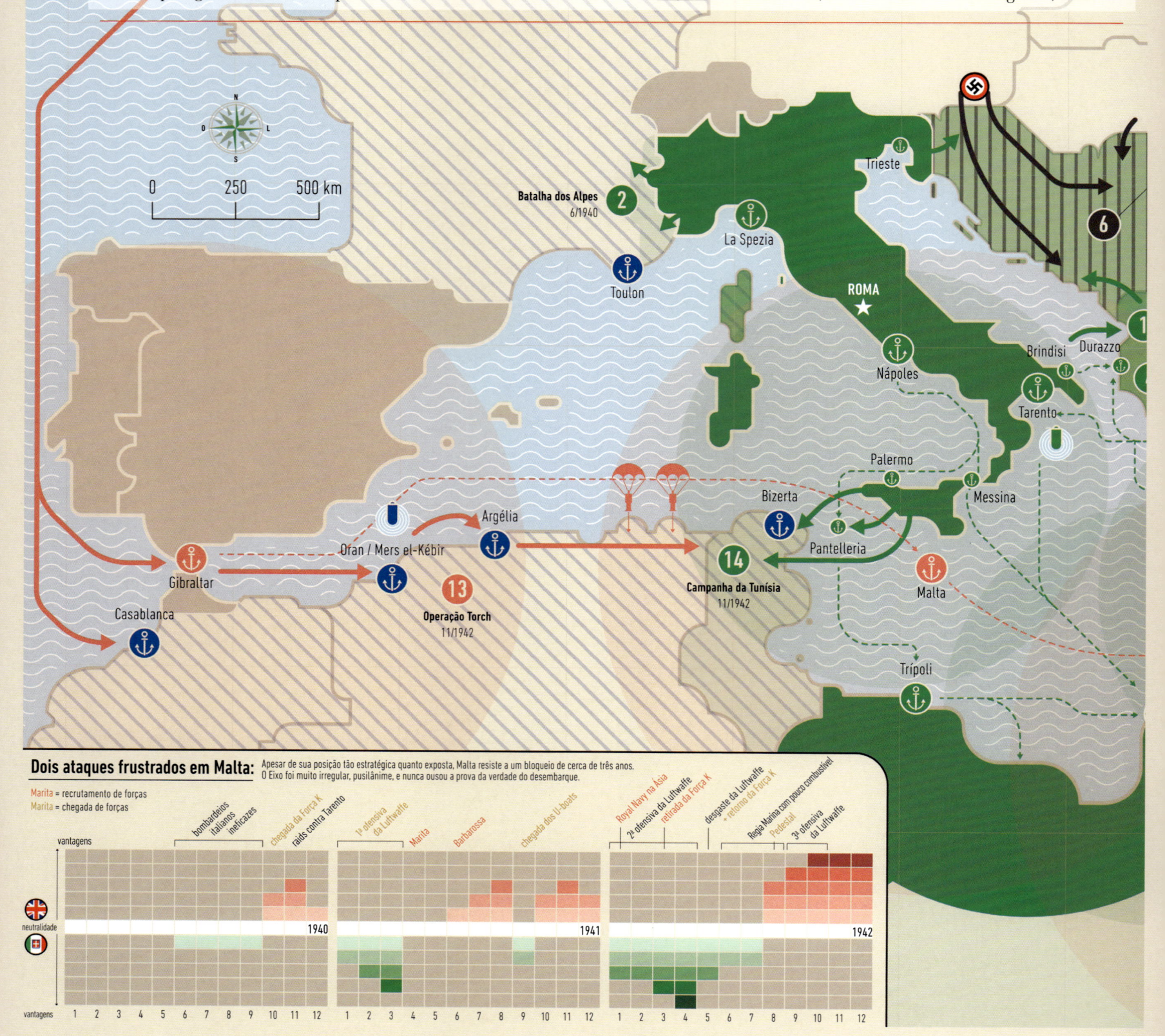

Dois ataques frustrados em Malta: Apesar de sua posição tão estratégica quanto exposta, Malta resiste a um bloqueio de cerca de três anos. O Eixo foi muito irregular, pusilânime, e nunca ousou a prova da verdade do desembarque.

saber logístico indispensáveis a essas operações. Em terra, as áreas desérticas exigem unidades mecanizadas. Produtos raros, assim como o são os aviões modernos. Apesar dessa fraqueza, o Duce tira partido da neutralização da França e conduz uma "guerra paralela", independente da Alemanha. Suas colônias são trampolins para a Somália britânica, o Egito e a Grécia, e ele dispersa suas melhores tropas (100 mil na África Oriental, 188 mil na Líbia e 165 mil na Albânia). Ele ataca por toda parte, e em toda parte é rechaçado: 130 mil homens são capturados na Líbia em dezembro de 1940 e 90 mil na África Oriental em abril de 1941. Os gregos, depois de um contra-ataque, entram na Albânia. O raid britânico sobre Tarento, prefiguração de Pearl Harbor, constitui um golpe contra sua marinha.

Desestabilizando a região, Mussolini ameaça os interesses da Alemanha. Hitler precisa intervir para garantir o petróleo da Romênia e cuidar para preservar a neutralidade da Turquia, que lhe fornece minerais. Em janeiro de 1941, a Luftwaffe surge no céu de Malta. Em fevereiro, o Afrikakorps desembarca. Em abril os Panzer atacam os Bálcãs. A Iugoslávia, que se recusara a aderir ao Eixo, cai em quinze dias. A Grécia resiste uma semana a mais.

A guerra paralela venceu. Os alemães comandam o espetáculo, e o front mediterrâneo se torna um teatro periférico. Embora Churchill sonhe em usá-lo apenas como trampolim para atacar o ponto fraco do Eixo, os britânicos também dão pouca importância a essa área, como o provam as punções para o Extremo Oriente. Durante dois anos, cada campo assume a dianteira de forma alternada, em função dos meios que se dispõem a engajar nesse front. Perdem-se oportunidades por pusilanimidade. No outono de 1942, a relação de forças muda radicalmente. O Mediterrâneo se torna uma propriedade dos Aliados.

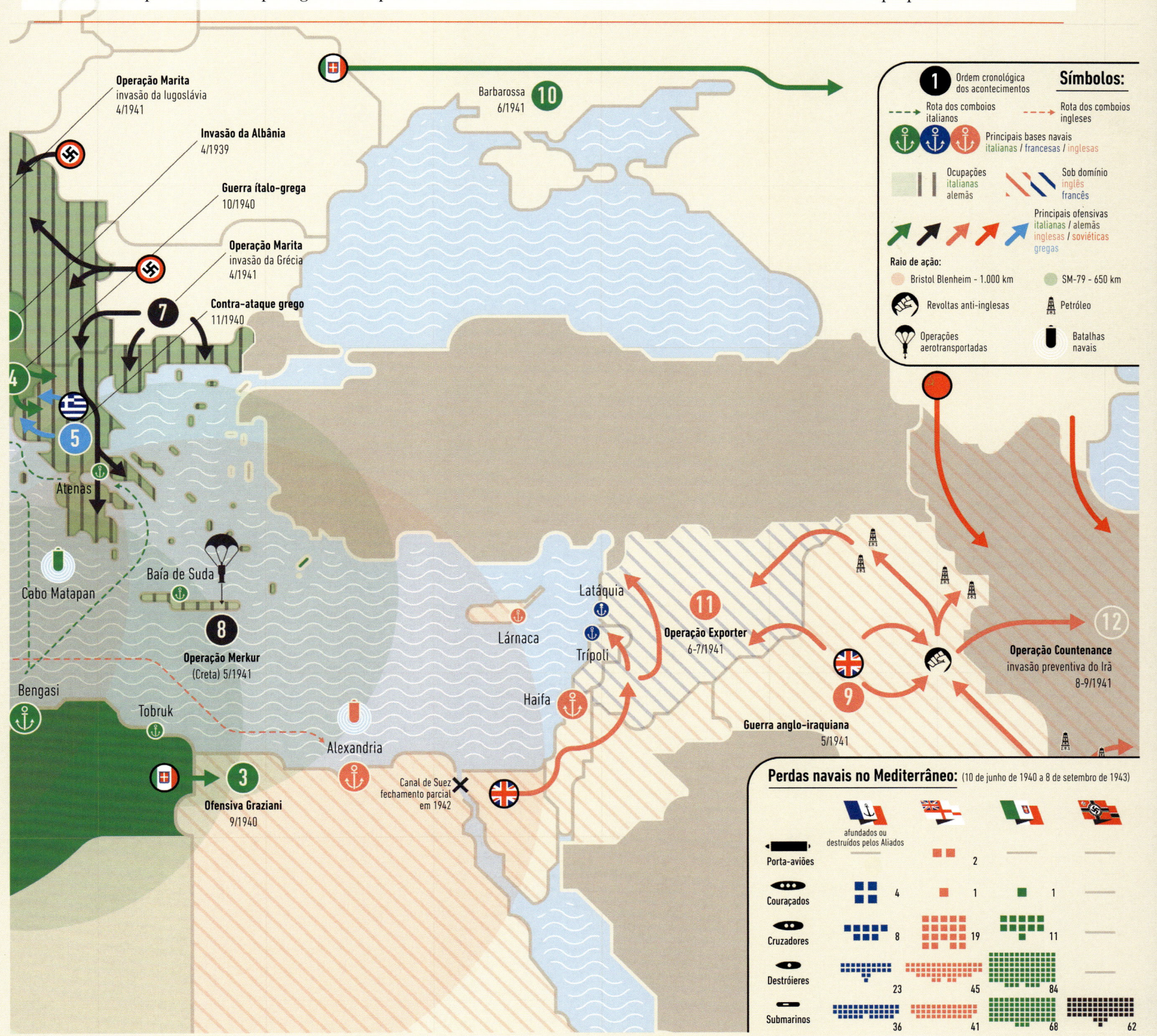

2 • A OUTRA GUERRA DOS COMBOIOS (1940-1942)

Para não expor seus comboios no Mediterrâneo, os britânicos abastecem o Egito contornando a África. Os do Eixo desfilam ao alcance dos submarinos, dos destróieres e dos aparelhos baseados em Malta. Mas essa ilha, cuja conquista em 1940 está fora do alcance da Itália, precisa ser abastecida. Assim sendo, as operações se limitam à escolta ou à perseguição dos comboios dos dois campos. A exiguidade impede toda dissimulação e provoca batalhas breves e encarniçadas. A ameaça está por toda parte: sob as ondas, sobre elas e, cada vez mais, no céu.

Cobrir um comboio exige recursos consideráveis, do modesto navio de escolta ao porta-aviões e ao couraçado. Neles os italianos gastam seu combustível. Em função dos esforços empreendidos por cada uma das partes, o conflito segue o ritmo de um pêndulo. O primeiro semestre de cada ano é germano-italiano. O segundo é britânico. Ainda assim, nunca nenhum dos dois lados consegue interromper o fluxo do adversário. Malta só seria estrangulada no verão de 1942, mas em certa medida foi salva por *Pedestal*, muito por causa do desgaste da Luftwaffe: 80% do abastecimento de Rommel se deve à Regia Marina.

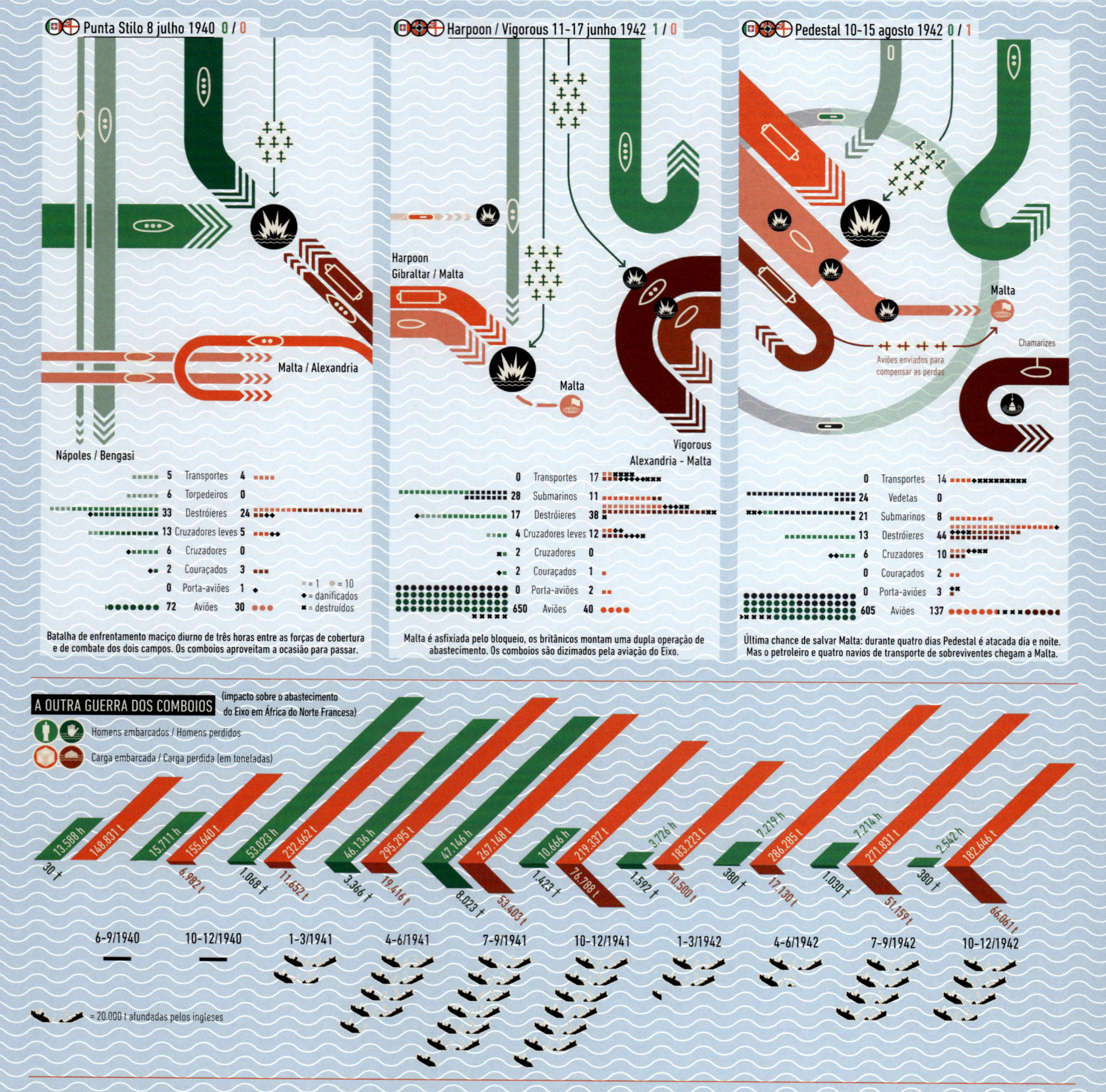

Punta Stilo 8 julho 1940 — 0 / 0
Nápoles / Bengasi — Malta / Alexandria

	Verde		Vermelho
Transportes	5		4
Torpedeiros	6		0
Destróieres	33		24
Cruzadores leves	13		5
Cruzadores	6		0
Couraçados	3		1
Porta-aviões	0		1
Aviões	72		30

■ = 1 ● = 10 ♦ = danificados × = destruídos

Batalha de enfrentamento maciço diurno de três horas entre as forças de cobertura e de combate dos dois campos. Os comboios aproveitam a ocasião para passar.

Harpoon / Vigorous 11-17 junho 1942 — 1 / 0
Harpoon Gibraltar / Malta — Vigorous Alexandria - Malta

	Verde		Vermelho
Transportes	0		17
Submarinos	28		11
Destróieres	17		38
Cruzadores leves	4		12
Cruzadores	2		0
Couraçados	2		1
Porta-aviões	0		2
Aviões	650		40

Malta é asfixiada pelo bloqueio, os britânicos montam uma dupla operação de abastecimento. Os comboios são dizimados pela aviação do Eixo.

Pedestal 10-15 agosto 1942 — 0 / 1
Malta — Chamarizes — Aviões enviados para compensar as perdas

	Verde		Vermelho
Transportes	0		14
Vedetas			24
Submarinos	21		8
Destróieres	13		44
Cruzadores	6		10
Couraçados			2
Porta-aviões	0		3
Aviões	605		137

Última chance de salvar Malta: durante quatro dias Pedestal é atacada dia e noite. Mas o petroleiro e quatro navios de transporte de sobreviventes chegam a Malta.

A OUTRA GUERRA DOS COMBOIOS
(impacto sobre o abastecimento do Eixo em África do Norte Francesa)

- Homens embarcados / Homens perdidos
- Carga embarcada / Carga perdida (em toneladas)

Período	Homens emb.	Carga emb.	Homens perd.	Carga perd.
6-9/1940	13.588 h	30 t	148.831 h	—
10-12/1940	15.711 h	6.982 t	155.040 h	—
1-3/1941	53.023 h	1.068 t	232.662 h	11.655 t
4-6/1941	46.136 h	3.366 t	295.295 h	19.416 t
7-9/1941	447.146 h	8.023 t	267.148 h	53.403 t
10-12/1941	10.666 h	1.423 t	219.337 h	76.788 t
1-3/1942	3.726 h	1.592 t	183.223 h	10.500 t
4-6/1942	7.219 h	380 t	286.285 h	17.130 t
7-9/1942	7.214 h	1.030 t	271.837 h	51.159 t
10-12/1942	2.542 h	300 t	182.666 h	66.041 t

⬛ = 20.000 t afundadas pelos ingleses

FONTES: 1 • T. Spooner, *Supreme gallantry: Malta's role in the Allied victory, 1939–1945*, John Murray, 1996 – 2 • K. Gundelach, *Die Luftwaffe im Mittelmeer*, Lang, 1981 – 3 • *Das Deutsche Reich und der Zweite Weltkrieg*, v. 3 e 6, Deutsche Verlag-Anstalt, 1994 e 2001 – 4 • A. Cocchia, *La difesa del traffico con Africa settentrionale, la marina italiana, data statistici*, v. 6 e 7, 1958 e 1962 – 5 • J.J. Sadkowich, *The*

3• MUSSOLINI, O OLHO MAIOR QUE A BARRIGA

A Itália fascista foi a primeira na Europa a sucumbir aos cantos de Marte. Já em 1935 ela conquista a Etiópia, vitória tão bárbara (de 300 mil a 500 mil vítimas civis) quanto ilusória. O inimigo não dispunha de armas pesadas e tinha apenas 50 mil fuzis. Em seguida Mussolini estende a mão a Franco em 1936 e invade a Albânia em 1939. Essas intervenções praticamente esgotam a receita para armamentos. Em consequência, em 1940 a aviação tem apenas um milhar de aviões modernos, e suas linhas de montagem são dez vezes mais lentas que as dos britânicos. O exército terrestre, longe de possuir os 8 milhões de baionetas de que se gaba Mussolini, dispõe apenas 1,5 milhão de homens e somente dezenove divisões completas. Apenas 200 mil de seus tanques são de fato tanques (M11/39 e M13/40). Os outros não passam de pequenos veículos com esteiras, munidos de uma metralhadora.

Resta a Marinha, equilibrada, moderna, com suas 500 mil toneladas, mas os britânicos têm todos os trunfos decisivos, que são os porta-aviões, o radar e o sistema de decodificação ULTRA. Faltam-lhe 40% de seus oficiais, e ela só dispõe de combustível para um ano.
Os soldados italianos vivem um calvário, mal armados, mal abastecidos, muitas vezes mal comandados (por generais "políticos"), mas dirigidos na mais alta esfera por Mussolini, artesão de uma "guerra paralela" que dispersa suas forças. Em fins de 1941, a Itália já perdera 22% de seus efetivos e os territórios da África Oriental. Isso não impede o Duce de enviar mais de 100 mil homens à União Soviética (e poucos retornariam) e outros 450 mil para garantir a segurança dos Bálcãs.

EM TODOS OS FRONTS

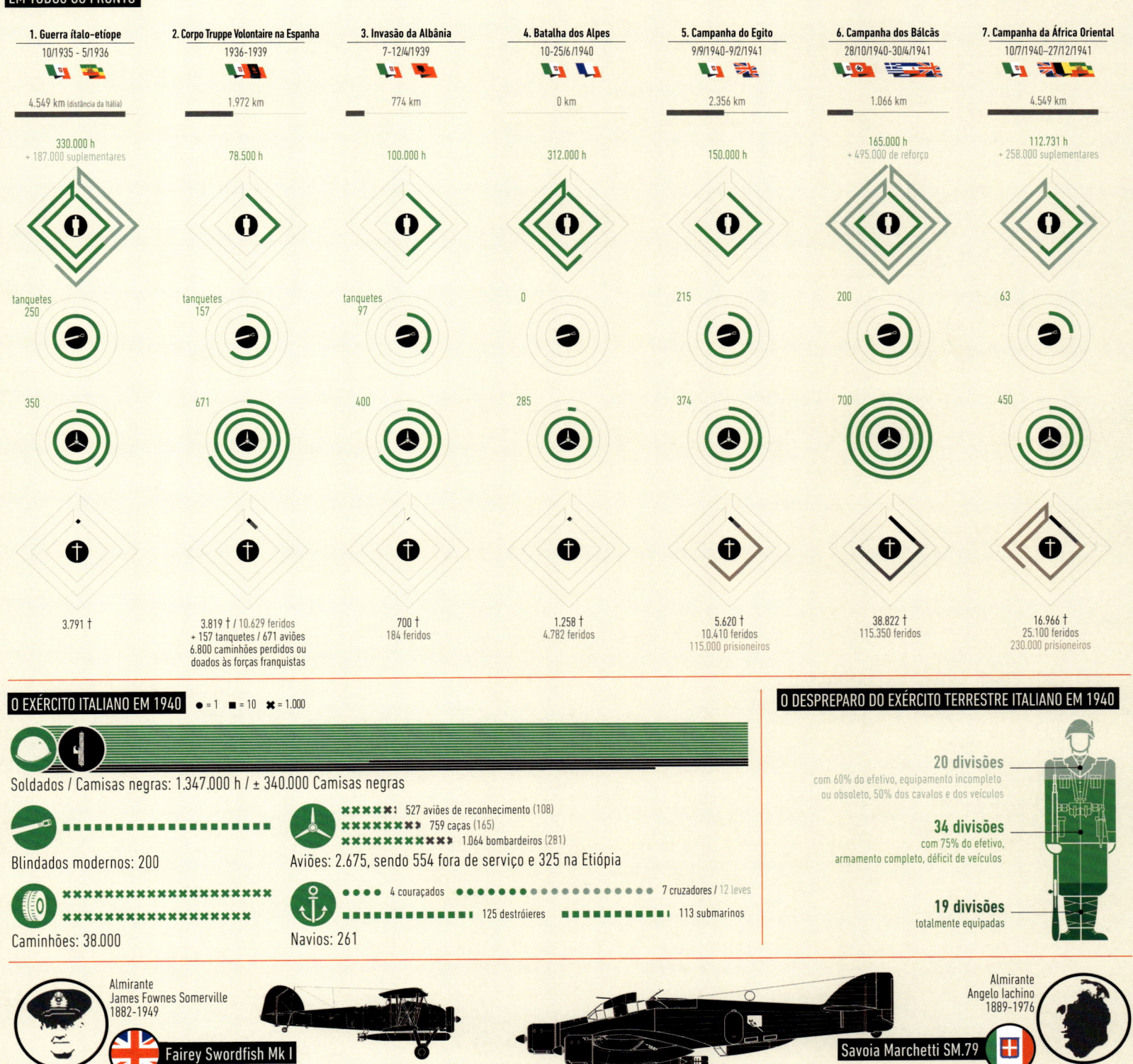

	1. Guerra ítalo-etíope	2. Corpo Truppe Volontaire na Espanha	3. Invasão da Albânia	4. Batalha dos Alpes	5. Campanha do Egito	6. Campanha dos Bálcãs	7. Campanha da África Oriental
Período	10/1935 – 5/1936	1936-1939	7-12/4/1939	10-25/6/1940	9/9/1940-9/2/1941	28/10/1940-30/4/1941	10/7/1940-27/12/1941
Distância da Itália	4.549 km	1.972 km	774 km	0 km	2.356 km	1.066 km	4.549 km
Efetivos	330.000 h + 187.000 suplementares	78.500 h	100.000 h	312.000 h	150.000 h	165.000 h + 495.000 de reforço	112.731 h + 258.000 suplementares
Tanquetes	250	157	97	0	215	200	63
Aviões	350	671	400	285	374	700	450
Mortos / feridos	3.791 †	3.819 † / 10.629 feridos + 157 tanquetes / 671 aviões 6.800 caminhões perdidos ou doados às forças franquistas	700 † 184 feridos	1.258 † 4.782 feridos	5.620 † 10.410 feridos 115.000 prisioneiros	38.822 † 115.350 feridos	16.966 † 25.100 feridos 230.000 prisioneiros

O EXÉRCITO ITALIANO EM 1940
• = 1   ■ = 10   ✕ = 1.000

- Soldados / Camisas negras: 1.347.000 h / ± 340.000 Camisas negras
- Blindados modernos: 200
- Caminhões: 38.000
- Aviões: 2.675, sendo 554 fora de serviço e 325 na Etiópia
  - 527 aviões de reconhecimento (108)
  - 759 caças (165)
  - 1.064 bombardeiros (281)
- Navios: 261
  - 4 couraçados
  - 7 cruzadores / 12 leves
  - 125 destróieres
  - 113 submarinos

O DESPREPARO DO EXÉRCITO TERRESTRE ITALIANO EM 1940

- **20 divisões** com 60% do efetivo, equipamento incompleto ou obsoleto, 50% dos cavalos e dos veículos
- **34 divisões** com 75% do efetivo, armamento completo, déficit de veículos
- **19 divisões** totalmente equipadas

Almirante James Fownes Somerville 1882-1949 — Fairey Swordfish Mk I

Savoia Marchetti SM.79 — Almirante Angelo Iachino 1889-1976

Italian Navy in World War II, 1994 – 6• *History of the Second World War, the Mediterranean & the Middle East*, 6 v. 1954-1988 (a complacente história oficial britânica) – 7• MacGregor Knox, *Mussolini Unleashed, 1939-1941*, Cambridge University Press, 1986.

GUERRA NO DESERTO

Compreender a guerra do deserto é muito simples e tem tudo a ver com a geografia. Para começar, seu front é na verdade muito estreito, algumas dezenas de quilômetros espremidos entre o mar e o deserto do Saara. Apenas as unidades ligeiras como o Long Range Desert Group podem se aventurar interior adentro para ações contra a retaguarda inimiga. Por falta de estradas, os exércitos não podem ser abastecidos. São portanto obrigados a seguir a rota litorânea (via Balbia), sendo possível barrá-los. Assim, a Guerra no Deserto é pontuada de assaltos frontais contra posições entrincheiradas abundantemente minadas (Tobruk, Gazala, El-Alamein, Mareth). Nesses, a artilharia e a engenharia são atores essenciais.

Mas quando se abre a brecha, dando início à guerra de movimento, as unidades motorizadas, e principalmente as mecanizadas, assumem o controle total. Nessas grandes extensões arenosas, a velocidade, a audácia e a tomada de iniciativa são trunfos decisivos. E o serão mais ainda para os oficiais alemães em geral – e Rommel em especial –, educados desde cedo na autonomia tática. Em algumas horas, o campo de batalha se expande em profundidade, condenando as unidades pedestres.

A essa altura, ao derrotado só resta recuar, contando com o segundo fator geográfico: as distâncias alucinantes. A guerra se desenvolve ao final de uma imensa linha de vida: 23 mil quilômetros

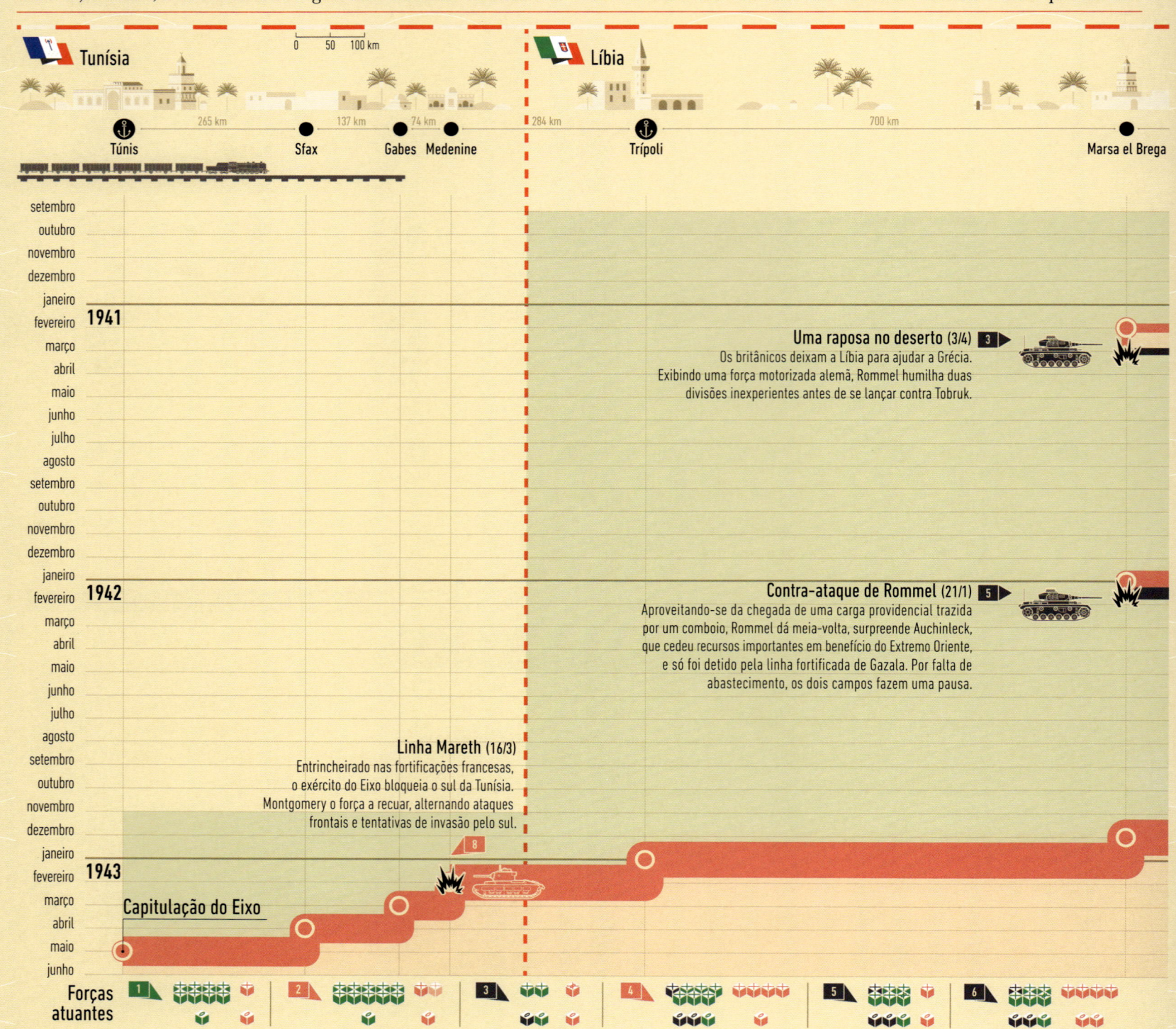

Tunísia
Túnis — 265 km — Sfax — 137 km — Gabes — 74 km — Medenine

Líbia
284 km — Trípoli — 700 km — Marsa el Brega

Uma raposa no deserto (3/4) [3]
Os britânicos deixam a Líbia para ajudar a Grécia. Exibindo uma força motorizada alemã, Rommel humilha duas divisões inexperientes antes de se lançar contra Tobruk.

Contra-ataque de Rommel (21/1) [5]
Aproveitando-se da chegada de uma carga providencial trazida por um comboio, Rommel dá meia-volta, surpreende Auchinleck, que cedeu recursos importantes em benefício do Extremo Oriente, e só foi detido pela linha fortificada de Gazala. Por falta de abastecimento, os dois campos fazem uma pausa.

Linha Mareth (16/3)
Entrincheirado nas fortificações francesas, o exército do Eixo bloqueia o sul da Tunísia. Montgomery o força a recuar, alternando ataques frontais e tentativas de invasão pelo sul.

Capitulação do Eixo

Forças atuantes: 1 2 3 4 5 6

7.689 km em 2 anos

Símbolos:
- Ataques ingleses
- Ataques italianos
- Ataques alemães (a espessura representa os efectivos do atacante)
- Principais etapas
- Batalhas importantes
- Portos
- Fronteiras

Ofensiva Graziani (13/9) [01]
O Exército Italiano se detém, exausto, depois de uma marcha a pé de 120 km e se eclipsa. A Itália dá prioridade à guerra na Grécia.

Operação Compass (9/12) [02]
O'Connor esmaga inimigos entrincheirados, em seguida atravessa a Cirenaica, onde cerca todo um exército, à excepção dos 8.500 sobreviventes.

Ofensiva Crusader (18/11) [06]
Operação confusa em que Rommel tem de combater com a ameaça de Tobruk as suas costas. Exaurido, não tendo mais de vinte tanques, vê-se obrigado a bater em retirada.

Gazala (26/5) [9]
Rommel rompe as sólidas defesas britânicas, toma Tobruk e suas reservas para fazer uma entrada em profundidade no Egito. Mas ele não dispõe de meios para romper a linha de El-Alamein.

Lightfoot / Supercharge (23/10)
Depois de reorganizar o seu exército, Montgomery neutraliza Rommel, atraindo suas reservas para melhor esmagá-las. Em 5 de novembro, o exército germano-italiano deixa de existir.

Cidades (da direita para a esquerda, seguindo a escala): Bengasi — 322 km — Derna — 291 km — Gazala — 120 km — Tobruk — 136 km — Bardia — 16 km — Sidi el Barrani — 119 km — Marsa-Matrouth — 141 km — El-Alamein — 183 km — Alexandria — 116 km — Cairo — 223 km

Egito

---

via Cidade do Cabo para os britânicos, dois meses de navegação; 1,8 mil quilómetros para a Alemanha, mas com o perigoso Mediterrâneo a atravessar. E o pior ainda está por vir. Uma vez descarregado o abastecimento, ainda é preciso percorrer centenas de quilómetros numa estrada ruim. Sem uma consistente logística motorizada, é impossível combater. Cada vitória condena o vencedor. Este desgastam o material em alguns dias. As oficinas de conserto têm um papel crucial. Assim nasce a guerra pendular. Os britânicos se enfrontam mil quilómetros na Líbia, enfrentam a resistência dos germano-italianos, que terminam por encalhar no Egito, depois de uma cavalgada relâmpago de uma semana. A pausa indispensável favorece os britânicos, que combatem "em casa", e o ciclo recomeça. Só o desembarque dos Aliados no Marrocos e na Argélia em 8 de novembro de 1942, pressionando com força o exército do Eixo, mudará a equação. Essas distâncias condicionaram também o formato dos exércitos. Quanto mais longe de sua base combatem, mais devem se reduzir. Os efectivos são limitados não que o teatro de operações é considerado secundário, mas antes de tudo por ser impossível abastecê-los satisfatoriamente. Uma análise quantitativa demonstra que eles já são excessivos. E no entanto Rommel dispõe de 1/12 dos meios motorizados da Wehrmacht para 1/78 dos efectivos. A solução para o Eixo seria conquistar Alexandria. A Royal Navy seria expulsa de facto da bacia mediterrânea oriental, a refinaria de Haifa, que abastece o VIII Exército Britânico, ficaria ao alcance da aviação, e Rommel disporia de um grande porto no Oriente Médio. Portanto, ele não está de todo enganado quando, no verão de 1942, tenta uma ofensiva desesperada. Era sua única opção para conquistar um vitória estratégica. Faltou-lhe uma centena de quilómetros.

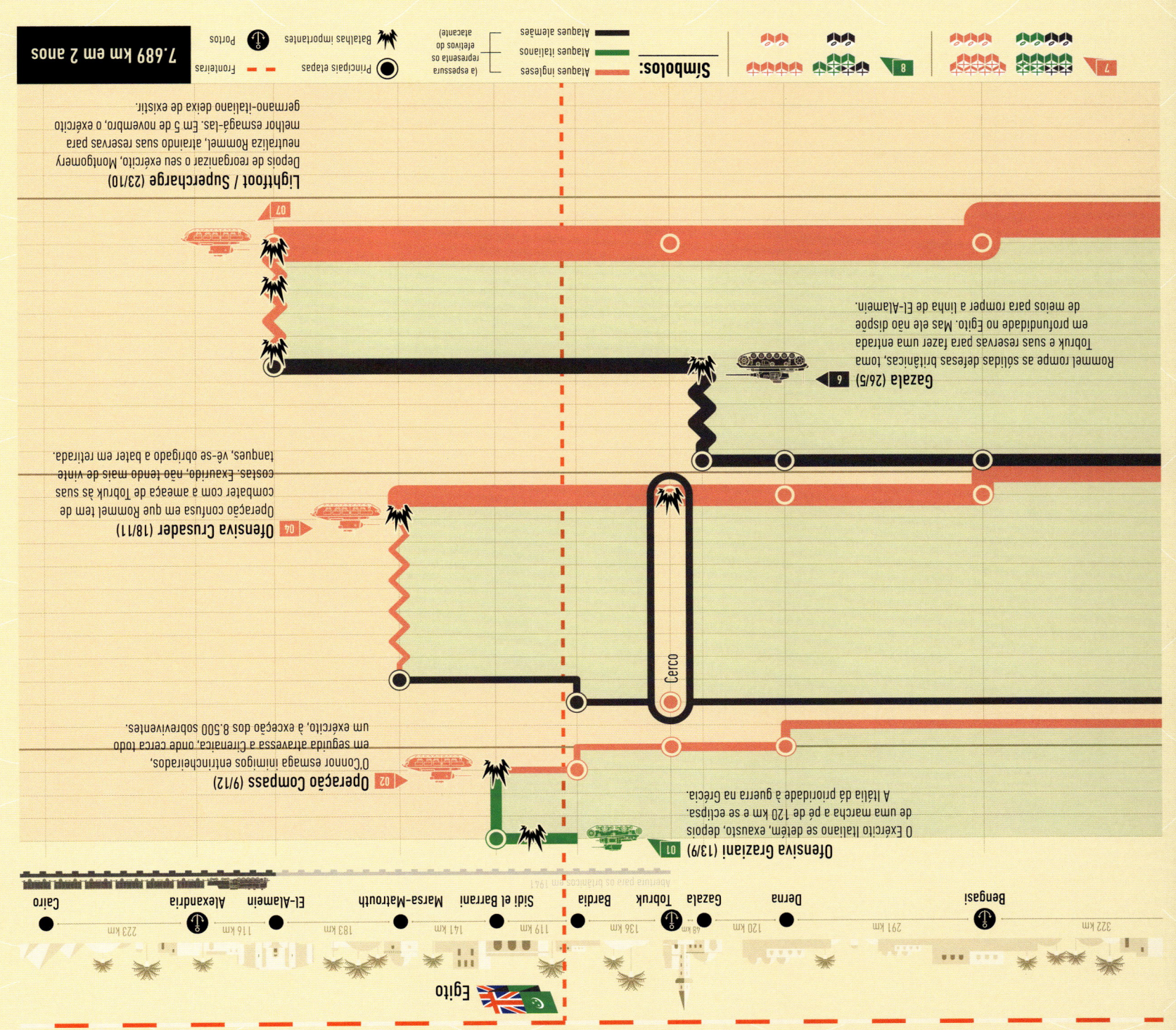

2 · UMA BATALHA EXEMPLAR: GAZALA, 26 DE MAIO–14 DE JUNHO DE 1942

Em maio de 1942, a alguns quilómetros de Tobruk, os dois exércitos, reequipados depois de uma pausa de quatro meses, se enfrentam. Os britânicos estão entrincheirados por trás de uma rede de pontos fortificados, protegidos por imensos campos minados que se estendem por setenta quilómetros. Cada "box" acolhe uma brigada de infantaria reforçada por artilharia, como a do deserto de Bir Hakeim. Mais recuadas, brigadas blindadas interarmas se mantêm prontas para tamponar eventuais brechas. Mas Rommel contorna o obstáculo pelo sul, e eil-o que surge às costas dos britânicos, estupefatos. Não obstante, embora as colunas mecanizadas do Eixo tivessem transposto as dunas arenosas, as colunas de abastecimento não conseguem fazer o mesmo. Elas precisam passar por Bir Hakeim, que resiste. Os britânicos se recompõem. E eis que o Afrikakorps, isolado, se vê metido num "caldeirão". Sua sobrevivência depende da abertura de um corredor para abastecimento, o que se concretiza em 1º de junho. Os britânicos não aproveitam a chance. Seus tanques são muito numerosos e eficientes, mas eles se deixam bater. Por um lado, os alemães fazem uma manobra para atraí-los e pô-los ao alcance das armas antitanque ou de ataques pelos flancos; de sua parte, os britânicos atacam de forma desordenada. Em 14 de junho, depois de ter perdido três quartos de seus blindados e vendo o grosso de sua infantaria cercada em seus boxes, Ritchie ordena a retirada. Os soldados da infantaria, entre os quais os franceses de Bir Hakeim, fogem. Pobre consolo, porque Tobruk e seus depósitos se perdem, e a rota para Alexandria fica aberta.

HOMENS E MATERIAIS

Marechal Erwin Rommel 1891–1944
Marechal Ettore Bastico 1876–1972
General de exército Bernard Law Montgomery 1887–1976
General Claude Auchinleck 1884–1981

Autoblinda AB41
Sd.Kfz. 6 Flak 41
AEC Dorchester 4 × 4
Valentine MK III
AEC MK I Gun Carrier
Morris-CS9

Fiat Spa T137
Sd.Kfz. 222
Carden-Loyd Universal Carrier
Morris C8 FAT
LRDG Chevrolet Command Car

Fiat-CR42 Falco
Camionetta AS-42
LRDG Jeep Willys
Bristol Beaufighter

Autonomia
200 km
165 km
200 km
257 km
200 km
195 km

Velocidade máxima
30 km/h
35 km/h
38 km/h
24 km/h
43 km/h
34 km/h

Desgaste dos motores
Deserto 5.000 km
Europa 60.000 km

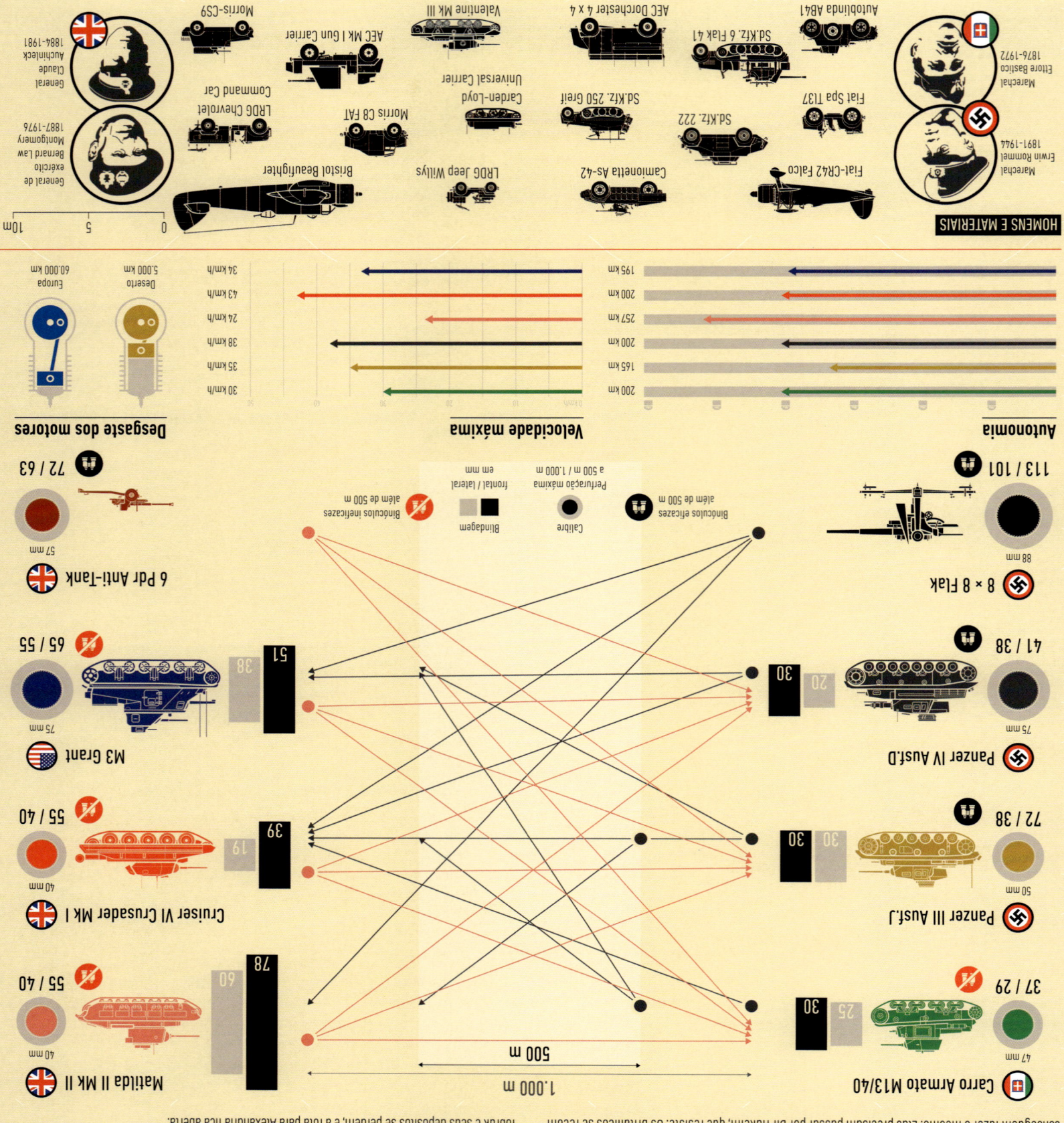

PELOS ALIADOS (1943-1945)

esta ser bastante numerosa, mas utilizada com prioridade contra os navios de guerra e a frota anfíbia, com resultados limitados. No total, apenas 58 navios mercantes aliados se perderam de dezembro de 1941 a agosto de 1945.

Os dois últimos anos da guerra foram marcados por uma inelutável penetração no perímetro defensivo japonês, acompanhada por um sufocamento progressivo de sua economia de guerra, graças a uma intensa campanha submarina. Incapaz de fazer frente à ofensiva no mar e vendo sua frota destruída em 1944 (Batalha Naval das Filipinas, depois batalha do Golfo de Leyte) e suas posições insulares caírem uma a uma sob o impacto das ofensivas anfíbias americanas, o comando japonês tenta retomar a iniciativa na China, onde o Exército Imperial teria seus últimos sucessos significativos (ofensiva Ichi-Go), e também na Índia, onde uma tentativa de invasão (operação U-Go) fracassa ante as defesas britânicas de Imfal e de Kohima. Em fins de 1944, o Japão não tem outra opção estratégica senão travar uma batalha defensiva desesperada, provocando o maior número de perdas possível, em especial com pilotos kamikaze mais ou menos voluntários. As batalhas de Iwo Jima, Manila, Okinawa e Rangun (Birmânia) em 1945 são as últimas grandes etapas da reconquista aliada que, às vésperas do verão, fazem os preparativos para travar a última batalha na própria metrópole japonesa.

2 • A MORTE PROGRAMADA DA FROTA JAPONESA

Batida em Midway e nas Ilhas Salomão (1942-1943), quebrada no Mar das Filipinas (junho de 1944), a Kido Butai tenta salvar sua honra na maior batalha naval da guerra, quem sabe até da história, em Leyte, em outubro de 1944. O audacioso Plano Sho-Go (Vitória) é uma armadilha para a frota americana que protege o desembarque de reconquista das Filipinas (**0**): trata-se de atrair os porta-aviões da 3ª Frota ao longe, por meio de uma "isca" (os porta-aviões do almirante Ozawa), para que os couraçados entrem com discrição entre as ilhas, surpreendendo as forças de desembarque e destruindo-as com tiros de canhão. Pensando evitar todo perigo (**1**), Halsey morde o anzol, caçando e destruindo a esquadra japonesa do norte (**3**). Ao sul, os couraçados americanos se interpõem vitoriosamente no estreito de Surigao (**2**). Mas no Cabo Samar, no dia 25, os couraçados japoneses por pouco não assestam um golpe mortal (**4**), antes de serem forçados a recuar com pesadas perdas, ante o sacrifício dos porta-aviões de escolta americanos. Ao cabo de três dias críticos (24-26 de outubro), a frota japonesa jogou sua última carta e deixou de existir como força combatente.

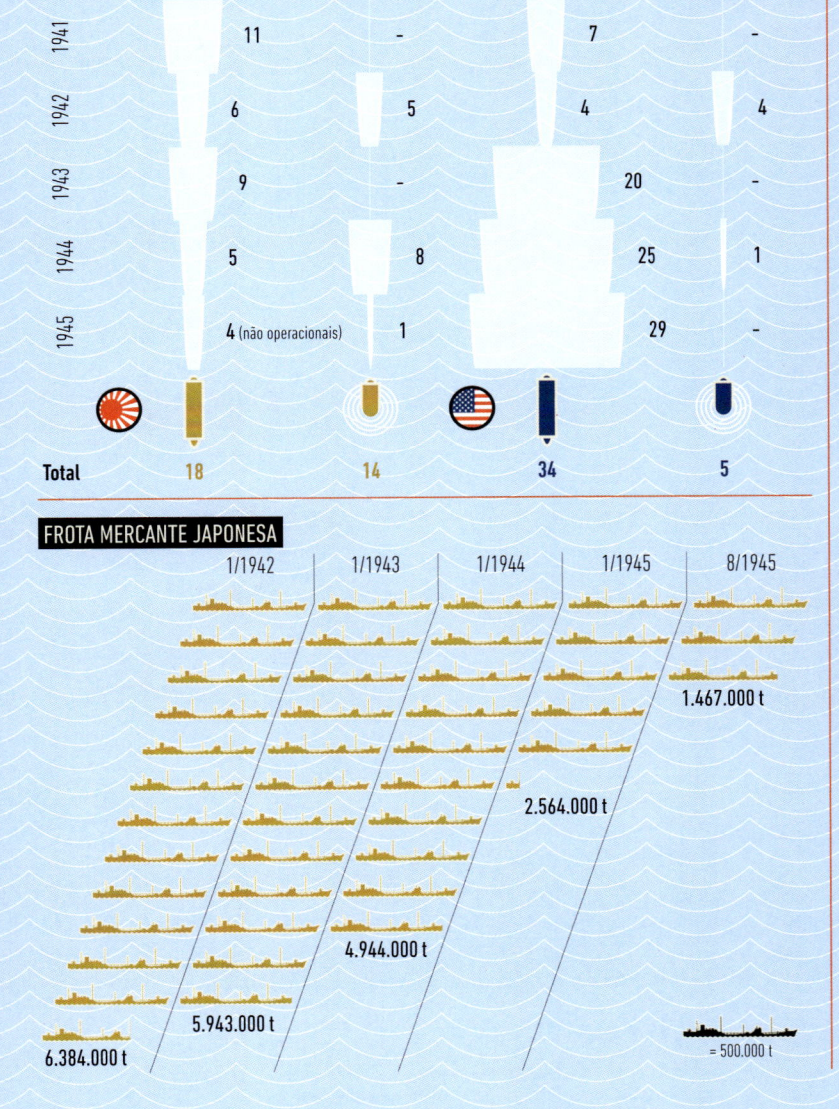

A CONQUISTA DE IWO JIMA
19 fevereiro – 26 março 1945

Efetivos engajados
110.000 h, entre os quais 71.245 Marines
18.591 h

Perdas por km² conquistado (média)
21 km²
1.240 † e feridos / km² (± 1% dos efetivos)
324 †
875 † / km² (± 5% dos efetivos)

Perdas por dia (média)
35 d
525 † e feridos / d
194 †
744 † / d

Perdas (e % dos efetivos)
200 h =
18.375 † (98,84%)
216 prisioneiros
6.821 † (6,2%)
19.217 feridos

Relação de forças
6 americanos para 1 japonês

- ➤ 5ª Divisão da USMC
- ➤ 4ª Divisão da USMC
- ➤ 3ª Divisão da USMC
- --- Avanço americano
- ▲▲▲ Linhas de defesa japonesas

Número
- Disparados / no alvo
- Disparados / no alvo

Mapa — pontos e navios
- Kangoku Rock
- Kitano Point
- d-16, d-26
- Kama Rock
- d-8
- Aeródromo nº 3 (em construção)
- Pensacola 778 / 184 — 364 / 0
- d-5
- Aeródromo nº 2
- Salt Lake City 1.099 / 217 — 514 / 51
- Arkansas 935 / 10 — 495 / 30
- New York 843 / 25 — 719 / 52
- d-26
- Aeródromo nº 1
- Tachiwa Point
- Tuscaloosa 744 / 88 — 792 / 60
- d-1
- Chester 773 / 11 — 362 / 42
- Monte Suribachi
- Green, Red 1, Red 2, Yellow 1, Yellow 2, Blue 1, Blue 2
- Vicksburg 1.850 / 327 — 294 / 55
- Idaho 664 / 39 — 941 / 10
- Texas 561 / 55 — 646 / 19
- Tobiishi Point
- Nevada 467 / 20 — 1.774 / 264
- Tennessee 812 / 61 — 1.838 / 161

Em 3 dias de preparativos navais, 18.263 projéteis
- 350 mm
- 300 mm
- 203 mm
- 152 mm
- 127 mm

Artilharia principal — 3.347 · 935 · 3.394
Artilharia secundária — 1.850 · 8.739

Eficácia da artilharia naval
- Tiros de cobertura e de perto — Total de tiros = 90,25% / 16.486 projéteis
- No alvo — Total de tiros = 9,75% / 1.781 projéteis

Efeitos sobre os 776 alvos identificados
(casamata, tobrouk, radar...)
- 590 ainda ativos (76,03%)
- 112 destruídos (14,4%)
- 74 danificados (9,54%)

Iwo Jima é uma das mais difíceis e mortíferas batalhas da guerra do Pacífico, a única em que a soma das perdas dos americanos é maior que a dos japoneses. O desembarque fica a cargo dos Marines Corps (USMC), corpo específico dos Estados Unidos, com status entre o Exército (US Army) e a Marinha (US Navy). Prevê-se a conquista da ilha em cinco dias, depois de uma preparação aérea de várias semanas e um bombardeio naval sistemático de três dias, que deveria acabar de vez com as defesas japonesas. Na realidade, foi preciso mais de um mês de combates encarniçados para triunfar sobre fortificações densas ao extremo, que ficaram praticamente intactas depois de um bombardeio preliminar muito pouco eficaz.

FONTES: 1• N. Bernard, *La guerre du Pacifique*, Tallandier, 2016 – 2• J. Costello, *La Guerre du Pacifique*, 2 v., Pygmalion, reed. 2010 – 3• S.E. Morison, *History of U.S. naval operations in World War II*, US Navy, reed. 2001 – 4• *Japanese monographs*, US Army, 1959 – 5• Gruner, HNSA – 6• http://www.allworldwars.com/Iwo-Jima-Naval-Gunfire-Support.html

YAMATO: TRAJETÓRIA DE GUERRA DE UM GIGANTE IMPOTENTE

A carreira do poderoso couraçado Yamato, a certa altura chamado navio almirante e apelidado debochadamente pelos marinheiros de "hotel Yamato", começa em 8 de agosto de 1940 (0, 1) e até 1943 se limita a fazer ligações e escolta entre Truk e a metrópole (2, 4) e algumas incursões de guerra malogradas (3, 5). Ele só lança algumas granadas em outubro de 1944 (6) e sucumbe à todo-poderosa força aeronaval americana em abril de 1945 (7).

Couraçado gigante classe Yamato 1940

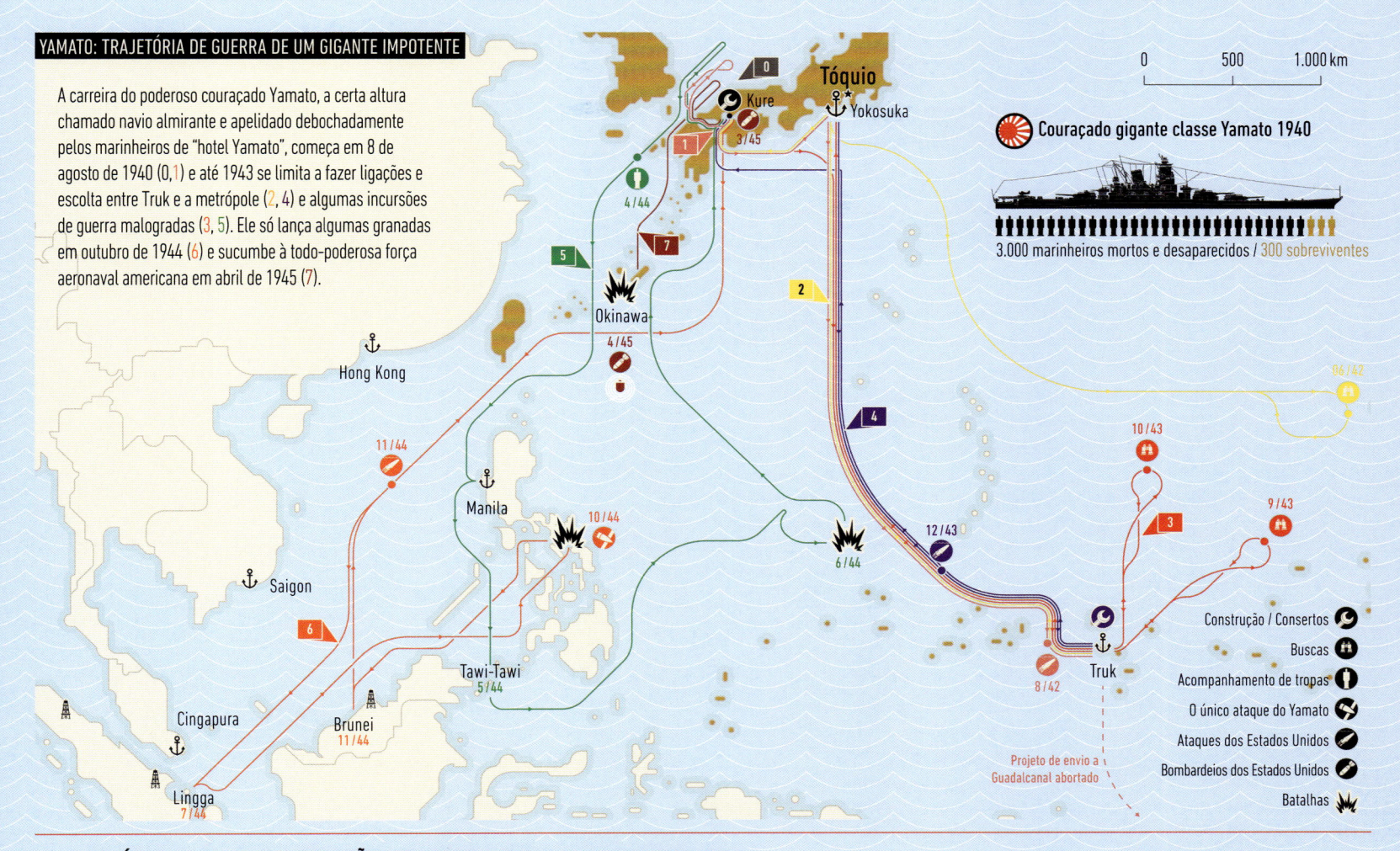

3.000 marinheiros mortos e desaparecidos / 300 sobreviventes

Construção / Consertos
Buscas
Acompanhamento de tropas
O único ataque do Yamato
Ataques dos Estados Unidos
Bombardeios dos Estados Unidos
Batalhas

Projeto de envio a Guadalcanal abortado

3 • O PACÍFICO: TEATRO DE OPERAÇÕES MAIS VIOLENTO PARA OS AMERICANOS

Além dos efetivos envolvidos, menos importantes que na Europa e nos teatros de operações geograficamente mais vastos e ao mesmo tempo mais fragmentados, os confrontos do Pacífico se caracterizam em geral por sua extrema intensidade e seu caráter particularmente mortífero em espaços e períodos limitados. A princípio, as perdas japonesas são com frequência desmesuradas, pois a retirada e a rendição estão excluídas da cultura militar nipônica. Até a batalha de Okinawa, em que pela primeira vez alguns milhares de soldados japoneses depõem as armas, os prisioneiros são bem pouco numerosos, em geral feridos incapazes de se defender ou efetivos coreanos pouco motivados. As perdas americanas são proporcionalmente maiores que em outros lugares: considerando a escala de tempo e de efetivos, tombam três vezes mais americanos, em média, num confronto do Pacífico que numa batalha na África ou na Europa.

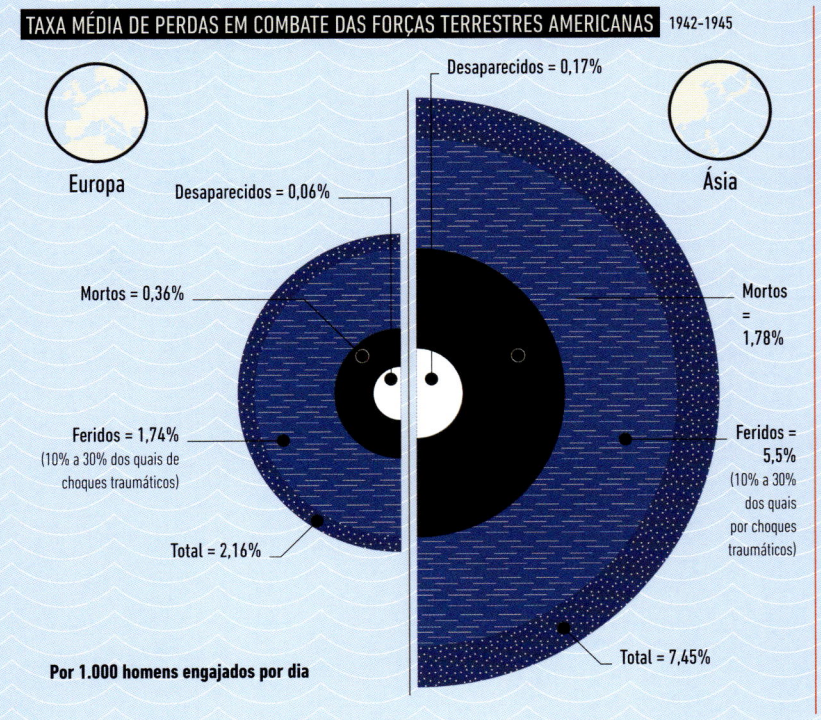

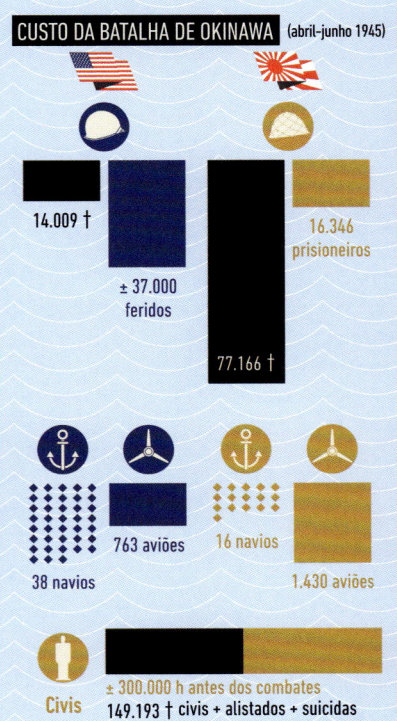

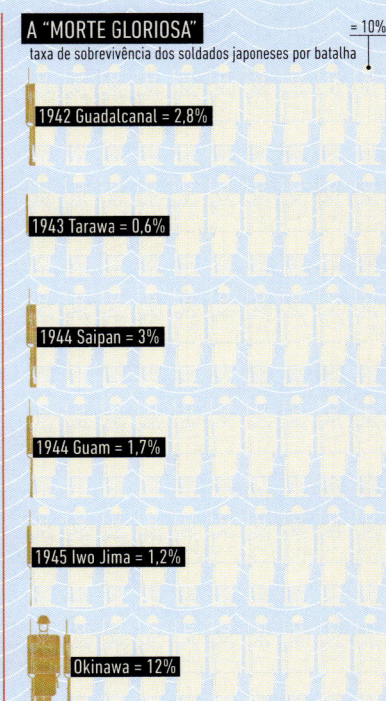

TAXA MÉDIA DE PERDAS EM COMBATE DAS FORÇAS TERRESTRES AMERICANAS 1942-1945

Europa
- Desaparecidos = 0,06%
- Mortos = 0,36%
- Feridos = 1,74% (10% a 30% dos quais de choques traumáticos)
- Total = 2,16%

Ásia
- Desaparecidos = 0,17%
- Mortos = 1,78%
- Feridos = 5,5% (10% a 30% dos quais por choques traumáticos)
- Total = 7,45%

Por 1.000 homens engajados por dia

CUSTO DA BATALHA DE OKINAWA (abril-junho 1945)

- 14.009 †
- ± 37.000 feridos
- 16.346 prisioneiros
- 77.166 †
- 38 navios / 763 aviões
- 16 navios / 1.430 aviões
- Civis: ± 300.000 h antes dos combates
- 149.193 † civis + alistados + suicidas

A "MORTE GLORIOSA"
taxa de sobrevivência dos soldados japoneses por batalha
= 10%

- 1942 Guadalcanal = 2,8%
- 1943 Tarawa = 0,6%
- 1944 Saipan = 3%
- 1944 Guam = 1,7%
- 1945 Iwo Jima = 1,2%
- Okinawa = 12%

KURSK: A QUEDA

1 • UMA OPERAÇÃO ALEMÃ, TRÊS CONTRA-ATAQUES SOVIÉTICOS

A Batalha de Kursk designa quatro operações ligadas entre si, estendendo-se por 750 quilômetros, ao longo de cinquenta dias. **(1)** O ataque alemão em movimento de pinça, Operação Cidadela: um ataque do norte para o sul, partindo de Orel (9º Exército), e um segundo, do sul para o norte (Grupo de Exércitos do Sul), partindo de Karkhov. O primeiro consegue penetrar trinta quilômetros nas defesas soviéticas, terminando por se esgotar em 11 de julho; o segundo avançou mais de cinquenta quilômetros, sendo suspenso em 16 de julho. Esse duplo fracasso se explica pela ação de duas contraofensivas soviéticas. **(2)** A primeira, a operação Kutuzov, se lança contra Orel em 12 de julho, obrigando Model a dar meia-volta. **(3)** A outra, a operação Donbass, inicia-se em 17 de julho nos rios Mious e Donetz, obrigando Hitler, que quer conservar a qualquer preço "o Ruhr soviético", a parar os tanques de Manstein. Embora o caso de Donbass seja uma derrota soviética, nem por isso impedirá, em 3 de agosto **(4)**, a terceira contraofensiva do Exército Vermelho, a operação General Rumiantsev. A libertação de Kharkov, em 23 de agosto, encerra a impropriamente chamada batalha "de Kursk".

Na primavera de 1943, Hitler decide, por um lado, que o front leste continuará sendo o principal; por outro, que a Wehrmacht deve voltar ao ataque para evitar a ofensiva soviética esperada, manter a iniciativa das operações e constituir reservas, reduzindo o front. Depois de um mês de demora, Hitler finalmente aceita, a contragosto, eleger Kursk como o lugar de uma ofensiva limitada, que seria desencadeada em 1º de maio. O plano, mais que clássico, consiste em tesourar Kursk: o 9º Grupo de Exércitos do Centro, comandado pelo general Model, atacará Kursk, partindo do norte; o 4º Exército Panzer e o destacamento de exército Kempf, pertencente ao Grupo de Exércitos do Sul do marechal Von Manstein, também se lançarão contra Kursk, mas partindo do sul. Uma vez tomada Kursk, os alemães pensam em capturar o grosso das forças do Front do Centro (general Rokossovski) e do Front de Voronej (general Vatutin). Eles contam com fazer centenas de milhares de prisioneiros, de que a indústria alemã tem grande necessidade. A data do ataque será diversas vezes adiada, para enfim ser marcada para 5 de julho. Se é verdade que Hitler espera a entrega de novos materiais blindados (automotores pesados Ferdinand e tanques Panther), a razão principal desse adiamento é a capitulação das forças do Eixo em Túnis, em 13 de maio de 1943. Hitler não quer combater no leste enquanto um exército de reserva não tiver sido organizado na Alemanha para compensar a defecção de seu aliado italiano, que ele acredita, com razão, inevitável. Ele só se sentirá seguro quanto a isso no fim de junho.

Também os soviéticos decidem esperar o ataque alemão e aproveitam os dois meses de espera para, por um lado, reforçar suas defesas em Kursk, que eles transformam numa verdadeira fortaleza; por outro, preparar três contraofensivas conexas, contra Orel, contra Kharkov e em Donbass, que serão desencadeadas uma vez batido o inimigo diante de Kursk. Os alemães estão cientes dos preparativos dos adversários, o que os põem na contingência de ter de conquistar Kursk o mais rápido possível. Daí a concentração, em dois fronts muito estreitos, da nata das unidades blindadas e da Luftwaffe. Seu fracasso, que se deu ao cabo de uma semana, tira em definitivo a iniciativa da Wehrmacht no front leste. Ela não fará mais que recuar até a derrota final. Embora perca muito menos homens e materiais que seu adversário, ela tem de abandonar um trunfo ainda mais forte, sua ascendência moral: pela primeira vez, ela não consegue vencer no verão, apesar do engajamento de vinte divisões blindadas e do que há de mais moderno em termos técnicos.

2 • A SUPERIORIDADE DOS TANQUES ALEMÃES

Se considerarmos o conjunto das operações ligadas à batalha de Kursk, a superioridade numérica dos soviéticos é evidente. Não obstante, ela deve ser muito relativizada, no campo dos blindados, por uma clara superioridade qualitativa alemã: o T-34/76, sem falar dos leves T-70, é irremediavelmente ultrapassado pelos Ferdinand, Tiger, Panther e mesmo o Panzer IV de canhão longo. O Tiger, de frente, a qualquer distância, é invulnerável a todos os tanques, canhões antitanque e canhões automotores soviéticos em serviço em Kursk. As únicas exceções são o automotor pesado SU-122 e o canhão antitanque de 57 milímetros, mas esses dois materiais são raros em 1943. Não obstante, embora as perdas soviéticas em blindados sejam seis vezes maiores que as dos alemães, isso se deve tanto às debilidades táticas do comando soviético quanto a essa inferioridade técnica.

QUEM DESTRÓI QUEM?

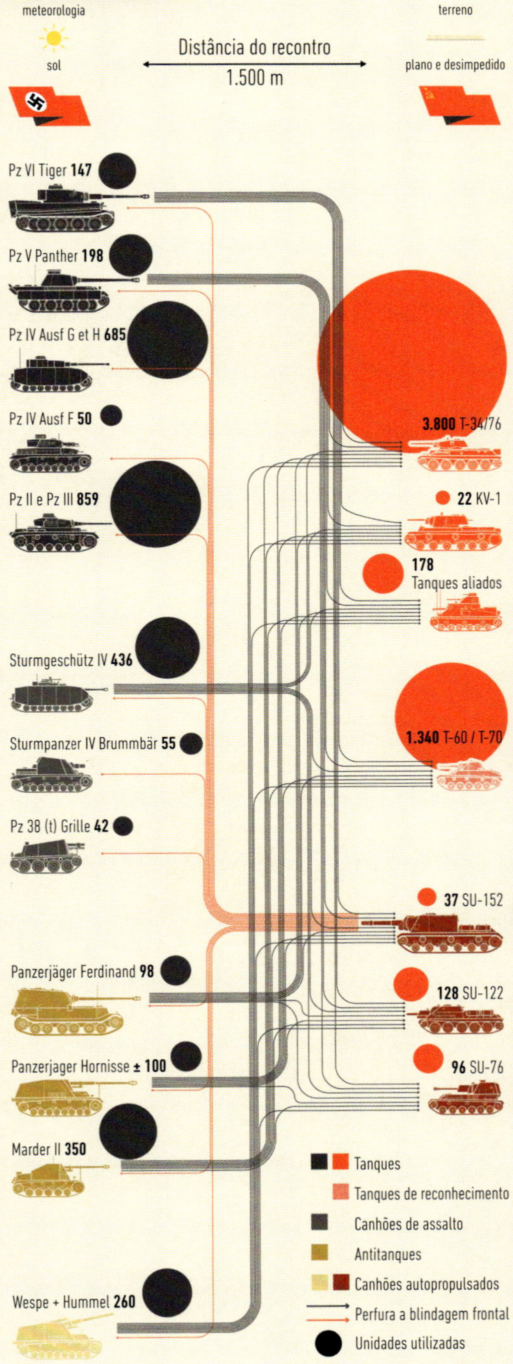

- Pz VI Tiger **147**
- Pz V Panther **198**
- Pz IV Ausf G et H **685**
- Pz IV Ausf F **50**
- Pz II e Pz III **859**
- Sturmgeschütz IV **436**
- Sturmpanzer IV Brummbär **55**
- Pz 38 (t) Grille **42**
- Panzerjäger Ferdinand **98**
- Panzerjager Hornisse ± **100**
- Marder II **350**
- Wespe + Hummel **260**

- 3.800 T-34/76
- 22 KV-1
- 178 Tanques aliados
- 1.340 T-60 / T-70
- 37 SU-152
- 128 SU-122
- 96 SU-76

Legenda:
- Tanques
- Tanques de reconhecimento
- Canhões de assalto
- Antitanques
- Canhões autopropulsados
- Perfura a blindagem frontal
- Unidades utilizadas

meteorologia: sol
Distância do recontro: 1.500 m
terreno: plano e desimpedido

3 • UMA DEFESA EM PROFUNDIDADE, UM SISTEMA COMPLEXO

Os preparativos defensivos soviéticos na saliência de Kursk são os mais consideráveis realizados durante a Segunda Guerra Mundial. A cidade de Kursk e seus arredores são protegidos em 110 quilômetros de profundidade por três "cinturões defensivos de exército" e três "linhas defensivas de front". Estas contêm 9 mil quilômetros de trincheiras, outro tanto de barreiras de arame farpado, um milhão de minas e cargas explosivas, mil quilômetros de fossos antitanque e várias centenas de pontos de apoio antitanque.

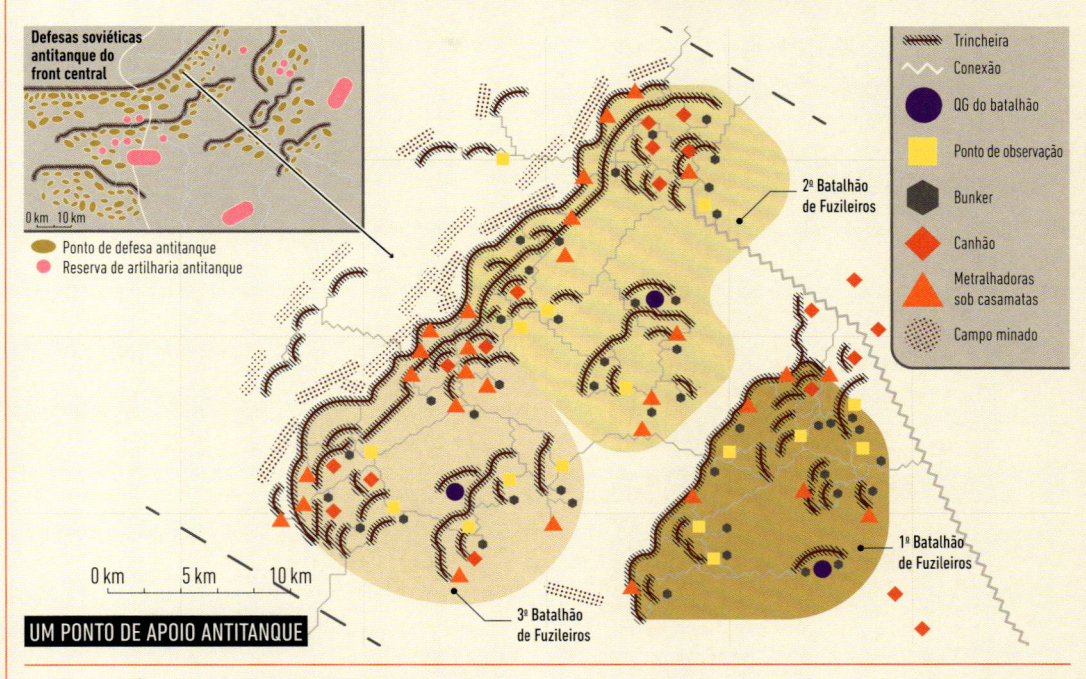

Defesas soviéticas antitanque do front central
- Ponto de defesa antitanque
- Reserva de artilharia antitanque

Legenda:
- Trincheira
- Conexão
- QG do batalhão
- Ponto de observação
- Bunker
- Canhão
- Metralhadoras sob casamatas
- Campo minado

1º Batalhão de Fuzileiros
2º Batalhão de Fuzileiros
3º Batalhão de Fuzileiros

UM PONTO DE APOIO ANTITANQUE

4 • RELAÇÃO DE FORÇAS E PERDAS (relação de forças em 4/7/1943 e perdas em 4/8/1943)

Os soviéticos conquistaram em Kursk uma vitória de Pirro. Tanto em homens quanto em materiais, suas perdas são gigantescas. A pobreza do comando das unidades blindadas e aéreas conta mais na carnificina que a inferioridade qualitativa dos materiais. Em terra, os alemães continuam a superar seus adversários em termos de cooperação interarmas, comunicação de rádio, concentração dos meios e nível geral de formação e treinamento. O alto-comando soviético continua a sacrificar massas de homens nos ataques frontais, em vez de efetuar manobras. Sem dúvida há aí razões culturais e políticas, além do fato de que, ao contrário da Wehrmacht, o Exército Vermelho tem condições de substituir os homens desaparecidos.

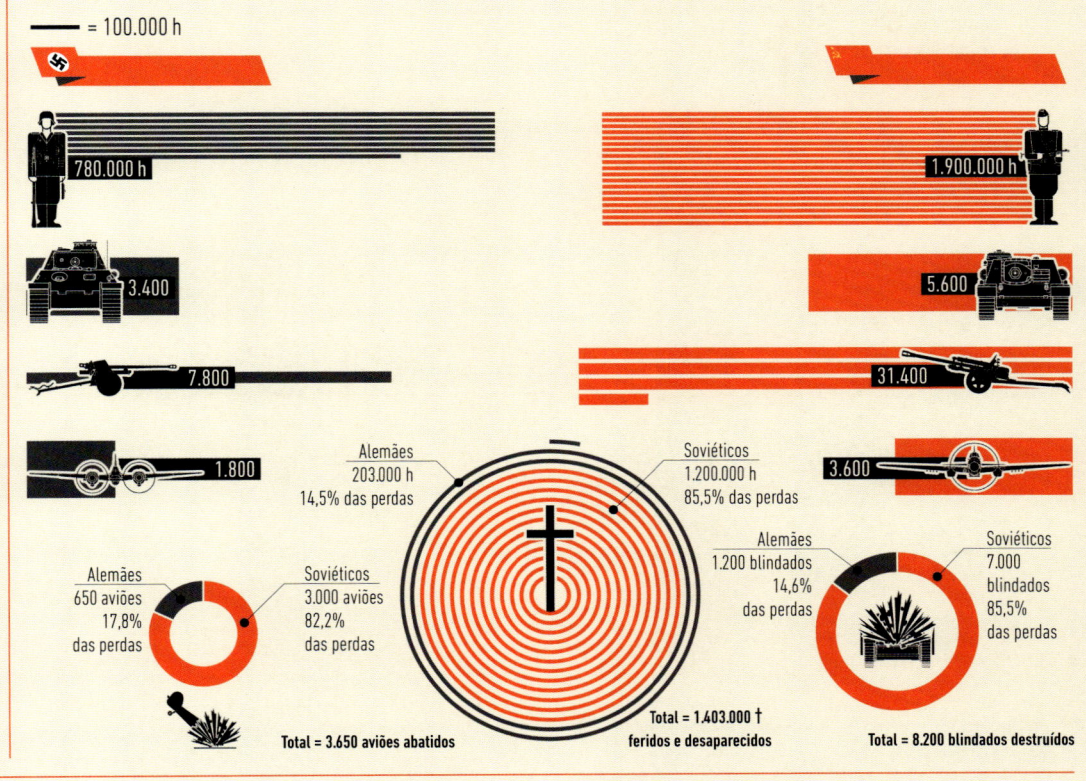

= 100.000 h

- 780.000 h (alemães) | 1.900.000 h (soviéticos)
- 3.400 | 5.600
- 7.800 | 31.400
- 1.800 | 3.600

Alemães 203.000 h 14,5% das perdas | Soviéticos 1.200.000 h 85,5% das perdas
Total = 1.403.000 † feridos e desaparecidos

Alemães 650 aviões 17,8% das perdas | Soviéticos 3.000 aviões 82,2% das perdas
Total = 3.650 aviões abatidos

Alemães 1.200 blindados 14,6% das perdas | Soviéticos 7.000 blindados 85,5% das perdas
Total = 8.200 blindados destruídos

FONTES: *1•* Jean Lopez, *Koursk*, Economica, 2ª ed., 2011 – *2•* Roman Töppel, *Koursk*, Perrin, 2018 – *3•* Zetterling et Frankson, *Kursk 1943. A statistical analysis*, Frank Cass, 2000.

AS CAMPANHAS AÉREAS CONTRA O REICH

O que é um bombardeio estratégico? Segundo a definição de Serge Gadal, trata-se de "ataque a centros de poder do Estado adversário a fim de destruir o potencial militar deste ou desmoralizar sua população". O princípio do bombardeio estratégico, surgido durante a Primeira Guerra Mundial, é formulado no entreguerras pelo italiano Giulio Douhet (e secundariamente por alguns outros, como o americano Billy Mitchell), considerando a arma aérea como decisiva e capaz de definir os rumos da guerra

1 • BOMBARDEIOS INGLESES NAS OPERAÇÕES COMBINADAS ALIADAS

Os britânicos dispõem desde 1939 de uma pequena frota de bombardeiros de longo alcance. Além dos objetivos militares, Londres considera com rapidez a possibilidade de recorrer a ataques a alvos civis em específico (principalmente os bairros operários das grandes cidades alemãs, e em especial no Ruhr) com um objetivo psicológico e de propaganda.

Aos primeiros raids custosos de 1939-1941, sucedem-se, em vista da *Area Bombing Directive* de fevereiro de 1942 e da chegada maciça de grandes quadrimotores, os ataques noturnos "de zona" deliberados, com bombas incendiárias. No conjunto, esses raids pouco precisos são menos eficazes e sofrem grandes perdas. A entrada dos Estados Unidos na guerra permite a organização, em princípios de 1943, de uma ofensiva coordenada de bombardeiros estratégicos sistemáticos contra a Alemanha e a Europa ocupada, denominada Combined Bombing Operations (CBO). Organizada em várias fases e compreendendo um revezamento dia/noite entre americanos e britânicos, a ofensiva visa destruir a capacidade de produção do Reich (154 objetivos definidos), minar o moral das populações e também preparar (depois apoiar) o desembarque na Europa. Ela se inicia verdadeiramente no final de 1943, com uma vasta ofensiva para a destruição do potencial da Luftwaffe (operação Pointblank). Os raids "millenium", excepcionais em 1942, se tornam frequentes em 1944: 68 das 968 missões de bombardeio americanas na Europa reúnem mais de mil bombardeiros e centenas de caças de escolta, às vezes divididos para atacarem alvos diversos.

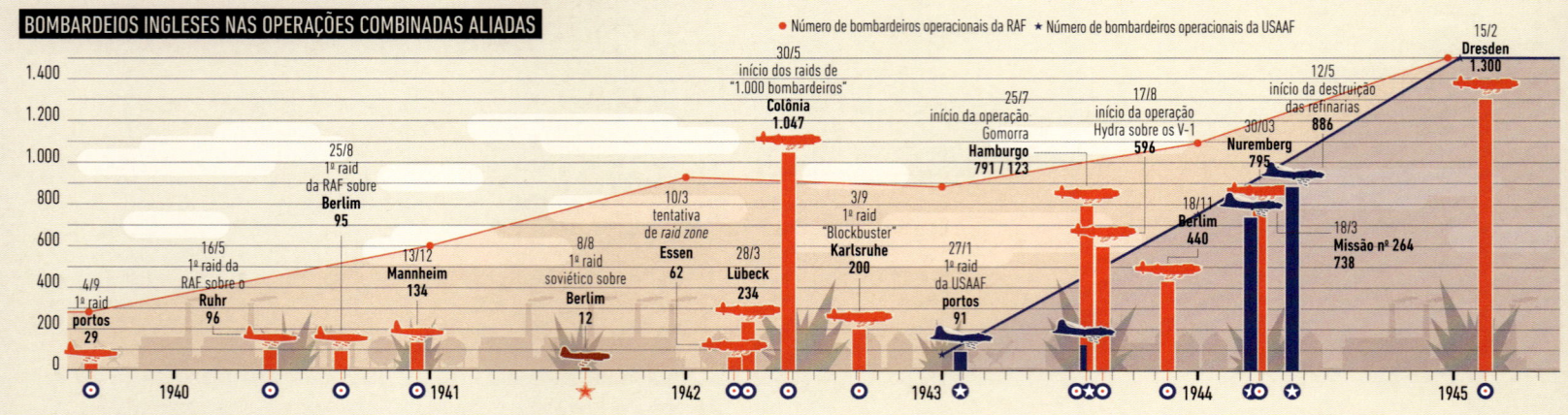

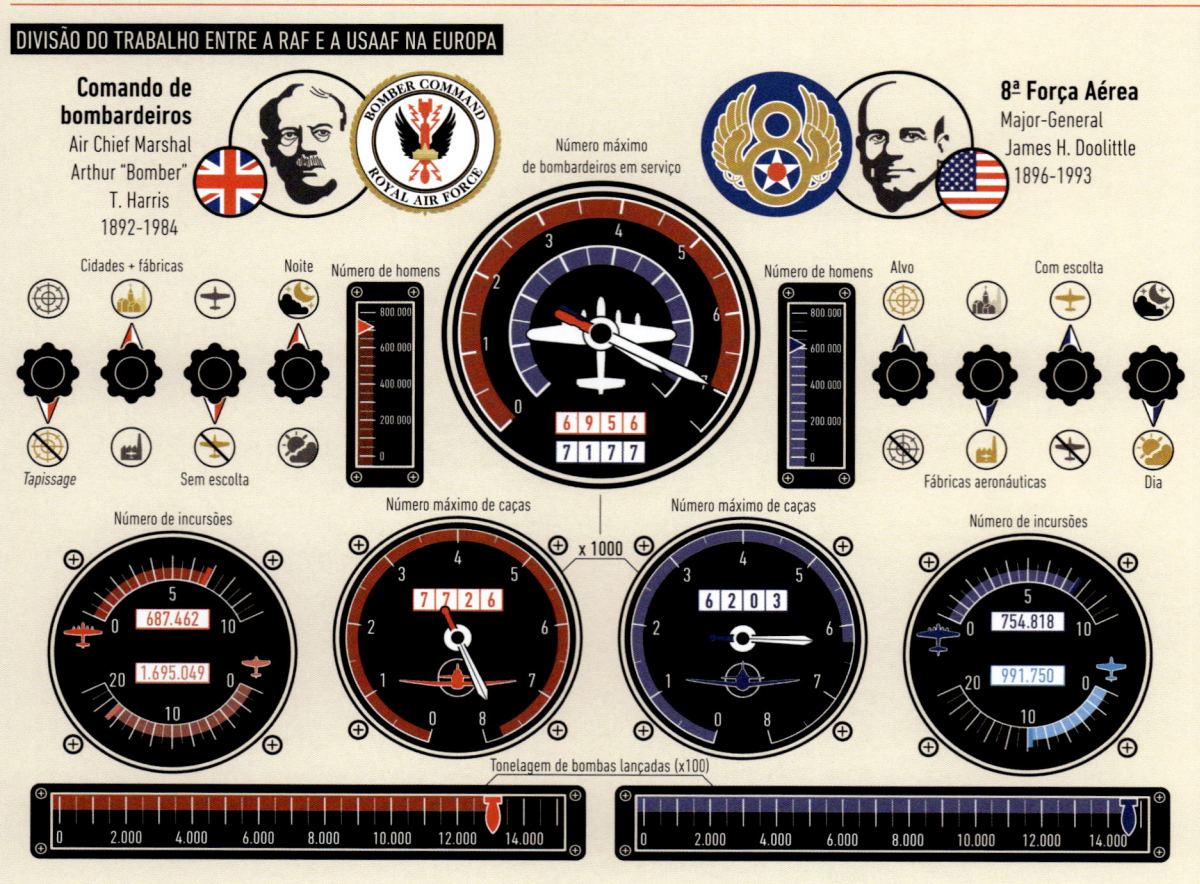

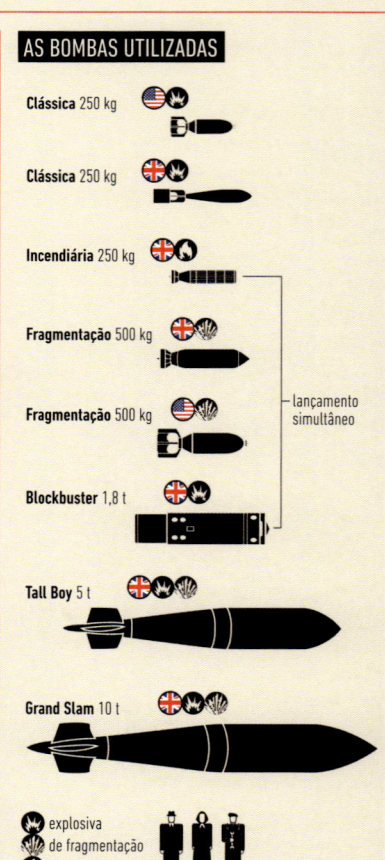

BOMBARDEIOS INGLESES NAS OPERAÇÕES COMBINADAS ALIADAS

• Número de bombardeiros operacionais da RAF   ★ Número de bombardeiros operacionais da USAAF

- 4/9 — 1º raid portos — 29
- 16/5 — 1º raid da RAF sobre o Ruhr — 96
- 25/8 — 1º raid da RAF sobre Berlim — 95
- 13/12 — Mannheim — 134
- 8/8 — 1º raid soviético sobre Berlim — 12
- 10/3 — tentativa de *raid zone* Essen — 62
- 28/3 — Lübeck — 234
- 30/5 — início dos raids de "1.000 bombardeiros" Colônia — 1.047
- 3/9 — 1º raid "Blockbuster" Karlsruhe — 200
- 27/1 — 1º raid da USAAF portos — 91
- 25/7 — início da operação Gomorra Hamburgo — 791 / 123
- 17/8 — início da operação Hydra sobre os V-1 — 596
- 18/11 — Berlim — 440
- 12/5 — início da destruição das refinarias — 886
- 31/03 — Nuremberg — 795
- 18/3 — Missão nº 264 — 738
- 15/2 — Dresden — 1.300

DIVISÃO DO TRABALHO ENTRE A RAF E A USAAF NA EUROPA

Comando de bombardeiros
Air Chief Marshal
Arthur "Bomber" T. Harris
1892-1984

8ª Força Aérea
Major-General
James H. Doolittle
1896-1993

- Cidades + fábricas
- Noite
- Número de homens
- *Tapissage*
- Sem escolta

Número máximo de bombardeiros em serviço: 6956 / 7177

- Número de homens
- Alvo
- Com escolta
- Fábricas aeronáuticas
- Dia

Número de incursões: 687.462 / 1.695.049
Número máximo de caças × 1000: 7726
Número máximo de caças: 6203
Número de incursões: 754.818 / 991.750

Tonelagem de bombas lançadas (×100): 0 — 2.000 — 4.000 — 6.000 — 8.000 — 10.000 — 12.000 — 14.000

AS BOMBAS UTILIZADAS

- Clássica 250 kg 🇺🇸
- Clássica 250 kg 🇬🇧
- Incendiária 250 kg 🇬🇧
- Fragmentação 500 kg 🇬🇧
- Fragmentação 500 kg 🇺🇸🇬🇧 — lançamento simultâneo
- Blockbuster 1,8 t 🇺🇸🇬🇧
- Tall Boy 5 t 🇬🇧
- Grand Slam 10 t 🇺🇸🇬🇧

- explosiva
- de fragmentação
- incendiária

por meio de uma campanha de ataques estratégicos com objetivo econômico (centros de produção) e psicológico (populações civis) em toda a profundidade do território inimigo.

Em 1939, a ideia de bombardear as cidades ainda é objeto de uma censura moral quase unânime, principalmente depois do bombardeio de Guernica em 1937. Mas as resoluções de contenção iniciais, em especial o apelo de Roosevelt aos beligerantes em setembro de 1939, não resistem às primeiras fases da guerra, que quebram um a um os últimos impeditivos "morais", sobretudo depois que a Luftwaffe bombardeia Varsóvia, Roterdã, Londres e Belgrado. Sem necessariamente retomar ideias como as de Douhet, o fato é que a condução de uma guerra aérea estratégica se torna uma prioridade – britânica a partir de 1940, americana em 1942 – como o único meio de lutar contra o Reich enquanto se espera poder criar as condições para um desembarque na Europa.

2 • A RESPOSTA ALEMÃ

A partir de 1940, a Luftwaffe põe em uso diferentes meios de defesa do espaço aéreo do Reich, de dia e de noite, para enfrentar a ameaça dos bombardeiros: linha Kammhuber apoiada por uma rede de radares nas costas do Mar do Norte; adaptações táticas (*Wilde Sau* para o ataque acima das cidades dos bombardeiros noturnos por caças de dia); desenvolvimento da caça pesada noturna (bimotores Bf 110, Ju 88, Do 217...), e no fim da guerra, aviões-foguete interceptadores (Me 163 "Komet". Embora tendo sofrido com a ofensiva Pointblank, a Luftflotte Reich que dirige a defesa aérea da Alemanha mantém sua resistência coordenada até o fim, apoiando-se numa poderosa rede de 55 mil canhões antiaéreos. Não obstante, a Alemanha se vê obrigada a valer-se de recursos consideráveis para garantir essa defesa, entre os quais centenas de pilotos de caça, milhares de aviões e canhões Flak pesados, assim como centenas de milhares de operários dedicados apenas à reconstrução. Nem assim esse esforço será decisivo, tendo-se em conta a enorme e crescente superioridade aérea dos Aliados. Embora batendo-se com coragem até o fim, em 1943 a Luftwaffe está irremediavelmente superada.

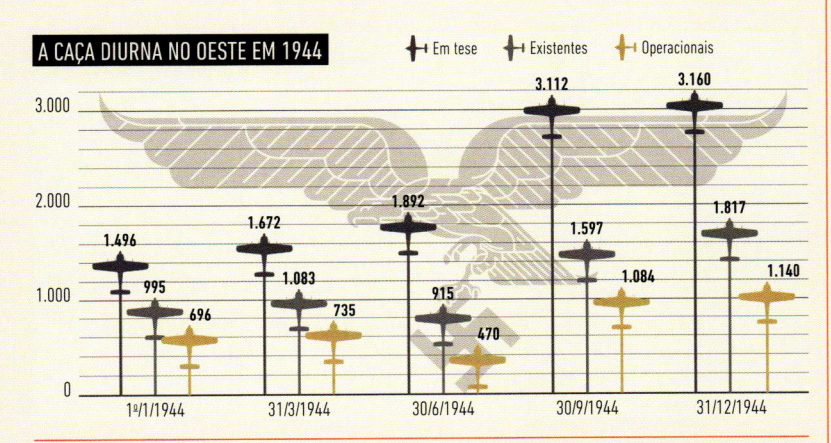

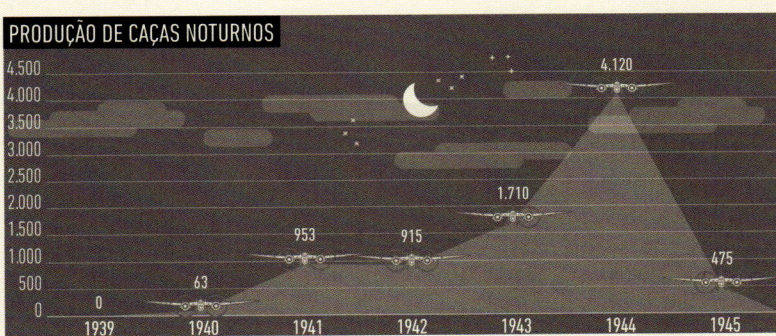

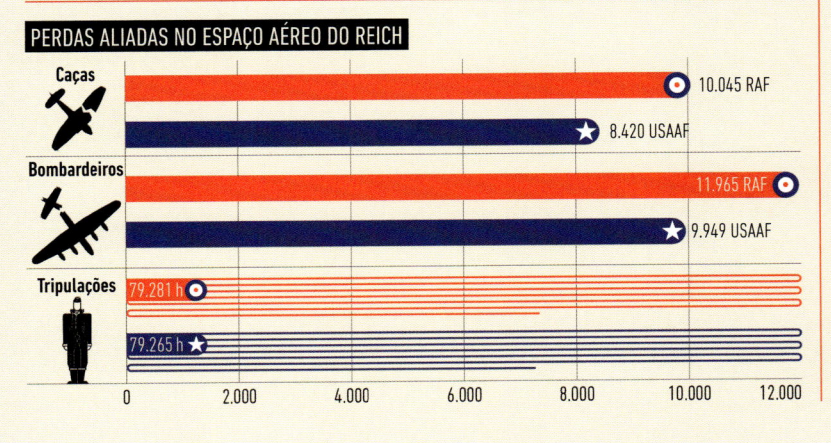

A CAÇA DIURNA NO OESTE EM 1944

Em tese / Existentes / Operacionais

Data	Em tese	Existentes	Operacionais
1º/1/1944	1.496	995	696
31/3/1944	1.672	1.083	735
30/6/1944	1.892	915	470
30/9/1944	3.112	1.597	1.084
31/12/1944	3.160	1.817	1.140

PRODUÇÃO DE CAÇAS NOTURNOS

Ano	Produção
1939	0
1940	63
1941	953
1942	915
1943	1.710
1944	4.120
1945	475

PERDAS ALIADAS NO ESPAÇO AÉREO DO REICH

Caças: 10.045 RAF / 8.420 USAAF
Bombardeiros: 11.965 RAF / 9.949 USAAF
Tripulações: 79.281 h RAF / 79.265 h USAAF

3 • BALANÇO E DESTRUIÇÕES

Cerca de metade dos quase 3 milhões de toneladas de bombas lançadas sobre a Europa atingem com exatidão o território alemão; o resto atinge o conjunto da Europa ocupada ou os aliados do Eixo (350 raids e dezenas de milhares de mortos, só em Berlim). O balanço total na Alemanha, na casa dos 600 mil mortos e a destruição das principais cidades, é bem pesado (embora bem aquém do número previsto pelos Aliados) e impressionante em absoluto no caso de tempestades de fogo como em Hamburgo, Dresden ou Pforzheim. A campanha de bombardeio estratégico teria sido um sucesso? A questão é controversa, mas em termos gerais e globais ela é considerada um fracasso, levando-se em conta os recursos empregados, as perdas e a destruição em relação aos resultados obtidos. Os dois objetivos principais propriamente estratégicos – destruir a vontade de resistência alemã e sua capacidade de produção – jamais foram alcançados. O papel principal da aviação aliada terá sido tático, permitindo o desembarque e a ofensiva na Europa.

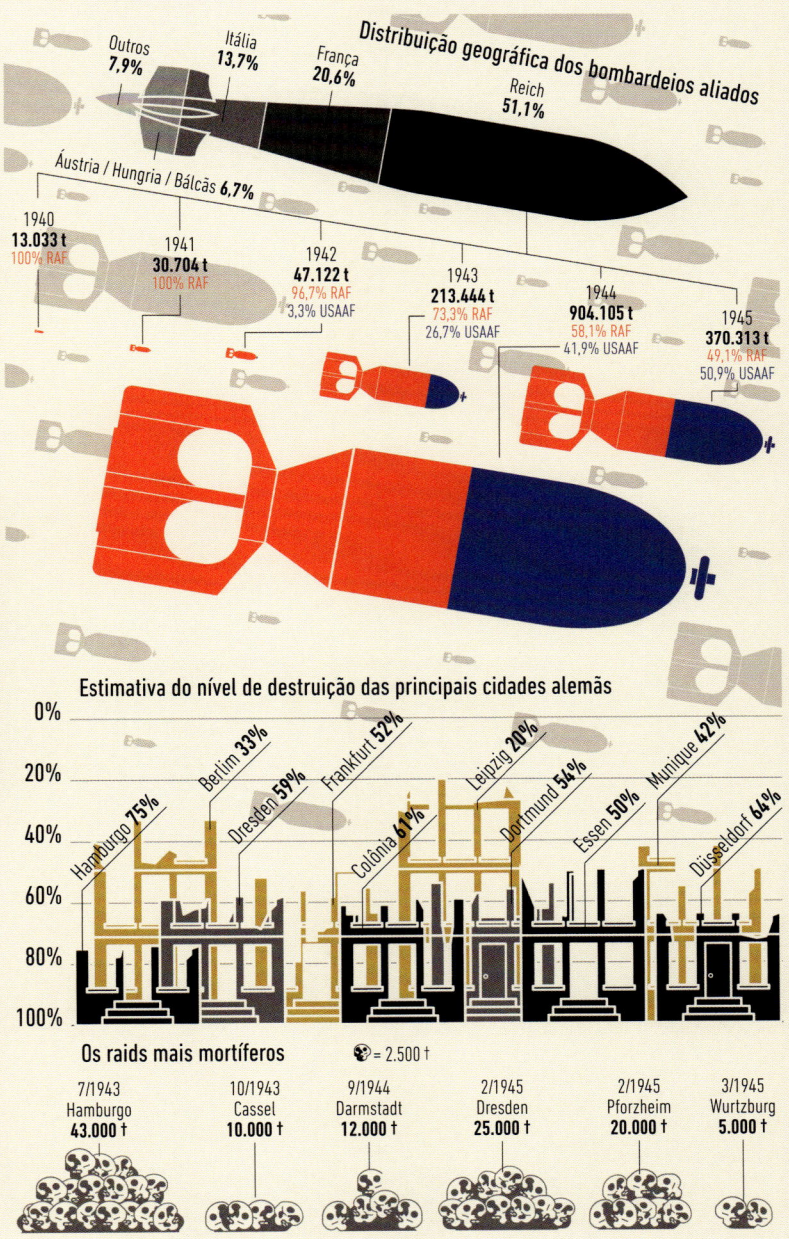

Distribuição geográfica dos bombardeios aliados

- Reich: 51,1%
- França: 20,6%
- Itália: 13,7%
- Outros: 7,9%
- Áustria / Hungria / Bálcãs: 6,7%

Ano	Toneladas	RAF	USAAF
1940	13.033 t	100%	–
1941	30.704 t	100%	–
1942	47.122 t	96,7%	3,3%
1943	213.444 t	73,3%	26,7%
1944	904.105 t	58,1%	41,9%
1945	370.313 t	49,1%	50,9%

Estimativa do nível de destruição das principais cidades alemãs

- Hamburgo: 75%
- Berlim: 33%
- Dresden: 59%
- Frankfurt: 52%
- Colônia: 61%
- Leipzig: 20%
- Dortmund: 54%
- Essen: 50%
- Munique: 42%
- Düsseldorf: 64%

Os raids mais mortíferos (☠ = 2.500 †)

Data	Cidade	Mortos
7/1943	Hamburgo	43.000 †
10/1943	Cassel	10.000 †
9/1944	Darmstadt	12.000 †
2/1945	Dresden	25.000 †
2/1945	Pforzheim	20.000 †
3/1945	Wurtzburg	5.000 †

B-24M Consolidado 392º Grupo de Bombardeiros

1. PREPARAÇÃO
2h00 — 3h00 — 4h00
Despertar · Desjejum · Combustível · Briefing

MISSÃO nº 264 e nº 265

Sábado, 18 de março de 1944, é para a 8ª Força Aérea Americana uma jornada típica de operações estratégicas, apresentada aqui em detalhe. No programa noturno, uma missão secundária de lançamento de panfletos por B-17 sobre várias cidades da França ocupada (missão nº 265), precedida de um raid de 738 bombardeiros quadrimotores, em três grupos, contra diversos objetivos da indústria aeronáutica e outras áreas de aviação na Baviera, com uma escolta de 925 caças (missão nº 264). Seguimos aqui o conjunto do raid, especialmente através do percurso do 392º Grupo de Bombardeiros (quatro esquadrilhas de doze B-24), desde o despertar das tripulações no campo de aviação de Wendling às duas horas da manhã até a aterrissagem do último aparelho às 19:45 horas, passando pela decolagem em formação às 10:00 horas e o bombardeio dos alvos em Friedrichshafen entre 14:00 e 14:30 horas. Observa-se que o 392º Grupo de Bombardeiros sofre grandes ataques da Flak e dos caças alemães, além de diversos incidentes (colisão entre bombardeiros às 12:33 horas e a necessidade em que se viu uma parte das aeronaves de se refugiar na Suíça, onde as tripulações foram internadas).

ORGANIZAÇÃO DA 8ª FORÇA AÉREA — março de 1944

- 8ª FORÇA AÉREA
  - Comando Composto
  - Comando de Caça
  - Comando de Bombardeiros
  - Comando Logístico
- 1ª Divisão de Bombardeiros
- 2ª Divisão de Bombardeiros
  - 2ª Ala de Bombardeiros
  - 20ª Ala de Bombardeiros — 44ª Grupo de Bombardeiros (A)
  - 14ª Ala de Bombardeiros
  - 95ª Ala de Bombardeiros — 392º Grupo de Bombardeiros (D)
    - 576º Esquadrão de Bombardeiros
    - 577º Esquadrão de Bombardeiros
    - 578º Esquadrão de Bombardeiros
    - 579º Esquadrão de Bombardeiros
- 3ª Divisão de Bombardeiros
  - 96ª Ala de Bombardeiros

BALANÇO DA MISSÃO Nº 264
(B-17 e B-24 = tripulação de 10 homens por aparelho)

① 290 B-17
- 8 abatidos
- 6 problemas mecânicos
- 174 retornaram incólumes
- 102 danificados
- 2.900 membros de tripulações
- 25 mortos
- 9 feridos
- 16 prisioneiros
- 40 internados na Suíça
- 583 t de bombas lançadas

② 227 B-24
- 26 abatidos + 2 perdidos numa colisão
- 28 problemas mecânicos
- 108 retornaram incólumes
- 60 danificados + 3 irrecuperáveis
- 2.270 membros de tripulações
- 93 mortos
- 9 feridos
- 87 prisioneiros + 3 evadidos
- 115 internados na Suíça
- 500 t de bombas lançadas

③ 221 B-17
- 5 abatidos + 2 perdidos numa colisão
- 25 problemas mecânicos
- 108 retornaram incólumes
- 80 danificados + 1 irrecuperável
- 2.210 membros de tripulações
- 33 mortos
- 4 feridos
- 35 prisioneiros + 2 evadidos
- 0 internados na Suíça
- 453 t de bombas lançadas

598 P-47 (2 abatidos + 7 danificados) — 2 caças alemães abatidos + 4 danificados
113 P-38 (5 abatidos + 1 danificado) — 11 caças alemães abatidos + 3 danificados
214 P-51 (6 abatidos + 5 danificados) — 26 caças alemães abatidos + 8 danificados

925 pilotos
- 39 mortos
- 5 feridos
- 10 prisioneiros
- 871 retornaram

Mapa
- Bases bombardeiros
- Bases caças
- Missão nº 265
- Missão nº 264 do 2º GB
- Missão nº 264 do 1º GB
- Missão nº 264 do 3º GB
- Raio de ação dos caças
- P-47 = 640 km
- 392º Grupo de Bombardeiros — Wendling
- Londres, Seaford, Folkestone, Caen, Calais, Lille, Cambrai, Ruão, Paris
- Emden, Wilhelm(shaven), Bremen, Osnabrück, Münster, Hamm, Emmerich, Duisburg, Essen, Dortmund, Düsseldorf, Barmen, Colônia, Bonn, Coblença, Frankfurt, Ehrang, Mannheim, Ludwigshafen, Karlsruhe, Freiburg
- SUÍÇA
- 0 — 100 km

6. FIM DE MISSÃO
Última aterrissagem
19h00 — 18h45 — 18h00 — 17h00
Seaford

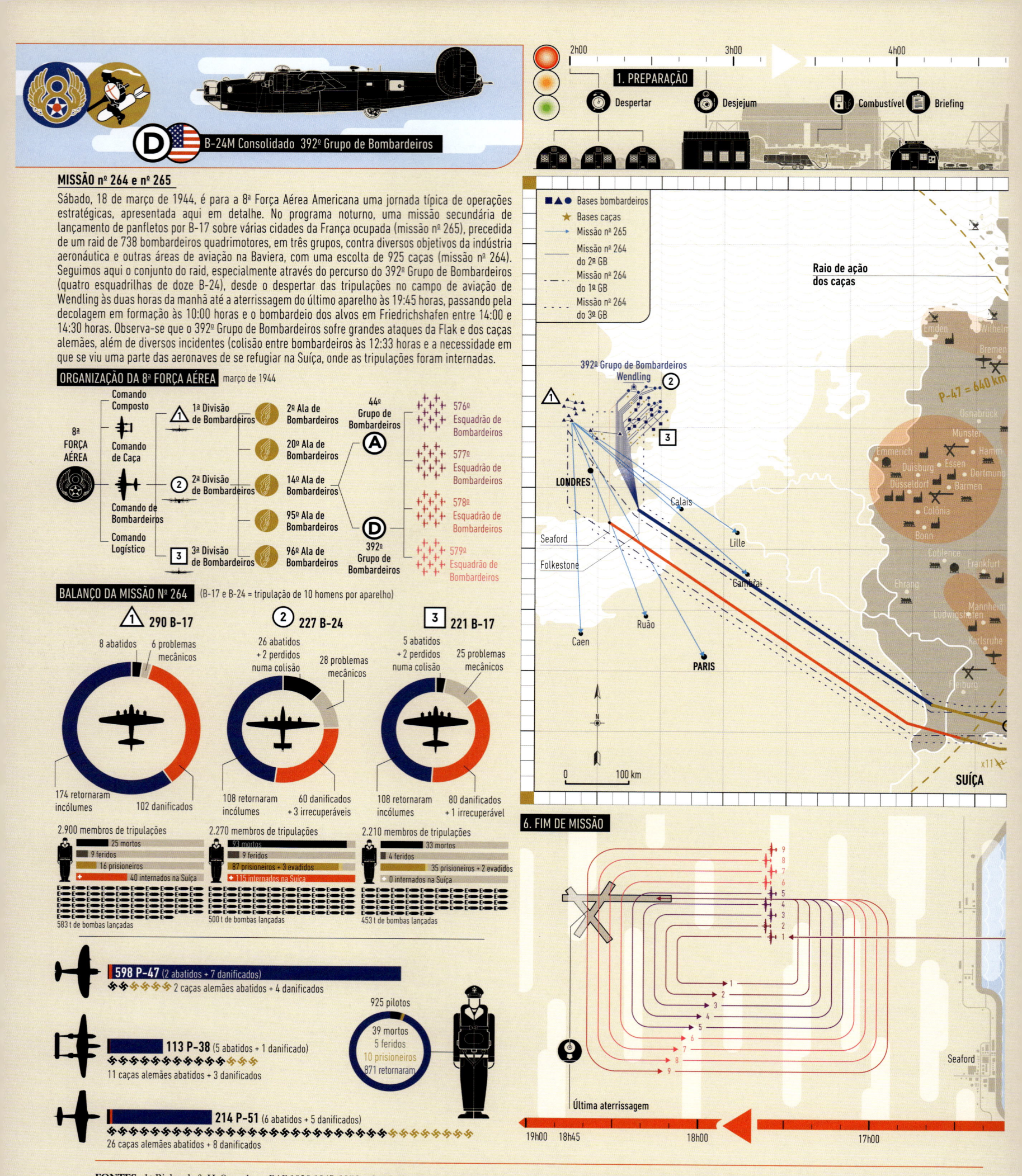

FONTES: 1• Richards & H. Saunders, *RAF 1939-1945*, 1956 — 2• M. Hastings, *Bomber command*, 1979 — 3• W. Murray, *Strategy for defeat*, 1983 — 4• W. Craven & J. Cate, *Army Air Forces in World War II* — 5• *Strategic bombing survey, Europe* — 6• D. Calwell & R. Muller, *Luftwaffe over Germany: defense of the Reich*, Frontline, 2014 — 7• F. Vajda & P. Dancey, *German aircraft industry and production, 1933-1945*, 1998 — 8•

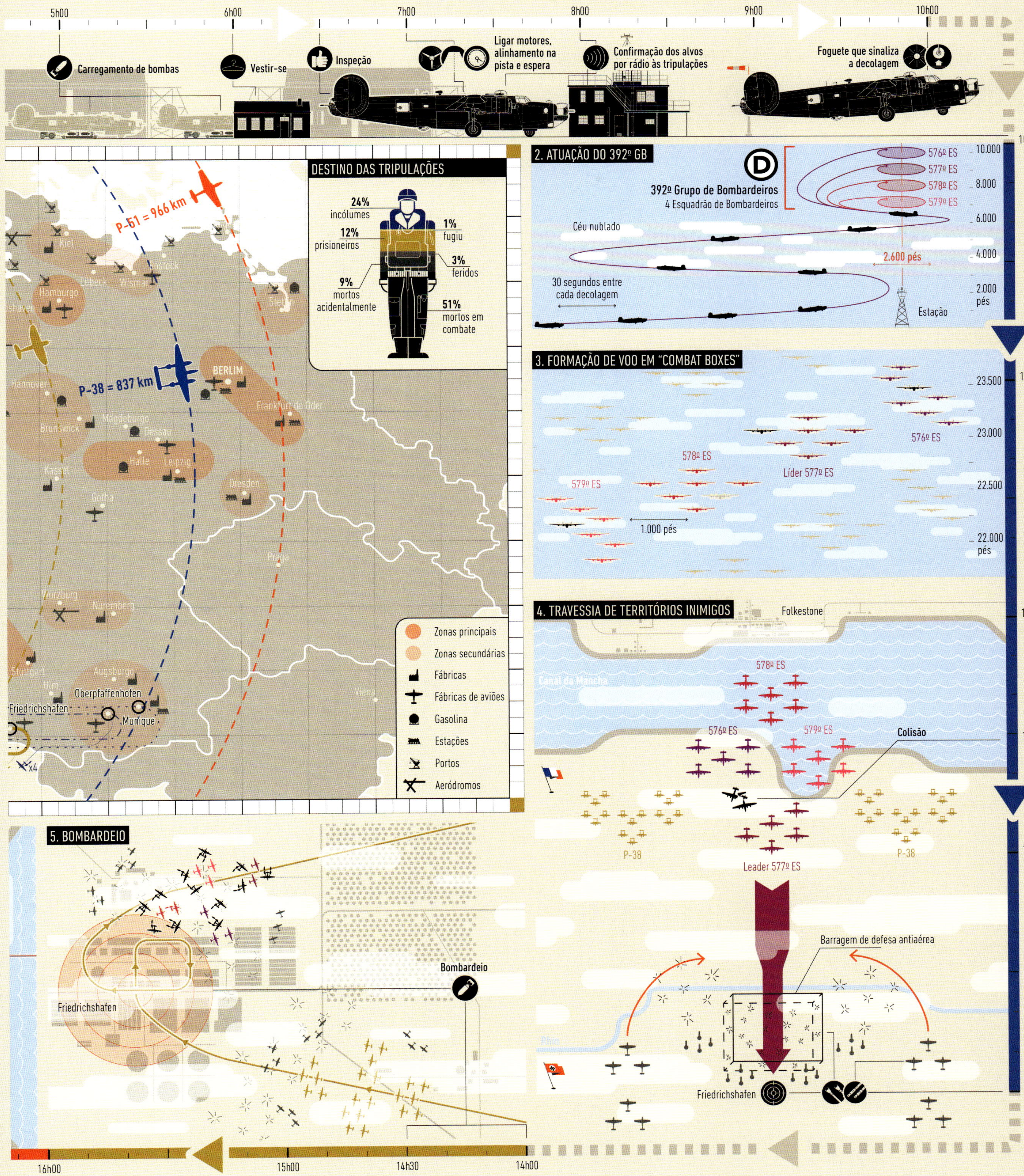

C. Webster & N. Frankland, *Strategic air offensive against Germany*, 1961, reed. 2006 – *9• Bombing on Germany exhibition*, Centre of the Study of War, State and Society, University of Exeter, 2016 – *10•* John W. Archer, *Y avait-il une vie avant une mission de bombardement*, AeroJournal, n. 39, 2014 – *11•* http://www.8thafhs.org/combat1944a.htm – *12•* http://www.americanairmuseum.com/.

O IMPASSE ITALIANO

Em maio de 1943, Churchill persuade os americanos a usarem o trampolim tunisiano. É uma boa ocasião para tirar a Itália do conflito e, quem sabe, por efeito dominó, outros aliados da Alemanha. É também a melhor opção para aliviar Stálin enquanto se espera a operação Overlord, programada para a primavera de 1944. Os Aliados acumulariam enfim uma rica experiência. Mas os americanos se engajam às arrecuas. A partir daí, a campanha é desenvolvida sem objetivos estratégicos claros e se caracteriza por improvisação, soluções de compromisso e frustração. Ela vai se estender por seiscentos dias, e os raros benefícios não justificarão as pesadas perdas, equivalentes a 40% das ocorridas quando das ofensivas decisivas no noroeste da Europa.

A primeira fase, marcada pela conquista da Sicília em dois meses, põe a nu as dificuldades de desembarque à bruta (planejamento insuficiente, execução canhestra, subestimando-se o inimigo) e as que decorrem da decisão de fazerem colaborar Montgomery e Patton, que se desprezam a ponto de deixarem escapar importantes forças do Eixo. Não obstante, ela tem o mérito político de provocar a queda de Mussolini, aprisionado pelo rei Victor Emmanuel III. O Marechal Bodoglio abre negociações. Os Aliados pensam num desembarque às portas de Roma no dia da capitulação. Com prudência, porém, eles preferem ficar ao abrigo do guarda-chuva da aviação. Eles atacam ao sul. Os alemães, que tinham previsto a defecção italiana, reagem e bloqueiam os Aliados ao norte de Nápoles, capturam centenas de milhares de italianos, principalmente nos Bálcãs, os obrigam a lutar ao lado deles e massacram os que oferecem resistência.

O ataque aliado encalha e precipita as populações na guerra, quando deveria permitir à Itália sair dela. O país se esfacela. O regime oficial adere ao campo aliado, ao passo que Mussolini, libertado pelos alemães, toma a frente da República Social Italiana, um regime fantoche.

Não obstante, Churchill acredita no valor estratégico da Itália. Ela tem muita afinidade com a cultura militar britânica de ação periférica e, principalmente, é o único teatro de operações em que os britânicos têm um papel igual ao dos americanos, tanto em efetivos quanto em autoridade. Mas ainda é preciso conquistar a vitória naquele campo. Ora, os Aliados patinham diante da Linha Gustav. Em janeiro de 1944, Alexander tenta um envolvimento desembarcando em Anzio. Sem sucesso. Serão enfim as tropas montanhesas norte-africanas do corpo francês do general Juin que romperão a linha na primavera. Desequilibrado, Kesselring cede quatrocentos quilômetros e só se restabelece na Toscana. Ante a Linha Gótica, os Aliados precisam refazer tudo.

Privados de suas melhores tropas, que foram para a Provença, os britânicos se veem obrigados a desistir dos planos de desembarque nos Bálcãs ou em Trieste para abrir a rota da Europa Central. A campanha se eterniza. A guerra civil entra numa escalada de horror até a humilhante execução de seu principal responsável, Mussolini, e de sua mulher.

FONTES: 1• *Mediterranean theater of operations*, CMH, 4 v., 1957-1977 – 2• C. D'Este, *World War Two in the Mediterranean 1942-1945*, Algonquin, 1990 – 3• D. Porch, *Hitler's Mediterranean gamble: The North African and the Mediterranean campaigns in World War II*, Weidenfeld & Nicolson, 2004 – 4• C. D'Este, *Fatal decision, Anzio & the Battle for Rome*, Harper & Collins, 1991.

1• A QUEDA DO FASCISMO

O regime fascista italiano é incapaz de mobilizar homens, energia e economia. Indolente, Mussolini não se impõe sobre os industriais e a produção cai onze pontos entre 1938 e 1942. A isso se soma uma sucessão de desastres que custam a vida de cerca de 700 mil homens em três anos; um total tolerável, se não se lhe acrescenta o meio milhão em guarnição nos Bálcãs e os 100 mil na França. Em consequência, a Itália não tem mais que dez divisões operacionais e menos de duzentos tanques para defender seu território. Junte-se a isso o trauma de só ver a volta de raros sobreviventes (4% da Rússia e nenhum da África Oriental). Na Sicília, desertam 17% dos soldados. Estouram greves por "paz e pão". Em 24 de julho, o Grande Conselho Fascista censura Mussolini. No dia seguinte o rei ordena sua prisão.

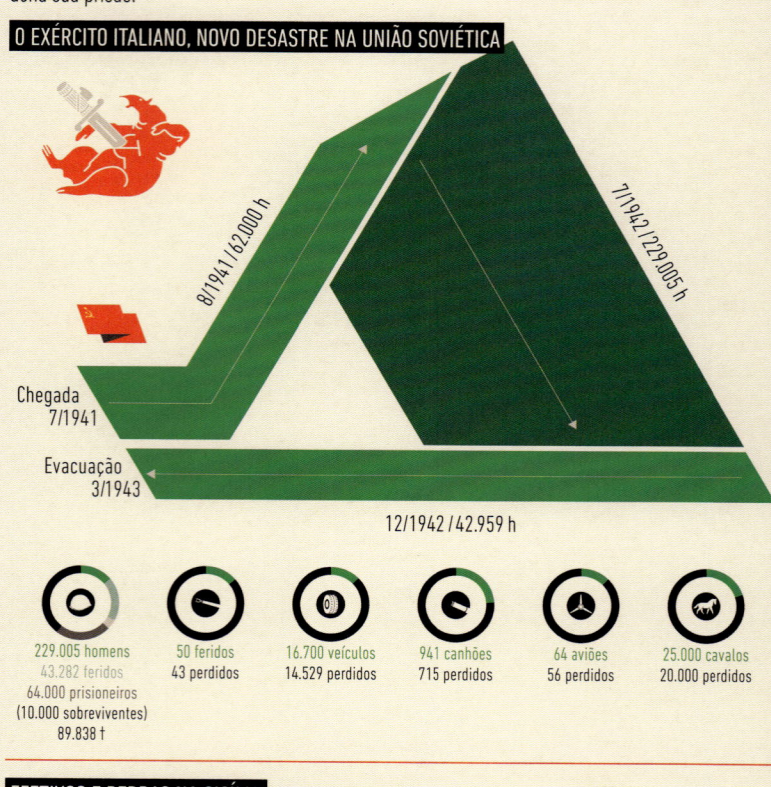

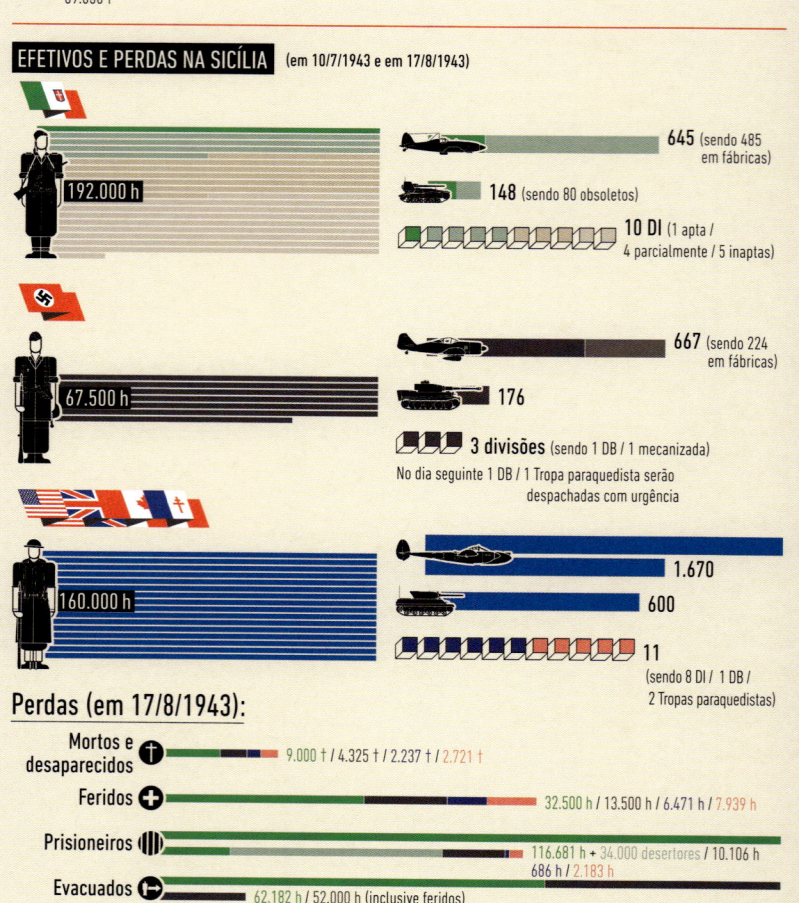

O EXÉRCITO ITALIANO, NOVO DESASTRE NA UNIÃO SOVIÉTICA

- Chegada 7/1941
- 8/1941 / 62.000 h
- 7/1942 / 229.005 h
- 12/1942 / 42.959 h
- Evacuação 3/1943

- 229.005 homens / 43.282 feridos / 64.000 prisioneiros (10.000 sobreviventes) / 89.838 †
- 50 feridos / 43 perdidos
- 16.700 veículos / 14.529 perdidos
- 941 canhões / 715 perdidos
- 64 aviões / 56 perdidos
- 25.000 cavalos / 20.000 perdidos

EFETIVOS E PERDAS NA SICÍLIA (em 10/7/1943 e em 17/8/1943)

Itália: 192.000 h — 645 (sendo 485 em fábricas) — 148 (sendo 80 obsoletos) — 10 DI (1 apta / 4 parcialmente / 5 inaptas)

Alemanha: 67.500 h — 667 (sendo 224 em fábricas) — 176 — 3 divisões (sendo 1 DB / 1 mecanizada). No dia seguinte 1 DB / 1 Tropa paraquedista serão despachadas com urgência

Aliados: 160.000 h — 1.670 — 600 — 11 (sendo 8 DI / 1 DB / 2 Tropas paraquedistas)

Perdas (em 17/8/1943):
- Mortos e desaparecidos: 9.000 † / 4.325 † / 2.237 † / 2.721 †
- Feridos: 32.500 h / 13.500 h / 6.471 h / 7.939 h
- Prisioneiros: 116.681 h / 34.000 desertores / 10.106 h / 686 h / 2.183 h
- Evacuados: 62.182 h / 52.000 h (inclusive feridos)

2 • A CAMPANHA DA ITÁLIA

A geografia dá uma imensa vantagem ao defensor: relevo montanhoso, cursos d'água escassos, inverno rigoroso. O front por demais estreito não permite o emprego de grandes recursos, o que é uma vantagem para os alemães, que com isso se beneficiam da paridade em termos de divisões. De resto, Hitler não economiza na qualidade, combinando, de forma equilibrada, uma sólida infantaria, paraquedistas e núcleos mecânicos móveis. Kesselring combate de forma inteligente. Ele desiste de empurrar os Aliados para o mar, para melhor se firmar no terreno. O avanço a passos de tartaruga também tem origem nos Aliados. Alexander se mostra um péssimo chefe de coalisão, problema sério quando se comanda uma dezena de nacionalidades, como brasileiros, indianos, poloneses e italianos. Ele se ressente também da subtração de quadros (Bradley, Patton, Montgomery e seus favoritos), de unidades (em julho de 1944, dois corpos franco-americanos lhe foram retirados com vistas ao desembarque em Provença) e de materiais (a partir da primavera de 1944, não há fragatas suficientes para desembarcar às costas dos alemães).

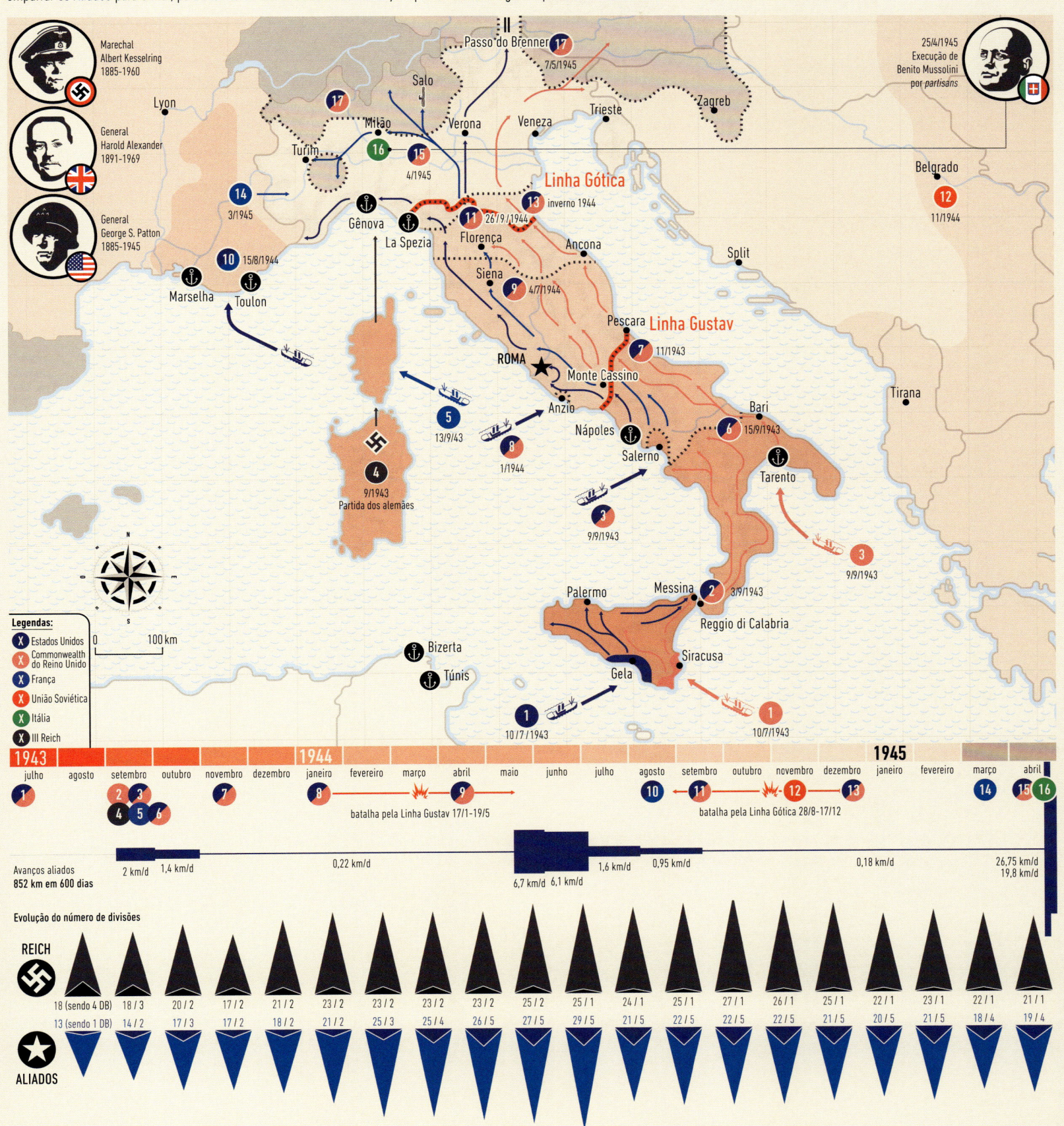

O DIA D E A BATALHA DA NORMANDIA

Pela expectativa que criou, pela extensão e a marca deixada no imaginário coletivo, o Dia D figura no panteão das operações militares. Símbolo máximo da campanha de libertação da Europa Ocidental, o dia 6 de junho de 1944 na verdade é apenas o ponto alto de uma ofensiva decidida dezoito meses antes e realizada ao longo de 85 dias no inferno normando. Embora o desembarque em si mesmo constitua um imenso sucesso, o avanço desesperador das semanas seguintes faz com que se tema um fechamento duradouro na cabeça de ponte, repetição do episódio de Dardanelos em 1915. Enquanto os americanos ficam presos na sebe, os anglo-canadenses se arrastam diante de Caen. Montgomery, nomeado comandante temporário das forças terrestres com a missão de rechaçar os alemães do outro lado do Sena em três meses (operação Overlord), recebe críticas. Mas o Exército Alemão,

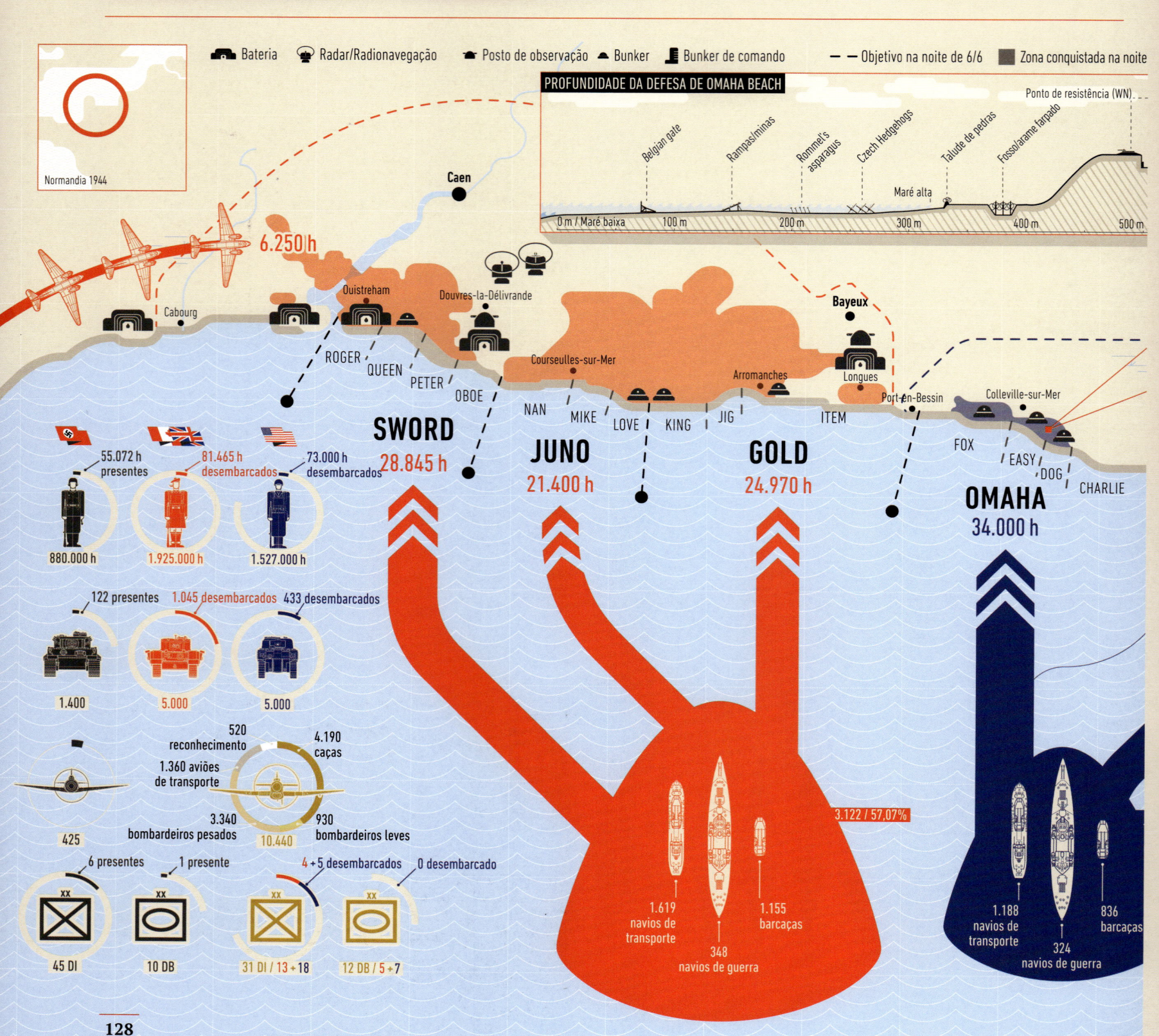

Legenda: Bateria · Radar/Radionavegação · Posto de observação · Bunker · Bunker de comando · --- Objetivo na noite de 6/6 · Zona conquistada na noite

PROFUNDIDADE DA DEFESA DE OMAHA BEACH

Belgian gate · Rampas/minas · Rommel's asparagus · Czech Hedgehogs · Talude de pedras · Fosso/arame farpado · Ponto de resistência (WN) · Maré alta · 0 m / Maré baixa · 100 m · 200 m · 300 m · 400 m · 500 m

Normandia 1944

6.250 h

Cabourg · Ouistreham · Douvres-la-Délivrande · Caen · Courseulles-sur-Mer · Bayeux · Arromanches · Longues · Port-en-Bessin · Colleville-sur-Mer

ROGER · QUEEN · PETER · OBOE · NAN · MIKE · LOVE · KING · JIG · ITEM · FOX · EASY · DOG · CHARLIE

SWORD 28.845 h
JUNO 21.400 h
GOLD 24.970 h
OMAHA 34.000 h

55.072 h presentes — 880.000 h
81.465 h desembarcados — 1.925.000 h
73.000 h desembarcados — 1.527.000 h

122 presentes — 1.400
1.045 desembarcados — 5.000
433 desembarcados — 5.000

520 reconhecimento
1.360 aviões de transporte
3.340 bombardeiros pesados
425
4.190 caças
10.440
930 bombardeiros leves

6 presentes — 45 DI
1 presente — 10 DB
4 + 5 desembarcados — 31 DI / 13 + 18
0 desembarcado — 12 DB / 5 + 7

3.122 / 57,07%
1.619 navios de transporte · 348 navios de guerra · 1.155 barcaças
1.188 navios de transporte · 324 navios de guerra · 836 barcaças

128

asfixiado por sua cadeia logística, enfraquecido pela imobilização de um exército em Pas-de-Calais à espera de outro desembarque, vítima da ofensiva soviética (operação Bagration) que absorve as reservas disponíveis fora da França, se esgota nessa guerra de atrito.

A decisão se dá em 25 de julho ao sul de Saint-Lô. Um violento ataque americano estilhaça o front, os alemães tergiversam, dispõem de pouco combustível e munições. Esse sucesso se explica também por uma combinação única: o plano impregnado das concepções do inglês Montgomery (ataque contra um front estreito, abundância de reservas) é executado às maravilhas por um exército americano reativo. Em uma semana, Patton entra na Bretanha.

Hitler ordena uma contraofensiva em Mortain para destroçar as forças americanas, mas sua derrota previsível precipita o fim. Os alemães estão presos numa armadilha. Só a inconsequência tática dos generais aliados por duas vezes (em Falaise e no Sena) dá tempo para que três quartos das forças alemãs escapem da captura. Se a Normandia não chega a ser uma Stalingrado, o balanço das perdas é terrível. As forças alemãs abandonam o essencial de seu material e perdem seus melhores elementos.

A batalha se encerra com um sucesso aliado de uma dimensão inesperada: combinação de um planejamento exemplar, preparação minuciosa e uma execução operacional às vezes um tanto canhestra, mas sã. Quando Montgomery transmite o comando a Eisenhower em 1º de setembro, o Sena está por toda parte liberado, o inimigo deslocado. Ele não roubou seu bastão de marechal.

1 • AS CHAVES DO DIA D

Foram necessários dezoito meses aos Aliados para romper a muralha do Atlântico. Na primavera de 1943, a vitória sobre os U-boats abre passagem para o corpo expedicionário americano. Em princípios de 1944, a aviação limpa o céu da Luftwaffe. Os Aliados ganham em seguida a batalha da informação. Intoxicados pela operação de desinformação Fortitude, os alemães se concentram ao norte do Sena. Por fim, a maestria logística aliada garante uma considerável superioridade imediata. Apesar do banho de sangue em Omaha, a operação não fica ameaçada e, à noite, já não é possível repelir para o mar as forças desembarcadas.

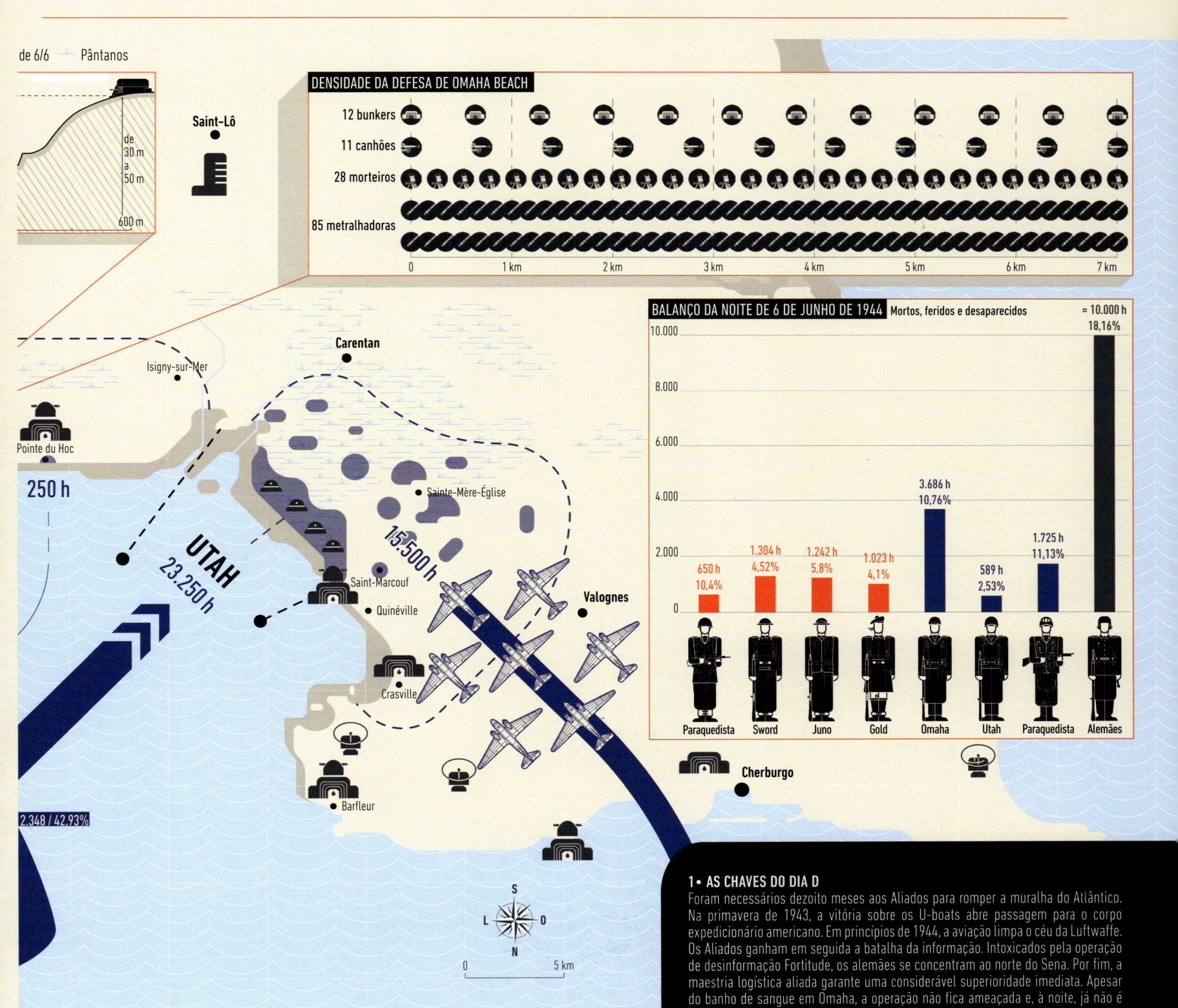

2 • A BATALHA DA NORMANDIA

Para Monty, a prioridade é tomar Cherburgo e a Bretanha, indispensáveis para a continuidade das operações. Os britânicos querem deter os blindados alemães para facilitar o avanço americano. O exército Westheer aceita a queda de braço, consciente de que a planície de Caen, próxima ao mar, é a única base a partir da qual é possível rechaçar os Aliados. Padecendo com a penúria da infantaria e as dificuldades para travar um combate interarmas, os ataques ingleses encalham na potente defesa. A oeste, os americanos patinham na sebe, ressentindo-se, entre outras coisas, da inexperiência de seu comando. Em meados de julho, a batalha parece estagnada.

A aparente igualdade (38 divisões aliadas contra 39 alemãs) e o equilíbrio das perdas são rompidos pela falha no abastecimento.

O *savoir-faire* das equipes de praia, o sucesso do porto artificial e a reabertura do porto de Cherburgo permitem aos Aliados compensar suas perdas e manter a iniciativa. Quanto a Rommel, ele se vê arruinado por reforços e abastecimento a conta-gotas.

A partir de abril, raids aliados e resistência deslocam a rede ferroviária. Por falta de veículos, as unidades sobem ao front a pé, dispersas, depois se dissolvem, privadas de efetivos de substituição. Encurralados na defensiva e obrigados a tapar os buracos, os alemães não conseguem reunir reservas. Até a ruptura.

A CORRIDA AOS REFORÇOS

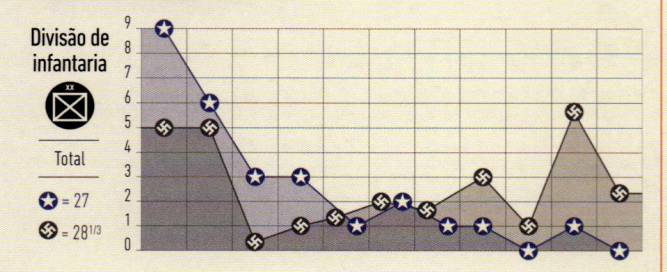

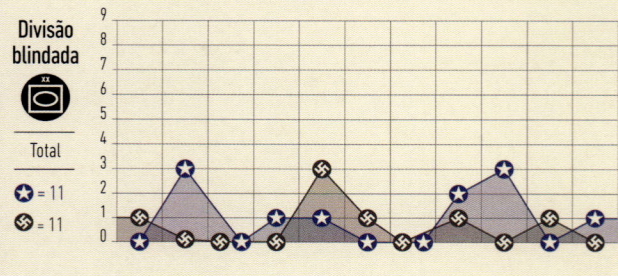

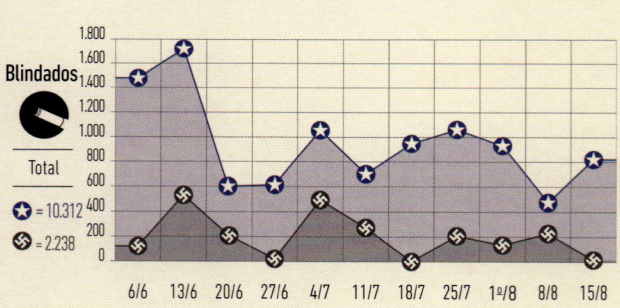

Divisão de infantaria — Total: ★ = 27, ⌘ = 28 1/3
Divisão blindada — Total: ★ = 11, ⌘ = 11
Blindados — Total: ★ = 10.312, ⌘ = 2.238

OS PRINCIPAIS ATORES

General de exército Omar Bradley 1893-1981 
General de exército Dwight D. Eisenhower 1890-1969
General de exército Bernard Law Montgomery 1887-1976

AS CINCO BATALHAS PRINCIPAIS

3 • 25-31 julho (7 dias) — Cobra, o rompimento 
Alemães: x4, x4, x5 — 3.600 t/dia
Americanos: x10, x4 — 1.800 t/dia
Vitória magistral. Os tanques de Patton penetram por uma brecha que os leva à Bretanha em cinco dias, depois a Lorena, em cinco semanas.

4 • 10-21 — O bolsão de Falaise
Alemães: x12, x10 — 6.000 t/dia
O contra-ataque de Mortain coloca as forças. Negligências táticas e tensões interaliadas se...

2 • 3-19 julho (17 dias) — A batalhas das sebes
Alemães: x4, x2,5, x4 — 1.150 t/dia
Aliados: x11, x1, x1 — 2.300 t/dia
Fracasso da tática americana de ataque num amplo front em terreno com muitas árvores, com fraco apoio de tanques, artilharia e aviação.

1 • 7-30 junho (24 dias) — Cherburgo, o porto indispensável
Alemães: x3, x1 — 1.900 t/dia
Aliados: x3, x1 — 916 t/dia
Tomada de Cherburgo, chave logística da batalha, ao cabo de uma bela manobra.

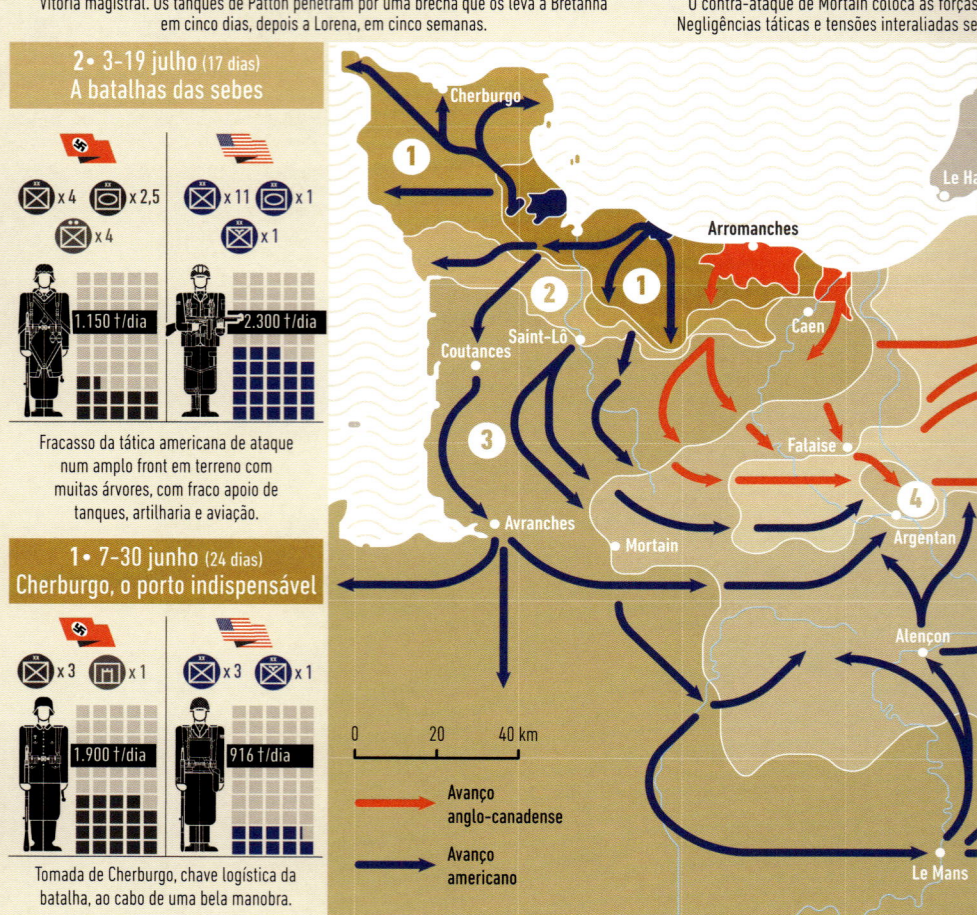

Mapa: Cherburgo, Arromanches, Le Havre, Saint-Lô, Coutances, Caen, Falaise, Avranches, Mortain, Argentan, Alençon, Le Mans
— Avanço anglo-canadense (vermelho)
— Avanço americano (azul)

A DERROCADA DA LOGÍSTICA ALEMÃ

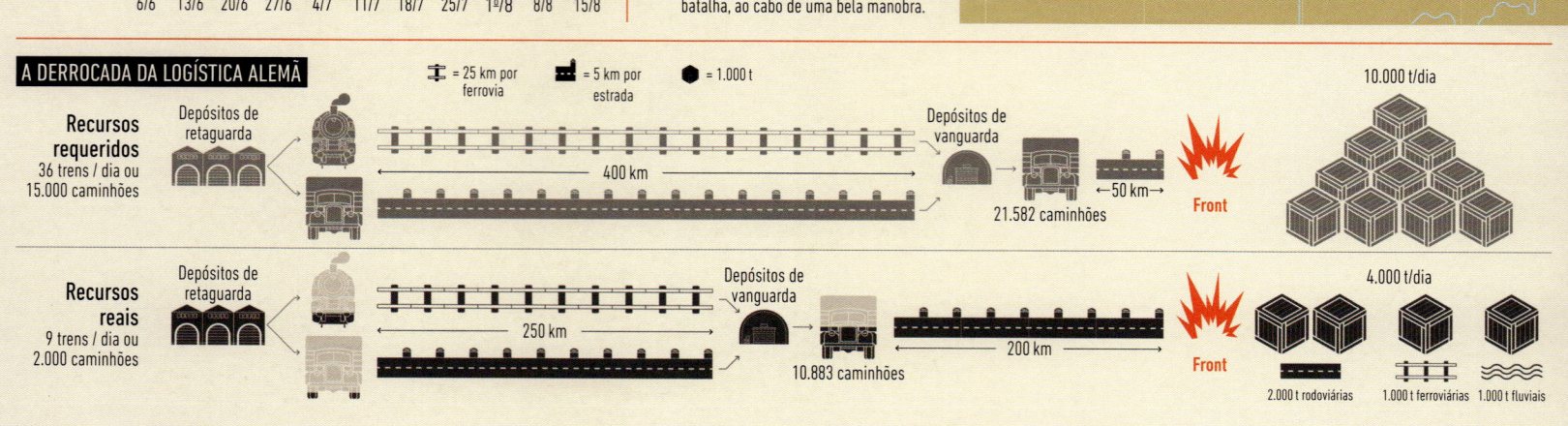

🚂 = 25 km por ferrovia   🚛 = 5 km por estrada   ⬡ = 1.000 t

Recursos requeridos — 36 trens / dia ou 15.000 caminhões
Depósitos de retaguarda → 400 km → Depósitos de vanguarda → 21.582 caminhões → 50 km → Front — 10.000 t/dia

Recursos reais — 9 trens / dia ou 2.000 caminhões
Depósitos de retaguarda → 250 km → Depósitos de vanguarda → 10.883 caminhões → 200 km → Front — 4.000 t/dia
2.000 t rodoviárias   1.000 t ferroviárias   1.000 t fluviais

Marechal Erwin Rommel
1891-1944

Marechal Günter von Kluge
1882-1944

Tropa de guarnição ■ = 100 perdas (feridos / desaparecidos / mortos)

agosto (12 dias)
a oportunidade perdida
x 15
x 9
x 8
1.400 t/dia

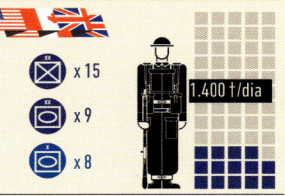

alemãs numa arapuca que os Aliados trancam. somam, deixando escapar o grosso do 7º Exército.

5• 20-31 agosto (12 dias)
O fracasso de um cerco no Sena
x 10   → 2.300 t/dia
x 6

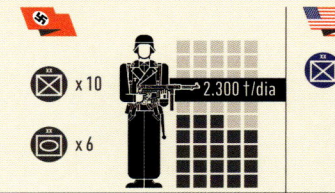

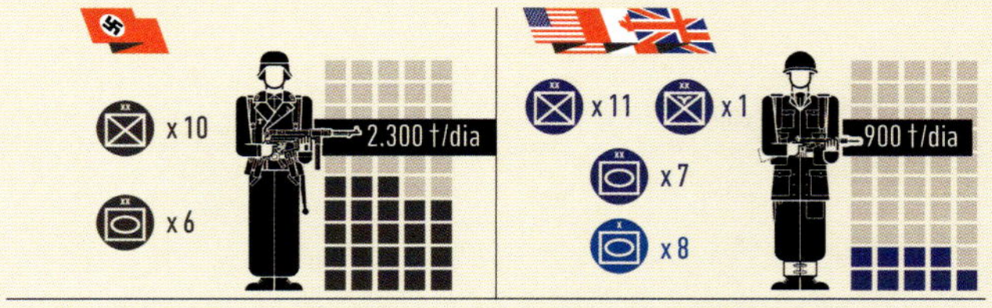

x 11   x 1   900 t/dia
x 7
x 8

Os americanos descem o Sena descansadamente, enquanto os britânicos negligenciam a manobra para melhor atravessar o rio a leste de Rouen: 205.000 alemães escapam.

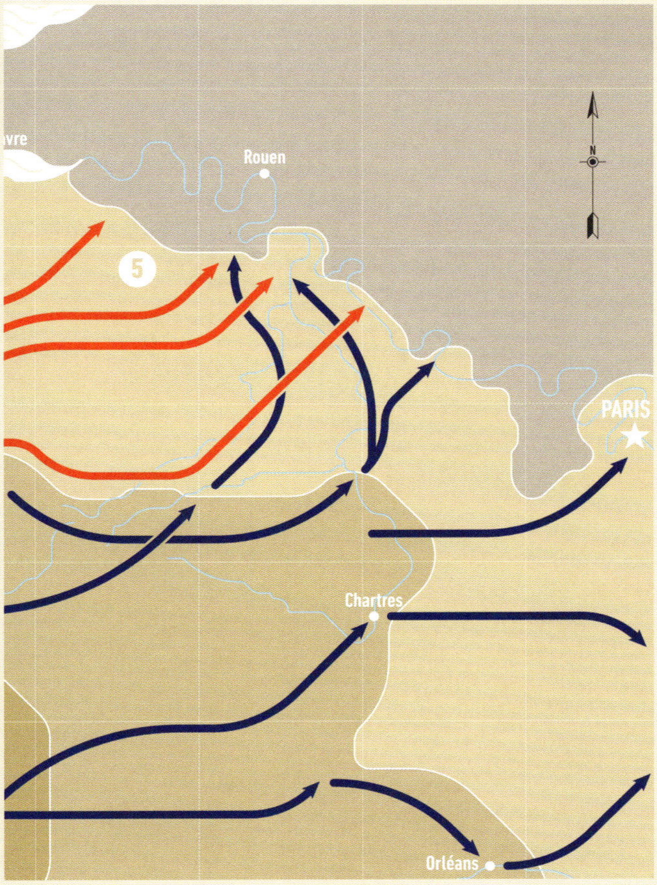

3• UMA BATALHA MUITO CARA

As perdas dos Aliados são pesadas (2,5 mil mortes por dia), mas podem ser com facilidade substituídas (com exceção da infantaria anglo-canadense). Não há dúvida de que a conta saiu mais salgada para o lado alemão. O Westheer abandona o essencial de seu material e perde seus melhores elementos. A Luftwaffe, definitivamente superada, perde forças sem resultado.

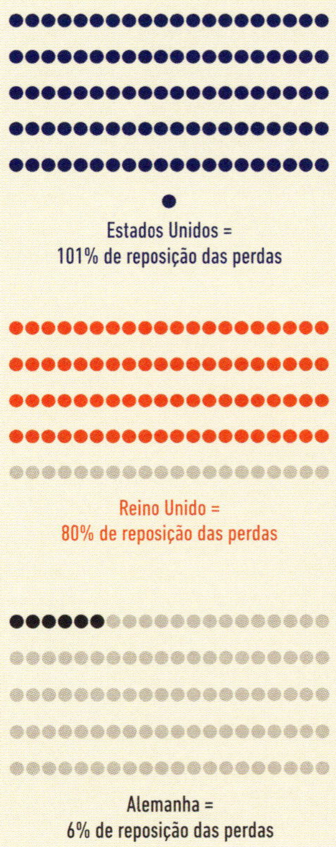

BALANÇO HUMANO E MATERIAL

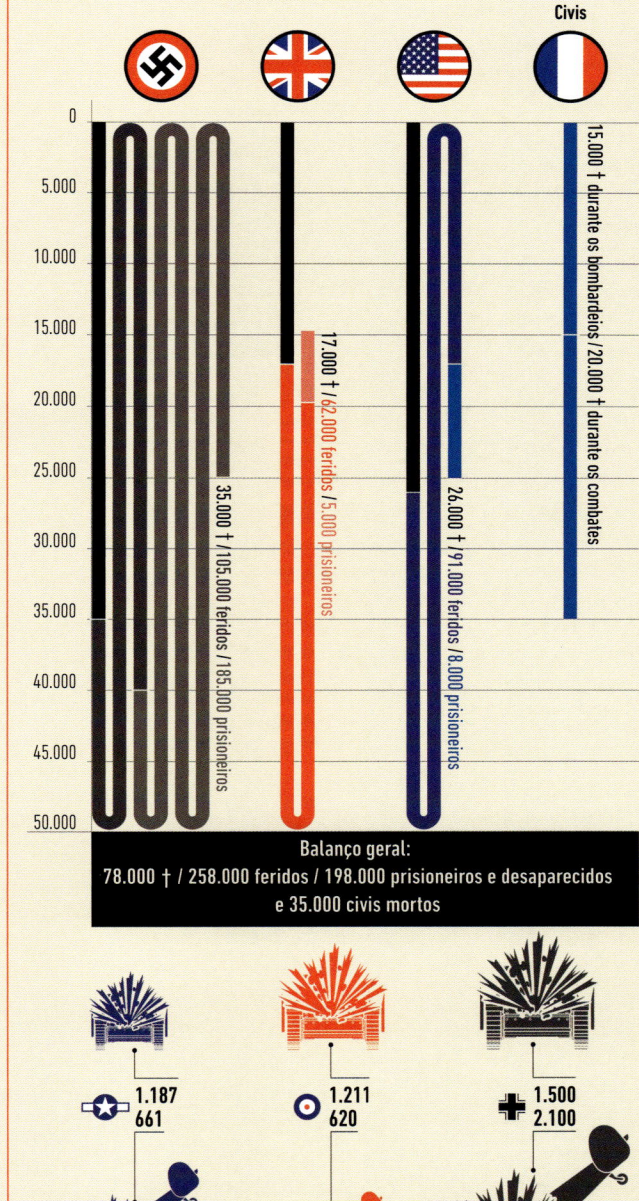

Civis

35.000 † / 105.000 feridos / 185.000 prisioneiros
17.000 † / 62.000 feridos / 5.000 prisioneiros
26.000 † / 91.000 feridos / 8.000 prisioneiros
15.000 † durante os bombardeios / 20.000 † durante os combates

Balanço geral:
78.000 † / 258.000 feridos / 198.000 prisioneiros e desaparecidos e 35.000 civis mortos

1.187 / 661
1.211 / 620
1.500 / 2.100

DESGASTE DA INFANTARIA EM JULHO
● = 1 soldado fora de combate   ● = 1 soldado recém-engajado

Estados Unidos = 101% de reposição das perdas

Reino Unido = 80% de reposição das perdas

Alemanha = 6% de reposição das perdas

Rouen
PARIS
Chartres
Orléans

COMPARAÇÃO DO ABASTECIMENTO DIÁRIO DE UMA DIVISÃO ALEMÃ E UMA AMERICANA

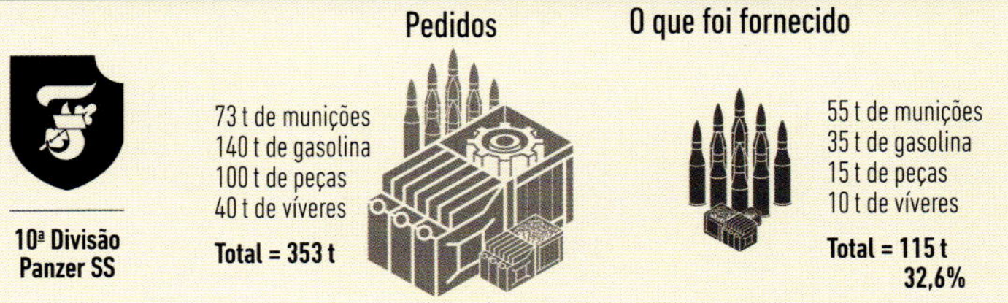

10ª Divisão Panzer SS

Pedidos:
73 t de munições
140 t de gasolina
100 t de peças
40 t de víveres
Total = 353 t

O que foi fornecido:
55 t de munições
35 t de gasolina
15 t de peças
10 t de víveres
Total = 115 t
32,6%

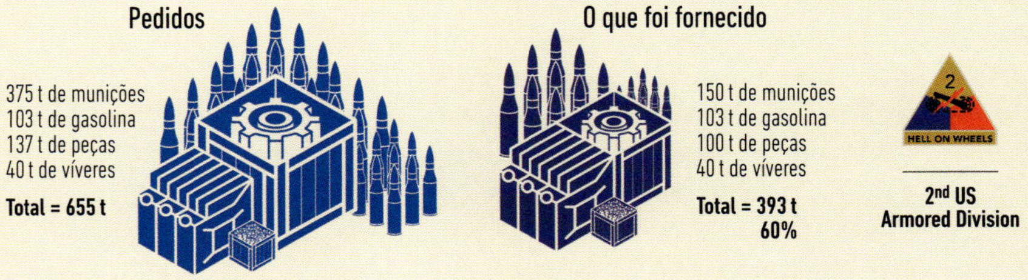

Pedidos:
375 t de munições
103 t de gasolina
137 t de peças
40 t de víveres
Total = 655 t

O que foi fornecido:
150 t de munições
103 t de gasolina
100 t de peças
40 t de víveres
Total = 393 t
60%

2nd US Armored Division

FONTES: *1•* Russell A. Hart, *Clash of arms. how the Allies won in Normandy*, Oklahoma University Press, 2001 – *2•* Niklas Zetterling, *Normandy 1944. Germany military organization, combat power and organizational effectiveness*, J. J. Federowicz Publishing, 2000 – *3•* Olivier Wieviorka, *Histoire du débarquement en Normandie*, Seuil, 2007.

A LOGÍSTICA AMERICANA NA EUROPA

Os americanos devem enviar forças para além dos oceanos, em sete teatros de operações. O desafio foi compreendido, de que dá provas a integração das especificações de tamanho e padronização das peças já na concepção dos armamentos. Para fazer frente a isso, o US Army dispõe de uma estrutura administrativa fluida e de infraestruturas portuárias titânicas, que evitam o estrangulamento, e de milhares de navios Liberty. Desse modo, se estabelece a ligação entre a opulenta indústria e o combatente. Cada teatro de operações dispõe de um material pletórico padronizado. Não se trata de desperdício: com prazos de entrega de noventa a 120 dias, é indispensável prever todas as necessidades. Assim, são necessários cerca de 2 mil Sherman, já a caminho para serem entregues, simplesmente para cobrir as perdas sofridas pelos 4 mil tanques em operação na Europa. Essa cadeia transoceânica é uma proeza formidável, e se por acaso houve alguma carência, será porque o produto não foi fabricado a tempo, por se encontrar em cargueiros à espera da descarga, ou dada a impossibilidade de fazê-lo transportar por terra.

É este último obstáculo que traz maiores problemas para o US Army. Todos os exércitos dependem da ferrovia, visto que os volumes em trânsito excedem em muito a capacidade das estradas, e todos eles constatam que esse meio de transporte não tem a flexibilidade necessária para acompanhar o ritmo das unidades mecanizadas. Os alemães e os soviéticos contornam o problema pelo método do "mochilão", carregando ao máximo os combatentes para lhes dar autonomia por um maior período de tempo, mas condenando-os a uma pane seca em uns poucos dias. Como, porém, os americanos não previram a abertura de uma brecha na Normandia, viram-se forçados a improvisar um corredor de abastecimento que lhes serve durante seis semanas. Uma façanha insuficiente. Eles aprendem rapidamente com essa experiência, e já na primavera de 1945 repensam sua cadeia introduzindo uma etapa operacional bastante elástica, que se estenderia por várias centenas de quilômetros. O US Army é, então, o único exército capaz de travar guerras mundiais, o único a dispor do material e do *savoir-faire* para operar em profundidade por longo período no campo inimigo.

1 • UMA PROJEÇÃO DE FORÇAS ÚNICA NA HISTÓRIA

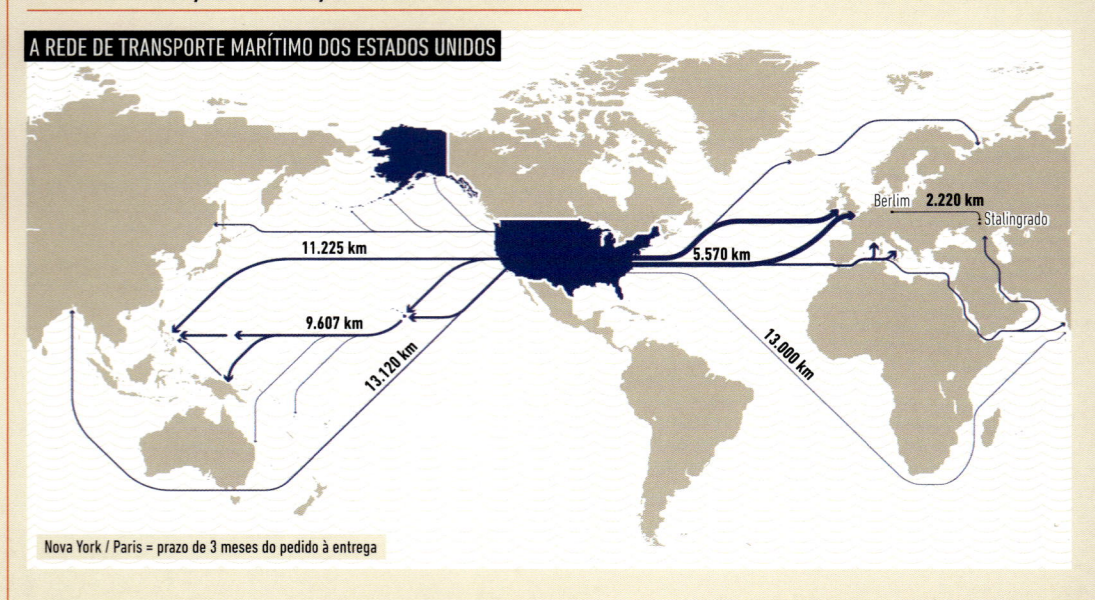

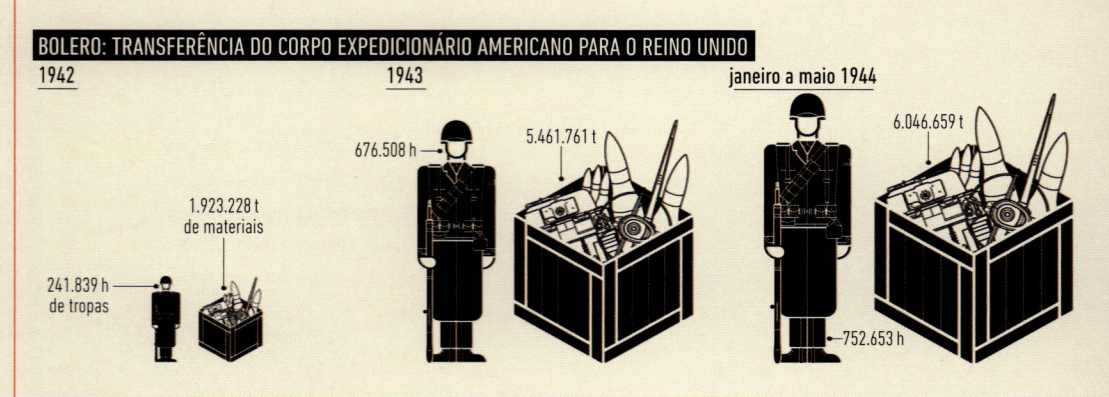

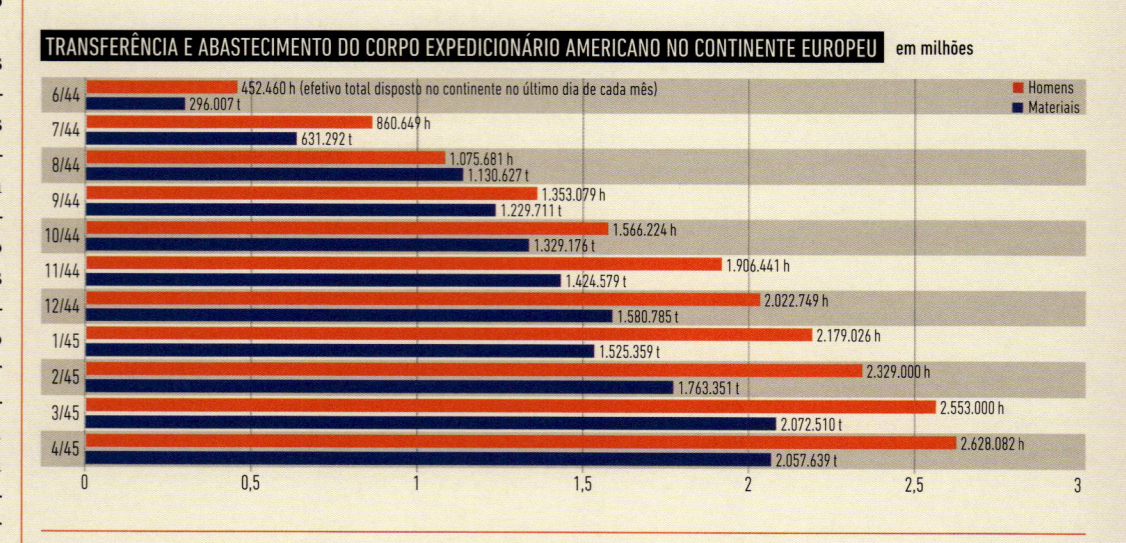

A REDE DE TRANSPORTE MARÍTIMO DOS ESTADOS UNIDOS

Berlim 2.220 km
Stalingrado
11.225 km
5.570 km
9.607 km
13.120 km
13.000 km

Nova York / Paris = prazo de 3 meses do pedido à entrega

BOLERO: TRANSFERÊNCIA DO CORPO EXPEDICIONÁRIO AMERICANO PARA O REINO UNIDO

1942
241.839 h de tropas
1.923.228 t de materiais

1943
676.508 h
5.461.761 t

janeiro a maio 1944
752.653 h
6.046.659 t

TRANSFERÊNCIA E ABASTECIMENTO DO CORPO EXPEDICIONÁRIO AMERICANO NO CONTINENTE EUROPEU (em milhões)

Homens / Materiais

Mês	Homens	Materiais (t)
6/44	452.460 h (efetivo total disposto no continente no último dia de cada mês)	296.007 t
7/44	860.649 h	631.292 t
8/44	1.075.681 h	1.130.627 t
9/44	1.353.079 h	1.229.711 t
10/44	1.566.224 h	1.329.176 t
11/44	1.906.441 h	1.424.579 t
12/44	2.022.749 h	1.580.785 t
1/45	2.179.026 h	1.525.359 t
2/45	2.329.000 h	1.763.351 t
3/45	2.553.000 h	2.072.510 t
4/45	2.628.082 h	2.057.639 t

O Liberty

Cargueiro tão rústico (onze nós) quanto eficaz (capacidade de carga de 10.800 toneladas). Suas peças são montadas como um Lego em apenas 42 dias; foram construídas 2.709 unidades.

O GMC e o Federal 4 × 4 5 t
O GMC, perfeito equilíbrio entre polivalência e simplicidade, ideal no front, com tração em suas seis rodas, sofre na Red Ball Express devido ao seu limite de carga, sete toneladas. Ele será suplantado em fins de 1944 pelo semirreboque com maior capacidade de carga (quinze a dezoito toneladas), com a vantagem de ser mais flexível: ele troca rapidamente um reboque cheio por um outro.

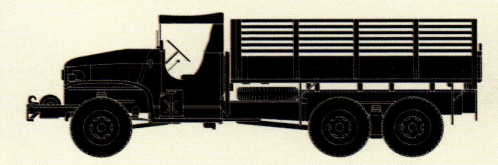

2 • A REVOLUÇÃO DA CADEIA LOGÍSTICA AMERICANA (JUNHO 1944–ABRIL 1945)

A. A teoria:
Uma cadeia logística calcada no modelo de 1918 com dois estágios: ferrovia para longas distâncias, estrada para as curtas. Ela está adaptada para transportar grandes volumes, em baixa velocidade. Os caminhões são "todo terreno", consomem muito combustível e têm baixa capacidade de carga.

B. A improvisação em agosto:
O avanço rápido depois da operação Cobra (seiscentos quilômetros em quatro semanas) não dá tempo para restabelecer a rede ferroviária e deslocar o material armazenado. Os americanos improvisam um abastecimento de longa distância via estrada de sentido único (Red Ball Express), que é uma péssima opção (GMC com baixa capacidade de carga, desgaste rápido, processos precários, querelas interserviços). A utilização de alguns trechos de ferrovias intactos impõe transbordo de cargas, com grande perda de tempo. A cadeia se desloca, freando as operações.

C. A revolução na primavera de 1945 – uma cadeia de três estágios:
Em 1945, para promover o alongamento da cadeia, os americanos introduzem uma etapa intermediária: a etapa operacional. Cada exército dispõe de uma estrada de sentido único onde circulam grandes semirreboques enquanto se espera a reabertura da ferrovia. Os procedimentos foram aperfeiçoados. Os depósitos dos exércitos são subdivididos: uns são operacionais, outros são enviados para a vanguarda.

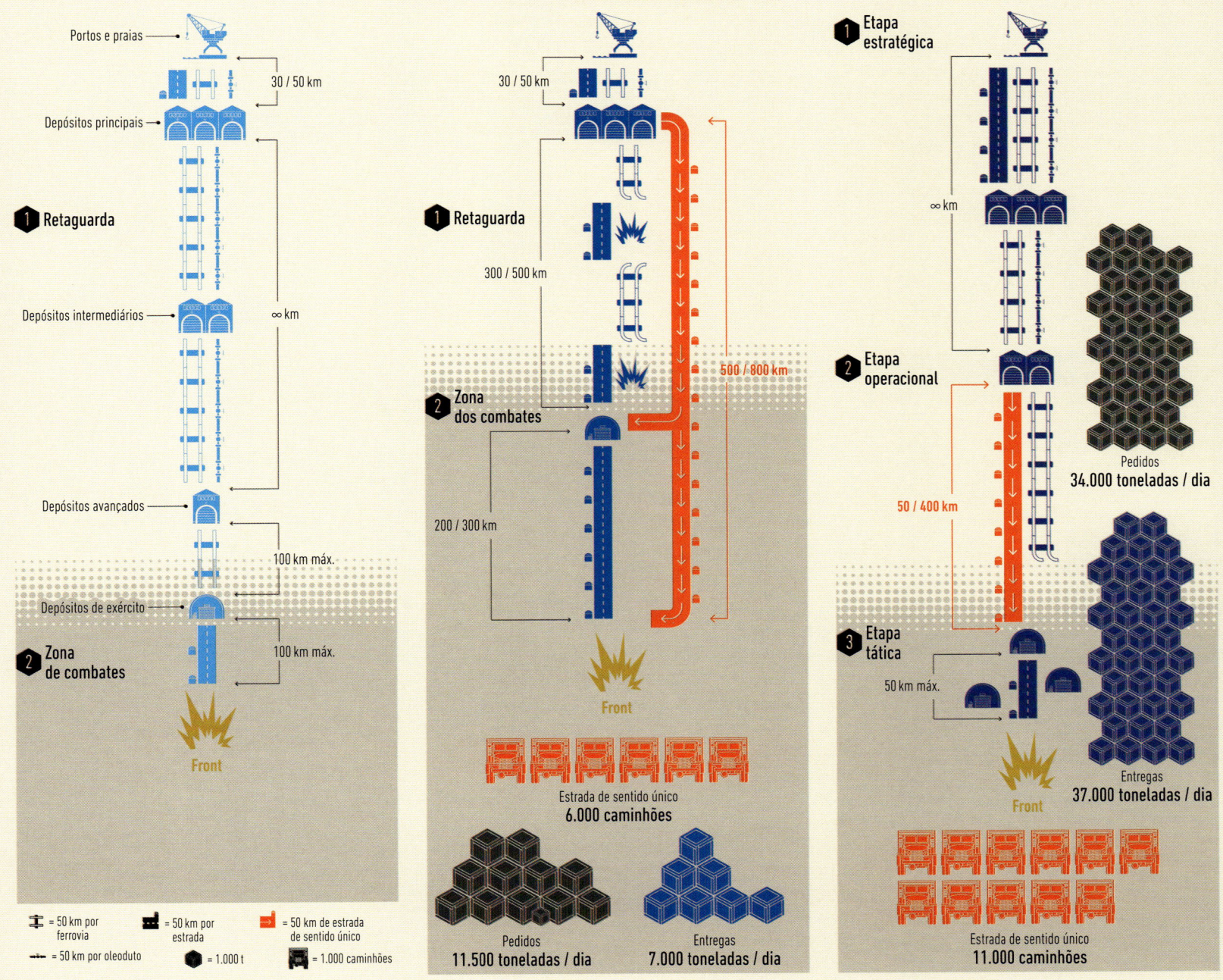

FONTES: *1•* Nicolas Aubin, *Les routes de la liberté*, Histoire & Collections, 2014 – *2•* Roland G. Ruppenthal, *Logistical support of the armies*, CMH, 1952, 2 v.

A OPERAÇÃO BAGRATION

A operação Bagration se inicia em 22 de junho de 1944, dia do aniversário do ataque alemão, e dura mais de dois meses. Ela acaba com a destruição do Grupo de Exércitos do Centro e causa aos alemães suas perdas mais elevadas desde o início do conflito. Ela desequilibra de tal forma o conjunto do front que, por ricochete, a Werhmacht perde também seu Grupo de Exércitos do Norte, encerrado e condenado à impotência nos países bálticos, e seu grupo Sul Ucrânia, destruído na Romênia. O Exército Vermelho dá um salto formidável de seiscentos quilômetros para o leste, chega às fronteiras da Prússia Oriental, diante de Varsóvia, na Hungria e na Iugoslávia. Os resultados políticos desses sucessos militares são consideráveis: a Finlândia, a Romênia e a Bulgária mudam de lado e, no caso dos dois últimos, iniciam o processo de sovietização; a sujeição da Polônia se acelera de forma decisiva. Não se pode compreender a operação Bagration sem ter em mente três dados essenciais:

1) O Exército Vermelho tem então uma grande superioridade sobre a Wehrmacht em termos de homens e materiais, inclusive no setor aéreo; ele reduz seu atraso qualitativo em matéria de comando e de controle, e consegue, graças ao fornecimento de caminhões americanos, a mobilidade de que seu adversário agora se encontra privado.

2) Essa superioridade lhe permite promover uma série de seis ofensivas – da Finlândia ao Mar Negro – que constituem um sistema, tanto do ponto de vista militar como do político. Bagration é apenas uma delas, embora seja a mais espetacular.

3) Os alemães já não têm, como nos anos precedentes, a possibilidade de transferir forças do oeste para o leste, porque doravante Stálin está de posse de uma informação crucial: os ocidentais vão desembarcar na França em maio ou junho de 1944. Ele foi informado disso por Roosevelt na conferência de Teerã, em fins de novembro de 1943, quando o presidente americano lhe pediu que lançasse uma ofensiva simultânea. É a primeira verdadeira colaboração operacional entre Ocidente e Oriente. Confiantes, os planejadores soviéticos consideram empreender penetrações em profundidade, duas ou três vezes mais do que até então tinham ousado. Stálin aceita essa ação ousada também porque teme, com o desembarque anglo-saxão, o que Hitler espera: uma mudança nas alianças. É nesse espírito que ele interpreta uma das consequências da operação Bagration: a tentativa desesperada de assassinar Hitler, em 20 de julho. Longe de enfraquecer o Reich, o fracasso dos deflagadores do *putsch* o fortalece temporariamente, condenando-o a lutar até sua destruição final.

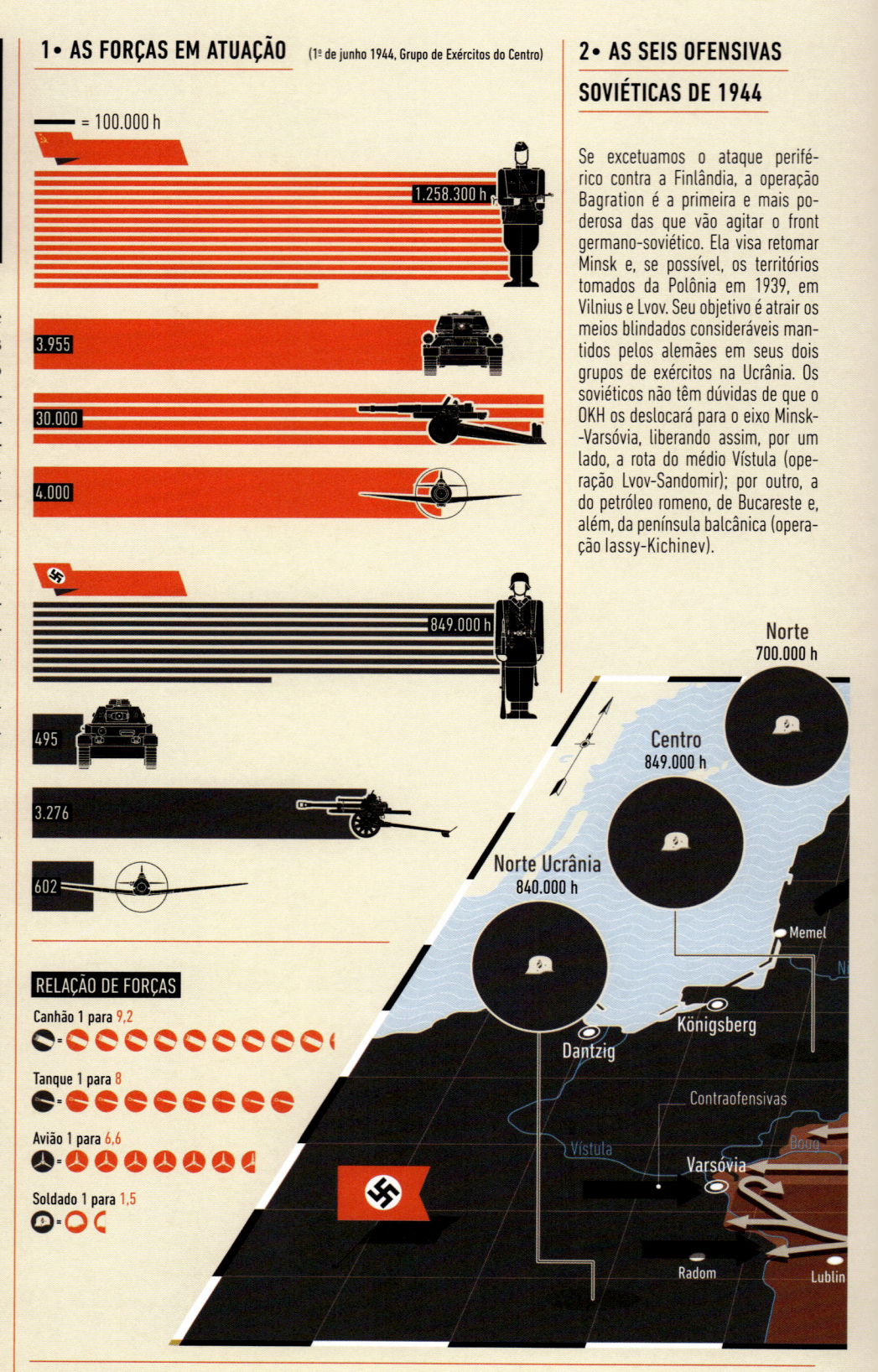

1 • AS FORÇAS EM ATUAÇÃO
(1º de junho 1944, Grupo de Exércitos do Centro)

= 100.000 h

- 1.258.300 h
- 3.955
- 30.000
- 4.000
- 849.000 h
- 495
- 3.276
- 602

RELAÇÃO DE FORÇAS
- Canhão 1 para 9,2
- Tanque 1 para 8
- Avião 1 para 6,6
- Soldado 1 para 1,5

2 • AS SEIS OFENSIVAS SOVIÉTICAS DE 1944

Se excetuamos o ataque periférico contra a Finlândia, a operação Bagration é a primeira e mais poderosa das que vão agitar o front germano-soviético. Ela visa retomar Minsk e, se possível, os territórios tomados da Polônia em 1939, em Vilnius e Lvov. Seu objetivo é atrair os meios blindados consideráveis mantidos pelos alemães em seus dois grupos de exércitos na Ucrânia. Os soviéticos não têm dúvidas de que o OKH os deslocará para o eixo Minsk-Varsóvia, liberando assim, por um lado, a rota do médio Vístula (operação Lvov-Sandomir); por outro, a do petróleo romeno, de Bucareste e, além, da península balcânica (operação Iassy-Kichinev).

- Norte 700.000 h
- Centro 849.000 h
- Norte Ucrânia 840.000 h

Memel · Königsberg · Dantzig · Contraofensivas · Vístula · Varsóvia · Radom · Lublin

3 • BALANÇO

A Wehrmacht sofre no verão de 1944 seu pior revés da guerra: 400 mil perdas na Bielorrússia e o cerco das 28 divisões e oito corpos que constituíam o núcleo duro do Exército Alemão no Leste.

Os homens que se lhes seguirão não terão a fibra nem a experiência nem seu conhecimento de "Ivan". Da mesma forma que o exército do Kaiser após as batalhas do começo de 1918, depois da operação Bagration o exército Ostheer se limitará a queimar seu potencial humano com um retorno cada vez menor, em meio a um caos crescente. Além disso, ele perdeu definitivamente sua ascendência sobre o adversário, substituída por um grande medo. Para o Reich, dadas as consequências militares, psicológicas e geopolíticas, a dimensão da catástrofe ultrapassa em muito a de Stalingrado.

FONTE: *1* • Jean Lopez, *Opération Bagration. La revanche de Staline (été 1944)*, Economica, 2014.

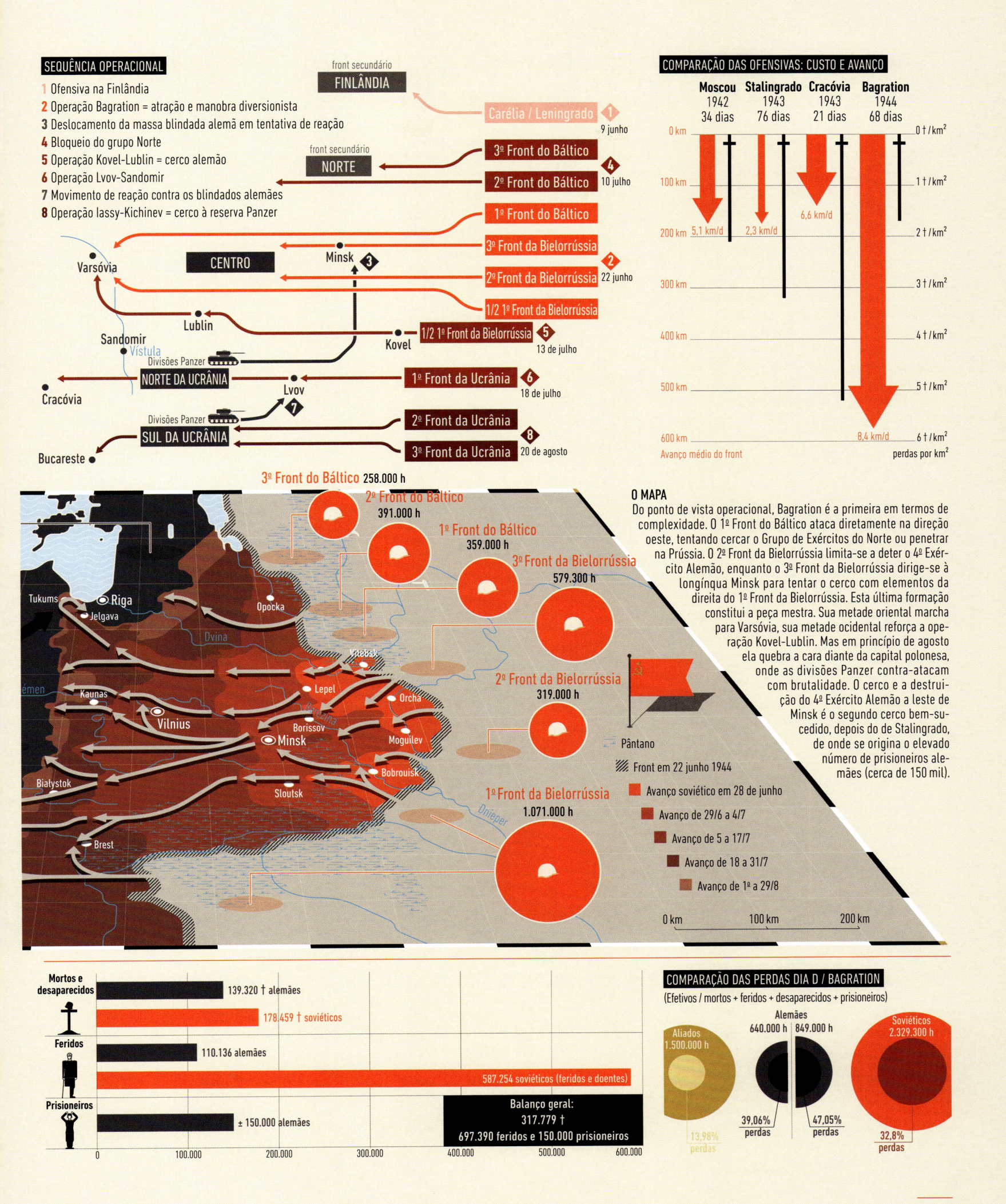

SEQUÊNCIA OPERACIONAL

1. Ofensiva na Finlândia
2. Operação Bagration = atração e manobra diversionista
3. Deslocamento da massa blindada alemã em tentativa de reação
4. Bloqueio do grupo Norte
5. Operação Kovel-Lublin = cerco alemão
6. Operação Lvov-Sandomir
7. Movimento de reação contra os blindados alemães
8. Operação Iassy-Kichinev = cerco à reserva Panzer

front secundário: FINLÂNDIA
- Carélia / Leningrado ① — 9 junho

front secundário: NORTE
- 3º Front do Báltico ④
- 2º Front do Báltico — 10 julho

CENTRO
- 1º Front do Báltico
- 3º Front da Bielorrússia ③
- 2º Front da Bielorrússia ② — 22 junho
- 1/2 1º Front da Bielorrússia
- 1/2 1º Front da Bielorrússia ⑤ — 13 de julho

NORTE DA UCRÂNIA
- 1º Front da Ucrânia ⑥ — 18 de julho

SUL DA UCRÂNIA
- 2º Front da Ucrânia
- 3º Front da Ucrânia ⑧ — 20 de agosto

Locais: Varsóvia, Minsk, Lublin, Sandomir, Kovel, Lvov, Cracóvia, Bucareste
Vistula — Divisões Panzer ⑦

COMPARAÇÃO DAS OFENSIVAS: CUSTO E AVANÇO

	Moscou 1942 34 dias	Stalingrado 1943 76 dias	Cracóvia 1943 21 dias	Bagration 1944 68 dias
Avanço médio	5,1 km/d	2,3 km/d	6,6 km/d	8,4 km/d

Escala: 0 km – 600 km (avanço médio do front) / 0 – 6 t/km² (perdas por km²)

O MAPA

Do ponto de vista operacional, Bagration é a primeira em termos de complexidade. O 1º Front do Báltico ataca diretamente na direção oeste, tentando cercar o Grupo de Exércitos do Norte ou penetrar na Prússia. O 2º Front da Bielorrússia limita-se a deter o 4º Exército Alemão, enquanto o 3º Front da Bielorrússia dirige-se à longínqua Minsk para tentar o cerco com elementos da direita do 1º Front da Bielorrússia. Esta última formação constitui a peça mestra. Sua metade oriental marcha para Varsóvia, sua metade ocidental reforça a operação Kovel-Lublin. Mas em princípio de agosto ela quebra a cara diante da capital polonesa, onde as divisões Panzer contra-atacam com brutalidade. O cerco e a destruição do 4º Exército Alemão a leste de Minsk é o segundo cerco bem-sucedido, depois do de Stalingrado, de onde se origina o elevado número de prisioneiros alemães (cerca de 150 mil).

Efetivos por Front:
- 3º Front do Báltico: 258.000 h
- 2º Front do Báltico: 391.000 h
- 1º Front do Báltico: 359.000 h
- 3º Front da Bielorrússia: 579.300 h
- 2º Front da Bielorrússia: 319.000 h
- 1º Front da Bielorrússia: 1.071.000 h

Localidades no mapa: Tukums, Riga, Jelgava, Opocka, Dvina, Vitebsk, Kaunas, Lepel, Orcha, Vilnius, Borissov, Moguilev, Minsk, Bobrouisk, Białystok, Sloutsk, Brest, Dnieper

Legenda:
- Pântano
- Front em 22 junho 1944
- Avanço soviético em 28 de junho
- Avanço de 29/6 a 4/7
- Avanço de 5 a 17/7
- Avanço de 18 a 31/7
- Avanço de 1º a 29/8

Escala: 0 km — 100 km — 200 km

Perdas

Mortos e desaparecidos:
- 139.320 † alemães
- 178.459 † soviéticos

Feridos:
- 110.136 alemães
- 587.254 soviéticos (feridos e doentes)

Prisioneiros:
- ± 150.000 alemães

Balanço geral: 317.779 † / 697.390 feridos e 150.000 prisioneiros

COMPARAÇÃO DAS PERDAS DIA D / BAGRATION
(Efetivos / mortos + feridos + desaparecidos + prisioneiros)

- Aliados: 1.500.000 h — 13,98% perdas
- Alemães (Dia D): 640.000 h — 39,06% perdas
- Alemães (Bagration): 849.000 h — 47,05% perdas
- Soviéticos: 2.329.300 h — 32,8% perdas

A BATALHA DA ALEMANHA

O fracasso da contraofensiva das Ardenas dissipou as últimas ilusões dos nazistas. Será preciso, porém, uma centena de dias para abater a hidra que se aferra ao poder. Cada dia a mais permite que Hitler assassine mais judeus. Depois, nas últimas semanas, sua raiva se volta contra o povo alemão, indigno de sobreviver, devendo portanto perecer com ele. Nada de negociações, nada de armistício – só lhe interessa o combate. Debilitado pela doença, encurralado, obrigado a viver num buraco úmido, Hitler continua a alimentar a fogueira, e só quando acuado numa chancelaria ele se suicida em 30 de abril. Mas tal encarniçamento não pode ser obra apenas da vontade hitleriana. Ele só é possível graças à cumplicidade de uma burocracia e de um exército amplamente favorecidos pelo regime nazista, unidos por uma mesma visão de mundo e solidários até o absurdo.

Em vista disso, esses quatro meses são os mais sangrentos da guerra. A cada dia, 30 mil seres humanos perdem a vida. Um frenesi de horror; primeiro para os escravos e "parasitas" do regime, massacrados por todos os meios imagináveis, em seguida para os civis, e por fim para os combatentes de todos os campos. Em termos militares, a campanha da Alemanha está longe de ser uma simples aniquilação. Os combates são encarniçados. O Reich cria unidades novas até o fim, e só a falta de combustível em abril termina por tornar toda a resistência coerente impossível. Ela marca o apogeu do

1 • OS ALIADOS

Em 1945, a doutrina americana prevalece sobre a britânica. Ela pode ser resumida nesta frase de Ulysses Grant: "A chave da vitória é a destruição do exército inimigo pela aplicação, em um lugar e num determinado momento, de uma força esmagadora baseada na concentração dos fogos". Ela será completada pelo desejo de atacar o inimigo em todos os lugares em que a relação de forças seja favorável. O inimigo se encontra paralisado e sangra. A destruição resulta do combate, não da manobra.
Essa doutrina leva, *in fine*, à estratégia de Eisenhower do front amplo. Ela precisa de uma superioridade tática e material, o que é certamente o caso em 1945, pois a relação de forças é muito favorável.

OBJETIVOS ESTRATÉGICOS
Destruir o Exército Alemão

CONCEITO OPERACIONAL

- Destruir os exércitos alemães a oeste do Reno.
- Atravessar o Reno num amplo front para saturar a defesa.
- Tomar o pulmão econômico do Ruhr para sufocar o inimigo.
- Ocupar a Alemanha.

REALIZAÇÃO CONCRETA

1 — 8 fev. / 10 mar.
Operações Veritable e Grenade que quebram as pernas do Westheer.

2 — 18 fev. / 23 mar.
A marcha para o Reno dos exércitos dos Estados Unidos contra um inimigo enfraquecido.

3 — 22 mar. / 3 abr.
O cerco do Ruhr.

4 — 4 abr. / 8 maio
A perseguição.

RELAÇÃO DE FORÇAS NO OESTE
Soldados 1 para **5,7** (420.000 contra 2.420.000)
Tanques 1 para **6,5** (1.832 contra 12.000)
Aviões 1 para **9,7** (1.900 contra 18.500, sendo 6.400 bombardeiros pesados)

Mapa
- Front em 17/1/1945
- 22/3/1945
- 19/4/1945
- 6/5/1945
- Ofensivas
- Reduto do Reich em 7 maio 1945
- Estados neutros

Cidades: COPENHAGUE, Rostock, Lübeck, Hamburgo, Stettin, BERLIM, Bremen, Hannover, Frankfurt do Oder, AMSTERDÃ, Arnhem, Düsseldorf, Colônia, Potsdam, Leipzig, Dresden, LONDRES, Dunkerque, Antuerpia, Aachen, Bonn, Coblença, BRUXELAS, Lille, Luxemburgo, Frankfurt do Meno, Pilsen, Praga, PARIS, Estrasburgo, Nuremberg, Viena, Munique, Innsbruck, BERNA, Vichy, Lyon, Bolzano, Zagreb, Turim, Milão, Verona, Trieste, Bolonha

EFETIVOS EM JANEIRO DE 1945
Legenda: Noruega | Curlândia | Leste | Itália | Oeste | Bolsões do Atlântico

- EUA: 13.000 h (0,9%); 225.000 h (15,6%); 1.200.000 h (83,5%) — **1.438.000 h**
- Reino Unido: 4.500 h (0,3%); 375.000 h (28%); 960.000 h (71,7%) — **1.339.500 h**
- França: 47.600 h (15,5%); 260.000 h (84,5%) — **307.600 h**
- Alemanha: 95.000 h (3,2%); 420.000 h (14,1%); 500.000 h (16,9%); 151.000 h (5,1%); 1.450.000 h (48,9%); 350.000 h (11,8%) — **2.966.000 h**
- URSS: **4.000.000 h** 100% no leste

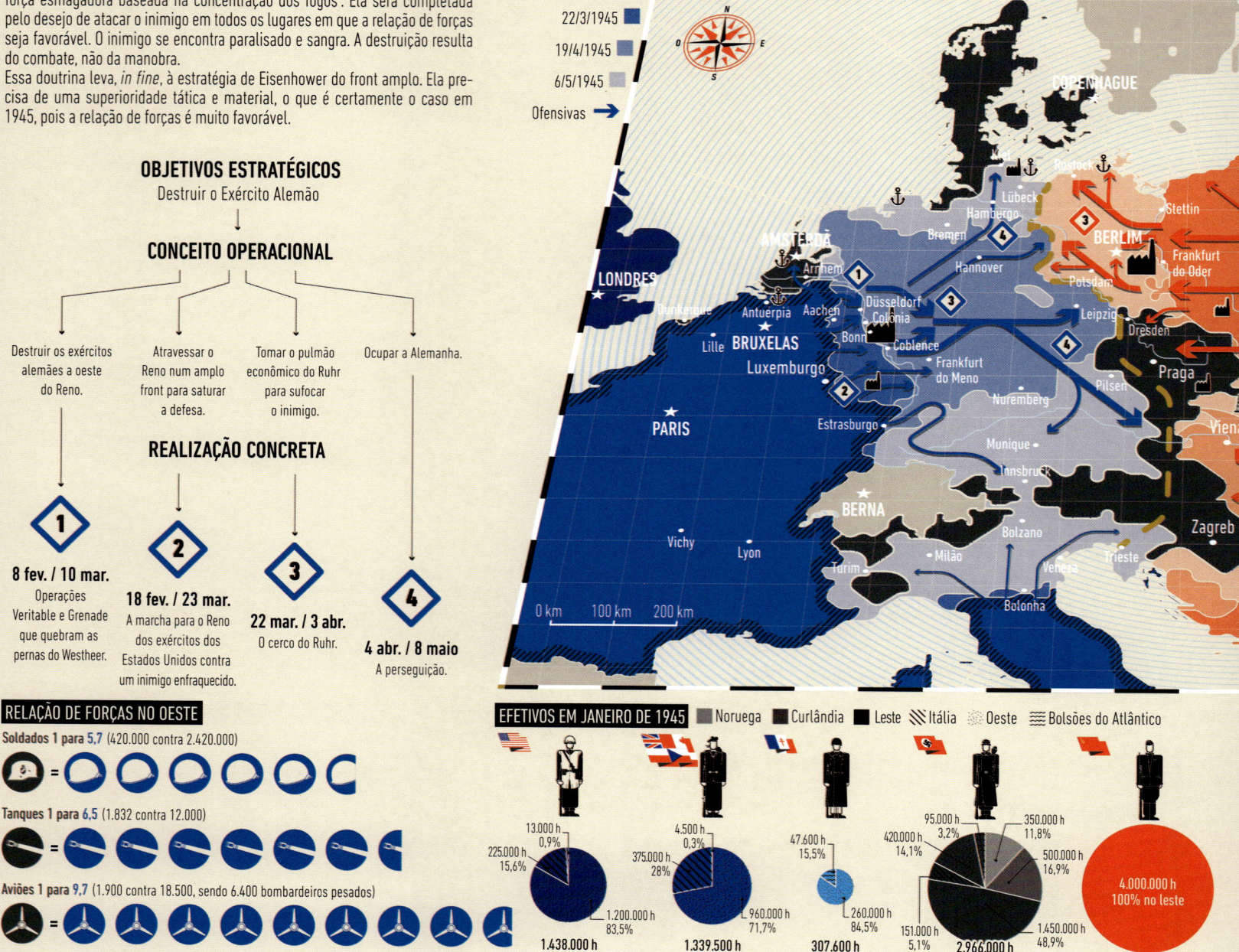

savoir-faire militar aliado. Em volta de Budapeste, o Exército Vermelho enfrenta com maestria as últimas ofensivas blindadas alemãs e demonstra que, tanto na defesa como no ataque, superou o inimigo. Os soviéticos montam ofensivas gigantes no leste, coordenam milhões de soldados, milhares de tanques, dilaceram o Ostheer em quinhentos quilômetros de profundidade antes de conquistar, em apenas onze dias, Berlim, a terceira cidade da Europa defendida sem interrupção. A vitória soviética é antes de tudo a de um pensamento militar, a arte operativa.

No oeste, a vitória é sobretudo um resultado tático. Os metódicos britânicos e os flexíveis americanos destroem o Westheer a oeste do Reno com uma série de operações sofisticadas em que já se encontra todo o arsenal da segunda metade do século XX e onde eles otimizam a cooperação interarmas. As passagens do Reno improvisadas pelos americanos e planejadas pelos britânicos constituem verdadeiros sucessos; o cerco do Ruhr, um modelo; a perseguição, uma cavalgada que os teria levado primeiro a Berlim se Eisenhower não tivesse decidido de outra forma (principalmente, segundo D. Feldman e C. Mas, porque a diplomacia americana não queria ofender Stálin para oferecer os louros ao insuportável Montgomery, cujos exércitos, mais bem colocados, estariam na ponta de lança). A campanha da Alemanha, última batalha contra o nazismo, foi travada segundo os cânones do que poderia ter sido uma terceira guerra mundial nos anos 1950.

Adolf Hitler
Chanceler do Reich
1889-30/4/1945
Suicídio

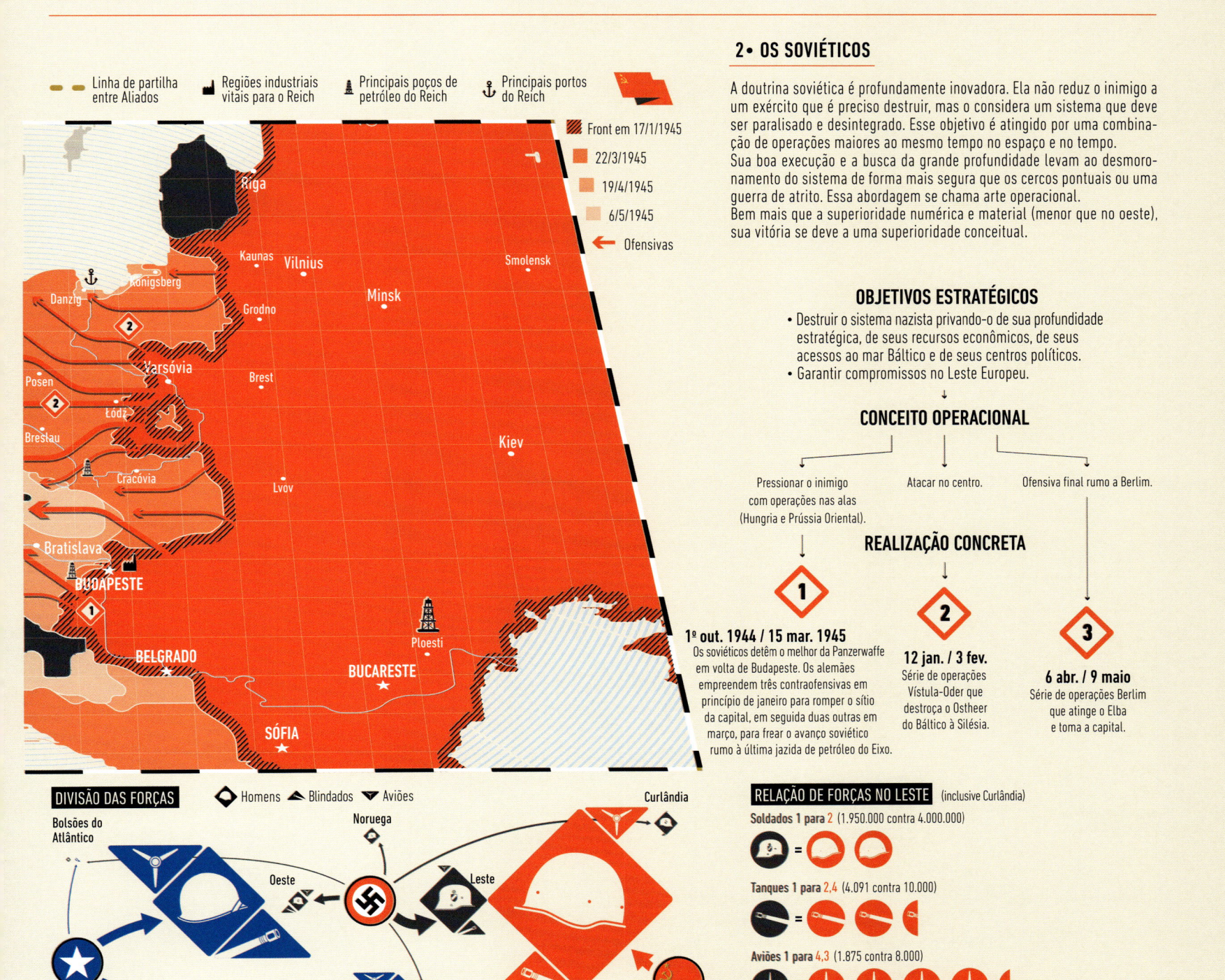

2 • OS SOVIÉTICOS

A doutrina soviética é profundamente inovadora. Ela não reduz o inimigo a um exército que é preciso destruir, mas o considera um sistema que deve ser paralisado e desintegrado. Esse objetivo é atingido por uma combinação de operações maiores ao mesmo tempo no espaço e no tempo.
Sua boa execução e a busca da grande profundidade levam ao desmoronamento do sistema de forma mais segura que os cercos pontuais ou uma guerra de atrito. Essa abordagem se chama arte operacional.
Bem mais que a superioridade numérica e material (menor que no oeste), sua vitória se deve a uma superioridade conceitual.

OBJETIVOS ESTRATÉGICOS
• Destruir o sistema nazista privando-o de sua profundidade estratégica, de seus recursos econômicos, de seus acessos ao mar Báltico e de seus centros políticos.
• Garantir compromissos no Leste Europeu.

CONCEITO OPERACIONAL

Pressionar o inimigo com operações nas alas (Hungria e Prússia Oriental).

Atacar no centro.

Ofensiva final rumo a Berlim.

REALIZAÇÃO CONCRETA

1 — 1º out. 1944 / 15 mar. 1945
Os soviéticos detêm o melhor da Panzerwaffe em volta de Budapeste. Os alemães empreendem três contraofensivas em princípio de janeiro para romper o sítio da capital, em seguida duas outras em março, para frear o avanço soviético rumo à última jazida de petróleo do Eixo.

2 — 12 jan. / 3 fev.
Série de operações Vístula-Oder que destroça o Ostheer do Báltico à Silésia.

3 — 6 abr. / 9 maio
Série de operações Berlim que atinge o Elba e toma a capital.

Legenda do mapa:
- Linha de partilha entre Aliados
- Regiões industriais vitais para o Reich
- Principais poços de petróleo do Reich
- Principais portos do Reich
- Front em 17/1/1945
- 22/3/1945
- 19/4/1945
- 6/5/1945
- Ofensivas

Cidades: Riga, Kaunas, Vilnius, Smolensk, Königsberg, Danzig, Grodno, Minsk, Posen, Varsóvia, Brest, Łódź, Breslau, Kiev, Cracóvia, Lvov, Bratislava, BUDAPESTE, BELGRADO, Ploesti, BUCARESTE, SÓFIA

DIVISÃO DAS FORÇAS
◆ Homens ▲ Blindados ✈ Aviões

Bolsões do Atlântico — Oeste — Noruega — Leste — Curlândia — Itália

RELAÇÃO DE FORÇAS NO LESTE (inclusive Curlândia)

Soldados 1 para 2 (1.950.000 contra 4.000.000)

Tanques 1 para 2,4 (4.091 contra 10.000)

Aviões 1 para 4,3 (1.875 contra 8.000)

3 • OS SOVIÉTICOS SE TORNAM MESTRES NA ARTE DA OPERAÇÃO EM PROFUNDIDADE

Para destroçar o Reich, os soviéticos montam ofensivas gigantes (3,4 milhões de homens e 8.500 tanques para a operação Vístula-Oder) sem equivalente do lado aliado.
Articular uma tal massa pertencente a quatro fronts exige um considerável *savoir-faire*. O front se estende por quinhentos quilômetros e igual profundidade. Esse vasto front não os impede de concentrar seus esforços em alguns pontos de uma trintena de quilômetros e escalonar suas forças a fim de sequenciar o ataque em três tempos: **1:** a penetração, **2:** o rompimento e **3:** a exploração.

Cada fase é realizada por unidades de natureza diferente. A incorporação das reservas é decisiva. Engajá-las cedo demais leva certamente ao engarrafamento e engajá-las tarde demais dá tempo ao inimigo de fechar a brecha. Os soviéticos carecem apenas de uma logística eficiente. A ofensiva se detém quando os combatentes esgotam os estoques de que dispunham. Sem essa falha, os soviéticos teriam alcançado Berlim já em fevereiro

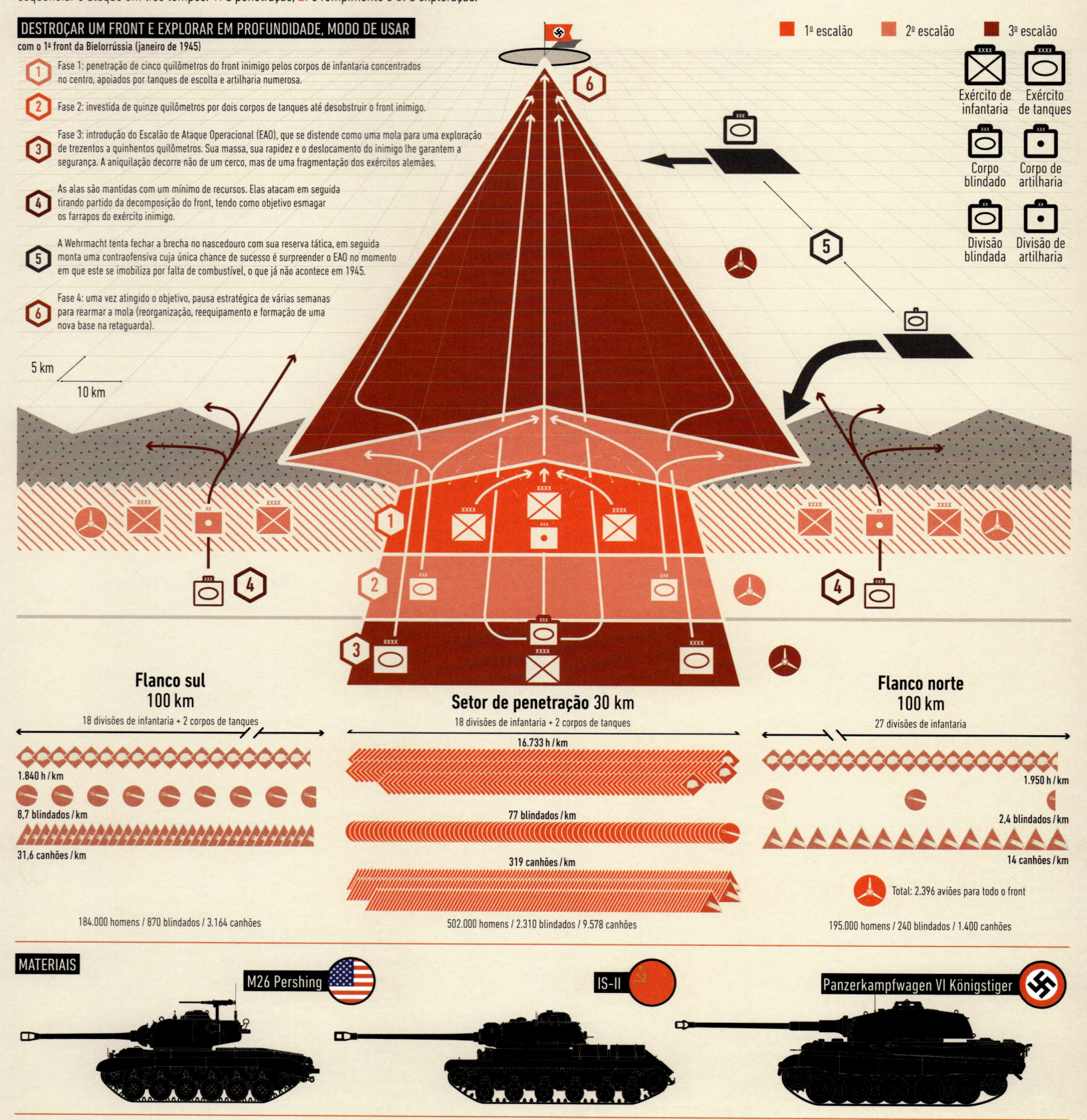

DESTROÇAR UM FRONT E EXPLORAR EM PROFUNDIDADE, MODO DE USAR
com o 1º front da Bielorrússia (janeiro de 1945)

1. Fase 1: penetração de cinco quilômetros do front inimigo pelos corpos de infantaria concentrados no centro, apoiados por tanques de escolta e artilharia numerosa.
2. Fase 2: investida de quinze quilômetros por dois corpos de tanques até desobstruir o front inimigo.
3. Fase 3: introdução do Escalão de Ataque Operacional (EAO), que se distende como uma mola para uma exploração de trezentos a quinhentos quilômetros. Sua massa, sua rapidez e o deslocamento do inimigo lhe garantem a segurança. A aniquilação decorre não de um cerco, mas de uma fragmentação dos exércitos alemães.
4. As alas são mantidas com um mínimo de recursos. Elas atacam em seguida tirando partido da decomposição do front, tendo como objetivo esmagar os farrapos do exército inimigo.
5. A Wehrmacht tenta fechar a brecha no nascedouro com sua reserva tática, em seguida monta uma contraofensiva cuja única chance de sucesso é surpreender o EAO no momento em que este se imobiliza por falta de combustível, o que já não acontece em 1945.
6. Fase 4: uma vez atingido o objetivo, pausa estratégica de várias semanas para rearmar a mola (reorganização, reequipamento e formação de uma nova base na retaguarda).

1ª escalão — **2ª escalão** — **3ª escalão**

Exército de infantaria — Exército de tanques
Corpo blindado — Corpo de artilharia
Divisão blindada — Divisão de artilharia

Flanco sul 100 km	Setor de penetração 30 km	Flanco norte 100 km
18 divisões de infantaria + 2 corpos de tanques	18 divisões de infantaria + 2 corpos de tanques	27 divisões de infantaria
1.840 h / km	16.733 h / km	1.950 h / km
8,7 blindados / km	77 blindados / km	2,4 blindados / km
31,6 canhões / km	319 canhões / km	14 canhões / km
184.000 homens / 870 blindados / 3.164 canhões	502.000 homens / 2.310 blindados / 9.578 canhões	195.000 homens / 240 blindados / 1.400 canhões

Total: 2.396 aviões para todo o front

MATERIAIS

M26 Pershing — IS-II — Panzerkampfwagen VI Königstiger

FONTES: *1•* J. Lopez, *Berlin. Les offensives géantes de l'Armée Rouge: Vistule-Oder-Elbe (12 janvier-9 mai 1945)*, Economica, 2009 – *2•* D. Feldmann & C. Mas, *La Campagne du Rhin. Les Alliés entrent en*

ATORES DA BATALHA

- General **Jean de Lattre de Tassigny** 1889-1952
- General **Henry Duncan Crerar** 1888-1965
- General **William Hood Simpson** 1888-1980
- Marechal **Walter Model** 1891-1945
- General **Gotthard Heinrici** 1886-1971
- General **Helmuth Weidling** 1891-1955
- Marechal **Gueorgi Zhukov** 1896-1974
- Marechal **Ivan Koniev** 1897-1973
- Marechal **Konstantin Roskossovski** 1896-1968

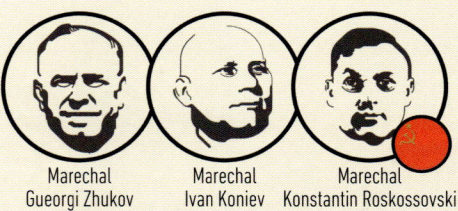

4 • O CERCO DE BERLIM COMPARADO A ALGUNS OUTROS CERCOS

Exceto por seus efetivos, o cerco de Berlim não se distingue de outros cercos urbanos, labirintos onde massas humanas imbricadas se massacram. Aí os soviéticos não sofrem uma taxa maior de perdas, apesar da precipitação de seu ataque. De resto, é de surpreender ver o atacante sofrer menos que o defensor. Graças à iniciativa? Outra lição, o contraste entre o cerco de Brest e os cercos orientais bem mais ferozes: 10% dos defensores mortos em Brest, contra 25% a 50% no Leste.

CINCO CERCOS
h/km² considerando-se a população antes da guerra = densidade do conjunto das edificações

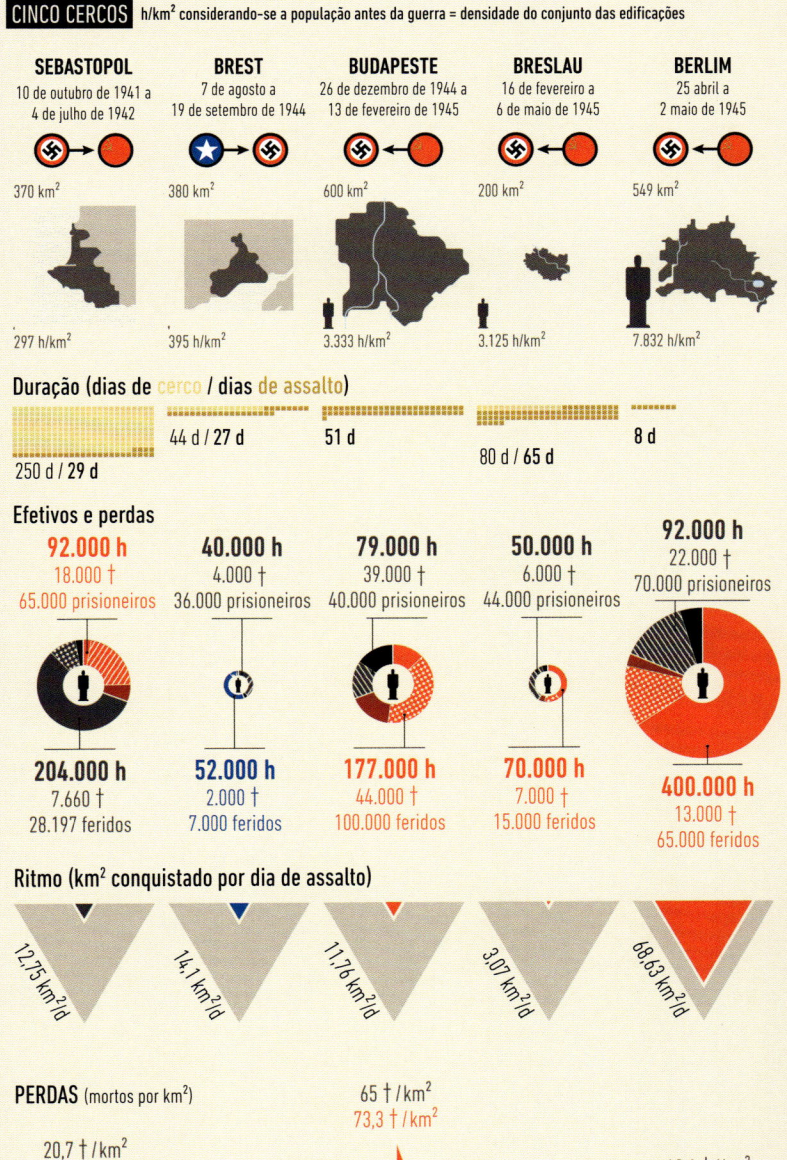

SEBASTOPOL — 10 de outubro de 1941 a 4 de julho de 1942 — 370 km² — 297 h/km²

BREST — 7 de agosto a 19 de setembro de 1944 — 380 km² — 395 h/km²

BUDAPESTE — 26 de dezembro de 1944 a 13 de fevereiro de 1945 — 600 km² — 3.333 h/km²

BRESLAU — 16 de fevereiro a 6 de maio de 1945 — 200 km² — 3.125 h/km²

BERLIM — 25 abril a 2 maio de 1945 — 549 km² — 7.832 h/km²

Duração (dias de cerco / dias de assalto)
- Sebastopol: 250 d / 29 d
- Brest: 44 d / 27 d
- Budapeste: 51 d
- Breslau: 80 d / 65 d
- Berlim: 8 d

Efetivos e perdas
- Sebastopol: 92.000 h — 18.000 † — 65.000 prisioneiros — 204.000 h — 7.660 † — 28.197 feridos
- Brest: 40.000 h — 4.000 † — 36.000 prisioneiros — 52.000 h — 2.000 † — 7.000 feridos
- Budapeste: 79.000 h — 39.000 † — 40.000 prisioneiros — 177.000 h — 44.000 † — 100.000 feridos
- Breslau: 50.000 h — 6.000 † — 44.000 prisioneiros — 70.000 h — 7.000 † — 15.000 feridos
- Berlim: 92.000 h — 22.000 † — 70.000 prisioneiros — 400.000 h — 13.000 † — 65.000 feridos

Ritmo (km² conquistado por dia de assalto)
- Sebastopol: 12,75 km²/d
- Brest: 14,1 km²/d
- Budapeste: 11,76 km²/d
- Breslau: 3,07 km²/d
- Berlim: 68,63 km²/d

PERDAS (mortos por km²)
- Sebastopol: 20,7 †/km² — 48,6 †/km²
- Brest: 5,3 †/km² — 10,5 †/km²
- Budapeste: 65 †/km² — 73,3 †/km²
- Breslau: 30 †/km² — 35 †/km²
- Berlim: 40,1 †/km² — 23,7 †/km²

5 • BALANÇO

A violência dos combates não é a única explicação para o custo considerável desse fim de guerra. Somemos a letalidade dos novos armamentos, sua densidade em campo e, no Leste, as condições de vida e a crueldade, muitas vezes fatal, contra os prisioneiros. A Alemanha sangra em dois combates de atrito que consomem a Wehrmacht (Budapeste e as operações aliadas a oeste do Reno), um formidável golpe que desintegra o Ostheer (operação Vístula-Oder), completado por um cerco a um Westheer agonizante no Ruhr.

QUATRO DERROTAS QUE ANIQUILAM A WEHRMACHT

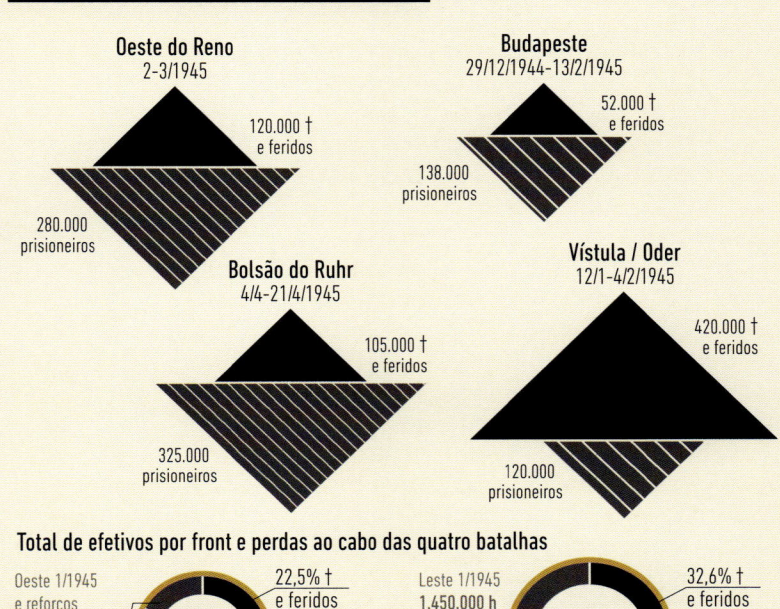

Oeste do Reno 2-3/1945 — 120.000 † e feridos — 280.000 prisioneiros

Budapeste 29/12/1944-13/2/1945 — 52.000 † e feridos — 138.000 prisioneiros

Bolsão do Ruhr 4/4-21/4/1945 — 105.000 † e feridos — 325.000 prisioneiros

Vístula / Oder 12/1-4/2/1945 — 420.000 † e feridos — 120.000 prisioneiros

Total de efetivos por front e perdas ao cabo das quatro batalhas

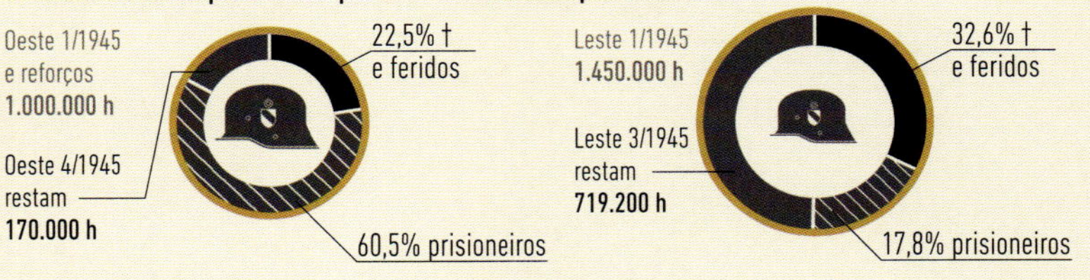

Oeste 1/1945 e reforços: 1.000.000 h — 22,5% † e feridos — 60,5% prisioneiros — Oeste 4/1945 restam 170.000 h

Leste 1/1945: 1.450.000 h — 32,6% † e feridos — 17,8% prisioneiros — Leste 3/1945 restam 719.200 h

BALANÇO — Mortos e feridos em 1945

- 1.540.000 h
- 800.817 h
- 42.000 h
- 8.100 h
- 8.020 h
- 3.350 h
- 3.250 h

Balanço geral: 2.405.537 †

Allemagne (janvier-mai 1945), Economica, 2016 – 3 • K. Ungvary, *Battle for Budapest, 100 days in World War II*, I.B. Tauris, 2003 – 4 • Krivosheev, *Soviet casualties and combat losses in the twentieth century*, Greenhill Books, 1997.

A AGONIA DO JAPÃO

A rendição japonesa, tradicionalmente atribuída ao duplo bombardeio de Hiroshima e Nagasaki, é sem dúvida consequência de um processo múltiplo, muito mais complexo.

No verão de 1945, as principais cidades e centros industriais do Japão são há meses atacados de forma sistemática pela aviação estratégica americana, e sua economia está agonizante. Em julho, a exigência aliada de uma rendição incondicional reforça a posição daqueles que, no seio do estado-maior japonês, dispõem-se a ir até o fim. Com plena consciência de ter perdido irremediavelmente a guerra, este, apesar disso, se prepara para aproveitar a ocasião de uma invasão anfíbia aliada na metrópole (que já estava mesmo sendo preparada, sob o nome de operação Downfall) para jogar sua última carta: infligir perdas tão consideráveis aos americanos, graças sobretudo ao sacrifício de milhares de kamikazes, que abalariam a opinião pública e então seria possível, com uma mediação soviética, obter condições de paz mais favoráveis, e principalmente a garantia da preservação do trono imperial. O duplo bombardeio atômico americano de 6 e 9 de agosto a Hiroshima e Nagasaki, somado à ofensiva soviética, que resulta em rápidos sucessos na Manchúria, na Coreia e em Sacalina, chegando a ameaçar a grande ilha setentrional de Hokkaido, precipita a capitulação japonesa, por medo de ter o território metropolitano invadido e o império aniquilado. Para isso, o imperador Hiroito falará pessoalmente no rádio pela primeira vez, e seu *entourage* sufoca uma tentativa de golpe de Estado da parte de jovens oficiais da Guarda. As forças americanas ocupam o país no mesmo instante, e em 2 de setembro o Japão capitula oficialmente a bordo do couraçado *USS Missouri*. A comissão especial americana que estudou os efeitos dos bombardeios estratégicos escreveria pouco depois do fim da guerra: "A opinião da comissão de investigação, com base no exame detalhado dos fatos e reforçada pelo testemunho dos chefes japoneses sobreviventes envolvidos, é a de que, com toda a certeza, antes de 31 de dezembro de 1945, e muito provavelmente antes de 1º de novembro de 1945, o Japão teria se rendido, ainda que as bombas atômicas não tivessem sido lançadas, mesmo que a Rússia não tivesse entrado em guerra e não se tivesse planejado nenhuma invasão".

FONTES: 1• *US strategic bombing survey, Pacific*, US Army, 1946 – 2• N. Bernard, *La Guerre du Pacifique*, Tallandier, 2016 – 3• J. Costello, *La Guerre du Pacifique*, 2 v., Pygmalion, reed. 2010 – 4• R. Overy, *The air war 1939-1945*, Potomac, 2005 – 5• *Japanese monographs*, US Army, 1959.

1 • A RUÍNA DA ECONOMIA JAPONESA

Em fins dos anos 1930, e apesar de espetaculares progressos, o Japão dispõe de uma economia ainda frágil, muito dependente das importações de matérias-primas e de petróleo, e muito aquém do potencial anglo-saxão. Dispondo, porém, de um instrumento militar (em especial aeronaval) excelente ante ocidentais despreparados, o comando japonês espera se munir em alguns meses do espaço necessário para tornar suas posições no Pacífico inexpugnáveis e negociar em posição de força. Esse cálculo se revela flagrantemente incorreto, e a economia japonesa vai se arruinar de maneira progressiva, de 1943 a 1945. sob a pressão americana.

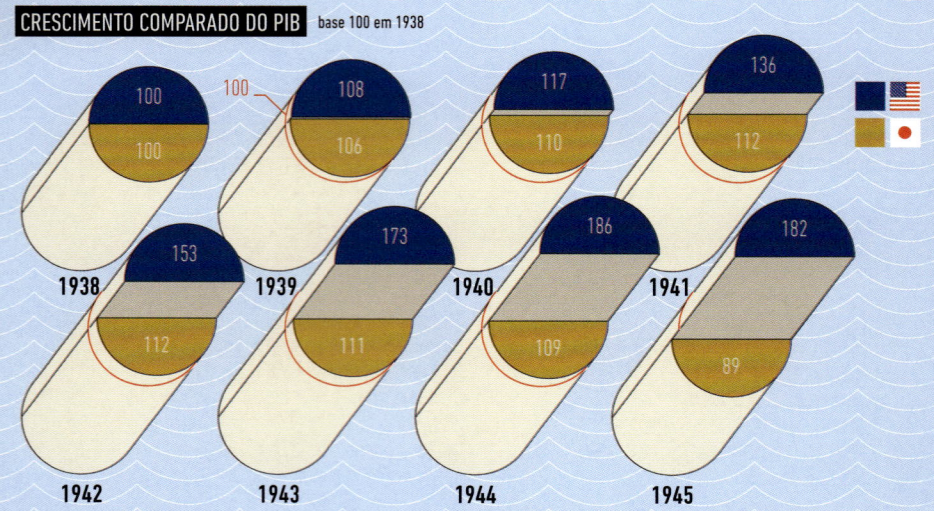

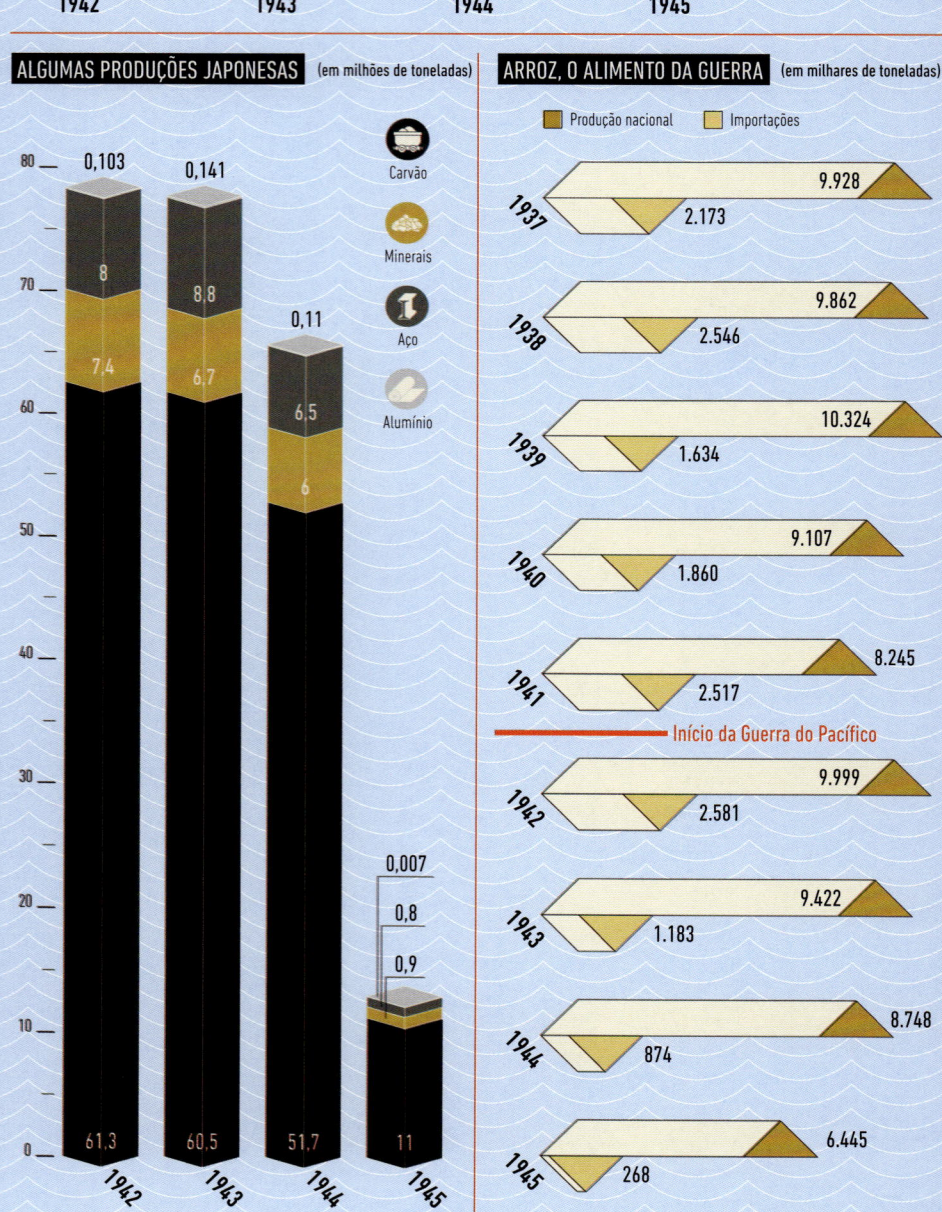

CRESCIMENTO COMPARADO DO PIB (base 100 em 1938)

Ano	EUA	Japão
1938	100	100
1939	108	106
1940	117	110
1941	136	112
1942	153	112
1943	173	111
1944	186	109
1945	182	89

ALGUMAS PRODUÇÕES JAPONESAS (em milhões de toneladas)

Ano	Carvão	Minerais	Aço	Alumínio
1942	61,3	7,4	8	0,103
1943	60,5	6,7	8,8	0,141
1944	51,7	6,5	6	0,11
1945	11	0,9	0,8	0,007

ARROZ, O ALIMENTO DA GUERRA (em milhares de toneladas)

Ano	Produção nacional	Importações
1937	9.928	2.173
1938	9.862	2.546
1939	10.324	1.634
1940	9.107	1.860
1941	8.245	2.517
— Início da Guerra do Pacífico —		
1942	9.999	2.581
1943	9.422	1.183
1944	8.748	874
1945	6.445	268

2 • O JAPÃO INCENDIADO

Antes do lançamento das bombas atômicas, dezenas de cidades industriais japonesas são devastadas pelos B-29 Superfortress da 20ª Air Force. Já se tinha considerado o uso de bombardeios estratégicos mas, dadas as dificuldades logísticas e geográficas, os primeiros, à exceção do raid simbólico de Doolittle em 1942, só são lançados, a partir da China, no segundo semestre de 1944. Considerados ineficazes e muito caros, esses raids de precisão logo são abandonados, e, a partir de fevereiro de 1945, o general LeMay adota a tática do tapete de bombas incendiárias noturnas a partir das bases conquistadas nas Ilhas Marianas. Esse método causa devastações que vão de cidades de arquitetura leve a indústrias concentradas, ante a caça e a uma artilharia antiaérea japonesa impotente em alta altitude. O raid mais mortífero da guerra causa mais de 100 mil mortes em Tóquio em 9 de março de 1945. Toyama, cidade industrial de 150 mil habitantes, na costa norte, é 90% arrasada na noite de 1º de agosto. Esses bombardeios causam pelo menos 330 mil mortes, ao custo da perda de 414 B-29 e 2.600 membros de tripulação.

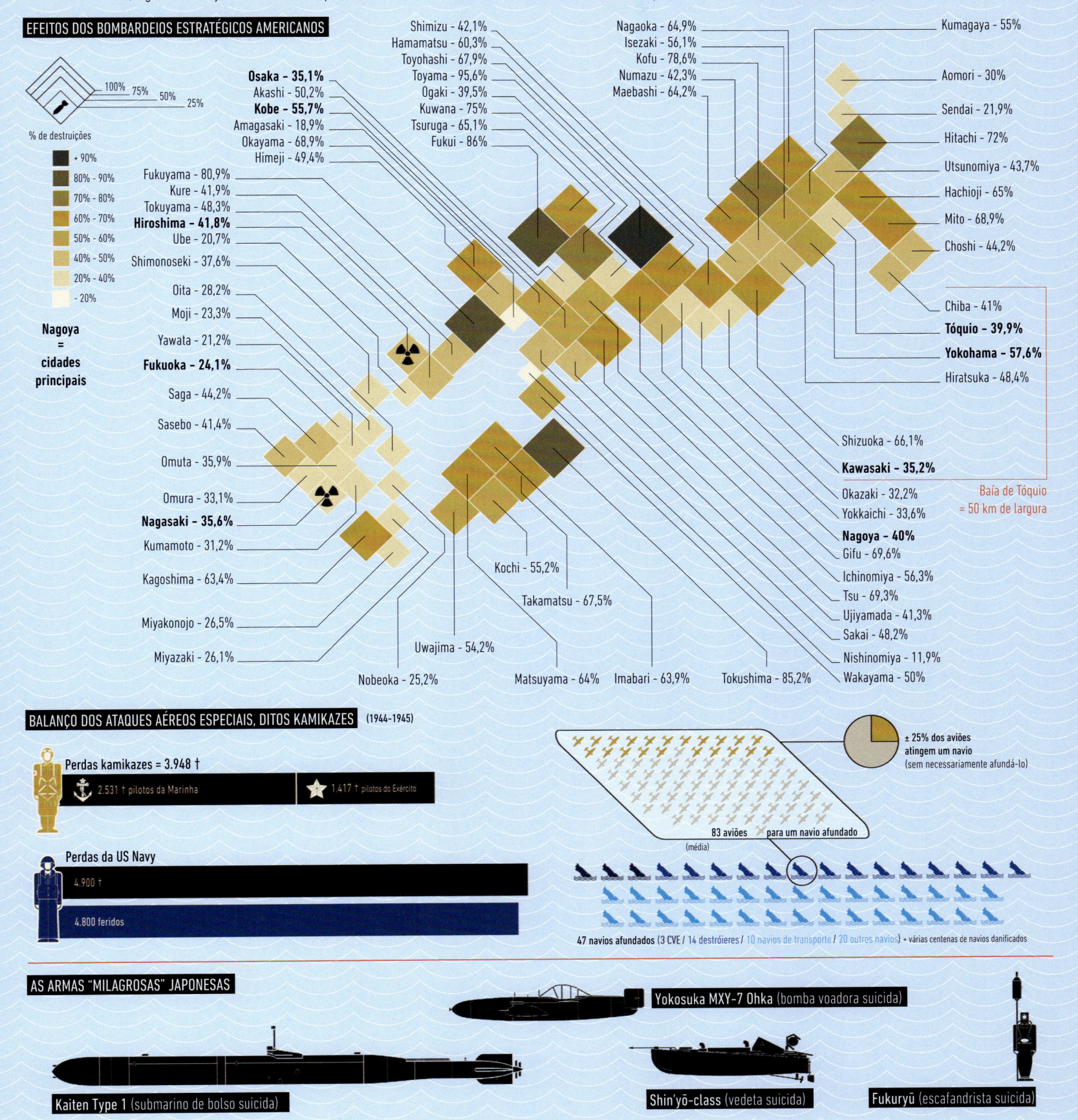

EFEITOS DOS BOMBARDEIOS ESTRATÉGICOS AMERICANOS

% de destruições
- +90%
- 80% - 90%
- 70% - 80%
- 60% - 70%
- 50% - 60%
- 40% - 50%
- 20% - 40%
- -20%

Nagoya = cidades principais

Osaka – 35,1%
Akashi – 50,2%
Kobe – 55,7%
Amagasaki – 18,9%
Okayama – 68,9%
Himeji – 49,4%
Fukuyama – 80,9%
Kure – 41,9%
Tokuyama – 48,3%
Hiroshima – 41,8%
Ube – 20,7%
Shimonoseki – 37,6%
Oita – 28,2%
Moji – 23,3%
Yawata – 21,2%
Fukuoka – 24,1%
Saga – 44,2%
Sasebo – 41,4%
Omuta – 35,9%
Omura – 33,1%
Nagasaki – 35,6%
Kumamoto – 31,2%
Kagoshima – 63,4%
Miyakonojo – 26,5%
Miyazaki – 26,1%

Shimizu – 42,1%
Hamamatsu – 60,3%
Toyohashi – 67,9%
Toyama – 95,6%
Ogaki – 39,5%
Kuwana – 75%
Tsuruga – 65,1%
Fukui – 86%

Nagaoka – 64,9%
Isezaki – 56,1%
Kofu – 78,6%
Numazu – 42,3%
Maebashi – 64,2%

Kochi – 55,2%
Takamatsu – 67,5%
Uwajima – 54,2%
Nobeoka – 25,2%
Matsuyama – 64%
Imabari – 63,9%
Tokushima – 85,2%

Shizuoka – 66,1%
Kawasaki – 35,2%
Okazaki – 32,2%
Yokkaichi – 33,6%
Nagoya – 40%
Gifu – 69,6%
Ichinomiya – 56,3%
Tsu – 69,3%
Ujiyamada – 41,3%
Sakai – 48,2%
Nishinomiya – 11,9%
Wakayama – 50%

Kumagaya – 55%
Aomori – 30%
Sendai – 21,9%
Hitachi – 72%
Utsunomiya – 43,7%
Hachioji – 65%
Mito – 68,9%
Choshi – 44,2%
Chiba – 41%
Tóquio – 39,9%
Yokohama – 57,6%
Hiratsuka – 48,4%

Baía de Tóquio = 50 km de largura

BALANÇO DOS ATAQUES AÉREOS ESPECIAIS, DITOS KAMIKAZES (1944-1945)

Perdas kamikazes = 3.948 †
- 2.531 † pilotos da Marinha
- 1.417 † pilotos do Exército

Perdas da US Navy
- 4.900 †
- 4.800 feridos

± 25% dos aviões atingem um navio (sem necessariamente afundá-lo)

83 aviões para um navio afundado (média)

47 navios afundados (3 CVE / 14 destróieres / 10 navios de transporte / 20 outros navios) + várias centenas de navios danificados

AS ARMAS "MILAGROSAS" JAPONESAS

Yokosuka MXY-7 Ohka (bomba voadora suicida)

Kaiten Type 1 (submarino de bolso suicida)

Shin'yō-class (vedeta suicida)

Fukuryū (escafandrista suicida)

141

IV. BALANÇO E LACUNAS

AS PERDAS CIVIS E MILITARES

Fazer um balanço exato da assustadora punção demográfica da Segunda Guerra Mundial se revela, sete décadas depois, uma tarefa impossível. Quando muito, podemos alinhar e justapor estimativas mais ou menos precisas relativas aos países. As perdas militares (em combate, em prisões ou por doenças) em geral são mais fáceis de estabelecer, embora com enormes discrepâncias regionais e numerosas escolhas metodológicas, a depender de contar por nacionalidade, região de origem, exército e também da integração ou não de certas categorias de "paramilitares" (resistência, por exemplo) ou de não combatentes expostos diretamente às operações de guerra (marinha

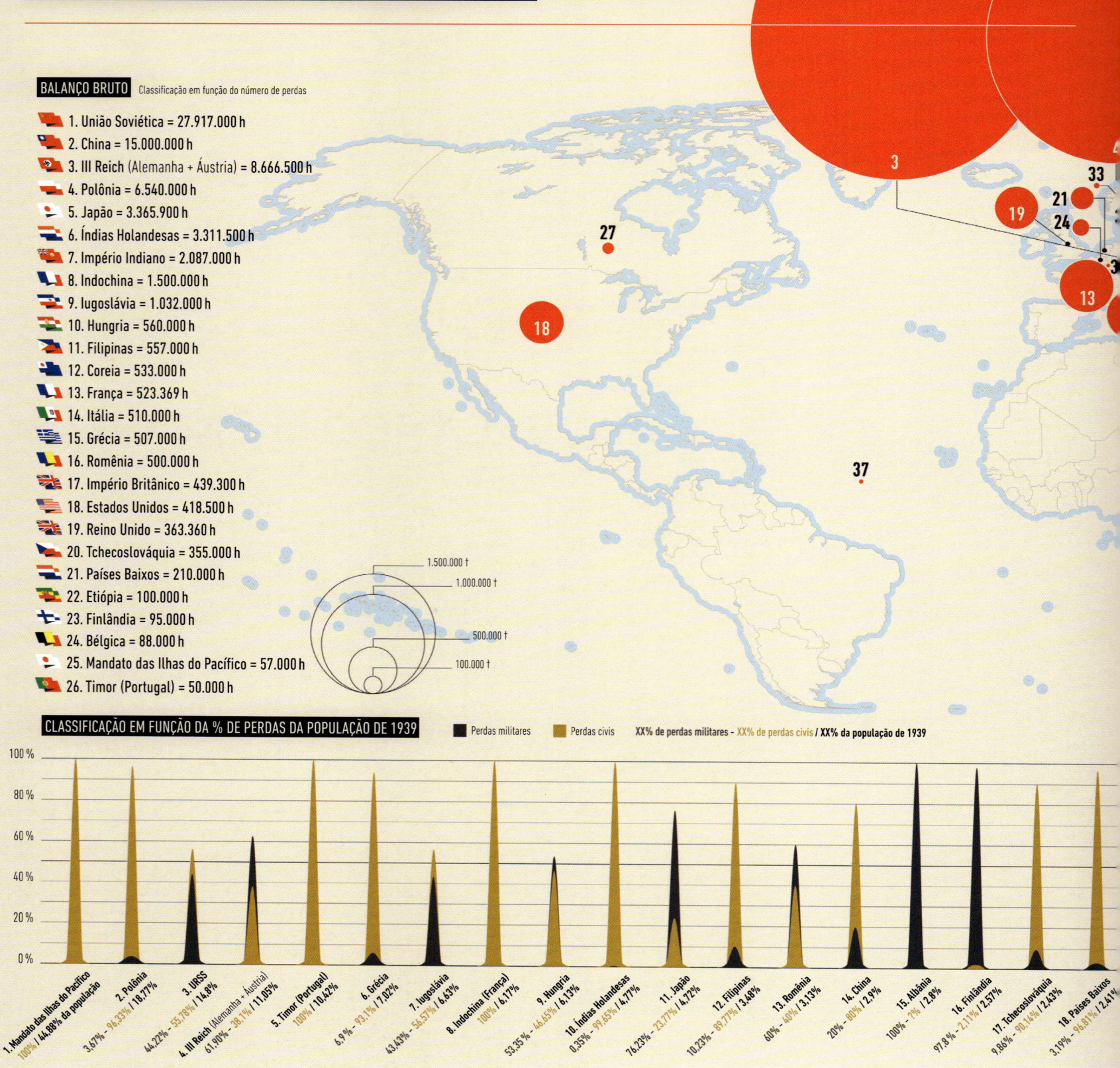

BALANÇO BRUTO Classificação em função do número de perdas

1. União Soviética = 27.917.000 h
2. China = 15.000.000 h
3. III Reich (Alemanha + Áustria) = 8.666.500 h
4. Polônia = 6.540.000 h
5. Japão = 3.365.900 h
6. Índias Holandesas = 3.311.500 h
7. Império Indiano = 2.087.000 h
8. Indochina = 1.500.000 h
9. Iugoslávia = 1.032.000 h
10. Hungria = 560.000 h
11. Filipinas = 557.000 h
12. Coreia = 533.000 h
13. França = 523.369 h
14. Itália = 510.000 h
15. Grécia = 507.000 h
16. Romênia = 500.000 h
17. Império Britânico = 439.300 h
18. Estados Unidos = 418.500 h
19. Reino Unido = 363.360 h
20. Tchecoslováquia = 355.000 h
21. Países Baixos = 210.000 h
22. Etiópia = 100.000 h
23. Finlândia = 95.000 h
24. Bélgica = 88.000 h
25. Mandato das Ilhas do Pacífico = 57.000 h
26. Timor (Portugal) = 50.000 h

CLASSIFICAÇÃO EM FUNÇÃO DA % DE PERDAS DA POPULAÇÃO DE 1939

■ Perdas militares   ■ Perdas civis   XX% de perdas militares - XX% de perdas civis / XX% da população de 1939

1. Mandato das Ilhas do Pacífico — 100% / 44.88% da população
2. Polônia — 3.67% - 96.33% / 18.77%
3. URSS — 44.22% - 55.78% / 14.8%
4. III Reich (Alemanha + Áustria) — 61.90% - 38.1% / 11.03%
5. Timor (Portugal) — 100% / 10.42%
6. Grécia — 6.9% - 93.1% / 7.02%
7. Iugoslávia — 43.43% - 56.57% / 6.63%
8. Indochina (França) — 100% / 6.17%
9. Hungria — 53.35% - 46.65% / 6.13%
10. Índias Holandesas — 0.35% - 99.65% / 4.77%
11. Japão — 76.23% - 23.77% / 4.72%
12. Filipinas — 10.23% - 89.77% / 3.69%
13. Romênia — 60% - 40% / 3.13%
14. China — 20% - 80% / 2.9%
15. Albânia — 100% - ?% / 2.8%
16. Finlândia — 97.8% - 2.1% / 2.57%
17. Tchecoslováquia — 9.86% - 90.14% / 2.43%
18. Países Baixos — 3.19% - 96.81% / 2.41%

mercante, guardas costeiras americanas etc.) ou ainda se se procede por agregação de balanços estabelecidos ou a partir de amplos estudos demográficos. Assim sendo, estimativas de tal ou qual categoria podem variar significativamente, e mesmo de forma considerável, ao acaso dos tempos e dos estudos.

Por fim, para além das mortes imputáveis às operações de guerra, aos trabalhos forçados ou aos crimes conexos, a supermortalidade indireta causada por privações, fome e doenças derivadas da situação de guerra de cada país, é ainda mais difícil de apreender e quantificar e as estimativas variam muito. Assim, o cômputo "clássico" da Segunda Guerra Mundial, de longa data avaliado em 40 a 50 milhões de mortes, atualmente se constata que na realidade ultrapassa 75 milhões, podendo elevar-se a 80 milhões, se se consideram as vítimas indiretas – principalmente na Ásia e na África – das condições de guerra. Seja como for, esse balanço geral representa 3,5% da população mundial de 1940. Fazendo-se uma projeção para a população atual, um conflito de tal magnitude faria mais de 200 milhões de vítimas.

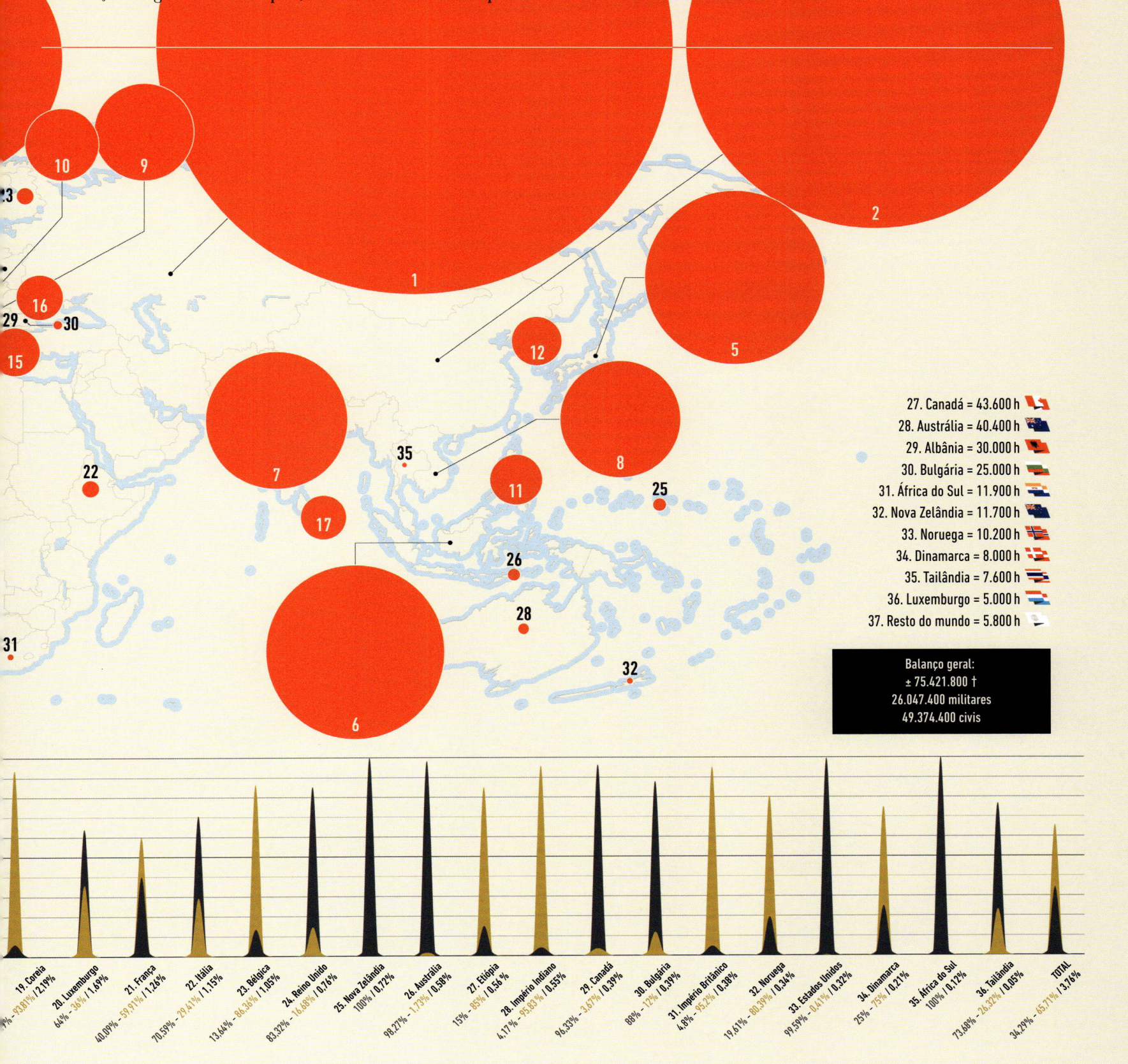

27. Canadá = 43.600 h
28. Austrália = 40.400 h
29. Albânia = 30.000 h
30. Bulgária = 25.000 h
31. África do Sul = 11.900 h
32. Nova Zelândia = 11.700 h
33. Noruega = 10.200 h
34. Dinamarca = 8.000 h
35. Tailândia = 7.600 h
36. Luxemburgo = 5.000 h
37. Resto do mundo = 5.800 h

Balanço geral:
± 75.421.800 †
26.047.400 militares
49.374.400 civis

1 • AS PERDAS MILITARES

O que chamamos de "perdas militares" exige algumas explicações, porque esse termo pode às vezes se prestar a confusão e acarretar sérios erros de avaliação ou de comparação. Com efeito, ele encerra o conjunto dos militares postos fora de combate de forma provisória ou definitiva: mortos, com ferimentos leves ou graves, doentes, "chocados" ou ainda capturados pelo inimigo (na incerteza quanto ao seu destino, são dados como "desaparecidos"). As perdas definitivas são as dos soldados que não podem voltar à ativa nem mesmo depois de um período de tratamento e repouso, o que os inclui nessa definição, além de todos os mortos, inválidos e outras categorias de reformados, de acordo com critérios muito diferentes, em função das épocas e dos exércitos. Assim, em abril de 1945, o Exército Alemão agonizante põe batalhões de convalescentes na defesa desesperada do Reich, o que seria impensável no caso do Exército Americano. Distinguem-se, além disso, as perdas sofridas em combate ou na zona dos combates e as perdas por acidente, doença, suicídio etc. fora dessas zonas de combate. O cômputo das perdas do Dia D na Normandia, ainda sofrendo revisões para torná-lo mais preciso, é emblemático dessas distorções: embora tenham tombado mais de 10 mil soldados aliados em 6 de junho de 1944, apenas uma parte (menos de 3 mil) deve ser posta na conta dos mortos. A maior parte dos outros haveria de se recuperar, receber cuidados médicos, ou, no caso de uma parte deles, feitos prisioneiros. Para pegar o exemplo geral americano, as perdas de toda a guerra se elevam a 1 milhão de homens, todas as categorias incluídas, mas o número de mortos é de pouco mais de 400 mil, e o dos mortos em combate propriamente dito, de 292 mil. Todos esses fatores, assim como as formas de cômputo nacionais, a existência ou não de diferentes tipos de arquivos para cada país ou ainda as modificações territoriais, acarretam fortes e frequentes discrepâncias entre os levantamentos, inclusive os que se encontram nos estudos mais sérios. Feitas essas ressalvas, com mais de 25 milhões de militares mortos, o saldo militar da Segunda Guerra Mundial é com certeza mais pesado que o da Primeira (10 milhões de mortos), mas distribuído de forma muito diferente. A França, que tinha perdido quase 1,5 milhão de homens na faixa etária de combatentes, e principalmente os mais jovens, sofre em comparação muito menos em termos demográficos (cerca de 200 mil mortos), ao passo que no caso da Alemanha e da União Soviética (com a Rússia em primeiro lugar), essas perdas vão se somar às sofridas em 1914-1918, sendo portanto muito mais consideráveis: mais de 5 milhões de alemães e cerca de 11 milhões de soviéticos desaparecem sob o uniforme, contra cerca de 2 milhões no caso do II Reich e igualmente do Império Russo na guerra anterior. Países que sofreram muitas mortes – e que até então estavam ausentes (ou quase) dos balanços da "Grande Guerra" –, a China e o Japão perdem, respectivamente, talvez 3 milhões e 2,5 milhões de soldados. Devido a fontes discordantes e incompletas e ao caos da guerra civil que se segue, é impossível fazer um cômputo preciso das mortes na China. De todo modo, a União Soviética, a Alemanha, a China e o Japão sofrem a imensa maioria das perdas militares da Segunda Guerra Mundial, deixando para trás os outros beligerantes, pela extensão, se não pela proporção da população, a começar pelos principais vencedores anglo-saxões, que, não obstante os verdadeiros sacrifícios, sofrem pouco se comparado no plano militar e, pelo menos no caso dos Estados Unidos, quase nada no que se refere às populações civis.

1. Japão: 2.565.878 h

- Filipinas: 498.600 h / 19,43%
- China: 455.700 h / 17,76%
- Pacífico: 247.200 h / 9,63%
- Birmânia + Índia: 164.500 h / 6,41%
- Nova Guiné: 127.600 h / 4,97%
- Salomão: 118.700 h / 4,62%
- Metrópole: 103.900 h / 4,05%
- Pequenos fronts: 404.800 h / 15,78%
- Outros: 444.878 h / 17,34%

2. Commonwealth: 516.179 h

Reino Unido — Domínios — Império

- Exército terrestre: 146.346 h / 28,35%
- Royal Air Force: 72.695 h / 14,08%
- Royal Navy: 51.098 h / 9,90%
- Marinha mercante: 30.778 h / 5,96%
- Home Guard: 1.848 h / 0,36%
- Canadá: 42.000 h / 8,14%
- Austrália: 39.700 h / 7,69%
- Nova Zelândia: 11.700 h / 2,27%
- África do Sul: 11.900 h / 2,31%
- Império Indiano: 87.029 h / 16,86%
- Império Britânico (outros): 21.085 h / 4,08%

3. Iugoslávia: 451.000 h

- Operação Marita 1941: ± 5.000 h / 1,12%
- Ustachis e colaboracionistas: 209.000 h / 46,86%
- *Partisans* titoístas e Chetniks: 237.000 h / 52,02%

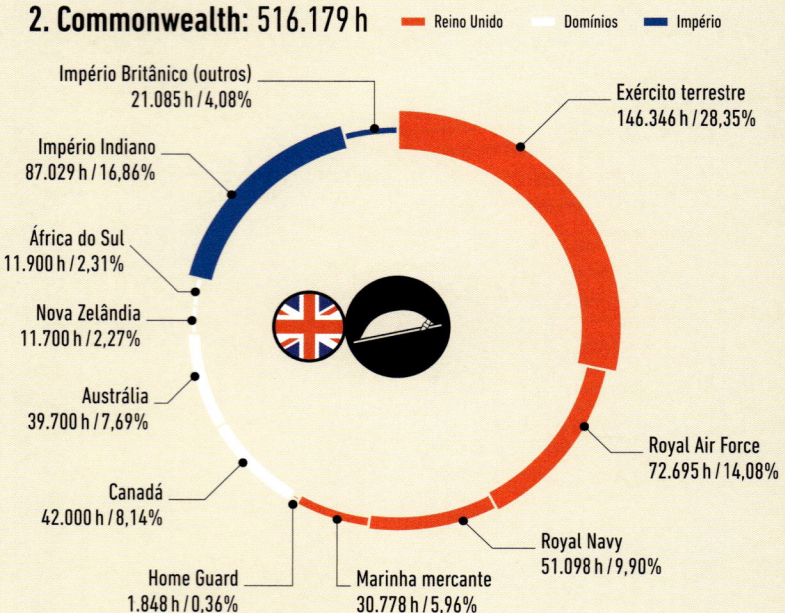

4. Estados Unidos: 416.837 h

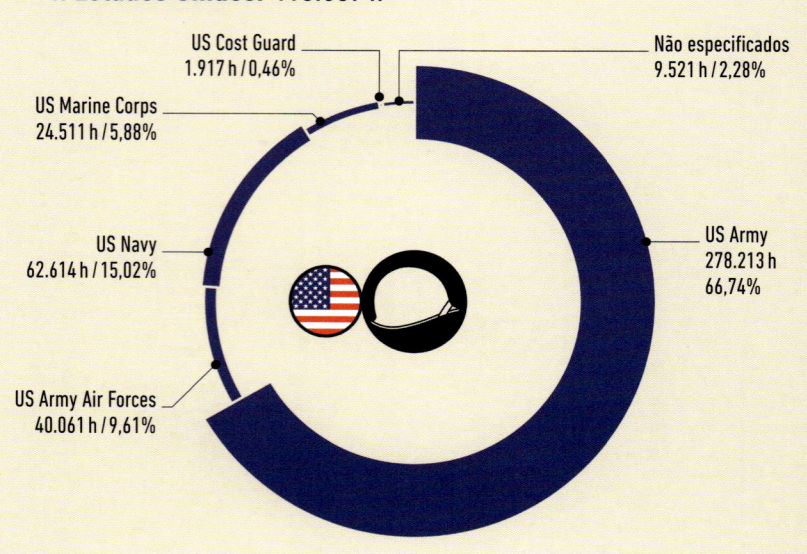

- Não especificados: 9.521 h / 2,28%
- US Army: 278.213 h / 66,74%
- US Army Air Forces: 40.061 h / 9,61%
- US Navy: 62.614 h / 15,02%
- US Marine Corps: 24.511 h / 5,88%
- US Cost Guard: 1.917 h / 0,46%

5. Itália: 360.000 h

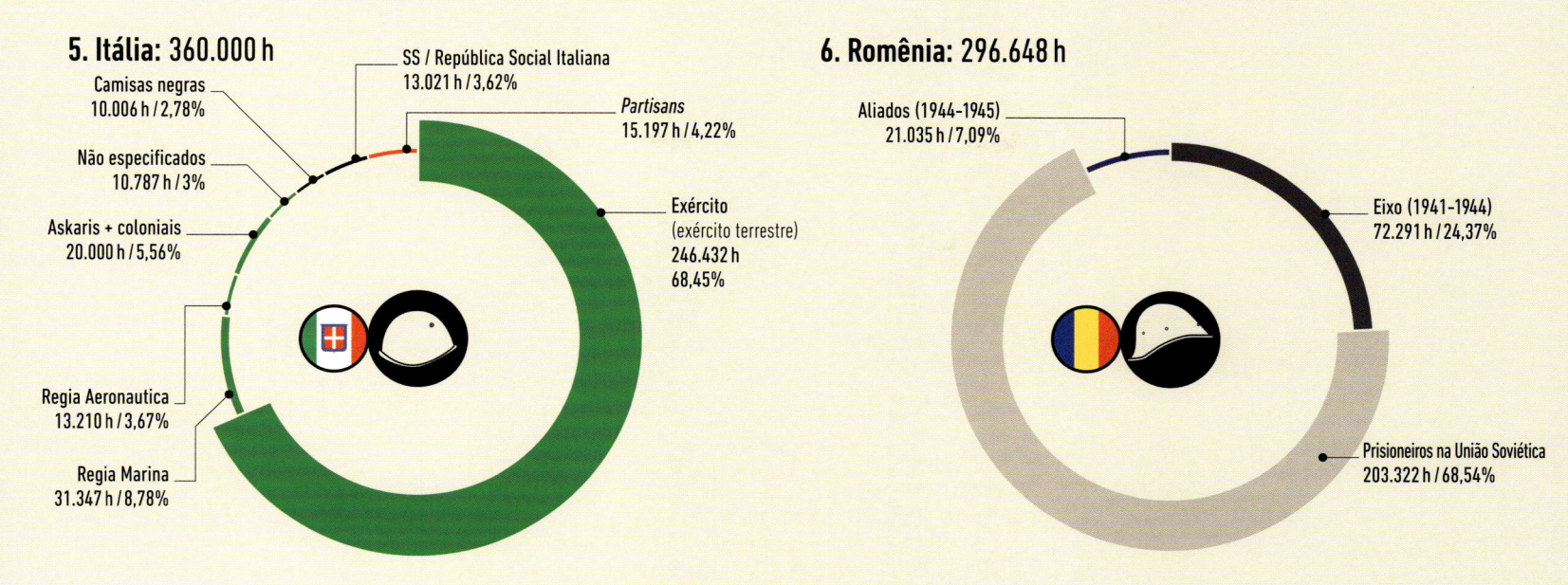

- Camisas negras: 10.006 h / 2,78%
- Não especificados: 10.787 h / 3%
- Askaris + coloniais: 20.000 h / 5,56%
- Regia Aeronautica: 13.210 h / 3,67%
- Regia Marina: 31.347 h / 8,78%
- SS / República Social Italiana: 13.021 h / 3,62%
- Partisans: 15.197 h / 4,22%
- Exército (exército terrestre): 246.432 h / 68,45%

6. Romênia: 296.648 h

- Aliados (1944-1945): 21.035 h / 7,09%
- Eixo (1941-1944): 72.291 h / 24,37%
- Prisioneiros na União Soviética: 203.322 h / 68,54%

7. Polônia: 239.000 h

- Aliados: 42.000 h / 17,57%
- Resistentes: 100.000 h / 41,84%
- 1939: 66.000 h / 27,62%
- Katyn: 19.000 h / 7,95%
- Prisioneiros: 12.000 h / 5,02%

8. França: 218.103 h

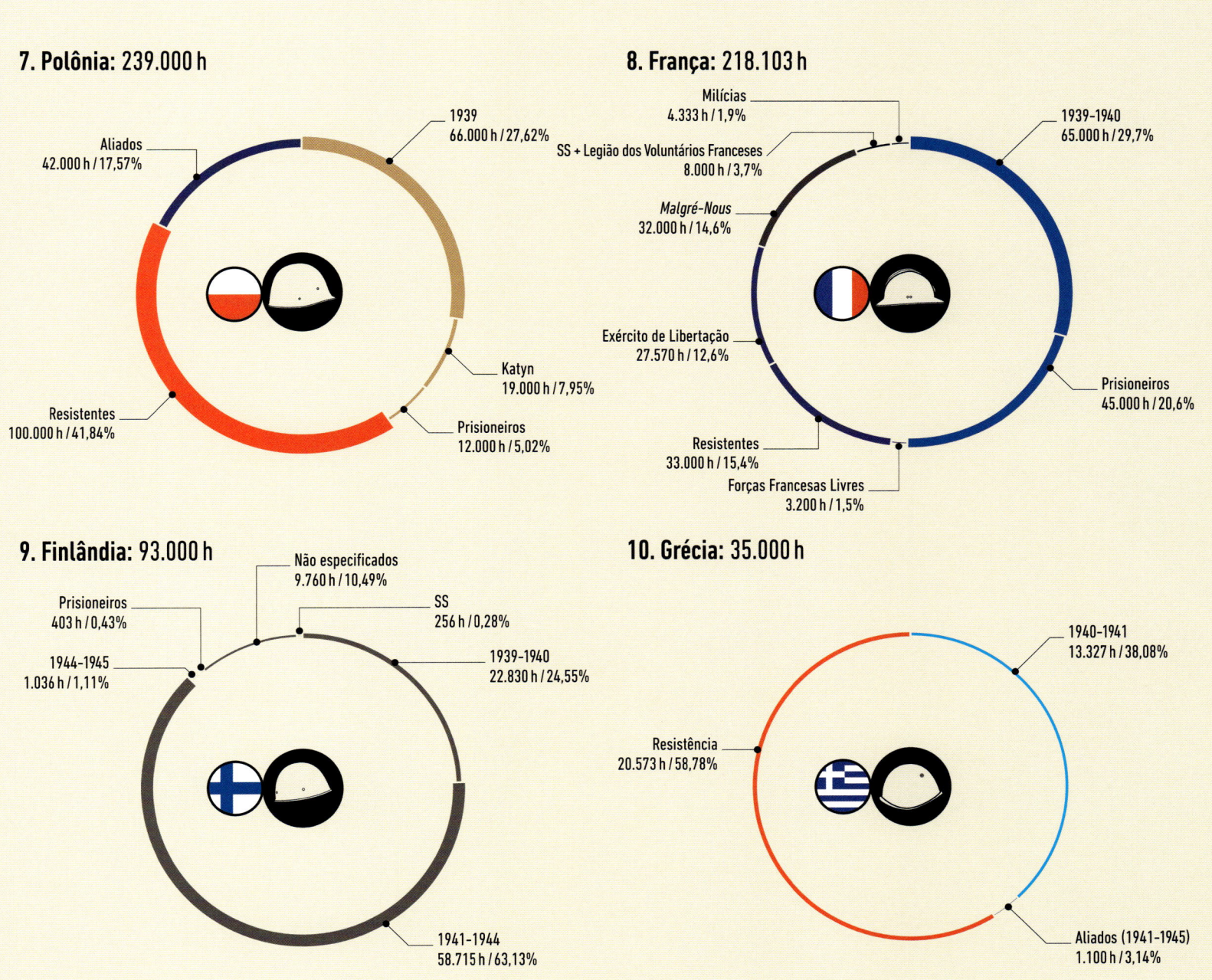

- Milícias: 4.333 h / 1,9%
- SS + Legião dos Voluntários Franceses: 8.000 h / 3,7%
- Malgré-Nous: 32.000 h / 14,6%
- Exército de Libertação: 27.570 h / 12,6%
- Resistentes: 33.000 h / 15,4%
- Forças Francesas Livres: 3.200 h / 1,5%
- 1939-1940: 65.000 h / 29,7%
- Prisioneiros: 45.000 h / 20,6%

9. Finlândia: 93.000 h

- Prisioneiros: 403 h / 0,43%
- 1944-1945: 1.036 h / 1,11%
- Não especificados: 9.760 h / 10,49%
- SS: 256 h / 0,28%
- 1939-1940: 22.830 h / 24,55%
- 1941-1944: 58.715 h / 63,13%

10. Grécia: 35.000 h

- Resistência: 20.573 h / 58,78%
- 1940-1941: 13.327 h / 38,08%
- Aliados (1941-1945): 1.100 h / 3,14%

2 • DEPOIS DE ANOS DE CARNIFICINA... AS PERDAS CIVIS

É um fato digno de nota e trágico do conflito: pela primeira vez, as "perdas civis" superam com grande diferença as perdas militares. Naturalmente pensa-se em primeiro lugar no Shoá, o extermínio, singular em absoluto por ser organizado de forma sistemática pelos nazistas, de 5 a 6 milhões de judeus da Europa – mas o III Reich e a Europa Central não são o foco único de mortes em massa de populações civis de forma direta ou indireta imputáveis às condições da guerra. No total, os nazistas são causadores de no mínimo 10 milhões de vítimas diretas cuja eliminação é "racialmente" motivada, sem contar as deportações de ordem política ou de resistentes. Além das populações judias da Europa ocupada, trata-se também de vários milhões de eslavos, dos romani e ciganos da Europa, Oriental e Central, e de pelo menos 200 mil pessoas com deficiência assassinadas. Na Ásia, calcula-se que mais de 5 milhões de civis, entre os quais 3 milhões de chineses, são vítimas diretas da brutal ocupação japonesa, cujas violências culminam com o caso emblemático da sinistra Unidade 731, encarregada de programas de guerra bacteriológica. Na União Soviética, além das milhões de vítimas da ocupação nazista, conta-se igualmente pelo menos um milhão de deportados mortos nos *gulags* da Sibéria e a morte de 6 milhões de pessoas devido à penúria e à desorganização nas regiões não ocupadas.

Aos cômputos da própria guerra ou da "repressão" interna, devemos acrescentar uma supermortalidade imputável à guerra, inclusive nas regiões que não sofreram os combates de forma direta. No total, no plano geográfico, contar-se-ão entre as populações civis com certeza mais de 15 milhões de vítimas na União Soviética, pelo menos 12 milhões (entre os quais 7 a 8 milhões de vítimas diretas) na China, quase 6 milhões na Polônia (dos quais 3,3 milhões de judeus e cerca de 2 milhões de poloneses "não judeus"), 3 milhões nas Índias Holandesas, 2 milhões na Índia e mais 1,5 milhão na Indochina.

Os países vencidos pagam também o preço da guerra entre a população civil: 3 milhões de alemães desaparecem devido à guerra ou a suas consequências imediatas (expulsão de populações), assim como perto de 1 milhão de japoneses, sobretudo por causa dos bombardeios americanos.

Esses cômputos, apresentados a título ilustrativo com base em estudos recentes, embora deem ensejo a controvérsias, não podem ser considerados nem exaustivos nem definitivos; é preciso considerá-los, em especial os mais elevados, como assustadoras ordens de grandeza no estado atual dos conhecimentos e dos estudos.

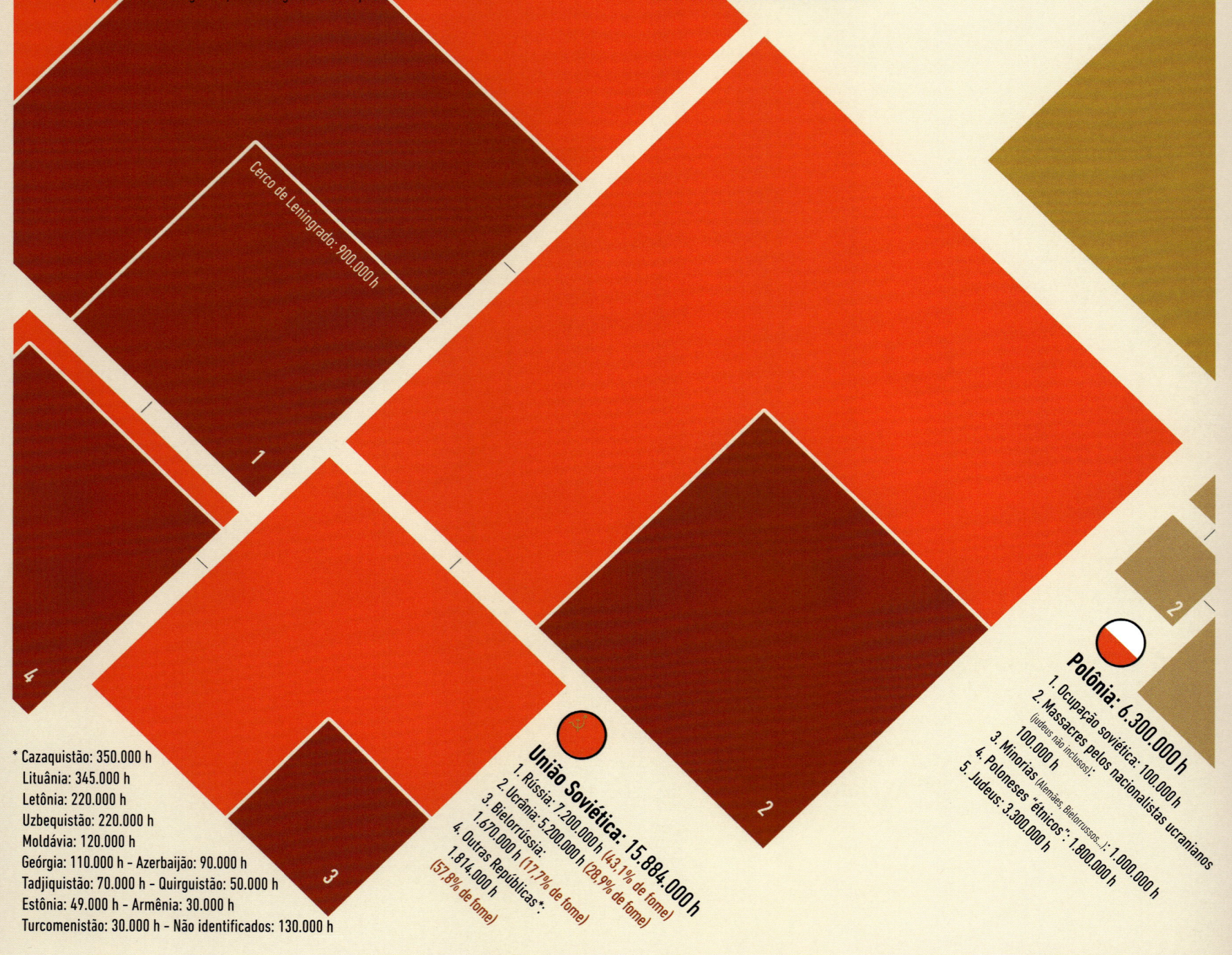

Cerco de Leningrado: 900.000 h

* Cazaquistão: 350.000 h
Lituânia: 345.000 h
Letônia: 220.000 h
Uzbequistão: 220.000 h
Moldávia: 120.000 h
Geórgia: 110.000 h – Azerbaijão: 90.000 h
Tadjiquistão: 70.000 h – Quirguistão: 50.000 h
Estônia: 49.000 h – Armênia: 30.000 h
Turcomenistão: 30.000 h – Não identificados: 130.000 h

União Soviética: 15.884.000 h
1. Rússia: 7.200.000 h
2. Ucrânia: 5.200.000 h (4,3,1% de fome)
3. Bielorrússia: 1.670.000 h (17,7% de fome)
4. Outras Repúblicas*: 1.814.000 h (28,9% de fome)
(57,8% de fome)

Polônia: 6.300.000 h
1. Ocupação soviética: 100.000 h
2. Massacres pelos nacionalistas ucranianos (judeus não inclusos): 100.000 h
3. Minorias (Alemães, Bielorrussos...): 1.000.000 h
4. Poloneses "étnicos": 1.800.000 h
5. Judeus: 3.300.000 h

FONTES: *1•* Services de statistiques nationales (ex.: US Census Bureau Statistics) – *2•* Services historiques (ex.: SHD français) – *3•* Rapports de commissions spécialisées par pays (ex: *Blackbook of the Occupation*, Athènes, 2006, para a Grécia) – *4•* Tamás Stark, *Hungary's human losses in World War II*, Uppsala University, 1995 – *5•* Michael Clodfelter, *Warfare and armed conflicts: a statistical reference to casualty and other figures*, McFarland, 1992 – *6•* Grigori F. Krivosheev, *Soviet casualties and combat losses in the twentieth century*, Greenhill Books, 1997 – *7•* John Keegan, *La Seconde Guerre*

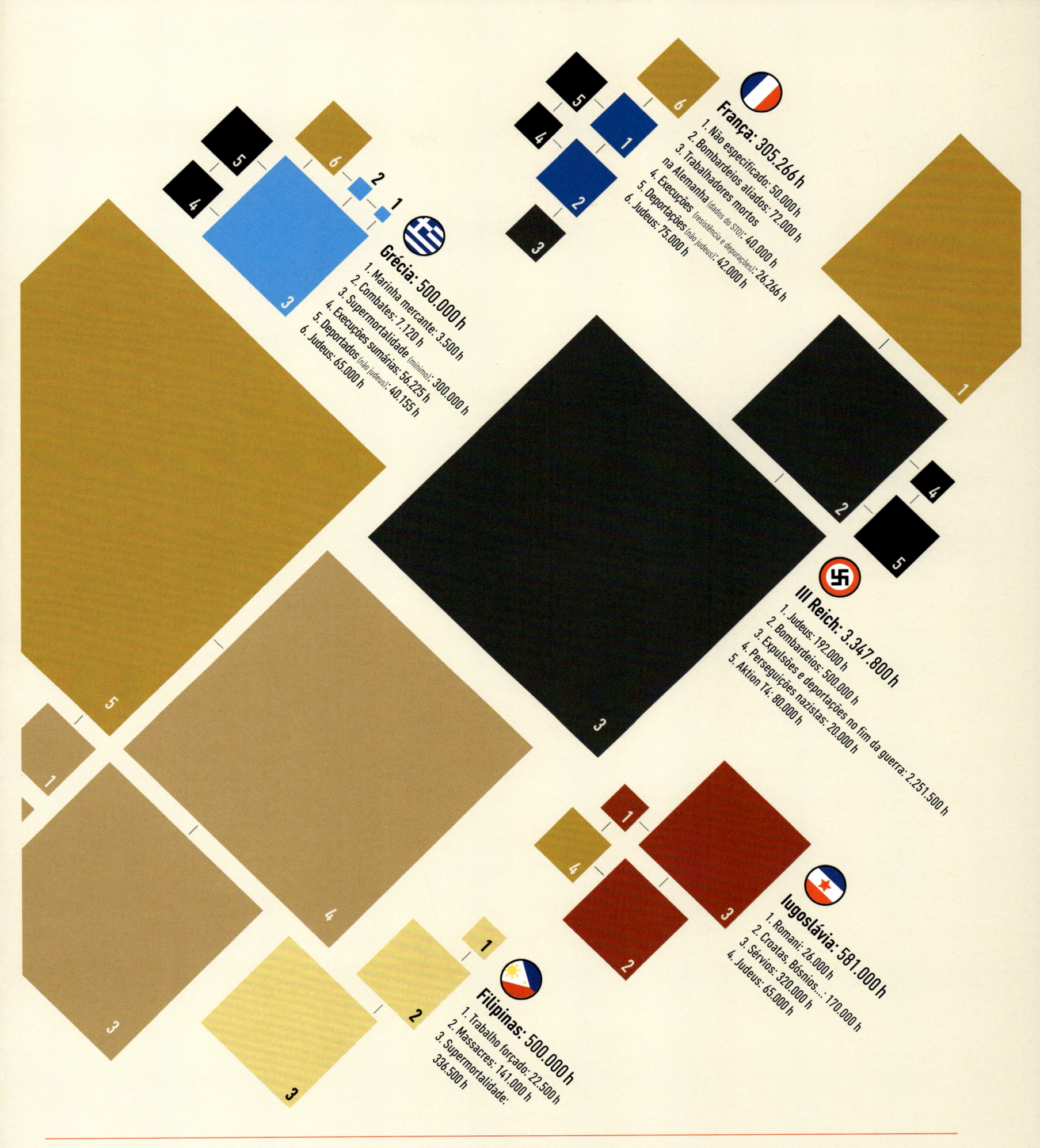

Grécia: 500.000 h
1. Marinha mercante: 3.500 h
2. Combates: 7.120 h
3. Supermortalidade (mínimo): 300.000 h
4. Execuções sumárias: 56.225 h
5. Deportados (não judeus): 40.155 h
6. Judeus: 65.000 h

França: 305.266 h
1. Não especificado: 50.000 h
2. Bombardeios aliados: 72.000 h
3. Trabalhadores mortos na Alemanha (dados do STO): 40.000 h
4. Execuções (resistência e depurações): 26.266 h
5. Deportações: 42.000 h
6. Judeus: 75.000 h

III Reich: 3.347.800 h
1. Judeus: 192.000 h
2. Bombardeios: 500.000 h
3. Expulsões e deportações no fim da guerra: 2.251.500 h
4. Perseguições nazistas: 20.000 h
5. Aktion T4: 80.000 h

Iugoslávia: 581.000 h
1. Romani: 26.000 h
2. Croatas, Bósnios...: 170.000 h
3. Sérvios: 320.000 h
4. Judeus: 65.000 h

Filipinas: 500.000 h
1. Trabalho forçado: 22.500 h
2. Massacres: 141.000 h
3. Supermortalidade: 336.500 h

Mondiale, Tempus, 2011 – 8• Rüdiger Overmans, *Deutsche militärische Verluste im Zweiten Weltkrieg*, Oldenbourg, 2004 – 9• Martin Gilbert, *The Routledge Atlas of the Second World War*, Routledge, 2009 – 10• Jean-François Muracciole & Guillaume Piketty (dir.), *Encyclopédie de la Seconde Guerre Mondiale*, Robert Laffont, Bouquins, 2015 – 11• Jean-Luc Leleu, Françoise Passera, Jean Quellien, Michel Daeffler, *La France pendant la Seconde Guerre Mondiale, atlas historique*, Fayard, Ministère de la Défense, 2010.

AS PERDAS MILITARES DO REICH

As perdas militares alemãs se elevam a 5,3 milhões de mortos, número que se pode contrapor aos 2 milhões de soldados que tombaram entre 1914 e 1918. Isso sem contar as dezenas de milhares de voluntários estrangeiros mortos envergando o uniforme alemão. Dois fatos saltam aos olhos: dois terços dos mortos o foram ante o Exército Vermelho, metade tombou nos últimos doze meses do conflito, registrando-se os índices máximos entre janeiro e abril de 1945 (10 mil mortes por dia). O total dos mortos do Afrikakorps em 27 meses é inferior ao que foi registrado pelo Grupo de Exércitos do Centro nos três primeiros dias da operação Bagration, a ofensiva soviética de 1944. Sem surpresa, o exército terrestre registra quatro quintos do total de perdas, consequência de seu engajamento maciço no Leste e de seu peso preponderante na Wehrmacht. As porcentagens de perdas entre os efetivos da aviação e as tripulações dos U-boats foram também muito elevadas, cada vez mais pesadas a partir de 1943.

A faixa etária mais afetada – mais de 40% – é a dos jovens entre vinte e 25 anos. No total, 16,8% dos alemães que estavam em idade de participar do conflito, isto é, os nascidos entre 1900 e 1928, desapareceram na tormenta.

O gigantesco número de prisioneiros feitos pelos Aliados – 11 milhões – se explica simplesmente pelo fato de o conjunto do território do Reich ter sido ocupado e 100% de seu aparelho militar, destruído. Também nesse caso, o peso do último ano é esmagador, com mais de dois terços dos prisioneiros. É de espantar que os soviéticos só tenham feito 28% dos prisioneiros, considerando-se que eles nunca tiveram à sua frente menos de 60% das forças alemãs. Tudo se decidiu nos três últimos meses, quando, no Oeste, as rendições foram maciças, ao passo que no Leste os beligerantes se deixavam matar ou fugiam para se render aos americanos. Cerca de 12% dos prisioneiros alemães nos campos soviéticos não voltaram. Esse número elevado se explica antes de tudo pelo trabalho forçado e por condições de vida miseráveis, não piores, porém, que as da maioria da população soviética.

1 • AS PERDAS MILITARES ALEMÃS (MORTES)

As perdas por ano seguem uma lei simples: cada vez mais mortos à medida que a guerra avança. Nos quatro últimos meses registram-se mais mortes que durante os quatro primeiros anos da guerra. Por arma, a SS teve a mortalidade mais elevada, 34,86% dos efetivos, taxa entretanto não muito distante da do exército terrestre (30,9%). O front russo é, de longe, o mais mortífero. Os trimestres mais letais são, por ordem, janeiro a março de 1945 (ofensiva de inverno do Exército Vermelho), junho a agosto de 1944 (ofensiva de verão) e dezembro de 1942 a fevereiro de 1943 (Stalingrado). Nesses nove meses registra-se metade do número dos que tombaram no Leste.

SALDO COMPARATIVO DAS PERDAS = 5.318.731 mortos

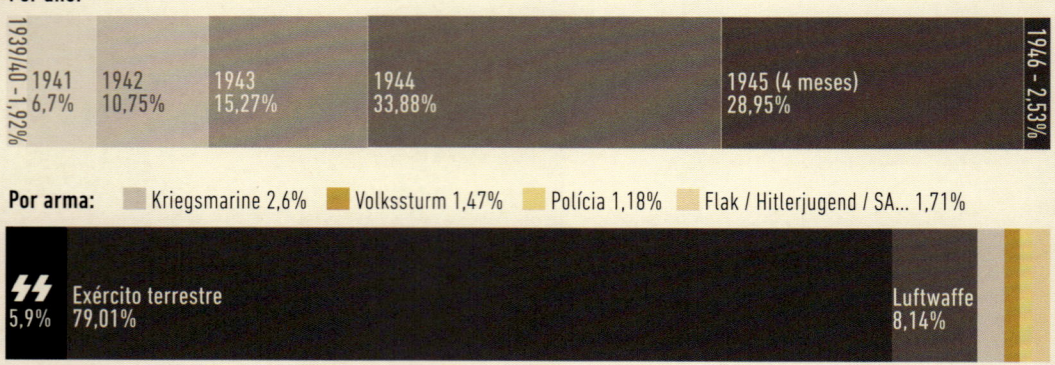

Por ano:
- 1939/40 - 1,92%
- 1941 - 6,7%
- 1942 - 10,75%
- 1943 - 15,27%
- 1944 - 33,88%
- 1945 (4 meses) - 28,95%
- 1946 - 2,53%

Por arma: Kriegsmarine 2,6% | Volkssturm 1,47% | Polícia 1,18% | Flak / Hitlerjugend / SA... 1,71%
- SS 5,9%
- Exército terrestre 79,01%
- Luftwaffe 8,14%

Por efetivos engajados (exceto Volkssturm / polícia / organizações paramilitares): 18.200.000 incorporados
- Waffen-SS: 900.000 h / 313.749 †
- Exército terrestre: 13.600.000 h / 4.202.230 †
- Kriegsmarine: 1.200.000 h / 138.429 †
- Luftwaffe: 2.500.000 h / 432.706 †

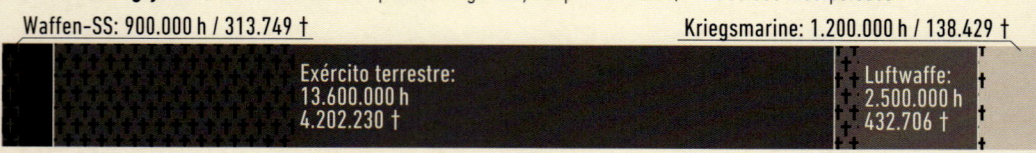

2 • OS PRISIONEIROS DE GUERRA ALEMÃES de 1939 a 1945

Menos de 0,7% dos prisioneiros alemães nas mãos dos anglo-americanos foram mortos em cativeiro. O número se eleva a 3,62% para os que se encontram sob a autoridade francesa, visto que um certo número deles foi submetido a trabalhos perigosos.

OS PRISIONEIROS DE GUERRA

País	Prisioneiros	Mortos / %
Reino Unido e domínios	3.640.000	21.000 † / 0,58%
Estados Unidos	3.100.000	22.000 † / 0,71%
União Soviética	3.060.000	363.000 † / 11,86%
França	940.000	34.000 † / 3,62%
Iugoslávia	190.000	11.000 † / 5,79%
Tchecoslováquia e Polônia	170.000	8.000 † / 4,71%

Balanço geral: 11.100.000 prisioneiros — 459.000 † / 4,14%

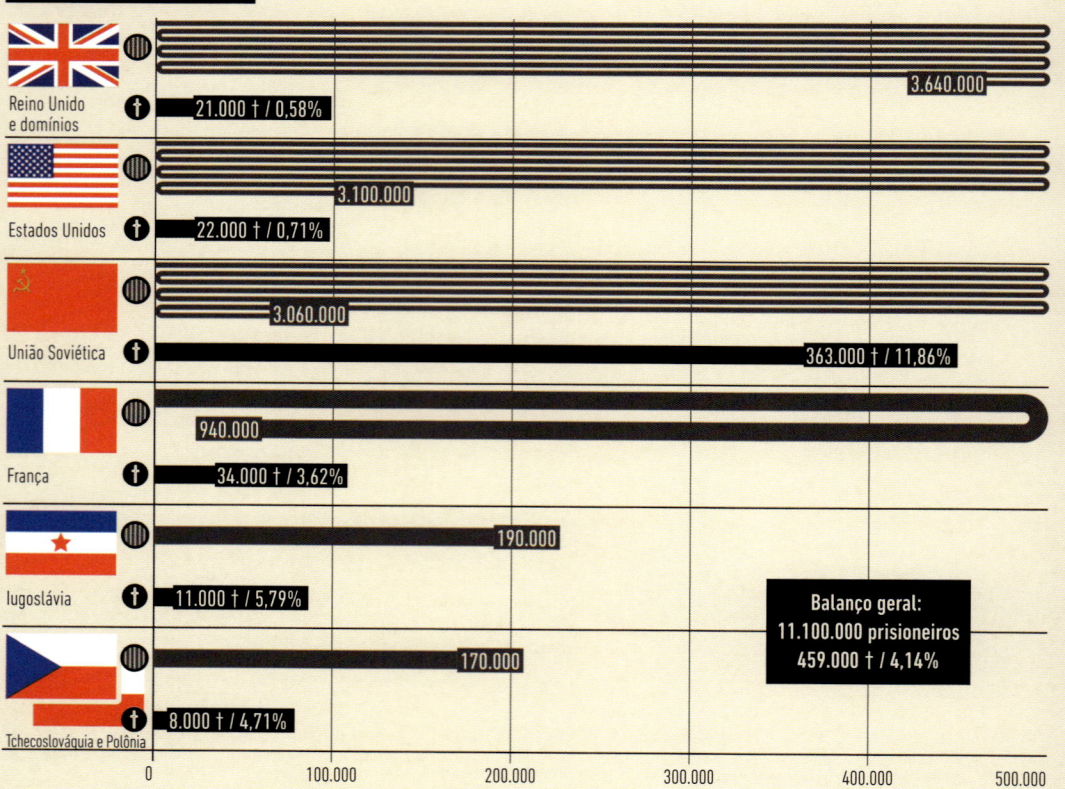

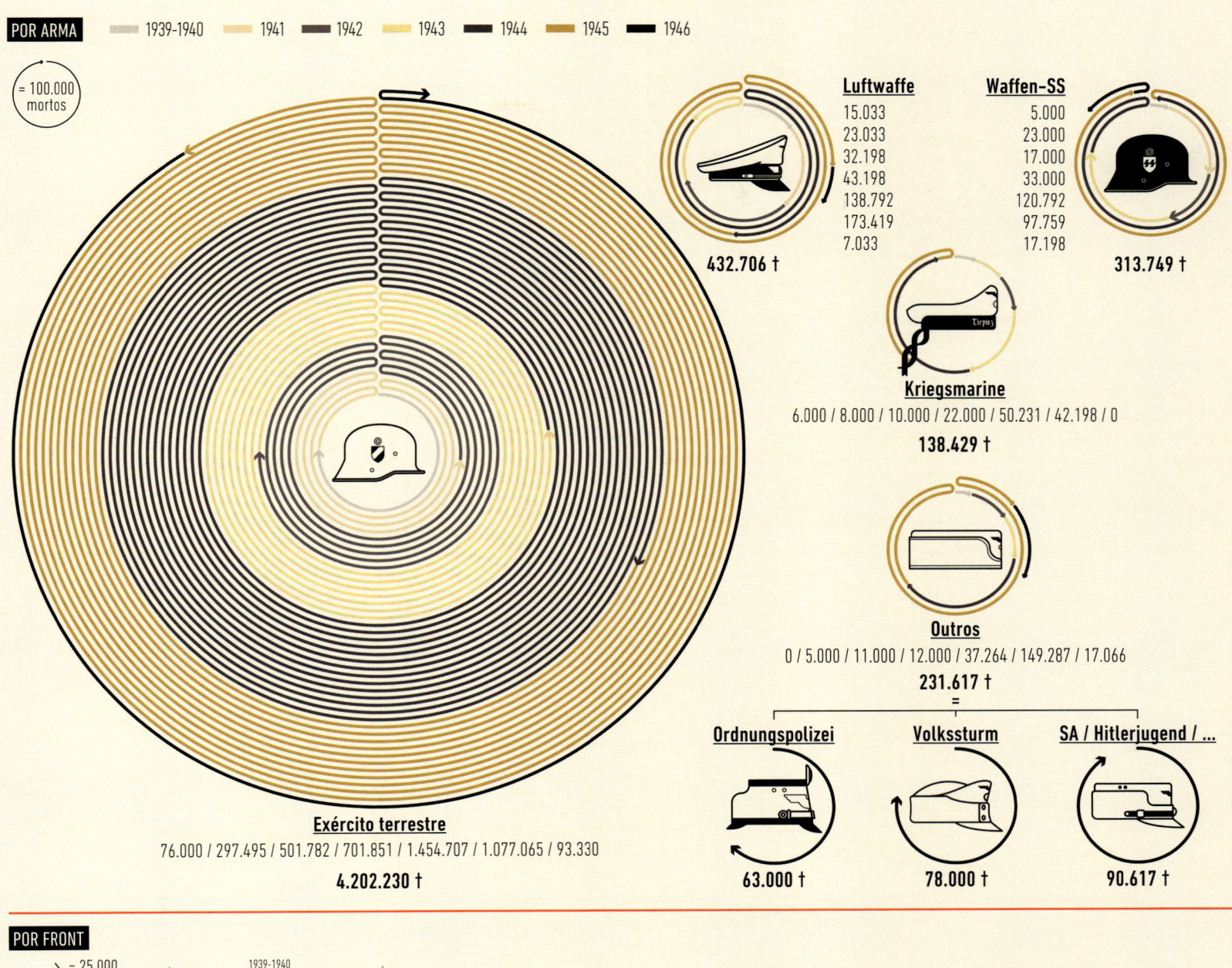

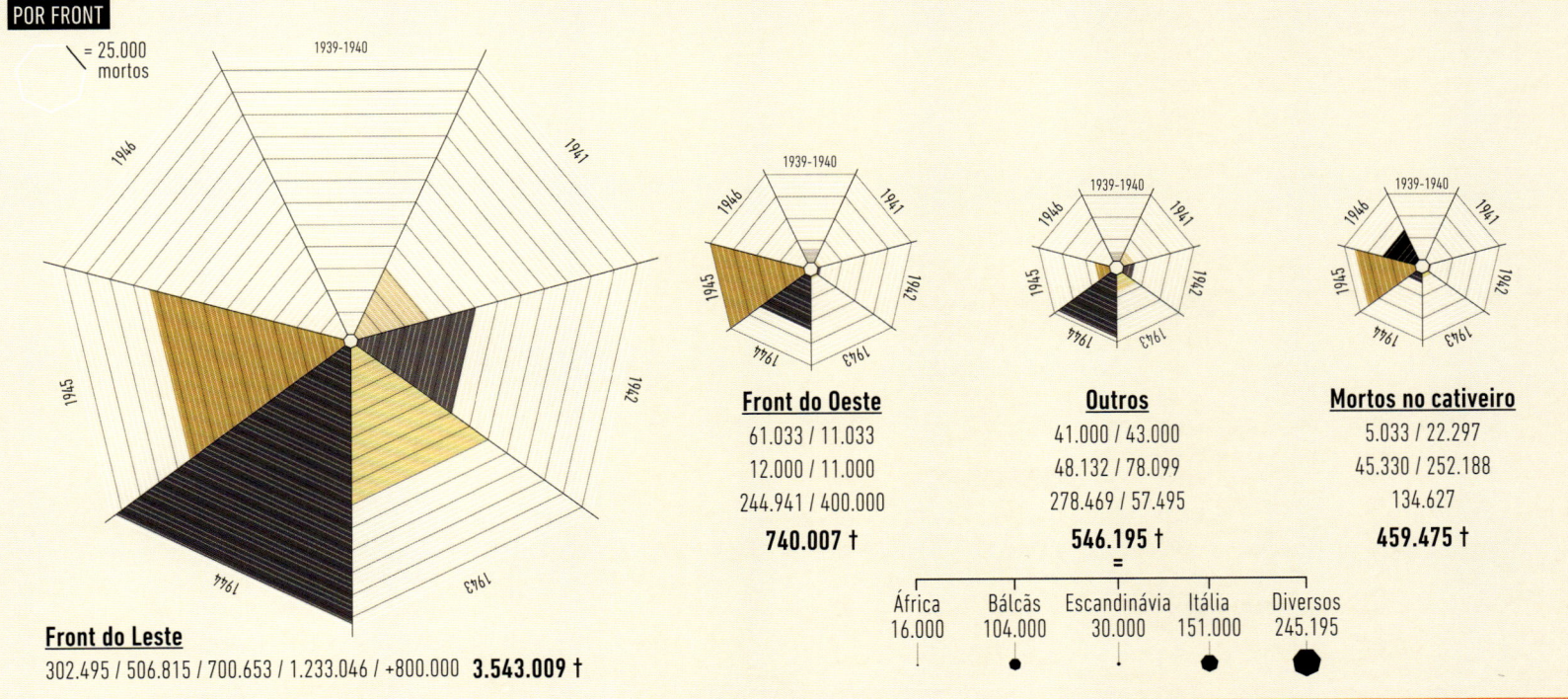

POR ARMA

— 1939-1940 — 1941 — 1942 — 1943 — 1944 — 1945 — 1946

◯ = 100.000 mortos

Luftwaffe
15.033
23.033
32.198
43.198
138.792
173.419
7.033
432.706 †

Waffen-SS
5.000
23.000
17.000
33.000
120.792
97.759
17.198
313.749 †

Kriegsmarine
6.000 / 8.000 / 10.000 / 22.000 / 50.231 / 42.198 / 0
138.429 †

Outros
0 / 5.000 / 11.000 / 12.000 / 37.264 / 149.287 / 17.066
231.617 †
=
Ordnungspolizei   **Volkssturm**   **SA / Hitlerjugend / …**
63.000 †   **78.000 †**   **90.617 †**

Exército terrestre
76.000 / 297.495 / 501.782 / 701.851 / 1.454.707 / 1.077.065 / 93.330
4.202.230 †

POR FRONT

◯ = 25.000 mortos

Front do Leste
302.495 / 506.815 / 700.653 / 1.233.046 / +800.000   **3.543.009 †**

Front do Oeste
61.033 / 11.033
12.000 / 11.000
244.941 / 400.000
740.007 †

Outros
41.000 / 43.000
48.132 / 78.099
278.469 / 57.495
546.195 †
=
África 16.000 / Bálcãs 104.000 / Escandinávia 30.000 / Itália 151.000 / Diversos 245.195

Mortos no cativeiro
5.033 / 22.297
45.330 / 252.188
134.627
459.475 †

FONTE: *1*• Rüdiger Overmans, *Deutsche militärische Verluste im Zweiten Weltkrieg*, Oldenbourg, 2004.

AS PERDAS MILITARES SOVIÉTICAS

Quantos soldados da marinha e do exército soviéticos morreram durante a Grande Guerra patriótica? O poder soviético esperou o fim de sua existência para aceitar abrir os arquivos sobre essa questão explosiva. O trabalho mais completo, realizado pelo general Krivosheev, foi publicado em 1993, sob a presidência de Boris Iéltsin. Muitas vezes criticada, essa obra até agora não foi substituída e continua servindo como a mais séria base de dados disponível. Em si, os arquivos têm muitas lacunas. Em meio ao caos das derrotas iniciais, não se fez o registro das perdas; o destino de centenas de milhares de desertores continua ignorado.

Independentemente dos ajustes e correções que se venham a fazer, supondo-se que isso algum dia seja possível, o certo é que o Exército Vermelho sofreu uma hemorragia, expressa no total de perdas definitivas, que correspondem a pelo menos o dobro das sofridas pelas forças do Eixo que ele enfrentou, visto que essas perdas se mantiveram elevadas até o último dia. As razões são múltiplas. A mais importante deriva do desprezo pela vida humana, de que dá testemunho o sistema stalinista em todos os domínios: para atingir o objetivo, pouco importa o custo. Os próprios oficiais, dominados pelo medo, não pouparam ataques frontais inúteis, e não apenas levados a efeito pelos batalhões penais, dos quais bem poucos de seus 422 mil condenados voltaram. A exemplo de seus predecessores tsaristas, ele sempre preferiu as vagas humanas ao movimento e à coordenação do fogo. A falta de treinamento, falha maior do Exército Vermelho, deu pouquíssimos meios aos soldados da infantaria para sobreviverem no inferno do campo de batalha mecanizado.

Outra causa é a morte de vários milhões de prisioneiros nos campos nazistas de fome, de frio e de doenças, quando não eram fuzilados, além de judeus, comissários políticos e feridos liquidados logo após capturados. O investimento insuficiente no sistema de saúde, a fome constante e a falta de higiene explicam também o número elevado de óbitos nos hospitais, de doença ou de sequelas de ferimentos. O alcoolismo e o vandalismo explicam uma letalidade decorrente de acidentes superior à de qualquer outro exército. Enfim, o Comissariado do Povo para Assuntos Internos (NKVD) é responsável por dez vezes mais fuzilados que a Wehrmacht. Nenhum exército, nem mesmo na Ásia, sofreu esse tanto.

1 • PERDAS MILITARES SOVIÉTICAS

Os dezoito primeiros meses de guerra são os mais sangrentos para o Exército Vermelho. Ele perdeu também um grande número de prisioneiros em decorrência da operação Barbarossa em 1941, dos desastres de Kharkov e da Crimeia em 1942, e enfim da Batalha de Stalingrado. Mesmo em 1944 e 1945, os soviéticos, que tinham então grande superioridade numérica e material, apenas conseguem igualar as perdas de seu inimigo. Comparativamente, a brevíssima campanha da Manchúria contra os japoneses até parece um passeio militar.

Como era de se esperar, a infantaria camponesa paga o preço mais alto. Mas a sorte dos tanquistas também não é invejável. Dos 403.272 soldados das tropas blindadas treinados pelo Exército Vermelho, 310.487 não escaparam dos tanques destruídos em combate.

PERDAS POR ARMA E SERVIÇO DO EXÉRCITO

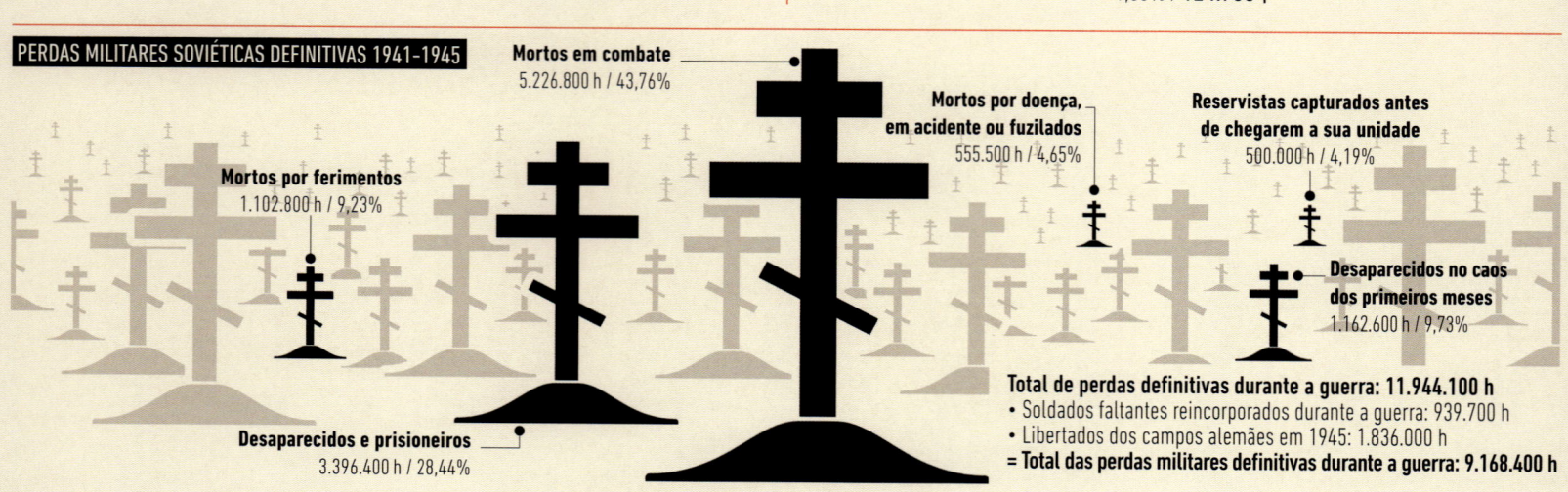

Artilharia
2,34% / 214.596 †

Blindados
7,71% / 706.984 †

NKVD + Guarda de Fronteira
1,74% / 159.100 †

1.000.000 †

Infantaria
84,6% / 7.756.566 †

Marinha
1,6% / 146.750 †

Aviação
0,65% / 59.649 †

Cavalaria
1,36% / 124.755 †

PERDAS MILITARES SOVIÉTICAS DEFINITIVAS 1941-1945

Mortos em combate
5.226.800 h / 43,76%

Mortos por ferimentos
1.102.800 h / 9,23%

Mortos por doença, em acidente ou fuzilados
555.500 h / 4,65%

Reservistas capturados antes de chegarem a sua unidade
500.000 h / 4,19%

Desaparecidos no caos dos primeiros meses
1.162.600 h / 9,73%

Desaparecidos e prisioneiros
3.396.400 h / 28,44%

Total de perdas definitivas durante a guerra: 11.944.100 h
- Soldados faltantes reincorporados durante a guerra: 939.700 h
- Libertados dos campos alemães em 1945: 1.836.000 h

= Total das perdas militares definitivas durante a guerra: 9.168.400 h

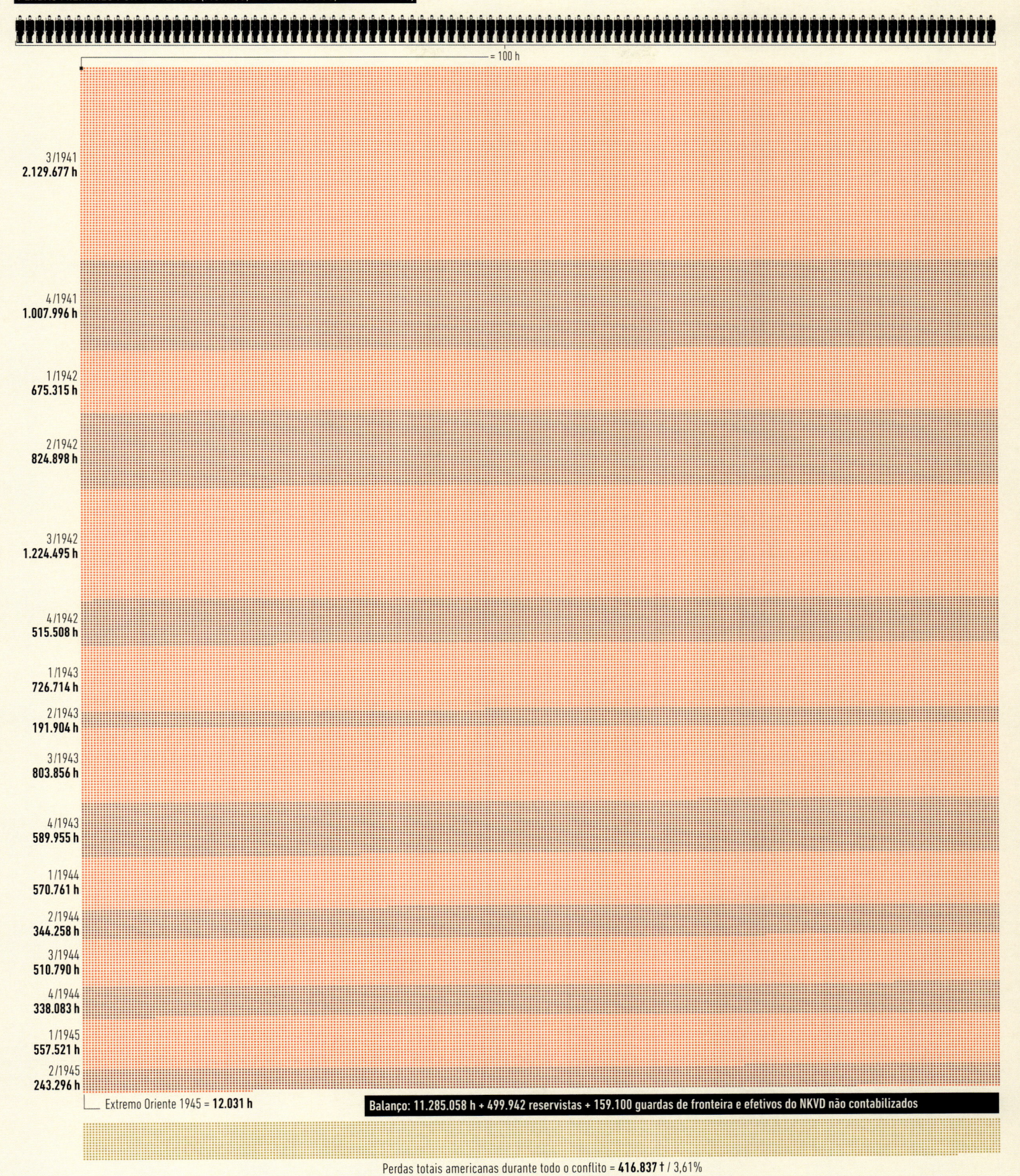

PERDAS MILITARES POR TRIMESTRE (MORTOS, DESAPARECIDOS, PRISIONEIROS)

= 100 h

3/1941 **2.129.677 h**
4/1941 **1.007.996 h**
1/1942 **675.315 h**
2/1942 **824.898 h**
3/1942 **1.224.495 h**
4/1942 **515.508 h**
1/1943 **726.714 h**
2/1943 **191.904 h**
3/1943 **803.856 h**
4/1943 **589.955 h**
1/1944 **570.761 h**
2/1944 **344.258 h**
3/1944 **510.790 h**
4/1944 **338.083 h**
1/1945 **557.521 h**
2/1945 **243.296 h**

Extremo Oriente 1945 = **12.031 h**

Balanço: **11.285.058 h** + **499.942** reservistas + **159.100** guardas de fronteira e efetivos do NKVD não contabilizados

Perdas totais americanas durante todo o conflito = **416.837 †** / **3,61%**

153

2 • PERDAS FEMININAS

Das mulheres, 88% são incorporadas em 1942 e 1943, quando a crise dos efetivos é a mais aguda. Poucas dentre elas combatem realmente. As que morrem são telefonistas, enfermeiras, motoristas, secretárias e orientadoras de tráfego nas unidades da vanguarda.

94.662 † / 11,98%

490.235 convocadas + 300.000 voluntárias = 790.235 mulheres soldados

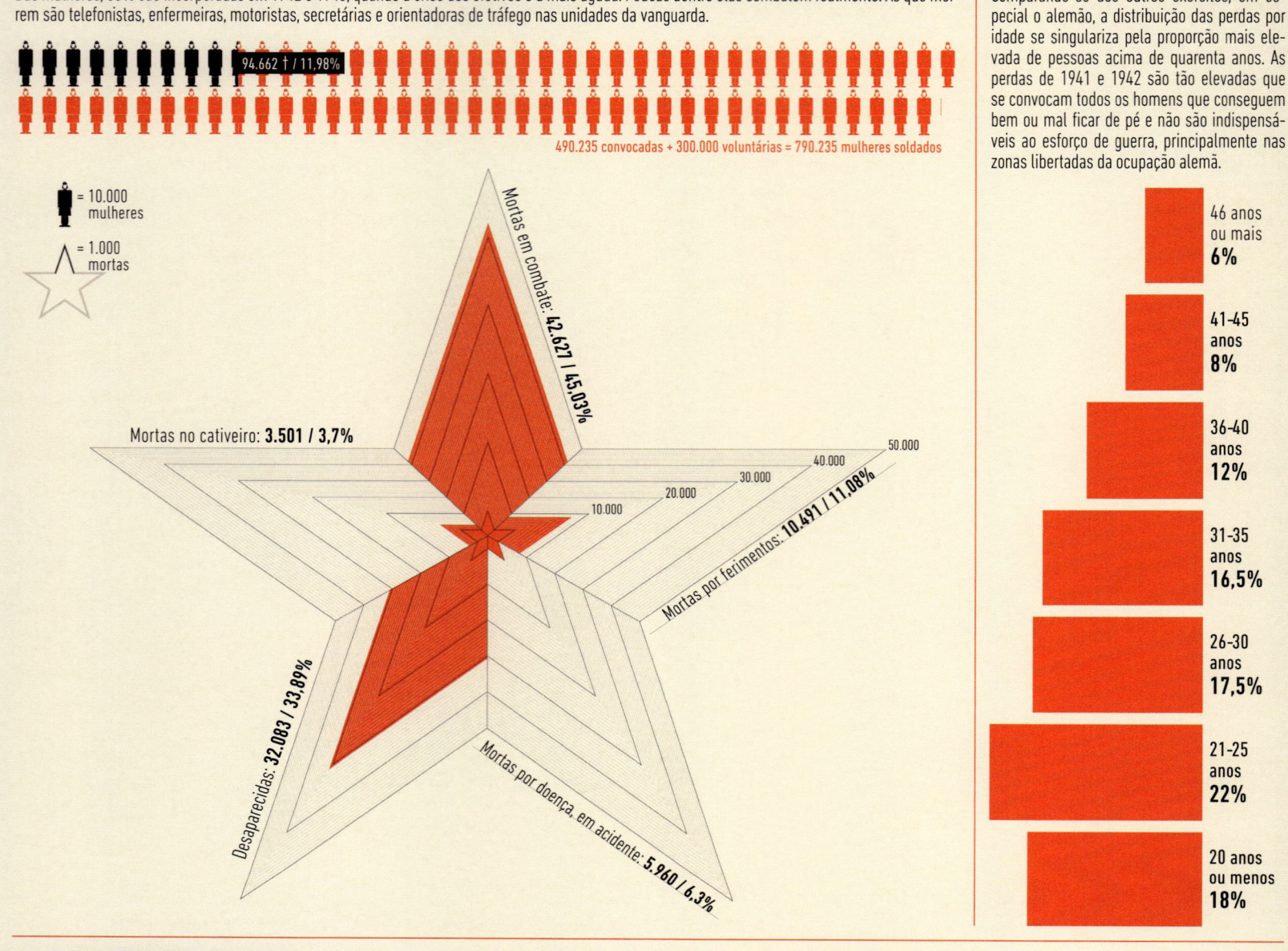

= 10.000 mulheres
= 1.000 mortas

Mortas em combate: 42.627 / 45,03%
Mortas no cativeiro: 3.501 / 3,7%
Mortas por ferimentos: 10.491 / 11,08%
Mortas por doença, em acidente: 5.960 / 6,3%
Desaparecidas: 32.083 / 33,89%

3 • PERDAS POR IDADE

Comparando-se aos outros exércitos, em especial o alemão, a distribuição das perdas por idade se singulariza pela proporção mais elevada de pessoas acima de quarenta anos. As perdas de 1941 e 1942 são tão elevadas que se convocam todos os homens que conseguem bem ou mal ficar de pé e não são indispensáveis ao esforço de guerra, principalmente nas zonas libertadas da ocupação alemã.

- 46 anos ou mais **6%**
- 41-45 anos **8%**
- 36-40 anos **12%**
- 31-35 anos **16,5%**
- 26-30 anos **17,5%**
- 21-25 anos **22%**
- 20 anos ou menos **18%**

4 • PERDAS POR NACIONALIDADE (em %)

É difícil comparar a porcentagem das perdas militares por nacionalidade, considerando-se o peso dessa nacionalidade no conjunto soviético: o recenseamento de 1939 é enganoso, a incorporação de 20 milhões de cidadãos entre 1939 e 1941 é pouco conhecida do ponto de vista etnolinguístico.

Não obstante, pode-se afirmar que os soldados russos, considerando-se que os russos representam cerca de 56% dos soviéticos, pagaram proporcionalmente mais que os outros. Eles são os únicos nesse caso. Cabe lembrar que os judeus, cerca de 2% da população, constituem uma nacionalidade à parte por completo, de acordo com a quinta rubrica do passaporte soviético.

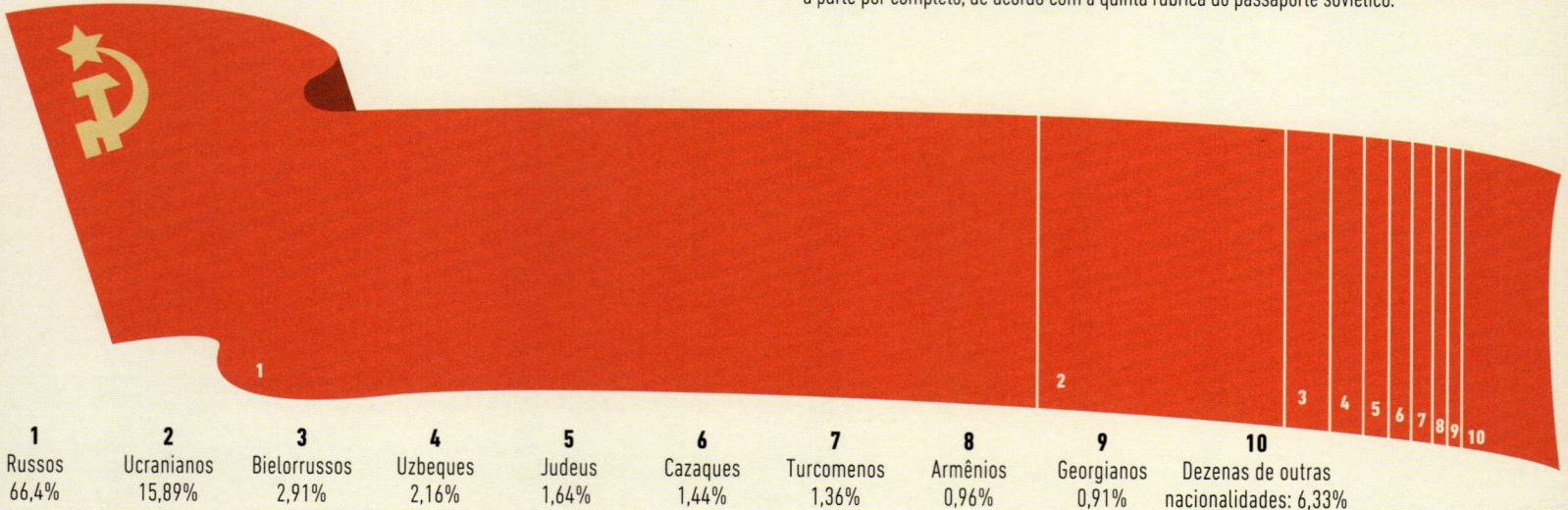

1. Russos 66,4%
2. Ucranianos 15,89%
3. Bielorrussos 2,91%
4. Uzbeques 2,16%
5. Judeus 1,64%
6. Cazaques 1,44%
7. Turcomenos 1,36%
8. Armênios 0,96%
9. Georgianos 0,91%
10. Dezenas de outras nacionalidades: 6,33%

5 • OS FERIDOS

Feridos e doentes têm duas vezes mais probabilidade de morrer que na Wehrmacht, quatro vezes mais que nos exércitos britânico e americano.

A situação melhora em 1943, com o fornecimento de medicamentos e materiais médicos produzidos pelos Estados Unidos.

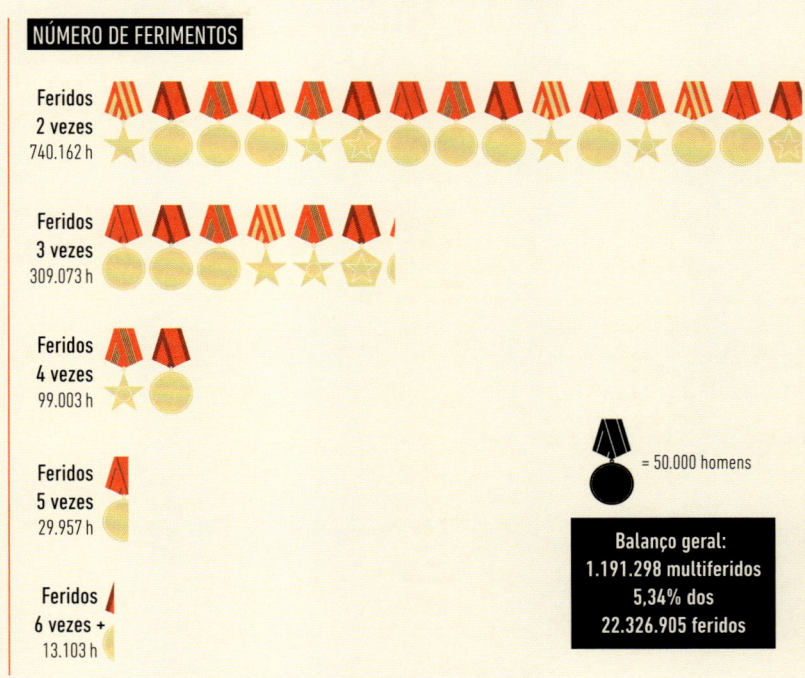

FERIDOS, DOENTES E CONGELADOS (em milhares)

- 1941: 2.118.666 h — 9,49%
- 1942: 5.573.484 h — 24,96%
- 1943: 6.299.955 h — 28,22%
- 1944: 5.901.524 h — 26,43%
- 1945: 2.433.276 h — 10,9%
- Mortes em decorrência dos ferimentos: 1.102.800 h — 4,94%

NÚMERO DE FERIMENTOS

- Feridos 2 vezes: 740.162 h
- Feridos 3 vezes: 309.073 h
- Feridos 4 vezes: 99.003 h
- Feridos 5 vezes: 29.957 h
- Feridos 6 vezes +: 13.103 h

= 50.000 homens

Balanço geral:
1.191.298 multiferidos
5,34% dos
22.326.905 feridos

TIPOS DE FERIMENTOS (em % do total)

- Crânio: 5,4%
- Rosto: 3,5%
- Olho: 1,5%
- Pescoço: 1,2%
- Peito: 9%
- Coluna vertebral: 1,1%
- Abdômen: 3,1%
- Membros superiores: 35,2%
- Membros inferiores: 35,6%
- Bacia: 4,4%

Inválidos permanentes 2.576.000 h / 11,54% dos feridos

6 • VÍTIMAS DA REPRESSÃO

A repressão é, aliás, brutal. Até Stalingrado, a derrota muitas vezes é sinônimo de traição e punida como tal. A vigilância política é constante, mas o número enorme de delitos de direito comum explicam o quase 1 milhão de condenados, muitos dos quais terminam sua existência nos batalhões penais.

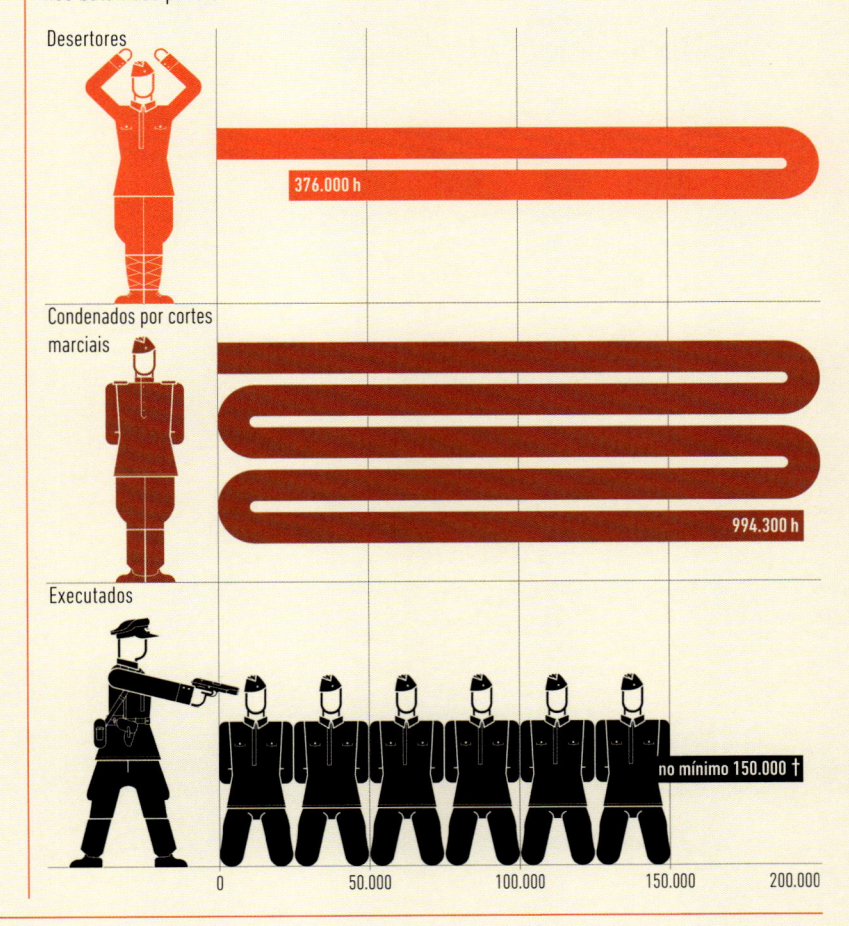

- Desertores: 376.000 h
- Condenados por cortes marciais: 994.300 h
- Executados: no mínimo 150.000 †

FONTE: *1•* Coronel-general Grigori F. Krivosheev, *Grif sekretnosti sniat*, Moscou, 1993.

OS CAMPOS DE CONCENTRAÇÃO NAZISTAS

Em 1933, a SS, a SA e a Gestapo abrem centenas de centros de detenção, em sua maioria improvisados, para neles encerrarem os antinazistas declarados. Mas Himmler resolve institucionalizar e racionalizar o sistema repressivo, expandir suas funções e confiar sua gestão e benefícios exclusivamente à SS. A isso se soma a vontade "pedagógica" de aí endurecer seus homens, preparando-os para a concretização dos pontos de vista raciais e políticos do III Reich. Dachau, aberto no começo de 1933, é o protótipo do "campo modelo", tal como ele o vê: uma cidadezinha de 5 mil a 6 mil "habitantes", construída *ex-nihilo*, regida pelo terror e pelos trabalhos forçados. A partir de 1936, erguer-se-á pelo menos um novo campo a cada ano.

Aos presos políticos se somarão as testemunhas de Jeová, "antissociais", "parasitas", criminosos, homossexuais, alguns padres e, após a Noite dos Cristais, uma vaga de judeus alemães e austríacos, logo libertados, à exceção dos setecentos que sucumbiram aos maus-tratos. A partir do verão de 1938, as condições de vida se deterioram e a taxa de mortalidade aumenta, duas tendências que irão num *crescendo* até 1943, quando então recuam, para explodirem em 1945. A primeira execução oficial se dá em junho de 1938 em Buchenwald, na presença de Himmler, depois do assassinato de um guarda da SS, o que contribui para destravar todos os freios da violência. Com a guerra, os estrangeiros começam a chegar em número cada vez maior: espanhóis

1 • NÚMERO DE DETIDOS NOS CAMPOS DE CONCENTRAÇÃO DA SS

A população dos campos triplica entre 1934 e 1937, e triplica de novo em alguns meses a partir de 1938, com a chegada dos opositores austríacos e a multiplicação de aniquilamentos de antissociais. Em 1939-1940, ela duplica, principalmente devido à abertura, em 14 de junho de 1940, do campo de Auschwitz I, destinado aos poloneses. A partir de 1941, o aumento das resistências na Europa e a chegada de milhões de trabalhadores forçados – vítimas preferenciais da Gestapo – aceleram o aumento da população dos campos, que decuplica, e a mais forte alta se dá em 1943. Após a metade de 1944, a interrupção dos comboios partindo da Europa ocupada, agora libertada, é compensada pelo esvaziamento dos cárceres da Gestapo, pela repressão ao levante de Varsóvia e em especial pela transferência dos judeus evacuados do Leste.

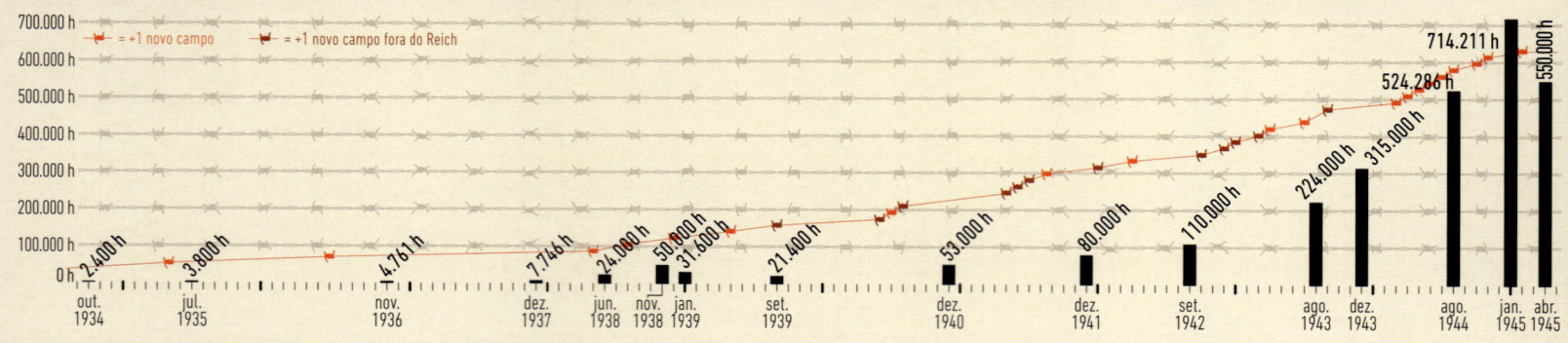

2 • DISTRIBUIÇÃO DOS PRINCIPAIS CAMPOS DA SS, DURAÇÃO E NÚMERO DE VÍTIMAS

Os "campos antigos", os de antes da guerra, são, por definição, todos os situados dentro das fronteiras do Reich. O mais importante e mortífero é Auschwitz, na Silésia polonesa, que possui, como Maidanek, a dupla função de campo de concentração "clássico" e campo de extermínio dos judeus.

A partir de meados de 1944, Auschwitz entra progressivamente em hibernação, e Buchenwald se torna o campo mais povoado. Mauthausen, na Áustria, da mesma forma que Flossenbürg, deve sua implantação a um projeto econômico, a exploração de uma mina de granito. A desumanidade inimaginável das condições de trabalho o torna o campo mais letal a oeste.

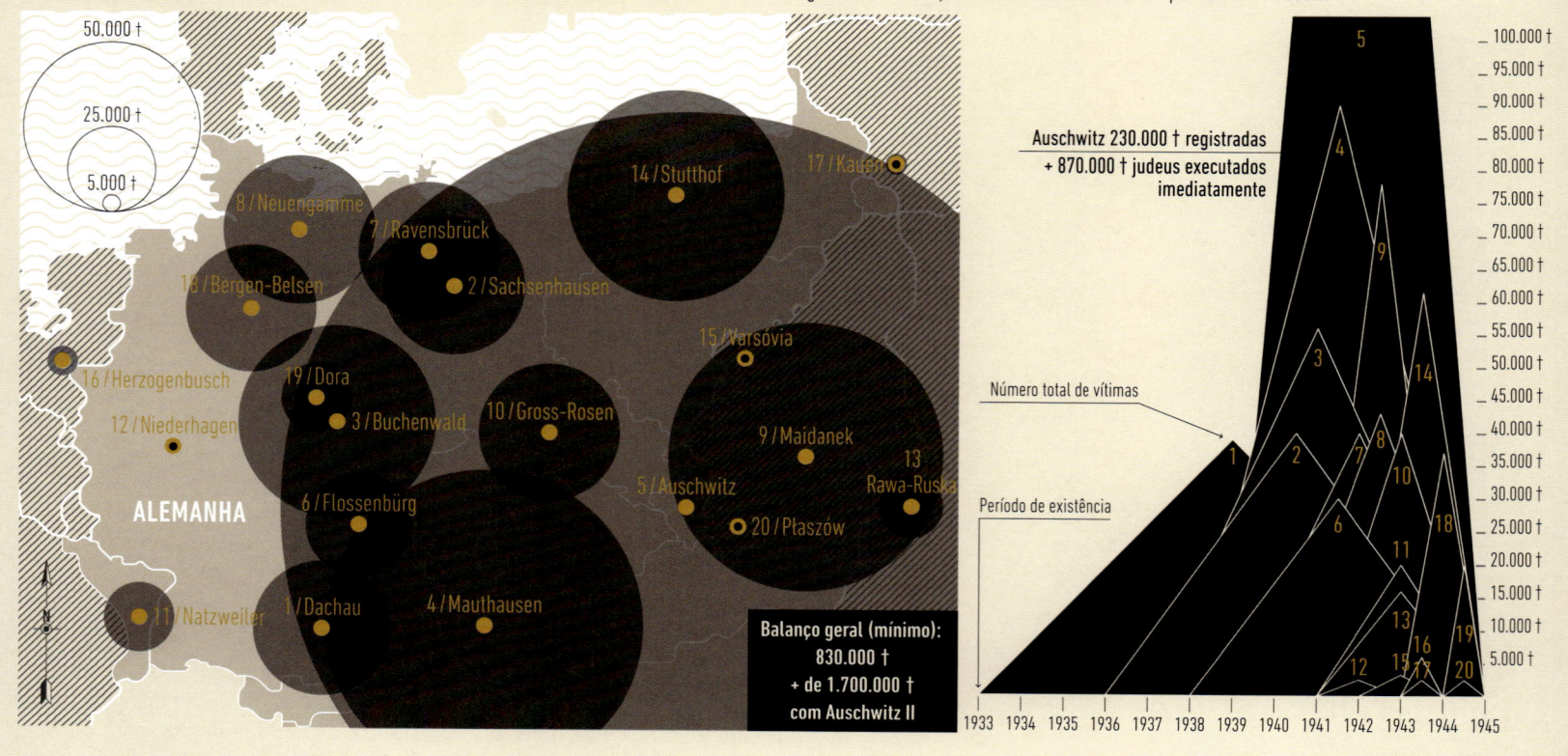

Auschwitz 230.000 † registradas
+ 870.000 † judeus executados imediatamente

Balanço geral (mínimo):
830.000 †
+ de 1.700.000 † com Auschwitz II

156

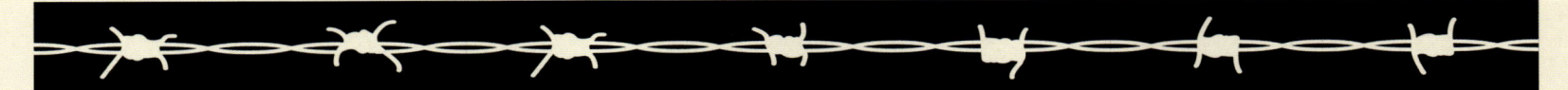

republicanos, poloneses, tchecos, sérvios, soviéticos, franceses, belgas, holandeses, gregos, num total de cerca de trinta nacionalidades diferentes. Surgem então as experiências médicas, que matam ou mutilam cerca de 20 mil deportados. As execuções em massa a princípio vitimam 6 mil detidos doentes e portadores de deficiência, depois dezenas de milhares de prisioneiros de guerra soviéticos. As "liquidações" periódicas dos detidos mais fracos se aceleram: é preciso dar lugar para as novas levas de recém-chegados, em melhores condições físicas e mais produtivos. Superpovoados, e ainda sobrecarregados pela evacuação das instalações libertadas pelos Aliados, os campos se tornam em 1945 matadouros em massa. A distinção entre campos de extermínio e campos de concentração desaparece. Em Bergen-Belsen, a população triplica entre 1º de janeiro e 15 de abril de 1945, passando a 45.500 detidos, um terço dos quais morre em março, de fome e por doenças. Os detidos judeus agora se encontram por toda parte, e embora seu índice de mortalidade continue sendo o mais elevado, ele se aproxima do das outras categorias. Com a chegada dos Aliados ao território do antigo Reich, os campos lançam sua população nas estradas, nas chamadas "marchas da morte", sem falar de centenas de liquidações realizadas em meio ao caos e ao medo. Um terço dos infelizes que até então tinham resistido desaparece nesse apocalipse final.

3• O "SISTEMA" BUCHENWALD

Buchenwald é o caso mais impressionante de expansão geográfica, com 132 campos externos (de um total de 560 no Reich), que são outras tantas "filiais" dependendo de sua "matriz" (o que explica a considerável transferência de deportados).

Essa concentração atende à mobilização da economia alemã para a "guerra total" e a um acordo de setembro de 1942 entre Albert Speer e Oswald Pohl, o chefe da economia da SS. Em vez de atrair os industriais para Buchenwald, a SS passa a transferir seus escravos para perto das fábricas. Essa mudança – que não tem a ver com os judeus – explica o recuo, muito provisório, da taxa de mortalidade em 1943: Pohl deseja exigir o máximo de trabalho dos detentos, em troca de um aporte calórico menos fraco. Em 1938, para 11 mil detentos, contam-se quinhentos *kapos*, detentos privilegiados aos quais a SS delega o direito de vida e de morte; eles viriam a ser depois muito mais numerosos, dado que o número de guardas da SS diminui constantemente.

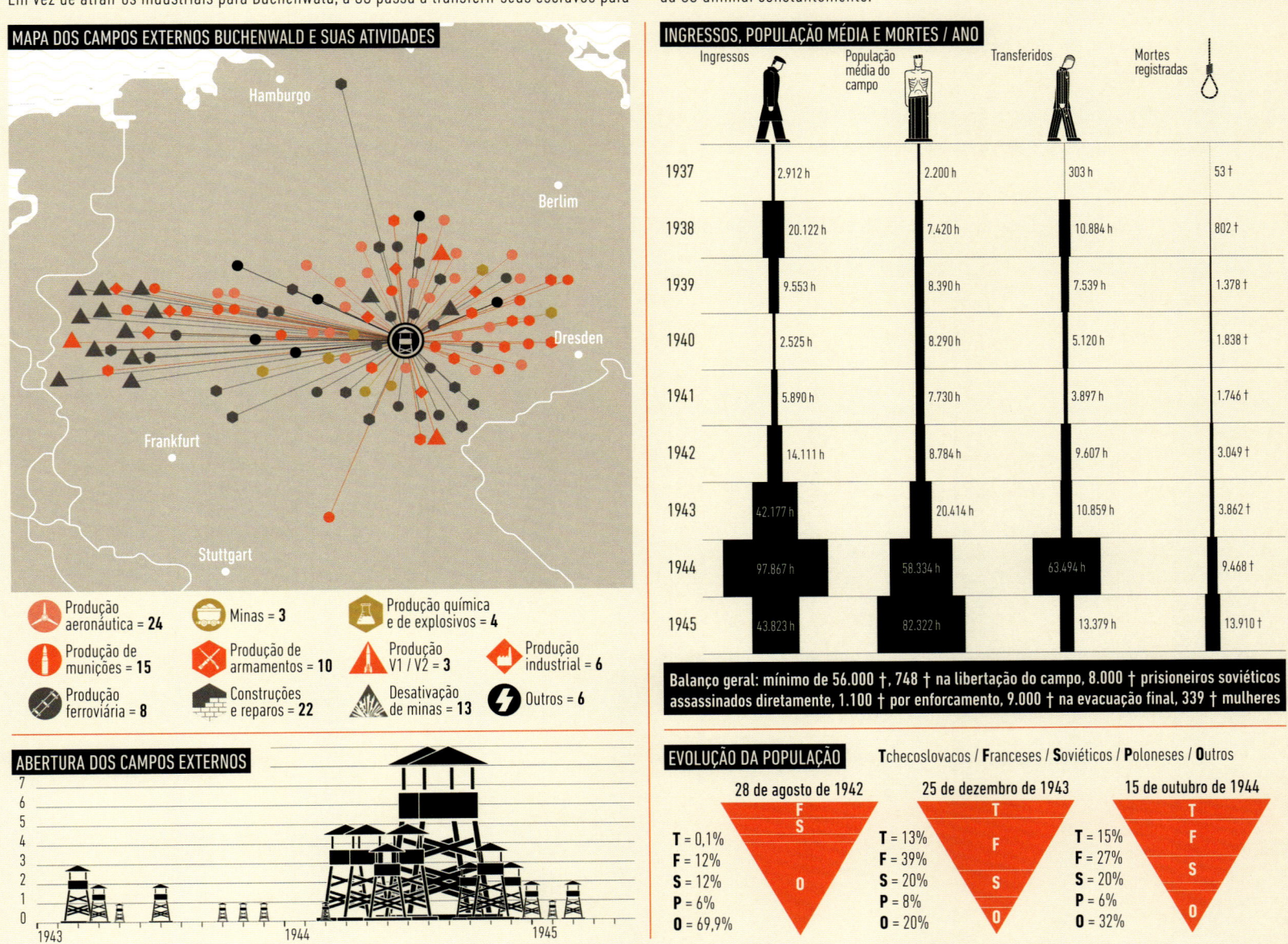

MAPA DOS CAMPOS EXTERNOS BUCHENWALD E SUAS ATIVIDADES

- Produção aeronáutica = 24
- Minas = 3
- Produção química e de explosivos = 4
- Produção de munições = 15
- Produção de armamentos = 10
- Produção V1 / V2 = 3
- Produção industrial = 6
- Produção ferroviária = 8
- Construções e reparos = 22
- Desativação de minas = 13
- Outros = 6

INGRESSOS, POPULAÇÃO MÉDIA E MORTES / ANO

Ano	Ingressos	População média do campo	Transferidos	Mortes registradas
1937	2.912 h	2.200 h	303 h	53 †
1938	20.122 h	7.420 h	10.884 h	802 †
1939	9.553 h	8.390 h	7.539 h	1.378 †
1940	2.525 h	8.290 h	5.120 h	1.838 †
1941	5.890 h	7.730 h	3.897 h	1.746 †
1942	14.111 h	8.784 h	9.607 h	3.049 †
1943	42.177 h	20.414 h	10.859 h	3.862 †
1944	97.867 h	58.334 h	63.494 h	9.468 †
1945	43.823 h	82.322 h	13.379 h	13.910 †

Balanço geral: mínimo de 56.000 †, 748 † na libertação do campo, 8.000 † prisioneiros soviéticos assassinados diretamente, 1.100 † por enforcamento, 9.000 † na evacuação final, 339 † mulheres

ABERTURA DOS CAMPOS EXTERNOS

EVOLUÇÃO DA POPULAÇÃO
Tchecoslovacos / **F**ranceses / **S**oviéticos / **P**oloneses / **O**utros

28 de agosto de 1942
- T = 0,1%
- F = 12%
- S = 12%
- P = 6%
- O = 69,9%

25 de dezembro de 1943
- T = 13%
- F = 39%
- S = 20%
- P = 8%
- O = 20%

15 de outubro de 1944
- T = 15%
- F = 27%
- S = 20%
- P = 6%
- O = 32%

FONTES: *1•* Steffen Grimm, *Die SS-Totenkopfverbände im Konzentrationslager Buchenwald*, Diplomica Verlag, 2011 – *2•* Nikolaus Wachsmann, *Die Geschichte der nationalsozialistischen Konzentrationslager*, Siedler Verlag, 2016 – *3•* http://totenbuch.buchenwald.de/information – *4•* https://asso-buchenwald-dora.com/.

O SHOÁ

Quando foi que, pela primeira vez, Hitler, ou Himmler, concebeu a ideia de exterminar os judeus da Europa? Os historiadores não têm uma opinião unânime sobre isso. Em compensação, se encontrarão, nos dois chefes nazistas, razões ideológicas, "raciais" e mesmo econômicas para desembaraçar-se deles segundo modalidades e métodos que variam com as circunstâncias. A princípio, o objetivo é excluir os judeu-alemães da vida do Reich por meio de uma política de extremo *apartheid*, resultando na emigração. A partir de 1938, porém, quando a Alemanha começa sua expansão territorial, um número cada vez maior de judeus fica sob a sua mira. Com a guerra, em 1939, a emigração dessas massas humanas para fora da Europa praticamente não é mais possível. Em 1940, começa-se a confinar a maior comunidade judia, a da Polônia, em guetos, esperando-se, ao que parece, uma expulsão para o leste. A grande guinada da política antijudia se dá com a invasão da União Soviética, em 22 de junho de 1941. O objetivo é destruir o Estado judeu-bolchevique. Montou-se então uma equação mortífera: judeu = bolchevique = perigo para a segurança dos territórios conquistados. Equipes móveis de matadores, os Einsatzgruppen, apoiadas por unidades da SS, da polícia e da Wehrmacht, começam a fuzilar todos os homens judeus em idade de portar armas. De Himmler e de Heydrich partem três diretrizes muito gerais, que são interpretadas diversamente pelos chefes dos Einsatzgruppen. Uma dupla concorrência, entre equipes de matadores e entre o topo e a base, leva de forma contínua à radicalização. Em agosto, passa-se às mulheres e crianças. Em outubro, depois da matança gigante de Babi Yar (Kiev), destranca-se a última trava: as comunidades judias locais são exterminadas até o último de seus membros. Mas o método empregado para liquidar 500 mil judeus soviéticos em seis meses é primitivo e acontece sob os olhos das populações, espalhando montanhas de cadáveres. Para destruir as comunidades da Europa Ocidental e Central, o sistema é repensado. Em cada país, capturam-se os judeus, que são transportados por trens para as profundezas da Polônia, onde se tinham construído usinas de morte, dotadas de novos recursos técnicos: matar com gás – do monóxido de carbono ao Zyklon B, do caminhão móvel à câmara fixa – e queimar os corpos – as fossas são substituídas por fornos crematórios. Em março de 1942, partem os primeiros comboios de judeus eslovacos e franceses, ao mesmo tempo que os de judeus poloneses, dez vezes mais numerosos, capturados na ação de Reinhardt. No verão de 1944, a última grande comunidade judia, a da Hungria, é liquidada. Mas os judeus continuarão a morrer às dezenas de milhares, até o último dia da guerra, nos campos de concentração do Reich, para onde Himmler os fizera transportar, e também nas marchas da morte que antecedem a libertação desses campos pelos exércitos dos Aliados. Em 1945, cerca de 6 milhões dos 11,5 milhões de judeus europeus tinham sido mortos.

1 • AS POPULAÇÕES JUDIAS DA EUROPA EM 1938 POUCO A POUCO ABSORVIDAS PELO "GRANDE REICH"

A expansão do III Reich acarreta um grande aumento do número de judeus, em maior ou menor medida, diretamente ao seu alcance. Em menos de quatro anos, este passa de 500 mil a mais de 8 milhões de pessoas. O ano de 1940 marca uma flutuação da política antijudia, que oscila entre projetos de deportações externas – para Madagascar, no Leste – e internas, para guetos improvisados. A matança começa no Leste, nos países cujo aparelho estatal fora destruído pela Wehrmacht (territórios soviéticos ocupados, Polônia), com a participação ativa de Estados vassalos (Romênia, Eslováquia, Croácia) e de ativistas nacionalistas (bálticos, ucranianos). No Oeste, sobretudo na França, a perseguição conta com grandes apoios no seio dos poderes políticos e das administrações.

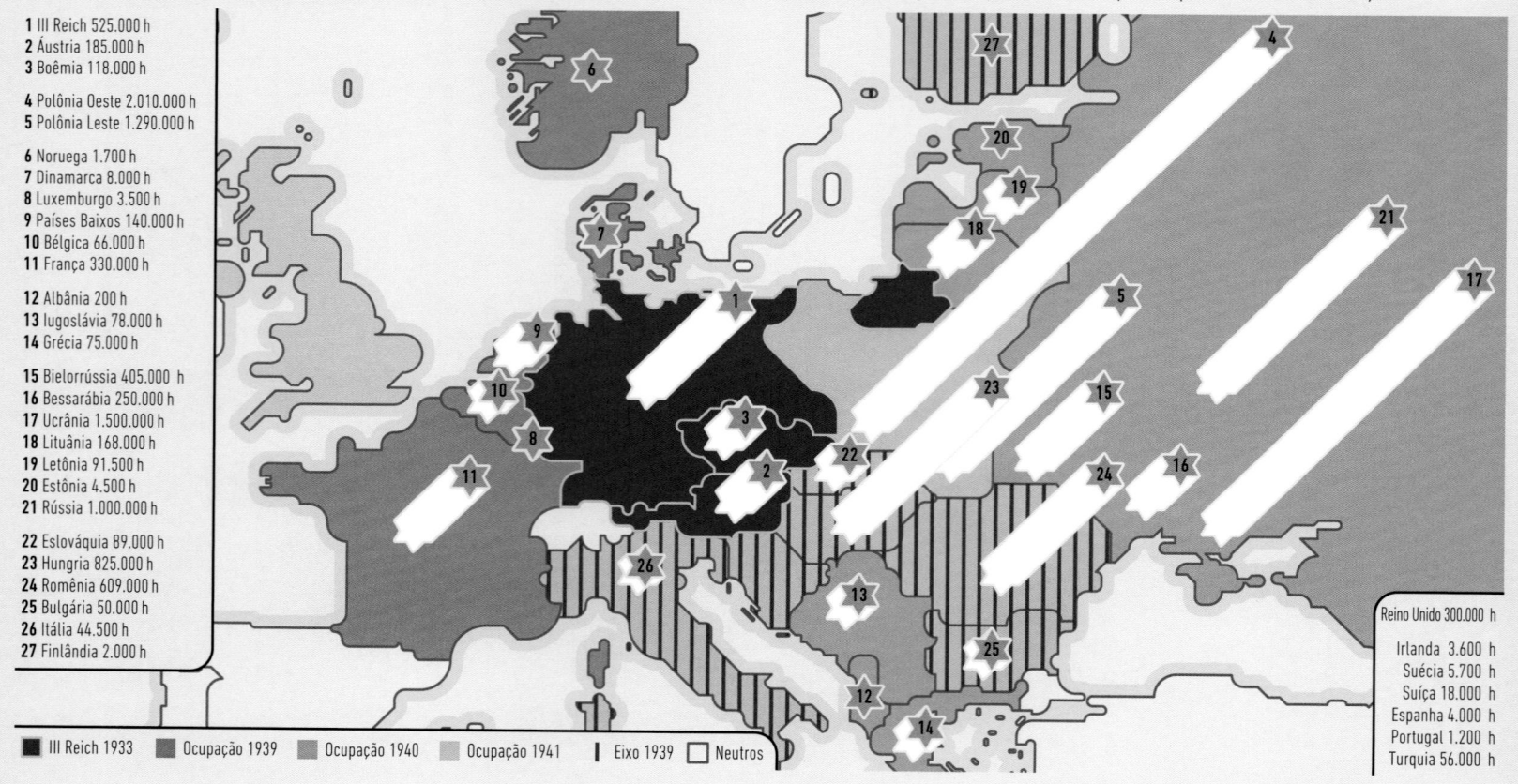

1 III Reich 525.000 h
2 Áustria 185.000 h
3 Boêmia 118.000 h

4 Polônia Oeste 2.010.000 h
5 Polônia Leste 1.290.000 h

6 Noruega 1.700 h
7 Dinamarca 8.000 h
8 Luxemburgo 3.500 h
9 Países Baixos 140.000 h
10 Bélgica 66.000 h
11 França 330.000 h

12 Albânia 200 h
13 Iugoslávia 78.000 h
14 Grécia 75.000 h

15 Bielorrússia 405.000 h
16 Bessarábia 250.000 h
17 Ucrânia 1.500.000 h
18 Lituânia 168.000 h
19 Letônia 91.500 h
20 Estônia 4.500 h
21 Rússia 1.000.000 h

22 Eslováquia 89.000 h
23 Hungria 825.000 h
24 Romênia 609.000 h
25 Bulgária 50.000 h
26 Itália 44.500 h
27 Finlândia 2.000 h

Reino Unido 300.000 h
Irlanda 3.600 h
Suécia 5.700 h
Suíça 18.000 h
Espanha 4.000 h
Portugal 1.200 h
Turquia 56.000 h

■ III Reich 1933 ■ Ocupação 1939 ■ Ocupação 1940 ■ Ocupação 1941 | Eixo 1939 □ Neutros

2 • CRONOLOGIA DE UM GENOCÍDIO

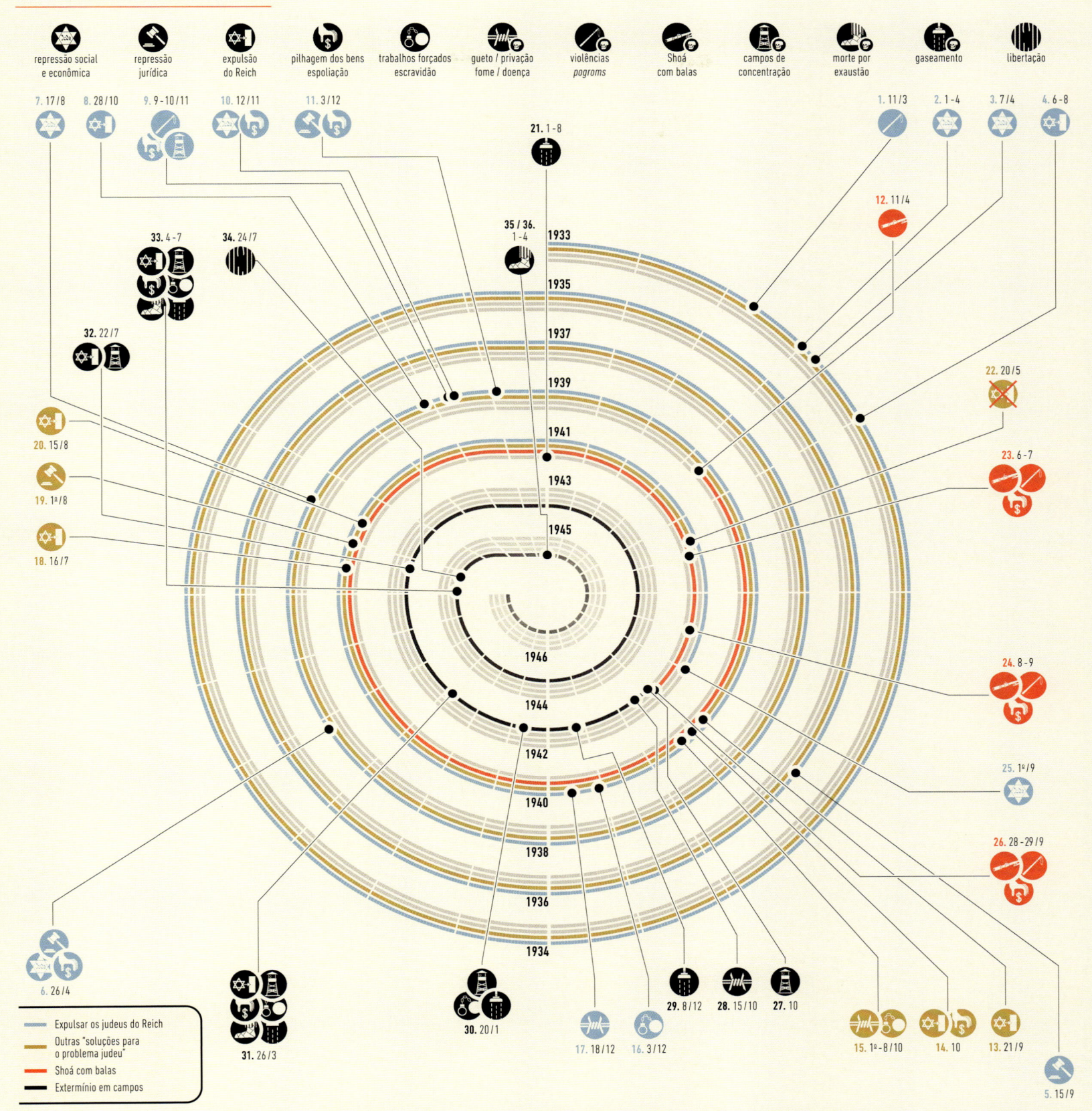

Legenda dos ícones (topo):
- repressão social e econômica
- repressão jurídica
- expulsão do Reich
- pilhagem dos bens espoliação
- trabalhos forçados escravidão
- gueto / privação fome / doença
- violências *pogroms*
- Shoá com balas
- campos de concentração
- morte por exaustão
- gaseamento
- libertação

Legenda (inferior esquerda):
- Expulsar os judeus do Reich
- Outras "soluções para o problema judeu"
- Shoá com balas
- Extermínio em campos

Eventos numerados:

1. **11/3**
2. **1-4**
3. **7/4**
4. **6-8**
5. **15/9**
6. **26/4**
7. **17/8**
8. **28/10**
9. **9-10/11**
10. **12/11**
11. **3/12**
12. **11/4**
13. **21/9**
14. **10**
15. **1ª-8/10**
16. **3/12**
17. **18/12**
18. **16/7**
19. **1ª/8**
20. **15/8**
21. **1-8**
22. **20/5**
23. **6-7**
24. **8-9**
25. **1ª/9**
26. **28-29/9**
27. **10**
28. **15/10**
29. **8/12**
30. **20/1**
31. **26/3**
32. **22/7**
33. **4-7**
34. **24/7**
35./36. **1-4**

Anos no eixo (espiral): 1933, 1935, 1937, 1939, 1941, 1943, 1945, 1946, 1944, 1942, 1940, 1938, 1936, 1934

Legendas numeradas (rodapé):

1. Primeiras violências / 2. Boicote / 3. Interdições profissionais / 4. Acordo com a associação sionista alemã para partida para a Palestina / 5. Leis de Nuremberg: exclusão dos judeus-alemães da vida civil / 6. Decreto: espoliação dos bens / 7. Mudança obrigatória dos nomes / 8. Expulsão para fora do Reich de 15 mil judeus nascidos poloneses / 9. Noite dos Cristais: pilhagens maciças, sinagogas incendiadas, 30 mil confinados em campos / 10. Espoliação completa: multa do bilhão / 11. Decreto: exclusão da vida econômica alemã / 12. Fuzilamento das elites polonesas, judeus incluídos, pelos Einsatzgruppen (50 mil vítimas) / 13. Expulsão dos judeus poloneses das zonas anexadas pela Alemanha / 14. Plano Nisko: expulsão dos judeus austríacos e tchecos para a Polônia / 15. Confinamento dos judeus nos guetos na Polônia / 16. Trabalhos forçados para todos os judeus-alemães / 17. Redução das rações alimentares dos judeus-alemães / 18. Expulsão dos judeus da Alsácia, da Lorena, de Sarre, do Palatinado e de Baden para a França não ocupada / 19. Extensão das leis raciais alemãs ao Governo-Geral da Polônia / 20. Plano Eichmann: deportar os judeus para Madagascar / 21. Início da Aktion T4, gaseamento dos deficientes mentais (80 mil mortos) usando-se caminhões, o que servirá de modelo para a eliminação dos judeus / 22. Proibição da emigração dos judeus / 23. Início do Shoá com uso de balas na União Soviética ocupada, execuções em massa de judeus com entre catorze e 65 anos na União Soviética e dezenas de *pogroms* com a participação da população local (pelo menos 10 mil mortos) / 24. Execução, com uso de balas, das mulheres, das crianças e dos idosos, mas uma parte das comunidades é poupada / 25. Porte de estrela obrigatório / 26. Depois do massacre de Babi Yar (Kiev), destruição total das comunidades judias / 27. Construção dos campos de extermínio na Polônia: Belzec, Maidanek, Chetmno, Auschwitz-Birkenau, Sobibor, Treblinka / 28. Início da deportação dos judeus-alemães para os guetos da Polônia, dos países bálticos e da Bielorrússia / 29. Primeiro gaseamento de populações judias usando-se caminhões / 30. Conferência de Wannsee para coordenar as administrações encarregadas do extermínio dos judeus / 31. Início da deportação dos judeus europeus para campos de extermínio e execução; início da deportação dos 60 mil judeus eslovacos / 32. Início da deportação dos judeus do gueto de Varsóvia / 33. O último grande contingente de vítimas vem da Hungria (450 mil mortos) / 34. O Exército Vermelho liberta o primeiro campo de extermínio, Maidanek / 35. O Exército Vermelho liberta Auschwitz / 36. Último ato: as marchas da morte

159

3 • O CASO DO GUETO DE LÓDZ

Lódz, a segunda cidade da Polônia e centro industrial, foi incorporada ao Reich em 8 de novembro de 1939. Abuso, espoliação e terror deveriam forçar os 230 mil judeus da cidade – germanizada em Litzmannstadt – a emigrar para o Governo-Geral. Mas Hans Frank, o governador-geral da Polônia, opõe-se a isso. Improvisa-se então um gueto, enquanto se espera encontrar uma "solução". Em 1940, os judeus de Lódz começam a morrer de fome, pois seus recursos tinham sido pilhados pelas autoridades alemãs e o ambiente germânico da cidade se mostra hostil a todo mercado negro. Mais uma vez, é preciso encontrar uma "solução" provisória. Sob o impulso de Hans Beibow, um homem de negócios alemão, e com o apoio de Mordechai Rumkowski, chefe do Judenrat, o gueto se transforma numa fábrica que trabalha de empreitada dia e noite, em condições abomináveis e por salários de fome. Rumkowski, muito criticado por seu despotismo, consegue manter um sistema escolar e sanitário, assim como uma vida cultural ativa. As rendas das fábricas mal permitem atenuar o aumento da mortalidade, e isso apenas a partir de 1941. Embora o gueto de Lódz tenha sido o único a sobreviver até 1944, os nazistas não o poupam, em 1942, da deportação de 70 mil de seus habitantes para o campo de extermínio próximo de Chetmno, onde eles são gaseados por caminhões especiais. Esse campo, fechado em 1943, foi reaberto em 1944 para liquidar mais 7 mil judeus de Lódz. Insatisfeitos com seu "rendimento", a SS enviará diretamente a Auschwitz os 54 mil sobreviventes do gueto.

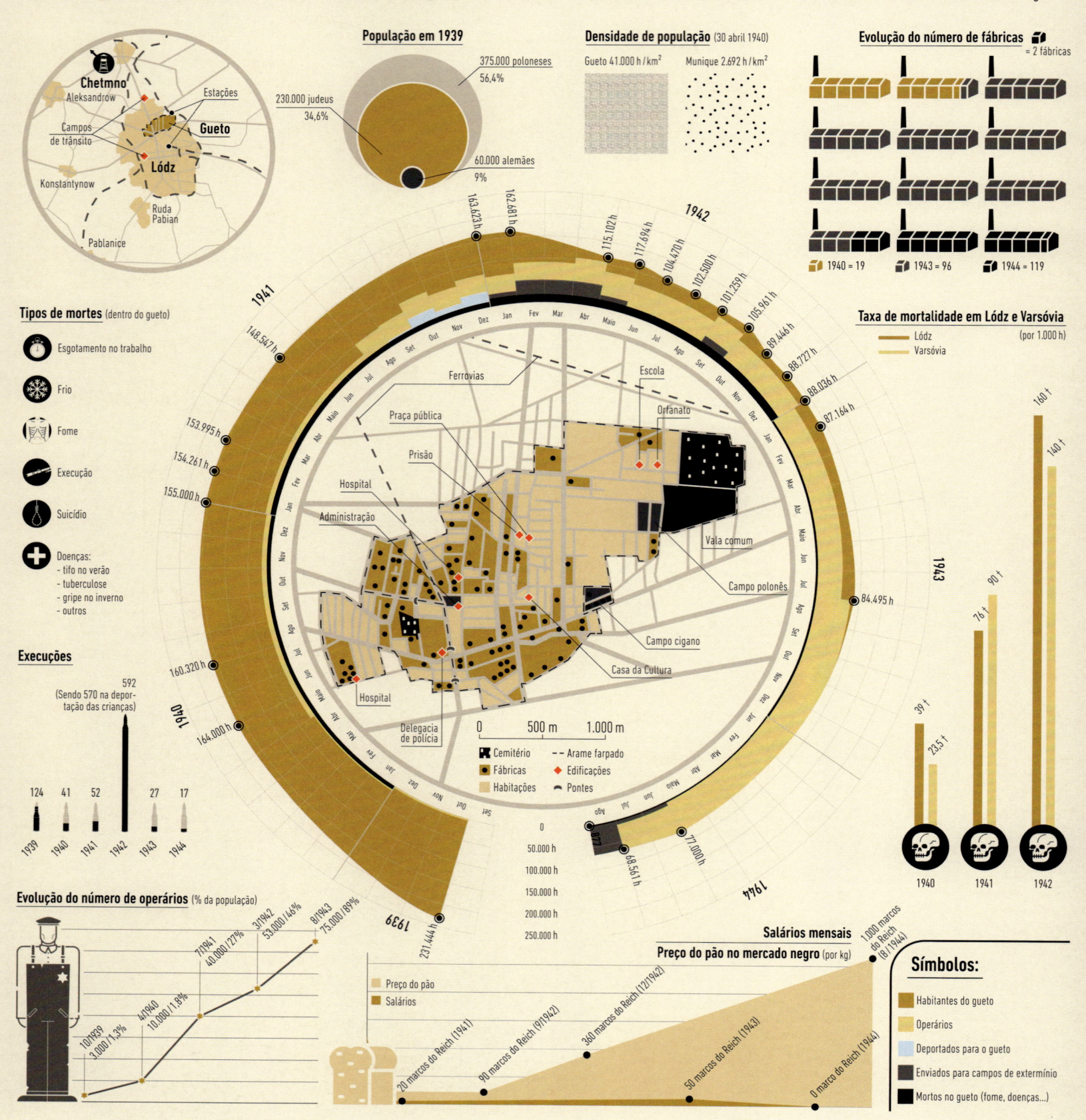

4 • CAMPOS / GUETOS / POGROMS / REVOLTAS

A imensa maioria dos quase 6 milhões de judeus assassinados pelos nazistas o são nas "terras de sangue" (Timothy Snyder), porção da Europa Oriental que vai dos países bálticos ao Mar Negro, englobando grande parte da Polônia de 1939, a Bielorrússia e a Ucrânia soviéticas. É aí que se encontram as maiores comunidades judias da Europa e é aí também que o desaparecimento de toda autoridade do Estado e o antissemitismo tradicional – fonte de numerosos *pogroms* no oeste da União Soviética em meados de 1941 – garantem aos assassinos as melhores condições para proceder ao extermínio. Os judeus soviéticos são mortos perto de suas casas por bandos de assassinos especializados, com o apoio da Wehrmacht. Os judeus da Bessarábia e de Odessa são aniquilados pelas autoridades romenas, com a ajuda de seu exército. Os judeus poloneses morrem de subnutrição e de doenças nos guetos, os sobreviventes são liquidados em campos de extermínio situados próximo às grandes comunidades (Lódz/Chetmno, Varsóvia/Treblinka, Lublin/Maidanek). Um grande número de judeus-alemães, austríacos e tchecos são deportados e mortos nos territórios soviéticos. A maioria dos judeus da Europa Ocidental, da Hungria e da Grécia é transportada por ferrovia para o imenso campo de Auschwitz-Birkenau, para lá serem gaseados com Zyklon B. Em 7 de outubro de 1944, várias centenas de detentos dos Sonderkommandos conseguem destruir um dos quatro fornos crematórios. É a mais desesperada das dezenas de revoltas, algumas das quais na União Soviética, que animaram os persistentes movimentos de resistência judeus.

5 • O SHOÁ POR BALAS, A TRAJETÓRIA SANGRENTA DO EINSATZGRUPPE C EM 1941

Quatro Einsatzgruppen, compostos de policiais e de SS, se engajam desde junho de 1941 na retaguarda dos grupos armados que invadem a União Soviética. Motorizados, contando com mil homens cada um, eles incitam ao *pogrom*, executando em julho os homens com entre quinze e cinquenta anos, e a partir de agosto-setembro o conjunto das comunidades de judeus soviéticos, inclusive mulheres, crianças e enfermos. A trajetória sangrenta do Einsatzgruppe C – formado pelos Sonderkommando (SK) e Einsatzkommando (EK) – aqui descrita assolou a Ucrânia do norte. Comandada por Otto Rasch, essa formação massacra com fuzis e metralhadoras 100 mil judeus ucranianos entre julho e outubro de 1941, registrando um recorde, com mais de 33 mil fuzilados na ravina de Babi Yar, em Kiev, em 48 horas.

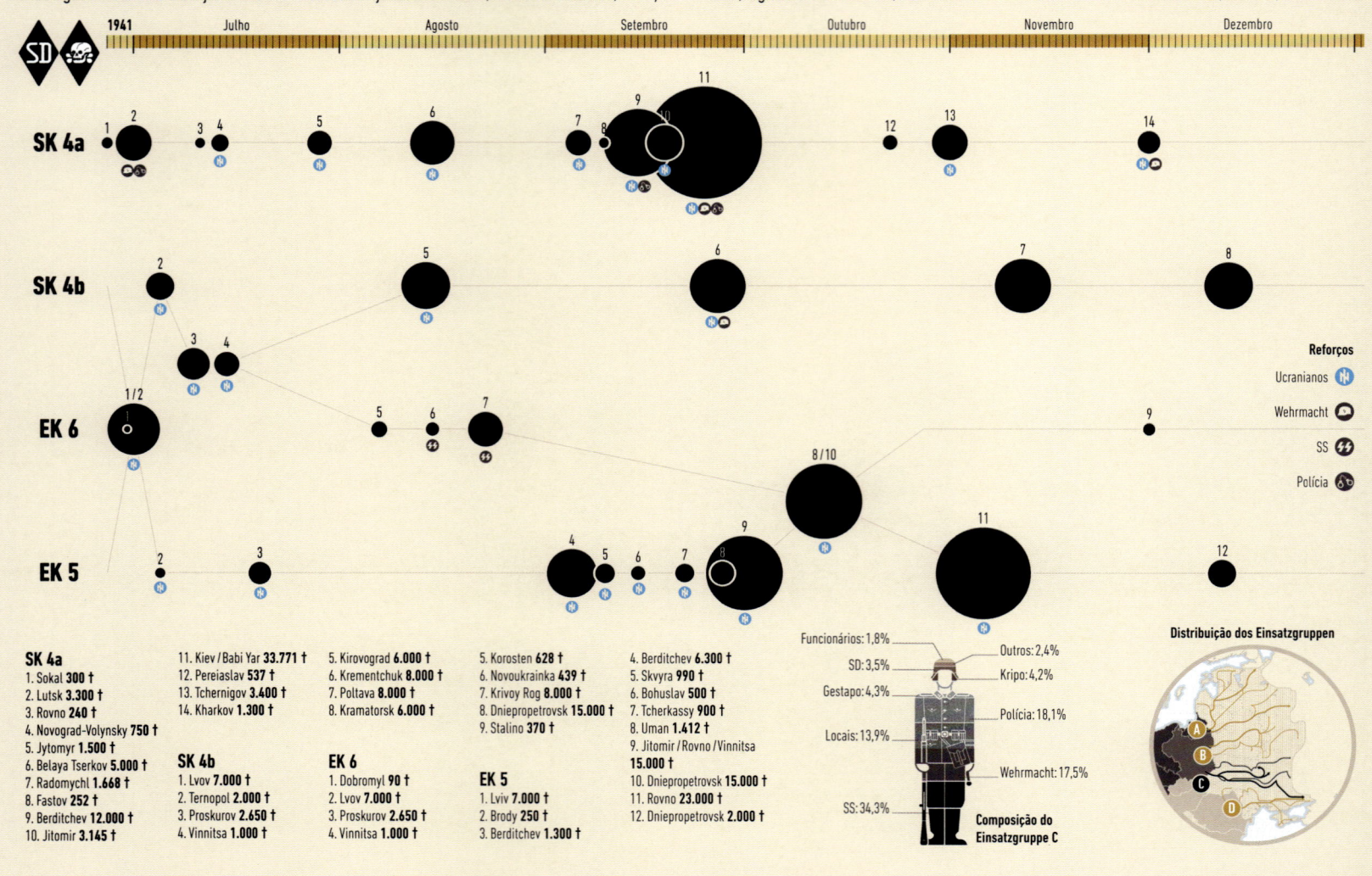

Reforços
- Ucranianos
- Wehrmacht
- SS
- Polícia

SK 4a
1. Sokal 300 †
2. Lutsk 3.300 †
3. Rovno 240 †
4. Novograd-Volynsky 750 †
5. Jytomyr 1.500 †
6. Belaya Tserkov 5.000 †
7. Radomychl 1.668 †
8. Fastov 252 †
9. Berditchev 12.000 †
10. Jitomir 3.145 †
11. Kiev / Babi Yar 33.771 †
12. Pereiaslav 537 †
13. Tchernigov 3.400 †
14. Kharkov 1.300 †

SK 4b
1. Lvov 7.000 †
2. Ternopol 2.000 †
3. Proskurov 2.650 †
4. Vinnitsa 1.000 †
5. Kirovograd 6.000 †
6. Krementchuk 8.000 †
7. Poltava 8.000 †
8. Kramatorsk 6.000 †

EK 6
1. Dobromyl 90 †
2. Lvov 7.000 †
3. Proskurov 2.650 †
4. Vinnitsa 1.000 †
5. Korosten 628 †
6. Novoukrainka 439 †
7. Krivoy Rog 8.000 †
8. Dniepropetrovsk 15.000 †
9. Stalino 370 †

EK 5
1. Lviv 7.000 †
2. Brody 250 †
3. Berditchev 1.300 †
4. Berditchev 6.300 †
5. Skvyra 990 †
6. Bohuslav 500 †
7. Tcherkassy 900 †
8. Uman 1.412 †
9. Jitomir / Rovno / Vinnitsa 15.000 †
10. Dniepropetrovsk 15.000 †
11. Rovno 23.000 †
12. Dniepropetrovsk 2.000 †

Composição do Einsatzgruppe C
- Funcionários: 1,8%
- SD: 3,5%
- Gestapo: 4,3%
- Locais: 13,9%
- SS: 34,3%
- Outros: 2,4%
- Kripo: 4,2%
- Polícia: 18,1%
- Wehrmacht: 17,5%

Distribuição dos Einsatzgruppen

6 • COMO OS ASSASSINARAM?

Caminhões e câmaras de gás fixas mataram mais de metade dos judeus da Europa. Os fuzilamentos feitos pelos Einsatzgruppen na União Soviética são o segundo meio mais letal, aos quais se devem somar as dezenas de milhares de soldados judeus do Exército Vermelho executados sumariamente. A morte nos guetos e nos diversos campos de concentração é uma morte lenta, causada, em graus variáveis, por fome, doença, frio, esgotamento no trabalho e maus-tratos. Os 100 mil cadáveres das "marchas da morte" de 1945 são deixados nas estradas e nos trens que evacuam de afogadilho os deportados judeus dos campos do Leste e do Oeste para o centro do Reich, onde Himmler sonha em utilizá-los em hipotéticas negociações com os Aliados.

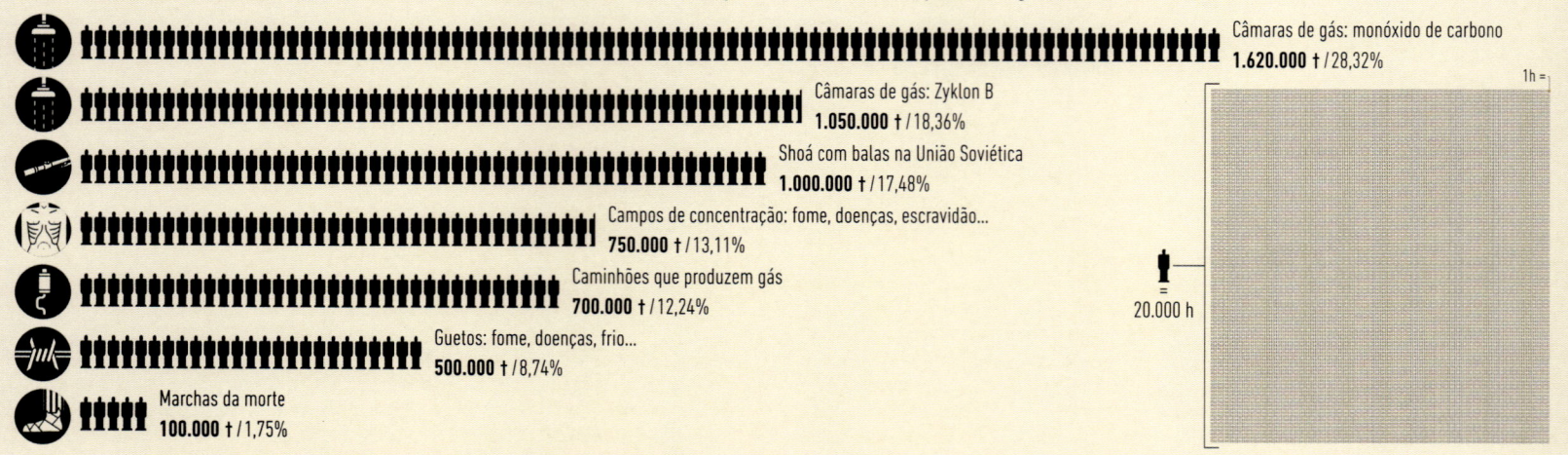

- Câmaras de gás: monóxido de carbono — 1.620.000 † / 28,32%
- Câmaras de gás: Zyklon B — 1.050.000 † / 18,36%
- Shoá com balas na União Soviética — 1.000.000 † / 17,48%
- Campos de concentração: fome, doenças, escravidão... — 750.000 † / 13,11%
- Caminhões que produzem gás — 700.000 † / 12,24%
- Guetos: fome, doenças, frio... — 500.000 † / 8,74%
- Marchas da morte — 100.000 † / 1,75%

1h = 20.000 h

FONTES: 1• Isaiah Trunk, *Lodzher geto: A historishe un sotsyologishe shtudye*, Yivo, 1962 – 2• Lucjan Dobroszycki, *The Chronicle of the Łodz' Ghetto, 1941-1944*, Yale University Press, 1984 – 3• Elie Wiesel, Shmuel Spector & Geoffrey Wigoder, *The encyclopedia of Jewish life before and during the Holocaust*, New York University Press, 2001 – 4• Patrick Montague, *Chelmno*, Calmann-Lévy, 2016 – 5• Lucy Dawidowicz, *The War against the Jews, 1933-1945*, Bantam Books, 1986 – 6• Raul Hilberg, *Destruction of European Jews*, Holmes & Meier Publishers, 1985 – 7• Daniel Blatman, *The death marches,*

7 • BALANÇO POR PAÍS (EM NÚMEROS BRUTOS E EM %)

Dependendo dos autores, o balanço do Shoá varia entre 5,6 e 5,8 milhões de mortos. País a país, a proporção das vítimas oscila de acordo com as condições locais. Os judeus poloneses pagaram o maior preço, em valores absolutos e relativos (à exceção da Albânia), visto que o confinamento precoce em guetos facilitou as deportações. A elevada porcentagem de judeus gregos se explica por sua forte concentração na Salônica. Os judeus bálticos sofrem em razão de um ambiente hostil em que as milícias nacionalistas locais ajudam os nazistas a liquidá-los. Os judeus holandeses são vítimas de sua forte presença nas cidades de Amsterdã e Roterdã e da dificuldade de encontrar refúgio no país, que é pura planície, exíguo e fortemente controlado pelo comissário do Reich Arthur Seyss-Inquart. Por outro lado, os judeus franceses beneficiam-se do tamanho do país e das debilidades da ocupação alemã nas regiões rurais e montanhosas, e também da ajuda ativa de dezenas de milhares de seus compatriotas não judeus. O mesmo não se pode dizer dos judeus não franceses que viviam na França, que constituem dois terços das vítimas. Na Itália, a política antissemita tardia de Mussolini consegue pouca adesão, e os alemães só começam as deportações em setembro de 1943, depois da queda de Mussolini. Os dois terços dos judeus soviéticos escapam dos Einsatzgruppen porque vivem numa zona não ocupada pela Wehrmacht ou porque podem se refugiar numa delas em meados de 1941. A porcentagem relativamente baixa de judeus-alemães e austríacos assassinados se deve à emigração em massa entre 1933 e 1939.

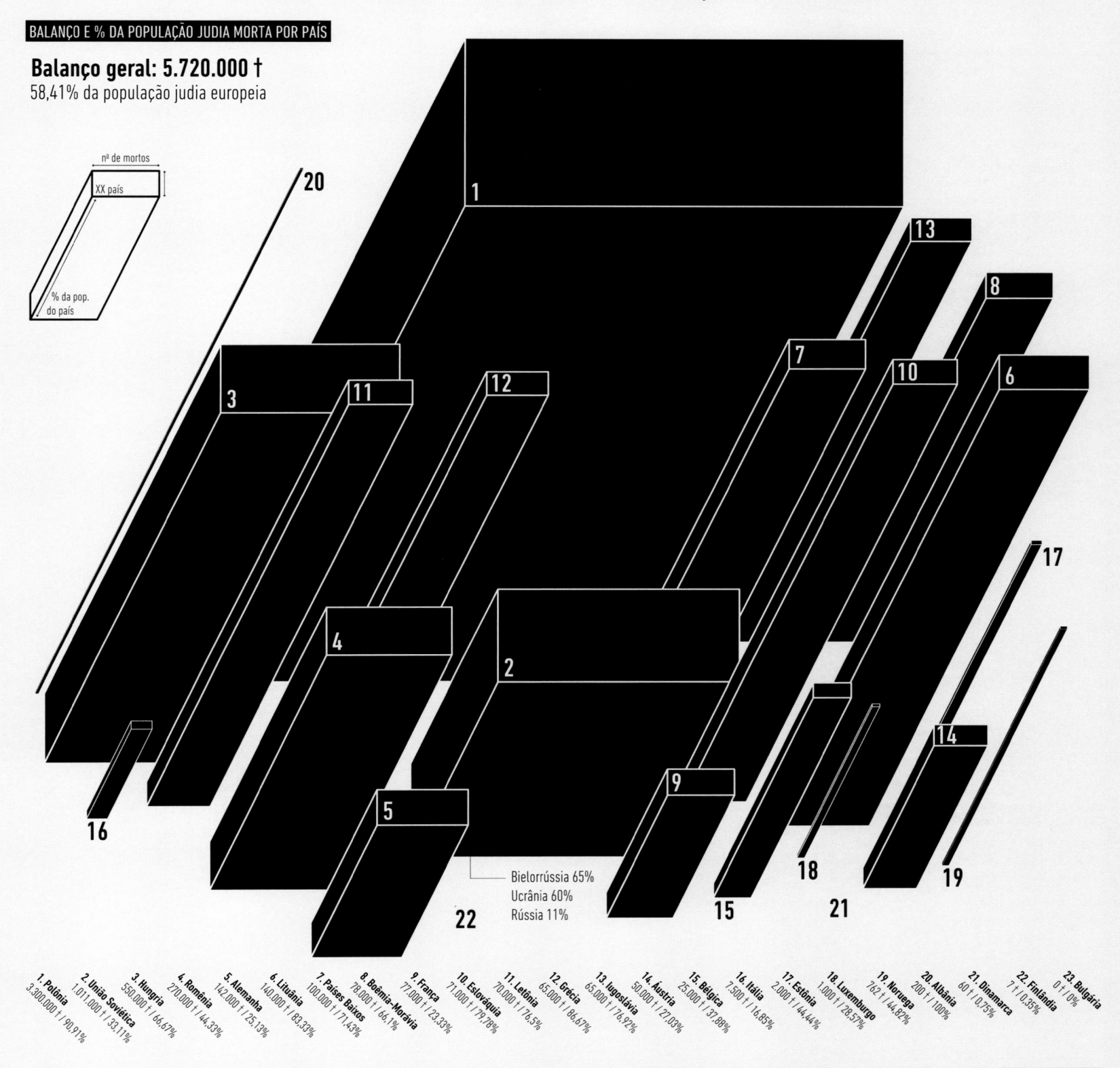

BALANÇO E % DA POPULAÇÃO JUDIA MORTA POR PAÍS

Balanço geral: 5.720.000 †
58,41% da população judia europeia

1. Polônia — 3.300.000 † / 90,91%
2. União Soviética — 1.011.000 † / 33,11%
3. Hungria — 550.000 † / 66,67%
4. Romênia — 270.000 † / 44,33%
5. Alemanha — 142.000 † / 25,13%
6. Lituânia — 140.000 † / 83,33%
7. Países Baixos — 100.000 † / 71,43%
8. Boêmia-Morávia — 78.000 † / 66,1%
9. França — 77.000 † / 23,33%
10. Eslováquia — 71.000 † / 79,78%
11. Letônia — 70.000 † / 76,5%
12. Grécia — 65.000 † / 86,67%
13. Jugoslávia — 65.000 † / 76,92%
14. Áustria — 50.000 † / 27,03%
15. Bélgica — 25.000 † / 37,88%
16. Itália — 7.500 † / 16,85%
17. Estônia — 2.000 † / 44,44%
18. Luxemburgo — 1.000 † / 28,57%
19. Noruega — 762 † / 44,82%
20. Albânia — 200 † / 100%
21. Dinamarca — 60 † / 0,75%
22. Finlândia — 7 † / 0,35%
23. Bulgária — 0 † / 0%

Bielorrússia 65%
Ucrânia 60%
Rússia 11%

Harvard University Press, 2011 – 8• Klaus Michael Mallmann, Andrej Angrick, Jürgen Matthäus, Martin Cüppers, *Die Ereignismeldungen UdSSR 1941*, WBG, 2011 – 9• Timothy Snyder, *Terres de sang: l'Europe entre Hitler et Staline*, Gallimard, 2012 – 10• https://kehilalinks.jewishgen.org/lodz/holocaust.htm – 11• http://www.yadvashem.org/untoldstories/database – 12• https://www.cairn.info/revue-les-cahiers-de-la-shoah-2003-1-page-15.htm.

A COLABORAÇÃO NO SEIO DA

Em 1942, a dominação nazista esmaga a Europa e subjuga 238 milhões de almas. Mas, para delas extrair a energia política, econômica e humana indispensável ao esforço de guerra, a Alemanha precisa de colaboracionistas. Essa colaboração se dá em diversos níveis e modalidades: espontânea, ditada pelas circunstâncias ou pela coação, abarcando todas as variedades de comportamento. Ela se nutre de contextos e de heranças próprios de cada território. Dentre essa variedade, a colaboração de Estado é a mais significativa, devido ao seu impacto e porque ela impulsiona um "espírito de colaboração". Quando ela tem início? Já caracterizaria colaboração o ato de assinar acordos de compensação tão injustos, acordos segundo os quais quanto mais as empresas alemãs compram no estrangeiro, mais o Reich se enriquece, em detrimento de seus "parceiros"?

Em troca de migalhas, Pétain mantém a ordem no interesse do Reich, contribui para o genocídio, organiza o Serviço de Trabalho Obrigatório (STO), financia a Alemanha com a elevada soma de 860 bilhões de francos e estimula 30 mil franceses a entrarem em seu exército. Pétain se doa à França, mas principalmente doa a França à Alemanha. Por quê? Por cegueira, mas também por ambição

1 • A COLABORAÇÃO DE ESTADO

A Bulgária, a Romênia, a Hungria e a Finlândia aderem ao campo do Eixo, convencidas de que seu futuro depende do novo ogro europeu, barreira contra o comunismo e árbitro dos inúmeros conflitos territoriais na Europa Oriental. Todos – exceto a Finlândia – se tornam satélites. A colaboração militar se acrescentam submissão econômica e participação no genocídio. Infeliz daquele que se mantém distante. Na primavera de 1944, Hitler põe o regente da Hungria sob tutela. Mesmo Mussolini, uma vez à frente da República Social Italiana (RSI), não passa de mero títere. Nos territórios ocupados, à exceção da democracia dinamarquesa, que sobreviveu à invasão e que prefere desaparecer em 1943 a comprometer-se ainda mais, todos os regimes são filhotes das forças reacionárias (Vichy) ou fascistas (Croácia, Eslováquia) e se afundam numa espiral colaboracionista. E, finalmente, os Estados "neutros", reféns da ordem econômica alemã, se submetem às exigências do Reich.

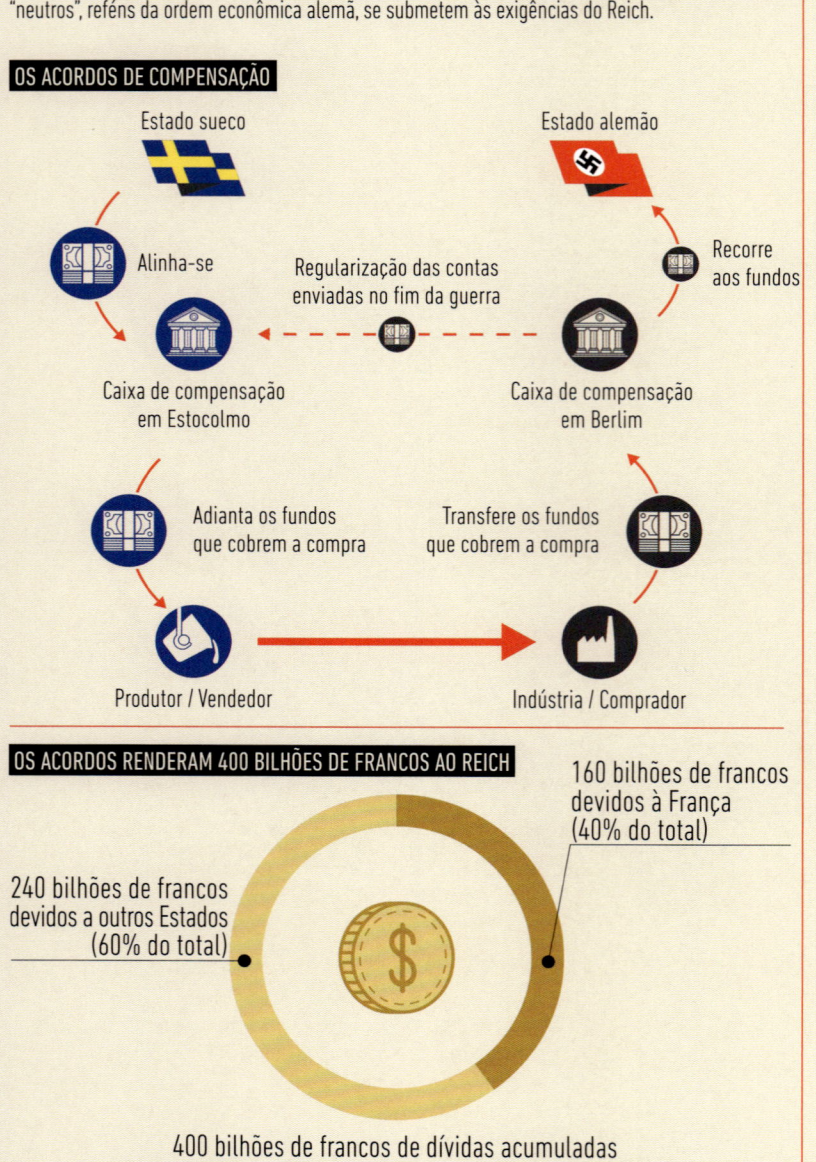

OS ACORDOS DE COMPENSAÇÃO

Estado sueco → Alinha-se → Caixa de compensação em Estocolmo ← Regularização das contas enviadas no fim da guerra ← Caixa de compensação em Berlim ← Recorre aos fundos ← Estado alemão

Adianta os fundos que cobrem a compra → Produtor / Vendedor → Indústria / Comprador ← Transfere os fundos que cobrem a compra

OS ACORDOS RENDERAM 400 BILHÕES DE FRANCOS AO REICH

- 240 bilhões de francos devidos a outros Estados (60% do total)
- 160 bilhões de francos devidos à França (40% do total)

400 bilhões de francos de dívidas acumuladas pelo Reich por conta dos acordos de compensação

MAPA POLÍTICO DA COLABORAÇÃO EM 1941

- Aliados
- Neutros
- III Reich
- Protetorado
- Reichskommissariat e Governo-Geral
- Território ocupado pela Itália
- Território ocupado pelo Reich sob administração militar
- Estado independente e parceiro do Reich
- Estado independente e satélite do Reich
- Estado independente tutelado pelo Reich

1 Bélgica
2 Países Baixos
3 Dinamarca
4 Suíça
5 Boêmia-Morávia
6 Eslováquia
7 Hungria
8 Croácia
9 Sérvia
10 Albânia
11 Montenegro

NOVA ORDEM EUROPEIA NAZISTA

e oportunismo ideológico. Pétain se aproveita do desastre para implementar sua revolução nacional, e sabe que seu regime só pode durar numa Europa alemã. Na falta de parceiro institucional, ele busca apoio numa administração local. Não faltam voluntários seduzidos por migalhas de poder ou simplesmente desejosos de servir à coletividade desenvolvendo a máquina econômico-administrativa.

Na Bélgica surge um cenáculo de altos funcionários, de magistrados e homens de negócios capitaneados por Alexandre Galopin. Nos Países Baixos, os nazistas preferem esses profissionais aos fascistas locais, impopulares e incompetentes. Dessa forma, no leste os nazistas podem desprezar os apelos dos nacionalistas bálticos ou ucranianos para dar margem à criação de Estados em suas futuras colônias orientais. Essa colaboração se torna ainda mais complexa porque o Reich não tem nem um programa nem uma administração empenhada. Ele improvisa. Administrações concorrentes se atritam e se batem para conseguir o máximo de benefícios. Apesar disso, o impacto da colaboração é notável. Ela facilita de modo considerável a exploração de um imenso território, alivia o Exército Alemão e desencadeia os sentimentos antissemitas.

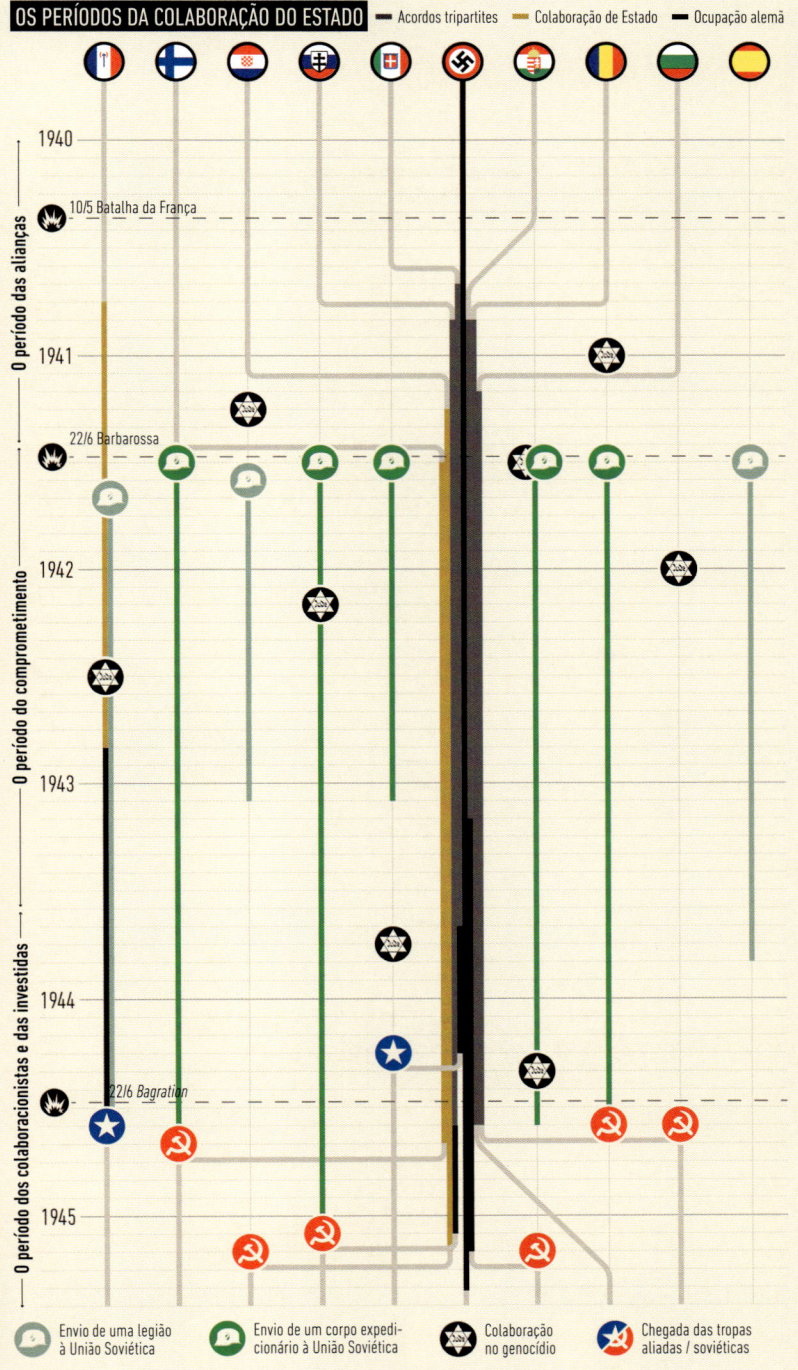

2 • A COLABORAÇÃO MILITAR (estimativas controversas)

Os países aliados de Berlim, seduzidos pela esperança de uma expansão territorial, participam da invasão da Iugoslávia e depois atendem ao chamado à cruzada contra o bolchevismo. Seus corpos expedicionários, lado a lado com a Wehrmacht, aumentam em um terço os efetivos alemães. A estes se somam algumas legiões postas à disposição pelos governos amigos, tais como a Legião de Voluntários Franceses (LVF) ou a Divisão Azul espanhola, que usam o uniforme alemão. A partir de 1942, a Wehrmacht recruta entre os prisioneiros e nos territórios ocupados da União Soviética auxiliares para atuarem na retaguarda (530 mil Hiwis) assim como legiões combatentes nacionais (210 mil turcomenos, tártaros...) que se fazem presentes até nas praias da Normandia. A Waffen SS não está em paz com seus 600 mil estrangeiros (metade dos quais classificados como "alemães do estrangeiro", *Volksdeutsche*), a princípio voluntários, posteriormente convocados. Enfim, a manutenção da ordem na Europa ocupada só é possível com a ajuda de dezenas de milhares de auxiliares, atores maiores na luta contra os *partisans* e também no extermínio dos judeus. Para eles, a colaboração é a oportunidade de proceder a uma horrível operação de limpeza étnica e política.

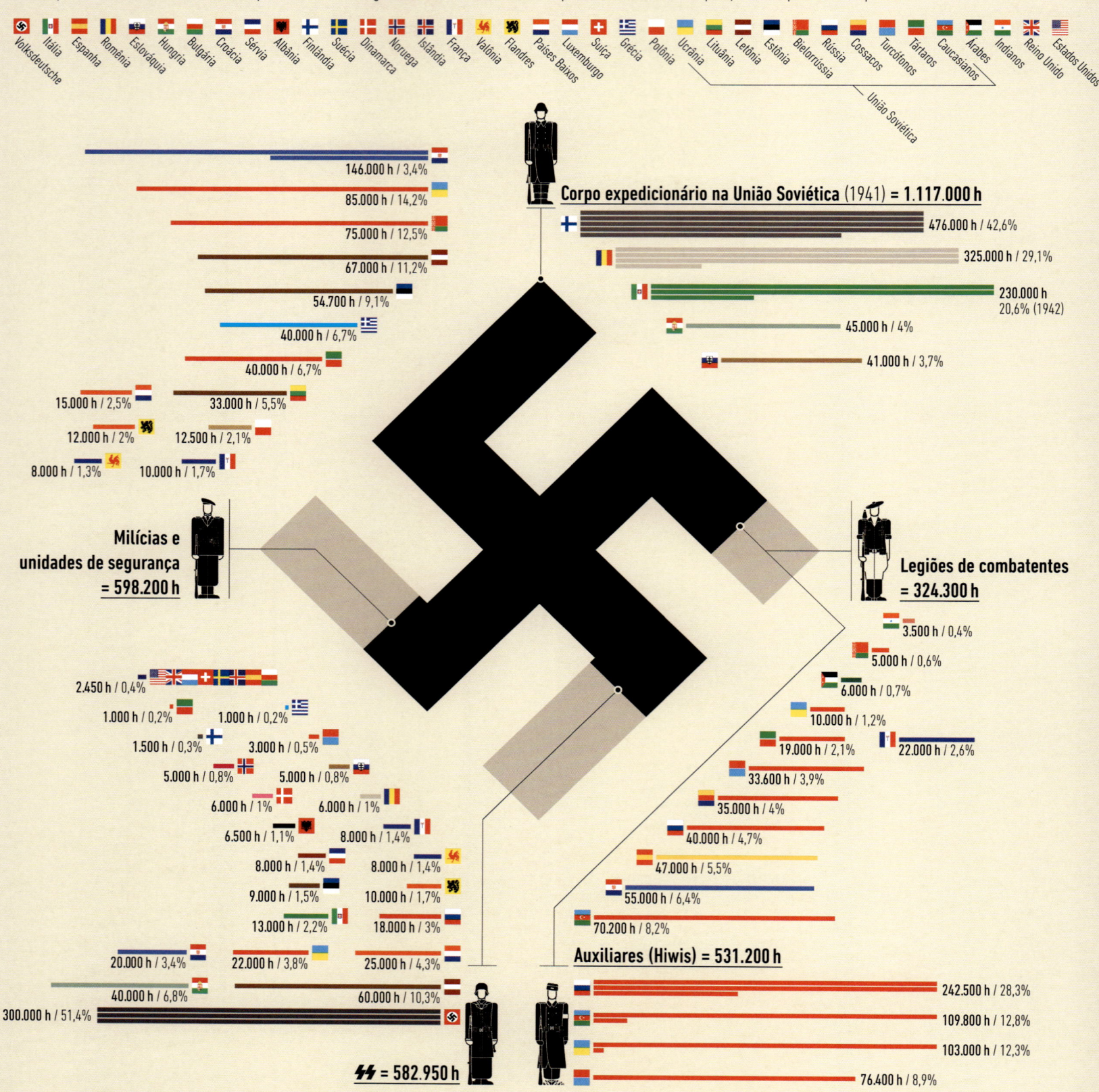

Corpo expedicionário na União Soviética (1941) = 1.117.000 h

- Itália: 146.000 h / 3,4%
- Espanha: 85.000 h / 14,2%
- Romênia: 75.000 h / 12,5%
- Eslováquia: 67.000 h / 11,2%
- Hungria: 54.700 h / 9,1%
- Bulgária: 40.000 h / 6,7%
- Croácia: 40.000 h / 6,7%
- Sérvia: 15.000 h / 2,5%
- Albânia: 33.000 h / 5,5%
- Finlândia: 12.000 h / 2%
- Suécia: 12.500 h / 2,1%
- Dinamarca: 8.000 h / 1,3%
- Noruega: 10.000 h / 1,7%

(direita)
- Finlândia: 476.000 h / 42,6%
- Romênia: 325.000 h / 29,1%
- Itália: 230.000 h / 20,6% (1942)
- Hungria: 45.000 h / 4%
- Eslováquia: 41.000 h / 3,7%

Milícias e unidades de segurança = 598.200 h

- 2.450 h / 0,4%
- 1.000 h / 0,2%
- 1.000 h / 0,2%
- 1.500 h / 0,3%
- 3.000 h / 0,5%
- 5.000 h / 0,8%
- 5.000 h / 0,8%
- 6.000 h / 1%
- 6.000 h / 1%
- 6.500 h / 1,1%
- 8.000 h / 1,4%
- 8.000 h / 1,4%
- 8.000 h / 1,4%
- 9.000 h / 1,5%
- 10.000 h / 1,7%
- 13.000 h / 2,2%
- 18.000 h / 3%
- 20.000 h / 3,4%
- 22.000 h / 3,8%
- 25.000 h / 4,3%
- 40.000 h / 6,8%
- 60.000 h / 10,3%
- 300.000 h / 51,4%

Legiões de combatentes = 324.300 h

- 3.500 h / 0,4%
- 5.000 h / 0,6%
- 6.000 h / 0,7%
- 10.000 h / 1,2%
- 19.000 h / 2,1%
- 22.000 h / 2,6%
- 33.600 h / 3,9%
- 35.000 h / 4%
- 40.000 h / 4,7%
- 47.000 h / 5,5%
- 55.000 h / 6,4%
- 70.200 h / 8,2%

Auxiliares (Hiwis) = 531.200 h

- 242.500 h / 28,3%
- 109.800 h / 12,8%
- 103.000 h / 12,3%
- 76.400 h / 8,9%

SS = 582.950 h

FONTES: *1•* R.-D. Müller, *An der Seite der Wehrmacht, Hitlers ausländische Helfer beim "Kreuzzug gegen den Bolschewismus"*, Ch. Links, 2007 – *2•* J.-L. Leleu, F. Passera, J. Quellien, M. Daeffler, *La France pendant la Seconde Guerre Mondiale, atlas historique*, Fayard, Ministère de la Défense, 2010 – *3•* F. Broche & J.-F. Muracciole, *Histoire de la collaboration*, Tallandier, 2017 – *4•* Y. Durand, *Le nouvel ordre*

3 • DIVERSIDADE E COMPLEXIDADE DAS COLABORAÇÕES

A colaboração antes distingue que reúne, amalgamando os infelizes prisioneiros soviéticos que entram para a Wehrmacht para não morrer de fome, os "colabôs" oportunistas do cotidiano (chefe de empresa, trabalhador voluntário, informante...) e os colaboracionistas que aspiram a uma nova ordem. Quanto a Pétain, ele faz uma opção sincera: ele supõe que com isso pode ter influência no Reich. Logo sua autoridade se choca com as disputas intestinas e com a crescente influência dos chefes de governo Laval e Darlan.

Em Paris, surge uma outra colaboração, a dos partidos colaboracionistas. Essa facção de efetivos modestos (menos de 100 mil simpatizantes) é dominada por personalidades (Doriot, Deat, Bucard) que se odeiam. Excluídos de Vichy, eles intrigam e dobram suas ofertas para obter o apoio do invasor e conseguir migalhas do poder. Essas rivalidades, atiçadas pelo embaixador alemão Otto Abetz, fazem o jogo da Alemanha. A França permanece sendo um interlocutor fraco, procura minar o inimigo por dentro. Existem atritos também no campo dos invasores, dada a multiplicidade dos agentes. Mas os franceses se mostram incapazes de tirar partido desse estado de coisas.

AS DIFERENTES CAUSAS DA COLABORAÇÃO
segundo Werner Rings, Leben mit dem Feind: Anpassung und Widerstand in Hitlers Europa (1939-1945), 1979.

"Aceito me alistar para não morrer de privações."

"Aceito colaborar apesar de minha hostilidade ao nacional-socialismo e à Alemanha nazista. Faço isso por uma série de razões: libertar o país do jugo estrangeiro, recuperar minha liberdade e evitar, tanto quanto possível, o massacre em larga escala de pessoas inocentes."

"Aceito que a vida continue. Com perfeito conhecimento de causa, e porque é do meu interesse, trabalho direta ou indiretamente para a potência invasora sem nem por isso aderir aos seus princípios. Minha atitude é ditada por circunstâncias que estão fora de meu controle. Quero sobreviver à guerra e à derrota do meu país."

"Coopero com a potência invasora, embora desaprove determinados aspectos da doutrina nazista. De forma discreta, me disponho a colaborar fielmente porque quero mudar as circunstâncias que me levaram a essa atitude."

"Ponho-me a serviço do invasor porque aprovo seus princípios e seu ideal. Minha atitude deriva de uma adesão ao nacional-socialismo."

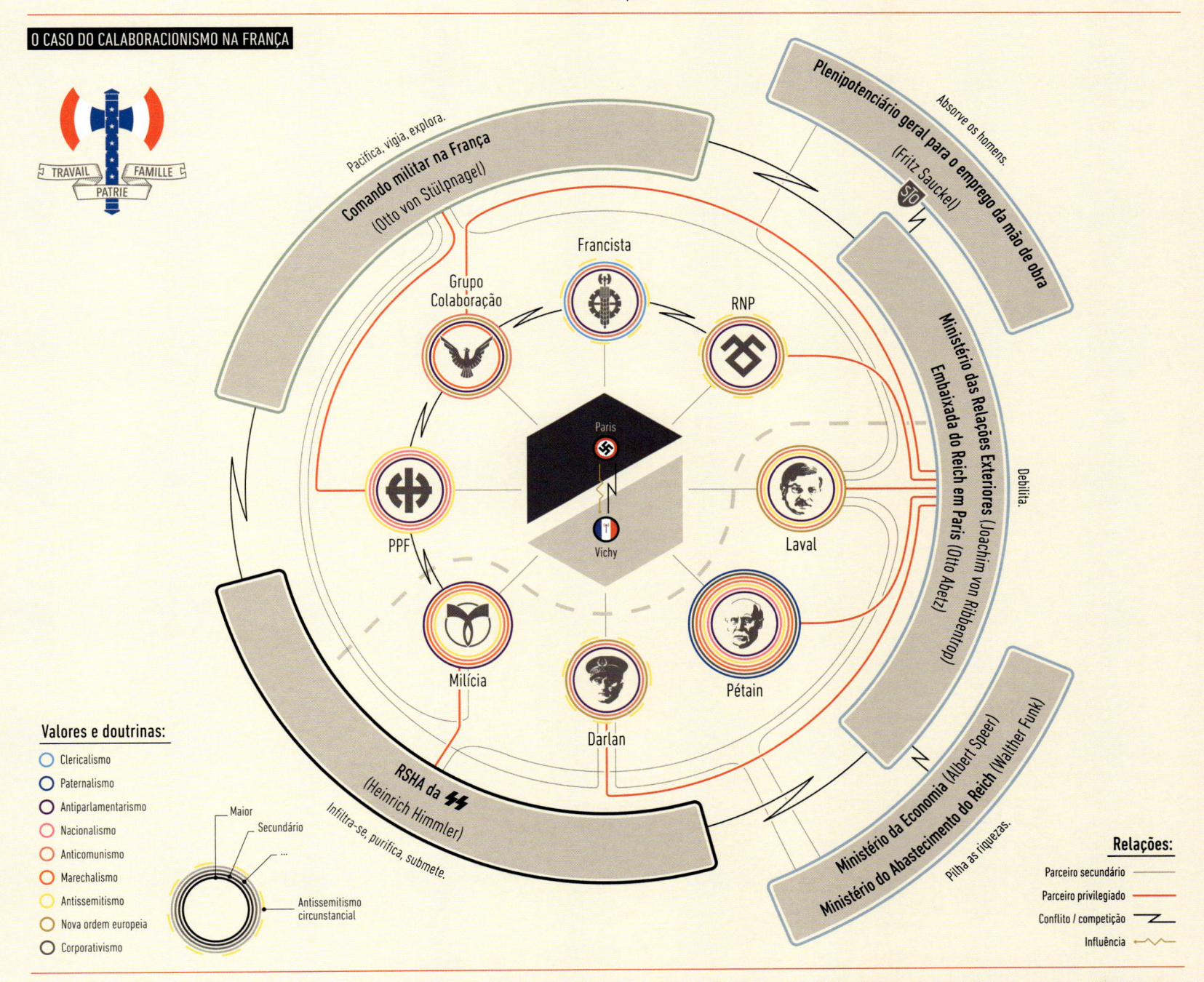

O CASO DO CALABORACIONISMO NA FRANÇA

Valores e doutrinas:
- Clericalismo
- Paternalismo
- Antiparlamentarismo
- Nacionalismo
- Anticomunismo
- Marechalismo
- Antissemitismo
- Nova ordem europeia
- Corporativismo

Maior
Secundário
....
Antissemitismo circunstancial

Relações:
- Parceiro secundário
- Parceiro privilegiado
- Conflito / competição
- Influência

européen nazi, Complexe, 1990 – 5• M. Mazower, Hitler's empire: Nazi rule in occupied Europe, Penguin, 2008 – 6• Götz Aly, Comment Hitler a acheté les Allemands, Flammarion, 2005 – 7• J. Blanc, Pouvoirs et monnaie durant la Seconde Guerre mondiale en France: La monnaie subordonnée au politique, halshs.archives-ouvertes.fr.

RESISTIR NA EUROPA OCUPADA

A exemplo da França, cada nação idealizou seu passado resistente. Hoje os historiadores traçam outro retrato, menos lisonjeiro mas profundamente humano, de uma resistência que permitiu que minorias tivessem papel ativo em sua história, abandonando a resignação e levantando-se para dizer "não". Três resistências, nascidas do ambiente local, mas também espelho do injusto regime repressivo, emergem: uma resistência de fidelidade no noroeste da Europa, uma resistência de sobrevivência na Europa Central e uma resistência diversionista na União Soviética. No oeste, onde a ocupação não ameaça a existência das comunidades (à exceção da judia), a resistência é um fenômeno antes individual e urbano, de caráter sobretudo civil. A luta contra o invasor é também uma luta para salvaguardar os valores democráticos, humanistas e patrióticos, enquanto se espera uma libertação externa. "Na miséria brutal da época, os resistentes abrem um espaço para a decência cívica, se não para o progresso", ressalta Basil Davidson, membro do Special Operations Executive (SOE, "Executivo de Operações Especiais"), em 1946 (*Partisan Picture*). As ações são predominantemente de ajuda aos perseguidos, de propaganda, greve e recusa a colaborar (60% dos professores noruegueses são demitidos em 1942 por se negarem a alinhar aos nazistas). A dimensão militar se exprime antes pela informação e pela sabotagem que pela guerrilha.

Na média Europa (Tchecoslováquia, Polônia, Iugoslávia, Grécia, e Itália depois de 1943), onde os Estados desaparecem e onde os nazistas e seus esbirros locais desarticulam toda a sociedade com uma violência inaudita, resistir é uma condição de sobrevivência dos indivíduos e das nações. Nesses lugares, a ação assume, de imediato, uma dimensão mais coletiva (o Armia Krajowa, "Exército Nacional" polonês, conta com 380 mil membros), militar e social. Os resistentes fazem uma guerrilha que em 1941 se transforma em insurreição na Iugoslávia, e em sublevações em Varsóvia e na Eslováquia em meados de 1944 – todas esmagadas de forma implacável. Nos porões das cidades da Polônia ou nas regiões montanhosas da Iugoslávia e da Grécia, os resistentes criam sociedades de oposição com suas instituições, suas leis, sua justiça, sua educação, sua cultura. Não obstante, há diferenças profundas. Na Polônia, a luta é feita por atores institucionais – governo no exílio, militares e universitários – que buscam salvaguardar as estruturas de antes da guerra. Na Europa Meridional, a resistência é de *tabula rasa* e beneficia os comunistas. O insuportável mundo antigo desaparece. Na Grécia, o exército popular de libertação nacional cria uma sociedade autogerida que envolve jovens e mulheres. A guerra de libertação vai de par, naturalmente, com implacáveis guerras civis.

Na União Soviética, o Estado stalinista detém dezenas de milhares de pessoas que fogem da repressão nazista e se refugiam nas regiões isoladas. Ele os engaja numa ação militar (uma guerrilha de claro caráter diversionário) e numa ação política (garantir a fidelidade da população ao regime comunista). Embora a primeira seja pouco efetiva, a segunda facilitará bastante a retomada do controle dos territórios libertados.

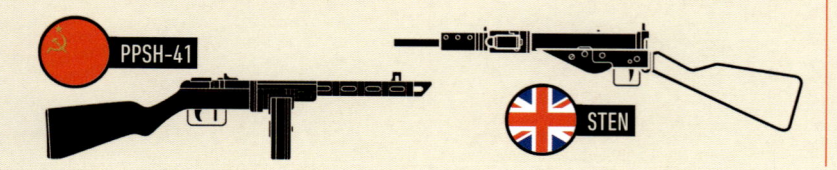

1 • A GUERRA DOS *PARTISANS* SOVIÉTICOS

A propaganda fez os *partisans* atores maiores da guerra: até um milhão deles é responsável pela morte de 500 mil fascistas. Os arquivos mostram uma outra realidade. Os *partisans* – soldados extraviados, comunistas, judeus, camponeses privados de terra, quem sabe até "ex-colaboracionistas" – são menos numerosos. Eles são mal armados e têm outras prioridades que não a guerrilha. Eles precisam sobreviver em suas cloacas pantanosas da Bielorrússia e são mais dados à rapina que à sabotagem. Até 1943, seu impacto é nulo. Posteriormente, tornam-se mais ativos, mas sem efeito notável sobre as operações por estarem distantes dos grandes eixos. Em compensação, ao criar um clima de insegurança, perturbam a exploração dos territórios ocupados e favorecem a fidelidade da população a Stálin. O invasor, incapaz de pescar o peixe nesses santuários agrestes, ao que parece procura "esvaziar o aquário" com uma política de terra arrasada – com efeito, seus alvos são antes os *partisans* que os civis. Ele aplica seu programa de despovoamento em massa dos eslavos, visando uma futura colonização germânica.

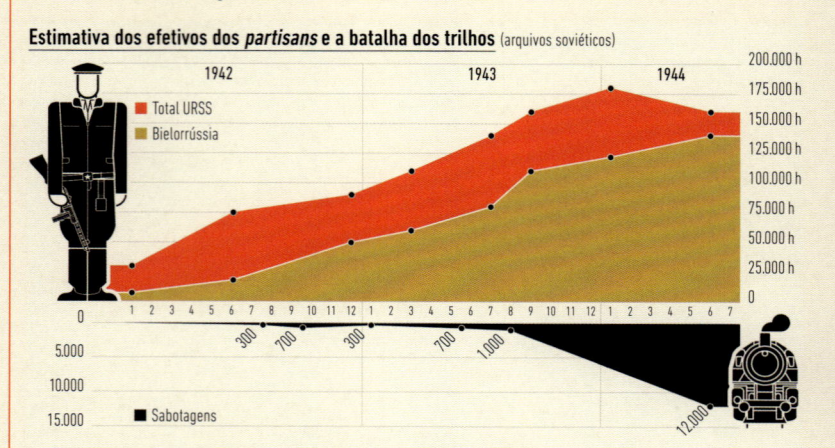

Estimativa dos efetivos dos *partisans* e a batalha dos trilhos (arquivos soviéticos)

O exemplo da resistência e da repressão na floresta de Briansk

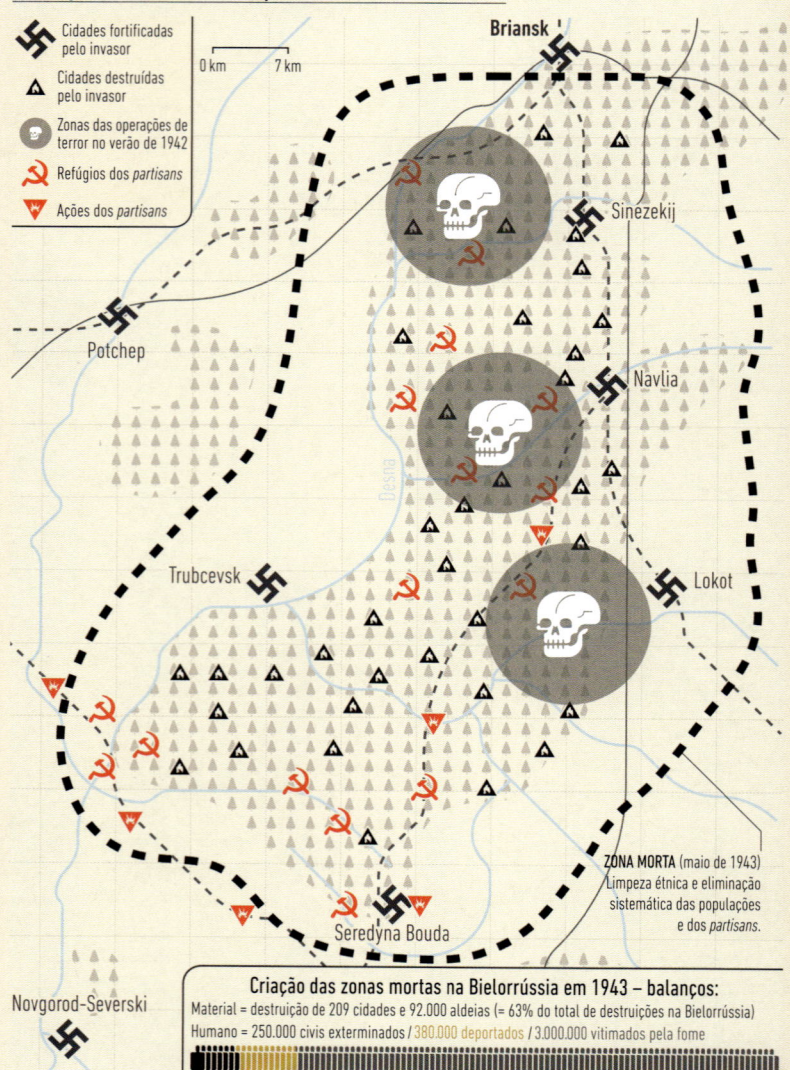

- Cidades fortificadas pelo invasor
- Cidades destruídas pelo invasor
- Zonas das operações de terror no verão de 1942
- Refúgios dos *partisans*
- Ações dos *partisans*

ZONA MORTA (maio de 1943)
Limpeza étnica e eliminação sistemática das populações e dos *partisans*.

Criação das zonas mortas na Bielorrússia em 1943 – balanços:
Material = destruição de 209 cidades e 92.000 aldeias (= 63% do total de destruições na Bielorrússia)
Humano = 250.000 civis exterminados / 380.000 deportados / 3.000.000 vitimados pela fome

2 • RESISTÊNCIAS NA IUGOSLÁVIA

(Todas as estimativas são contestadas, porque essa questão está no cerne das disputas narrativas nos países balcânicos. Consideramos apenas as estimativas validadas pela comunidade científica.)

Em 1941, a Iugoslávia está arruinada. Os Ustachis instalam um regime terrorista na Croácia (que integra a Bósnia) e organizam uma terrível limpeza étnica antissérvia e antissemita. Em outros lugares, os nazistas também exterminam judeus, ciganos e germanizam o Banat sérvio e a Eslovênia anexada; resistir é uma questão de sobrevivência. Uma primeira guerrilha Chetnik nasce sob inspiração do general Mihailovic, apoiada pelo governo no exílio e pelo Reino Unido. Mas, pró-sérvio e visceralmente anticomunista, ela se compromete com o invasor e multiplica os massacres (contra croatas, muçulmanos, comunistas). Uma segunda guerrilha, comunista, congrega muito mais, porque seu projeto político anuncia uma "tripla libertação": do invasor, dos conflitos étnicos e das desigualdades sociais. A geografia montanhosa oferece santuários a partir dos quais os *partisans* constroem uma antissociedade "ao ar livre". Eles conquistam as cidades industriais, obrigando o inimigo a exaustivas operações de limpeza étnica. Em 1943, Tito toma a dianteira e recebe o apoio dos Aliados, que abandonam os Chetniks, por terem se tornado intratáveis. No final de 1944, quando chega o Exército Vermelho, o Eixo só controla as cidades do norte. Este só cederá, porém, em abril de 1945, deixando em sua retirada montanhas de cadáveres.

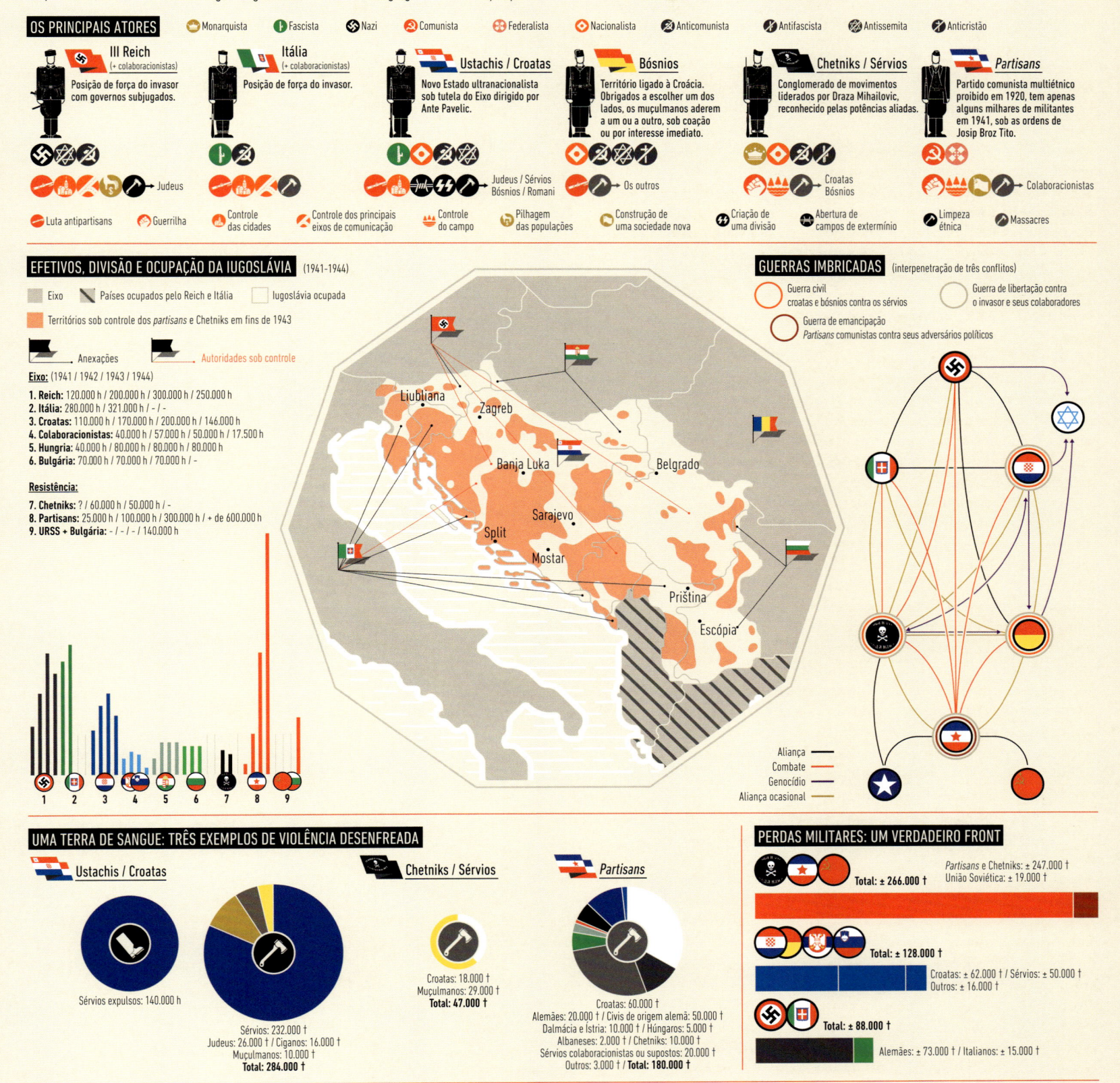

OS PRINCIPAIS ATORES

- Monarquista
- Fascista
- Nazi
- Comunista
- Federalista
- Nacionalista
- Anticomunista
- Antifascista
- Antissemita
- Anticristão

III Reich (+ colaboracionistas) — Posição de força do invasor com governos subjugados.

Itália (+ colaboracionistas) — Posição de força do invasor.

Ustachis / Croatas — Novo Estado ultranacionalista sob tutela do Eixo dirigido por Ante Pavelic.

Bósnios — Território ligado à Croácia. Obrigados a escolher um dos lados, os muçulmanos aderem a um ou a outro, sob coação ou por interesse imediato.

Chetniks / Sérvios — Conglomerado de movimentos liderados por Draza Mihailovic, reconhecido pelas potências aliadas.

Partisans — Partido comunista multiétnico proibido em 1920, tem apenas alguns milhares de militantes em 1941, sob as ordens de Josip Broz Tito.

Ícones: Judeus ; Judeus / Sérvios / Bósnios / Romani ; Os outros ; Croatas / Bósnios ; Colaboracionistas

Legenda: Luta antipartisans ; Guerrilha ; Controle das cidades ; Controle dos principais eixos de comunicação ; Controle do campo ; Pilhagem das populações ; Construção de uma sociedade nova ; Criação de uma divisão ; Abertura de campos de extermínio ; Limpeza étnica ; Massacres

EFETIVOS, DIVISÃO E OCUPAÇÃO DA IUGOSLÁVIA (1941-1944)

- Eixo
- Países ocupados pelo Reich e Itália
- Iugoslávia ocupada
- Territórios sob controle dos *partisans* e Chetniks em fins de 1943
- Anexações
- Autoridades sob controle

Eixo: (1941 / 1942 / 1943 / 1944)
1. Reich: 120.000 h / 200.000 h / 300.000 h / 250.000 h
2. Itália: 280.000 h / 321.000 h / - / -
3. Croatas: 110.000 h / 170.000 h / 200.000 h / 146.000 h
4. Colaboracionistas: 40.000 h / 57.000 h / 50.000 h / 17.500 h
5. Hungria: 40.000 h / 80.000 h / 80.000 h / 80.000 h
6. Bulgária: 70.000 h / 70.000 h / 70.000 h / -

Resistência:
7. Chetniks: ? / 60.000 h / 50.000 h / -
8. Partisans: 25.000 h / 100.000 h / 300.000 h / + de 600.000 h
9. URSS + Bulgária: - / - / - / 140.000 h

Cidades: Liubliana, Zagreb, Banja Luka, Belgrado, Split, Sarajevo, Mostar, Priština, Escópia

GUERRAS IMBRICADAS (interpenetração de três conflitos)

- Guerra civil croatas e bósnios contra os sérvios
- Guerra de libertação contra o invasor e seus colaboradores
- Guerra de emancipação *Partisans* comunistas contra seus adversários políticos

Legenda: Aliança ; Combate ; Genocídio ; Aliança ocasional

UMA TERRA DE SANGUE: TRÊS EXEMPLOS DE VIOLÊNCIA DESENFREADA

Ustachis / Croatas
- Sérvios expulsos: 140.000 h
- Sérvios: 232.000 †
- Judeus: 26.000 † / Ciganos: 16.000 †
- Muçulmanos: 10.000 †
- **Total: 284.000 †**

Chetniks / Sérvios
- Croatas: 18.000 †
- Muçulmanos: 29.000 †
- **Total: 47.000 †**

Partisans
- Croatas: 60.000 †
- Alemães: 20.000 † / Civis de origem alemã: 50.000 †
- Dalmácia e Ístria: 10.000 † / Húngaros: 5.000 †
- Albaneses: 2.000 † / Chetniks: 10.000 †
- Sérvios colaboracionistas ou supostos: 20.000 †
- Outros: 3.000 † / **Total: 180.000 †**

PERDAS MILITARES: UM VERDADEIRO FRONT

Total: ± 266.000 †
- *Partisans e Chetniks*: ± 247.000 †
- União Soviética: ± 19.000 †

Total: ± 128.000 †
- *Croatas*: ± 62.000 † / *Sérvios*: ± 50.000 †
- *Outros*: ± 16.000 †

Total: ± 88.000 †
- *Alemães*: ± 73.000 † / *Italianos*: ± 15.000 †

FONTES: 1 • M. Cerovic, *Les enfants de Staline. La guerre des partisans soviétiques (1941-1944)*, Seuil, 2018 – 2 • G. Eismann & S. Martens (dir.), *Occupation et répression militaire allemandes (1939-1945)*, Autrement, 2007 – 3 • V. Geiger, "Human losses of the Croats in World War II and the immediate post-war period caused by the Chetniks and the Partisans and the Yugoslav communist authorities numerical indicators", *Review of Croatian History*, n. 1, p. 77-121, 2012 – 4 • M. Mazower, *Hitler's empire. Nazi rule in occupied Europe*, Penguin, 2008 – 5 • O. Wieviorka, *Une histoire de la Résistance en Europe occidentale*, Perrin, 2017.

169

RESISTÊNCIAS FRANCESAS

No verão de 1940, a Resistência está para ser inventada. Em 18 de junho, De Gaulle a concebe sob uma forma puramente militar. Ele conclama soldados e engenheiros a "entrar em contato" com ele. Nasce a França Livre combatente, núcleo de 10 mil voluntários, em sua maioria profissionais, 20% dos quais estrangeiros. Pouco expressiva na escala das massas mobilizadas no conflito, essa relação é entretanto essencial para fazer viver a França Livre: 75% dos futuros franceses livres se encontram no estrangeiro, 40% dos metropolitanos vêm das regiões litorâneas, em especial da Bretanha. A França Livre se nutrirá das adesões de colônias (Novas Hébridas, África Equatorial, Camarões, possessões do Pacífico e da Índia dos anos 1940): são outro tanto de voluntários, riquezas naturais, bases, receitas fiscais e legitimidade. Seria preciso esperar, porém, a invasão do norte da África, a fusão com o exército da África e o rearmamento americano para que o Comitê Francês de Libertação Nacional, renomeado Governo Provisório da República Francesa em junho de 1944, possa dispor de um exército digno desse nome (10% dos efetivos aliados em 1945), que no entanto os Aliados relegam a uma posição subalterna.

Numa França sob o choque de 1940, as iniciativas são a princípio individuais e improvisadas para "fazer alguma coisa": manifestações patrióticas e raras sabotagens em pequena escala. O fim do ano assiste ao surgimento das primeiras organizações. Elas estabelecem contato com Londres, antes de serem varridas. Em 1941 ocorre uma primeira mudança de rumos: o Partido Comunista Francês (PCF), clandestino desde 1939, se lança canhestramente na resistência armada. Mas a falta de voluntários (nunca mais de cinquenta ativistas em Paris), a atomização dos movimentos, das táticas, o amadorismo, a pobreza material e uma terrível repressão – sobretudo por parte da polícia de Vichy – limitam por muito tempo a eficácia dos "exércitos das sombras". Seria preciso esperar o segundo semestre de 1943 para uma segunda mudança. Neste caso, ela é ao mesmo tempo política, com a unificação no seio do Comitê Nacional da Resistência; ideológica, quando a Resistência se torna, aos olhos da opinião pública, uma oposição confiável a Vichy; geográfica, porque, depois de ter sido urbana, a resistência se "ruraliza" com seus primeiros maquis; e enfim humana, pois os efetivos já contam centenas de milhares. Pela insurreição, as Forças Francesas do Interior (FFI) podem então dar a sua contribuição à Libertação, é verdade que mais política que militar, o que não compromete a idealização operada no pós-guerra. Seu sacrifício não foi em vão. Não apenas as resistências tornaram possível a reconstrução da identidade nacional, mas também perenizaram os valores republicanos, evitando assim, em 1944, um perigoso vazio de poder e oferecendo à França um assento à mesa dos vencedores.

1 • QUANTOS?

A adesão à França Livre foi precoce (um quarto em julho-agosto de 1940), avolumou-se com a conquista do Levante em meados de 1941 e em 1943 com a conquista do norte da África, onde ela atraiu civis e militares, logo antes da fusão com o exército da África. Naturalmente, é muito difícil mensurar a resistência interna, e a melhor escala continua sendo o aforismo "alguns milhares em 1940, dezenas de milhares em 1942, centenas de milhares em 1944". Menos de 4% dos que têm o título de "combatente voluntário da Resistência" o foram de fato já em 1940 (e note-se que o número aumentou com a presença dos comunistas que lutavam contra Vichy). A Resistência só deslanchou em 1943, sobretudo com os refratários do STO e a mudança da situação estratégica. Não se incluem os resistentes de última hora.

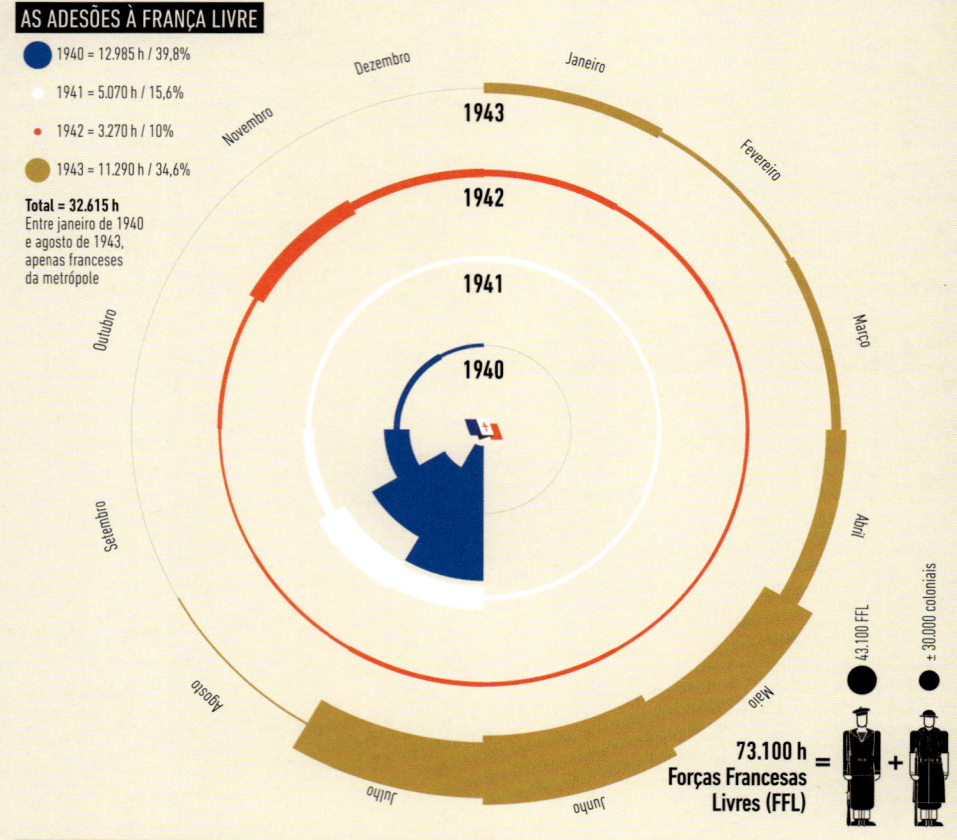

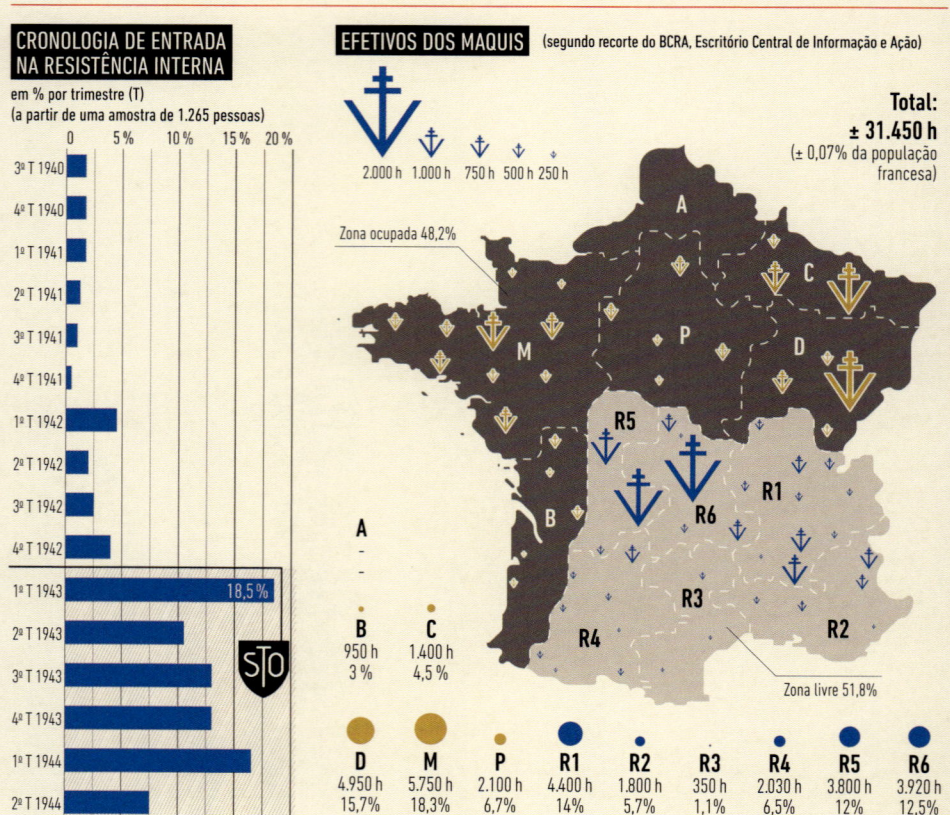

AS ADESÕES À FRANÇA LIVRE

- 1940 = 12.985 h / 39,8%
- 1941 = 5.070 h / 15,6%
- 1942 = 3.270 h / 10%
- 1943 = 11.290 h / 34,6%

Total = 32.615 h
Entre janeiro de 1940 e agosto de 1943, apenas franceses da metrópole

43.100 FFL + ± 30.000 coloniais = 73.100 h Forças Francesas Livres (FFL)

CRONOLOGIA DE ENTRADA NA RESISTÊNCIA INTERNA
em % por trimestre (T)
(a partir de uma amostra de 1.265 pessoas)

Trimestre	%
3º T 1940	
4º T 1940	
1º T 1941	
2º T 1941	
3º T 1941	
4º T 1941	
1º T 1942	
2º T 1942	
3º T 1942	
4º T 1942	
1º T 1943	18,5%
2º T 1943	
3º T 1943	
4º T 1943	
1º T 1944	
2º T 1944	

EFETIVOS DOS MAQUIS (segundo recorte do BCRA, Escritório Central de Informação e Ação)

Total: ± 31.450 h (± 0,07% da população francesa)

2.000 h 1.000 h 750 h 500 h 250 h

Zona ocupada 48,2%
Zona livre 51,8%

	A	B	C	D	M	P	R1	R2	R3	R4	R5	R6
h	–	950	1.400	4.950	5.750	2.100	4.400	1.800	350	2.030	3.800	3.920
%		3	4,5	15,7	18,3	6,7	14	5,7	1,1	6,5	12	12,5

2 • QUEM?

A resistência, em especial a externa, é um fenômeno de jovens citadinos, de 24 anos em média, engajados nas Forças Francesas Livres (FFL). As FFL provêm dos meios privilegiados e instruídos, pouco politizados ou, quando o são, com tendência para a direita. "Embora as elites brilhem pela ausência em Londres em 1940, seus filhos estavam bem presentes" (J.-F. Muracciole). A resistência interna é mais velha (34 anos) e heterogênea, mas observa-se novamente que os camponeses têm pouca participação, ao contrário das profissões mais qualificadas; uma distorção que aliás se encontra também no universo colaboracionista. As pesquisas relativizam também a mística de uma prevalência de operários: 20% dos resistentes deportados são operários e representam 30% da sociedade.

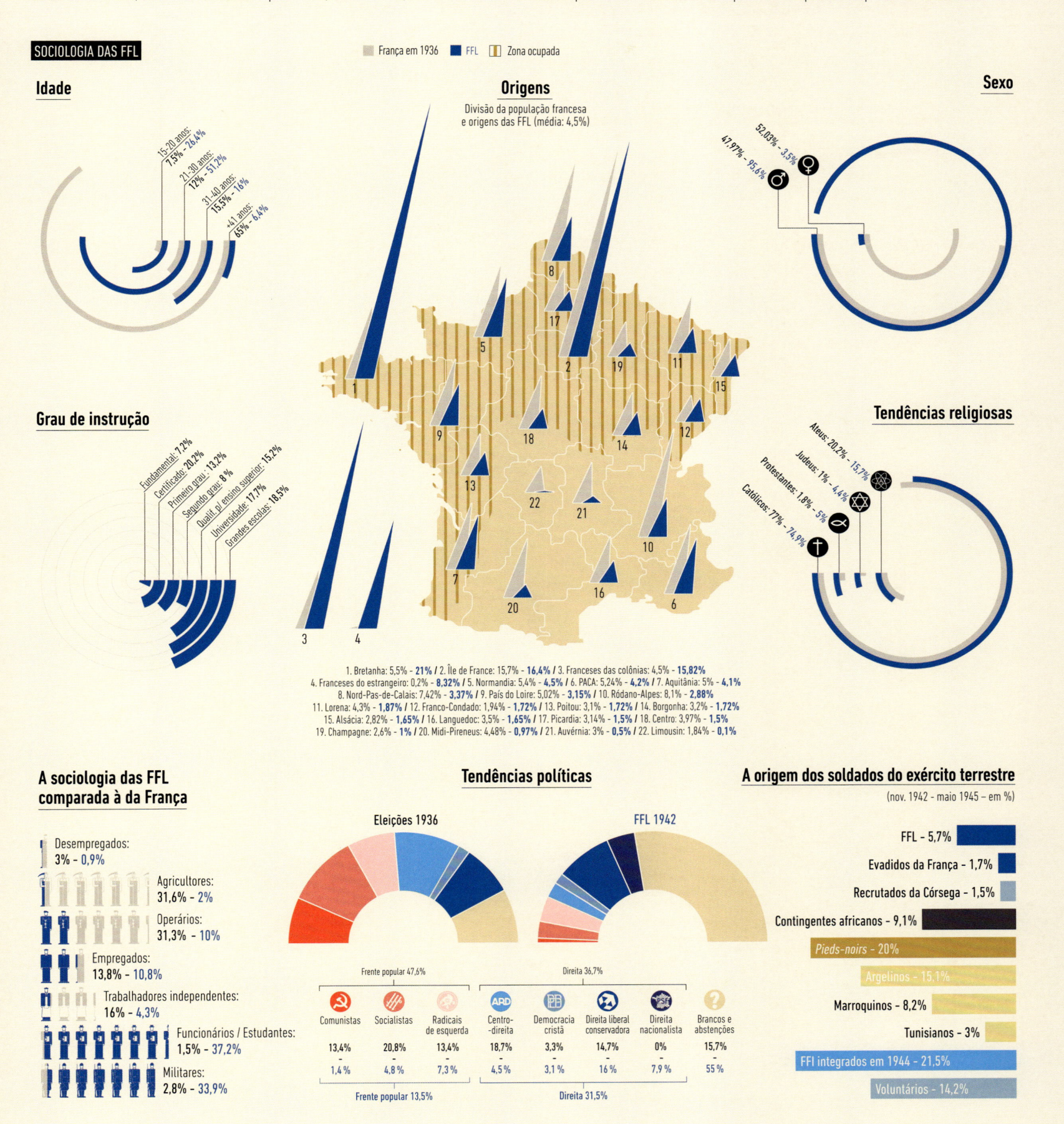

SOCIOLOGIA DAS FFL

França em 1936 | FFL | Zona ocupada

Idade
- 15-20 anos: 7,3% – 26,4%
- 21-30 anos: 12% – 51,2%
- 31-40 anos: 15,5% – 16%
- +41 anos: 65% – 6,4%

Origens
Divisão da população francesa e origens das FFL (média: 4,5%)

1. Bretanha: 5,5% – **21%** / 2. Île de France: 15,7% – **16,4%** / 3. Franceses das colônias: 4,5% – **15,82%**
4. Franceses do estrangeiro: 0,2% – **8,32%** / 5. Normandia: 5,4% – **4,5%** / 6. PACA: 5,24% – **4,2%** / 7. Aquitânia: 5% – **4,1%**
8. Nord-Pas-de-Calais: 7,42% – **3,37%** / 9. País do Loire: 5,02% – **3,15%** / 10. Ródano-Alpes: 8,1% – **2,88%**
11. Lorena: 4,3% – **1,87%** / 12. Franco-Condado: 1,94% – **1,72%** / 13. Poitou: 3,1% – **1,72%** / 14. Borgonha: 3,2% – **1,72%**
15. Alsácia: 2,82% – **1,65%** / 16. Languedoc: 3,5% – **1,65%** / 17. Picardia: 3,14% – **1,5%** / 18. Centro: 3,97% – **1,5%**
19. Champagne: 2,6% – **1%** / 20. Midi-Pireneus: 4,48% – **0,97%** / 21. Auvérnia: 3% – **0,5%** / 22. Limusin: 1,84% – **0,1%**

Sexo
- 52,03% – 3,5% ♀
- 47,97% – 95,6% ♂

Grau de instrução
- Fundamental: 7,2%
- Certificado: 20,2%
- Primeiro grau: 13,2%
- Segundo grau: 8%
- Qualif. p/ ensino superior: 15,2%
- Universidade: 17,7%
- Grandes escolas: 18,5%

Tendências religiosas
- Ateus: 20,2% – 15,7%
- Judeus: 1% – 4,4%
- Protestantes: 1,8% – 5%
- Católicos: 77% – 74,9%

A sociologia das FFL comparada à da França
- Desempregados: 3% – 0,9%
- Agricultores: 31,6% – 2%
- Operários: 31,3% – 10%
- Empregados: 13,8% – 10,8%
- Trabalhadores independentes: 16% – 4,3%
- Funcionários / Estudantes: 1,5% – 37,2%
- Militares: 2,8% – 33,9%

Tendências políticas

Eleições 1936 — Frente popular 47,6%
- Comunistas: 13,4% – 1,4%
- Socialistas: 20,8% – 4,8%
- Radicais de esquerda: 13,4% – 7,3%

Frente popular 13,5%

FFL 1942 — Direita 36,7%
- Centro-direita: 18,7% – 4,5%
- Democracia cristã: 3,3% – 3,1%
- Direita liberal conservadora: 14,7% – 16%
- Direita nacionalista: 0% – 7,9%
- Brancos e abstenções: 15,7% – 55%

Direita 31,5%

A origem dos soldados do exército terrestre
(nov. 1942 - maio 1945 – em %)

- FFL – 5,7%
- Evadidos da França – 1,7%
- Recrutados da Córsega – 1,5%
- Contingentes africanos – 9,1%
- Pieds-noirs – 20%
- Argelinos – 15,1%
- Marroquinos – 8,2%
- Tunisianos – 3%
- FFI integrados em 1944 – 21,5%
- Voluntários – 14,2%

3 • COMBATER

A epopeia começa na África com uma série de combates periféricos contra Vichy, de Dakar ao Levante, passando pela África Oriental. Seria preciso esperar a primavera de 1942 para ver uma brigada francesa na linha de frente (Bir Hakeim). Mesmo somando a esta a força Leclerc, vinda do Saara, a presença francesa é meramente cosmética. A situação muda em fins de 1942, com o engajamento do exército da África, que leva à união de irmãos inimigos. Esse exército, em que os povos colonizados e os *pieds-noirs* representam 88% dos efetivos em 1943, toma lugar no campo dos Aliados e está em todos os combates (um corpo na Itália, um exército de 250 mil homens na França) justificando a presença tricolor na capitulação alemã. Na França, a resistência é um conjunto de projetos e práticas diferenciadas: inteligência, auxílio aos perseguidos e tentativa de mobilização das massas. A princípio modestas, essas ações datam de 1942. O mesmo não ocorre com a resistência armada. As sabotagens levadas a bom termo são raras e só afetam os inimigos em meados de 1944, em apoio ao desembarque. Entre 23 de agosto de 1941 – data na qual o comunista Pierre Georges matou o soldado alemão Moser no metrô Barbes em represália à invasão da União Soviética – e 6 de junho de 1944, apenas 0,02% dos alemães morrem na França. Os resistentes matam mais franceses, colaboracionistas reais ou supostos, e membros das forças da ordem de Vichy. Mesmo o levante em meados de 1944 tem pouca influência na guerra. Só a retirada dos exércitos alemães, acuados entre os exércitos aliados desembarcados na Normandia e na Provença, evita um desastre. Para recuperar a autoestima, a França não terá alternativa senão idealizar esse período.

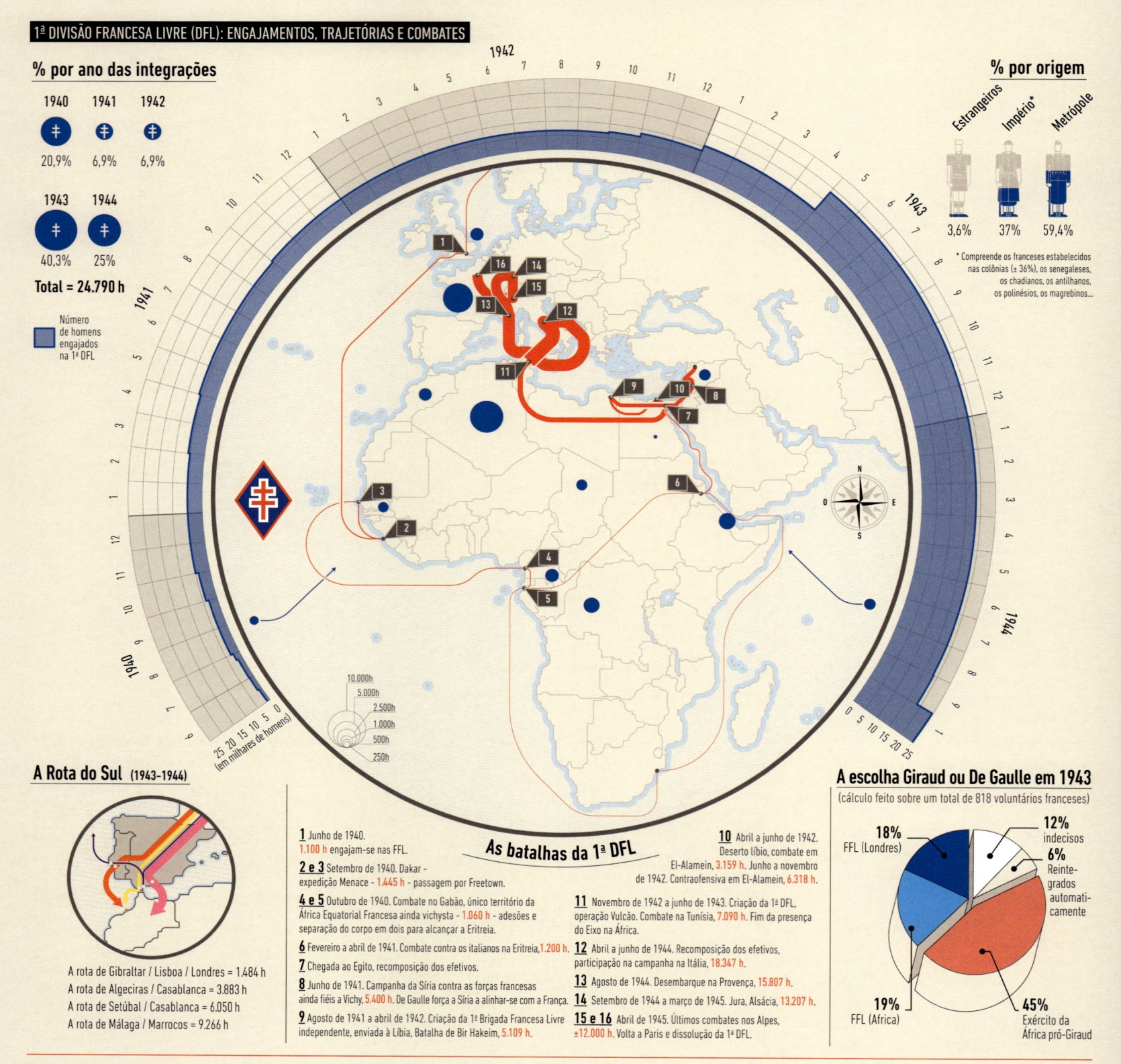

1ª DIVISÃO FRANCESA LIVRE (DFL): ENGAJAMENTOS, TRAJETÓRIAS E COMBATES

% por ano das integrações

1940	1941	1942
20,9%	6,9%	6,9%

1943	1944
40,3%	25%

Total = 24.790 h

Número de homens engajados na 1ª DFL

% por origem

Estrangeiros	Império*	Metrópole
3,6%	37%	59,4%

* Compreende os franceses estabelecidos nas colônias (± 36%), os senegaleses, os chadianos, os antilhanos, os polinésios, os magrebinos...

A Rota do Sul (1943-1944)

- A rota de Gibraltar / Lisboa / Londres = 1.484 h
- A rota de Algeciras / Casablanca = 3.883 h
- A rota de Setúbal / Casablanca = 6.050 h
- A rota de Málaga / Marrocos = 9.266 h

As batalhas da 1ª DFL

1 Junho de 1940. 1.100 h engajam-se nas FFL.

2 e 3 Setembro de 1940. Dakar - expedição Menace - 1.445 h - passagem por Freetown.

4 e 5 Outubro de 1940. Combate no Gabão, único território da África Equatorial Francesa ainda vichysta - 1.060 h - adesões e separação do corpo em dois para alcançar a Eritreia.

6 Fevereiro a abril de 1941. Combate contra os italianos na Eritreia - 1.200 h.

7 Chegada ao Egito, recomposição dos efetivos.

8 Junho de 1941. Campanha da Síria contra as forças francesas ainda fiéis a Vichy - 5.400 h. De Gaulle força a Síria a alinhar-se com a França.

9 Agosto de 1941 a abril de 1942. Criação da 1ª Brigada Francesa Livre independente, enviada à Líbia, Batalha de Bir Hakeim - 5.109 h.

10 Abril a junho de 1942. Deserto líbio, combate em El-Alamein, 3.159 h. Junho a novembro de 1942. Contraofensiva em El-Alamein, 6.318 h.

11 Novembro de 1942 a junho de 1943. Criação da 1ª DFL, operação Vulcão. Combate na Tunísia, 7.090 h. Fim da presença do Eixo na África.

12 Abril a junho de 1944. Recomposição dos efetivos, participação na campanha na Itália, 18.347 h.

13 Agosto de 1944. Desembarque na Provença, 15.807 h.

14 Setembro de 1944 a março de 1945. Jura, Alsácia, 13.207 h.

15 e 16 Abril de 1945. Últimos combates nos Alpes, ±12.000 h. Volta a Paris e dissolução da 1ª DFL.

A escolha Giraud ou De Gaulle em 1943

(cálculo feito sobre um total de 818 voluntários franceses)

- 18% FFL (Londres)
- 12% indecisos
- 6% Reintegrados automaticamente
- 45% Exército da África pró-Giraud
- 19% FFL (África)

FONTES: 1• J.-L. Leleu, F. Passera, J. Quellien, M. Daeffler, *La France pendant la Seconde Guerre Mondiale, atlas historique*, Fayard, Ministère de la Défense, 2010 — 2• F. Marcot (dir.), *Dictionnaire historique de la Résistance*, Robert Laffont, 2006 – 3• J.-F. Muracciole, *Les français libres, l'autre résistance*, Tallandier, 2009 – 4• O. Wieviorka, *Histoire de la Résistance, 1940-1945*, Perrin, 2013 –

AÇÕES DAS FFI

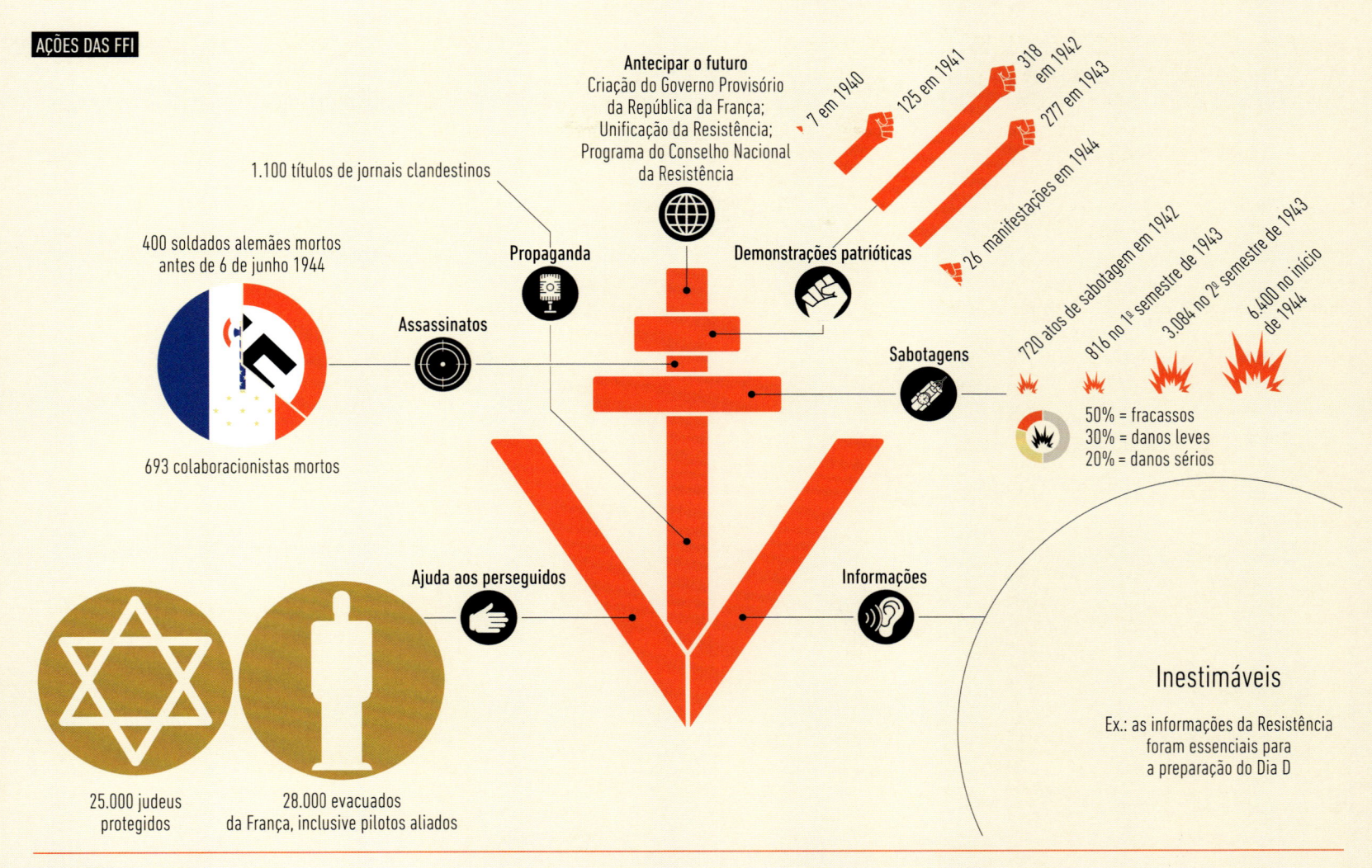

400 soldados alemães mortos antes de 6 de junho 1944

1.100 títulos de jornais clandestinos

Antecipar o futuro
Criação do Governo Provisório da República da França; Unificação da Resistência; Programa do Conselho Nacional da Resistência

7 em 1940
125 em 1941
318 em 1942
277 em 1943
26 manifestações em 1944

693 colaboracionistas mortos

Assassinatos
Propaganda
Demonstrações patrióticas
Sabotagens

720 atos de sabotagem em 1942
816 no 1º semestre de 1943
3.084 no 2º semestre de 1943
6.400 no início de 1944

50% = fracassos
30% = danos leves
20% = danos sérios

Ajuda aos perseguidos
Informações

25.000 judeus protegidos

28.000 evacuados da França, inclusive pilotos aliados

Inestimáveis
Ex.: as informações da Resistência foram essenciais para a preparação do Dia D

4 • MORRER

Morrer como mártir é um ato de resistência em si, e, no pós-guerra, um verdadeiro certificado de patriotismo. O Partido Comunista Francês se cobre com as mortalhas dos 75 mil militantes fuzilados. Pura criação da memória: os arquivos registram menos de 4 mil execuções. Daí não devemos concluir ter havido indulgência por parte das forças de ocupação. Por um lado, porque a essas execuções deve se somar a deportação em massa de 50 mil franceses – às vezes simplesmente por ter ouvido a BBC – e cerca de 18 mil não sobrevivem a ela; por outro, considerando-se o pequeno número dos efetivos engajados, as perdas são terríveis, pelo menos em 1941-1942. Um resistente de primeira hora não tem quase nenhuma chance de sobreviver. As redes são decapitadas de forma contínua. A insurreição de meados de 1944 é igualmente sangrenta (cerca de 12 mil mortos).

A Resistência externa e o Exército de Libertação pagam também um pesado tributo: 3.200 franceses livres morrem entre 1940 e 1942, 25 mil combatentes do Exército de Libertação morrem entre 1943 e 1945.

RESISTENTES
Total = ± 500.000 h engajados – 33.734 † / 6,75%

Em combate	Fuzilados	Fuzilados como reféns	Estando deportados
12.000 h	2.900 h	834 h	18.000 h
2,4%	0,58%	0,17%	3,6%

EXÉRCITO DE LIBERTAÇÃO
Total = 75.823 feridos / 25.370 †

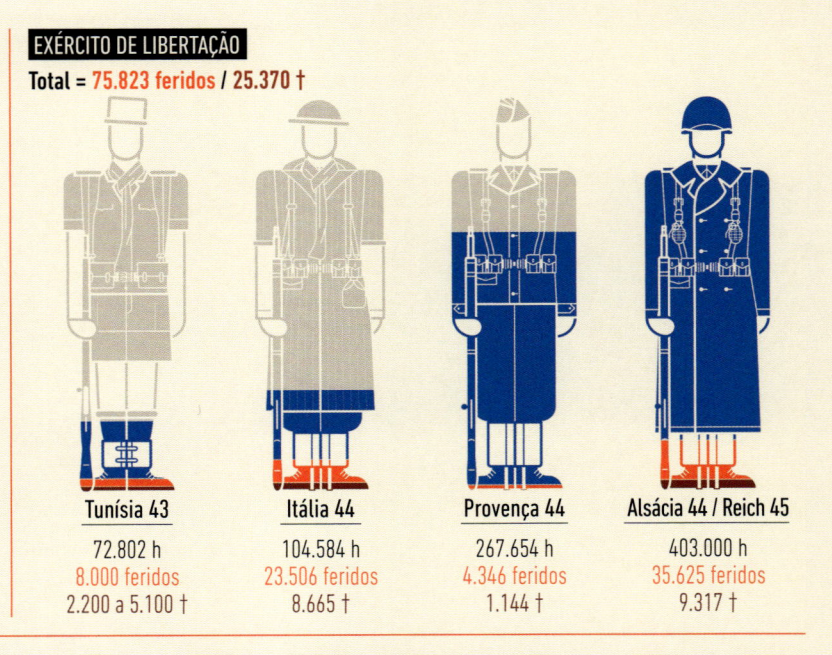

Tunísia 43	Itália 44	Provença 44	Alsácia 44 / Reich 45
72.802 h	104.584 h	267.654 h	403.000 h
8.000 feridos	23.506 feridos	4.346 feridos	35.625 feridos
2.200 a 5.100 †	8.665 †	1.144 †	9.317 †

5• J.-L. Crémieux-Brilhac, *La France Libre, de l'appel du 18 Juin à la libération*, 2 t., "Folio Histoire", Gallimard, 2014 – 6• F. Liaigre, *Les FTP. Nouvelle histoire d'une résistance*, Perrin, 2016 – 7• F. Broche, G. Caïtucoli, J.-F. Muracciole, M. Gallo, *La France au combat*, Perrin, 2007 – 8• F. Grenard, *Maquis noirs et faux maquis*, Vendémiaire, 2013 – 9• www.francaislibres.net.

OS DESLOCAMENTOS DOS POVOS

A Segunda Guerra Mundial se caracteriza pela vastidão dos deslocamentos de civis: 40 milhões na Europa de 1939 a 1945. Cientes de ter de cuidar, alimentar e repatriar essa maré humana, mas sem noção de sua extensão, os Aliados criam em 1943 uma estrutura internacional: a Administração das Nações Unidas para Auxílio à Reconstrução (UNRRA). Ela está à frente de organizações de caridade, mas depende dos militares. Quando a Alemanha capitula, os Aliados computam de 12 a 13 milhões de trabalhadores estrangeiros, prisioneiros de guerra e deportados, total um tanto aproximado, visto que a derrocada do Reich tornou impossível fazer um cômputo preciso. Para complicar ainda mais as coisas, milhões de alemães se deslocaram para o interior do país: citadinos que deixaram as cidades bombardeadas (4,8 milhões) e refugiados que fugiram ante o avanço do Exército Vermelho (entre 6 e 9 milhões). E ei-los lançados nas estradas de um país devastado, gigantesco formigueiro de colunas em movimento. A UNRRA foi ultrapassada, canhestra, e proibida nas zonas soviéticas. Em Bergen-Belsen, 14 mil deportados morrem depois de libertados. O fato de as autoridades terem sido capazes de reunir esses refugiados e repatriar a maioria deles no espaço de seis meses é um verdadeiro milagre. Resta 1,5 milhão de poloneses, ucranianos, bálticos e judeus não repatriáveis. Lá estão eles

1 • O GRANDE REGRESSO
Com a derrocada do Reich, só foi possível estabelecer números aproximados

OS ESTRANGEIROS NO TERRITÓRIO DO REICH EM 30 DE ABRIL DE 1945
num total de 12 a 13 milhões de homens

Por nacionalidade
1 Soviéticos ≈ 6.936.000 - 2 Franceses ≈ 1.690.200 - 3 Poloneses ≈ 1.403.000 - 4 Italianos ≈ 700.000
5 Belgas ≈ 500.000 - 6 Holandeses ≈ 402.000 - 7 Tchecos ≈ 350.000 - 8 Iugoslavos ≈ 328.000
9 Anglo-americanos ≈ 275.000 - 10 Bálticos ≈ 100.000 - 11 Outros ≈ 315.800

Por categoria
1 Trabalhadores ≈ 8.000.000 - 2 Prisioneiros de guerra ≈ 3.584.200 (dos quais 1.836.000 soviéticos / 937.000 franceses / 300.000 poloneses / 275.000 anglo-americanos)
3 Deportados pela repressão ≈ 1.000.000 - 4 Deportados raciais ≈ 100.000 - 5 Outros ≈ 315.800

O RÁPIDO REPATRIAMENTO DOS FRANCESES
em milhares

Por mês
- 3/45: 30.000 h
- 4/45: 310.000 h
- 5/45: 880.000 h
- 6/45: 270.000 h
- 7/45: 90.000 h
- 8/45: 30.000 h
- 9/45: 80.200 h

1.690.200 deslocados e prisioneiros

Por categoria
- STO: 618.700 h
- Soldados: 937.000 h
- Malgré-Nous: 93.000 h
- FFI: 39.000 h
- Judeus: 2.500 h (de 75.000 h)

O DESTINO DOS REPATRIADOS SOVIÉTICOS EM 1º DE MARÇO DE 1946
depois da exclusão feita nos campos de triagem e de controle / total = 4.200.000 h

O destino de 2.800.000 pessoas é ignorado, por diversas razões: dossiê não acessível (caso de pelo menos 800 mil delas), óbito antes do repatriamento, ausência de registro num campo de triagem e recusa a voltar à União Soviética (metade dos soviéticos libertados pelos ocidentais fugiram do repatriamento para a "mãe pátria").

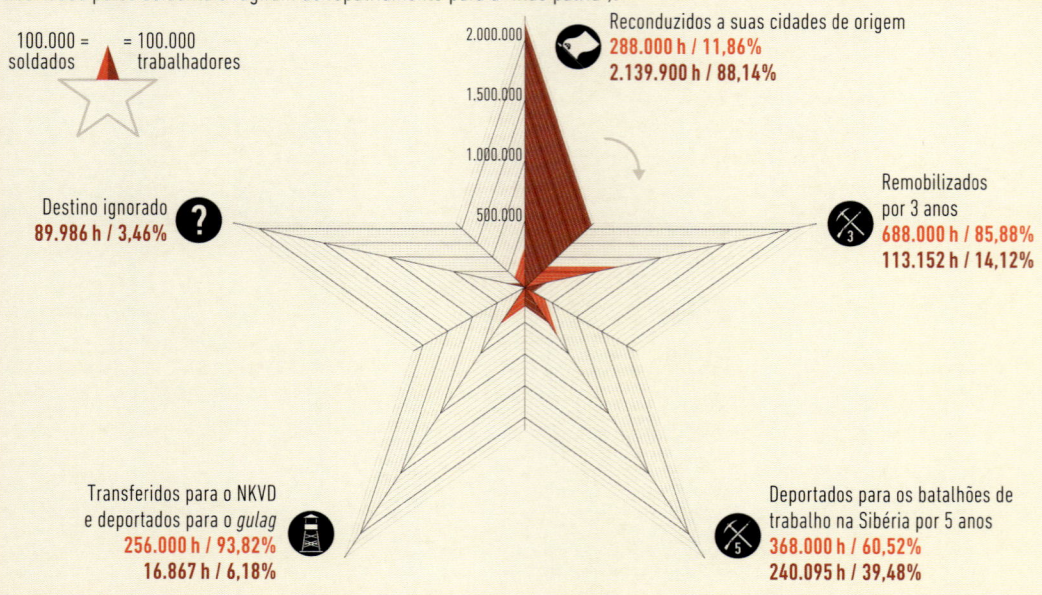

100.000 = soldados / = 100.000 trabalhadores

- Reconduzidos a suas cidades de origem
  288.000 h / 11,86%
  2.139.900 h / 88,14%
- Destino ignorado
  89.986 h / 3,46%
- Remobilizados por 3 anos
  688.000 h / 85,88%
  113.152 h / 14,12%
- Transferidos para o NKVD e deportados para o *gulag*
  256.000 h / 93,82%
  16.867 h / 6,18%
- Deportados para os batalhões de trabalho na Sibéria por 5 anos
  368.000 h / 60,52%
  240.095 h / 39,48%

2 • TROCAR OS POVOS

No centro desses fluxos encontra-se a Polônia, que se expande para o oeste, compensando, à custa da Alemanha, os territórios perdidos, para benefício da União Soviética. As populações devem acompanhar. Mas todos os países procedem a uma limpeza étnica. Os métodos, empregados nos últimos trinta anos, são por toda parte os mesmos: intimidação, discriminação, violência, aprisionamento (caso de 3 milhões de alemães na União Soviética, Polônia e Iugoslávia, com a morte de um quarto deles) e expulsão a pé ou por trem. O grosso desses procedimentos se dá antes de 1948, mas até 1954 os Estados organizam operações de limpeza, de diluição (deslocamentos forçados no interior das fronteiras de um Estado, de que são vítimas, por exemplo, 140 mil ucranianos da Polônia, 258 mil ucranianos e 82 mil lituanos na União Soviética), seguidas de assimilação.

O DESLOCAMENTO DAS POPULAÇÕES DE ORIGEM GERMÂNICA
pessoas que ficaram a cargo de autoridades de acolhimento
? = número desconhecido

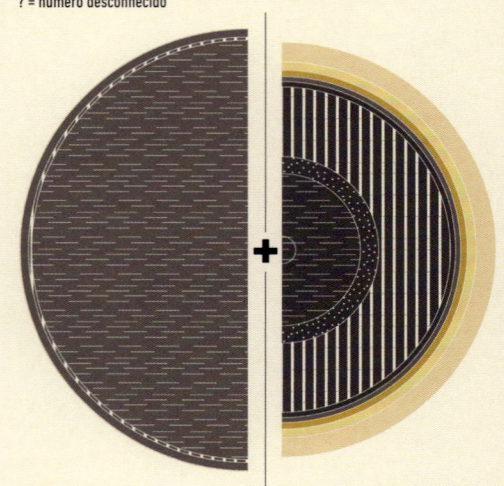

antes de 8 maio de 1945
± 8.810.000 refugiados

depois de 8 maio de 1945
± 8.300.000 expulsos

	antes	depois
ex-províncias alemãs	8.350.000 h	542.000 h (URSS) / 2.500.000 h (Pol.)
Polônia	?	700.000 h
Tchecoslováquia	120.000 h	2.800.000 h
Romênia	?	213.000 h
URSS	320.000 h	195.000 h
Hungria	20.000 h	253.000 h
Iugoslávia	?	335.000 h
Resto da Europa	?	762.000 h

dos quais entre 500.000 e 2.251.500 mortos
Total: ± 17.110.000 deslocados

NA EUROPA DO PÓS-GUERRA

novamente, aglomerados em casernas e antigos campos de concentração reformados e caracterizados por superpovoamento, promiscuidade e más condições sanitárias. Por toda parte, a espera de um visto parece não ter fim (o último campo só se fecharia em 1959). E esses campos se renovam no ritmo das expulsões no Leste Europeu.

Com efeito, as deportações stalinistas e hitleristas rompem uma barreira. A noção de comunidade sedentária estável, base das sociedades europeias, se reduz a nada. A população se torna um dado ajustável e, ao arrepio da Carta do Atlântico, as potências ocidentais se alinham com Stálin. Elas esperam estabelecer a próxima paz com base em Estados etnicamente homogêneos; "uma vassourada", resume Churchill. Nunca houve um reagrupamento nessas proporções. Os números causam mal-estar: de 12 a 16 milhões.

Os alemães são os mais afetados (9 milhões expulsos e no mínimo 500 mil mortos), mas pelo menos eles vão para uma "mãe pátria" que irá conhecer um milagre econômico. Os outros não podem dizer o mesmo, deportados que são para um país estrangeiro subdesenvolvido e ditatorial. Por seu custo humano, a consequente amargura e a desordem prolongada imposta, essas expulsões aprofundam a ruína do Leste Europeu.

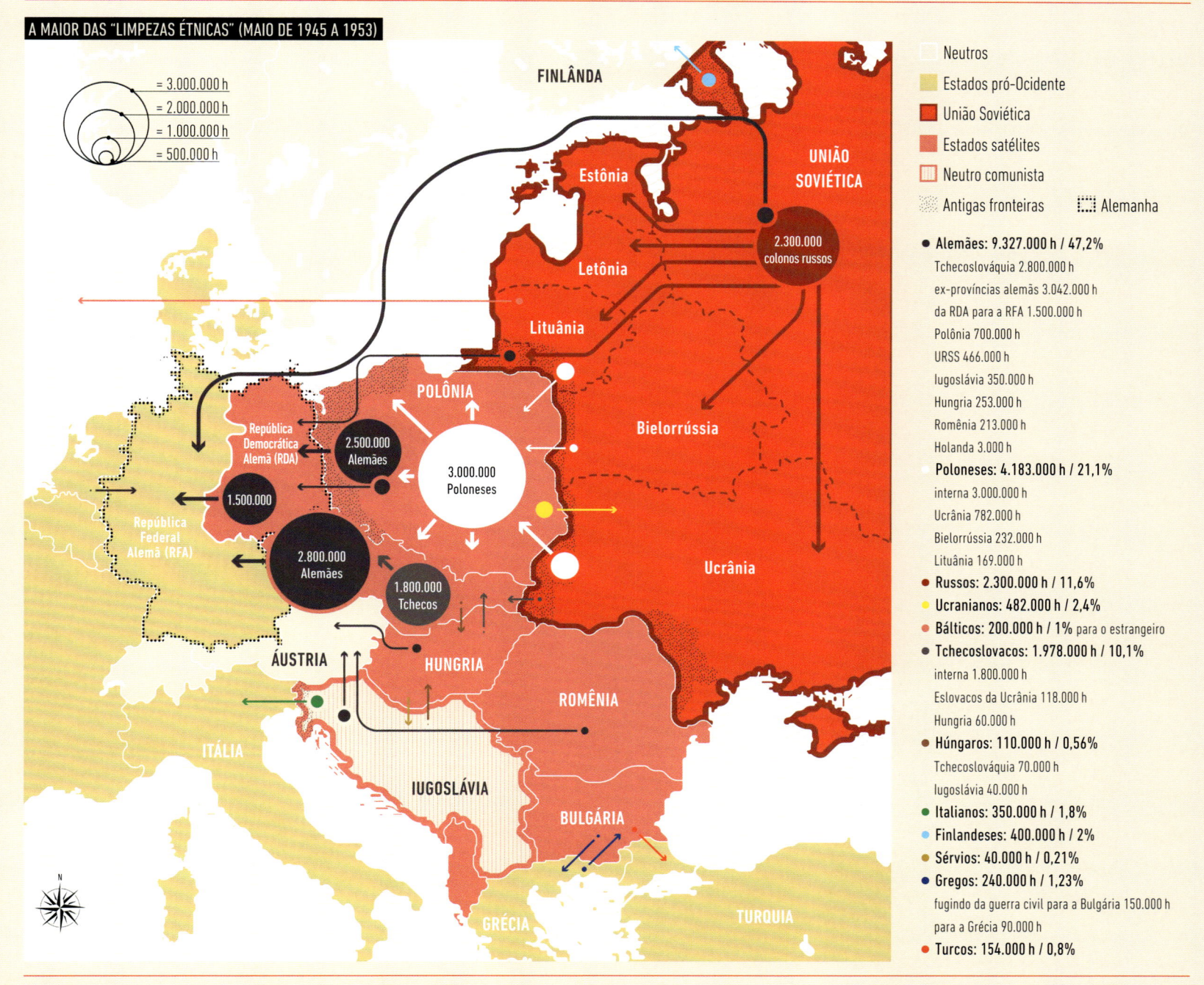

A MAIOR DAS "LIMPEZAS ÉTNICAS" (MAIO DE 1945 A 1953)

- **Alemães: 9.327.000 h / 47,2%**
  - Tchecoslováquia 2.800.000 h
  - ex-províncias alemãs 3.042.000 h
  - da RDA para a RFA 1.500.000 h
  - Polônia 700.000 h
  - URSS 466.000 h
  - Iugoslávia 350.000 h
  - Hungria 253.000 h
  - Romênia 213.000 h
  - Holanda 3.000 h
- **Poloneses: 4.183.000 h / 21,1%**
  - interna 3.000.000 h
  - Ucrânia 782.000 h
  - Bielorrússia 232.000 h
  - Lituânia 169.000 h
- **Russos: 2.300.000 h / 11,6%**
- **Ucranianos: 482.000 h / 2,4%**
- **Bálticos: 200.000 h / 1%** para o estrangeiro
- **Tchecoslovacos: 1.978.000 h / 10,1%**
  - interna 1.800.000 h
  - Eslovacos da Ucrânia 118.000 h
  - Hungria 60.000 h
- **Húngaros: 110.000 h / 0,56%**
  - Tchecoslováquia 70.000 h
  - Iugoslávia 40.000 h
- **Italianos: 350.000 h / 1,8%**
- **Finlandeses: 400.000 h / 2%**
- **Sérvios: 40.000 h / 0,21%**
- **Gregos: 240.000 h / 1,23%**
  - fugindo da guerra civil para a Bulgária 150.000 h
  - para a Grécia 90.000 h
- **Turcos: 154.000 h / 0,8%**

FONTES: 1• Timothy Snyder, *Terres de sang: L'Europe entre Hitler et Staline*, Gallimard, 2012 – 2• Catherine Gousseff, *Échanger les peuples: Le déplacement des minorités aux confins polono-soviétiques*, Fayard, 2015 – 3• Nicolas Werth, "Le grand retour, URSS 1945-1946", *Histoire@politique. Politique, Culture, Societé*, n. 3, 2007 – 4• Ben Shephard, *Le long retour (1945-1952), L'histoire tragique des "déplacés" de l'après-guerre*, Albin Michel, 2014 – 5• Keith Lowe, *L'Europe barbare (1945-1950)*, Perrin, 2013 – 6• Malcolm J. Proudfoot, *European refugees (1939-1952). A study in forced population movement*, Northwestern University Press, 1956 – 7• Jessica Reinisch & Elizabeth White (ed.), *The disentanglement of populations: Migration, expulsion and displacement in post-war Europe, 1944-49*, Palgrave Macmillan, 2011 – 8• Mark Wyman, *DPs: Europe's displaced persons, 1945-1951*, Cornell University Press, 1998 – 9• Gerhard Reichling, *Die deutschen Vertriebenen in Zahlen. Umsiedler, Verschleppte, Vertriebene, Aussiedler*, Kulturstiftung der deutschen Vertriebenen, 1985 – 10• R. M. Douglas, *Les expulsés*, Flammarion, 2012.

BALANÇO ECONÔMICO DA GUERRA

"Logo depois da guerra, a Europa apresentava um quadro de miséria e desolação absolutas. As fotografias e os documentários da época mostram lamentáveis vagas de civis carentes de tudo arrastando-se numa paisagem devastada de cidades em ruína e campos estéreis" (Tony Judt).

Na Alemanha não há mais autoridade, o dinheiro já não vale nada e não há nada para comprar, nada para comer e tampouco trabalho. "Restam apenas o caos e a luta pela sobrevivência" (K. Lowe). Uma tal calamidade, única na história humana, faz temer uma era glacial de pelo menos vinte anos, agitada por guerras civis. A situação da Ásia não é melhor. A fome grassa num Japão em cinzas. O fato de que este e a

1 • AS RUÍNAS

Ruínas e mais ruínas! Paris e Roma são milagrosamente restauradas, ao passo que Berlim, Varsóvia, Minsk e tantas outras não passam de escombros. No Leste Europeu o desastre vai além da imaginação. Da Prússia a Moscou, a menor das aldeias foi destruída, se não arrasada; 70 mil aldeias e 1.700 cidades destruídas, assim como 32 mil fábricas, somente na União Soviética. Mesmo os territórios à margem das batalhas sofreram: 1 mil aldeias gregas foram reduzidas a cinzas pelas forças de ocupação. Em comparação, o Oeste pareceria quase preservado, se bem que não é o caso. Assim, mais que os bombardeios aéreos e os combates que devastaram a Europa, os mecanismos de aniquilação dos povos e as práticas de terra arrasada constituem os principais fatores de destruição. Os transportes foram atingidos de forma dura. Não sobrou nenhuma ponte sobre o Sena a jusante de Paris, e no Reno só uma permaneceu. Os franceses perderam 10 mil de suas 12.800 locomotivas, os soviéticos, 15 mil; assim, a rede econômica fica paralisada.

ESTIMATIVA DA PROPORÇÃO DE MORADIAS DESTRUÍDAS E DO NÚMERO DE DESABRIGADOS

= 10% não atingidas
= 10% danificadas
= 10% totalmente destruídas
= 1.000.000 h

União Soviética: 25.000.000 h (14,3% da população)

7% danificadas / 15% destruídas

OS DESGASTES DA RIQUEZA INTERNA, UMA REDE DE TRANSPORTES ANIQUILADA

- Bélgica: 10% do PIB — 40% restante?
- Países Baixos: 33% do PIB — 40% restante?
- Reino Unido: 50% do PIB — 95% restante?
- Itália: 50% do PIB — 70% restante
- III Reich: 150% do PIB — 50% restante
- França: 150% do PIB — 45% restante
- Iugoslávia: 300% do PIB — 7% restante?
- Polônia: 300% do PIB — 2% restante
- União Soviética: 540% do PIB — 60% restante

2 • A FOME

As regiões rurais não foram poupadas. Nos Países Baixos, 11% das terras agrícolas foram inundadas e salinizadas. A Iugoslávia perdeu 25% de suas vinhas, 50% de seu gado, 75% de seus arados. As perdas em animais de tração são consideráveis, e as cadeias de distribuição desapareceram. A Europa está à mercê do fornecimento de grandes partidas de grãos dos Estados Unidos. "É melhor aproveitar a guerra, a paz será terrível", troçava-se em Berlim, em 1944.

Com efeito, no pior momento do inverno de 1945-1946, a ração é um quarto inferior ao que era em 1943. No verão seguinte, a mortalidade infantil se eleva a 60%. As epidemias proliferam no Leste, alimentadas pelos deslocamentos em massa da população: 100 mil japoneses morrem de fome até 1948. O pior acontece na União Soviética em 1946-1947, em que uma fome, mantida pelo governo nas regiões ocidentais recém-anexadas, causa 1,5 milhão de óbitos e mata na raiz a esperança de um *baby boom* oriental. Em toda parte foi necessário esperar de três a cinco anos para acabar com o racionamento.

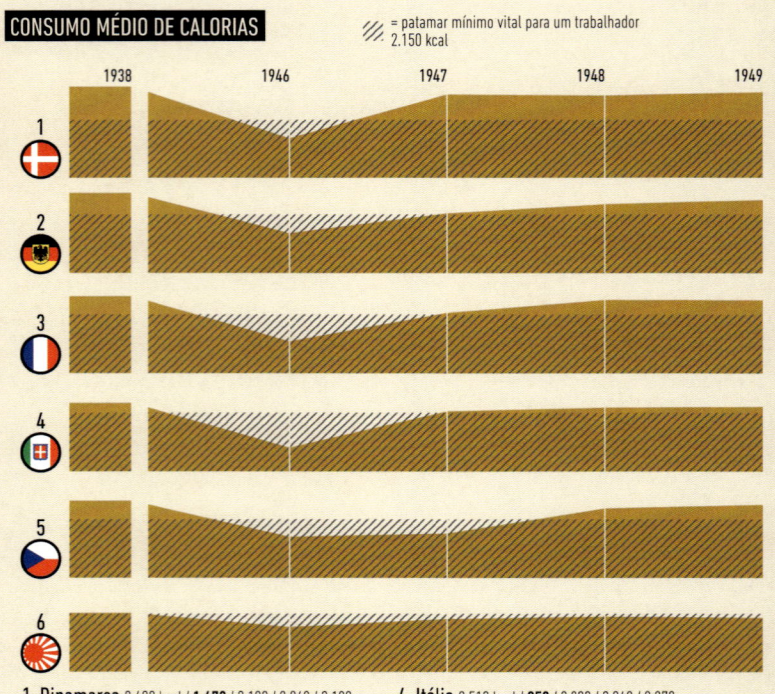

CONSUMO MÉDIO DE CALORIAS

= patamar mínimo vital para um trabalhador 2.150 kcal

Anos: 1938 / 1946 / 1947 / 1948 / 1949

1. **Dinamarca** 3.400 kcal / **1.470** / 3.100 / 3.060 / 3.180
2. **Alemanha** 2.960 kcal / **1.450** / 2.190 / 2.530 / 2.690
3. **França** 2.830 kcal / **1.160** / 2.210 / 2.690 / 2.680
4. **Itália** 2.510 kcal / **850** / 2.200 / 2.340 / 2.370
5. **Tchecoslováquia** 2.700 kcal / **1.510** / 1.629 / 2.441 / 2.690
6. **Japão** 2.180 kcal / **1.581** / 1.960 / 2.050 / 2.000

Europa em uma dezena de anos se ergam de um tal charco e se tornem territórios de prosperidade não deixa de surpreender. Algumas pistas. Por um lado, a existência de uma base industrial sobre a qual reconstruir. Por outro, a própria dimensão da catástrofe impõe perspectivas novas. No Reino Unido, na França, na Itália, na Tchecoslováquia e em outros lugares, as democracias se tornam Estados Assistenciais. Vencer a miséria, a incultura e a injustiça, germes de regimes totalitários, é entendido como uma prioridade para a sobrevivência das democracias. Os Estados estendem seu campo de intervenção às atividades econômicas e sociais. A luta contra os aproveitadores da guerra dá ensejo a uma reforma agrária na Europa Oriental, além de nacionalizações em massa. O Estado supre, assim, a ausência de capitais privados, munido das alavancas para planificar e agir para promover o crescimento. A legislação e os gastos sociais se avolumam. A reconstrução constitui uma oportunidade para trazer o conforto moderno. Assim, esses Estados voluntaristas recriam a coesão e a segurança, mas essa dinâmica só pode durar com a condição de que ao aumento da demanda corresponda o aumento da oferta. Ora, são necessários cinco anos para que ela se materialize. Sem dúvida esses belos projetos teriam fracassado ante a crise social de 1947 sem as inversões financeiras e materiais do gigante americano e dos novos instrumentos internacionais, UNRRA e Banco Internacional de Reconstrução e Desenvolvimento (BIRD).

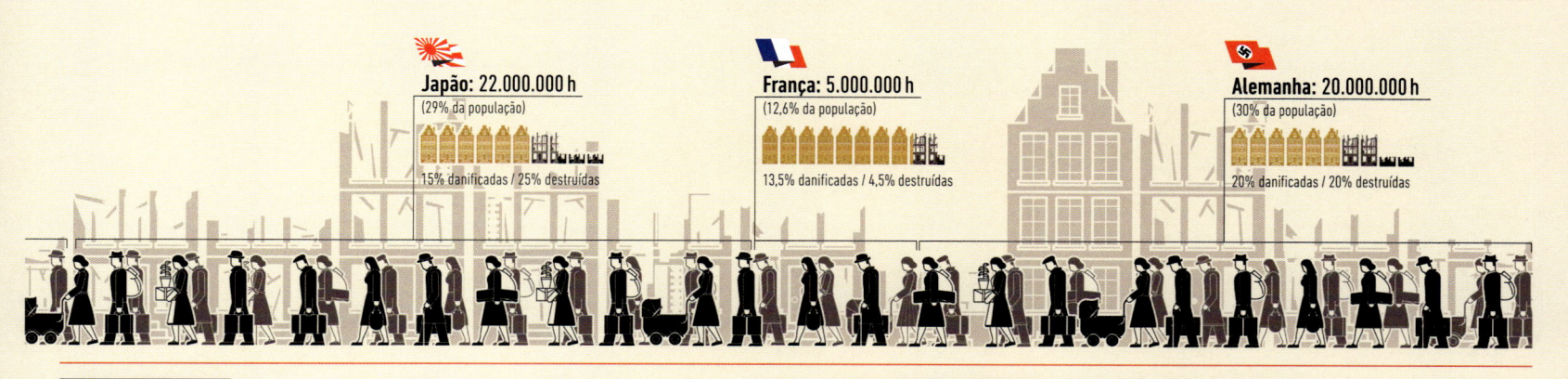

Japão: 22.000.000 h
(29% da população)
15% danificadas / 25% destruídas

França: 5.000.000 h
(12,6% da população)
13,5% danificadas / 4,5% destruídas

Alemanha: 20.000.000 h
(30% da população)
20% danificadas / 20% destruídas

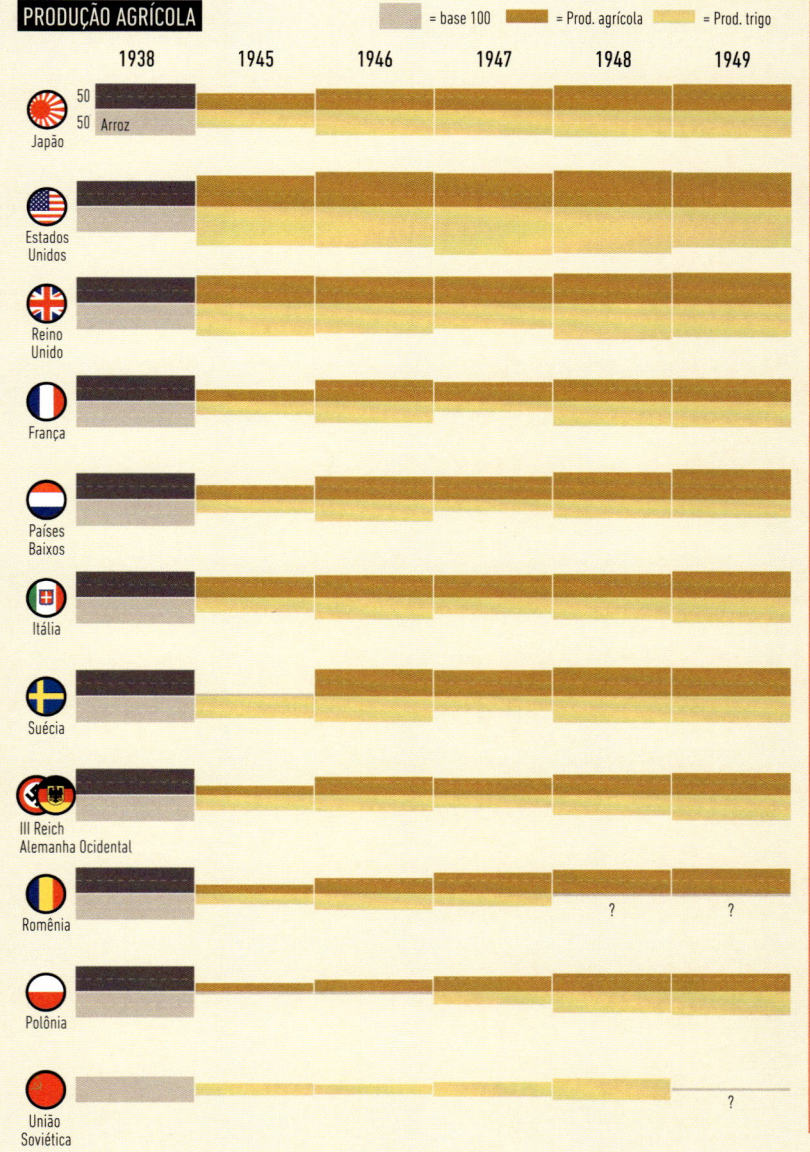

PRODUÇÃO AGRÍCOLA

= base 100   = Prod. agrícola   = Prod. trigo

1938 | 1945 | 1946 | 1947 | 1948 | 1949

Japão (Arroz)
Estados Unidos
Reino Unido
França
Países Baixos
Itália
Suécia
III Reich / Alemanha Ocidental
Romênia
Polônia
União Soviética

3 • A MAIS DISPENDIOSA DE TODAS AS GUERRAS

Dada a inexistência de um método contábil uniforme, é difícil estabelecer uma comparação entre os gastos dos Estados. Junte-se a isso o silêncio da União Soviética. O total aqui apresentado é apenas uma estimativa feita por pesquisadores americanos, talvez subestimando os números reais. Embora imperfeita, a comparação permite duas constatações: a do esforço considerável do III Reich, que praticamente se equipara ao dos Estados Unidos, apesar de uma situação econômica bem menos favorável; e a extensão dos gastos militares, muitas vezes superiores ao custo – entretanto considerável – da reconstrução. Enfim, situando-a no tempo histórico, a Segunda Guerra Mundial continua sendo a mais cara dos Estados Unidos (em % do PIB), ainda que já não o seja em valores absolutos.

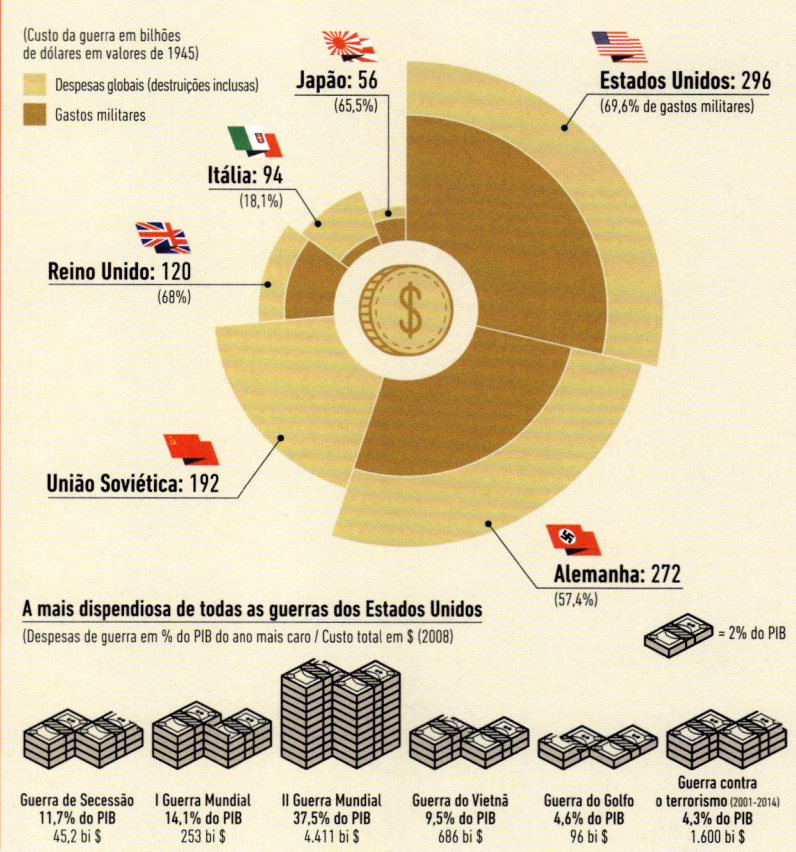

(Custo da guerra em bilhões de dólares em valores de 1945)
Despesas globais (destruições inclusas)
Gastos militares

Japão: 56 (65,5%)
Estados Unidos: 296 (69,6% de gastos militares)
Itália: 94 (18,1%)
Reino Unido: 120 (68%)
União Soviética: 192
Alemanha: 272 (57,4%)

= 2% do PIB

A mais dispendiosa de todas as guerras dos Estados Unidos
(Despesas de guerra em % do PIB do ano mais caro / Custo total em $ (2008))

Guerra de Secessão
11,7% do PIB
45,2 bi $

I Guerra Mundial
14,1% do PIB
253 bi $

II Guerra Mundial
37,5% do PIB
4.411 bi $

Guerra do Vietnã
9,5% do PIB
686 bi $

Guerra do Golfo
4,6% do PIB
96 bi $

Guerra contra o terrorismo (2001-2014)
4,3% do PIB
1.600 bi $

177

4 • DESASTRE E RETOMADA ECONÔMICA

Em 1945, a indústria está estagnada nos países vencidos. Na França, ela não chega a 50% da produção de antes da guerra. Por sorte, em nenhuma parte a infraestrutura industrial tinha sido destruída em mais de 20%. A Tchecoslováquia e a Hungria saem da guerra até mais industrializadas, e na Alemanha os equipamentos foram renovados. Para retomar as atividades esperam apenas operários, matérias-primas, energia e, prioridade absoluta, a reativação da rede de transportes. Esta volta a funcionar dentro de um ou dois anos, inclusive no Leste Europeu, onde o Exército Vermelho traz uma contribuição substancial – e interessada – para a reconstrução. Em 1947, porém, a ocupação da Alemanha, pivô do sistema de trocas tradicional europeu, somada às hesitações dos Aliados em promover sua máquina industrial, retardam a retomada.

Além disso, os europeus já não têm os recursos monetários para pagar as importações americanas. A população, que por algum tempo recuperou a esperança e dispôs-se a tantos sacrifícios, mergulha na depressão. Por toda parte há escombros demais, e o abastecimento é precário. Eclodem fortes movimentos sociais. A Europa vacila socialmente. O anúncio do Plano Marshall e a decisão de resolver a questão alemã recriando um Estado no Oeste evitam o pior. O Marshall é um plano de crescimento de 13 bilhões de dólares que se estende por vários anos. A ajuda é condicionada ao desenvolvimento de um verdadeiro programa de investimento produtivo, comum aos países europeus, e ao compromisso de importar, por um montante equivalente, equipamentos americanos. É verdade que, como o demonstram os trabalhos de Milward – e nossos números o confirmam –, agora sabemos que a retomada econômica é anterior. Não obstante, o plano a acelera e estimula a reconstrução. Psicologicamente, ele abre o horizonte, porque em 1947 ninguém esperava verdadeiros progressos antes de duas décadas. A Europa Ocidental entra numa era de prosperidade que nunca antes tinha conhecido.

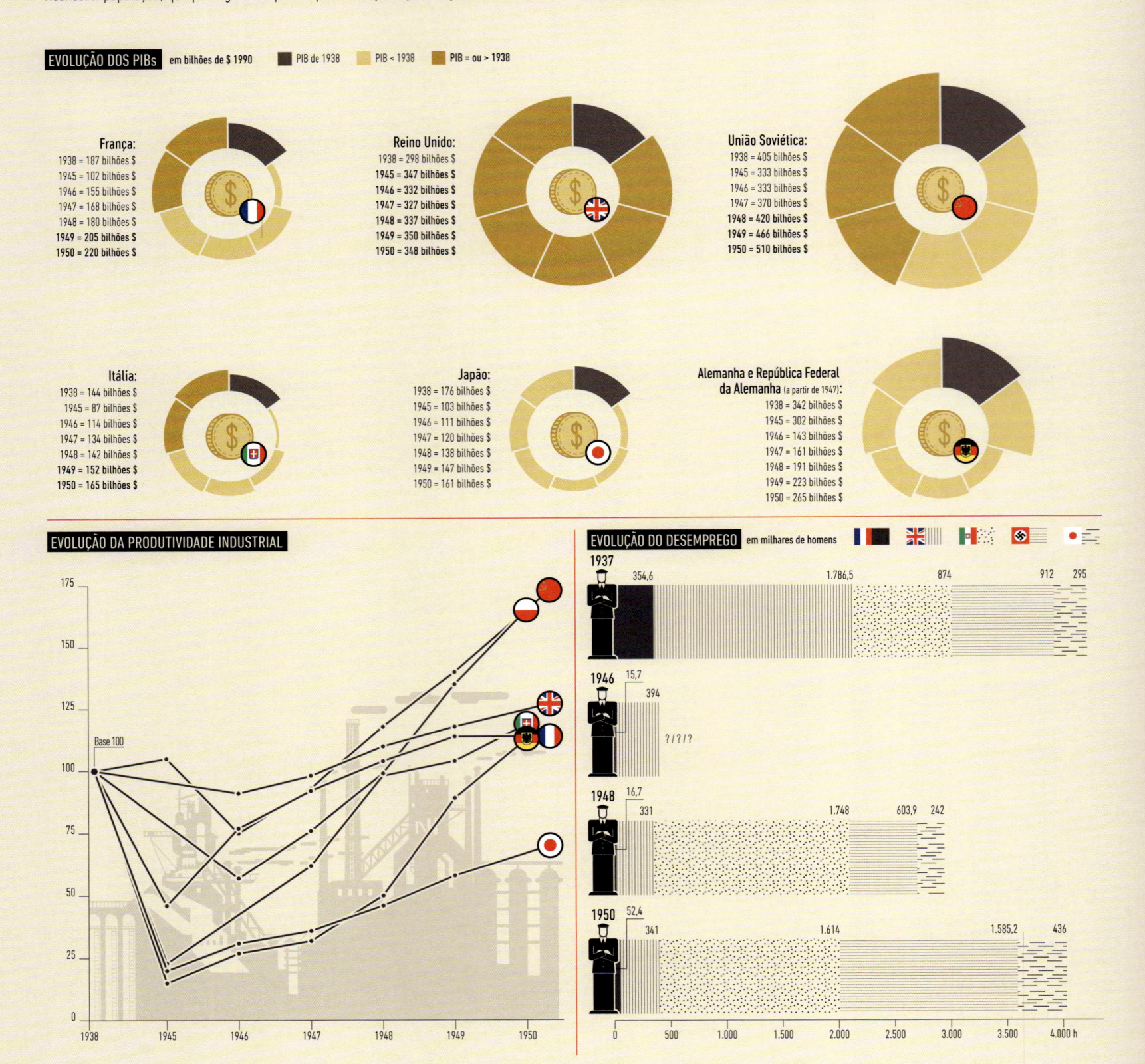

EVOLUÇÃO DOS PIBs em bilhões de $ 1990
PIB de 1938 | PIB < 1938 | PIB = ou > 1938

França:
1938 = 187 bilhões $
1945 = 102 bilhões $
1946 = 155 bilhões $
1947 = 168 bilhões $
1948 = 180 bilhões $
1949 = 205 bilhões $
1950 = 220 bilhões $

Reino Unido:
1938 = 298 bilhões $
1945 = 347 bilhões $
1946 = 332 bilhões $
1947 = 327 bilhões $
1948 = 337 bilhões $
1949 = 350 bilhões $
1950 = 348 bilhões $

União Soviética:
1938 = 405 bilhões $
1945 = 333 bilhões $
1946 = 333 bilhões $
1947 = 370 bilhões $
1948 = 420 bilhões $
1949 = 466 bilhões $
1950 = 510 bilhões $

Itália:
1938 = 144 bilhões $
1945 = 87 bilhões $
1946 = 114 bilhões $
1947 = 134 bilhões $
1948 = 142 bilhões $
1949 = 152 bilhões $
1950 = 165 bilhões $

Japão:
1938 = 176 bilhões $
1945 = 103 bilhões $
1946 = 111 bilhões $
1947 = 120 bilhões $
1948 = 138 bilhões $
1949 = 147 bilhões $
1950 = 161 bilhões $

Alemanha e República Federal da Alemanha (a partir de 1947):
1938 = 342 bilhões $
1945 = 302 bilhões $
1946 = 143 bilhões $
1947 = 161 bilhões $
1948 = 191 bilhões $
1949 = 223 bilhões $
1950 = 265 bilhões $

EVOLUÇÃO DA PRODUTIVIDADE INDUSTRIAL

EVOLUÇÃO DO DESEMPREGO em milhares de homens

1937: 354,6 | 1.786,5 | 874 | 912 | 295

1946: 15,7 | 394 | ?/?/?

1948: 16,7 | 331 | 1.748 | 603,9 | 242

1950: 52,4 | 341 | 1.614 | 1.585,2 | 436

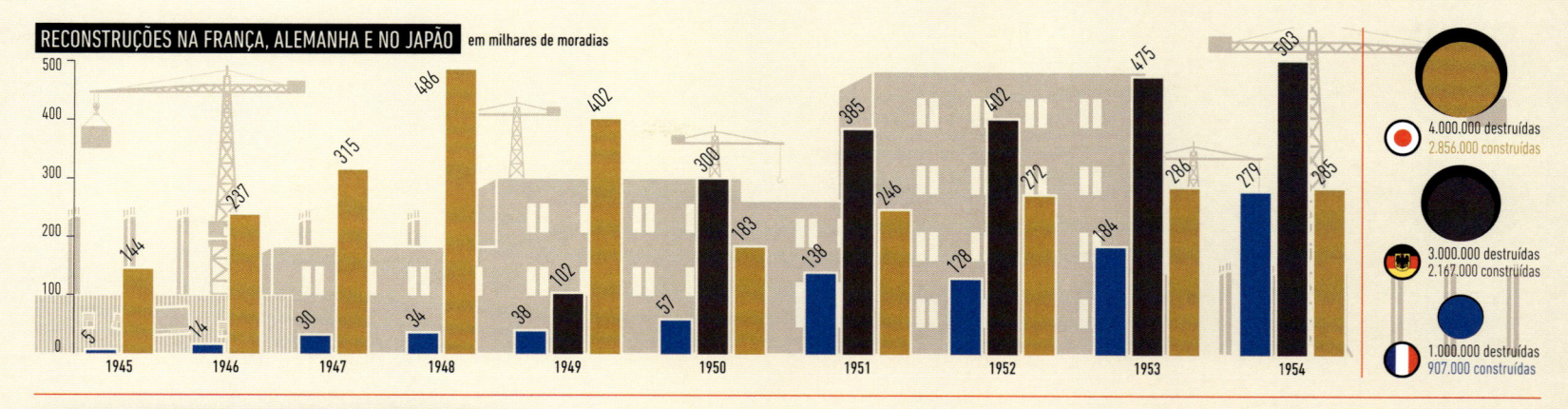

RECONSTRUÇÕES NA FRANÇA, ALEMANHA E NO JAPÃO
em milhares de moradias

- 4.000.000 destruídas / 2.856.000 construídas (Japão)
- 3.000.000 destruídas / 2.167.000 construídas (Alemanha)
- 1.000.000 destruídas / 907.000 construídas (França)

Ano	França	Alemanha	Japão
1945	5	—	—
1946	14	—	237
1947	30	—	315
1948	34	—	486
1949	38	102	402
1950	57	183	300
1951	138	246	385
1952	128	272	402
1953	184	286	475
1954	279	285	503

EVOLUÇÃO DAS PRINCIPAIS PRODUÇÕES ENTRE 1938 E 1950

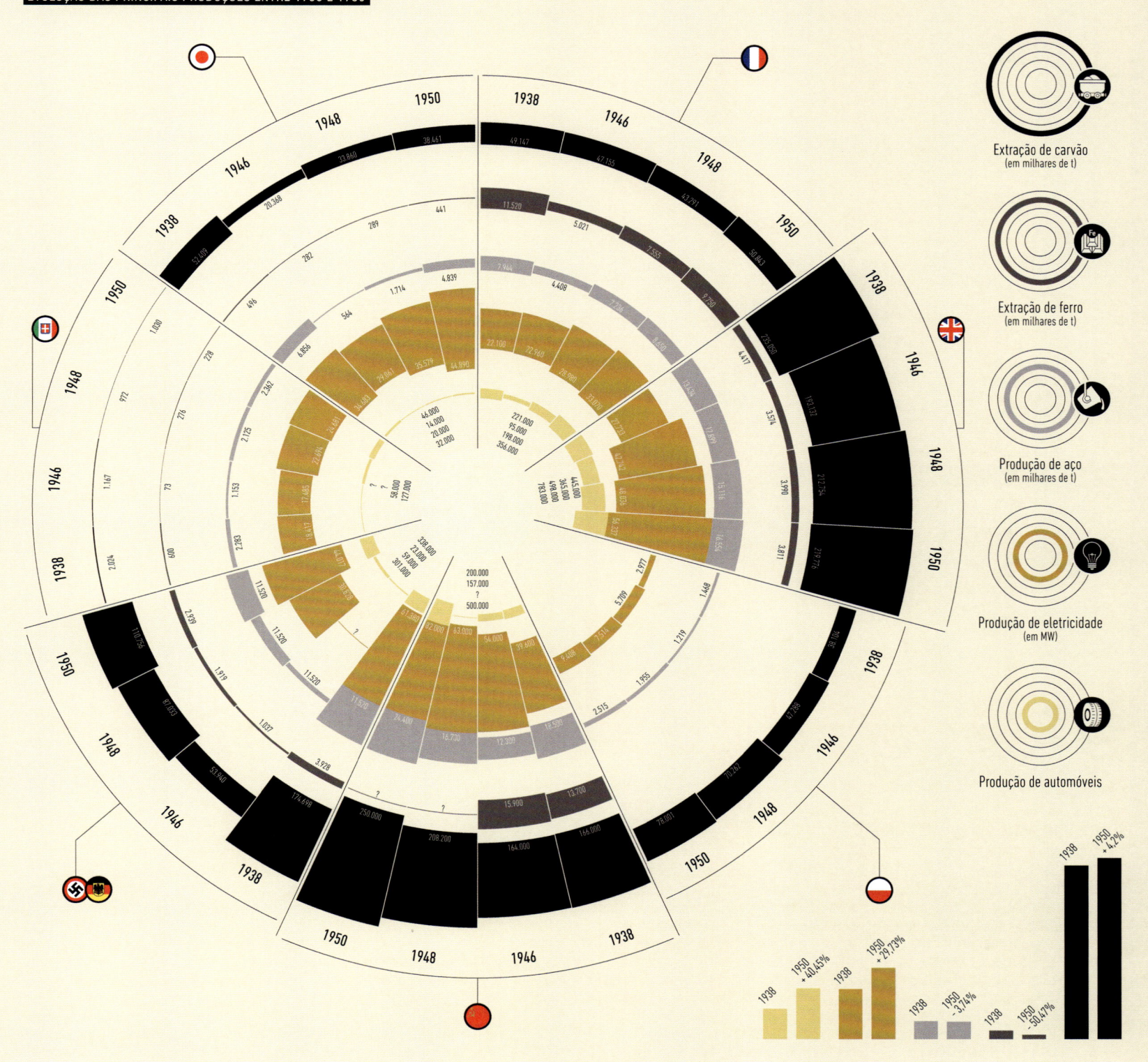

- Extração de carvão (em milhares de t)
- Extração de ferro (em milhares de t)
- Produção de aço (em milhares de t)
- Produção de eletricidade (em MW)
- Produção de automóveis

179

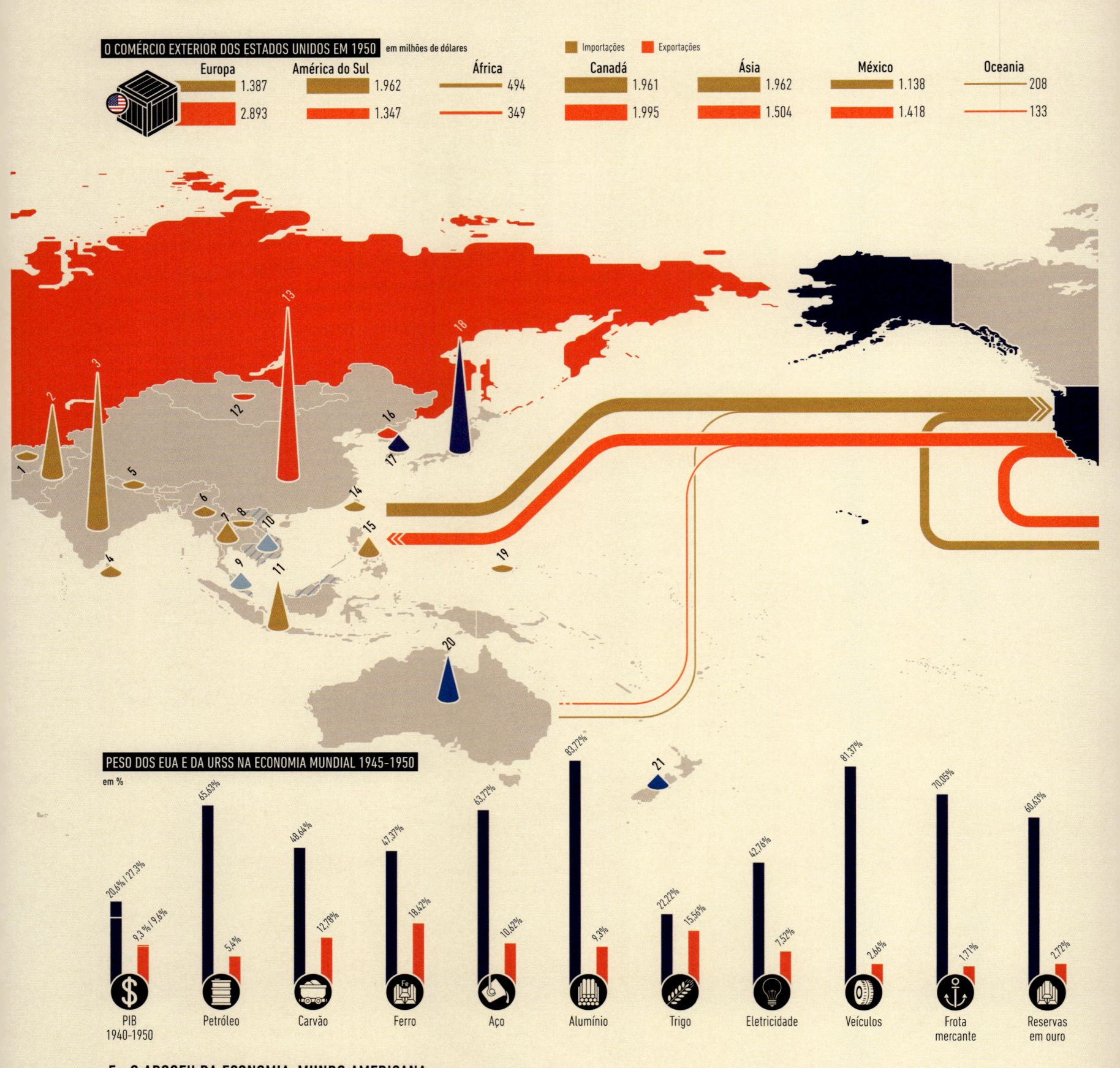

O COMÉRCIO EXTERIOR DOS ESTADOS UNIDOS EM 1950
em milhões de dólares

■ Importações ■ Exportações

	Europa	América do Sul	África	Canadá	Ásia	México	Oceania
Importações	1.387	1.962	494	1.961	1.962	1.138	208
Exportações	2.893	1.347	349	1.995	1.504	1.418	133

PESO DOS EUA E DA URSS NA ECONOMIA MUNDIAL 1945-1950
em %

	PIB 1940-1950	Petróleo	Carvão	Ferro	Aço	Alumínio	Trigo	Eletricidade	Veículos	Frota mercante	Reservas em ouro
EUA	20,6% / 27,3%	65,63%	48,64%	47,37%	63,72%	83,72%	22,22%	42,76%	81,37%	70,05%	60,63%
URSS	9,3% / 9,6%	5,4%	12,78%	18,42%	10,82%	9,3%	15,56%	7,52%	2,64%	1,71%	2,72%

5 • O APOGEU DA ECONOMIA-MUNDO AMERICANA

Em 1949 o historiador Fernand Braudel chama de economia-mundo "uma parcela do planeta economicamente autônoma [com um núcleo dominante e periferias dominadas], à qual suas ligações e trocas internas conferem uma certa unidade orgânica". Em princípios do século XX, a economia-mundo americana supera a britânica, mas foi preciso esperar a Segunda Guerra Mundial para que essa mudança se tornasse incontestável. Nenhum país exerceu tanta influência e teve tanto peso no mundo quanto os Estados Unidos em 1945. Eles detêm 60% das reservas de ouro, produzem mais de 50% da riqueza mundial (por somente 6% da população) e deixam apenas migalhas para os outros, a começar pela União Soviética. Eles são o coração palpitante de uma mundialização que se acelera de forma contínua, em primeiro lugar porque a Europa e a Ásia em ruínas se veem obrigadas a importar de modo maciço. Em Bretton Woods (1944), o dólar passa a ser a moeda do comércio internacional, e as negociações do Acordo Geral sobre Tarifas Aduaneiras e Comércio (GATT, 1947) marcam o começo do livre-comércio. O *American way of life* se difunde. Em 1947, a Europa importa dos Estados Unidos seis vezes mais do que exporta. Metade das importações do Reino Unido vem dos Estados Unidos. Apenas vultosos empréstimos feitos pela superpotência (4,4 bilhões de dólares para o Reino Unido, 1,9 bilhão para a França, além de centenas de milhões para a União Soviética) permitem financiar essas compras de carvão ou de cereais. Em 1947, o déficit comercial duplica. Aumenta a tensão com a União Soviética, e a Europa está à beira da falência. Marshall propõe então uma saída da crise pelo alto. Seu plano é de uma grande maturidade intelectual. A curto prazo, ele tem o mérito de debelar a crise social, ancorar definitivamente a Europa Ocidental e suas colônias na economia-mundo americana, ao mesmo tempo que beneficia as empresas americanas. A longo prazo, os Estados Unidos assumem o risco de facilitar o surgimento de concorrentes comerciais, visto terem confiança em sua capacidade de manter a liderança graças a suas inovações. Eles entram na Guerra Fria com um golpe de mestre. Nos anos seguintes, uma rede de alianças militares completa a construção de um bloco ocidental centrado em Washington e Nova York.

FONTES: *1 •* Annuaires statistiques annuels ONU (année 1948 a 1953) – *2 • Statistical abstract of the United States*, 1953 – *3 • World Economic Report*, ONU, 1949 – *4 •* D. Barjot, R. Baudouï, D. Voldman (dir.), *Les reconstructions en Europe (1945-1949)*, Éditions Complexe, 1997 – *5 •* J. Chardonnet, *Les conséquences économiques de la guerre (1939-1946)*, Hachette, 1947 –

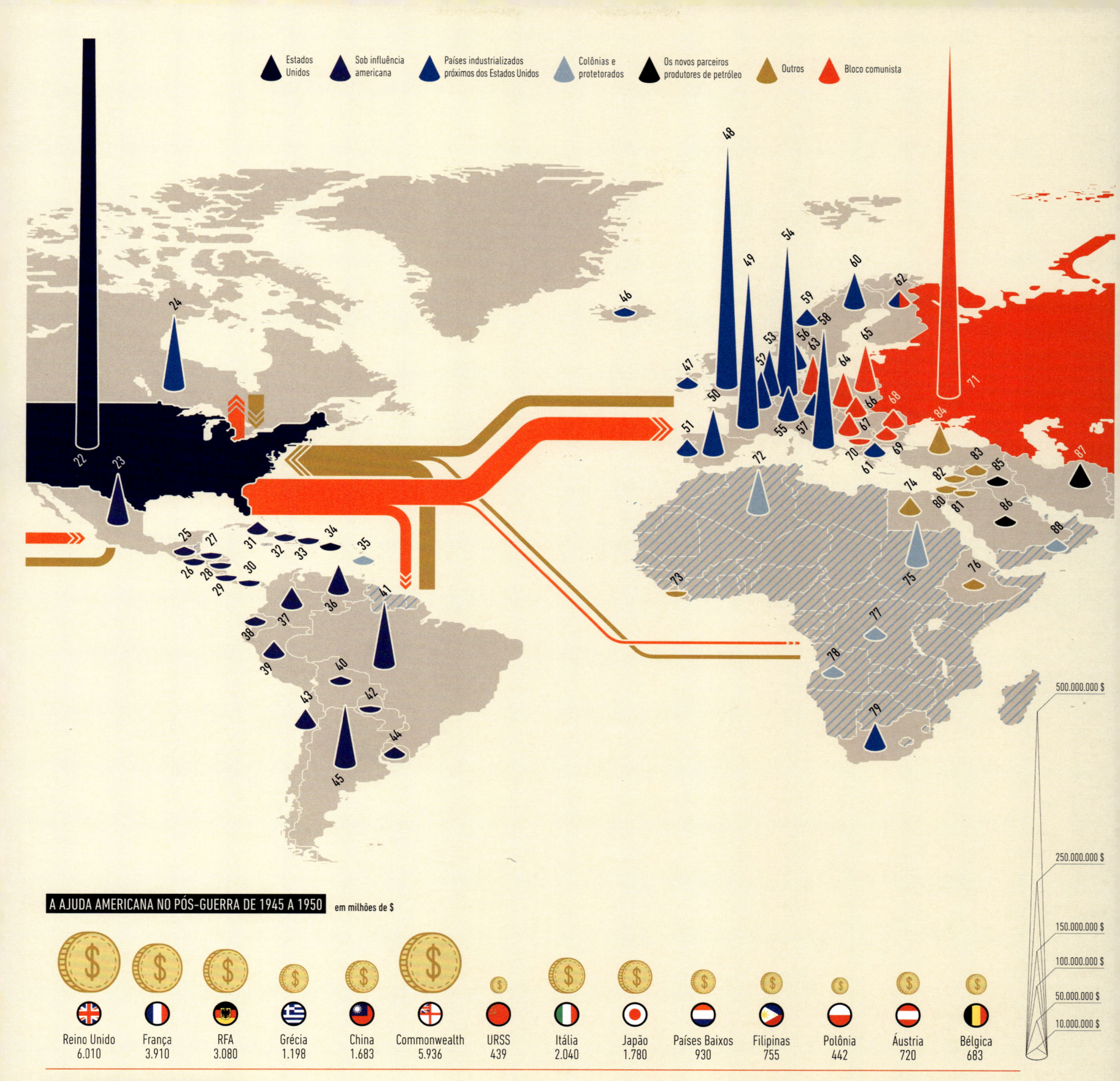

Estados Unidos • Sob influência americana • Países industrializados próximos dos Estados Unidos • Colônias e protetorados • Os novos parceiros produtores de petróleo • Outros • Bloco comunista

A AJUDA AMERICANA NO PÓS-GUERRA DE 1945 A 1950 em milhões de $

Reino Unido	França	RFA	Grécia	China	Commonwealth	URSS	Itália	Japão	Países Baixos	Filipinas	Polônia	Áustria	Bélgica
6.010	3.910	3.080	1.198	1.683	5.936	439	2.040	1.780	930	755	442	720	683

O PIB DOS PAÍSES DO MUNDO EM 1950 em milhões de $ de 1990

1. Afeganistão: 5.255 - 2. Paquistão: 49.974 - 3. Índia: 222.222 - 4. Sri Lanka: 9.438 - 5. Nepal: 4.462 - 6. Birmânia: 7.711 - 7. Tailândia: 16.375 - 8. Laos: 1.156 - 9. Colônias asiáticas inglesas: 17.262 - 10. Indochina: 18.836 - 11. Indonésia: 66.358 - 12. Mongólia: 339 - 13. China: 244.985 - 14. Taiwan: 7.378 - 15. Filipinas: 22.616 - 16. Coreia do Norte: 8.087 - 17. Coreia do Sul: 17.800 - 18. Japão: 160.966 - 19. Resto da Ásia: 3.871 - 20. Austrália: 61.274 - 21. Nova Zelândia: 16.136 - 22. Estados Unidos: 1.455.916 - 23. México: 67.368 - 24. Canadá: 102.164 - 25. Guatemala: 6.190 - 26. El Salvador: 2.888 - 27. Honduras: 1.880 - 28. Nicarágua: 1.774 - 29. Costa Rica: 1.702 - 30. Panamá: 1.710 - 31. Cuba: 11.837 - 32. Haiti: 3.254 - 33. República Dominicana: 2.416 - 34. Porto Rico: 4.755 - 35. Outras Antilhas: 8.242 - 36. Venezuela: 37.377 - 37. Equador: 6.728 - 38. Colômbia: 24.955 - 39. Peru: 17.613 - 40. Bolívia: 5.309 - 41. Brasil: 89.342 - 42. Paraguai: 2.338 - 43. Chile: 22.352 - 44. Uruguai: 10.224 - 45. Argentina: 85.524 - 46. Resto da Europa: 5.880 - 47. Irlanda: 10.231 - 48. Reino Unido: 347.850 - 49. França: 220.492 - 50. Espanha: 61.429 - 51. Portugal: 17.615 - 52. Bélgica: 47.190 - 53. Países Baixos: 60.642 - 54. República Federal Alemã (RFA): 213.942 - 55. Suíça: 42.545 - 56. Dinamarca: 29.654 - 57. Áustria: 25.702 - 58. Itália: 164.957 - 59. Noruega: 17.728 - 60. Suécia: 47.269 - 61. Grécia: 14.489 - 62. Finlândia: 17.051 - 63. República Democrática Alemã (RDA): 51.412 - 64. Tchecoslováquia: 43.368 - 65. Polônia: 60.742 - 66. Hungria: 23.158 - 67. Iugoslávia: 25.277 - 68. Romênia: 19.279 - 69. Bulgária: 11.971 - 70. Albânia: 1.229 - 71. União Soviética: 510.243 - 72. Colônias africanas francesas: 57.828 - 73. Libéria: 869 - 74. Egito: 19.923 - 75. Colônias africanas inglesas: 59.204 - 76. Etiópia: 8.417 - 77. Colônias africanas belgas: 9.916 - 78. Colônias africanas portuguesas: 11.696 - 79. África do Sul: 34.465 - 80. Israel: 3.623 - 81. Jordânia: 933 - 82. Líbano: 3.313 - 83. Síria: 8.418 - 84. Turquia: 34.279 - 85. Iraque: 7.041 - 86. Arábia Saudita: 8.610 - 87. Irã: 28.128 - 88. Protetorados ingleses: 17.262

6 • T. Judt, *Après-guerre, une histoire de l'Europe depuis 1945*, A. Colin, 2007.

O PROJETO MANHATTAN: UMA RUPTURA

Em 1939, as principais potências desenvolvem programas de pesquisa atômica. Franceses e alemães estão muito adiantados, mas têm orçamentos limitados e enfrentam dificuldades, em especial no enriquecimento dos isótopos. Apesar do desinteresse dos nazistas, dada a falta de resultados em curto prazo, nos últimos anos levantaram-se hipóteses sobre um possível teste nuclear alemão limitado, pouco antes do fim da guerra. O programa francês, iniciado por Frédéric Joliot-Curie, prossegue na Inglaterra com a água pesada recolhida na Noruega, mas pouco avança. O programa britânico, batizado de "Tube Alloys", também é limitado, mas se integraria em segredo ao programa americano. Os Estados Unidos, a princípio em posição de cautela, advertidos por uma célebre carta que teve Albert Einstein como cossignatário em 1939, se lançam tardia mas resolutamente nessas pesquisas, e isso com a potência de seus recursos: um programa secreto de dimensão considerável, batizado de "Manhattan", reunindo

1• "EU ME TORNEI A MORTE..." UM PROJETO (NEM TÃO) FARAÔNICO (ASSIM)

O projeto "Manhattan" emprega no total meio milhão de pessoas em vários lugares nos Estados Unidos e até no Canadá. Em 1945, encontram-se quatrocentos cientistas em Los Alamos e 6 mil militares envolvidos no programa. Embora o custo total se afigure enorme para a obtenção de um punhado de bombas – 1,9 bilhão de dólares americanos da época, isto é, 25 bilhões em dólares atuais, o investimento do "Manhattan", comparado aos gastos americanos de guerra, parece relativamente limitado: cerca de 0,6%. O programa inaugura uma nova era tecnológica, militar e depois civil, que não poderá ser encerrada e estabelecerá os marcos dos novos equilíbrios estratégicos.

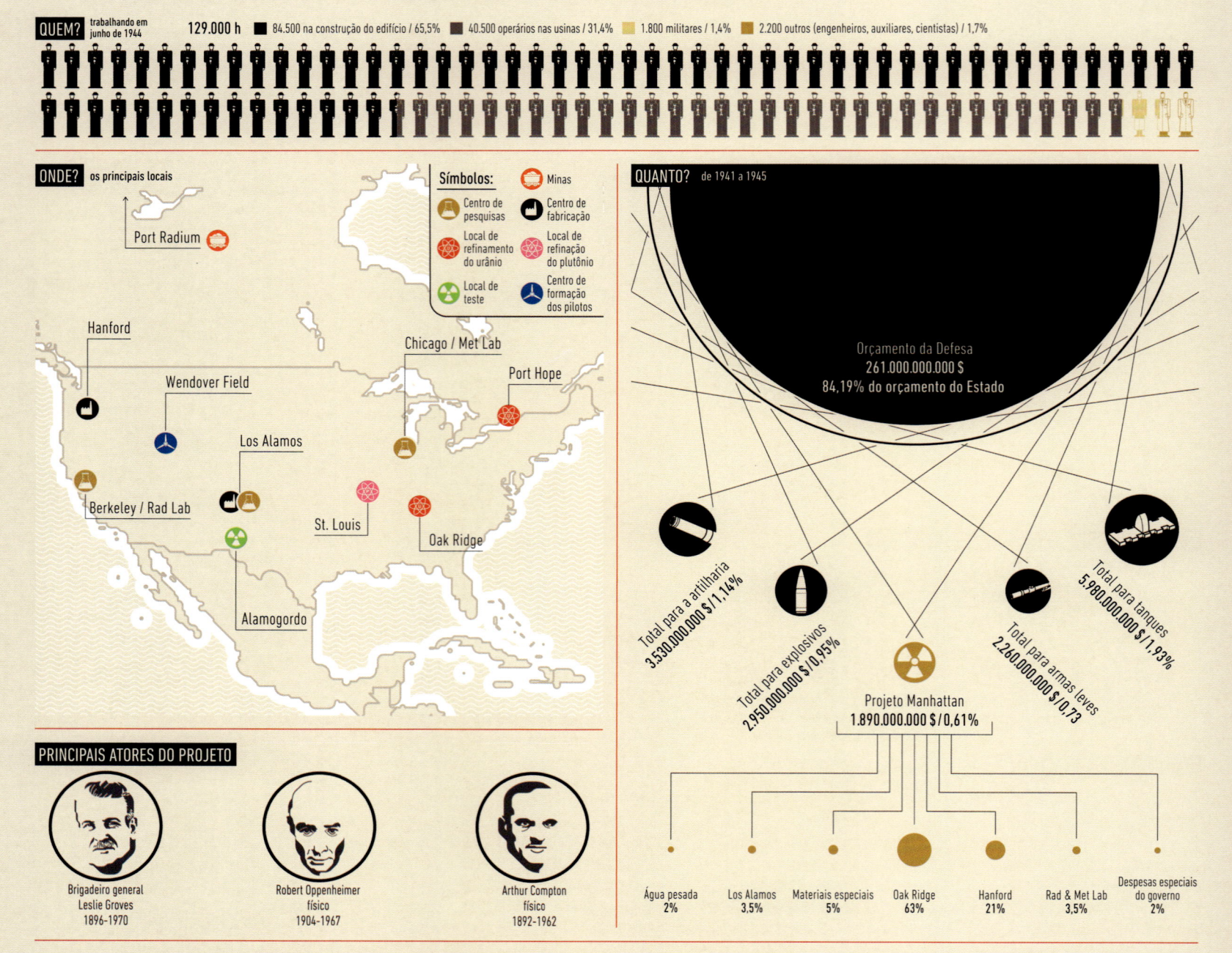

QUEM? trabalhando em junho de 1944 — 129.000 h — 84.500 na construção do edifício / 65,5% — 40.500 operários nas usinas / 31,4% — 1.800 militares / 1,4% — 2.200 outros (engenheiros, auxiliares, cientistas) / 1,7%

ONDE? os principais locais

- Port Radium
- Hanford
- Wendover Field
- Chicago / Met Lab
- Port Hope
- Los Alamos
- Berkeley / Rad Lab
- St. Louis
- Oak Ridge
- Alamogordo

Símbolos:
- Minas
- Centro de pesquisas
- Centro de fabricação
- Local de refinamento do urânio
- Local de refinação do plutônio
- Local de teste
- Centro de formação dos pilotos

QUANTO? de 1941 a 1945

Orçamento da Defesa
261.000.000.000 $
84,19% do orçamento do Estado

- Total para a artilharia 3.530.000.000 $ / 1,14%
- Total para explosivos 2.950.000.000 $ / 0,95%
- Total para tanques 5.980.000.000 $ / 1,93%
- Total para armas leves 2.260.000.000 $ / 0,73
- Projeto Manhattan 1.890.000.000 $ / 0,61%

Água pesada 2% — Los Alamos 3,5% — Materiais especiais 5% — Oak Ridge 63% — Hanford 21% — Rad & Met Lab 3,5% — Despesas especiais do governo 2%

PRINCIPAIS ATORES DO PROJETO

- Brigadeiro general Leslie Groves 1896-1970
- Robert Oppenheimer físico 1904-1967
- Arthur Compton físico 1892-1962

FONTES: 1• *Statistical review, World War II: A summary of ASF Statistics*, Army Service Forces, U.S. War Department, 1946 – 2• *United States strategic bombing survey (Pacific War)*, Washington DC, 1946 – 3• *Historical statistics of the United States from colonial times to 1970*, U.S. Census Bureau, 1975 – 4• S. Schwartz, *Atomic audit, the costs and consequences of U.S. nuclear weapons since 1940*, 1998.

cientistas do mundo inteiro e financiado com mais de um bilhão de dólares, número mil vezes maior que o do investimento britânico. Sob a direção de Robert Oppenheimer, entre 1943 e 1945, o "Manhattan" levou ao desenvolvimento de dois tipos diferentes de bombas. Uma, com urânio 235, é simples e confiável, mas difícil de produzir. Ela será a Little Boy, lançada sobre Hiroshima em 6 de agosto de 1945. A outra é de plutônio 239, mais complexa, mas passível de ser fabricada em maior número. Esta última, Fat Man, testada no deserto do Novo México em 16 de julho de 1945, foi lançada na cidade de Nagasaki em 9 de agosto de 1945, arrasando-a em parte. Ao sair da guerra, o mundo entra aterrorizado na era das armas nucleares.

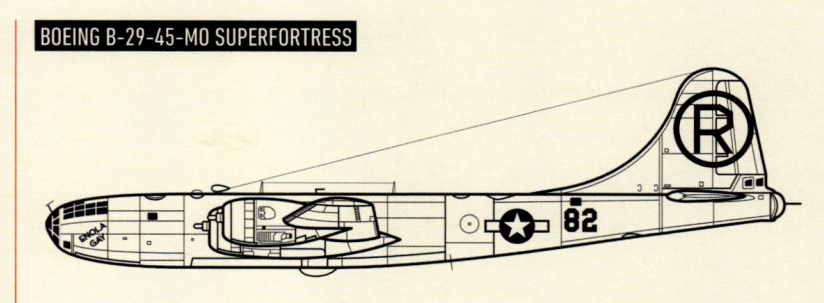

BOEING B-29-45-MO SUPERFORTRESS

2 • "O DESTRUIDOR DOS MUNDOS"   HIROSHIMA E NAGASAKI

O balanço dos bombardeios atômicos contra Hiroshima e Nagasaki em 6 e 9 de agosto de 1945 resulta em avaliações diversas, que vão de mais de 100 mil a 250 mil mortos no total (entre agosto e dezembro de 1945). Eles são comparáveis, considerando-se as vítimas das duas cidades, aos mais mortíferos raids convencionais da guerra (Hamburgo 1943: 60 mil mortos; Dresden 1945: 40 mil; Tóquio 1945: 100 mil) e é bem possível que, num contexto de bombardeios estratégicos generalizados, sua importância na decisão japonesa de capitular tenha sido superestimada. Ainda assim, o horror das "bombas" de 1945 inaugura uma nova era estratégica de terror na qual um só vetor será capaz de arrasar uma cidade ou uma região inteira.

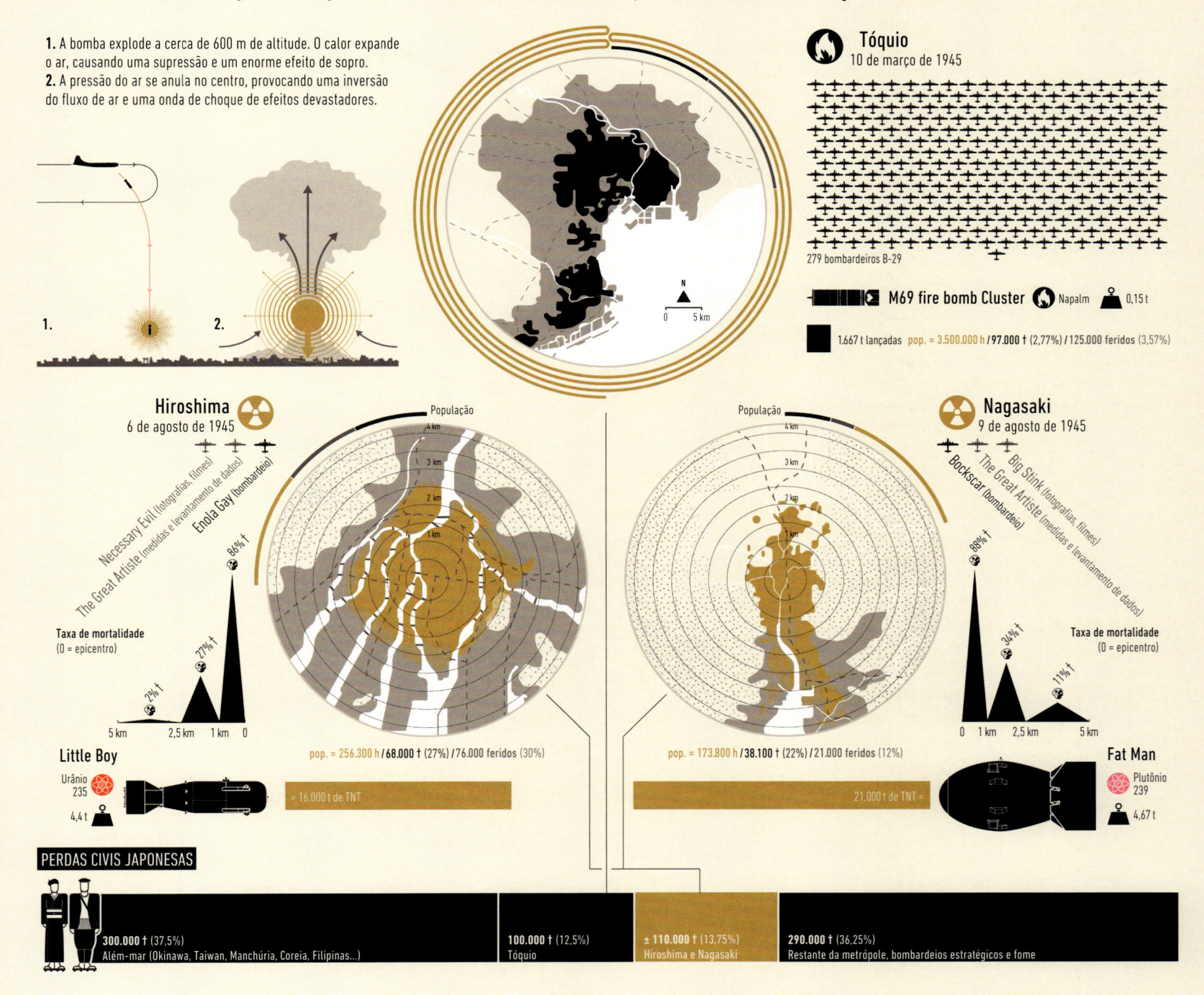

1. A bomba explode a cerca de 600 m de altitude. O calor expande o ar, causando uma supressão e um enorme efeito de sopro.
2. A pressão do ar se anula no centro, provocando uma inversão do fluxo de ar e uma onda de choque de efeitos devastadores.

Tóquio
10 de março de 1945

279 bombardeiros B-29

M69 fire bomb Cluster — Napalm — 0,15 t

1.667 t lançadas   pop. = 3.500.000 h / 97.000 † (2,77%) / 125.000 feridos (3,57%)

Hiroshima
6 de agosto de 1945

Necessary Evil (fotografias, filmes)
The Great Artiste (medidas e levantamento de dados)
Enola Gay (bombardeio)

Taxa de mortalidade (0 = epicentro)
86% † — 27% † — 2% †
5 km — 2,5 km — 1 km — 0

Little Boy
Urânio 235
4,4 t

pop. = 256.300 h / 68.000 † (27%) / 76.000 feridos (30%)
= 16.000 t de TNT

Nagasaki
9 de agosto de 1945

Big Stink (fotografias, filmes)
The Great Artiste (medidas e levantamento de dados)
Bockscar (bombardeio)

Taxa de mortalidade (0 = epicentro)
88% † — 34% † — 11% †
0 — 1 km — 2,5 km — 5 km

Fat Man
Plutônio 239
4,67 t

pop. = 173.800 h / 38.100 † (22%) / 21.000 feridos (12%)
21.000 t de TNT

PERDAS CIVIS JAPONESAS

300.000 † (37,5%)
Além-mar (Okinawa, Taiwan, Manchúria, Coreia, Filipinas...)

100.000 † (12,5%)
Tóquio

± 110.000 † (13,75%)
Hiroshima e Nagasaki

290.000 † (36,25%)
Restante da metrópole, bombardeios estratégicos e fome

GERMES DA GUERRA FRIA NA EUROPA

O antagonismo entre as democracias ocidentais e a União Soviética de 1947 a 1989 não tem origem na Segunda Guerra Mundial. A oposição ideológica e as ambições universalistas tanto do comunismo (internacionalismo proletário) quanto do capitalismo liberal (a mundialização) tornavam o antagonismo inevitável.

Ele principiou já na década de 1920 com a intervenção dos exércitos ocidentais na guerra civil russa. O nazismo, o inimigo mortal dos dois adversários, simplesmente perturba por um tempo o duelo e obriga a esse parêntese da Grande Aliança. Mas, embora a Segunda Guerra Mundial não seja a causa da guerra fria, ela com certeza mudou os termos do jogo. De toda forma, sem a guerra a União Soviética se teria tornado uma grande potência, mas sua vitória sobre Hitler lhe deu um prestígio considerável, elevou-a ao grau de grande potência, permitiu-lhe uma expansão territorial inimaginável antes da guerra, quando os franco-britânicos a julgavam inferior à potência polonesa. Quanto aos Estados Unidos, a guerra os projetou numa outra dimensão. Seu domínio econômico e financeiro é absoluto, eles reinam no céu e no mar, e são os únicos a dispor de armas nucleares (é verdade que ainda pouco numerosas). Com uma Alemanha neutralizada, uma França rebaixada e um Reino Unido exaurido financeiramente, os Estados Unidos estão na primeira linha. Por vezes, a imbricação das guerras na Iugoslávia, Grécia e Estados bálticos leva ao prosseguimento dos combates depois de maio de 1945, criando assim uma continuidade entre a Guerra Mundial e a Guerra Fria.

Teriam os protagonistas consciência disso? Roosevelt morre alimentando o sonho de um sistema de colaboração entre os quatro Grandes, para garantir a segurança e dando tempo para a União Soviética se tornar mais flexível. Esta estratégia implica dar apoio a Stálin, cedendo a suas pretensões territoriais e a sua sede de segurança. Yalta e Potsdam são testemunhas disso. Longe de dividir a Europa, os americanos dela obtêm o princípio de uma nova ordem europeia baseada na democracia e num acordo entre os Grandes. É nesse mesmo espírito que a Alemanha é administrada por um comitê quadripartite visando à democratização. Na Europa Oriental, Roosevelt pensa ter conseguido evitar o estabelecimento de países amigos da União Soviética, mas conservando um mínimo de liberdade interna graças a governos de coalizão (um modelo que só viria a funcionar na Finlândia). De sua parte, Stálin deseja levar sua vantagem o mais longe possível. Para G. H. Soutou, "o objetivo de Stálin é estabelecer um sistema hegemônico sobre o conjunto do continente, num contexto político bem à esquerda, prelúdio de sua comunização quando a 'correlação de forças', e em especial a crise do capitalismo, o permitirem". Na Europa Ocidental, o panorama político se recompõe rumo à esquerda, em decorrência do descrédito das correntes conservadoras que se desmoralizaram durante a guerra. Três correntes predominam: a democracia cristã rediviva, a velha social-democracia e o partido comunista, que tem a adesão de 10% a 30% do eleitorado.

Sabedor do enfraquecimento britânico, contando com a retirada rápida dos exércitos americanos e com a degradação do ambiente socioeconômico, Stálin avança seus peões, o mais rápido quando lhe é possível, devagar em outros lugares, salvando as aparências por toda parte. É a estratégia das frentes democráticas. Stálin se mostra mais agressivo na China e no Irã. Ele sonda a Turquia. Ainda que, ao se deparar com uma resistência, como na Grécia, na Turquia e no Irã, Stálin recolha suas garras, ele não evita a temida tensão. Os americanos reagem, mas essa reação é seletiva: sua firmeza no Irã contrasta com sua resignação nos Bálcãs, e com isso se desenha a cortina de ferro. Em março de 1947, Truman oficializa sua nova doutrina, a de deter a expansão comunista. Tem início a Guerra Fria.

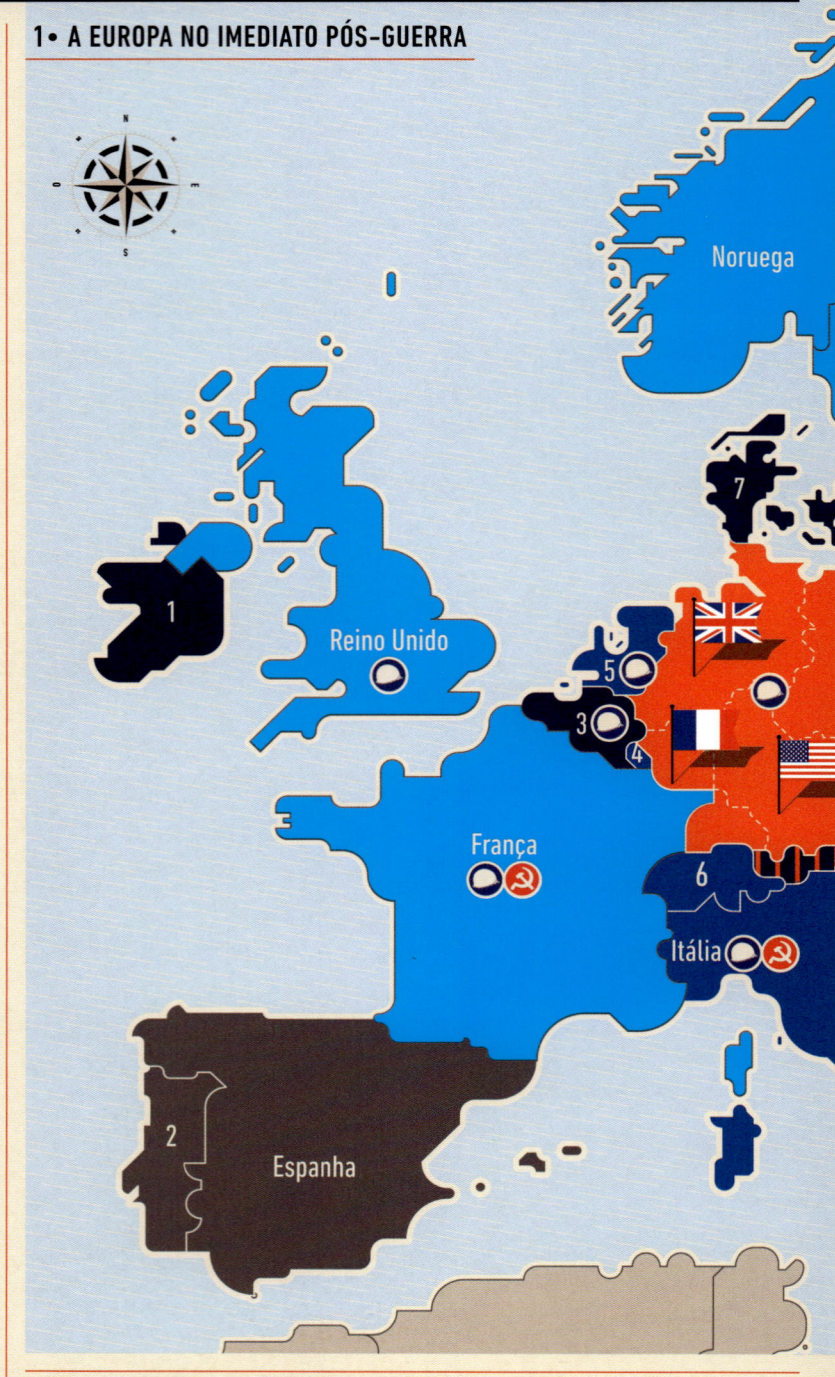

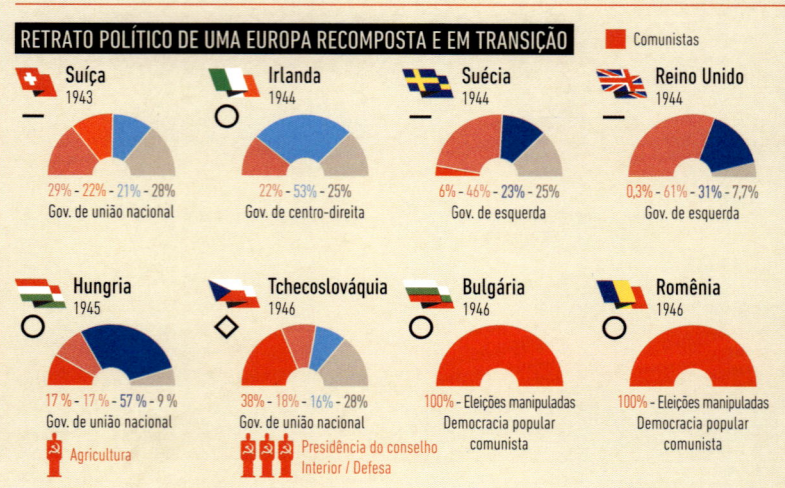

1 • A EUROPA NO IMEDIATO PÓS-GUERRA

RETRATO POLÍTICO DE UMA EUROPA RECOMPOSTA E EM TRANSIÇÃO

Suíça 1943 — 29% - 22% - 21% - 28% — Gov. de união nacional

Irlanda 1944 — 22% - 53% - 25% — Gov. de centro-direita

Suécia 1944 — 6% - 46% - 23% - 25% — Gov. de esquerda

Reino Unido 1944 — 0,3% - 61% - 31% - 7,7% — Gov. de esquerda

Hungria 1945 — 17% - 17% - 57% - 9% — Gov. de união nacional — Agricultura

Tchecoslováquia 1946 — 38% - 18% - 16% - 28% — Gov. de união nacional — Presidência do conselho Interior / Defesa

Bulgária 1946 — 100% - Eleições manipuladas — Democracia popular comunista

Romênia 1946 — 100% - Eleições manipuladas — Democracia popular comunista

Comunistas

Viena dividida
1945-1955

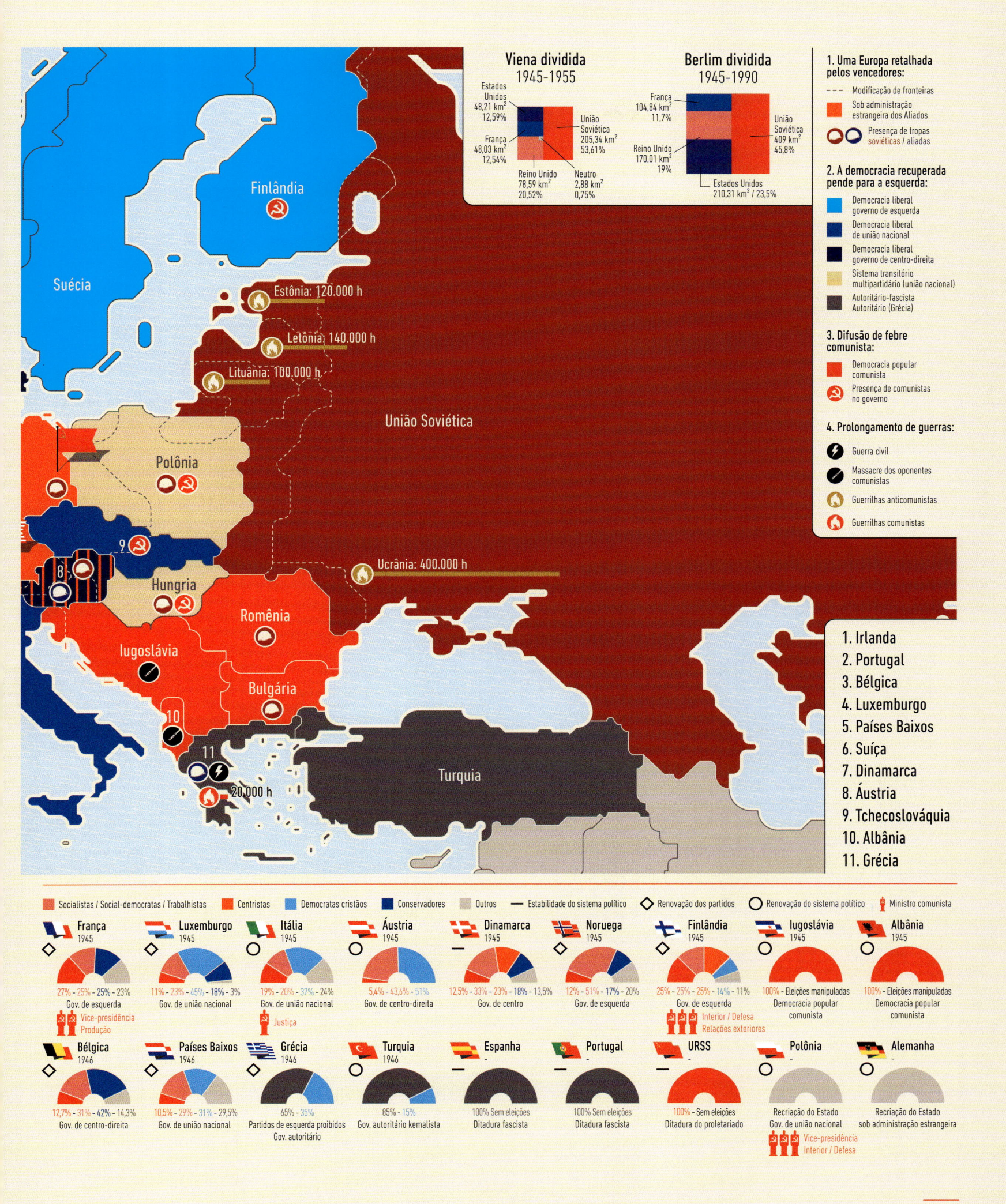

- Estados Unidos: 48,21 km² — 12,59%
- França: 48,03 km² — 12,54%
- Reino Unido: 78,59 km² — 20,52%
- União Soviética: 205,34 km² — 53,61%
- Neutro: 2,88 km² — 0,75%

Berlim dividida
1945-1990

- França: 104,84 km² — 11,7%
- Reino Unido: 170,01 km² — 19%
- Estados Unidos: 210,31 km² — 23,5%
- União Soviética: 409 km² — 45,8%

1. Uma Europa retalhada pelos vencedores:
- --- Modificação de fronteiras
- Sob administração estrangeira dos Aliados
- Presença de tropas soviéticas / aliadas

2. A democracia recuperada pende para a esquerda:
- Democracia liberal governo de esquerda
- Democracia liberal de união nacional
- Democracia liberal governo de centro-direita
- Sistema transitório multipartidário (união nacional)
- Autoritário-fascista
- Autoritário (Grécia)

3. Difusão de febre comunista:
- Democracia popular comunista
- Presença de comunistas no governo

4. Prolongamento de guerras:
- Guerra civil
- Massacre dos oponentes comunistas
- Guerrilhas anticomunistas
- Guerrilhas comunistas

Países numerados:
1. Irlanda
2. Portugal
3. Bélgica
4. Luxemburgo
5. Países Baixos
6. Suíça
7. Dinamarca
8. Áustria
9. Tchecoslováquia
10. Albânia
11. Grécia

Guerrilhas (efetivos):
- Estônia: 120.000 h
- Letônia: 140.000 h
- Lituânia: 100.000 h
- Ucrânia: 400.000 h
- Grécia: 20.000 h

Legenda dos partidos: Socialistas / Social-democratas / Trabalhistas · Centristas · Democratas cristãos · Conservadores · Outros — Estabilidade do sistema político ◇ Renovação dos partidos ○ Renovação do sistema político · Ministro comunista

França — 1945 ◇
27% - 25% - 25% - 23%
Gov. de esquerda
Vice-presidência / Produção

Luxemburgo — 1945
11% - 23% - 45% - 18% - 3%
Gov. de união nacional

Itália — 1945 ○
19% - 20% - 37% - 24%
Gov. de união nacional
Justiça

Áustria — 1945
5,4% - 63,6% - 51%
Gov. de centro-direita

Dinamarca — 1945
12,5% - 33% - 23% - 18% - 13,5%
Gov. de centro

Noruega — 1945
Gov. de esquerda

Finlândia — 1945
12% - 51% - 17% - 20%
Gov. de esquerda
Interior / Defesa
Relações exteriores

Iugoslávia — 1945 ○
25% - 25% - 25% - 14% - 11%
100% – Eleições manipuladas
Democracia popular comunista

Albânia — 1945 ○
100% – Eleições manipuladas
Democracia popular comunista

Bélgica — 1946
12,7% - 31% - 42% - 14,3%
Gov. de centro-direita

Países Baixos — 1946
10,5% - 29% - 31% - 29,5%
Gov. de união nacional

Grécia — 1946 ○
65% - 35%
Partidos de esquerda proibidos
Gov. autoritário

Turquia — 1946
85% - 15%
Gov. autoritário kemalista

Espanha
100% Sem eleições
Ditadura fascista

Portugal
100% Sem eleições
Ditadura fascista

URSS —
100% - Sem eleições
Ditadura do proletariado

Polônia ○
Recriação do Estado
Gov. de união nacional
Vice-presidência
Interior / Defesa

Alemanha ○
Recriação do Estado sob administração estrangeira

185

2 • A SATELITIZAÇÃO DO LESTE EUROPEU DIVIDE A EUROPA EM DUAS

"Essa guerra não se parece com a do passado: todo mundo impõe seu sistema social até onde seu exército consegue avançar", confessa Stálin ao representante comunista Djilas em 1944. Na verdade, essa prática não é nova nem tão simples. Nos países libertados, os minúsculos partidos comunistas não têm nenhuma legitimidade e a população em geral lhes é hostil.

Isso não impede, a partir de 1944, de se fazer uma tomada de controle, com um princípio simples: "A coisa deve dar a impressão de ser democrática, mas tudo deve estar sob nosso controle" (Ulbricht, chefe do Partido Comunista (PC) alemão, 1945). Ela pode ser resumida em cinco etapas: 1ª) seduzir com um discurso conciliatório e populista, recrutar em massa (com critérios laxistas) para dar a impressão de contar com grande número; 2ª) assumir o controle das alavancas do poder político, sindical e administrativo; 3ª) servir-se disso para criar um clima deletério, justificando a etapa seguinte;

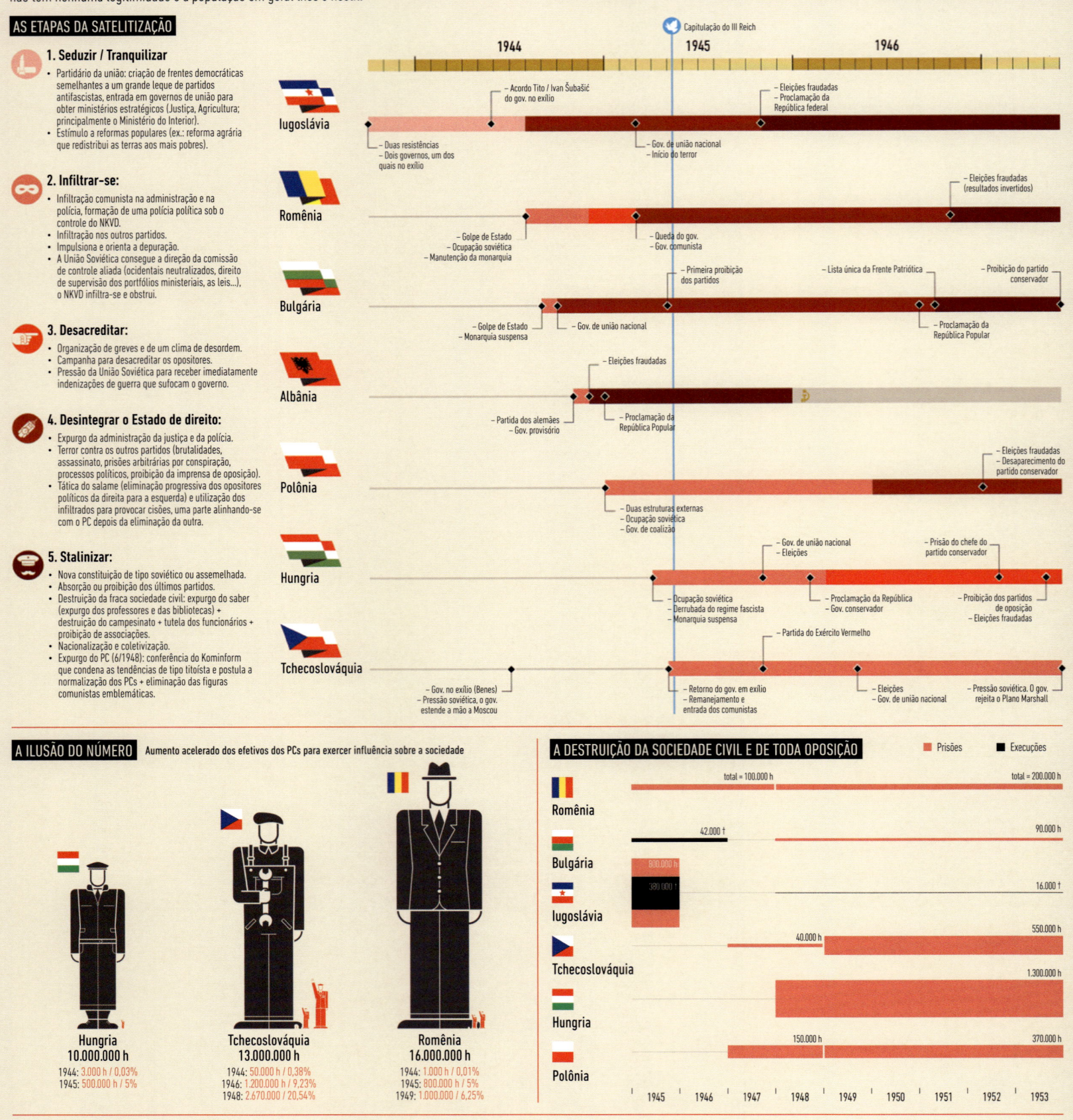

AS ETAPAS DA SATELITIZAÇÃO

1. Seduzir / Tranquilizar
- Partidário da união: criação de frentes democráticas semelhantes a um grande leque de partidos antifascistas, entrada em governos de união para obter ministérios estratégicos (Justiça, Agricultura; principalmente o Ministério do Interior).
- Estímulo a reformas populares (ex.: reforma agrária que redistribui as terras aos mais pobres).

2. Infiltrar-se:
- Infiltração comunista na administração e na polícia, formação de uma polícia política sob o controle do NKVD.
- Infiltração nos outros partidos.
- Impulsiona e orienta a depuração.
- A União Soviética consegue a direção da comissão de controle aliada (ocidentais neutralizados, direito de supervisão dos portfólios ministeriais, as leis...), o NKVD infiltra-se e obstrui.

3. Desacreditar:
- Organização de greves e de um clima de desordem.
- Campanha para desacreditar os opositores.
- Pressão da União Soviética para receber imediatamente indenizações de guerra que sufocam o governo.

4. Desintegrar o Estado de direito:
- Expurgo da administração da justiça e da polícia.
- Terror contra os outros partidos (brutalidades, assassinato, prisões arbitrárias por conspiração, processos políticos, proibição da imprensa de oposição).
- Tática do salame (eliminação progressiva dos opositores políticos da direita para a esquerda) e utilização dos infiltrados para provocar cisões, uma parte alinhando-se com o PC depois da eliminação da outra.

5. Stalinizar:
- Nova constituição de tipo soviético ou assemelhada.
- Absorção ou proibição dos últimos partidos.
- Destruição da fraca sociedade civil: expurgo do saber (expurgo dos professores e das bibliotecas) + destruição do campesinato + tutela dos funcionários + proibição de associações.
- Nacionalização e coletivização.
- Expurgo do PC (6/1948): conferência do Kominform que condena as tendências de tipo titoísta e postula a normalização dos PCs + eliminação das figuras comunistas emblemáticas.

A ILUSÃO DO NÚMERO
Aumento acelerado dos efetivos dos PCs para exercer influência sobre a sociedade

Hungria 10.000.000 h
- 1944: 3.000 h / 0,03%
- 1945: 500.000 h / 5%

Tchecoslováquia 13.000.000 h
- 1944: 50.000 h / 0,38%
- 1946: 1.200.000 h / 9,23%
- 1948: 2.670.000 h / 20,54%

Romênia 16.000.000 h
- 1944: 1.000 h / 0,01%
- 1945: 800.000 h / 5%
- 1949: 1.000.000 h / 6,25%

A DESTRUIÇÃO DA SOCIEDADE CIVIL E DE TODA OPOSIÇÃO
Prisões | Execuções

- **Romênia**: total = 100.000 h ; total = 200.000 h
- **Bulgária**: 42.000 † ; 90.000 h
- **Iugoslávia**: 800.000 h ; 380.000 † ; 16.000 †
- **Tchecoslováquia**: 40.000 h ; 550.000 h
- **Hungria**: 1.300.000 h
- **Polônia**: 150.000 h ; 370.000 h

(1945–1953)

FONTES: 1• M. Cerovic, *Les Enfants de Staline. La guerre des partisans soviétiques (1941-1944)*, Seuil, 2018 – 2• G. Eismann & S. Martens (dir.), *Occupation et répression militaire allemande (1939-1945)*, Autrement, 2007 – 3• V. Geiger, "Human losses of the Croats in World War II and the immediate post-war period caused by the Chetniks and the Partisans and the Yugoslav communist authorities numerical indicators", *Review of Croatian History*, n. 1, 2012, p. 77-121 – 4• M. Mazower, *Hitler's Empire: Nazi rule in occupied Europe*, Penguin, 2008 – 5• O. Wieviorka, *Une histoire de la Résistance en Europe occidentale*, Perrin, 2017.

4ª) desintegrar o Estado de direito (prisões arbitrárias, eleições fraudadas); 5ª) stalinizar a sociedade. Em alguns lugares, o desaparecimento da *intelligentsia* durante a guerra facilita o trabalho. A presença de Moscou é essencial. O governo está sob a tutela da comissão de controle soviético, que tem o direito de supervisão e de veto na política nacional. O NKVD orienta e forma os comunistas locais, principalmente os que integrarão as futuras polícias de segurança. O Exército Vermelho estabelece uma "ordem/desordem" favorável aos comunistas. Sem essa presença, Stálin fracassa na Grécia e na Finlândia e é forçado, na Tchecoslováquia, a recorrer à força. A União Soviética termina por satelitizar o Leste Europeu com o Kominform (correia de transmissão entre Moscou e os PCs locais) e o Conselho de Assistência Econômica Mútua (COMECON), órgão de cooperação econômica que cria uma divisão socialista do trabalho em proveito da União Soviética. Apenas Tito – que goza de verdadeira adesão popular e que incorporou as técnicas stalinistas – resiste a essa satelitização e segue sua própria via para o socialismo. A bipolarização da Europa é uma das consequências mais visíveis da Segunda Guerra Mundial.

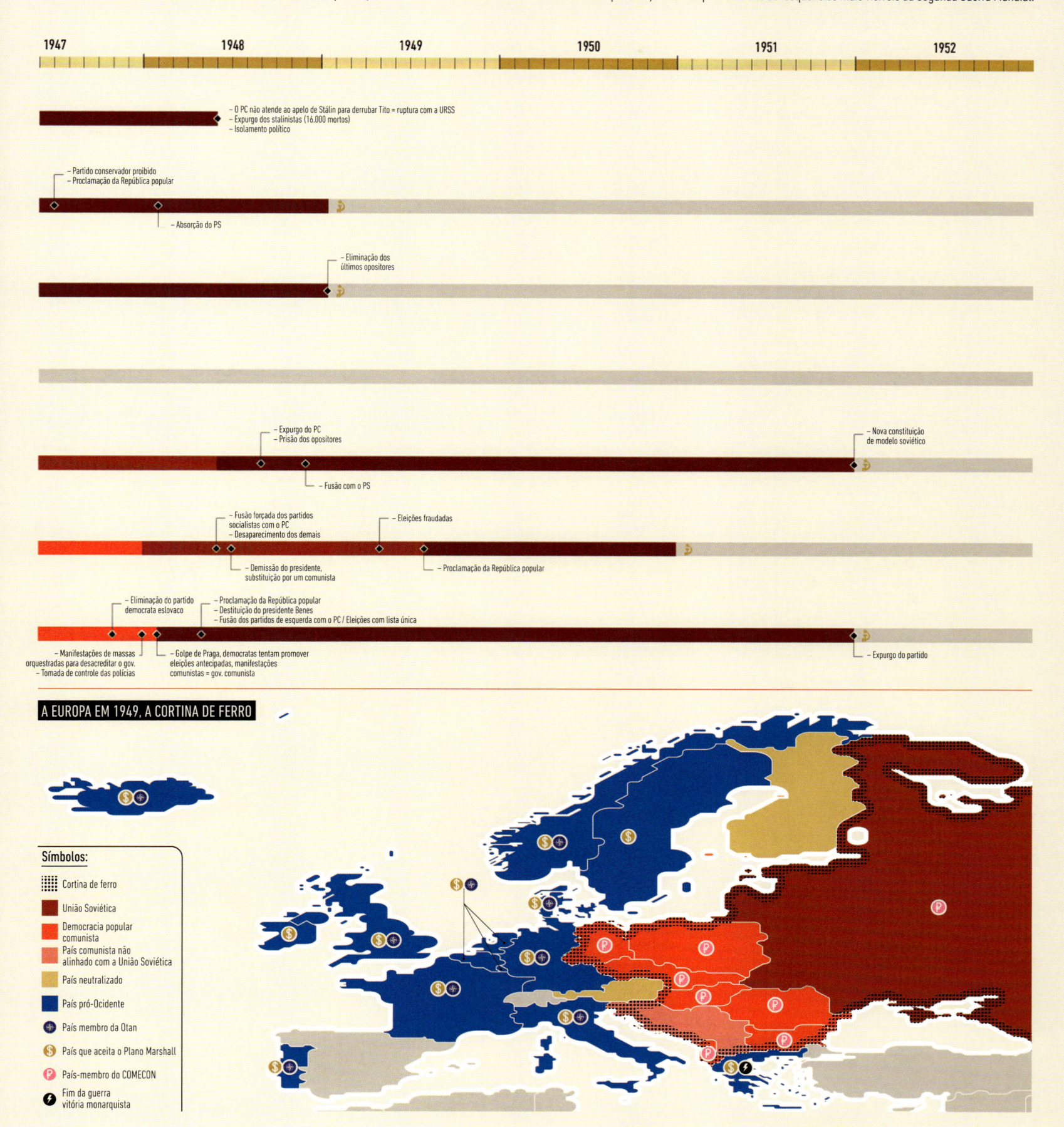

1947   1948   1949   1950   1951   1952

- O PC não atende ao apelo de Stálin para derrubar Tito = ruptura com a URSS
- Expurgo dos stalinistas (16.000 mortos)
- Isolamento político

- Partido conservador proibido
- Proclamação da República popular
- Absorção do PS

- Eliminação dos últimos opositores

- Expurgo do PC
- Prisão dos opositores
- Fusão com o PS
- Nova constituição de modelo soviético

- Fusão forçada dos partidos socialistas com o PC
- Desaparecimento dos demais
- Demissão do presidente, substituição por um comunista
- Eleições fraudadas
- Proclamação da República popular

- Eliminação do partido democrata eslovaco
- Proclamação da República popular
- Destituição do presidente Benes
- Fusão dos partidos de esquerda com o PC / Eleições com lista única
- Expurgo do partido
- Manifestações de massas orquestradas para desacreditar o gov.
- Tomada de controle das polícias
- Golpe de Praga, democratas tentam promover eleições antecipadas, manifestações comunistas = gov. comunista

A EUROPA EM 1949, A CORTINA DE FERRO

Símbolos:
- Cortina de ferro
- União Soviética
- Democracia popular comunista
- País comunista não alinhado com a União Soviética
- País neutralizado
- País pró-Ocidente
- País membro da Otan
- País que aceita o Plano Marshall
- País-membro do COMECON
- Fim da guerra vitória monarquista

PERTURBAÇÕES NAS COLÔNIAS: QUANDO OS IMPÉRIOS SE FRAGMENTAM

Já abalados pela Primeira Guerra Mundial e pelas pesadas perdas das tropas autóctones (atiradores, indianos etc.), os impérios coloniais não resistem à recomposição profunda decorrente da Segunda Guerra. Os problemas graves já explodem na África, principalmente na Argélia e em Madagascar, mas é no Sudeste Asiático, abalado pela ocupação japonesa, que a decomposição se dá de forma mais rápida, acarretando a primeira grande onda de descolonização dos anos do pós-guerra. A Coreia, vizinha de uma China que retoma a guerra civil, na verdade encontra-se dividida em duas entidades independentes e logo inimigas. As primeiras guerras de independência explodem nas Índias Orientais Holandesas (Sukarno) ou na Indochina (Ho Chi Minh). O Império das Índias Britânicas em 1939, já com um programa de "libertação" em marcha, sofre uma partição pesada de consequências para a Índia e o Paquistão, que se apartam de imediato. Essas independências serão as primeiras de um processo que se estenderá por vários decênios.

1 • OS IMPÉRIOS COLONIAIS NA GUERRA

A contribuição das tropas coloniais para o esforço de guerra das potências europeias e o descrédito que pesa sobre estas últimas são fatores importantes na lógica da emancipação que prevalece ao fim da guerra.

Na França, o ministro das Colônias Georges Mandel promete em 1939 trazer das colônias 2 milhões de soldados e meio milhão de trabalhadores. Ele não conseguiria chegar nem perto desses números, mas os europeus, em seu conjunto, e em primeiro lugar britânicos, franceses, italianos ou ainda holandeses na Ásia, beneficiam-se de mais de um milhão de soldados das colônias, que constituem o grosso das guarnições e das forças combatentes no teatro de guerra subsaariano, e um contingente maior na campanha do norte da África. Contando menos de 200 mil homens em 1939, um terço dos quais soldados e quadros britânicos, o Exército da Índia (Indian Army) é um exemplo de hipertrofia do fenômeno que doravante anuncia a independência do subcontinente: aí se mobilizaram 2,5 milhões de homens, formando uma trintena de divisões, muitas das quais combatem não apenas no Sudeste Asiático, mas também no Oriente Médio ou na Itália.

NÚMERO DE ESTADOS INDEPENDENTES MEMBROS DA ONU

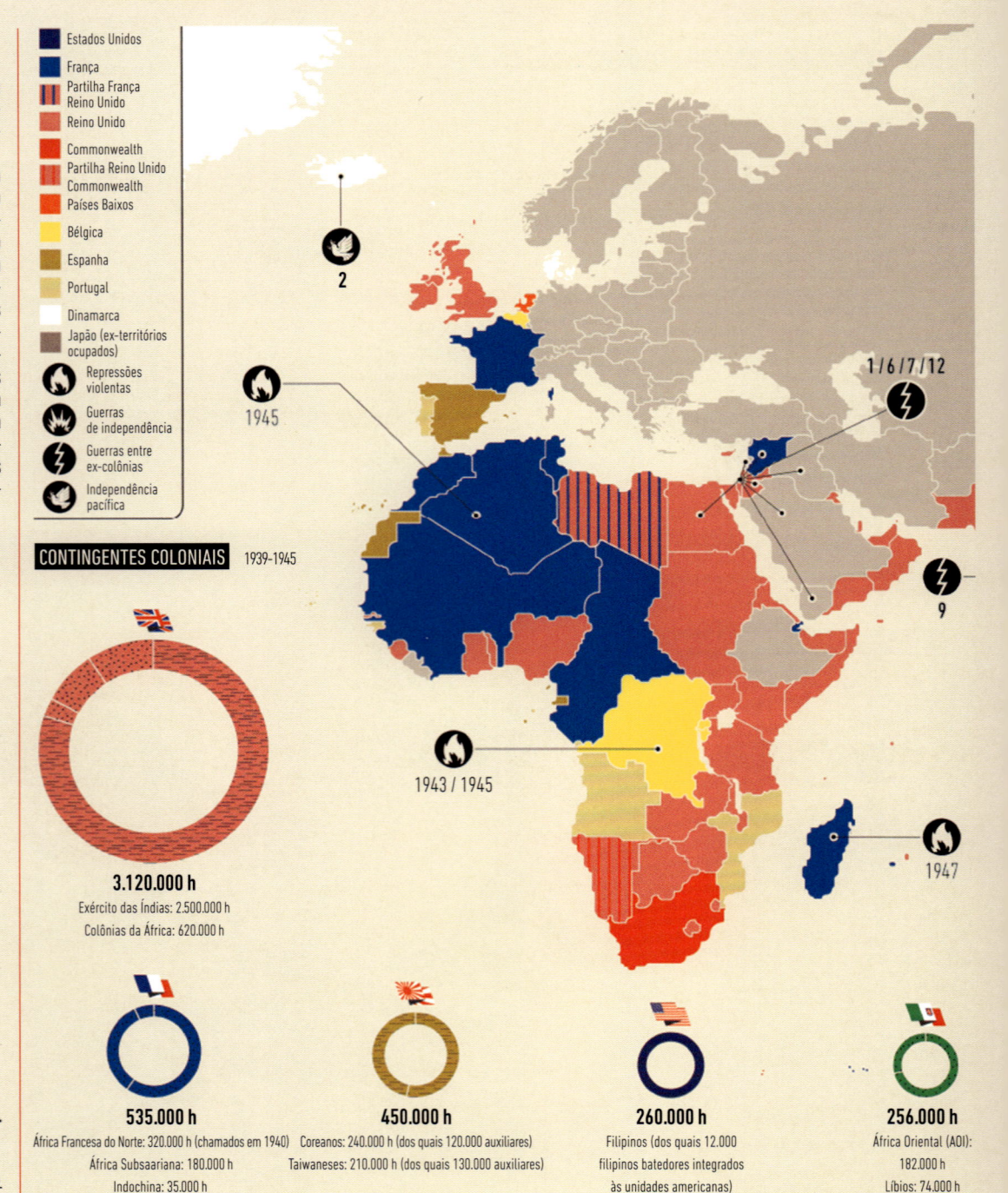

- 1945 = 51
- 1955 = 76
- 1960 = 100
- 1970 = 127
- 1980 = 154

CONTINGENTES COLONIAIS 1939-1945

Reino Unido: 3.120.000 h
- Exército das Índias: 2.500.000 h
- Colônias da África: 620.000 h

França: 535.000 h
- África Francesa do Norte: 320.000 h (chamados em 1940)
- África Subsaariana: 180.000 h
- Indochina: 35.000 h

Japão: 450.000 h
- Coreanos: 240.000 h (dos quais 120.000 auxiliares)
- Taiwaneses: 210.000 h (dos quais 130.000 auxiliares)

Estados Unidos: 260.000 h
- Filipinos (dos quais 12.000 filipinos batedores integrados às unidades americanas)

Itália: 256.000 h
- África Oriental (AOI): 182.000 h
- Líbios: 74.000 h

Legenda do mapa
- Estados Unidos
- França
- Partilha França / Reino Unido
- Reino Unido
- Commonwealth
- Partilha Reino Unido / Commonwealth
- Países Baixos
- Bélgica
- Espanha
- Portugal
- Dinamarca
- Japão (ex-territórios ocupados)
- Repressões violentas
- Guerras de independência
- Guerras entre ex-colônias
- Independência pacífica

1945 · 1943/1945 · 1947 · 1/6/7/12 · 2 · 9

2 • SÉTIF, GUELMA E KERRATA: "UMA DÉCADA DE PAZ" À CUSTA DE SANGUE

A Argélia francesa, onde existe uma forte corrente independentista desde a década de 1920, é sacudida por graves insurreições ao fim da guerra na Europa.

Em maio e junho de 1945, em Sétif, Guelma e Kerrata, as manifestações degeneram em massacre de uma centena de europeus, seguidas de uma repressão cega e muitíssimo sangrenta, provocando milhares de mortes e prisões. O general Duval afirma ter "ganhado uma década de paz para a Argélia" e conclama o governo a fazer profundas reformas. Menos de uma década depois, em 1954, explode a guerra da Argélia, que a levará à independência em 1962.

Balanço das insurreições:
Europeus mortos = 102 (90 dos quais em Sétif) / Feridos = 110

Situação da repressão judiciária em 28 de fevereiro de 1946:
4.500 prisões / 2.000 condenações
99 condenações à morte / 22 executadas
64 penas de trabalhos forçados

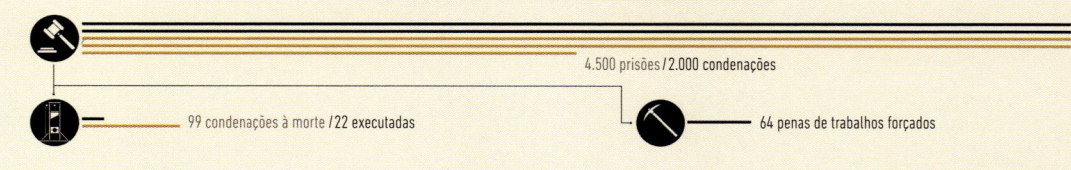

Balanço da repressão militar, a guerra dos números: (em função dos partidos)
- = 1.000 mortos argelinos
- Estado francês = 1.000 mortos
- Historiadores = de 3.000 a 8.000 mortos
- Frente da Libertação Nacional e Estado argelino = 45.000 mortos

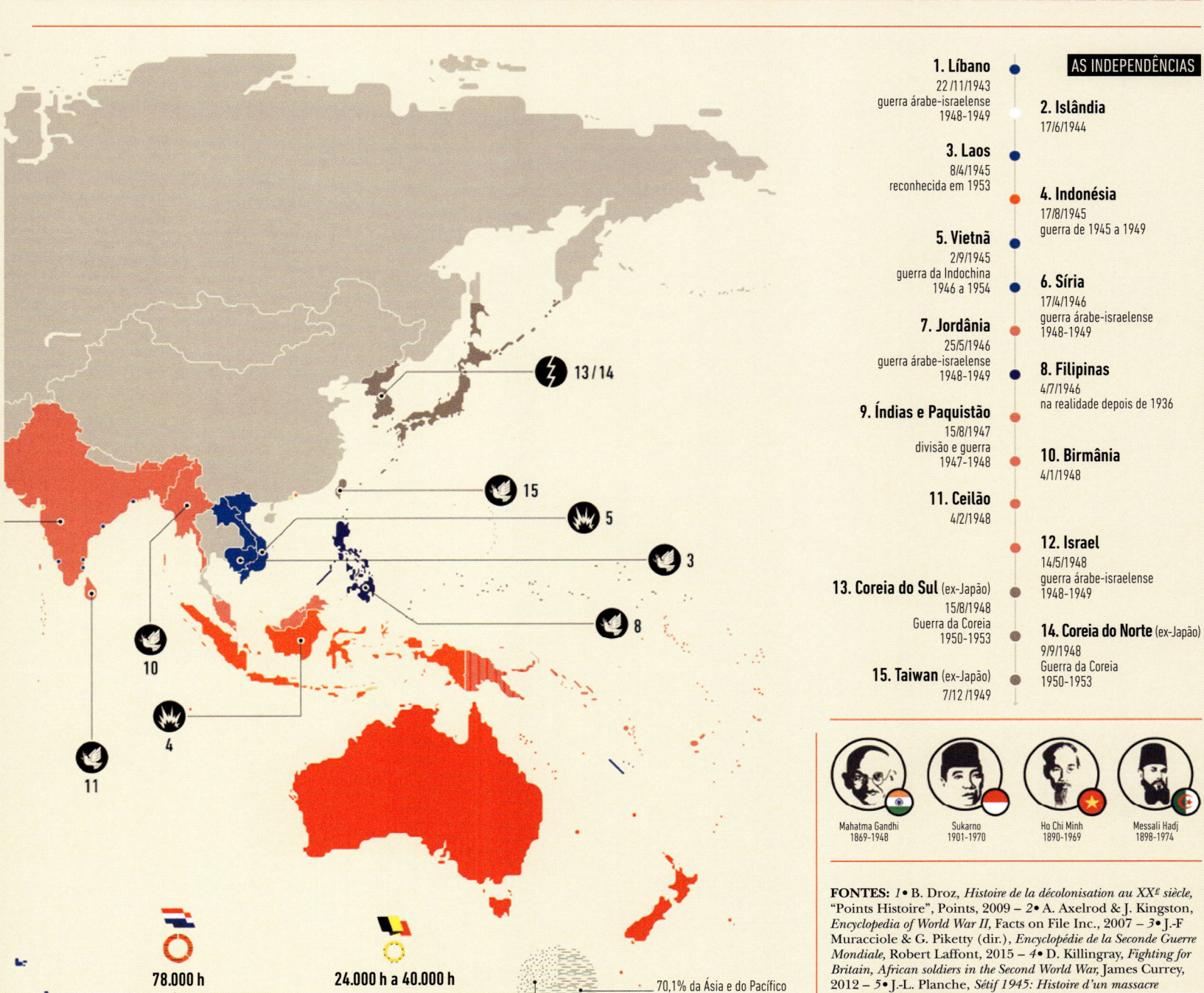

AS INDEPENDÊNCIAS

1. **Líbano** — 22/11/1943 — guerra árabe-israelense 1948-1949
2. **Islândia** — 17/6/1944
3. **Laos** — 8/4/1945 — reconhecida em 1953
4. **Indonésia** — 17/8/1945 — guerra de 1945 a 1949
5. **Vietnã** — 2/9/1945 — guerra da Indochina 1946 a 1954
6. **Síria** — 17/4/1946 — guerra árabe-israelense 1948-1949
7. **Jordânia** — 25/5/1946 — guerra árabe-israelense 1948-1949
8. **Filipinas** — 4/7/1946 — na realidade depois de 1936
9. **Índias e Paquistão** — 15/8/1947 — divisão e guerra 1947-1948
10. **Birmânia** — 4/1/1948
11. **Ceilão** — 4/2/1948
12. **Israel** — 14/5/1948 — guerra árabe-israelense 1948-1949
13. **Coreia do Sul** (ex-Japão) — 15/8/1948 — Guerra da Coreia 1950-1953
14. **Coreia do Norte** (ex-Japão) — 9/9/1948 — Guerra da Coreia 1950-1953
15. **Taiwan** (ex-Japão) — 7/12/1949

Mahatma Gandhi 1869-1948
Sukarno 1901-1970
Ho Chi Minh 1890-1969
Messali Hadj 1898-1974

78.000 h — Exército das Índias Orientais — Regulares "autóctones": 28.000 h — Milicianos locais: 50.000 h

24.000 h a 40.000 h — Congo belga

70,1% da Ásia e do Pacífico
29,1% da África e do Magreb

FONTES: 1• B. Droz, *Histoire de la décolonisation au XXᵉ siècle*, "Points Histoire", Points, 2009 – 2• A. Axelrod & J. Kingston, *Encyclopedia of World War II*, Facts on File Inc., 2007 – 3• J.-F Muracciole & G. Piketty (dir.), *Encyclopédie de la Seconde Guerre Mondiale*, Robert Laffont, 2015 – 4• D. Killingray, *Fighting for Britain, African soldiers in the Second World War*, James Currey, 2012 – 5• J.-L. Planche, *Sétif 1945: Histoire d'un massacre annoncé*, Perrin, 2006 – 6• *1940: Des coloniaux dans l'armée régulière et la Résistance*, Musée de l'Histoire de l'immigration, Palais de la Porte-Dorée, Paris.

OS AUTORES

JEAN LOPEZ é diretor de redação da revista *Guerres & Histoire* [Guerras & História], é autor de muitas obras, dentre as quais uma biografia de Zhukov (em colaboração com Lasha Otkhmezuri), e os livros *Les cent derniers jours d'Hitler* [Os cem últimos dias de Hitler], *Les mythes de la Seconde Guerre Mondiale* [Os mitos da Segunda Guerra Mundial] e *Les grandes erreurs de la Seconde Guerre Mondiale* [Os grandes erros na Segunda Guerra Mundial] (com Olivier Wieviorka). Além disso, coordenou o álbum *La Wehrmacht: la fin d'un mythe* [A Wehrmacht: o fim de um mito].

NICOLAS AUBIN é professor de história e grande conhecedor do Exército Americano, além de membro da equipe da revista *Guerres & Histoire* e autor de *Routes de la liberté: la logistique américaine en France et en Alemagne, 1944-1945* [Rotas da liberdade: a logística americana na França e na Alemanha, 1944-1945] e de *La course au Rhin: pourquoi la guerre ne s'est pas finie à Noël* [A corrida até o Reno: por que a guerra não terminou no Natal].

VINCENT BERNARD é graduado em história pela Université Bordeaux-Montaigne, é jornalista há vinte anos e especialista nas guerras da era industrial. Redator-chefe adjunto da revista *Guerres & Histoire*, publicou, dentre várias outras obras, as biografias dos generais Lee e Grant.

NICOLAS GUILLERAT é formado em design gráfico e se dedica, depois de uma passagem pela publicidade, à visualização de dados, além de ser professor de design de dados.

A RECONQUISTA DO PACÍFICO

Uma vez absorvido o choque dos primeiros meses da batalha e contida a expansão japonesa nas proximidades da Austrália, da Melanésia ou ainda da Índia, os Aliados empreendem a princípio uma batalha de atrito, essencialmente concentrada nas Ilhas Salomão, durante grande parte do ano de 1942. Assim, a ilha de Guadalcanal é objeto de seis meses de uma batalha encarniçada em terra, mar e ar, tendo por principal objetivo o controle do pequeno campo de aviação de Henderson Field, no norte da ilha. A Nova Guiné é da mesma forma objeto de furiosos combates pelo controle da trilha de Kokoda e da base australiana de Port Moresby.

A partir de 1943, os Aliados passam a uma segunda fase das operações, retomando a iniciativa de modo progressivo e por toda parte, valendo-se dos arsenais americanos, cujos programas de construção gigantes de 1940-1941 começam a dar resultados espetaculares. A ofensiva americana para quebrar o poderio japonês não espera, porém, a acumulação de forças terrestres e aeronavais para debutar com discrição. Os submarinos empreendem, assim, desde 1942, uma campanha sistemática contra as comunicações japonesas e, depois de um primeiro período difícil, obtêm resultados decisivos. Inversamente, as comunicações aliadas não seriam jamais ameaçadas pela frota submarina adversária, não obstante

1 • A LENTA RECUPERAÇÃO DOS ALIADOS

A partir de 1943, os americanos seguem dois eixos de progressão distintos a fim de penetrar nas defesas japonesas do Pacífico. MacArthur dirige o teatro de operações do Pacífico Sul e visa a reconquista das Filipinas, via costa norte da Nova Guiné, depois de ter "quebrado" a "barreira de Bismarck" e isolado a grande base japonesa de Rabaul.
No Pacífico Central, a "Big Blue Fleet" do almirante Nimitz empreende, num primeiro momento, um avanço em saltos de pulga, ignorando e isolando a maioria das guarnições japonesas insulares, dando preferência a alguns objetivos-chave: Tarawa, Eniwetok, Saipan, Tinian e, por uma questão de honra, a reconquista de Guam, território americano perdido no início da guerra.
Em um segundo momento, uma vez virtualmente destruída a frota japonesa, as duas "pinças" convergem em direção à metrópole: de início, se fará a árdua captura de Iwo Jima pelos Marines, em fevereiro-março de 1945, primeira ilha de fato japonesa conquistada; em seguida, em abril, o grande desembarque "Iceberg" na ilha de Okinawa.

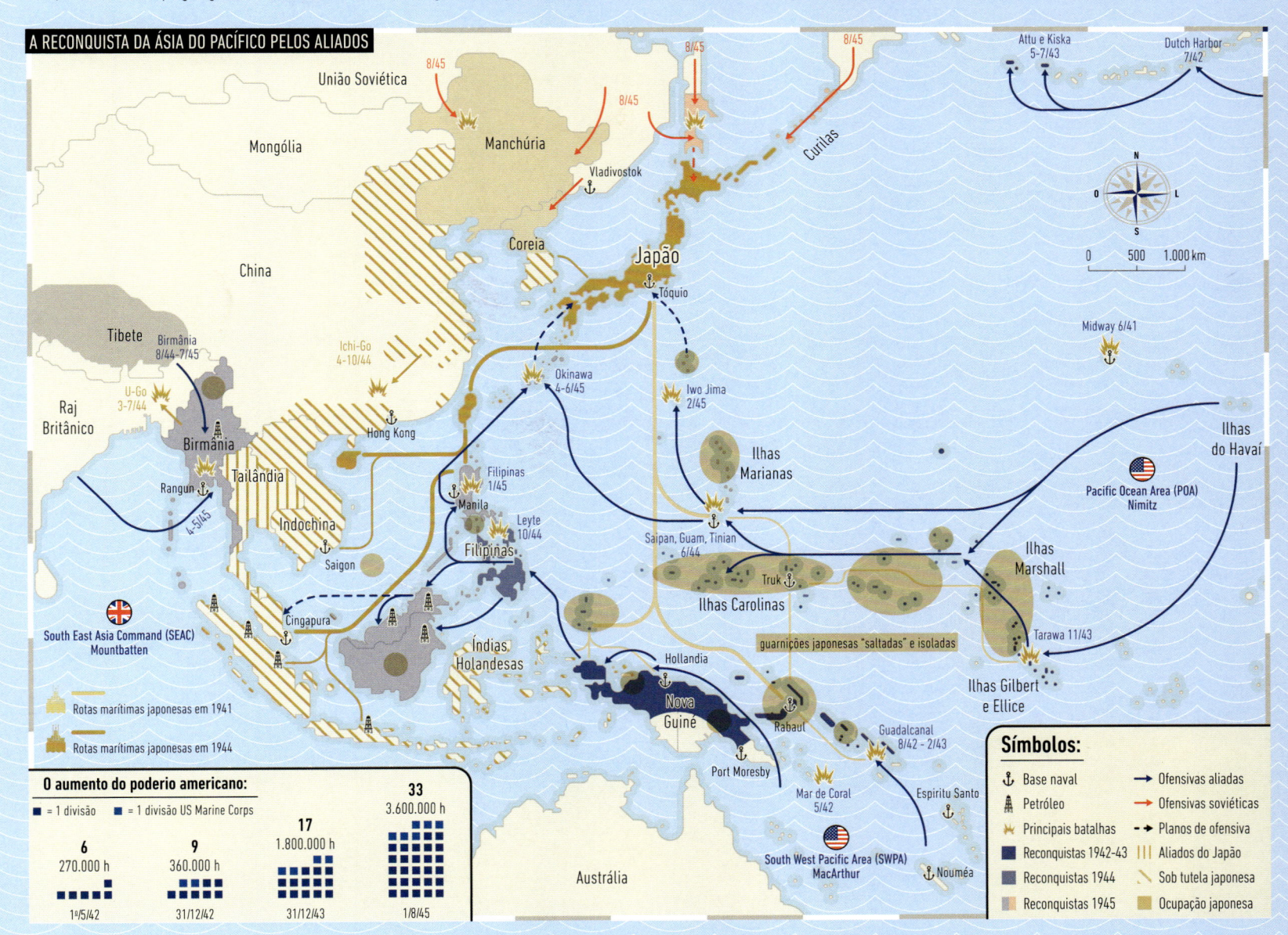

5 • UM CAMPO DE PRISIONEIROS EM ARMAS

Os soviéticos levam dois meses para reduzir de uma vez por todas o bolsão de Stalingrado. Ironia do destino, os últimos combates terão lugar, novamente, nos escombros da cidade. Não se assinou nenhum ato de capitulação. Não seria demais afirmar que a resistência incrível da infantaria alemã salvou os grupos de exércitos A e B, imobilizando seis exércitos soviéticos e uma enorme artilharia. Sua coragem não é menor que a dos homens do 62º Exército de Tchuikov.

Para 70% dos 110 mil prisioneiros subalimentados há dois meses, as longas marchas para as estações de embarque e os campos provisórios são mortais, com noites ao relento sob vinte graus Celsius negativos, somadas ao esgotamento psíquico e a uma violenta epidemia de tifo. Em 1955, o chanceler Adenauer irá procurar os últimos sobreviventes em Moscou.

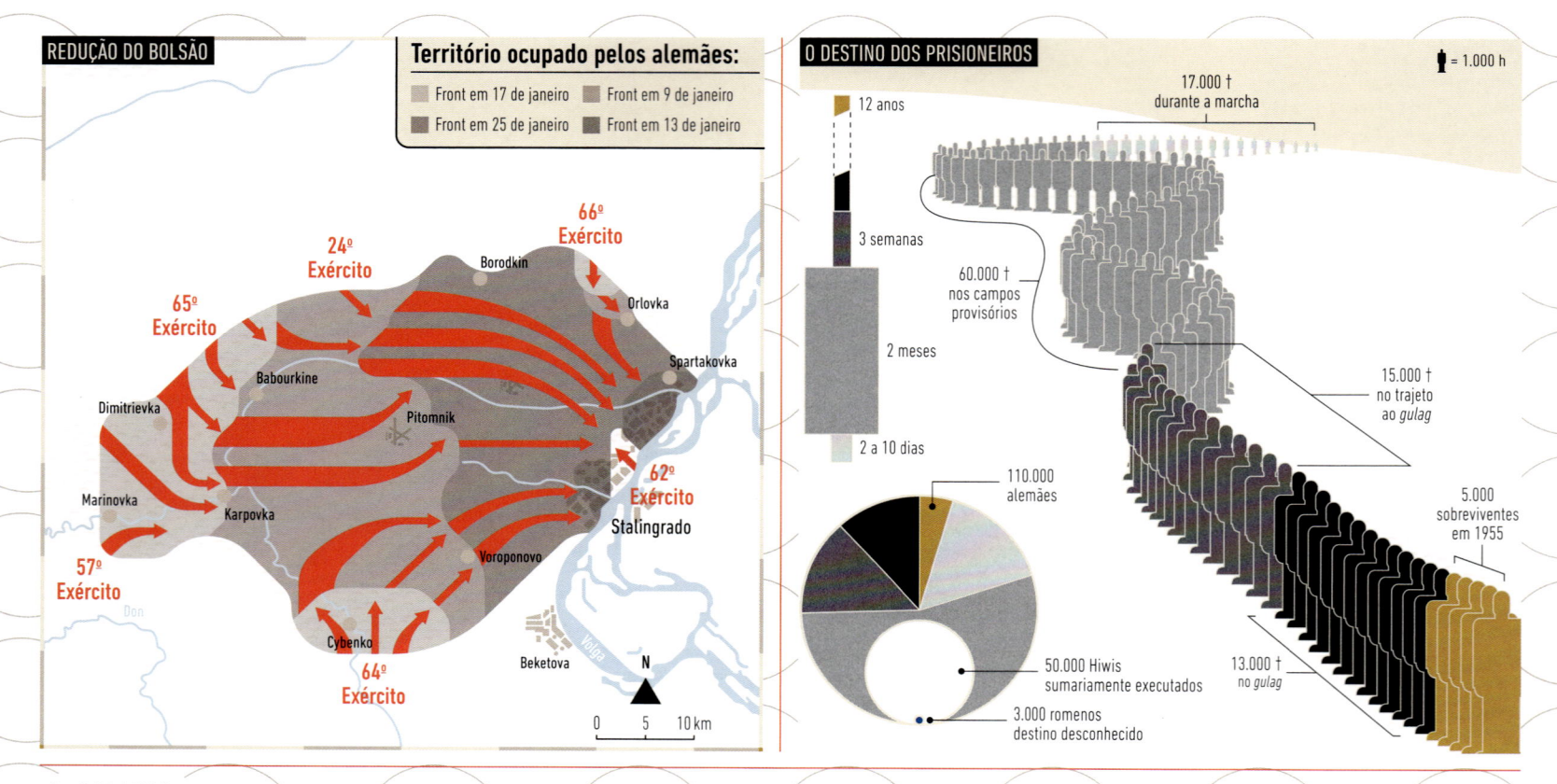

REDUÇÃO DO BOLSÃO

Território ocupado pelos alemães:
- Front em 17 de janeiro
- Front em 9 de janeiro
- Front em 25 de janeiro
- Front em 13 de janeiro

Exércitos: 65º, 24º, 66º, 57º, 64º, 62º

O DESTINO DOS PRISIONEIROS

- 110.000 alemães
- 17.000 † durante a marcha
- 60.000 † nos campos provisórios
- 15.000 † no trajeto ao *gulag*
- 13.000 † no *gulag*
- 5.000 sobreviventes em 1955
- 50.000 Hiwis sumariamente executados
- 3.000 romenos destino desconhecido
- 12 anos / 3 semanas / 2 meses / 2 a 10 dias

6 • BALANÇO

A Batalha de Stalingrado, entendida no sentido *lato* – incluindo as operações contra os húngaros e os italianos no médio Don – matou ou feriu cerca de 2 milhões de homens, além de 100 mil habitantes da cidade. As perdas alemãs são pesadas, mas não tão catastróficas como diziam. Em contrapartida, essa campanha do inverno europeu de 1942-1943 significa o fim do engajamento militar dos aliados da Alemanha. A Itália, a Hungria e a Romênia perderam o grosso de suas forças e a quase totalidade de seus equipamentos. Os dois primeiros logo depois se retiraram da União Soviética. A atitude hostil dos alemães para com seus aliados aniquila todo e qualquer sentimento de fraternidade de armas. As perdas soviéticas, como de hábito muito elevadas, são aceitáveis devido aos desgastes impostos às forças adversárias e aos imensos ganhos operacionais e estratégicos obtidos pelo Exército Vermelho. Este agora sabe que os alemães não podem mais vencer, mas ainda precisa demonstrar ser capaz de conquistar a vitória.

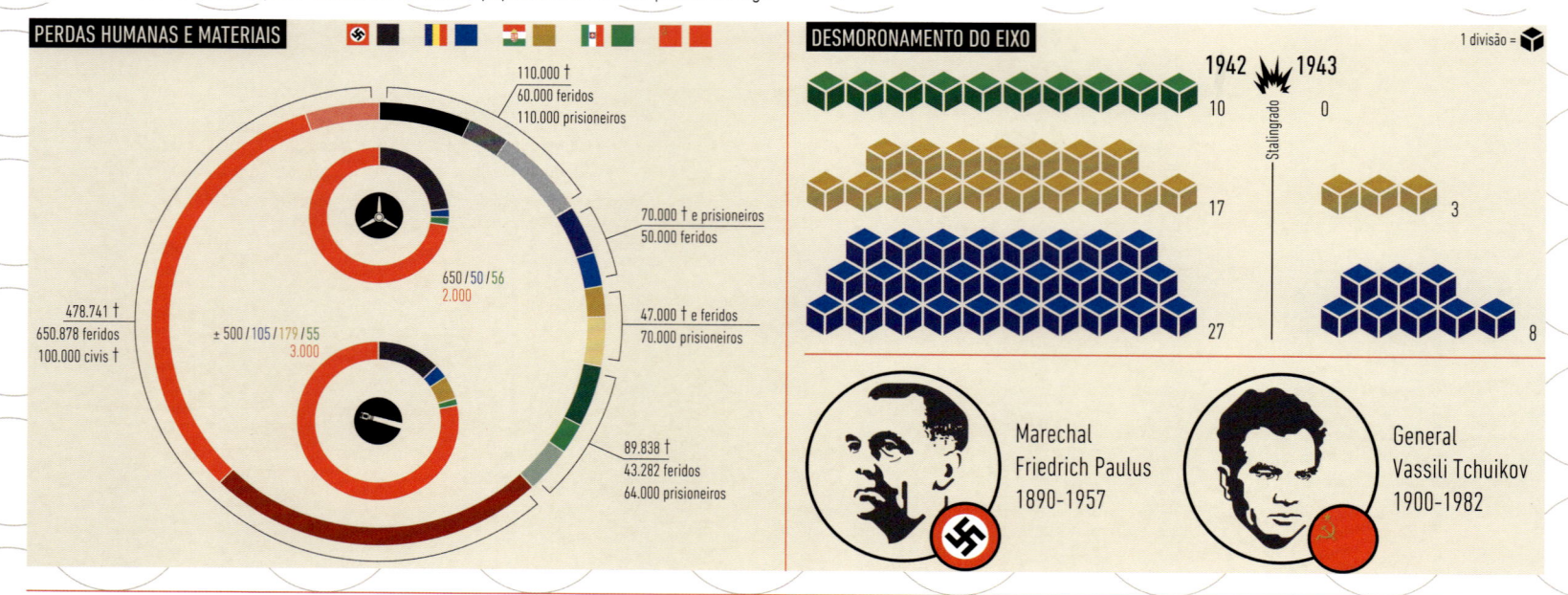

PERDAS HUMANAS E MATERIAIS

- 478.741 † / 650.878 feridos / 100.000 civis †
- 110.000 † / 60.000 feridos / 110.000 prisioneiros
- 70.000 † e prisioneiros / 50.000 feridos
- 47.000 † e feridos / 70.000 prisioneiros
- 89.838 † / 43.282 feridos / 64.000 prisioneiros
- 650 / 50 / 56 / 2.000
- ± 500 / 105 / 179 / 55 / 3.000

DESMOLORAMENTO DO EIXO

1 divisão = ■

	1942	1943
	10	0
	17	3
	27	8

Stalingrado

Marechal Friedrich Paulus 1890-1957

General Vassili Tchuikov 1900-1982

FONTES: *1•* Manfred Kehrig, *Stalingrad*, Deutsche Verlags-Anstalt, 1974 – *2•* J. David M. Glantz, *The Stalingrad Trilogy*, Hellion & Company, 2010 – *3•* *Das deutsche Reich und der Zweite Weltkrieg*, v. 6 – *4•* G. F. Krivosheev, *Grif Sekretnosty Sniat.*, *op. cit.*

3 • CONTRAOFENSIVAS SOVIÉTICAS

A operação Urano, que cerca o 6º Exército em volta de Stalingrado, não é a única nem mesmo a mais importante das que o Stavka realiza em outubro de 1942. No norte, a mil quilômetros de Stalingrado, Zhukov terá de destruir o 9º Exército (operação Marte) antes de enfrentar o grosso do Grupo de Exércitos do Centro (operação Júpiter). Esta será um fiasco sangrento, com apenas um mérito: impedir toda e qualquer transferência de divisões Panzer para o sul. Embora a Urano seja um completo sucesso, sua sequência lógica, a operação Saturno – destruição dos grupos de exército A e B graças à tomada de Rostov – viria a se reduzir a uma Pequena Saturno. Com efeito, dois imprevistos obrigam o Stavka a mudar de planos. Por um lado, o número e a combatividade dos que se encontram cercados é bem maior do que o previsto; por outro, Manstein consegue chegar a 48 quilômetros do 6º Exército (operação de resgate Wintergewitter). Para evitar que a presa escape, o Stavka teve de engajar dois exércitos destinados à operação Saturno, a fim de bloquear Manstein e ocupar os aeródromos que abastecem Paulus (Pequena Saturno).

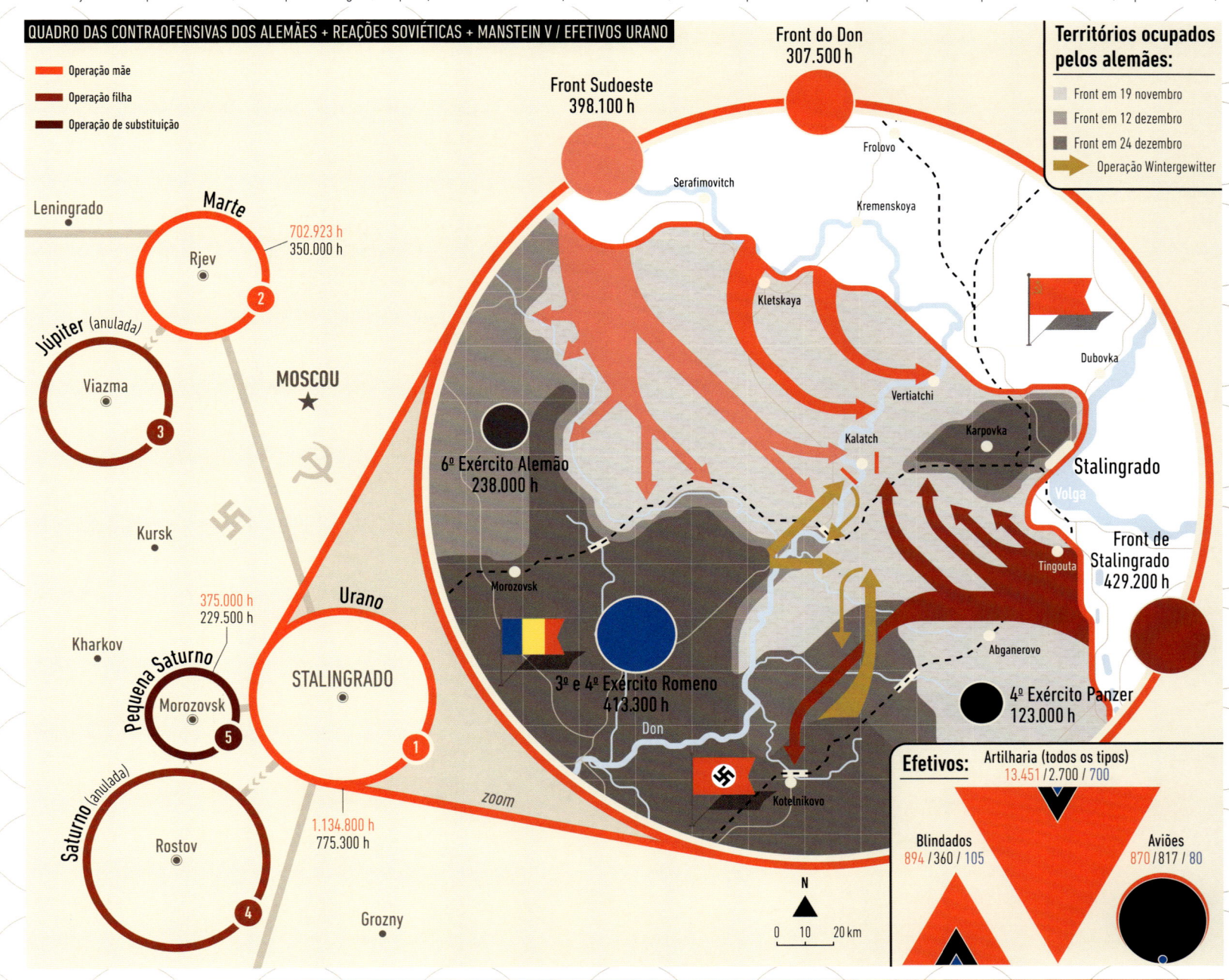

QUADRO DAS CONTRAOFENSIVAS DOS ALEMÃES + REAÇÕES SOVIÉTICAS + MANSTEIN V / EFETIVOS URANO

- Operação mãe
- Operação filha
- Operação de substituição

Territórios ocupados pelos alemães:
- Front em 19 novembro
- Front em 12 dezembro
- Front em 24 dezembro
- Operação Wintergewitter

Front do Don — 307.500 h
Front Sudoeste — 398.100 h

Marte — Rjev — 702.923 h / 350.000 h ②

Júpiter (anulada) — Viazma ③

Urano — STALINGRADO ① — 1.134.800 h / 775.300 h

Pequena Saturno — Morozovsk — 375.000 h / 229.500 h ⑤

Saturno (anulada) — Rostov ④

Leningrado · MOSCOU · Kursk · Kharkov · Grozny

Serafimovitch · Frolovo · Kremenskoya · Kletskaya · Dubovka · Vertiatchi · Kalatch · Karpovka · Stalingrado · Volga · Tingouta · Front de Stalingrado 429.200 h · Morozovsk · Abganerovo · Kotelnikovo · Don

6º Exército Alemão — 238.000 h
3º e 4º Exército Romeno — 413.300 h
4º Exército Panzer — 123.000 h

Efetivos:
Artilharia (todos os tipos) — 13.451 / 2.700 / 700
Blindados — 894 / 360 / 105
Aviões — 870 / 817 / 80

0 10 20 km

4 • PONTE AÉREA

Não obstante ter inventado a ponte aérea, a Luftwaffe sofreria um completo fracasso em Stalingrado. Ela nunca conseguiria fornecer aos sitiados aquilo de que necessitam, apesar das maciças perdas de aparelhos de transporte Ju 52. O mau tempo, a defesa antiaérea, o desgaste dos materiais e os ataques dos soviéticos contra dois aeródromos tornam a missão impossível. Seria igualmente inútil esperar, nessas condições, um ataque dos homens de Paulus, esfomeados, enregelados, privados de apoio de artilharia e de combustível.

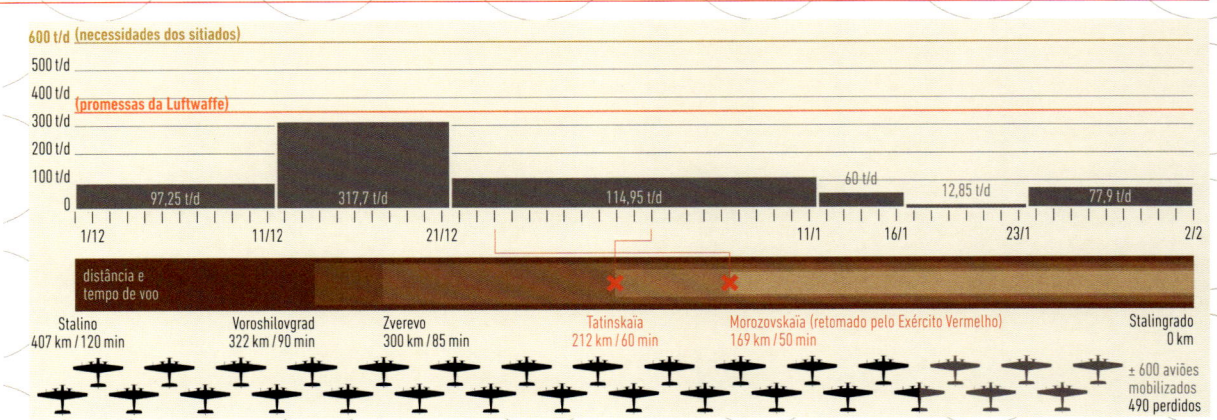

600 t/d (necessidades dos sitiados)
400 t/d (promessas da Luftwaffe)

	1/12	11/12	21/12	11/1	16/1	23/1	2/2
t/d	97,25	317,7	114,95	60	12,85	77,9	

distância e tempo de voo:
- Stalino — 407 km / 120 min
- Voroshilovgrad — 322 km / 90 min
- Zverevo — 300 km / 85 min
- Tatinskaïa — 212 km / 60 min
- Morozovskaïa (retomado pelo Exército Vermelho) — 169 km / 50 min
- Stalingrado — 0 km

± 600 aviões mobilizados
490 perdidos

114

2 • UM SORVEDOURO DE VIDAS HUMANAS

Depois do fim de setembro, os soviéticos compreendem que devem se fixar e usar o 6º Exército nos combates urbanos, enquanto se prepara a contraofensiva na parte externa da cidade. Para isso, é preciso alimentar a batalha "minuto a minuto", como quem joga achas de lenha num fogo que ameaça morrer. Ao preço de uma proeza logística inaudita, é o equivalente a quinze divisões que, atravessando o Volga, vêm, às vezes *in extremis*, impedir a derrocada do 62º Exército. As perdas dos recém-chegados são espantosas, mas, a cada vez, o inimigo é bloqueado a algumas centenas de metros do rio. O fato de os alemães terem aceitado ver dez de suas melhores divisões acuadas em combates estéreis durante mais de dois meses, deixando a guarda de seus flancos a romenos mal equipados, diz muito sobre a cegueira de Hitler, do Alto Comando do Exército (OKH) e de Paulus. Quanto ao serviço de inteligência, ao não detectar as concentrações soviéticas a noroeste e ao sul da cidade, comete uma de suas maiores falhas da guerra.

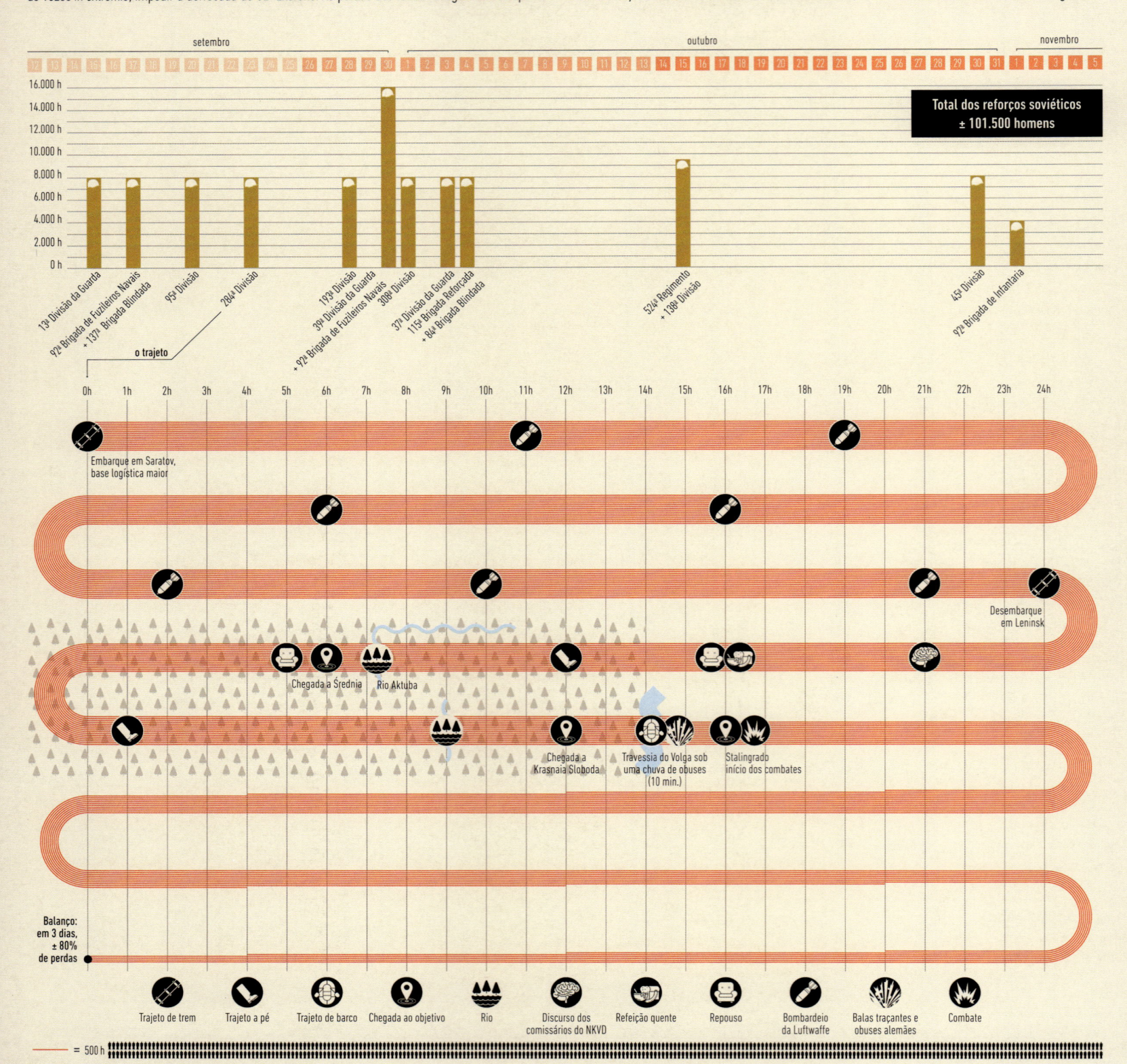

A via-crúcis de uma divisão soviética de reforços:
Embarcada em Saratov, a unidade viaja durante três dias e sofre vários ataques da Luftwaffe. Ela desembarca dos trens em Leninsk, cinquenta quilômetros a leste de Stalingrado. A tropa ouve discursos dos instrutores políticos, que explicam o significado da luta e lembram a palavra de ordem de Stálin: "nenhum passo para trás!". Serve-se a última refeição quente e distribui-se um folheto "Como agir em combate de rua". Os soldados começam a andar a pé ao longo do rio Aktuba e o atravessam em Srednia. Em seguida, atravessam as grandes florestas do imenso delta do Volga e chegam a Krasnaia Sloboda, na margem oriental do rio. À noite, os homens embarcam em inúmeros barcos pequenos. A travessia dura dez minutos, sob um dilúvio de traçantes e de obuses. A unidade se instala na margem oeste, ao abrigo da Ravina de Kroutoi, a duzentos metros dos combates. Logo ela se vê lançada na fornalha. Três dias depois, restam apenas 20% dos efetivos. Uma nova unidade vem então pelo mesmo caminho.

113

STALINGRADO

A batalha de Stalingrado é um conflito gigantesco, no qual a própria cidade é o teatro de operações, que dura de 11 de julho de 1942 a 2 de fevereiro de 1943. Podemos dividi-la em quatro fases. A primeira, de 11 de julho a 23 de agosto de 1942, em que o 6º Exército Alemão, comandado pelo general Paulus, avança duzentos quilômetros para o leste, do rio Tchir ao Volga, via a grande curva do Don: Stalingrado fica isolada por três lados. A segunda é a da batalha urbana propriamente dita, de 23 de agosto a 18 de novembro. Pela primeira vez na história, o campo de batalha é uma grande cidade industrial de vinte quilômetros de extensão, em que a dimensão do combate se divide por dez, restrita ao horizonte de uma rua, de uma casa, de uma fábrica. O 6º Exército Alemão, apoiado por elementos do 4º Exército Panzer, não consegue, malgrado uma abundante fuzilaria, expulsar o 62º Exército da margem ocidental do Volga, comandada a partir de 12 de setembro pelo general Tchouikov. A terceira fase é a da contraofensiva soviética, a operação Urano, preparada com muita antecedência e articulada a um complexo plano estratégico. A operação Urano atinge seu objetivo em 48 horas, cercando o 6º Exército Alemão e uma parte do 4º Exército Panzer, isto é, 330 mil homens. A quarta fase, que se prolonga até 2 de fevereiro, é a da destruição total do 6º Exército dentro e em volta de Stalingrado, depois do fracasso da ponte aérea estabelecida pela Luftwaffe e do raid de libertação de Manstein.

A Batalha de Stalingrado tem um alcance imenso, sem que se possa creditar apenas a ela "uma guinada" no conflito nem que tenha tido algum caráter "decisivo". Isso é evidente considerando-se que as perdas alemãs, por mais pesadas que tenham sido, são muito inferiores às do Exército Vermelho e, finalmente, que a Wehrmacht consegue estabilizar o front em fins de fevereiro de 1943. A importância da vitória no Volga é antes estratégica e psicológica. Nunca mais Hitler poderá montar uma operação com objetivo estratégico, e de resto desiste da própria ideia de uma vitória por nocaute no leste; Stálin não perderá o Cáucaso e seus poços de petróleo, assim como a nova linha de suprimento aberta pelos americanos através do Irã. No plano psicológico, o mito da superioridade e invencibilidade da Wehrmacht se estilhaça. Os alemães se dão conta, pela primeira vez, de que podem perder a guerra, e sua relação com o Führer carismático se degrada. Por sua parte, o Exército Vermelho superou a grave crise do verão europeu de 1942, e Stálin, agora confiante em sua capacidade, irá afrouxar o controle político que exerce sobre ele.

1 • A BATALHA URBANA

Uma série de quatro ofensivas dá aos alemães o domínio de 90% da cidade. Mas suas divisões, pouco numerosas e incapazes de tirar partido, em meio urbano, de sua mobilidade e de seu poder de fogo, logo se esgotam, sendo provas o aumento na lentidão de seu avanço e suas perdas cada vez maiores. Do outro lado do Volga, as baterias soviéticas as fustigam, enquanto no norte, em Spartakovka, contínuas ofensivas detêm um quarto delas de forma quase definitiva. O esgotamento do 6º Exército é também físico, pois os homens não conseguem descansar ante um 62º Exército que ataca dia e noite, empregando quinhentos *snipers*.

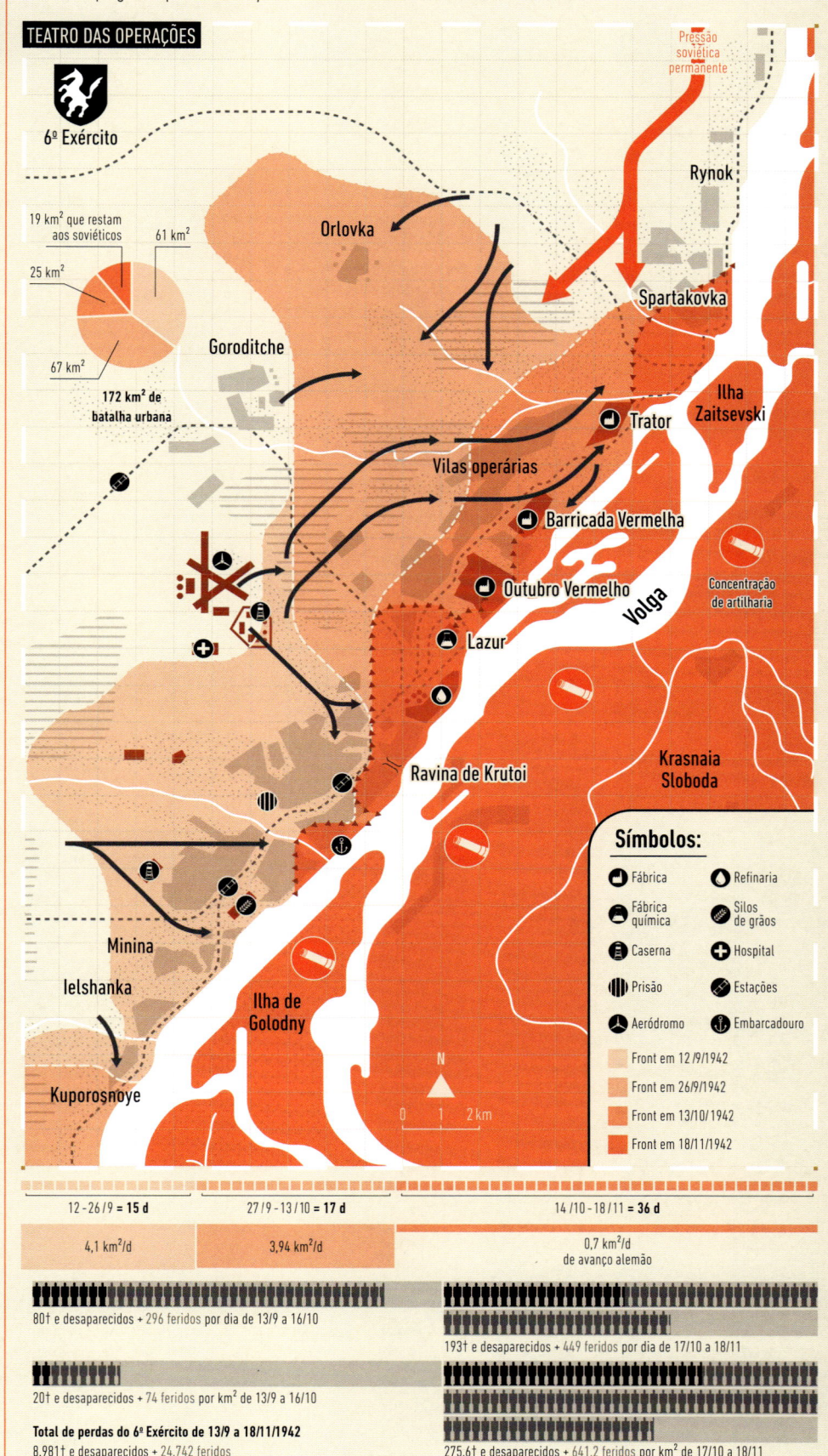

TEATRO DAS OPERAÇÕES

6º Exército

Pressão soviética permanente

19 km² que restam aos soviéticos — 61 km²
25 km²
67 km²
172 km² de batalha urbana

Rynok
Orlovka
Spartakovka
Goroditche
Trator
Ilha Zaitsevski
Vilas operárias
Barricada Vermelha
Outubro Vermelho
Concentração de artilharia
Lazur
Volga
Ravina de Krutoi
Krasnaia Sloboda
Minina
Ielshanka
Ilha de Golodny
Kuporosnoye

Símbolos:
- Fábrica
- Refinaria
- Fábrica química
- Silos de grãos
- Caserna
- Hospital
- Prisão
- Estações
- Aeródromo
- Embarcadouro

Front em 12/9/1942
Front em 26/9/1942
Front em 13/10/1942
Front em 18/11/1942

0 1 2 km

12 - 26/9 : **15 d**	27/9 - 13/10 : **17 d**	14/10 - 18/11 : **36 d**
4,1 km²/d	3,94 km²/d	0,7 km²/d de avanço alemão

80† e desaparecidos + 296 feridos por dia de 13/9 a 16/10

193† e desaparecidos + 449 feridos por dia de 17/10 a 18/11

20† e desaparecidos + 74 feridos por km² de 13/9 a 16/10

275,6† e desaparecidos + 641,2 feridos por km² de 17/10 a 18/11

Total de perdas do 6º Exército de 13/9 a 18/11/1942
8.981† e desaparecidos + 24.742 feridos

4 • O FIM DA CAMPANHA NA ÁFRICA

Rommel fracassa por duas vezes diante de El-Alamein. Montgomery, no comando desde agosto de 1942, passa ao ataque. Consciente de sua inferioridade na guerra de movimento, o britânico opta por uma batalha metódica a fim de absorver e desgastar as reservas inimigas. No curso de uma batalha árdua, custosa em especial para a Commonwealth, o Afrikakorps se encontra materialmente esgotado. Com certeza o Eixo poderia reconquistar a Líbia, se na mesma altura os Aliados não tivessem desembarcado na África do Norte Francesa, dissuadindo, assim, os reforços.

De resto, é de surpreender que se tenham dado esse trabalho. Reação tardia? Na verdade, conservar uma cabeça de ponte protege a Europa Meridional e em primeiro lugar a Itália. Hitler toma a dianteira na Tunísia graças à velocidade e pensa em torná-la um reduto duradouro. O reabastecimento é fácil, porque a Tunísia dispõe de portos modernos próximos da Itália, fáceis de defender graças às montanhas a oeste e às fortificações que fecham a fronteira ao sul. A iniciativa é, pois, razoável, mas sem resultado, porque em maio de 1943, depois de uma campanha árdua, o Eixo é derrotado.

3ª BATALHA DE EL-ALAMEIN 23/10-3/11/1942

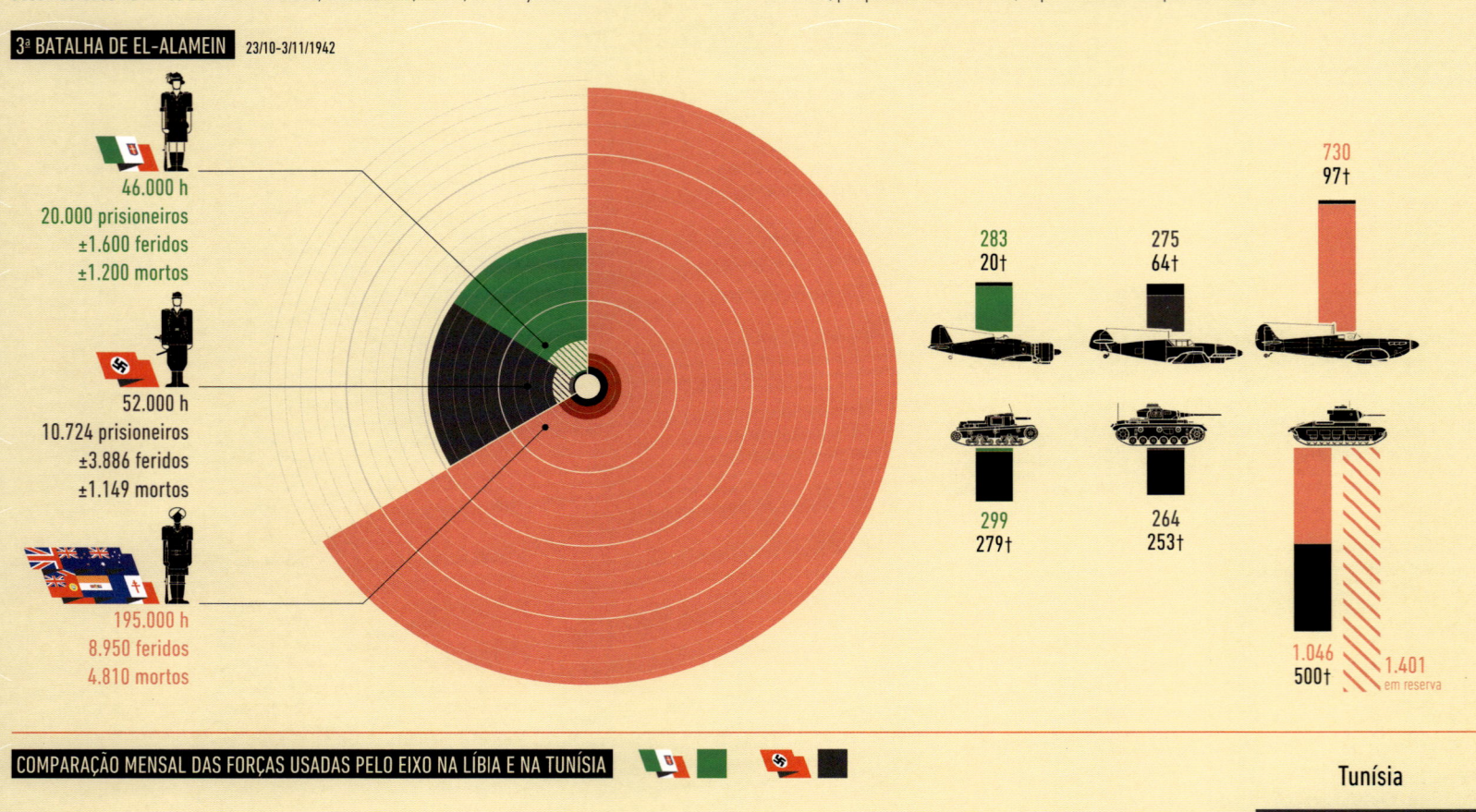

46.000 h
20.000 prisioneiros
±1.600 feridos
±1.200 mortos

52.000 h
10.724 prisioneiros
±3.886 feridos
±1.149 mortos

195.000 h
8.950 feridos
4.810 mortos

283
20†

275
64†

730
97†

299
279†

264
253†

1.046
500†

1.401
em reserva

COMPARAÇÃO MENSAL DAS FORÇAS USADAS PELO EIXO NA LÍBIA E NA TUNÍSIA

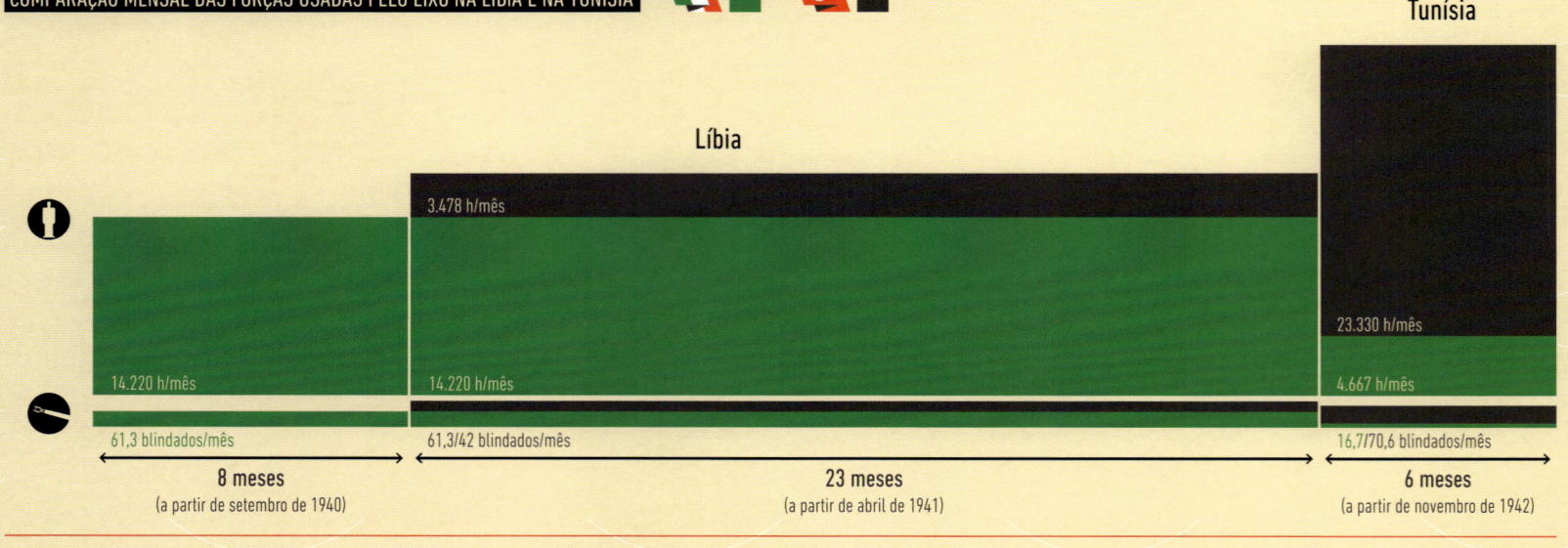

Líbia

3.478 h/mês

14.220 h/mês

14.220 h/mês

61,3 blindados/mês

61,3/42 blindados/mês

8 meses
(a partir de setembro de 1940)

23 meses
(a partir de abril de 1941)

Tunísia

23.330 h/mês

4.667 h/mês

16,7/70,6 blindados/mês

6 meses
(a partir de novembro de 1942)

22.341†
70.000 feridos / 250.000 prisioneiros

12.602†
43.212 feridos / 121.344 prisioneiros

40.378†
143.158 feridos / 66.500 prisioneiros

Instituto Centrale Statistica, *Morti e dispersi per cause belliche negli anni 1940-45*, Roma, 1957 – 6• Colin F. Baxter, *The War in North Africa, 1940-1943: A selected bibliography*, Greenwood, *1996*.

3 • A LOGÍSTICA: O CALCANHAR DE AQUILES DE ROMMEL

Durante toda a campanha, Rommel se queixa do abastecimento. Há três explicações para isso. Em primeiro lugar, comboios muito raros. Já em 1940, a negligência de Mussolini priva a frota mercante de um terço de sua tonelagem (inclusive os maiores cargueiros). Malta lhe custa outro terço. Em 1942, os efetivos são insuficientes para transportar as 4.480 toneladas diárias requeridas pela campanha na África do Norte Francesa. Segundo fator: os portos de Trípoli, e ainda mais os de Bengasi, são muito modestos, com cais de pouca largura e pouca profundidade.

Na verdade, uma melhoria da organização permite esperar descargas suficientes de 5 mil toneladas por dia em abril. O verdadeiro gargalo está na carência de caminhões. Os germano-italianos dispõem de apenas 6 mil a 10 mil, número que mal dá para evacuar as entregas reais, num total dois terços menor que o requerido por Rommel. Quanto à ferrovia Tobruk-El-Alamein, sua capacidade de 332 t/d é ridícula. Assim sendo, uma melhor performance da marinha não permitiria armazenar estoques nos portos.

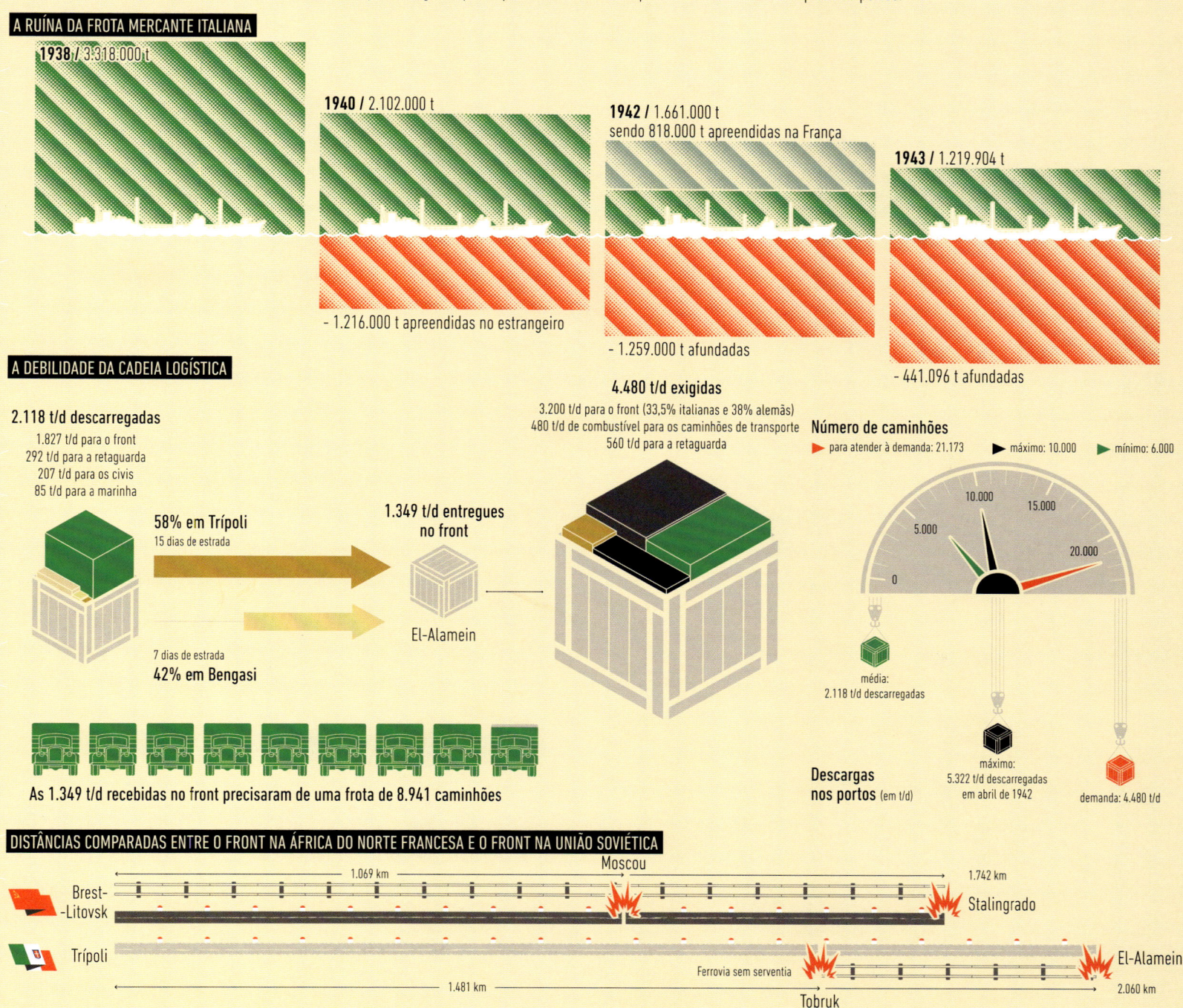

A RUÍNA DA FROTA MERCANTE ITALIANA

- **1938 / 3.318.000 t**
- **1940 / 2.102.000 t** — 1.216.000 t apreendidas no estrangeiro
- **1942 / 1.661.000 t** sendo 818.000 t apreendidas na França — 1.259.000 t afundadas
- **1943 / 1.219.904 t** — 441.096 t afundadas

A DEBILIDADE DA CADEIA LOGÍSTICA

2.118 t/d descarregadas
- 1.827 t/d para o front
- 292 t/d para a retaguarda
- 207 t/d para os civis
- 85 t/d para a marinha

58% em Trípoli — 15 dias de estrada
42% em Bengasi — 7 dias de estrada

1.349 t/d entregues no front (El-Alamein)

4.480 t/d exigidas
- 3.200 t/d para o front (33,5% italianas e 38% alemãs)
- 480 t/d de combustível para os caminhões de transporte
- 560 t/d para a retaguarda

Número de caminhões
- para atender à demanda: 21.173
- máximo: 10.000
- mínimo: 6.000

Descargas nos portos (em t/d)
- média: 2.118 t/d descarregadas
- máximo: 5.322 t/d descarregadas em abril de 1942
- demanda: 4.480 t/d

As 1.349 t/d recebidas no front precisaram de uma frota de 8.941 caminhões.

DISTÂNCIAS COMPARADAS ENTRE O FRONT NA ÁFRICA DO NORTE FRANCESA E O FRONT NA UNIÃO SOVIÉTICA

- Brest-Litovsk — 1.069 km — Moscou — 1.742 km — Stalingrado
- Trípoli — 1.481 km — Tobruk — Ferrovia sem serventia — 2.060 km — El-Alamein

5 • BALANÇO HUMANO E ESTRATÉGICO

Em comparação com outras campanhas, a Guerra no Deserto foi menos sangrenta (setenta mortos por dia, somando-se as perdas dos exércitos em conflito). Esse número se explica pela modéstia dos efetivos e os longos intervalos operacionais (dez meses em 32). Não obstante, os períodos ativos são encarniçados. Outro dado é o número de prisioneiros, aumentado exponencialmente pelos 130 mil italianos capturados em dezembro de 1940 e pela rendição final na Tunísia (entre 200 mil e 250 mil homens). Por mais secundário que seja, considerando-se os recursos mobilizados, o teatro de operações africano teve papel importante na vitória final: primeiro, salvaguardando o Oriente Médio, depois, dizimando o Exército Italiano (438 mil perdas, incluindo a África Oriental) e, por fim, expondo todo o flanco sul da Europa hitlerista.

Commonwealth / França / Estados Unidos

FONTES: 1 • *Das Deutsche Reich und der Zweite Weltkrieg*, v. III e VI, Deutsche Verlags-Anstalt, 1994 & 2001 – 2 • P. Battistelli, *Italian soldier in North Africa*, Osprey, 2013 – 3 • *History of the Second World War, the Mediterranean & the Middle East*, 6 v., 1954-1988 – 4 • J. Greene & A. Massignani, *Rommel's North Africa Campaign*, Da Capo, 1994 – 5 • BA/MA RW 4/479, RW 6/566 e 6/558, RW 6/543,

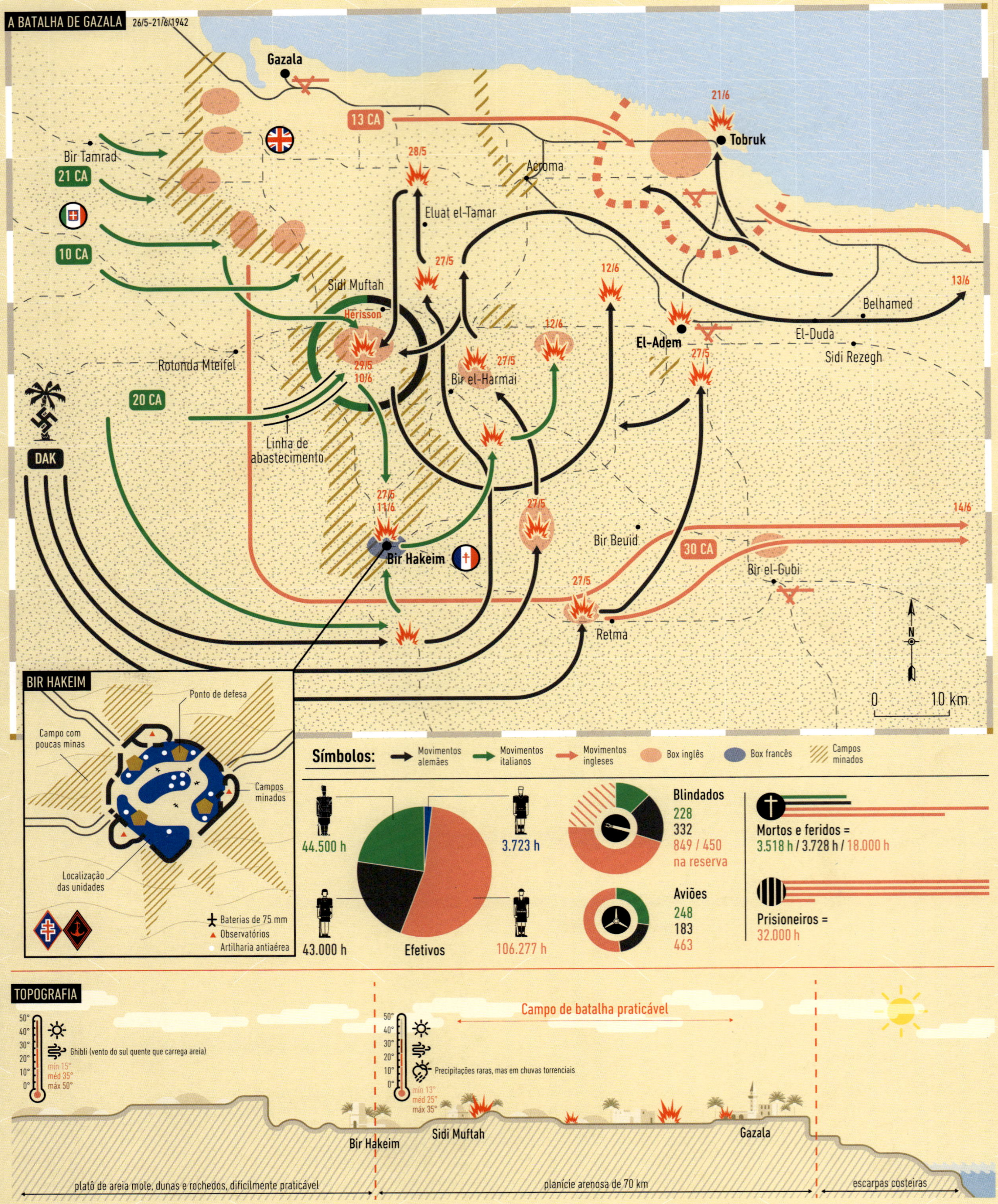
A BATALHA DE GAZALA 26/5–21/6/1942
Gazala
13 CA
21/6
Tobruk
Bir Tamrad
21 CA
10 CA
28/5
Acroma
Eluat el-Tamar
27/5
12/6
13/6
Sidi Muftah
Herisson
Belhamed
El-Adem
El-Duda
Sidi Rezegh
12/6
27/5
27/5
Bir el-Harmat
Rotonda Mteifel
29/5
10/6
20 CA
DAK
Linha de abastecimento
27/5
11/6
27/5
14/6
Bir Beuid
Bir Hakeim
30 CA
Bir el-Gubi
27/5
Retma
N
0
10 km
BIR HAKEIM
Ponto de defesa
Campo com poucas minas
Campos minados
Localização das unidades
Baterias de 75 mm
Observatórios
Artilharia antiaérea
Símbolos:
Movimentos alemães
Movimentos italianos
Movimentos ingleses
Box inglês
Box francês
Campos minados
44.500 h
3.723 h
43.000 h
Efetivos
106.277 h
Blindados
228
332
849 / 450 na reserva
Aviões
248
183
463
Mortos e feridos =
3.518 h / 3.728 h / 18.000 h
Prisioneiros =
32.000 h
TOPOGRAFIA
50°
40°
30°
20°
10°
0°
Ghibli (vento do sul quente que carrega areia)
mín 15°
méd 35°
máx 50°
Campo de batalha praticável
Precipitações raras, mas em chuvas torrenciais
mín 13°
méd 25°
máx 35°
Bir Hakeim
Sidi Muftah
Gazala
platô de areia mole, dunas e rochedos, dificilmente praticável
planície arenosa de 70 km
escarpas costeiras